Daniel McNeill
Das Gesicht

Daniel McNeill

Das Gesicht

Eine Kulturgeschichte

Aus dem amerikanischen Englisch
von Michael Müller

Kremayr & Scheriau

Die Originalausgabe erschien 1998 unter dem Titel »The Face«
bei Little, Brown & Company, Boston/New York

Umwelthinweis:
Dieses Buch und der Schutzumschlag wurden
auf chlorfrei gebleichtem Papier gedruckt.
Die Einschrumpffolie (zum Schutz vor Verschmutzung)
ist aus umweltschonender und recyclingfähiger PE-Folie.

1. Auflage
© 1998 by Daniel McNeill
© der deutschsprachigen Ausgabe 2001
by Kremayr & Scheriau, Wien,
in der Verlagsgruppe Bertelsmann GmbH
Umschlaggestaltung: Design Team München
Satz: Uhl + Massopust
Druck und Bindung: Wiener Verlag, Himberg
Printed in Austria
ISBN 3-218-00689-9
www.kremayr-und-scheriau.at

*In Erinnerung an meine Eltern,
Harry und Maureen*

Inhalt

Prolog 13

I Die Genese

1 Eine Reise durch unbekannte Regionen 23
Das Frühe und das Seltsame 25
Warum haben wir ein haarloses Gesicht? 30
Die große Neuformung 32
Doppelgestirn 38
Schnitte im Strom unserer Gedanken 45
Sphinx 51
Das Ur-Merkmal 60
Anatomie des Küssens 72
Das lebendige Hinterland 87
In der Helix 92
Berenike und Blackbeard 97

II Die Armatur

2 Die Signatur der Gene 113
Das lebende Double 115
»Nichts wie Pusteln, Finnen, Knöpfe und Feuerflammen« 118
Das neurale Gesicht 125
Das Verbrechen des Laszlo Virag 132
Nelson Mandelas Augenlider 139
Gesicht und Geschlecht 149

3 Embleme des Selbst 157
Geschichte der Spiegel 159
Das letzte Bild 168
Mao und Marilyn 181
Das Antlitz Gottes 190
Superporträts 201
Masken – eine Quelle für Identitäten 206
Unbekannte Gesichter 216

III Der Semaphor

4 Der Haut-Code 229
Niedrige Stirn und niedrige Intelligenz 232
Seele auf Leinwand 238
Das Ausdrucks-Orchester 248
Gesichts-Esperanto 252
Das Zwinkern und der Zeigestock 266
Das sprechende Auge 271
Faziales Klagen 279
Karneval des Lächelns 284
Eine Geschichte der Theorien des Lachens 290

Der fröhliche Hominide 302
Das Erröten 310
Die Macht des Starrens 317
Der böse Blick 325

5 Die Lüge und der Schleier 333
Das Schweigen des Sultans und das Lächeln des Japaners 334
Wie man eine Lüge aufdeckt 342
Universelle Gesichter 355
Der gefesselte Proteus 365
Angst vor dem Beäugen 372

IV Die Sirene

6 Konstellation des Verlangens 383
Platons Schwingen 385
Die Aura 390
Hässliche Selbsttäuschungen 399
Make-up Babylon 405
Das Fresco-Gesicht 416
Die Scheibe und der Ring 428
Die Suche nach dem perfekten Teint 436
Von den Flatheads zur Change Alley 446
Eintausend Ideale? 455
Eines Frosches Vorstellung von Schönheit 461
Schönheit und die Uhr 465
Eine tiefe Morgenröte 473

Anmerkungen 481
Sachregister 503
Namensregister 506

Alles liegt im Gesicht.
CICERO

Prolog

Ich schlenderte die Straße hinunter, die im Volksmund »Der Nabel der Welt« genannt wurde. Es war eine der beiden gepflasterten Straßen, die es in der Stadt gab. Die Blätter der Bananenpflanzen hingen in der feucht-schwülen Luft schlaff herab und hüllten die Häuser in üppiges Grün. Ich fühlte mich wie mit einem dünnen Film überzogen. Hinter mir wurde Hufgeklapper laut. Ein Reiter zockelte auf seinem Pferd an mir vorbei. Der Mann sang und hielt ein Kind in seinem Schoß. Am Hafen angekommen, schaute ich auf die Ruderboote und die weite Fläche des Ozeans hinaus. Ich befand mich auf der Osterinsel, mitten im Südpazifik, dreitausend Kilometer entfernt vom Rest der Welt.

Auf der Straße aus rotem Lehm wanderte ich aus der Stadt hinaus, vorbei an der wie ein Schuppen anmutenden Diskothek, um einen Friedhof herum. Wildpferde weideten vor der schäumenden Brandung. Die grasbewachsenen Hänge zogen sich sanft bis zur Spitze eines Vulkans hinauf. Und dann sah ich sie in der Ferne: winzige, verschwommene senkrechte Striche. Sie standen auf Felssockeln am Rand des gleißenden Meeres und starrten zu den Grasflächen hinüber, wo sich einst die Ureinwohner versammelt hatten.

Die Antlitze dieser riesigen aus Stein gehauenen Statuen auf der Osterinsel zählen zu den bekanntesten Gesichtern der Welt – und sie bieten in der Tat einen beeindruckenden Anblick. Jedes dieser Standbilder hält die Züge eines Mannes fest, dessen Leben im Dunkel der Geschichte versunken ist. Doch sie atmen auch etwas von seinem Geist: Ich habe in diese Basaltköpfe hineingespäht und Gedanken wahrgenommen. Diese Götzengesichter glühen vor Herrschsucht und vermochten sogar noch Pierre Loti, den weitgereisten Schriftsteller des neunzehnten Jahrhunderts, in Furcht und Schrecken zu versetzen. Es sind die Gesichter von großen Machthabern, die geringschätzig auf alles und jeden herabblicken, selbst auf die Regentropfen, die ihre Züge nahezu ausgelöscht haben.

Als ich wieder in die Stadt zurückgekehrt war, schlenderte ich über den Markt, wo Frauen und Kinder Schnitzarbeiten und Früchte verkauften. Wo ich auch hinschaute, sah ich in die Gesichter der Inselbewohner. Sie grinsten fröhlich, wurden ernst oder erhellten sich, nickten bestätigend, dankten, die Augen blickten fragend, tanzten und funkelten. Diese Gesichter waren noch unwiderstehlicher als die der steinernen Götzen.

Was nur natürlich war. Denn das lebendige Gesicht eines Menschen ist die wichtigste und geheimnisvollste Oberfläche, mit der wir konfrontiert werden können. Es ist das Zentrum unseres Körpers. Mit ihm essen, trinken, atmen und sprechen wir, vier der klassischen fünf Sinne sind hier untergebracht. Darüber hinaus ist es ein Schaukasten unseres eigenen Selbst, das andere sofort über unser Lebensalter informiert, über unsere Geschlechts- und Rassenzugehörigkeit, unser gesundheitliches Befinden und unsere Stimmung. Es verleiht uns unsere Individualität. Es kann Botschaften aussenden, die zu flüchtig sind, um wissenschaftlich erfasst und analysiert zu werden, bislang zumindest, und es bezaubert uns mit seiner Schönheit. Die Einwohner der Trobriand-Inseln hielten das Gesicht für etwas Heiliges, und sie hatten guten Grund dazu, denn das Gesicht verleiht uns unsere gesellschaftliche Identität, es ist grundlegend für unsere Anziehungskraft auf andere, für unseren gesellschaftlichen Einfluss, es bestimmt unser ganzes soziales Dasein.

Unsere Sinne lassen sich auf dem Gesicht eines anderen nieder wie ein Schmetterling auf einer Blüte, weil es uns eine Vielzahl wertvoller Informationen liefert. Als Robert Louis Stevenson den Atlantik als Zwischendeckspassagier überquerte, war er darum bemüht, als Gentleman erkannt zu werden, und um so enttäuschter, als die anderen Reisenden nicht auf seine Hände schauten, die frei von Schwielen waren, sondern statt dessen sein Gesicht musterten. Wir fixieren sogar das Gesicht einer Bauchrednerpuppe, obwohl wir wissen, dass es aus Holz geschnitzt ist.

In der Tat fesseln uns Gesichter von Geburt an. Neun Minuten alte Neugeborene, die noch nie ein menschliches Antlitz gesehen haben, fühlen sich von einem Muster, das einem Gesicht ähnelt, stärker angezogen als von einem, das in seinem Inneren leer ist oder sehr unregelmäßige Konturen hat. Affen, die in völliger Isolation aufgezogen wurden, vermögen ihre Artgenossen auf Fotos zu erkennen. »Man kommt mit dem Wissen auf die Welt, was ein Gesicht ist«, meint die Psychologin Vicki Bruce, die wohl weltweit führende Expertin auf dem Gebiet der »Gesichtserkennung«.

Aus dem Chaos tauchen Gesichter vor uns auf, wie von uns herbeigerufen. Wir behaupten, einen Mann auf dem Mond zu erkennen. Dickens Scrooge erblickte Marleys Gesicht in einem Türklopfer. Eine Steckdose mit drei Löchern lässt uns an weitaufgerissene Augen und einen zum Schreien geöffneten Mund denken. Die Frommen unter uns vermögen auf einer Abendmahlshostie oder auch am Firmament das Antlitz der Jungfrau Maria zu erkennen. In Lorrie Moores Roman *Die Froschkönigin* entdeckt Sils auf ihren Zehennägeln die Gesichter von Napoleon Solo und Ilya Kuryakin. Das »Gesicht auf dem Mars« ist zu einem Lieblingsthema der Boulevardpresse geworden. 1996 wurde in einem Artikel sogar behauptet, eine untergegangene

Das Gesicht
auf dem Mars

Zivilisation habe es um 2000 vor Christus aus dem Gestein des Planeten gehauen.[1]

Aus fast jeder Zeichnung, die aus einer geschlossenen Linie besteht, vermögen wir – auch wenn es sich nur um einen völlig unregelmäßig gezogenen Kreis handelt – ein Gesicht zu machen, indem wir an der richtigen Stelle ein Auge einfügen. Wir sind so geeicht darauf, Gesichter zu sehen, dass wir auch in einem Kringel mit einem Punkt eines zu erkennen vermögen.

Aber was geschieht eigentlich, wenn wir in ein Gesicht schauen? Interessanterweise scheinen wir durch es hindurchzuschauen. Es verschwindet mehr oder weniger, wie die Seiten eines Buches, das wir lesen, und wir nehmen mehr das Wesen unseres Gegenübers wahr als die äußeren Umrisse seines Gesichts. Deshalb setzen wir oft das Gesicht mit dem Wesen einer Person gleich. Als Charles Darwins zehn-

---

[1] Die NASA hat diese Erkenntnis vor der Öffentlichkeit geheimgehalten, vermutlich um die allgemeine Begeisterung für das Raumfahrtprogramm nicht zu groß werden zu lassen.

jährige Tochter Annie 1851 starb, beklagte er den Verlust »ihres lieben frohen Gesichts«. Die an Liebeskummer leidende Marguerite Yourcenar schrieb: »Wenn ich es nicht vor mir habe, dehnt dein Gesicht sich aus, bis es das ganze Universum erfüllt.« Wir sehnen uns nach dem Gesicht eines Menschen, der uns lieb ist, stellen Bilder von ihm auf unseren Schreibtisch oder hängen sie an die Wand, um Kraft aus dem Wesen zu ziehen, das sich hinter diesem Antlitz verbirgt.

Es gibt besondere Abschnitte des Gehirns, die für Gesichter zuständig sind. Sie automatisieren unsere Deutungen von ihnen, flüstern gewissermaßen ihre Schlussfolgerungen unserem Bewusstsein zu: Er ist erregt, sie ist schön, das ist Steve. Wir sehen das Gesicht eines anderen, ohne es ganz zu sehen, nehmen seine Geheimnisse nicht mehr wahr.

Wenn man diese Geheimnisse kennen lernen und aufdecken will, muss man sich mit vier großen Bereichen beschäftigen: der Anatomie des Gesichts, seiner Singularität, seinem Ausdruck und seiner Schönheit.

Anatomisch gesehen ist das Gesicht ein Terrain, von dem vieles hinter Schleiern verborgen liegt. Seine äußere Gestalt kündet von sowohl im Urmeer wie in der Savanne entwickelten Technologien, und hinter einzelnen Details verbergen sich interessante Geheimnisse. Warum besitzen unsere Ohrmuscheln im Inneren diese merkwürdigen Spiralen? Wieso haben wir Lippen, und wozu sind unsere Augenbrauen und unser Haar gut? Sie leisten uns, wie wir noch sehen werden, wichtige und großartige Dienste. Die Funktion anderer Teile des Gesichts, wie des Kinns und der Nase, sind jedoch weit weniger leicht zu durchschauen.

Jedes Gesicht ist einzigartig. Sechs Milliarden von ihnen zieren diese Erde, vielleicht übersteigt die Zahl möglicher Gesichter sogar die der Teilchen im Universum. Das Gesicht spiegelt unser Selbst – Menschen, die ihr Aussehen mit Hilfe der kosmetischen Chirurgie verändern, haben oft das Gefühl, einen Teil ihres Selbst verloren zu haben. Wir sind in der Lage, Gesichter wiederzuerkennen, und ein flüchtiger

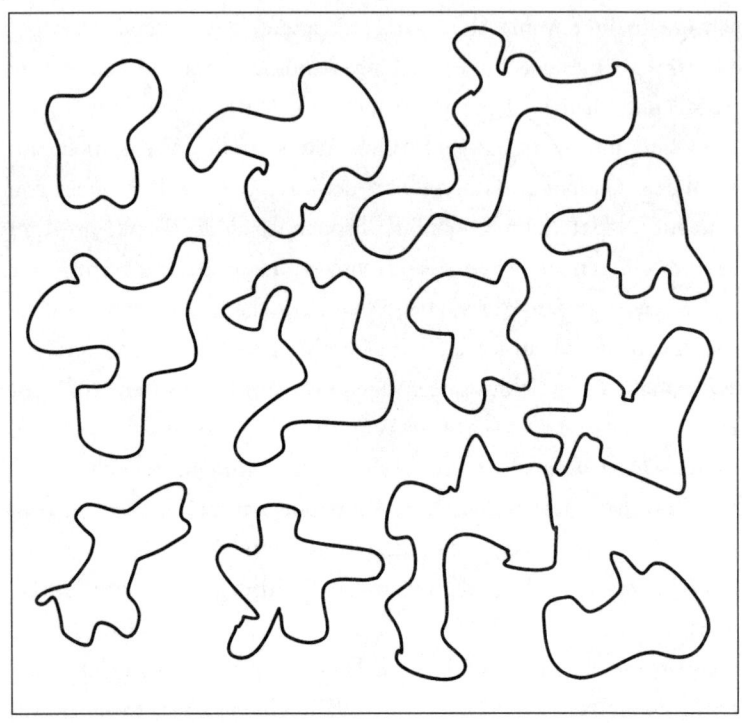

Schlängellinien

Blick reicht uns, das einer Frau von dem eines Mannes zu unterscheiden, ohne dass wir wüssten, wie wir das machen. Andererseits weiß beinahe niemand, ein Gesicht zutreffend zu beschreiben – was sowohl für Romanschriftsteller wie auch für Detektive ein Fluch ist.

Das Gesicht vermag ungeheuer viel zu signalisieren. Im Leben und in einigen Romanen wie *Jane Eyre* sendet es Botschaften von verblüffender inhaltlicher Tiefe und unendlicher Nuanciertheit aus. Wir stützen uns ständig auf diese Botschaften, ohne es recht zu wollen, da keiner von uns sie wirklich genau zu definieren weiß. Wir lesen eine Sprache, die wir nicht sprechen können, die wir vielleicht nicht einmal bewusst wahrnehmen. Und doch täuschen wir immer wieder bestimmte Signale vor. Täuschung kommt überall in der Kommunika-

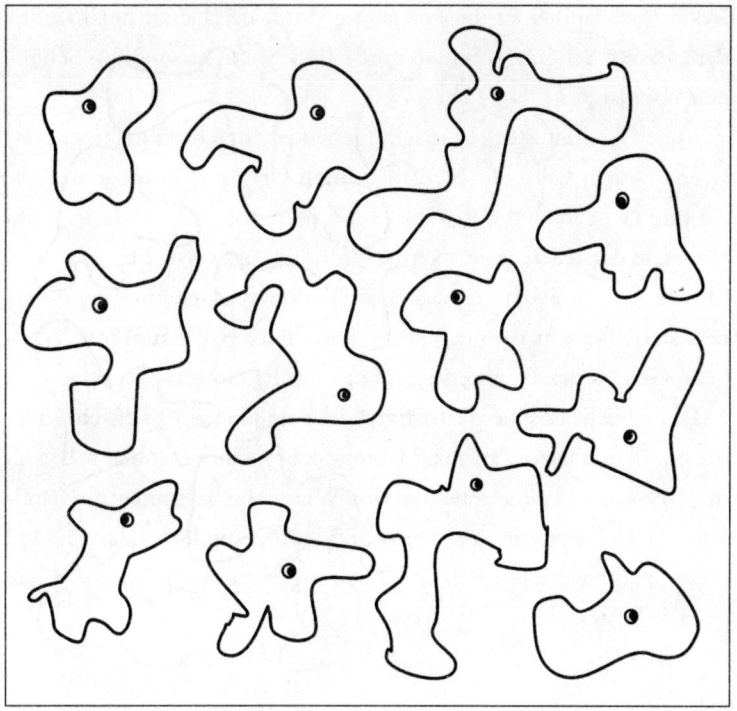

Schlängellinien mit Augen

tion zwischen Lebewesen vor, selbst Schimpansen verstehen es, mit ihrem Gesicht zu lügen. Das Gesicht ist beides: letzte Wahrheit und Fata Morgana.

Schönheit hat – von Sokrates bis hin zu den Schurken in den Detektivgeschichten Chandlers – noch jeden zu berühren vermocht. Ovid nannte sie »ein Geschenk der Götter«, und auf der ganzen Welt streben Menschen nach der von der Schönheit ausgehenden verführerischen Macht. Schönheit ist schon immer ein atemraubendes Rätsel gewesen, ihr strahlendes Antlitz hat zahllose Künstler geblendet und in hilflose Verzückung versetzt. Die Naturwissenschaften haben indes nachgewiesen, dass Schönheit ein viel seltsameres Gemisch aus verschiedenen Zutaten ist, als den meisten Menschen bewusst ist.

Doch noch immer ist die Forschung damit beschäftigt herauszufinden, warum Schönheit eine so große Bedeutung hat und was Schönheit überhaupt ist.

Viele Geheimnisse des Gesichts gehen eigentlich gar nicht von unserem Gesicht selbst aus. Sie haben ihren Ursprung in unserem Fühlen und Denken, in der Art und Weise, in der wir auf ein Gesicht reagieren, es darstellen, verstecken, schmücken und versuchen, es neu zu formen. Das Gesicht im Spiegel hat ebenso seine Geheimnisse wie das tätowierte Gesicht, das Gesicht des Schauspielers, das zur Ikone erhobene Gesicht des Tyrannen – und das Antlitz Gottes.

Das Gesicht ist eine großartige und wunderbare Oberfläche, über die wir in den letzten zwanzig Jahren mehr herausgefunden haben als in den zwanzig Jahrtausenden davor. Wir haben begonnen, die Landschaft des Gesichts zu erforschen und kartografisch zu erfassen. Und diese Landschaft hat mehr Überraschungen zu bieten, als wir jemals gedacht hätten.

I Die Genese

Die Erscheinung dieser Gesichter in der Menge;
Blütenblätter an einem nassen, schwarzen Zweig.

EZRA POUND

1 Eine Reise durch unbekannte Regionen

In seinem 1356 erschienenen Reisebericht *Voyages en outre monde* beschreibt Sir John Mandeville die vielen Aufsehen erregenden Wesen, von denen es auf den Andamanen angeblich nur so wimmelt: Menschen ohne Kopf, bei denen sich Mund und Augen in der Brust befänden. Außerdem habe er nasenlose Insulaner gesehen mit Gesichtern wie Laken, in denen zwei Löcher statt der Augen saßen und Münder ohne Lippen. Die Bewohner einer anderen Insel erfreuten sich einer riesigen Oberlippe, die ihre Gesichter beschattete, wenn sie in der sengenden Nachmittagssonne dösten. Anderswo gebe es Zwerge, die keine Zunge hätten, sondern harte Mäuler wie Ösen, in die sie die Nahrung mit einem Strohhalm einsaugten, sowie Geschöpfe mit Ohren, die so riesig seien, dass sie ihnen beim Gehen bis zu den Knien herabbaumelten.

Ein Wissenschaftler hat die Vermutung geäußert, dass Mandeville nie weiter als bis zur nächstgelegenen Bibliothek gereist sei, und aller Wahrscheinlichkeit nach stimmt das auch. Gesichter, wie er sie schildert, gehören demselben Reich an wie Zentauren und fliegende Affen – und das aus demselben Grund: Sie funktionieren nicht.

Das wirkliche Menschenantlitz ist ein Wunder an Funktionalität, weist zugleich aber in der Tat sonderbare Eigenschaften auf, die jedoch jenseits der Vorstellungskraft Mandevilles liegen. Unser Gesicht unterscheidet uns von allen anderen Lebewesen, selbst von den Neanderthalern. Zum Beispiel deswegen, weil es flach ist, ein ungewöhnliches Vorkommnis in dieser Welt von zähnefletschenden Kreaturen. Die Form unseres Mundes, unserer Nase, unserer Stirn und unseres Kinns findet kaum ihresgleichen. Männer weisen Bartwuchs auf, was bei Primaten ungewöhnlich ist. Unser Kopfhaar wächst, es wird so lang, dass wir es regelmäßig schneiden müssen – anders als bei jedem anderen Lebewesen.

Unser Gesicht hat eine ganz einzigartige Struktur, in dem Subtilstes vor sich geht. Man könnte sagen, dass es einem Herrenhaus voll unsichtbar wirkender Dienstboten ähnelt, kleiner Ariels, wie zum Beispiel unseren Augenbrauen, die Aufgaben ausführen, ohne dass wir es bemerken. Es ist auch eine Zone der Sinnlichkeit, mit sich wollüstig aufwerfenden Lippen und erregt aufrichtenden Härchen, klimpernden Wimpern und Pupillen, aus denen die Sünde strahlt. Solche Signale können ganz offenkundig und unverkennbar sein, sie können aber auch ganz diskret und verstohlen ausgesandt werden, so dass der Empfänger wie durch einen Lufthauch in Entzücken gerät.

Von allem, was uns im alltäglichen Leben begegnet, bedarf das Gesicht am dringendsten einer Erkundungstour, da es sich bei ihm um ein verzaubertes Terrain handelt, das uns gleichzeitig fesselt und unsere Neugier befriedigt. Von den Augen über die Nase hinunter bis zum Mund, vom Zentrum bis zu dem äußeren Rahmen, den Ohren und Haare bilden, ist es eine Landschaft voller Rätsel. Die Lösung für einige von ihnen liegt direkt unter der Oberfläche, für andere hingegen in der Tiefe, und was die elementarsten von ihnen betrifft, so müssen wir bis zu den Anfängen animalischen Lebens hinabsteigen, um sie zu klären.

Das Frühe und das Seltsame

Wozu haben wir ein Gesicht? Genau genommen brauchten wir keines. Viele Geschöpfe, Seeigel zum Beispiel, Seesterne, Muscheln, Quallen und Protozoen, kommen ganz und gar ohne ein Gesicht aus. Andere haben ein partielles Gesicht. Das mikroskopisch kleine Rädertier besitzt ein Paar Augenflecken, die in einer Freßmulde auf einem Stäbchen sitzen: ein beinahe gesichtsloses Gesicht. Das Gesicht der Seeanemone besteht nur aus einer Mundöffnung und das des Oktopus aus zwei glotzenden Augen. Schnecken haben winzige Mäuler und Augen auf teleskopartigen Stangen, die über ihren Köpfen hin- und herwedeln.

Im großen und ganzen sind Gesichter jedoch im Tierreich erstaunlich verbreitet. Jaguare, Salamander und Falken haben Gesichter, wie auch alle Insekten, Fische, Reptilien, Vögel und Säugetiere. Warum haben sie alle eins und die Qualle nicht?

Die Erklärung liefert die Evolution, mit der sich so viele Besonderheiten der Anatomie von Lebewesen begründen lassen. Die Gesichter von jedem von uns – von Marilyn Monroe, Ronald Reagan, Shakespeare oder Cher – haben ihren Ursprung im Meer.

Ein Gesicht wird zu einem richtigen Gesicht, wenn es einen Mund und Sinnesorgane enthält. Vielleicht ist dieses Gebilde sogar älter als Schalen aus Muschelkalk oder Skelette aus Knochen. Genetiker sind der Ansicht, dass vielzelliges Leben vor ungefähr 1,2 Milliarden Jahren entstand, Fossilien von Kreaturen mit harten Körperbestandteilen datieren jedoch erst aus einer viel späteren Periode, sie sind nicht älter als rund 544 Millionen Jahre. In der gewaltigen Zeitspanne dazwischen krabbelten und huschten Weichkörperorganismen wie die bizarren, federähnlichen Organismen der Ediacara-Fauna auf der Erde umher, ihre Überbleibsel findet man aber nur selten. Das erste Gesicht entstand wahrscheinlich gegen Ende dieser Periode.

Die ersten Geschöpfe, deren Körper von Schalen geschützt waren, hatten zumeist ein spektakuläres Aussehen. Der große kambrische Karneval des Lebens war angebrochen, das zoologische Äquivalent zur Pariser Kunstszene von, sagen wir, 1910, und denkwürdige Gesichter zierten die Ozeane. Das winzige *Opabinia* beispielsweise nannte ein Tentakel, einem Elefantenrüssel ähnlich, sein eigen sowie fünf pilzförmige Augen. Es sah so bizarr aus, dass die Paläontologen, denen es 1972 erstmals bei einem Kongress vorgestellt wurde, in Gelächter ausbrachen.

Die Fossilien anderer Lebewesen waren leichter zu identifizieren, wie zum Beispiel die schleimigen Würmer, die vorne Augen und einen Mund hatten, und eine Erklärung dafür bieten, wieso sich ein Gesicht ausbildet. Es ist eine logische Folge der Bewegung. Wenn ein Tier regelmäßig in eine bestimmte Richtung schwimmt, wird sein Kopf zu einer Art Bug. Mit einem nach vorne gerichteten Mund kann es die Nahrung leicht herunterschlucken, indem man die Vorwärtsbewegung des ganzen Körpers ausnutzt. Ein am Heck angebrachter Mund würde sich von der Nahrung entfernen. Der Kopf kommt auch unablässig mit Neuem in Berührung, daher konzentrieren sich dort auch die Sinnesorgane, bilden so etwas wie das Ortungssystem einer Rakete. Wenn sie da vorne sitzen, können sie die Zukunft prophezeien: Sie verifizieren, was das Tier in dem vor ihm liegenden Raum erwartet.

Wirbeltiere wie Fische besitzen viermal mehr grundlegende strukturbestimmende Gene als Wirbellose und weisen viel kompliziertere Köpfe und Körper auf. Mit den Fischen entwickelten sich auch Gehirne, die der Rede wert waren. Das Gehirn prüft das, was die im Gesicht untergebrachten Sinne ihm melden. Theoretisch könnte es überall im Körper seinen Platz haben, so wie der Hauptchip in einem Computer. Doch die biologische Verkabelung ist recht störungsanfällig, und so ist das Gehirn ebenfalls vorne untergebracht, wo es wie ein Pilot vor einem Armaturenbrett sitzt. Und da die geballte Masse von

Neuronen für einen Feind ein ideales Ziel darstellt, um zuzuschlagen und zu töten, bildeten Fische eine harte Schutzhülle für das Gehirn aus, einen Schädel oder Kopfschild.

Wenn man die einzelnen Sterne des Sternbilds Orion nach Lust und Laune verschieben könnte, würde das Sternbild sofort aufhören zu existieren. Orion besteht nicht einfach nur aus Rigel, Beteigeuze und den anderen Sternen, Orion beschreibt ein bestimmtes Muster. Und ein Gesicht ist ein ebensolches Muster. In der Tat weisen die Gesichter von Aalen ebenso wie das von Einstein, weisen die Gesichter aller Geschöpfe dieselbe Anordnung von Mund, Nase und Augen auf. Diese Konstellation hat sich als äußerst beständig erwiesen; sie ist dauerhafter als Gebirgszüge gewesen, was bedeutet, dass die Evolution andere Entwürfe ausgesondert hat.

Was hat das Grundmuster des Gesichts so dauerhaft gemacht? Warum zum Beispiel befindet sich der Mund immer unter der Nasenöffnung und den Augen? Und warum haben wir keine Augen im Hinterkopf, so dass wir die Welt mit einem Rundumblick wahrnehmen könnten?

Die Struktur des Gesichts wird von einem Meisterbildner festgelegt: der Suche nach Nahrung. Weil sie fressen müssen, um zu überleben, dominiert das Maul im Gesicht aller Lebewesen, bei Kröten und Füchsen, bei Kaimanen und Gnus. Das Maul ist das Portal, durch welches ein Tier die Welt assimiliert und beginnt, sie von Nicht-Selbst in Selbst umzuwandeln. Hier lauern jedoch auch jede Menge Gefahren, Obacht ist von allergrößter Bedeutung. Deshalb stehen drei Wächtersinne in der Nähe des Maules zur Verfügung – der Geschmacks-, der Geruchs- und der Gesichtssinn-, um Gifte rechtzeitig aufzuspüren und Ambrosia von Asche zu unterscheiden. Die Geschmacksknospen befinden sich im Mund, die Nasenöffnungen dicht darüber und im obersten Rang sitzen die Augen.

Warum sind die Augen so hoch über der Mundöffnung angeordnet? Eine solche Plazierung bringt eine Reihe von Vorteilen mit sich. Für Wirbeltiere im allgemeinen gilt, dass die Augen auf diese Weise vor nach unten fallendem Futter geschützt sind und nicht im Schatten des eigenen Körpers liegen. Fische im besonderen brauchen Augen, die sich nach dem Sonnenlicht orientieren können, das, wenn auch nur schwach, sogar noch bis in eine Tiefe von ein paar hundert Metern dringt. Landtieren ermöglicht die Plazierung der Augen, Futterbrocken vom Erdboden aufzunehmen, von dort aufsteigende Gerüche zu erschnuppern und dabei ihre Schnauze und den Boden gleichzeitig zu sehen – anstatt die Schnauze und den Himmel.

Einige Kreaturen können noch auf ganz besondere im Gesicht untergebrachte Sinnesorgane zurückgreifen. Der blinde Höhlenfisch besitzt kleine Grate auf der Gesichtsoberfläche, mit denen er die Bewegungen von Beutetieren im Wasser erspüren kann. Mit den Grubenorganen beiderseits des Kopfes vermögen die nach diesen Organen benannten Grubenottern, zu denen beispielsweise auch die Klapperschlange gehört, Temperaturveränderungen wahrzunehmen, die nicht mehr als ein paar Tausendstel Grad betragen, was es ihnen ermöglicht, Nagetiere in deren lichtlosen Bauten aufzuspüren. Und Haie haben einen birnenförmigen Auswuchs zwischen ihren Augen und ihren niedrig angesiedelten Mäulern, über dessen Funktion Zoologen lange gerätselt haben. Jetzt weiß man, dass dieser Nasenkegel die Lorenzinischen Ampullen enthält, die elektrische Impulse registrieren, welche von anderen Lebewesen ausgehen: Für einen Hai ist alles Freßbare so leicht zu orten wie für Justizbeamte ein Sträfling auf Hafturlaub mit elektronischen Fußfesseln.

Starke Kräfte haben das Grundmuster des Gesichts geprägt, gleichwohl vermögen die verschiedenen Spezies dieses Grundmuster innerhalb gewisser Grenzen abzuwandeln. Bei Fleischfressern wie Katzen und Bären sitzen die Augen frontal im Gesicht, wie die Scheinwerfer eines Autos. Es ermöglicht diesen Tieren eine binokulare Sehweise, was wiederum ihr räumliches Sehvermögen erhöht und sie damit zu geschickteren Jägern macht. Diese Ausrichtung der Augen nach vorne engt aber das Gesichtsfeld ein, was die betroffenen Kreaturen oft mit extrem drehbaren Hälsen auszugleichen versuchen – eine Eule kann ihr Gesicht um einhundertfünfunddreißig Grad nach links und einhundertfünfunddreißig Grad nach rechts schwenken – sowie mit Augen, die sie in ihren Höhlen geradezu rotieren lassen können. Wie alle höheren Primaten folgen die Menschen dem Grundmodell für Fleischfresser, sie besitzen drehbare Hälse und bewegliche Augen. Wir haben keine Augen im Hinterkopf, weil wir durch das Drehen unserer Hälse und unserer Augen das gesamte Panorama zu erfassen vermögen.

Beutetiere hingegen sind auf ein gut funktionierendes Frühwarnsystem angewiesen. Bei vielen von ihnen, bei Gazellen zum Beispiel, sitzen die Augen an den Seiten des Kopfes, so dass sie ein größeres Gebiet optisch erfassen und sich anschleichende Geparden früher entdecken können. Die meisten Fische halten sich an dieselbe Überlebensstrategie, die Linsen ihrer Augen können sich sogar durch die Pupillen nach außen stülpen, was ihnen ein Rundumblick von nahezu 360 Grad ermöglicht. Einige Fische, die ihre Nahrung vom Boden aufnehmen, bevorzugen eine sicherheitstechnisch drastischere Lösung. Ihre Gesichter haben sich geteilt. Der Rochen beispielsweise hat ein Maul und zwei Nasenlöcher auf seiner glatten, breiten Unterseite; die Augen hingegen befinden sich auf der Oberseite des Körpers. Seine Feinde können sich ihm nur von oben nähern, säßen seine Augen auf der Unterseite, wäre er im wahrsten Sinne ein gefundenes Fressen für die Barrakudas.

Die Natur duldet auch noch andere Abweichungen von der Norm. Zum Beispiel Nasenlöcher auf dem Schädeldach – was sich verdächtig nach Mandeville anhört. Doch Wale und Delphine besitzen dort ein Blasloch, durch das sie bei ihrem kurzen Auftauchen bequem aus- und einatmen können. Eine lange, lianengleiche Nase ist sicherlich bizarr, dem Elefanten wuchs aber eine solche, weil er mit dem Maul nicht die Erde erreichen kann. Das große, wie umbördelt aussehende Gesicht des Hammerhais ist eines der merkwürdigsten im Reich der Wirbeltiere. Vielleicht wurde es entwickelt, damit die Nasenlöcher weiter auseinanderrückten. So wächst die Differenz zwischen der Intensität, mit der ein Geruch in den beiden Nasenlöchern registriert wird, und die Haie können dem Ursprung für sie köstlicher Düfte schneller auf die Spur kommen.

Gibt es ein Tier mit Augen im Hinterkopf? Bei *Rimicaris exoculata*, einer Krabbe, die im Pazifik in der Nähe von ins Erdinnere führenden Spalten auf dem Meeresboden lebt, befinden sich die Augen auf der Rückseite des Panzers. Ozeanographen gingen der Funktion dieser Anordnung auf den Grund und entdeckten einen sanften Lichtschein, der überraschenderweise aus den Spalten aufstieg. Die Krabbe behält diesen Lichtschein immer im Auge, um nicht von plötzlich aufsteigendem heißem Magma verbrüht zu werden.

Warum haben wir ein haarloses Gesicht?

Wir schätzen eine sanfte, weiche Gesichtshaut und neigen dazu, auf alles, was seine Glätte stört – wie Akne oder Falten –, sehr empfindlich zu reagieren. Besonders grotesk reagieren wir auf ein ganz und gar mit Haaren bedecktes Gesicht, wie es Menschen haben, die an dem seltenen »Werwolf«-Syndrom leiden. Dabei sind die Gesichter der meisten Säugetiere dicht mit Haaren bewachsen. Wir Menschen hingegen haben ein nacktes Gesicht, und dieser anscheinend triviale Umstand hat unser ganzes Wesen geprägt.

Ein solches Gesicht findet man schon bei einigen Primaten. Einer Erzählung im *Popol Vuh*, dem Schöpfungsepos der Mayas, zufolge ergab der erste Versuch der Götter, die Erde zu bevölkern, Geschöpfe mit »trockenen Gesichtern«. Die Götter erklärten diese hölzernen, steifen Kreaturen zu Probestücken und versuchten, sie wieder auszulöschen. Ihre Abkömmlinge wohnen heute in den Dschungeln: die Affen.

Natürlich sind Affen alles andere als hölzern. Sie sind springlebendige Wesen, agil, sozial, pausenlos am Schnattern. Und ihre »trockenen« oder nackten Gesichter können sehr auffallend sein, farbige Inseln inmitten von Fell. Ihr Gesicht stellt in jedem Fall eine Innovation dar, denn bei ihren unmittelbaren Vorfahren, den Halbaffen, zu denen die Lemuren und die Loris gehören, ist es noch mit Haaren bewachsen.

Was hat den Pelz verschwinden lassen? Des Rätsels Lösung liegt in der Oberlippe, beziehungsweise in der Veränderung, die diese erfuhr. Bei den meisten Säugetieren ist die Oberlippe fest mit dem Gaumen verwachsen. Aus diesem Grund wird eine Katze niemals lächeln können wie Garfield, und ein Titel wie *Das Lächeln des Jaguars* verweist auf ein Werk der Phantasie.

Bei Affen jedoch ist die Oberlippe nicht angewachsen und kann sich flink hin- und herbewegen. So kann das Gesicht rasch hintereinander seine Gestalt immer wieder verändern. Und jede neue Gestalt kann ein Signal mit einer bestimmten Bedeutung sein. Das Gesicht wird somit ausdrucksstärker. Da die Signale aber gut sichtbar sein müssen, weicht das Fell zurück. Unsere Gesichter sind nackt, damit andere in ihnen lesen können.

Halbaffen zeigen uns, worin die Alternative besteht: Sie kommunizieren vor allem mit Hilfe von Gerüchen miteinander. Ein Katta (*Lemur catta*) zum Beispiel parfümiert seinen Schwanz und schwenkt ihn dann umher, um Botschaften auszusenden. Der Geruch steigt langsam auf und verflüchtigt sich schließlich. Signale dieser Art sind recht träge und eintönig.

Das nackte Gesicht hingegen führt einen lebhaften Tanz auf, jede Bewegung hat eine bestimmte Bedeutung. Ein Affe, der sich ein bisschen amüsieren möchte, setzt sein »Spielgesicht« auf, bei dem der Mund zu einer Art Grinsen verzogen ist, so dass die Zähne im Unterkiefer sichtbar werden. Andere sehen und verstehen es sofort. Ein neuer Gesichtsausdruck kann dem ersten folgen. Auf diese Weise können Affen innerhalb einer Minute weit mehr Botschaften übermitteln als Halbaffen, vergleichbar dem Unterschied zwischen der Kommunikation mit Rauchzeichen und einer Fernsehdirektübertragung.

Auf der Erde wimmelt es von sozialen Wesen wie Hunden und Löwen. Und auch diese Tiere besitzen die Fähigkeit, mit dem Gesicht Signale zu senden. Aber ein haarloses Gesicht erweitert das Vokabular ganz beträchtlich, lässt die Botschaften klarer werden, subtiler und mannigfaltiger. Affen ermöglichte ein solches Gesicht die Entwicklung eines dichten, rasch funktionierenden Informationsnetzes, das sie zu besonders sozialen Wesen werden ließ. Schimpansen trösten einander, sie spielen sogar komplizierte politische Spiele. Wir Menschen jedoch sind wahre Virtuosen auf dem Gebiet der Zusammenarbeit. Unsere Fähigkeit, die Vertrauenswürdigkeit eines anderen zu erkennen und daraufhin mit ihm zusammenzuarbeiten, hängt auch vom Gesicht des Gegenübers ab. Das Gesicht hat also dazu beigetragen, dass wir den Boden bestellen oder Stollen in ihn hineintreiben, die Erde mit einem Netz von Leitungen überziehen, Raubtiere in Schach halten, Krankheiten bekämpfen und in blühenden Städten wohnen können. Das haarlose Gesicht war ein erster Schritt in Richtung Zivilisation.

Die große Neuformung

Kaum eine Theorie hat das Denken des neunzehnten Jahrhunderts so erschüttert wie die von der natürlichen Auslese. Viele, auch viele kluge Köpfe, meinten, es sei doch wohl unmöglich, dass der Mensch Affen als Vorfahren habe. Eine solche Theorie sei angesichts unseres umfassenden Verstandes und unserer vielschichtigen Seele sogar eine beleidigende Unterstellung. Berühmt geworden ist ein spöttisches Bonmot des Bischofs Samuel Wilberforce, der einmal anmerkte, dass er zu gern wissen würde, ob der Evolutionstheoretiker Thomas Huxley väterlicherseits oder mütterlicherseits von Affen abstamme.[2] Nehmen wir aber einmal an, die Gesichter von Affen sähen wie die unseren aus. Hätte der Bischof sich dann getraut, solch einen Witz zu machen? Wären Fundamentalisten nach wie vor so felsenfest überzeugt davon, dass Darwin nicht recht hatte, wenn sie in einem Zoo auf der anderen Seite des Wassergrabens eine Kreatur erblicken würden, die ihnen zum Verwechseln ähnlich sähe und gemächlich die Blätter von einem Zweig abzupfte?

Unsere Gesichter ähneln weder denen von Affen noch denen anderer Tiere, und das ist einer der Gründe dafür, dass wir uns für so einzigartig halten. Tatsächlich ist die entwicklungsgeschichtlich erst jüngst erfolgte Neuformung des menschlichen Antlitzes die faszinierendste Episode einer langen Ereigniskette, etwas, das es in der Evolution vorher noch nie gegeben hat. Denn die Gestalt unserer Gesichter ist zum Teil das Ergebnis unseres Denkens und Fühlens. Jeder von uns hat ein »aufgewecktes« Gesicht, zu dessen Entstehen Waffen und Feuer und Verlangen beigetragen haben.

Die Anfänge der Menschheit liegen in Afrika. Dort begann alles mit aufrecht gehenden Affen, wie der berühmten Lucy, deren fossile Reste erhalten blieben. Diese Geschöpfe, wissenschaftlich Australopithecinen genannt, lebten in einem Zeitraum vor 5 bis 1,3 Millionen Jahren in den spärlich mit Bäumen bestandenen Savannen. Sie sahen mit ihren zum Zuschnappen bereiten Schnauzen, ihren klobigen Zähnen und niedrigen Stirnen Schimpansen sehr ähnlich.

---

2 In seiner berühmten Erwiderung sagte Huxley: »Wenn mir die Frage vorgelegt würde, ob ich lieber einen armseligen Affen als Großvater haben würde oder einen von der Natur reich beschenkten Mann, der über große Mittel und großen Einfluss verfügt, von diesen Fähigkeiten und diesem Einfluss aber nur Gebrauch macht, um sich über eine gewichtige wissenschaftliche Diskussion lustig zu machen, dann würde ich, ohne eine Sekunde zu zögern, erklären, dass mir der Affe lieber sei.« Augenzeugen berichteten aber, Huxley sei außer sich vor Wut gewesen und habe daher seine Antwort nicht sehr überzeugend vortragen können.

Ihre aufrechte Haltung entmilitarisierte jedoch ihr Gesicht. Die mit Zähnen besetzten Kieferknochen eines Vierfüßlers ragen wie eine Lanzenspitze nach vorne und machen sein Gesicht zu einer natürlichen Waffe. Ein Wolf trägt seine Fangzähne immer vor sich her, auch Schimpansen benutzen ihre Zähne, um ihre Rivalen zu zwicken. Da sie jedoch auf zwei Beinen gingen und ihren Kopf hoch oben zwischen den Schultern trugen, mussten die Australopithecinen ohne dieses dem Schutz dienende Design auskommen, überhaupt war ihr ganzer Körper ungeschützt einem Angriff preisgegeben.

Wie wehrten sie sich also gegen die Säbelzahntiger und die Hyänenrudel, die ihre Lebensregionen bevölkerten? Konnten sie mit den Beinen, auf denen sie liefen, einem Gegner todbringende Tritte versetzen – wie der Strauß oder das Känguruh? Vielleicht hatten sie ja auch scharfe Krallen. Oder ließen sie womöglich hölzerne Knüppel kreisen? Tatsächlich flohen sie, so schnell es ging, auf Bäume hinauf. Sie waren keine reinen Zweibeiner. Ihre gekrümmten Füße und ihre, wie bei Affen, halbkreisförmigen Kanäle im Innenohr – die Gleichgewichtssensoren – legen die Vermutung nahe, dass sie zeitweise wie Schimpansen hoch oben in den Ästen lebten. Vielleicht entwickelten sie das aufrechte Gehen auf zwei Beinen, um auf dem Boden schneller von einem Baum zu einem anderen laufen zu können.[3]

Die Australopithecinen hielten sich mehrere Äonen lang auf unserem Planeten. Vor circa 2,5 Millionen Jahren begann die Erdkugel

---

3 In wenigen Disziplinen geht es konfuser und chaotischer zu als in der der Paläoanthropologie. Es gibt nur wenig konkretes Beweismaterial, und neue Funde werfen das, was man bislang allgemein als wahr anerkannt hat, über den Haufen. Jeder Vertreter des Faches scheint mit jedem anderen über beinahe alles uneins zu sein. Die von mir vorgelegte Darstellung stützt sich vor allem auf die Schriften Darwins und Steven Stanleys, eines Paläobiologen an der Johns Hopkins Universität. Andere Wissenschaftler haben die Theorie aufgestellt, dass sich die Vormenschen den aufrechten Gang angewöhnten, um größere Territorien durchschweifen, Dinge tragen und auch um den Körper zusammenkrümmen und so einem Gegner besser ihr Einlenken signalisieren (und damit die Mortalitätsrate senken) zu können.

jedoch langsam auszukühlen, und – die heute noch bestehende – Abfolge von Eiszeiten und Zwischeneiszeiten nahm ihren Anfang. Afrika trocknete allmählich aus, die Vegetation wurde spärlicher, und vielleicht waren diese Geschöpfe von ihren natürlichen Gegnern nun leichter zu jagen, wenn sie versuchten, von einem Baum zum nächsten zu sausen. Sie starben langsam aus, und ein neues Tier betrat die Szene: *Homo habilis*, der erste Angehörige unserer eigenen Gattung.

Dies war ein radikal anderes Geschöpf. *Homo habilis* huschte nicht auf die Bäume hinauf, er war ein konsequenter Zweibeiner. Wie hielt er sich die Fleischfresser vom Leib? Mit größter Sicherheit benutzte er Waffen. Er schleuderte Felsbrocken auf seine Angreifer, er fertigte sich aber auch, was viel wichtiger war, Geräte aus Stein an. Darunter scharfkantige Steinsplitter, mit denen man einem Raubtier eine blutende Wunde zufügen oder zähe Häute durchtrennen konnte. Es ist daher auch wahrscheinlich, dass *Homo habilis* Fleisch verspeiste.

Homo habilis war aber auch in anderer Beziehung ein ganz neues Modell. Seine Gehirnmasse wuchs um fünfzig Prozent, was wirklich eine erstaunliche Entwicklung darstellte. Und sein Gesicht begann sich in Richtung menschliches Gesicht zu formen. Seine Stirn wurde ein bisschen höher, die Schnauze zog sich zurück, und die Zähne wurden kleiner – vielleicht weil sie keine so große Rolle mehr als Waffen spielten. Einige besaßen starke Augenbrauenwülste, an denen die kräftige Kiefermuskulatur verankert war, sowie den knopfartigen Ansatz einer hervorstehenden Nase.

Die Entwicklung vom *Homo habilis* über *Homo erectus* bis zum heutigen Menschen markieren vier entscheidende Veränderungen: Das Gesicht wird flacher, der vordere Teil des Schädels wölbt sich, um das immer größer werdende Gehirn aufnehmen zu können, die Nase drängt nach vorne, und das Kinn tritt hervor. Die ersten drei Entwicklungen setzten schon früh ein, das Kinn hingegen ist eine neuere Errungenschaft.

Das erste wirklich menschliche Gesicht zeigte sich gegen Ende einer intensiven Eiszeit vor einhundertdreißigtausend Jahren, als der moderne *Homo sapiens* in Afrika die Bühne betrat. Dieses Gesicht unterschied sich sogar auffallend von dem der Neandertaler, unseren engsten Vettern. Wenn Archäologen feststellen wollen, ob ein von ihnen gefundener Schädel einem Neandertaler oder einem *Homo sapiens* gehörte, untersuchen sie zuerst die Gesichtsknochen. Die Neandertaler hatten mächtige Brauenwülste, wo wir nur Brauen besitzen. Sie hatten vollmondrunde Schädel, während unsere von der Form her eher kleinen Brotlaiben gleichen. Sie besaßen lange, schmale Kiefer mit starken Zähnen, die sie offenbar auch wie eine Art Zwinge benutzten. Ihre Nasen waren große, fleischige Pflugscharen, und ihre Augen lagen in tiefen, großen Höhlen. Sie besaßen so gut wie kein Kinn, vor allem aber hatten sie in bescheidenen Ausmaßen noch eine Schnauze zurückbehalten. Unsere Gesichter hingegen sind völlig flach.

Das Verschwinden der Schnauze ist vielleicht die faszinierendste evolutionäre Entwicklung von allen. Vorspringende Kiefer gehören bei fast allen Wirbeltieren zur Grundausstattung, bei Hechten ebenso wie bei Eisbären. Sie machen es möglich, zu schnappen, zu knabbern und zu kneifen.[4] Wir aber kommen ohne sie aus. Es ist so, wie Darwin es in *Die Abstammung des Menschen* ausführte: Unser Gehirn hat die Schnauze überflüssig gemacht.

Durch eine Schnauze rücken die Zähne nach außen, vor das eigentliche Gesicht, so dass sie sich wie eine Falle schließen, verwunden und töten können. Leoparden zerfleischen ihre Beute, Kamele schnappen nach ihrem Angreifer. Unsere Zähne hingegen liegen innerhalb unseres Schädels und sind keine besonders wirksamen Waffen. Deshalb stellen wir uns Kampfgeräte her, die effektiver sind, und

---

4 Die meisten Tiere verwenden ihre »Schnauzen« auch, um ihre Nahrung direkt zu ergreifen. Pferde rupfen Gras, Bären reißen Fleischbrocken aus dem von ihnen geschlagenen Beutetier heraus. Wir hingegen – wie die meisten Primaten – benutzen die Hände, um die Nahrung zum Mund zu führen.

unsere Hände haben Myriaden verschiedenartiger Griffe entwickelt, um diese Waffen und andere Werkzeuge am effizientesten einzusetzen.

Wir kauen unsere Nahrung auch weniger, seit wir die Herrschaft über das Feuer erlangt haben. Feuerstellen tauchen zwar erstmals vor ungefähr dreihunderttausend Jahren auf, archäologische Grabungen zeigen aber, dass sie erst vor circa vierzigtausend Jahren wirklich verbreitet waren. Durch das Garen wird jede Nahrung weicher, starke Kiefer und Zähne sind nicht mehr so wichtig, und wenn wir uns öfter des Feuers bedienten als die Neanderthaler, erklärt dies womöglich die Tatsache, dass wir keine Brauenwülste mehr haben.

Im Unterschied zu Schimpansen beißen wir unsere Artgenossen auch nur noch relativ selten. Wir schleudern ihnen statt dessen Wörter an den Kopf, und wenn wir tatsächlich »treffende« finden, kann das verdammt wehtun, wie der Wortwechsel zwischen Wilberforce und Huxley zeigt. Solche Wörter könnten einen Grizzly nicht aufhalten, aber bei Menschen zeigen sie Wirkung. Wenn eine rudimentäre Schnauze uns vielleicht noch deshalb eine Zeit lang erhalten blieb, damit wir ab und zu mal nach anderen schnappen konnten, dann verschwand sie möglicherweise endgültig mit dem Aufkommen der menschlichen Sprache.

Auf jeden Fall machten die beschriebenen Fortschritte eine Schnauze schließlich überflüssig. Sie hätte gleichwohl weiterhin existieren können, als ein genetischer Nassauer wie der Blinddarm. Sie hat es aber nicht getan, und die Archäologen haben sich gefragt, warum.

Die Erklärung, die am häufigsten bemüht wird, bringt menschliche Vorlieben ins Spiel und stützt sich vor allem auf die Anziehungskraft eines kindlichen Gesichts. Wir finden Babys niedlich, seit jene Vorfahren von uns, die dies auch taten, sich intensiver um ihre Kinder kümmerten, mit der Folge, dass sich von ihnen durchschnittlich immer mehr Individuen zu gesunden Erwachsenen entwickelten, die wiederum jenes Gen verbreiteten, welches bewirkt, dass wir heute Kleinkinder verzückt anstarren. In Konsequenz wirkten auch Erwachsene mit Babygesichtern reizvoller. Da sie anziehender aussahen, pflanzten sie sich entsprechend häufiger fort und gaben so mehr Gene weiter, die weitere babygesichtige Erwachsene entstehen ließen. Die Schnauze sank in sich zusammen, das menschliche Gesicht begann infantil auszuschauen. Diese Theorie mag zutreffend sei, sie lässt sich aber nur schwer überprüfen.

Die menschlichen Individuen, die vor einhundertdreißigtausend Jahren lebten, waren anatomisch mit uns identisch. Sie hatten unsere Stirn, unsere Wangenknochen und unsere blitzenden Zähne, und wenn wir ihnen in die Augen hätten schauen können, hätten wir das, was wir dort gesehen hätten, wohl verstanden.

Doppelgestirn

»Oh! Was für ein Leben hat das Auge! Was für ein seltsames und unerforschliches Wesen!« schrieb Coleridge. Tatsächlich sind die Augen viel mehr als bloße Sehwerkzeuge, doch wir haben gerade erst damit begonnen, in ihre glitzernden Geheimnisse einzutauchen.

Nichts spiegelt unsere Gedanken in einem solchen Grad wider wie unsere Augen. Sie stellen das psychologische Zentrum des Gesichts dar, das »Fenster zur Seele«, wie Plinius es nannte. Ihr Glühen kann von Intelligenz künden oder von Liebe. Sie sind wie kleine Seen voller Leben, und sie vermögen uns zu verzaubern.

Wenn wir jemandem in die Augen schauen, dann kommt dies einem Blick in seine Seele gleich. Augen können verträumt sein, nachdenklich aussehen oder vage blicken. In Thomas Hardys *A Pair of Blue Eyes* sind Elfride Swancourts Augen von einem »verhangenen und dunklen Blau, das keinen Beginn und keine Oberfläche besaß«. Augen können wie Laserstrahlen brennen, man kann sich gegenseitig mit »Blicken erdolchen«. Sie können wie ein in die Enge getriebenes Tier von einer Ecke in die andere schnellen oder vor Vergnügen zwinkern. Sie können voller Verachtung rollen. Ein Blick in die Augen des Gegenübers stellt einen menschlichen Kontakt her und kann, wie Claude Lévi-Strauss in Indien herausfand, einen Bettler sofort dazu veranlassen, um ein Almosen zu flehen. Augen können süße Verlockungen ausstrahlen, ein »Schlafzimmerblick« zumal. Ohne Gedanken und ohne Gefühle können Augen hart wie Marmor aussehen oder gummiartig, wie die Popeyes in Faulkners Roman *Sanctuary*.

Unserem subjektiven Empfinden nach existieren wir unmittelbar hinter unseren Augen, die einen transparenten Vorhang zur Welt darstellen. Wir überblicken all das, was draußen ist, und sind ihm gleichzeitig ausgesetzt. Und so sind die Augen gleichzeitig die mächtigsten und die intimsten Bestandteile des Gesichts. Sie flammen vor Wut auf, als ob man mit Gedanken allein das Ziel seines Unwillens in Brand setzen könnte. Wer sich schämt, schlägt seine Augen nieder, um das, was in ihm vorgeht, zu verbergen. Wenn die Augen hingegen vor Freude oder vor Liebe funkeln, dann ist dies wie eine Einladung, in das eigene Fühlen und Denken hineinzuschauen. Wenn Liebende einander lange in die Augen schauen, dann verspüren sie tatsächlich eine Art von Schwindel, als ob sie in ihr Gegenüber hineinstürzten.

Die Augen scheinen zu leben, und wenn in dem Film *Un Chien Andalou* ein Rasiermesser ein Auge zerschneidet, dann verschlägt es den Zuschauern den Atem. Es fällt schwer, Aufnahmen von Augenoperationen anzusehen. Die Angehörigen einiger Völker pflegten Augen aus Angst vor deren Macht zu verstümmeln: So zerstachen die japanischen Ainu mit einem Messer die Augäpfel eines erlegten Bären, um dessen Geist davon abzuhalten, sich an den Jägern zu rächen. Und die südamerikanischen Parintintin-Indianer verspeisten die Augen getöteter Feinde, um deren Geister zu blenden. Auch Bildern ist es nicht besser ergangen. Mohammed zielte zunächst auf die Augen, als er die Götzenbilder in der Kaaba attackierte. Zur Zeit der

Reformation stachen holländische Bilderstürmer auf Gemälden den dargestellten Personen als erstes die Augen aus. Und nachdem die Einwohner der Osterinsel im Laufe ihres erbittert ausgefochtenen Bürgerkriegs die großen Basaltköpfe von ihren Sockeln gestoßen hatten, zerstörten sie methodisch deren Augen.

Jahrhundertelang glaubten viele Verbrecher, dass bei den Ermordeten ein Bild desjenigen, der sie tötete, auf der Netzhaut zurückbleibe. Nachdem Frederick Guy Browne 1927 an einer englischen Landstraße einen Polizisten umgebracht hatte, beugte er sich aus diesem Grund über den Toten und feuerte eine Kugel in jedes seiner Augen. Browne wurde dennoch von der Polizei erwischt.

Lange schien das Auge jede Evolutionstheorie ad absurdum zu führen. Wie hätte sich ein so großartiges Werkzeug in Etappen entwickeln können? Wozu hätte ein halbentwickeltes Auge gut sein können? Doch sind die verschiedenen evolutionären Stadien für uns deutlich zu erkennen. Protozoen haben winzige, punktähnliche »Augen« oder Fotorezeptoren, die lediglich das Vorhandensein von Licht registrieren. Die Augen von Napfschnecken haben sich in Gruben zurückgezogen; bei Abalonen hat sich die Grube nahezu geschlossen, so dass das Licht durch eine nadellochgroße Öffnung fällt – ähnlich wie bei einer Camera obscura. Tintenfische, Oktopusse und die meisten Wirbeltiere haben Augen wie das Objektiv einer Kamera, mit Linsen, die scharfe Bilder auf die Netzhaut projizieren. Mit Hilfe von Computerberechnungen haben die Biologen Dan Nilson und Susanne Pelger ermittelt, dass sich bei einem Tier die Entwicklung von einem flachen »Hautauge« bis zu einem gewölbten Kameralinsenauge innerhalb von dreihundertvierundsechzigtausend Generationen, das heißt in den meisten Fällen in weniger als fünfhunderttausend Jahren, vollziehen konnte.

Wir besitzen zwei Augäpfel, wie jedes andere Wirbeltier, das sehen kann, mit Ausnahme des Vieraugenfisches. Einäugige Kreaturen wie die blutrünstigen Kyklopen aus der *Odyssee* und die gegen Greife kämpfenden Arimaspen Herodots gibt es nur in Mythen. Sogar primitive Würmer wie der nur etwas über einen Zentimeter lange *Planaria*, der unter Steinen und in Flüssen lebt, haben Augenpaare. Zwei Augen zeigen einen bestimmten Gegenstand von unterschiedlichen Blinkwinkeln aus, so dass er sich auf der Retina des einen Auges vor einem etwas anderen Hintergrund abzeichnet als auf der des anderen. Das Gehirn bewertet diese Diskrepanz und ermittelt so die Entfernung, in der sich der Gegenstand befindet. Diesen Trick nennt man Parallaxe. Zwei Augen bedeuten auch Sicherheit: Wenn uns irgendein Odysseus einen glühenden Pfahl in eines unserer Augen rammt, dann haben wir, anders als Polyphem, immer noch ein zweites in Reserve.

Nur ein Sechstel des gesamten Augapfels ist sichtbar. Die faszinierende Wirkung dieser sichtbaren Partie ergibt sich aus drei interagierenden Teilen: dem »Weißen« des Auges, der Iris und der Pupille.

Das Weiße ist Teil der den gesamten Augapfel umgebenden Hülle, der Sklera oder Lederhaut, die über der Iris und der Pupille transparent ist. Ihr Glitzern korrespondiert mit dem Glanz der Zähne, und wenn Augen und Zähne gleichzeitig aufblitzen, kann es so aussehen, als ob ein elektrischer Funke zwischen ihnen überspringt.

Ist es irgendwie von Bedeutung, dass dieser Teil des Auges weiß ist? Könnte er nicht auch blau sein oder ockerfarben? Nein, die Elfenbeinfarbe ist von größter Wichtigkeit. Da sie mit der dunkler gefärbten Iris und der Pupille kontrastiert, lässt sie Bewegungen des Auges besser erkennbar werden. Würde sich die Lederhaut optisch nicht von der Iris abheben, fiele es uns schwer, festzustellen, wohin andere Menschen schauen. Die Richtung eines Blicks ermitteln zu können ist jedoch eine lebensnotwendige Fähigkeit, und unser Gehirn besitzt besondere Schaltkreise, die uns dies ermöglichen, das heißt, wir besitzen eine Art eingebauten Wetterhahn für Blickrichtungen, der uns sagt, wohin bestimmte Personen schauen und auf was sie ihre Blicke konzentrieren. Wenn wir merken, dass jemand wütend ist, können wir sofort sagen, ob er uns bedroht oder jemand anderen. Wenn wir uns zu einer Gruppe gesellen, legen wir mit Hilfe dieser Fähigkeit schnell so etwas wie einen gesellschaftlichen Übersichtsplan an, der zeigt, wer wem Beachtung schenkt. Ein Wissenschaftler hat die Theorie aufgestellt, dass diese »Aufmerksamkeitsstruktur« uns rasch über die herrschende Hierarchie informiert und so den sozialen Zusammenhalt fördert – sie organisiert uns sozusagen.

Dass wir so sensibel auf die Augen anderer und ihre Blicke reagieren, bringt noch andere Vorteile mit sich. Ein Blick kann die Bewegungen vorausnehmen, die als Nächstes ausgeführt werden oder ausgeführt werden sollen, ein Blick kann also auch eine bestimmte Absicht oder ein bestimmtes Verlangen signalisieren. Gorillas im Zoo zum Beispiel schauen zunächst einen Gegenstand an, den sie haben möchten, und wenden sich dann mit flehendem Blick einem Menschen zu. Deshalb verwenden wir auch die Redewendung »etwas im Auge haben«, wenn wir sagen wollen, dass unsere Aufmerksamkeit oder unser Verlangen auf dieses »etwas« gerichtet ist. Die Redewendung der Zulus *isa liwela umfela ugewele*, »Sehnsucht erreicht das Unmögliche«, heißt wörtlich übersetzt: »Das Auge überquert einen reißenden Fluss.«

In der Tat kommen die Augenbewegungen einem nicht abreißenden Strom von Botschaften gleich, die das Auge so bemerkenswert eloquent machen. Ohne das Weiß im Auge würden wir diese Sprache jedoch einfach nicht wahrnehmen.

Zwischen dem Weißen und der Pupille befindet sich die Iris, ein chromatischer Ring. Sie ist nicht von einer einheitlichen Farbe, sondern setzt sich aus einem Getümmel von verschiedenfarbigen Punkten, Keilen und Speichen zusammen. Zudem verändert sich die Farbe der Iris von der Pupille zum Außenrand hin. Jeder Mensch hat sein eigenes, ganz unverwechselbares Irismuster, und so verwundert es nicht, dass das so genannte Iris-Scanning zur Identifikation von Kunden an Geldautomaten experimentell erprobt wird.

Das wilde Gemenge verschiedener Farbtöne in der Iris kann zur Folge haben, dass es unterschiedliche Auffassungen gibt, welche Augenfarbe eine Person eigentlich hat. Romanschriftsteller haben diesen subjektiven Spielraum schamlos für ihre Zwecke ausgenutzt und einen subtilen Farben-Code zur Kennzeichnung des Charakters ihrer Figuren geschaffen. So sollen gelbe Augen vom Wilden oder Teuflischen in einem Menschen künden: Das Phantom der Oper und Frankensteins Monster haben gelbe Augen, die Augäpfel von Rosemaries Baby, einschließlich der normalerweise weißen Partie, sind von goldgelber Farbe, während die Pupillen wie bei einer Katze zu schwarzen Schlitzen mutiert sind. Goldfarbene Augen weisen auf Gier hin, besitzen aber gleichzeitig starke Anziehungskraft. Balzac gab seinem Geizhals Grandet solche Augen, und in seinem Roman *Das Mädchen mit den Goldaugen* hat die bisexuelle Huri Augen »von lebendigem Gold, lastendem Gold, sinnlichem Gold«. Graue Augen stehen für Unergründlichkeit und zieren die Gesichter solch undurchsichtiger Charaktere wie Homers Athene, Faulkners Flem Snopes, Nabokovs Lolita, Joyces Buck Mulligan und Melvilles Bartleby.

Durch farbige Kontaktlinsen hat sich eine wahre Büchse der Pandora aufgetan. Sie haben bunt schillernde Augen möglich gemacht, Spiegelaugen, quadratische Pupillen, schriftliche Botschaften, die über das ganze Auge laufen. Sie haben die Voraussetzung für Designeraugen geschaffen. FX-Spezialisten haben davon Gebrauch gemacht. So ließen in *Der Exorzist* Linda Blairs strahlend-grüne Augen ihre Besessenheit noch ein wenig unheimlicher wirken. Heutzutage kann man die Augenfarbe von Schauspielern mit Hilfe von Computern verändern, ja man kann sogar kleine Filme in ihren Pupillen ablaufen lassen.

In Wirklichkeit ist die Iris ein Paar von Muskeln, und zwar den schönsten, die es in unserem Körper gibt. Sie funktionieren wie die Blende einer Kamera, das heißt, sie erweitern oder verkleinern die Öffnung der Pupille, so dass mehr oder weniger Licht auf die Netzhaut fällt. Eine Gruppe von Strängen verläuft strahlenförmig von der

Pupille zum Außenrand der Iris. Wenn man ein dunkles Kino betritt, dann ziehen diese Marionettendrähte die Pupille weiter auf. Weitere Stränge dieser Art winden sich wie eine Schlinge um die Pupille. Wenn man aus dem Dunkel ins blendende Sonnenlicht zurückkehrt, dann ziehen sie sich zusammen und verkleinern die Pupille. Ohne die Iris wären wir oft blind.

Damit wären wir endlich beim dunklen Herzen des Auges angelangt, dem obskuren Objekt der begierigen Umarmung durch die Iris: der Pupille. Sie eröffnet den Zugang zu den Wundern der Retina. Einer von fünf Menschen hat Pupillen von unterschiedlichem Durchmesser, die ihre Ausdehnung unabhängig voneinander ändern und innerhalb weniger Stunden das Größenverhältnis, in dem sie zueinander stehen, umkehren können. Personen mit blauen Augen besitzen für gewöhnlich größere Pupillen als Personen mit braunen Augen. Bei Menschen ist die Pupille nicht vollkommen kreisförmig, bei Tieren kommen sehr unterschiedliche Formen vor, vom schlüssellochartigen Schlitz mancher Haie bis zum horizontalen Tupfen von Schafen und Kühen. Die Form spielt letztlich jedoch keine Rolle: Alle diese Pupillen sind in der Lage zu kontrollieren, wie viel Licht ins Innere des Auges dringt.

Beim Menschen haben die Pupillen noch eine besondere Funktion: Sie sind ungemein ausdrucksvoll. Diese Obsidianscheiben dehnen sich nicht nur bei trübem Licht aus, sondern auch bei einem Anblick, der uns erregt, wie jeder erfahrene Pokerspieler und jeder geübte Feilscher weiß. Die Pupillen von Männern werden größer, wenn sie sich Bilder von Haien oder von nackten Frauen anschauen, die von Frauen, wenn sie Bilder von Babys, Müttern mit kleinen Kindern und nackten Männern betrachten. Die Pupillen spiegeln ganz allgemein wider, wie groß oder wie gering unsere Aufmerksamkeit ist. Angst, Überraschung, Freude, Sorgen, laute Geräusche und sogar Musik bewirken, dass sie sich erweitern, Langeweile und Schläfrigkeit, dass sie sich zusammenziehen.

Gewöhnlich mögen wir Personen, die uns Aufmerksamkeit entgegenbringen, deshalb finden wir große Pupillen anziehend. Forscher zeigten männlichen Testpersonen jeweils zwei nahezu identische Fotos von Frauen. Der Unterschied bestand lediglich darin, dass man auf einem der beiden Bilder die Pupillen der Frau mittels einer Retusche vergrößert hatte. Alle Männer fanden dieses Foto anziehender, konnten jedoch nicht sagen, warum. Dies erklärt auch, warum dunkle Augen so romantisch wirken. Rochester und Hawthornes Hester Prynne haben tiefe, dunkle Augen wie auch Lotte in *Die Leiden des jungen Werther*. Unsere Pupillen sind in der Adoleszenz am größten – mit Sicherheit auch, weil sie anziehend auf das andere Geschlecht wirken sollen – und ziehen sich dann bis zu unserem sechzigsten Lebensjahr allmählich wieder zusammen.

Das Auge zuckt, springt und rollt und sendet mit diesem Tanz tiefgründige kleine Botschaften aus, die gleichzeitig die Quelle seines Lebens sind. Augenbewegung, Ausdehnen oder Verengen der Pupille sind Signale. Doch es gibt auch noch Signale einer dritten Art, die noch viel subtiler sind.

Schnitte im Strom unserer Gedanken

Sogar der emsigste Anwalt oder Geschäftsmann verliert jeden Tag ungefähr dreiundzwanzig Minuten von jenen Stunden, in denen er wach und aktiv ist. Diese Minuten kommen uns allen abhanden, und wir merken es noch nicht einmal, als ob wir verzaubert wären. Wir verlieren sie durch vierzehntausend allerkürzeste Pausen, die das Gehirn aus unserer Wahrnehmung herausschneidet: durch die Augenblicke, in denen wir eben nicht blicken, sondern blinzeln.

Unsere Lidschläge sind wie der Spion, der bis zu seiner Enttarnung direkt nebenan wohnte. Sie scheinen eine absolut alltägliche Erscheinung zu sein, stecken aber in Wirklichkeit voller Geheimnisse.

Sie erinnern daran, dass unser Ursprung im Wasser lag. Als die ersten Vierfüßler vor 370 bis 360 Millionen Jahren an Land krochen, sahen sie sich mit der Gefahr der Dehydration konfrontiert. Im Wasser trockneten Tiere niemals aus, an Land jedoch raubte die Sonne ihnen nichts Geringeres als ihre Substanz. Die ersten Amphibien schlüpften aus diesem Grund immer wieder ins Wasser zurück, die Reptilien legten sich ein nahezu wasserdichtes Schuppenkleid zu. Augen jedoch stehen direkt mit der Luft in Berührung. Um sie feucht zu halten, entwickelten die meisten Geschöpfe daher Augenlider und Tränendrüsen. Jeder Lidschlag kommt einem kleinen Wiedereintauchen in das Urmeer gleich.

Das Augenlid ist das Werkzeug, mit dem wir blinzeln. Cicero nannte es »von der Natur exquisit gestaltet«, und selten hat er so recht gehabt. Das Lid schließt die Welt um uns herum aus, wenn wir schlafen wollen. Da es aber nur einen Millimeter dick ist – es ist die dünnste Hautschicht unseres Körpers –, ist es ein wenig durchsichtig; der Sonnenaufgang oder ein plötzlich aufflammendes Licht können uns deshalb aus dem Schlaf reißen. Das Lid macht es uns also möglich, auch bei geschlossenen Augen Alarmsignale zu registrieren.

Oberhalb der Außenwinkel des Auges halten sich die Tränendrüsen bereit, jedes Mal wenn sich das Lid über den Augapfel senkt, eine Flüssigkeit auszustoßen. Diese Tränen bestehen nicht einfach nur aus Wasser. Sie hängen mit unserem Kreislaufsystem zusammen, ja sie sind Teil von ihm. Die Hornhaut muss transparent sein, damit wir durch sie hindurchsehen können, daher ist sie nicht von Blutgefäßen durchzogen. Tränen transportieren den notwendigen Sauerstoff zu ihr hin und erhalten sie so am Leben. Die Tränenflüssigkeit enthält auch chemische Stoffe, die Bakterien abtöten, sowie Proteine, die die Augenoberfläche polieren und Fremdkörper umschließen. Ein Viertel der Tränenflüssigkeit verflüchtigt sich, der Rest sickert in die Nasengänge und hält diese feucht. Deswegen müssen wir auch schniefen, wenn wir weinen.

Die Wimpern unterstreichen jeden Lidschlag. Sie sind ein beweglicher Schutzzaun, der Insekten und andere mögliche Eindringlinge fernhält. Blinzeln ist also auch ein Reflex, der durch jede Bedrohung des Auges ausgelöst wird. Die Wimpern übernehmen dieselbe Aufgabe wie die Härchen in der Nase und in den Ohren, verglichen mit ihren höhlenbewohnenden Cousins leben sie jedoch in einem Elysium. Sie sind die Grazien, die dem Auge dienen und es darüber hinaus noch schmücken. Emma Bovarys strahlende braune Augen, »ihre wahre Schönheit«, wirken ihrer Wimpern wegen schwarz. Die Wimpern lenken die Aufmerksamkeit des Betrachters auf das Auge: Wenn man flirtet, dann klimpert man mit ihnen, um eine noch größere Wirkung zu erzielen. Sie sind aber noch auf andere Weise erotisch. In *Auf der Suche nach der verlorenen Zeit* verflechten der Erzähler und Albertine, als sie zusammen im Bett liegen, ihre Wimpern ineinander. Bronislaw Malinowski, der berühmte Ethnologe, berichtete, dass die Einwohner der Trobriand-Inseln sich im Liebesrausch die Wimpern abbissen, ein Akt, den sie *mitakuku* nannten.

Wenn man zum Ausdruck bringen will, dass etwas von sehr kurzer Dauer ist, benutzt man auch die Redewendung »einen Wimpernschlag lang«. Objektiv gesehen trifft dieser Vergleich allerdings nicht zu. Das durchschnittliche »Zwinkern« dauert ungefähr eine Drittelsekunde, das Lid bedeckt die Pupille eine Sechstelsekunde lang. Während dieser Zeit sind wir blind. (Bewusst von uns ausgelöste Lidschläge dauern länger, und niemand weiß, warum.) Diese Unterbrechung ist alles andere als kurz, wenn man bedenkt, dass wir einen Lichtschein wahrnehmen können, der nur drei Hundertstel einer Sekunde lang aufflackert. Eine Sechstelsekunde würde einem Angreifer genug Zeit lassen, uns zu überraschen. Biologen wie George Williams haben sich daher gefragt, warum wir immer gleichzeitig die Lider über beiden Augen schließen. Wenn wir erst mit dem einen blinzelten und dann mit dem anderen, könnten wir die Welt ohne jede Unterbrechung »im Auge behalten«.

Auf der anderen Seite ist der Vergleich mit der Wimpernschlagdauer beinahe zu gut. Da das Gehirn verhindert, dass wir uns unserer normalen Blinzler überhaupt bewusst werden und uns die Welt daher ohne jede Unterbrechung vor Augen zu stehen scheint, scheint ein Wimpernschlag keine Zeit in Anspruch zu nehmen. Er scheint noch kürzer als ein Augenblick zu sein.

Blinzeln ist wie Atmen. Wir tun es automatisch, den ganzen Tag lang, ungefähr fünfzehnmal in der Minute. Nach fünfzehn bis fünfundvierzig Sekunden ohne Augenzwinkern ist die Augenoberfläche mit kleinen trockenen Stellen übersät. Zeitlupenaufnahmen lassen erkennen, wie die rasante, aber kurze Laufbahn eines Lidschlags aussieht: Die Lider schließen sich wie ein Reißverschluss vom Außenrand nach innen, um die Tränenflüssigkeit zu verteilen. Sie senken sich zweimal so schnell, wie sie sich danach wieder heben, und erinnern an ein kokettes Mädchen, das den Kopf abwendet, dabei aber einen langen Blick zurückwirft. Überraschenderweise vollenden wir kaum jemals einen Lidschlag, wenn wir ihn nicht vorsätzlich ausführen. Das scheint aber keine Rolle zu spielen.

Plinius der Ältere berichtet, dass von den zwanzigtausend Männern aus der Gladiatorenschule des Caligula nur zwei nicht blinzelten, wenn sie sich einer Gefahr gegenübersahen. Diese beiden waren unschlagbar. Volkstümlicher Ansicht zufolge weist Blinzeln auf ein Abreißen der Konzentration hin. Derjenige, der als erster zwinkert, hat die Nerven verloren, hat sein Ziel nicht mehr genau vor Augen. So wird die Redewendung »ohne mit der Wimper zu zucken« immer dann verwendet, wenn man umschreiben will, dass jemand »völlig ungerührt« sein Ziel verfolgt.

Die Wissenschaft bestätigt diese volkstümlichen Ansichten grundsätzlich. Wenn wir aufmerksam zuschauen oder auch nur aufmerksam zuhören, dann bleiben unsere Augen offen, so als ob sie auch den allerkleinsten Informationsbestandteil in sich aufsaugen wollten. Wenn unsere Aufmerksamkeit jedoch nachlässt, dann blinzeln wir. Wenn wir lesen, blinzeln wir seltener, und wenn, dann mehrfach in schneller Folge hintereinander. Ein Forscher fand heraus, dass die besten Leser ihre Augen offenhielten, bis sie eine Seite zu Ende gelesen hatten, um dann beim Umblättern gleich eine ganze Salve von Lidschlägen loszulassen. Autofahrer zwinkern mit den Augen, wenn sie ihren Blick kurz nach unten auf den Tachometer richten, und dann ein weiteres Mal, nachdem sie ihre Fahrgeschwindigkeit abgelesen haben. Wir blinzeln weniger häufig, wenn wir mit den Augen die Flugbahn eines Objekts verfolgen oder den Windungen eines gezeichneten Labyrinths nachgehen, dafür aber umso öfter, unmittelbar nachdem das Objekt oder unser Auge das Ziel erreicht haben.

Auf der anderen Seite senken wir die Lider öfter, sobald wir uns gelangweilt oder erschöpft fühlen. Wenn wir über einen langen Zeitraum hinweg hinter dem Steuerrad eines Autos oder über einem Buch sitzen, steigt die Blinzelrate. Eine Untersuchung ergab, dass Versuchspersonen kurze Zeit nachdem sie mit dem Lesen eines Textes begonnen hatten, 6,9mal pro Minute blinzelten, vier Stunden später aber bereits 11,0mal. Sobald die Konzentration nachlässt, beginnen die Lider zu tanzen.

Auch wenn wir sprechen, schnellt die Blinzelrate in die Höhe. Während Kopfrechnen keine Auswirkung auf sie hat, steigt sie schlagartig, wenn man die einzelnen Rechenschritte verbalisiert. Das Alphabet stumm aufzusagen lässt die Rate sinken, betet man die Buchstabenfolge hingegen laut vor, blinzelt man viel häufiger. Während wir uns eine Frage anhören und uns eine Antwort zurechtlegen, senken sich die Lider nicht so häufig wie normal, wenn wir die Antwort dann aber laut aussprechen, flattern sie umso hastiger. Die Blinzelfrequenz steigt auch, wenn man im Zeugenstand einem Kreuzverhör unterzogen wird, sogar wenn man einfach nur mit einem Freund redet. Vielleicht senken und heben wir die Lider beim Sprechen deswegen so oft, weil wir weniger Informationen aufnehmen, oder aber auch, wie einige Wissenschaftler meinen, einfach deswegen, weil wir die Zunge bewegen.

John Huston hat Wimpernschläge mit Schnitten in einem Film verglichen, weil wir die Lider schließen, wenn wir unseren Blick von einem Punkt zu einem anderen wenden. Walter Murch, der Cutter von Filmen wie *Apocalypse Now* und *Der englische Patient,* geht noch einen Schritt weiter. Er sagt, dass Lidschläge, die sich ganz natürlich ergeben, solche Schnitte beinahe vorschreiben können. Wo ein aufmerksamer Zuhörer blinzelt, könne ein Cutter wohl einen Schnitt machen. Und erfahrene Schauspieler blinzelten ebenfalls an Stellen, die sich besonders gut für einen Schnitt eigneten. Murch meint, dass unsere Lidschläge uns mit in die Lage versetzten, ein kontinuierlich ablaufendes Geschehen zu verstehen, indem sie es in kleine Kapitel unterteilten. Letztlich blinzele der Cutter für die Zuschauer und helfe ihnen so, Gedankengänge oder äußere Vorgänge aufzugliedern.

Durch Blinzeln kommuniziert man. Der Schauspieler Michael Caine versucht es bei Nahaufnahmen immer zu vermeiden, seine Lider zu senken, weil er glaubt, dass das die Intensität der Einstellung mindere. Jahrelang hat er geübt, nicht zu blinzeln. Murch meint, dass ein Sich-Senken der Lider anderen zeige, wann man etwas begriffen hat, und sich auf diese Weise ein Gespräch ganz subtil koordinieren lasse. Schlechte Schauspieler, so sagt er, dächten nicht die Gedanken der Personen, die sie verkörperten, und senkten daher die Lider an der falschen Stelle. Das täten auch Politiker. Solche falschen Signale würden den Rhythmus stören. Doch wir würden das bemerken, die Akteure als unnatürlich empfinden und oft annehmen, dass sie nicht die Wahrheit erzählen. Mag sein, dass er recht hat. Die wissenschaftliche Untersuchung des Blinzelns steckt immer noch in den Kinderschuhen.

Sphinx

Man sagt, dass man einigen Menschen »an der Nasenspitze ablesen« kann, was sie im Schilde führen. Was die Nase selbst betrifft, so gibt sie ihre Geheimnisse – und das sind nicht wenige – jedoch nicht so ohne weiteres preis. Die Nase ist in ästhetischer Hinsicht trügerisch, was ihre Symbolik betrifft bipolar, physisch ist sie proteisch, ja sogar semi-sezessionistisch. Sie hat sich genau in der Mitte des Gesichts niedergelassen, und von hier gibt sie uns ihre Rätsel auf.

Was für eine Art von Nase ist am anziehendsten? Amy aus Alcotts *Little Women* meint, dass ihre platte Nase das große Unglück ihres Lebens sei, und steckt sich eine Wäscheklammer drauf, um sie länger zu machen. Rabelais' Bruder Jean behauptet, dass bei Kleinkindern das Wachstum der Nase zum Erliegen komme, wenn ihre Ammen pralle Brüste haben. Unschöne Stupsnasen seien das Ergebnis. Der Schönheitstheoretiker der Renaissance, Agnolo Firenzuola (1493–1543), erachtete eine nach oben gebogene Nase für hässlich, und Malinowski

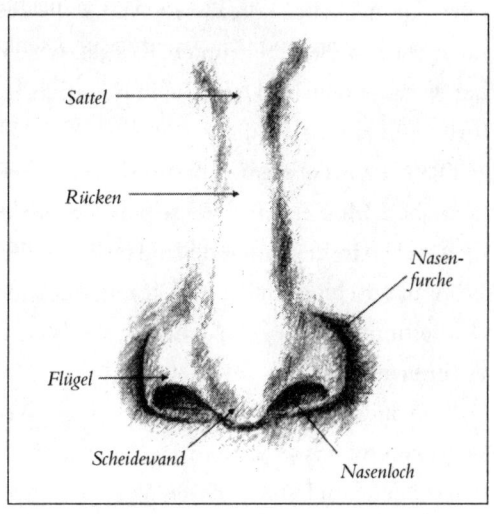

Die Nase

berichtete, dass die Einwohner der Trobriand-Inseln meinten, eine platte Nase sei unansehnlich und schränke die Aussichten auf Liebesglück ein.

Andere wiederum idealisieren »le nez retroussé«, die nach oben gebogene Stupsnase. Thackeray stattete seine Becky Sharp mit einer niedlichen Nase dieser Art aus. Dickens meinte, dass Kritik an einer solchen Nase auf nichts anderes als Neid zurückzuführen sei, und Marilyn Monroe übte lange, wie sie es vermeiden konnte, dass ihre Oberlippe sich beim Lächeln nach oben zog, damit ihre Nase kleiner aussah.

Wissenschaftler haben jetzt die Erklärung für diese merkwürdige Kontroverse gefunden. Sie haben festgestellt, dass die überwältigende Mehrheit der Männer bei Frauen eine kleine Nase schön findet. Wenn Karikaturisten einer hübschen weiblichen Gestalt keine Nase geben, dann zeichnen ihr viele Männer selbst ein Stupsnäschen.

In der Psychoanalyse stellt die Nase ein Paradox dar. Freudianer sehen sie klassischerweise als Symbol des männlichen Geschlechtsorgans an. In der »Erzählung des Slawkenbergius«, die in *Tristram Shandy* enthalten ist, besucht ein Reiter das Vorgebirge der Nasen und erhält dort eine, die nahezu obszön ist. Andere Psychoanalytiker, wenn auch nicht ganz so viele, behaupten, dass die Nase die weiblichen Genitalien versinnbildliche. Die Nase ist demnach also gleichzeitig ein Vorsprung und eine Öffnung.

Die Nase hat aber auch Anatomen verwirrt. Noch heute geben sie denselben Muskeln und denselben Knorpeln unterschiedliche Namen, stellen in anerkannten Standardwerken die Muskeln – auch bildlich – unterschiedlich dar und können sich nicht darüber einigen, ob ein bestimmter Muskel, *M. nasalis*, die Nasenflügel nun weitet oder zusammenzieht.

Kein anderer Bestandteil der fleischigen Vorderpartie unseres Gesichts kommt uns so autonom vor wie die Nase, und Romanciers haben oft in schon fast zügelloser Weise mit dieser Empfindung gespielt.

In der Slawkenbergius-Erzählung ersetzt der Reiter seine Nase ganz beiläufig durch eine andere, beinahe so, als ob es sich um eine Brille handelte. Richter Whimplewooper in Ishmael Reeds *The Free-Lance Pallbearers* (1967) nennt einen Auswuchs sein eigen, der so lang ist, dass er ihn auf ein purpurfarbenes Satinkissen betten muss. Begeisterte Anhänger dieser Nase scharen sich auf den Korridoren vor dem Gerichtssaal zusammen, um bei ihr Rat einzuholen. In Collodis *Pinocchio* (1883) plaudert eine Nase es sofort aus, wenn ihr Besitzer geflunkert hat. Von dieser verräterischen Nase ist zwar nur an wenigen Stellen des Textes die Rede, das Motiv findet aber einen besonderen Widerhall in uns: Es spricht die in uns sitzende Angst an, dass unser Gesicht uns verraten könnte, wenn wir lügen.

Nikolaj Gogol (1809–1852) war es, der in seinen Werken Nasen zu einem regelrechten Eigenleben erweckte. In *Tagebuch eines Irrsinnigen* behauptet die Titelfigur, Nasen hätten auf der Oberfläche des Mondes eine Zivilisation errichtet: »Das ist der Grund dafür, dass wir unsere eigenen Nasen nicht sehen können: Sie sind alle auf dem Mond.« Das Riechorgan von Platon Kowaljow in *Die Nase* (1834) ist das interessanteste Exemplar seiner Art in der gesamten Literatur. Als ein Barbier diese Nase abschneidet, erlangt sie ihre Freiheit und macht in St. Petersburg auf eigene Faust Karriere. Als Kowaljow ihr wieder begegnet, steckt sie in einer mit goldenen Tressen besetzten Uniform. Er bittet sie um eine Audienz, sie aber ist stolz, wie Nasen es nicht selten sind, und weist ihn kurzerhand ab.

In der Tat haftet der Nase ein Ruch von Überheblichkeit an. Eine arrogante Person ist »hochnäsig« oder »rümpft die Nase« über etwas oder jemanden. Das japanische *hanataka*, »hohe Nase«, bedeutet soviel wie »stolz«. Ein »naseweiser« Mensch bildet sich ein, klug zu sein. Samuel Johnson definierte das englische »to nose« als »prahlen, sich aufblasen«. Wir machen jemandem »eine lange Nase«, indem wir den Daumen auf die Nasenspitze setzen und mit den übrigen Fingern höhnisch herumwedeln. Diese Assoziation der Nase mit Stolz spiegelt eine biologische Tatsache wider: Wir ziehen die Nase automatisch kraus nach oben, um deutlich zu machen, dass uns etwas ekelt.

Die Nase kann jedoch auf der anderen Seite auch mit Demut in Verbindung gebracht werden. Sie kann passiv sein und etwas still erleiden. Wir können sie wie eine Art Griff behandeln und erweisen damit ihrem Besitzer alles andere als Respekt. Wir »führen« bisweilen eine andere Person »an der Nase herum«. Das Serbokroatische kennt einen ähnlichen Ausdruck: *vuci za nosa* heißt wörtlich »an der Nase herumzerren« und bedeutet ebenfalls soviel wie »zum Narren halten«. In Gogols »Der Streit der beiden Iwane« ergreift eine Frau Iwan Nikiforowitschs Nase und führt ihn daran wie einen angeleinten Pudel durch die Gegend. »Ist das alles, wofür unsere Nasen gut sind?« fragt klagend der Autor.

Die Nase ist der variantenreichste Bestandteil des menschlichen Gesichts. Sie kann klein und aufgeworfen daherkommen, die Form eines Berghanges haben, knollig sein oder gebogen wie ein Bumerang. Es gibt Adlernasen (»gekrümmt wie der Schnabel eines Aars«), gerade Nasen und römische Nasen (»mit einem ausgeprägten, leicht gekrümmten Rücken«). Die klassische »englische« Nase – wie zum Beispiel die Heinrichs VIII. – ist gerade, mit einer ganz leichten konvexen Wölbung. Die Nase kann stumpf und breit sein oder auch ganz flach, so dass sie eng an der Oberfläche des Gesichts anliegt. Sie kann aber auch lang sein und einen so hohen, schmalen Rücken haben, dass sie einer Messerklinge ähnelt.[5]

---

5 Leonardo da Vinci meinte, dass man bei »en profil« gesehenen Nasen zwischen zehn Typen unterscheiden könne: »gerade, knollig, ausgehöhlt, vorstehend – entweder oberhalb oder unterhalb ihres Mittelpunkts -, adlerartig, affenartig, regelmäßig, rund und spitz.« Wenn man sie »en face« betrachte, könne man zwischen 256 Typen unterscheiden, die sich durch die Kombination von sechs Variablen ergäben: 1) Spitze (breit oder schmal) 2) Wurzel (breit oder schmal) 3) Mittelteil (dick oder dünn) 4) Flügel (abgespreizt oder anliegend) 5) Flügel (hoch oder niedrig) und 6) Nasenlöcher (sichtbar oder von der Spitze verdeckt). Natürlich erfasst dieses binäre Schema nicht die Myriaden von Zwischenwerten, die die Gesamtsumme aller möglichen Nasenformen so anwachsen lässt, dass man sie nicht mehr mathematisch bestimmen kann.

Komiker wie Jimmy »The Schnozz« Durante und Phyllis Diller sind durch ihre Nasen berühmt geworden. In dem Film *Der Bankdetektiv* zeigt ein kleiner Junge mit dem Finger auf W.C. Fields und sagt lachend: »Schau dir die komische Nase von dem Mann da an!« Seine Mutter rügt ihn: »Musst keine Witze über die Nase von dem Mann machen, mein Kleiner. Du würdest doch auch gerne so eine große Nase haben, wenn sie voller Taler steckte. Oder?«

Fields litt an Rosazea, einer Krankheit, welche die Nase scharlachrot leuchten lässt. Das Gesicht wird stärker als gewöhnlich durchblutet, am Ende weiten sich die Kapillaren, so dass es ständig gerötet ist. Auf der Nase können schließlich hässliche Pusteln sprießen. Alkohol macht alles noch viel schlimmer, man spricht daher auch von einer »Schnapsnase« oder »Trinkernase«. J. Pierpont Morgan, ein weiteres prominentes Opfer dieser Krankheit, versprach dem, der ihre Ursache entdecken würde, einhunderttausend Dollar Belohnung. Bislang hat sie sich noch keiner der mit der Erforschung von Rosazea beschäftigten Wissenschaftler in die Tasche stecken können. Diese gehen mittlerweile davon aus, dass die Krankheit mit der gemein aussehenden Milbe *Demodex follicularum* in Verbindung steht; einer neueren Theorie zufolge könnte die Schuld aber auch *Heliobacter pylori* treffen, ein Bakterium, das Geschwüre verursacht. Einige Ärzte meinen, dass auch Bill Clinton an Rosazea leidet.

Auch die Sonne lässt unsere Nase rot werden, und zwar schneller als jeden anderen Teil des Gesichts. Da die Nase vorsteht, können die ultravioletten Strahlen beinahe von jedem Winkel aus auf sie eindringen, vor allem von der Seite, wohingegen die Stirn und andere relativ flache Oberflächen von solchen Flankenangriffen verschont bleiben. Wie eine Ausbuchtung in einer Frontlinie muss die Nase das heftigste Bombardement einstecken.

Wohl kaum eine Gestalt aus der Literatur hat die Nase so mitreißend beschrieben wie Cyrano de Bergerac. Der Dramatiker Edmond Rostand (1868–1918) verfasste einst »billets doux« für einen Schulfreund, richtete jedoch anscheinend nie selber welche an eine Frau, die er liebte. Dennoch hat er tiefstes Verständnis für Cyranos Misere. »Eine große Nase«, sagt Cyrano, »ist ein weithin sichtbares Aushängeschild dafür, was für ein Mann ich bin – voller Courtoisie und Witz, liberal in seinen Ansichten und von Mut befeuert«, um im nächsten Augenblick schon darüber zu klagen, dass seine Nase ein Fluch für ihn sei. Jedes extrem ausgebildete Gesichtsmerkmal kann dem Gesamtaussehen des Menschen Schaden zufügen, die Nase birgt in dieser Beziehung aber besondere Gefahren. Merkwürdigerweise gelangte Cyrano, obwohl er ein so überaus kluger Kopf war, nie zu der Einsicht, die ihn gerettet haben würde: dass es Roxane nicht im mindesten scherte, was für eine Nase er hatte.

Warum stehen Nasen überhaupt vor? Coleridge glaubte, das sei so, um Tabak schnupfen zu können. Firenzuola sah sich durch die Nase vor Rätsel gestellt und führte auf, wozu sie gut sein könnte – zum Atmen, Riechen und Sich-Schneuzen. Doch dann meinte er achselzuckend, dass sie wohl doch lediglich eine Zier sei.

Tatsächlich ist dieser Auswuchs in unserem Gesicht in zoologischer Hinsicht eine bizarre Erscheinung. Galapagosschildkröten haben einfach zwei Löcher in ihren Köpfen, und das ist typisch für die meisten Lebewesen. Auch die Nasenöffnungen von Fischen und Eidechsen ragen in keiner Weise aus dem Gesicht heraus, ebenso wenig die von Gorillas und Schimpansen. Von den heute lebenden Primaten nennt nur der – deswegen auch so genannte – Nasenaffe eine vorspringende Nase sein eigen.

Vielleicht ist so eine vorspringende Nase eine Art von Baldachin, unter dem sich Gerüche stauen. Da wir aufrecht gehen und ein flaches Gesicht haben, kann nur eine derart gestaltete Nase von unten aufsteigende Düfte einfangen, um so die Nahrung zu überprüfen. Wir benutzen ja unsere Nase hauptsächlich, um an Nahrungsmitteln zu riechen – anders als die meisten Tiere setzen wir unseren Geruchssinn selten ein, um Beute zu wittern oder um soziale Signale und andere Dinge, die sich in einer gewissen Entfernung befinden, zu erschnüffeln. Nasenlöcher, die zum Mund hin liegen, mögen also aus evolutionärer Sicht Sinn machen. Auf der anderen Seite wissen wir nicht wirklich, welche Vorteile diese Anordnung tatsächlich mit sich bringt. Sie ist erstmalig bei *Homo habilis* zu finden, auf dessen abgeschrägtem Gesicht sie eigentlich nicht so wirkungsvoll gewesen sein kann.

Vielleicht bildete sich diese Art von Nase ursprünglich als ein Vorzimmer für unsere Atemorgane aus. Mit Sicherheit erfüllt sie heute diese Funktion. Wenn die Luft in der Nase hochsteigt, zieht sie Wärme und Feuchtigkeit aus den Schleimhäuten, so dass sie die Lungen weder auskühlt noch austrocknet. Bewohner der Tropen haben daher auch kleinere Nasen als Menschen, die in arktischen Zonen leben. Und die Neandertaler, die in eisigen Regionen lebten, besaßen gigantische Nasen. Fast jedes warmblütige Tier nimmt jedoch dieses Anwärmen und Befeuchten der Atemluft im Inneren seines Kopfes vor, in verschlungenen Gängen, die man *Conchae* oder Nasenmuscheln nennt. Auch wir besitzen solche Gänge, und man muss sich fragen, warum diese partiell aus unserem Schädel herausgewandert sind, an eine Stelle also, wo sie viel verletzlicher sind.[6]

Ist die Nase möglicherweise nichts anderes als ein bescheidener Diener des Auges? Das ist zumindest die Theorie des Psychologen T.G.R. Bower, der festgestellt hat, dass jedes Tier mit Panoramasicht irgendeinen vorspringenden Körperteil besitzt, der ihm an einer Stelle diese Sicht versperrt. Schimpansen zum Beispiel haben nach vorne gewölbte Mäuler und Hunde lange, spitze Schnauzen. Eulen haben ein Federbüschel über dem Schnabel, das rund dreißig Prozent ihres Gesichtsfeldes verdeckt. Bower meint, dass die Augen des Men-

---

6   Die Conchae leisten noch viel mehr, als die Atemluft vorzuwärmen und zu befeuchten. Sie verhindern, dass wir dehydrieren. Sie fangen die Feuchtigkeit aus der ausgeatmeten Luft ein. Ohne sie würden Säugetiere 75 Prozent der im Laufe eines Tages aufgenommenen Flüssigkeit wieder verlieren.

schen die Welt in Relation zur Nase setzen. Die Nase ist immer sichtbar, sie hilft uns also, Objekte räumlich einzuordnen und festzustellen, ob diese Objekte oder wir selbst uns bewegen. Das ist eine so entzückende Theorie, dass es einem schwerfällt, sie nicht zu unterstützen.

1960 trug der Biologe Alistair Hardy eine noch radikalere Theorie vor, die von der Autorin Elaine Morgan seitdem weiterentwickelt wurde und zu einer der am meisten belächelten und gleichzeitig interessantesten Theorien auf dem Gebiet der Paläoanthropologie geworden ist. Dieser Wasseraffentheorie zufolge verbrachten wir in einer nicht lange zurückliegenden Phase der Evolution einen Teil unserer Zeit im Wasser – vielleicht um Löwen und anderen Fleischfressern zu entgehen. Während dieser Phase veränderte sich unser Körper. Wir verloren den größten Teil unserer Körperbehaarung, da diese uns nicht länger warm halten konnte, und bildeten statt dessen eine Fettschicht unter unserer Haut aus, so wie Delphine, Robben und andere Meerestiere sie besitzen.

Das Wasser soll uns aber noch in manch anderer Hinsicht verändert haben. So soll es unser Riechvermögen verringert haben, und in der Tat haben von allen Säugetieren nur Delphine und Wale einen noch weniger ausgeprägten olfaktorischen Sinn als wir. In der folgenden Tabelle, die von Morgan angelegt wurde, sind einige der besonderen Merkmale von Affen, Menschen und von wasserbewohnenden Tieren wie Flußpferden, Delphinen und Pinguinen einander gegenübergestellt. (Ein »Ja« in der dritten Rubrik bedeutet, dass das jeweilige Merkmal mehreren Tierarten gemeinsam ist.)

	Affen	Menschen	Wasserbewohner
Vorspringende Nase	Nein	Ja	Ja
Spärliche Körperbehaarung	Nein	Ja	Ja
Anliegende Körperbehaarung	Nein	Ja	Ja
Subkutane Fettschicht	Nein	Ja	Ja
Tränendrüsen	Nein	Ja	Ja
Hohes Körpergewicht des Neugeborenen im Verhältnis zu dem der Mutter	Nein	Ja	Ja
Geburtshilfe durch Hebammen	Nein	Ja	Ja
Geruchssinn	Gut	Schlecht	Keiner
Wegtauchreflex	Nein	Ja	Ja
Angeborenes Schwimmvermögen bei Babys	Nein?	Ja	Ja
Prozentual hoher Anteil des Gehirns am Gesamtkörper	Nein	Ja	Ja
Konditionierbare Stimmgebung	Nein	Ja	Ja

Welche Vorteile bringt eine vorspringende Nase einem Wasserbewohner? Viele Primaten sind gute Schwimmer, der Meister in dieser Hinsicht ist der auf Borneo vorkommende Nasenaffe (*Nasalis larvatus*). Er schwimmt auch unter Wasser und springt selbst aus einer Höhe von fünfzehn Meter in Flüsse hinab – bei olympischen Wettbewerben beträgt die größte Höhe gerade mal zehn Meter. Er besitzt eine phantastische Nase, eine Art Fleischsocke, die bei den Männchen sogar bis über den Mund herabbaumelt. Sie schützt die Nasenhöhlen des Tieres vor dem plötzlichen Eindringen von Wasser. Und das tut unsere auch. Wenn wir ins Wasser springen oder wenn wir schwimmen, leitet sie das Wasser links und rechts an der Nasenöffnung vorbei. Wenn wir nasenlos wie Gorillas wären, müssten wir mit einer Überschwemmung unserer *Conchae* rechnen.

Die Wasseraffentheorie hat einen gewissen Reiz, die meisten Wissenschaftler haben sie aber bislang ignoriert. Es ist nur schwer zu verstehen, wie sich einige Besonderheiten des Menschen – beispielsweise die Fähigkeit von Babys, eine Stunde lang unter Wasser zu überleben – in einer anderen Umgebung als dem Wasser ausgebildet haben sollten. Bevor diese Theorie jedoch das Kreuzfeuer wissenschaftlicher Kritik nicht unbeschadet überstanden hat, wird man über ihre Stichhaltigkeit kaum etwas sagen können.

Da hat die Konstruktion unter unserer Nase eine wesentlich eindeutigere Funktion.

Das Ur-Merkmal

Wenn wir das menschliche Gesicht wie eine Landschaft beschreiben, dann setzt diese sich aus zwei lang gezogenen Wäldern zusammen, einem Paar in mehreren Farben schillernden Seen, einem steilaufragenden Felsen und einem tiefen Abgrund. Dieser Abgrund ist das dramatischste Charakteristikum des Terrains: Und natürlich handelt es sich dabei um den Mund.

Der Mund ist der älteste Teil des Gesichts, der Eingangsbereich für alles, was wir essen und trinken, und hin und wieder auch für Luft. Er ist ebenso ursprünglich wie essentiell. Sogar das einzellige Paramaecium besitzt einen Mund. Wir könnten ohne Augen, ohne Nase oder irgendeinen der anderen Teile unseres Gesichts sogar außerhalb einer Klinik überleben, ohne Mund jedoch würden wir elend verhungern. Plinius berief sich auf gelehrte Gewährsmänner, die die Existenz der in Pakistan lebenden Astomi bezeugen, welche angeblich keine Münder hatten, sondern sich vom Duft von Wurzeln, Blumen und Äpfeln ernährten. Tatsächlich gibt es einige sehr einfache Geschöpfe, die keine Mundöffnung haben und ihre Nahrung durch ihre »Haut« absorbieren. Für jede Art von Verdauungstrakt ist jedoch ein Mund unabdingbare Voraussetzung.

Der Mund ist das erste der im Gesicht untergebrachten Organe, das sich bei Embryos schon kurz nach der Befruchtung im Verlauf eines Prozesses ausbildet, den man Gastrulation nennt. Im Embryo entsteht zunächst eine Einbuchtung, die sich anschließend immer mehr vertieft, wobei die Zellen, welche später die Muskeln und die inneren Organe bilden werden, nach innen gezogen werden. Diese röhrenförmige Einstülpung bildet den Verdauungstrakt. Wenn sie die gegenüberliegende Seite des Embryos erreicht hat, durchbricht sie dort die Zellwand und lässt so die Mundöffnung entstehen.

Diese Öffnung ist das Haupttor zum Inneren unseres gesamten Körpers, und sie wird daher von einer Schar von Wachposten gesichert. Bevor wir unsere Nahrung herunterschlucken, überprüfen wir ihren Geruch und ihren Geschmack, ihre Konsistenz und ihre Temperatur, ihre Form und ihre Verträglichkeit. Und wir besitzen einen Würgereflex, der sie im letzten Moment wieder aus unserem Körper herausbefördern kann. Auch unsere Emotionen patrouillieren im Bereich dieses Tores: Speichel kommt uns beispielsweise im Mund ganz normal vor, spuckt man aber ein wenig davon in ein Glas Wasser, empfindet man umgehend Ekel. Dabei ist es derselbe Speichel.

Der Mund ist der plastischste Teil unseres Antlitzes. Unsere Augen bewegen sich ohne Unterlass: Springend und zuckend führen sie ihren Tanz auf. Doch diese Bewegungen sind sehr subtil. Der Mund hingegen ruht zwar oft, einmal in Gang geraten, kann er jedoch stöhnen, gähnen, lächeln, lachen, schmollen, ängstlich zittern, ungläubig offenstehen oder sich ärgerlich zusammenziehen. Wenn wir sprechen, dann vollführt der Mund anscheinend endlos vielfältige Bewegungen;

er wird breit, öffnet sich, schließt sich, kräuselt sich, stülpt sich vor, zieht sich zurück. Wenn es uns gefällt, dann können wir den Mund zu ganz skurrilen Formen verziehen. Er ist der Schlangenmensch unter unseren Gesichtsorganen.

Unser Mund setzt uns in mehrerer Hinsicht von allen anderen Geschöpfen ab, das auffallendste Unterscheidungsmerkmal ist aber seine geringe Breite. Der Mund eines Menschen ist normalerweise nicht breiter als die Entfernung zwischen den beiden Pupillen – was die meisten Anfänger in der Kunst des Porträtierens überrascht. Einige Fische, die karpfenartigen zum Beispiel, haben ebenfalls winzige Mundöffnungen, was sich aus ihrer Freßweise erklärt: Sie saugen die Nahrung ein. Aber die karpfenartigen Fische und wir sind in dieser Hinsicht nahezu allein auf der Welt. Sogar Schimpansen besitzen riesige Mäuler, die fast vom einen seitlichen Haaransatz zum anderen reichen. Die Gesichter von Pferden und von Alligatoren bestehen quasi nur aus Maul. Warum sind unsere Münder so viel kleiner?

Erstens: Weil es möglich war. Schnauzen erfordern Riesenmäuler. Wir haben keine Schnauze, unser Mund hatte also die Möglichkeit, sich anders zu entwickeln, um uns auf andere Weise dienlich zu sein, um zum Beispiel zu unserem Schutz beizutragen. Da wir unsere Zähne nicht als Waffen verwenden, braucht unser Mund nicht breit zu sein, und eine kleine Öffnung bietet mehr Sicherheit vor dem Eindringen von Stoffen, die uns schaden könnten. Wahrscheinlich steigert ein kleiner Mund auch die Ausdrucksfähigkeit unseres Gesichts. Die Gesichtsmuskeln können auf weniger große Lippen flinker und subtiler einwirken, wodurch das Arsenal von Mundstellungen und Mienen, die uns zur Verfügung stehen, erweitert wird. Vielleicht erhöht sich dadurch auch unser sprachliches Artikulationsvermögen. Ein Laut wie »Oh« zum Beispiel erfordert es, dass die Lippen sich zu einem Kreis runden.

Interessanterweise galt im Gegensatz zu einem kleinen Mund der große Mund selten als schön. Vor allem in viktorianischer Zeit wurde ein winziges Mündchen als besonders niedlich angesehen. Trollopes Frauengestalten besitzen oft einen solchen Mund, auch Dickens' Little Nell.

Der Mund beherbergt zudem zwei bemerkenswerte Gäste: die Zähne und die Zunge.

Zähne sind Schauspieler, die sich ins Rampenlicht drängen, wenn wir sprechen, und ins Publikum lächeln. Mit ihrem Elfenbeinschimmer verleihen sie dem Gesicht seine Lebhaftigkeit. Ihr Aufblitzen scheint ein Lächeln erst richtig anziehend zu machen. Ein attraktives Mädchen wird nicht selten auch als »steiler Zahn« beschrieben. Firenzuola meinte, dass die Zähne »einem angenehmen Gesicht so viel Zauber verleihen, dass sich ohne sie der Liebreiz nicht allzu bereitwillig auf ihm niederzulassen scheint«. Ihr Geheimnis ist jedoch recht banal: Speichel. Er umhüllt die Zähne mit einer Wasserschicht, die sie im Licht aufblitzen lässt.

Die Zähne überdauern länger als jeder andere Bestandteil des Gesichts – was nicht überrascht, da Zahnschmelz die härteste biologische Substanz ist, die wir kennen. Südamerikanische Kannibalen fertigen Halsketten an, indem sie die Zähne ihrer Feinde – deren Körper sie zuvor verspeist haben – auf Schnüre auffädeln. Staaten haben Kriege gegeneinander geführt, um in den Besitz von einem Zahn Buddhas zu gelangen, eines Mannes, der predigte, dass man auf jeden Besitz verzichten solle. Der wertvollste Zahn, den es heute auf Erden gibt, stammt von Buddha. Er wird in Kandy auf Sri Lanka in einem goldenen Gefäß aufbewahrt. Gary Snyder, der einen Gipsabdruck dieses Zahnes gesehen hat, berichtet, dass er fünf Zentimeter lang ist.

Moderne Zähne entwickelten sich mit den ersten mit Kiefern ausgestatteten Fischen – also vor ungefähr 440 Millionen Jahren. Nur Kiefer können Beutetiere schnappen, hin- und herwälzen, zerschneiden und zermalmen. Der erste Fisch mit Kiefern, der sardinengroße Acanthodier, machte bis vor ungefähr 260 Millionen Jahren die

Meere unsicher. Seine Zähne ähnelten noch winzigen Stiletts – wie die der heute lebenden Piranhas –, aber schon bald gab es Zähne in verschiedenster Form: Einige hatten die Gestalt von spitzen Kegeln, andere waren scharfe Klingen, wieder andere waren stumpfe Mahlzähne.

Den Höhepunkt ihrer Entwicklung erreichten die Zähne bei den Säugetieren. Die meisten anderen Tiere benutzen sie vor allem, um ihre Beute zu ergreifen. Die Zähne eines Säugetieres jedoch können Nahrung zerschneiden, zermalmen und zermahlen. Sie machen es also möglich zu kauen, und das ist schon eine bemerkenswerte Fähigkeit, denn Kauen beschleunigt die Verdauung und erweitert die Speisekarte, was wiederum zur Ausbildung einer gewandten Zunge führt, die die Nahrung in die richtige Position schieben kann.

Säugetiere verfügen über ein komplexeres Arsenal an Zähnen als alle anderen Tiere, über eine Palisade, die sich aus Schneidezähnen, Eckzähnen, Vorbackenzähnen und Backenzähnen zusammensetzt. Die Schneidezähne sind wie Klingen, die auch von Karotten und Äpfeln Stücke abzuschneiden vermögen. Die Eckzähne, rudimentäre Überbleibsel der Fangzähne, haben tiefe Wurzeln und nehmen sich auch zäher Nahrung wie Dörrfleisch an. Die Vorbacken- und Backenzähne zerquetschen die Nahrung schließlich für den Magen zu einem Brei. Hinter den Backenzähnen lauern noch Weisheitszähne, die bei vielen Menschen nie zum Vorschein kommen. (Es kann sogar sein, dass sie sich gänzlich zurückentwickeln, da wir mit unseren flachen Gesichtern weniger Zähne brauchen.) Bei Säugetieren haben Zähne im Lauf der Entwicklung so verschiedenartige Gestalt angenommen, dass ein Paläontologe oft nur anhand eines einzigen Zahns die Gattung und häufig sogar die Art ermitteln kann, der sein ehemaliger Besitzer angehörte.

Die Menschen stellen mittlerweile alles Mögliche an, um ihr Gesicht zu verändern, dank neuester Laserchirurgie wagen sie sich nun sogar an den Augapfel heran. Im Laufe der Geschichte haben sie natürlich auch versucht, die ihnen von der Natur gegebenen Zähne zu verbessern. In präkolumbischer Zeit legten mexikanische Indianer Plättchen aus Jade, Pyrit, Gold und Türkis in ihre Zähne. Die Angehörigen unzähliger Stämme versahen ihre Zähne mit Kerben oder Rillen, zerkratzten oder durchbohrten sie oder gaben ihnen eine andere Form. Zahnanthropologen haben allein für Mesoamerika neunundfünfzig verschiedene Arten solcher Zahnverstümmelungen festgestellt. Die Baule von der Elfenbeinküste feilen häufig eine Hälfte von jedem vorderen Schneidezahn diagonal ab, so dass man ein schwarzes Dreieck sieht, wenn sie lächeln. Die Kadars und Malvedans in Südindien feilen ihre Zähne spitz zu, was auch bei den Tiv Nigerias Brauch ist. In Kairo stationierte Tiv-Soldaten stellten zu ihrem Entzücken fest, dass die Ägypter sie wegen ihrer Aufsehen erregenden »Beißer« für Kannibalen hielten, und sie fanden bald daraus, dass ein finsterer Gesichtsausdruck beim Feilschen im Basar durchaus von Vorteil ist.

Dracula hat spitze weiße Zähne – im Grunde Fangzähne –, die über seine Unterlippe ragen. Die meisten Menschen hingegen schätzen Zähne, die wie Soldaten in einer ordentlichen Reihe stramm stehen. Bevor sie mit der westlichen Zivilisation in Berührung kamen, hatten die Eskimos und die Ureinwohner Taiwans perfekt aufgereihte Zähne. Doch die modernen Ernährungsgewohnheiten mit weichen, schon aufbereiteten Lebensmitteln haben dazu geführt, dass sie mittlerweile schief und krumm stehen. Schon um 700 vor Christus trugen etruskische Mädchen Zahnspangen, heutzutage werden jedoch Unsummen für aufwendige kieferorthopädische Behandlungen von Schulkindern ausgegeben. Unsere Ernährungsweise trägt zum Verfall unserer Zähne bei. Die häufigsten Reparaturen, die wir in unserem Gesicht vornehmen lassen, nehmen Dentisten vor, die durch Karies verursachte Löcher stopfen und ausgefallene Zähne ersetzen.

Mit Hilfe unserer Zunge können wir sprechen. Und wer sich davor hüten will, etwas gänzlich Unangebrachtes zu sagen, immobilisiert die Zunge, indem er sich rasch auf dieselbe »beißt«. Dieses merkwürdige und agile Organ lässt sich jedoch nur selten außerhalb des Gesichts blicken. Und wenn, dann wirkt es in der Regel aggressiv: Wir strecken unsere Zunge heraus, um andere zu beleidigen – eine Geste, die irgendwie infantil anmutet. Aber schon die klassische Medusa ließ ihre Zunge aus dem Mund ragen, und die Maoris ließen ihre Zungen weit aus dem Mund herausbaumeln, wenn sie ihr enervierendes Kriegsgeschrei anstimmten. Sie fertigten sogar Messer an, deren geschnitzte Griffe ein Gesicht darstellten, aus dem die glitzernde Klinge als Zunge herausragte.

Wenn man seine Zunge nicht zeigt, sondern bewusst im Mundraum behält, kann dies ein vieldeutiges Signal sein. Tobias Smolletts Roderick Random sagt: »Ich tat kund, wie sehr ich ihn verachtete, indem ich mit meiner Zunge von innen die Wange ausbeulte.« Das englische »tongue in cheek« bedeutet »ironisch, nicht ernst gemeint«. In der abendländischen Kultur signalisiert eine Zunge, die nervös in der Wangentasche herumspielt, Zögerlichkeit oder auch Nachdenklichkeit.

Die Zunge kann aber auch noch andere Gefühle zum Ausdruck bringen. Die klassische Einladung zu sexueller Handlung besteht darin, sie wollüstig über die Lippen gleiten zu lassen. Lässt man nur ihre Spitze leicht zwischen den Lippen hervorragen, kann dies Unsicherheit andeuten. Eine nach unten gewölbte Zunge signalisiert Verblüffung, und die meisten von uns kennen jene Grimasse – breites Grinsen, nach unten hängende Zunge, hochgezogene Augenbrauen –, die kundtut, dass man zu seiner eigenen Überraschung irgend etwas geschafft hat: »Keine Ahnung, *wie* ich das gemacht habe!«

Fische besitzen keine Zungen. Gewöhnlich führen sie sich ihre Nahrung zu, indem sie Wasser aufsaugen. Dieser Trick funktioniert natürlich mit Luft überhaupt nicht. Als die ersten Fische sich an Land trauten, entwickelten sie folglich Zungen. Altwelt-Chamäleons können ihre Zungen um mehr als die eigene Körperlänge aus dem Rachenraum hervorschnellen lassen, um Insekten zu schnappen. Auch die meisten Vögel besitzen winzige Zungen, Flamingos haben eine besonders fleischige – und darüber hinaus ausgesprochen delikate: Die römischen Kaiser Elagabal und Vitellius ließen ihren Gästen große Schüsseln voll dieser Köstlichkeit vorsetzen.

Auf den ersten Blick scheint die Zunge aus einem einzigen Muskel zu bestehen, in Wirklichkeit setzt sie sich aber aus einem Bündel von Muskeln zusammen, die sie kürzer und länger, schmaler und breiter werden lassen können. Darüber hinaus gibt es noch Muskeln, die außerhalb ihrer selbst liegen und an ihr ziehen. So kann sie ihre Gestalt schnell und variantenreich ändern – eine entscheidende Voraussetzung für unsere Fähigkeit zu sprechen. Einige Menschen können ihre Zunge sogar zu einer Röhre zusammenrollen – eine genetische Variation, die allein dem Zweck dient zu verwirren.

Die fransenähnlichen Papillen auf der Zunge enthalten die meisten unserer zehntausend Geschmacksknospen. Einige dieser Sinnesorgane befinden sich aber auch auf der Oberfläche des Gaumens, des Larynx (Kehlkopf) und der Pharynx (Rachenhöhle). Die meisten von ihnen registrieren nicht nur einen Geschmack, sondern mehrere und senden daher polyphone Informationen an das Gehirn.

Die Zunge hilft uns beim Schlucken. Wir schlucken ungefähr neunmal in der Minute, wenn wir essen, und nur einmal in der Minute, wenn wir nicht essen. Letzteres Schlucken ist ein unbewusster Akt, der unserer Gesundheit dient. Unser Speichel hüllt viele Mikroorganismen mit seinem Schleim ein, durch Schlucken werden sie in den Magen befördert, wo die Verdauungssäfte ihnen den Garaus machen. Milliarden von Bakterien bevölkern den Mund, und ein großer Teil von ihnen ist auf der Zunge zuhause. Die meisten von ihnen sind unschädlich, und viele bilden einen weiteren Abwehrwall zum Schutz des Körpers.

Auf der Außenseite des Gesichts ist der Mund ein kleiner Potentat, wie das Auge, mit vielen Vasallen, die um ihn herum stationiert sind. Zu den bemerkenswertesten gehören das Philtrum, die nasolabialen Falten, das Kinn und die Lippen.

Das Philtrum ist das flache Tal zwischen Nase und Oberlippe. Es selbst zieht kaum jemals Aufmerksamkeit auf sich, aber dort, wo seine beiden leicht erhöhten Ränder auf den Mund treffen, werfen sich die Lippen ein wenig auf. In der Mitte senkt sich das Philtrum wieder etwas, so dass eine anmutige Einbuchtung in der Oberlippe entsteht.

Der Mund ist auf beiden Seiten von den nasolabialen Falten flankiert. Diese Falten verlaufen von den Nasenflügeln schräg nach unten an den Mundwinkeln vorbei bis fast zu den Wangen. Mit zunehmendem Alter vertiefen sie sich und werden zu markanten Furchen. Da sie ein Lächeln und andere Mundstellungen stärker hervorheben, sind sie wichtige Signalgeber, die auf unseren Gemütszustand schließen lassen. Und doch ist sich kaum jemand der Existenz dieser Falten wirklich bewusst.

Auf einem gelähmten Gesicht verschwinden die nasolabialen Falten, auf dem Gesicht eines Toten hingegen nicht. Warum ist das so? Im Alltag ziehen Nervenimpulse die Falten ein wenig nach oben und einwärts. Eine Lähmung blockiert diese Signale, die Haut wird glatt. Nach dem Tod erstarren die Muskeln jedoch in einem leicht kontrahierten Zustand. So bleiben die Furchen bestehen.

Ein Kinn besitzt allein der Mensch. Selbst der Neandertaler hatte keines. Das Kinn trat vor rund einhundertdreißigtausend Jahren in Erscheinung, zusammen mit den ersten in anatomischer Hinsicht modernen Menschen – und es gibt uns bis heute Rätsel auf.

Es ist nicht völlig nutzlos, scheint es doch das Kauen zu unterstützen. Aber sein Aufkommen fällt zeitlich mit keiner uns bekannten Veränderung in der Ernährung des Menschen oder in seiner generellen Existenzweise zusammen. Das Kinn konturiert unser Antlitz und hilft uns bei der Identifikation von Gesichtern. Während unser Haar die obere Hälfte des Gesichts einrahmt und die Wangenknochen es seitlich begrenzen, markiert der Schatten, den das Kinn wirft, sein unteres Ende. Wenn man ein Gesicht im Profil sieht, dann zeigt dieser Vorsprung seinen Abschluss an wie eine Serife bei bestimmten Buchstaben. Ohne Kinn würde die untere Hälfte des Gesichts mit dem Hals verschmelzen, seine Konturen würden verschwimmen.

Dass das Kinn in dieser Hinsicht nützlich ist, erklärt aber nicht notwendigerweise seine Entstehung. In der Tat mag diese ganz zufällig erfolgt sein. Einige Fachleute glauben, dass es ganz einfach hervortrat, als sich die Schnauze zurückentwickelte, so wie Inseln entstehen, wenn sich während einer Eiszeit der Meeresspiegel senkt. Die Mundpartie wurde flach, so dass darunter jener knochige Höcker stehen blieb, der an die Tage erinnert, als wir nach allem Möglichen schnappten und an allem Möglichen herumnagten.

Darwin fand heraus, dass Relikte wie der Blinddarm eine größere Zahl unterschiedlicher Formen aufweisen als andere Organe. Sie haben jedoch mit all ihren Variationen ihren Nutzen verloren, sind mithin nutzlos und unschädlich und können daher bestehen bleiben. Wenn das Kinn also wirklich ein Überbleibsel der Schnauze ist, dann sollte es in sehr vielen unterschiedlichen Formen und Größen auftreten – und das tut es tatsächlich. Es kann fliehend sein oder vorstehend, in der Mitte eine tiefe Kluft aufweisen oder ein sanftes Grübchen, kurz und rund oder lang und spitz sein. Ironischerweise ist diese Variationsbreite ihrerseits von Nutzen: Sie vervielfältigt die Zahl möglicher Gesichter und trägt dazu bei, dass wir uns von unseren Mitmenschen unterscheiden.

Das Kinn bestimmt unser Aussehen ganz entscheidend mit. Ein schwaches Kinn gilt als unattraktiv, besonders bei Männern. Eine andere Theorie erklärt deshalb seine Entstehung mit der Notwendigkeit zu sexueller Selektion: Frauen wählten vorzugsweise männliche Sexualpartner mit gut ausgebildetem Kinn. Bei männlichen Wesen wächst das Kinn während der Pubertät in Reaktion auf das Testosteron, ein größeres Kinn deutet also auf ein reichhaltigeres Vorhandensein dieses Hormons hin. Da Testosteron das Immunsystem stärkt, ist ein Überschuss an ihm ein »ehrliches« Signal für die körperliche Robustheit eines Mannes, für seine starken Abwehrkräfte gegen Krankheiten. Möglicherweise haben Frauen aus diesem Grund im Laufe der Zeit eine Vorliebe für ein starkes Kinn ausgebildet. George Williams meint, dass sich das männliche Kinn zunehmend zu einem Signal für die sexuelle Selektion entwickeln könnte, wie die Geweihstangen eines Hirsches, denn seine Durchschnittsgröße hat über die letzten zweihundert Generationen hinweg zugenommen. Das Männerkinn ist also größer geworden, nicht etwa kleiner.

Wenn er sich im Ruhezustand befindet, dann scheint der Mund nur aus den Lippen zu bestehen. Die Lippen, diese zwei rötlichen Schwellungen, die, von der zwischen ihnen verlaufenden dunklen Linie der Mundöffnung voneinander getrennt, wie ein Paar Kissen aussehen, verleihen dem Gesicht einen sinnlichen Reiz. Sie können dick oder schmal sein, prall oder eher eingesunken. Wenn sie geschlossen sind, können sie schmollend oder missbilligend aussehen, aber auch lächeln. Einige Lippen bilden auch einen wunderbar geschwungenen »Kussmund«. Sie stellen die Übergangszone zwischen der trockenen Haut des Gesichts und den feuchten Schleimhäuten im Mundinneren dar. Ihre Oberfläche ist so dünn, dass das darunter pulsierende Blut durchscheint, daher ihre dunkle Färbung.

Lippen sind Grenzposten. Sie vermögen mit größtem Geschick Fremdkörper zu identifizieren, können ein einziges Härchen in unserer Nahrung erfühlen. Von all den verschiedenen Verteidigungskräften, die im Mundbereich stationiert sind, liegen sie in vorderster Linie.

Lippen dienen aber auch subtileren Zwecken. So unterstützen sie unsere Fähigkeit, das gesprochene Wort zu verstehen. Ohne dass es uns bewusst wird, »lesen« wir ihre Bewegungen, was unter anderem auch der Grund dafür ist, dass uns die schlechte Synchronisation eines ausländischen Films stört. Besonders in Grenzfällen sind sie hilfreich. Versuchspersonen einer Studie verstanden dreiundzwanzig Prozent der Sätze, die inmitten großen Lärms artikuliert wurden, konnten sie aber gleichzeitig das Gesicht des Sprechers sehen, verstanden sie fünfundsechzig Prozent. Lärm ist ein grundsätzliches Problem für die Spracherkennung, das Gesicht könnte dazu beitragen, dieses Problem zu beseitigen. Dominic Massaro vom University College Santa Cruz: »Vom zufälligen Erkennen kann man zum perfekten Erkennen gelangen, wenn man das Gesicht hinzuzieht.« Massaro ist damit beschäftigt, Brillen für Taube zu entwickeln, die von der Mundstellung und -bewegung her ähnliche Laute – wie *ma* und *ba* – dadurch zu unterscheiden helfen sollen, dass unterschiedliche Farbsignale aufleuchten.

Tatsächlich stützen wir uns in einem solchen Ausmaß auf Lippensignale, dass man einen merkwürdigen Effekt provozieren kann, die so genannte »McGurk-Illusion«: Personen, denen man die Mundbewegung und Mundstellung bei der Artikulation eines bestimmten Phonems vorführt, denen man gleichzeitig aber ein anderes Phonem zu Gehör bringt, vernehmen zumeist eine Mischung aus beiden Phonemen. Ein optisch vorgeführtes *ga* und ein zu Gehör gebrachtes *ba* ergeben zum Beispiel *da*. Wir hören also zum Teil auch mit unseren Augen.

Bauchredner sprechen, ohne die Lippen zu bewegen. Ein uralter Trick, den schon Eskimo-Medizinmänner benutzten. Zulu-Schamanen beherrschten ihn mit solcher Perfektion, dass an die Stammesmitglieder gerichtete Warnungen aus den geflochtenen Wänden der Hütten hervorzudringen schienen. Griechische und römische Bauchredner behaupteten, dass die Götter aus ihren Bäuchen heraus sprächen. Im sechzehnten Jahrhundert pilgerten Tausende zu der Bauchrednerin Elizabeth Barton, der »Heiligen Jungfer von Kent«, um die Prophezeiungen, mit denen sie sich gegen die zweite Ehe Heinrichs VIII. wandte, anzuhören. Der König ließ sie 1534 in Tyburn hängen.

In ländlichen Gebieten Chinas ließen Bauchrednerinnen ihre Stimmen aus kleinen Puppen herausdringen, die sie sich an den Leib pressten. Die klassische Bauchrednerpuppe fand jedoch erst im späten neunzehnten Jahrhundert Verbreitung.

»Wenn ein Mann nicht als Bauchredner auf die Welt gekommen ist, dann wird er nie einer werden«, meinte Walter Cole, der zu Königin Viktorias Zeiten ein Meister dieser Kunst war. Mit solchen Behauptungen umgaben sich Cole und andere Adepten mit einem Nimbus, der für sie natürlich sehr vorteilhaft war. In Wirklichkeit kann man sich die Fähigkeit aber aneignen, genauso wie man Zaubern und Jonglieren lernen kann.

Die Lippen steigern auch manchen Gesichtsausdruck. Sie lassen die Umrandung des Mundes größer werden und unterstreichen so unser Lächeln, unser verächtliches Grinsen oder unser erstauntes Starren. Wir pressen die Lippen fest aufeinander, um zu verbergen, was in uns vor sich geht, ähnlich wie wir manchmal die Hand vor den Mund halten.

Und Lippen verschaffen uns sinnliches Vergnügen. Es sind zwei kleine Lustpolster voller Sensoren, die auf Berührung reagieren. Lippen bestehen, wie die Innenwand des Darms, teilweise aus endodermem Gewebe und da sie ja an die Haut, die Ektodermis, angrenzen, bilden sie die Zone, wo unser inneres und unser äußeres Selbst aufeinander stoßen. Was wiederum bedeutet, dass, wenn wir jemanden küssen, unser inneres Selbst das des Gegenübers berührt.

Anatomie des Küssens

Ein Kuss ist nicht einfach nur ein Kuss, wenn es auch in dem Lied *As Time Goes By* behauptet wird. In der Tat ist er mehr ein Medium als eine einmalige Botschaft. Die Römer unterschieden drei Arten von Küssen: den der Freundschaft (*oscula*), den der Liebe (*basia*) und den der Leidenschaft (*suavia*). Die talmudischen Rabbis kannten ein formelleres Trio: den Begrüßungskuss, den Abschiedskuss und den Kuss der Ehrerbietung. Wie die Liebe können Küsse einen Menschen sowohl erhöhen wie auch erniedrigen. Sie können Verrat bedeuten – wie der Todeskuss der Mafiosi – und Herabsetzung – wie in »Die Erzählung des Müllers« in Chaucers *Canterbury Tales*. Sie können ironisch sein. Mata Hari warf den Männern des Exekutionskommandos noch ein Kusshändchen zu, bevor diese sie erschossen.

Der Kuss der Liebe ist der Kuss, der uns mehr berührt als alle anderen, Byron nannte ihn ein »Herzbeben«. Bei einem solchen Kuss können die Lippen mehr ausdrücken, als wenn sie Worte formulieren.

Durch einen Kuss kann Liebe von Lippe zu Lippe fließen – zwei Gefäße, die sich gegenseitig füllen.

Ein Liebeskuss verschmilzt zwei Menschen. Der erste Kuss signalisiert neue Vertrautheit in einer Beziehung oder lässt diese Beziehung überhaupt erst entstehen. Der Kuss als Vereinigung wurde zum Standardthema in der Renaissance-Lyrik, von Johannes Secundus (1511–1535) immer wieder behandelt, dessen Liebende sich ohne Unterlass küssen, wobei sie in todesähnliche Ohnmachten stürzen und ihre Seelen in den Körper des anderen ergießen. Dieses Sich-Verbinden wird auch in der bildenden Kunst des Mittelalters häufig dargestellt. Wir sehen es auf Giottos Gemälde *Begegnung Annas und Joachims*, wo die beiden eine einzige unentwirrbare Masse zu bilden scheinen, und auf seinem *Kuss des Judas*, wo ein Umhang den Verräter eng mit Christus vereint.

Die beiden berühmtesten in Stein gehauenen Küsse führen zwei ganz unterschiedliche Seiten der Liebe vor Augen. Bei Auguste Rodins *Der Kuss* (1898) vereinen sich zwei nackte Liebende miteinander. Die Frau schlingt einen Arm in einer sinnlichen Bewegung um den Hals des Mannes, während er eine Hand auf ihre Hüfte legt. Sie küsst ihn von unten, mit emporgewandtem Gesicht, während sie sich langsam und voller Entzücken in eine liegende Position zurücksinken lässt. Eine Art von träumerischem Taumel, von erotischem Schwindel scheint diese Skulptur mit Leben zu erfüllen, die auf ihre Weise auch Constantin Brancusi zu seinem *Der Kuss* (um 1910) inspirierte. Bei Brancusi schmiegen sich zwei blockhafte Humanoiden ganz fest aneinander und verschränken die Hände im Nacken ihres Gegenüber. Ihre Gesichter löschen sich nahezu gegenseitig aus, sind nur noch im Profil als solche zu erkennen. Die pure Unbeholfenheit dieser Umarmung – die Abhängigkeit der beiden Personen voneinander und ihre gleichzeitige Unfähigkeit, einander wirklich zu »fassen« – vermittelt einen bitteren Beigeschmack, der dadurch verstärkt wird, dass Brancusi die beiden Gestalten aus einem einzigen Steinblock meißelte.

Entfernung ist für den Kuss der Liebe kein Hindernis. Man kann auch Abbildungen des geliebten Menschen küssen: Zeichnungen oder Fotos in Medaillons, das Standbild eines Videobands. Haarlocken, Briefe oder persönliche Besitztümer des Abwesenden kann man zum Kuss an die Lippen führen, ja selbst Grabsteine werden geküsst. Man spitzt die Lippen und lässt sie dann wieder zurückschnellen, um auf diese Weise einen Kuss durch die Luft zuzusenden, wobei es keine Rolle spielt, ob man sich in Sichtweite zueinander befindet oder nicht. Man stülpt die Lippen vor: ein vorweggenommener Kuss oder die Bitte um einen. Unsere Altvorderen berührten beim Trinken mit ihrem Mund genau die Stelle am Rand des Kelches, wo zuvor die Lippen des von ihnen geliebten Menschen geruht hatten: ein zeitlich versetzter Kuss.

Der Kuss der Leidenschaft, der feurige oder auch »französische« Kuss, lässt aus zwei Mündern einen einzigen werden. Er hat eine glorreiche Geschichte als Sinnbild für Fleischeslust, aber natürlich liegt in einem solchen Kuss auch viel Zärtlichkeit und Vertrautheit. Die Zungen der Liebenden liebkosen sich gegenseitig, sie tanzen zwischen den Zähnen und in der Mundhöhle des anderen umher und baden in

Auguste Rodin, Der Kuss

dessen Speichel. Ein solcher Kuss lässt Körpersäfte zusammenfließen und hebt die festen Grenzen des Selbst auf.

Küsse, selbst solche Zungenküsse, sind geschmacklos – für gewöhnlich jedenfalls. Doch alle Küsse zeichnen sich durch einen intensiven metaphorischen Geschmack aus: Sie sind fast ohne Ausnahme süß. Sie sind Honig, Nektar, Zuckerlikör. In der Renaissance schwärmten verliebte junge Burschen davon, dass die Münder ihrer Damen »voll Zucker und Ambra« seien. Im *Hohenlied* heißt es: »Von deinen Lippen, meine Braut, träufelt Honigseim. Honig und Milch sind unter deiner Zunge.« In Nabokovs *Einladung zur Enthauptung* wird gesagt, dass Marthes Küsse nach Walderdbeeren schmecken, und Jimmie Rodgers sang von Küssen, »süßer als Wein«.

Küsse können aber auch wie Flammen brennen. Bei dem persischen Dichter Hafis (1320–1389) sorgt sich ein Liebhaber, dass seine

Constantin Brancusi,
Der Kuss

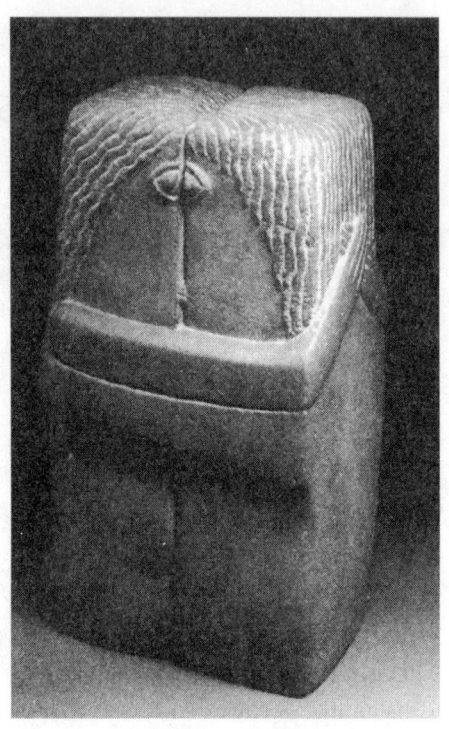

»Küsse ihre zarten Lippen versengen« könnten. Sie können einem auch eine Art elektrischen Schlag versetzen – die Berührung liebender Lippen kann einem jahrelang im Gedächtnis bleiben.

Manche Küsse sind nahezu unhörbar, nur von einem ganz zarten Geräusch wie dem leisen Rascheln seidener Tücher begleitet. Wenn sich die Lippen schließlich wieder voneinander lösen, dringt Luft in die Münder der Liebenden ein. Ein knallendes Geräusch wie von einer zerspringenden Kaugummiblase kann die Folge sein, oder ein Geräusch, wie es entsteht, wenn man eine Flasche, aus der man getrunken hat, wieder von den Lippen absetzt. Ein langes genüssliches Knutschen kann mit einem Geräusch enden, das sich anhört wie Glasscheiben, die aneinander gerieben werden. Und ein richtiger Schmatzer mag sogar an eine Kuh erinnern, die ihren Huf aus dem Morast zieht.

Einem Sprichwort zufolge schmeckt der Kuss eines bartlosen Mannes wie ein »Ei ohne Salz«, und auch der dänische Philologe Christopher Nyrop, der Verfasser von *Der Kuss und seine Geschichte* (1901) meinte, dass Frauen es vorzögen, von Männern mit Bart geküsst zu werden. Diesem Fachmann zufolge pflegten die Frauen auf Jütland zu sagen: »Einen Burschen ohne Priem und ohne Bart zu küssen ist so, als ob man eine Lehmwand küsste.« Es gebe aber andere, die »nicht so auf die Wahl ihrer Worte achteten und ganz unverblümt sagten: ›Jemanden zu küssen, der weder raucht noch Tabak kaut, ist so, als ob man ein neugeborenes Kalb auf den Steiß küsste‹«.

Unerwartete Küsse können wie starke Zaubertränke wirken, die den Geküssten verwandeln. In Tschechows »Der Kuss« wandert der liebeshungrige Rjabowitsch zufällig in ein dunkles Zimmer, in dem eine Dame ihren Liebhaber erwartet. Sie küsst ihn voller Begierde, und dieser Kuss lässt in ihm im Laufe der nächsten Tage ein leidenschaftliches Verlangen nach einer Frau entstehen, von der er sich noch nicht einmal vorstellen kann, wie sie aussieht. In dem bukolischen Roman *Daphnis und Chloe* (um 200 nach Christus) von Longos raubt Chloe dem Daphnis einen Kuss. Er reagiert darauf zunächst, als ob er von etwas gebissen worden sei, beginnt dann aber heftig zu zittern, und sein Herz schlägt wie wild. Chloes Gesicht, dem er zuvor nicht mehr Aufmerksamkeit geschenkt hatte als einer Kaulquappe, blendet ihn mit einem Mal geradezu mit seinem Glanz. Schließlich wird er über und über rot. »Mein Atem fliegt«, sagt er, »mein Herz will herausspringen, meine Seele zerschmilzt, und doch möchte ich wieder küssen. Ach, welch seltsame Krankheit, von der ich nicht einmal den Namen weiß!«

Der Kuss hat lange die Alchimie der Liebe versinnbildlicht. Er erweckt schlafende Schönheiten wie Schneewittchen wieder zum Leben und verwandelt Frösche in Prinzen. In einer schottischen Ballade verzaubert eine böse Stiefmutter die Tochter eines Herzogs in eine

Schlange. Der Held Kempion aber gibt diesem Wesen drei Küsse, und so erblüht sie wieder zu menschlicher Gestalt. Diese Legende besitzt mehr Varianten als eine DNA-Kette. In einer davon verwandelt die Stiefmutter die Jungfrau in eine Linde, und die Maid muss zehn Jahre lang unbeweglich dastehen, bis der Königssohn sie eines Tages mit einem Kuss erlöst. In Boiardos *Orlando Innamorato* (*Der verliebte Roland*) sitzt ein wunderschönes Fräulein in einer Burg neben einem Sarkophag. Sie bedrängt den Baron Brandimart, diesen zu öffnen und das, was er darin finden mag, zu küssen. Er hebt den steinernen Deckel hoch, und eine Schlange mit funkelnden Augen und Zähnen springt ihm entgegen. Zitternd vor Furcht drückt er ihr einen Kuss auf: Aus dem Reptil wird eine Fee mit goldenen Haaren, die, um ihm für ihre Erlösung zu danken, seine Rüstung und sein Pferd gegen alle feindlichen Waffen feit.

Sir John Mandeville berichtet von der Tochter des Hippokrates, die auf der Insel Lango lebte. Die Göttin Diana verwandelt sie in einen Drachen, doch sie kann wieder die Gestalt einer wunderschönen Maid annehmen, wenn sich ein unerschrockener Ritter findet, der bereit ist, sie auf den Mund zu küssen. Zumindest zwei Kavaliere machen sich auf, dies zu tun, nehmen aber voller Entsetzen Reißaus, als sie ihr abscheuliches Drachenantlitz erblicken. Den einen stürzt sie von einer Klippe ins Meer, und während der andere Hals über Kopf das Weite sucht, bricht sie in ein entsetzliches Wehklagen aus.

Der Philosoph Favorinus von Arles fragte: »Worauf zielt denn jenes Sich-Berühren der Lippen ab, wenn nicht auf eine Verbindung der Seelen?« Er hätte diese Frage auch der Kussräuberin Morganna Roberts stellen können, die auf Baseballfelder zu rennen pflegte, um die Spieler zu küssen. Am 2. Mai 1988 gelang es ihr, dem Shortstop der Baltimore Orioles, Cal Ripken Jr., in der Nähe der Homebase einen besonders saftigen Schmatz aufzudrücken. Die Polizei verhaftete sie wegen unbefugten Betretens des Spielfelds, und sie verbrachte die

Nacht im Gefängnis. José Moura, Brasiliens berüchtigter »Serienküsser«, erzielte seinen größten Triumph 1980, als es ihm gelang, alle Sicherheitskräfte zu überrumpeln und die Füße von Papst Johannes Paul II. zu küssen. 1991 versuchte er während eines Tennisturniers Martina Navratilova einen Kuss zu geben, aber die Polizei fing ihn vorher ab und führte ihn vom Platz.

Eine Kussräuberin ganz anderer Qualität war die zweiundzwanzigjährige Tabetha Dougan. Im August 1994 lernte sie in einer Bar einen vierundsiebzigjährigen Mann kennen, begleitete ihn in seine Wohnung und flößte ihm dort beim Küssen ein Betäubungsmittel ein. Als der Mann am nächsten Morgen wieder zu sich kam, stellte er fest, dass das Mädchen seinen Rolls-Royce, eine Sammlung von Taschenuhren im Wert von einhunderttausend Dollar sowie Ringe und andere Schmuckstücke im Wert von sechstausend Dollar gestohlen hatte.

Gestohlene Küsse können ganz harmlos sein wie die Morgannas oder ganz und gar umwerfend wie die Chloes. Sie können aber auch abscheuerregend sein. Als im neunzehnten Jahrhundert in Neapel ein Mann eine Frau gegen deren Willen auf offener Straße geküsst hatte, untersagte ihm ein Gericht, sich in Zukunft dem Schauplatz des Verbrechens um weniger als fünfzig Kilometer zu nähern. Das römische Recht kannte nämlich das *crimen osculationis*, das Verbrechen des Küssens. Dieser Gesetzesverstoß konnte aber nur von Personen gleichen Ranges begangen werden, indem diese in der Öffentlichkeit unkeusche Küsse austauschten. Eine Nonne zu küssen ließ das Strafmaß gewaltig in die Höhe schnellen. In England verklagte 1837 ein gewisser Thomas Saverland eine Caroline Newton, die ihm bei dem Versuch, ihr einen Kuss zu geben, ein Stück seiner Nase abgebissen hatte. Der Richter entschied zugunsten von Miss Newton und erklärte: »Wenn ein Mann eine Frau gegen deren Willen küsst, dann ist diese Frau ganz und gar dazu berechtigt, in seine Nase zu beißen, wenn es ihr gefällt.« Im amerikanischen Recht gilt ein solcher Kussraub, wie jede Berührung einer Person gegen deren Willen, als tätlicher Angriff, unter Umständen wird er auch als sexuelle Belästigung gewertet.

In der mittelalterlichen Literatur wimmelt es nur so von Küssen, die den Leser wehrlos in immer tiefere Abgründe der Lust gleiten lassen. Männer küssen Frauen und verspüren jupiterhafte Gelüste in sich, durch die sie schließlich zu weit mehr als bloßem Küssen hingerissen werden. Der Troubadour Pierre Vidal bekannte beispielsweise: »Ich trat in ihr Gemach und raubte ihr einen Kuss auf den Mund und auf das Kinn. Das ist alles, was ich bekam. Ich bin des Todes, wenn sie mir den Rest vorenthält.«

Ein Mistelzweig ist ein berühmter Katalysator für Küsse, für erwünschte wie unerwünschte. Wer unter einem Mistelzweig stehend ertappt wird, muss auf Verlangen einen Kuss geben. Mag sein, dass diese Tradition auf die Ähnlichkeit der Pflanze mit den menschlichen Genitalien zurückgeht. 1855 beklagte sich Nathaniel Hawthorne darüber, dass man in Liverpool diesem Brauch anhing: »Die Jungfrauen des Hauses taten ihr Äußerstes, um die männlichen Mieter, alte wie auch junge, an diesen besonderen Stellen zu erwischen und sie dort zu küssen. Danach erwartete man von ihnen auch noch, dass sie einen Schilling zahlten.« 1989 wurde an der Moorhead State University in Minnesota das Aufhängen von Mistelzweigen mit der Begründung verboten, dass man dadurch sexueller Belästigung Vorschub leiste.

In der Regel drücken Küsse Zuneigung aus, aber auch Leidenschaft, Dankbarkeit, Versöhnungsbereitschaft, wilde Freude und tiefen Kummer. Mitglieder einer Familie und Verwandte pflegen sich zu küssen, der eifersüchtige Properz jedoch bezichtigt in seinen Gedichten seine Cynthia, eine ganze Armee von Anverwandten zu erfinden, um sich immer wieder küssen zu lassen.

Wir küssen uns, wenn wir uns für längere Zeit von jemandem verabschieden, so als ob wir die vor uns liegende Leere mit Zuneigung füllen wollten. Im Alten Testament kommen zahllose Abschiedsküsse vor. Als Paulus die Ältesten von Ephesus verließ, weinten diese und überschütteten ihn mit Küssen. Man kann aber auch die Lippen eines Leichnams küssen, um für immer von der geliebten Person Abschied zu nehmen. Properz und Tibull fordern ihre Frauen auf, dieses nach ihrem Tod bei ihnen zu tun. Der Legende nach hielt ein solcher Kuss den Geist ein wenig länger im Körper zurück. Ovid klagte in der Verbannung in Tomi darüber, dass es seiner Frau nicht möglich sein werde, seinen Aufenthalt auf der Erde mit ihren Küssen zu verlängern. Die Alten glaubten, dass diese Küsse dem Scheidenden bis in die Unterwelt folgen und ihn in der größten Leere trösten würden.

Der Kuss ist aber oft auch einfach eine Begrüßungsgeste. Sogar Schimpansen umarmen und küssen sich, wenn sie eine Zeitlang getrennt waren: ein Hinweis auf die tiefen Wurzeln des Küssens. Menschen haben die Sonne und den Mond mit Küssen willkommen geheißen, und in vielen Ländern begrüßt man sich mit einem Küsschen auf beide Wangen. Im antiken Rom wurden die unablässig ausgeteilten Begrüßungsküsse zu einem solchen Ärgernis, dass Tiberius (42 vor Christus – 37 nach Christus), der jede Art von Schmeichelei verabscheute, ein Verbot gegen sie erließ. Es wurde kaum befolgt. »Jeder Nachbar, jeder Bauer mit haarigem Gesicht drängt dir einen stark riechenden Kuss auf«, klagte Martial (ca. 40–102 nach Christus). »Hier dringt der Weber auf dich ein, dort der Tuchwalker und der Flickschuster, der gerade noch Leder geküsst hat; hier der Besitzer eines schmierigen Bartes und ein einäugiger Mensch, dort einer mit tränenden Augen und Burschen, deren Münder mit allen möglichen abscheulichen Dingen besudelt sind.«

Die Sitte hielt sich das ganze Mittelalter hindurch. Selbst Montaigne (1533–1592) beklagte sich noch über sie. Er fragte sich, warum eine Dame jeden Lümmel mit Lakaien küssen müsse. Und den Männern ging es damals nicht besser, denn »fünfzig hässlichen, die wir küssen, stehen nur drei hübsche gegenüber«. Erasmus (1466–1536) berichtete, dass in England die Küsse nur so auf einen niederregneten.

Sogar die niedlichen Wäscherinnen in den Landgasthäusern würden den Reisenden einen herzhaften Kuss auf die Wangen drücken, wenn sie weiterzögen.

Dieses großzügige Darbieten der eigenen Lippen war noch bis zum siebzehnten Jahrhundert Usus. Die Marquisen Molières (1622–1673) küssen einander ganz ungehemmt: In *Le Misanthrope* beschwert sich allerdings Alceste darüber, dass Philinte jedermann küsse, doch: »Wenn ich dich frage, wer er ist, dann kennst du kaum seinen Namen!« Im achtzehnten Jahrhundert geriet der Brauch langsam in Vergessenheit, und außer in Hollywood ist er auch nie wieder in Mode gekommen.

Durch einen Kuss der Liebe gibt man sich – wie durch die Liebe selbst – einem anderen Menschen relativ ungeschützt hin. Und so hat sich der Kuss an sich schon vor langer Zeit in ein Zeichen der Ehrerbietung verwandelt: Ich bin verletzbar – durch dich! Der Rangniedrigere bietet bei einem solchen Kuss zumeist seine Lippen dar, der Ranghöhere eine weniger empfindsame und empfindliche Oberfläche.

Der Fuß ist ein klassischer Kussempfänger. Im babylonischen *Schöpfungsepos* küssen chthonische Gottheiten, die Anunnaki, die Füße Marduks. Maria Magdalena küsst die Füße Jesu, und die Sitte, die Füße oder die Hände von Heiligen zu küssen, überdauerte viele Jahrhunderte. Caligula ließ sich von Untertanen die Füße küssen, und mittelalterliche Vasallen küssten die Füße ihrer Lehnsherren. Als der stolze Rollo, ein normannischer Stammesführer, Karl dem Einfältigen seine Ehrerbietung erweisen musste, sah er sich mit der unangenehmen Aussicht konfrontiert, sich niederbücken zu müssen, um dem König die Füße zu küssen. Er ergriff statt dessen einfach Karls Fuß und führte ihn zu seinen Lippen, womit er den König zur allgemeinen Erheiterung zu Fall brachte.

Der Boden ist eine weitere, mittlerweile arg strapazierte Oberfläche, die immer wieder geküsst wurde und noch heute geküsst wird. In einem mesopotamischen Mythos wird von einem Besuch Nergals bei Ereschkigal, der Königin der Unterwelt, erzählt. Als er vor sie tritt, kniet er nieder und küsst den Boden zu ihren Füßen. In alten Zeiten küssten die Leute die Fußabdrücke ihrer Herrscher und leckten dabei im wahrsten Sinne den Staub auf. Jesajah verhieß, Könige und Fürstinnen »werden vor dir niederfallen zur Erde aufs Angesicht und deiner Füße Staub lecken«. In *Tausendundeiner Nacht* werfen sich Edelleute vor ihrem Sultan nieder, um den Boden zu küssen. Als Raskolnikow Sonja den von ihm begangenen Mord gesteht und sie um Rat anfleht, antwortet sie: »Geh hin, jetzt, sofort, zu jener Straßenkreuzung, beuge dich nieder und küsse die Erde, die du entweiht hast.« Er tut es – zur Erheiterung der dort Vorbeikommenden.

Menschen haben aus Verehrung Altäre geküsst, Götzenbilder und Tempelmauern. Cicero berichtet, dass ehrfürchtige Küsse die Lippen und den Bart der Heraklesstatue in Agrigent geradezu weggewetzt hätten. Das Kreuz zu küssen ist ein besonders heiliger Akt. Es gibt Gläubige, die Abbilder der Jungfrau Maria und der verschiedenen Heiligen küssen. Küsse dieser Art haben den Fuß der Statue des heiligen Petrus auf dem Petersplatz nahezu erodiert. Jahrhundertelang haben Kranke die Reliquien eines Heiligen geküsst – und sind geheilt davongegangen. Pascals Nichte, so wird berichtet, besiegte ihre schwere Erkrankung, indem sie einen Dorn aus der Krone Christi an ihre Lippen presste.

Aufgrund der Intimität der Geste eignet sich ein Kuss auch sehr gut dazu, jemanden zu beleidigen. Der Teufel verlangte Küsse auf seinen Hintern, bei bestimmten Geheimgesellschaften sind solche Küsse Teil des Initiationsritus. In Chaucers »Erzählung des Müllers« spielt Alison dem lästigen Verehrer Absolon einen Streich, indem sie ihm ihre Hinterpartie zum Küssen darbietet. Wir kennen den derben Ausdruck »Leck mich am Arsch«, in anderen Sprachen sagt man mit etwas mehr Zartgefühl: »Er soll mich doch dort küssen, wo ich keine

Nase habe.« Das lateinische Wort für Kuss ist *osculum*; *os*, die erste Silbe, bedeutet »Mund«, die beiden folgenden, *culum*, bezeichnen das menschliche Hinterteil. In einer Erzählung aus dem alten Rom erbettelt ein Mann von einer verheirateten Frau ein *osculum*. Die Frau weist ihn lachend zurück: »Das erste ist für meinen Mann, nicht für dich. Du darfst dich aber gern an das andere halten.«

Ein Kuss ist ein Versprechen. Der Liebeskuss ist ein Treueschwur, und er bildet daher den Höhepunkt einer jeden Hochzeitszeremonie. Ein Ehrerbietungskuss drückt Loyalität aus. Ein Kuss konnte früher ein Lehnsverhältnis, das man einging, besiegeln. Nachdem er einen Mann zum Ritter geschlagen hatte, gab der Zeremonienmeister ihm oft einen Kuss. Im *Rolandslied* schwört Ganelon, Roland zu verraten, indem er den Knauf des Schwertes des Sarazenenkönigs küsst.

Ein Versprechen kann aber auch nicht eingelöst werden. Am 7. Juli 1792, als die Mitglieder der gesetzgebenden Versammlung Frankreichs miteinander stritten und die Armeen Österreichs und Preußens gegen Paris vorrückten, bedrängte Antoine Adrien Lamourette die Abgeordneten mit bewegenden Worten, ewige Brüderschaft zu schwören. Daraufhin fielen sie einander in die Arme und tauschten Versöhnungsküsse aus. Am nächsten Tag jedoch führten sie die bitteren Auseinandersetzungen fort, Lamourette starb zwei Jahre später unter der Guillotine.

Ein Versprechen kann aber auch falsch sein – und ein Kuss ein böses Omen. Einen Judaskuss gibt derjenige, der Verrat im Herzen hegt. Der heilige Ambrosius schrieb: »Ein Kuss übermittelt die Macht der Liebe, und wenn keine Liebe, kein Glaube, keine Zuneigung vorhanden ist, was für eine Süße kann dann in Küssen liegen?« Ambrosius bezeichnete als Judas denjenigen, »der durch ein bestialisches Zusammenfügen der Lippen ein Todesurteil verhängt, statt einen Liebesvertrag zu schließen«.

Wir küssen Gegenstände aus Aberglauben, weil wir hoffen, dass es uns Glück bringt. Glücksspieler führen ihre Würfel zu den Lippen, und Touristen gehen in die Knie, um den Stein von Blarney zu küssen. Um sich vor Blitzschlag zu schützen, zeichnen Bauern drei Kreuze mit dem Finger vor sich in der Luft nach und knien dann nieder, um den Erdboden ebenfalls dreimal zu küssen. Um sich von Zahnschmerzen zu befreien, drücken sie einem Esel einen Kuss auf die Schnauze. Wenn ihnen ein Buch oder ein Stück Brot auf den Boden gefallen ist, halten sie es kurz an die Lippen, nachdem sie es aufgehoben haben. Mütter küssen die Schrammen ihrer Kinder, damit alles wieder »heil« wird – aber das geschieht wohl weniger aus Aberglauben, sondern weil es tröstet und somit wirklich hilft.

Alfred Eisenstaedt hat einen der berühmtesten in der Öffentlichkeit ausgetauschten Küsse mit seiner Kamera festgehalten: den Kuss, den ein Matrose an jenem Tag, an dem der Zweite Weltkrieg zu Ende war, mitten auf dem Times Square einem Mädchen gab. Das Foto erinnert an ein Filmplakat. Die beiden sind in einer Art Tanzpose zu sehen: Der Mann schwenkt die Frau so vornüber, dass ihr Oberkörper sich fast parallel zum Boden befindet, er beugt sich tief zu ihr hinab und küsst sie. Das Bild lässt an eine leidenschaftliche Wiedervereinigung denken, Eisenstaedt aber berichtete, dass der Matrose betrunken war, selig über den Broadway torkelte und jeder Frau, die ihm entgegenkam, einen Kuss gab: einen Kuss der Erleichterung und der unbändigen Freude.

Öffentliche Küsse werden aber nicht immer in dieser Weise toleriert – noch nicht einmal, wenn sie zwischen Eheleuten getauscht werden.

Cato (234–149 vor Christus) ließ einen Senator namens Manilius bestrafen, weil er seine eigene Frau in aller Öffentlichkeit und zudem vor der eigenen Tochter geküsst hatte. Plutarch kritisierte Cato wegen dieser von ihm verhängten Strafe, meinte aber auch: »Wie abstoßend ist es jedoch tatsächlich, sich in der Gegenwart Dritter einen

Kuss zu geben.« Klemens von Alexandria (ca. 150 – ca. 220 nach Christus) gab Ehepaaren den Rat, sich nach Möglichkeit nicht vor ihren Dienstboten zu küssen. Der unvergleichliche Nyrop schreibt: »Eines Abends erblickte ich auf einer großen Gesellschaft ein junges Mädchen, das für alle sichtbar den Herrn, mit dem sie verlobt war, auf den Mund küsste. Cato würde sich sicherlich im Grabe umdrehen, wenn er wüsste, dass solch schamloses Benehmen von Leuten von Erziehung und Rang geduldet wird.«

Selbst heute noch können auch in der westlichen Welt in der Öffentlichkeit getauschte Küsse Zensoren auf den Plan rufen. 1991 warnte ein Hausbewohnerausschuss in Los Angeles eine einundfünfzig Jahre alte Mitbewohnerin davor, in der Öffentlichkeit zu »küssen und schlimme Dinge« zu tun. Die Dame klagte mit der Begründung, dass sie nun »abfällige Bemerkungen und Fragen von Fremden« zu erdulden habe. Der Ausschuss entschuldigte sich bei ihr, es habe sich angeblich um eine Verwechslung gehandelt.

Die Angehörigen von asiatischen und einigen afrikanischen Völkern vermeiden es traditionellerweise, sich vor anderen auf den Mund zu küssen. Sie glauben, dass solche Küsse etwas ganz Privates sind, und ersetzen sie durch Verbeugungen, Nasenküsse und andere Gesten. 1897 merkte der französische Anthropologe Paul d'Enjoy an, dass die europäische Sitte, sich auf den Mund zu küssen, die Chinesen mit Abscheu erfülle. Für die Chinesen kam dies beinahe einem kannibalistischen Akt gleich. Der fleißige Malinowski stieß bei seiner Untersuchung des auf den Trobriand-Inseln praktizierten Vorspiels auf keinerlei Mund-zu-Mund-Küssen, dafür aber auf reichlich Mund-an-Mund-Reiben, Zungen-Zutzeln, Zunge-an-Zunge-Reiben, Lippen-Lutschen und Lippen-Beißen.

Sich einen Nasenkuss zu geben, also die Nasen aneinander zu reiben, ist in vielen Kulturen üblich. Es symbolisiert das Zusammenfließen des Atems oder des Geistes zweier Personen – das Äquivalent des Lebens selbst. Maoris heißen Fremde willkommen, indem sie deren

Nasen zweimal sanft mit ihrer eigenen berühren. Diese Geste führt zwei Gesichter ganz eng zusammen und stellt eine intimere Verbindung her als ein Händeschütteln. Von einem Kuss ist sie aber gleichzeitig weit entfernt.

Ein Kuss leitet einen Funken der eigenen Seele weiter, sogar in einen Fuß oder in den Erdboden. Ein Kuss ist eine zärtliche Berührung, ein Schwur, ein Verschmelzen zweier Identitäten, und zumindest für einen Angehörigen der westlichen Kultur lässt sich die Welt ohne ihn kaum vorstellen.

Das lebendige Hinterland

Auf seinem Gemälde *Paysage de Baucis* (1966) stellt René Magritte sich selbst als Nase, Mund und Ohren unter einem Bowlerhut dar. Diese Teile seines Gesichts schweben im leeren Raum – ohne Muskulatur, ohne Knochen, ohne äußere Kontur. Der Maler entpersonalisiert sich damit, denn diesem Gesicht ist seine Unverwechselbarkeit und die ganze Palette seiner Ausdrucksmöglichkeiten genommen.

Jenseits der wohlbekannten topographischen Kennzeichen des Gesichts erstreckt sich die Matrix, die glatte Haut der Wangen und der Stirn. Es scheint ein trostloses Areal zu sein, in dem wenig geschieht. Doch die Muskeln der Matrix senden ständig Signale aus, einzelne Bereiche haben sogar symbolische Bedeutung erlangt. Die Wangen sind wie Wappenschilder, die von Frohsinn und Leidenschaftlichkeit künden, der Stirn wird von Eingeweihten sogar mystische Bedeutung zugeschrieben: Sie gilt als Sitz des »Dritten Auges«.

Die Wangen sind das weiche Fleisch, das sich von den Augen bis zu den nasolabialen Falten erstreckt. Wozu sind sie gut? Sie beherbergen die Mundhöhle und halten die Nahrung, so dass sie gekaut werden kann. Die Wangen stellen eine Spezialität der Säugetiere dar.

Reptilien wie Leguane besitzen keine Wangen, wenngleich auch einige Dinosaurier Wangen aufwiesen.

Die Wangen sind auch der Ort, wo sich Gemütszustände abzeichnen. Sie können flach, ja sogar eingefallen sein. Freude bringt sie jedoch zum Erröten, und Lachen bläht sie auf. Pausbäckige Menschen scheinen daher fröhlichere Zeitgenossen zu sein. Wie die Nase werden sie rot, wenn man einem geistigen Getränk zuspricht. *Der fröhliche Zecher* von Franz Hals mag als klassische Darstellung eines rotbäckigen Menschen gelten, der sich unbekümmert seines Lebens freut. Das englische »cheeky« – von »cheek« für Wange – kann auch keck oder frech bedeuten.

Doch in den Wangen kann sich auch Verlegenheitsröte melden. Wenn man zugibt, verlegen zu sein, sagt man auch, dass es einem »die Röte ins Gesicht treibt«. Bei einer Umfrage gaben achtundsechzig Prozent der Befragten an, dass sich vor allem ihre Wangen röteten, nur sechsundzwanzig Prozent, dass sich ihr ganzes Gesicht verfärbte. Emily Dickinson dichtete: »Eine Wange ist immer röter / dort, wo die Hektik brennt.« Gegen unseren Willen können unsere Wangen ein Verlangen anzeigen, aber auch Verwirrung, Schuldbewusstsein oder Verlegenheit.

Die Stirn scheint der Sitz des Intellekts zu sein, zweifelsohne wegen des Organs, das sich hinter ihr verbirgt. Wir assoziieren eine hohe Stirn wie die des Behavioristen B.F. Skinner mit Intelligenz, manchmal auch mit Überheblichkeit. In Edgar Allan Poes »König Pest« sitzen sechs leichengleiche Säufer um einen Tisch herum. Bei jedem von ihnen ist ein Teil des Gesichts besonders stark ausgeprägt – die Nase, die Ohren, der Mund, die Augen. Der mit der riesigen Stirn ist der König. Wenn sie aufgefordert werden, auf das »Ich« im eigenen Kopf zu zeigen, dann deuten die meisten Menschen auf einen Punkt unmittelbar über dem Nasenrücken. Auf ihrem *Selbstporträt als eine Tehuana, oder Gedanken an Diego* (1943) malte sich Frida Kahlo ihren launenhaften Diego mitten auf die Stirn. Die Augen zeigen, dass man denkt, der Mund artikuliert diese Gedanken, aber die Stirn ist das Symbol für das Denken.

Das Emblematische der Stirn ist Bestandteil von vielen Kulturen auf der ganzen Welt. Am Aschermittwoch malen sich Katholiken ein graues Kreuz auf die Fläche direkt über der Nase. Die Nigerianer grüßten einander einst, indem sie die Stirnen aneinander rieben – eine bezaubernde Geste. Mohammedaner haben oft einen chronischen Bluterguss auf der Stirn, weil sie beim Gebet jahrzehntelang mit ihr den Boden berühren. In der *Offenbarung des Johannes* schmückt das Zeichen des Tieres die Stirn der Verderbten und der Name Gottes die der glücklichen Bewohner des neuen Jerusalem.

Swift machte die Stirn zum Ort für ein spezielles Omen. In *Gullivers Reisen* heißt es, dass einige wenige Kinder in Luggnagg mit einem roten Fleck über der linken Braue auf die Welt kommen, was bedeutet, dass sie Struldbruggs sind und niemals sterben werden. Der talergroße Fleck wird über die Jahre hinweg größer und wechselt seine Farbe, wenn sein Träger zwölf Jahre alt ist, dann ist er grün. Wenn der mit dem Fleck Ausgezeichnete das fünfundzwanzigste Lebensjahr erreicht hat, wird der Fleck dunkelblau, um dann später – nach der Vollendung des fünfundvierzigsten Lebensjahres des Struldbruggs – für immer schwarz zu bleiben.

In keiner Kultur wird jedoch der Stirn eine solche Aufmerksamkeit und eine derart ausgefallene Behandlung zuteil wie in der Indiens. Die Inder schmücken die Stirn mit *tilaka*, bunten Zeichen von einer Schwindel erregenden Vielfalt. Einem Gelehrten zufolge werden die *tilaka* deshalb auf die Stirn aufgetragen, weil die Hindus sich vor heiligen Reliquien so tief verbeugen, dass sie mit der Stirn den Boden berühren, und beim Gebet ihre Gesichter gen Himmel richten.

Die *tilaka* erfüllen vielfältige Zwecke. Sie können anzeigen, welcher Sekte ihr Träger angehört. Drei vertikale Striche weisen zum Beispiel (je einer für Brahma, Vischnu und Schiwa) den Betreffenden als Angehörigen der Ramanujakari-Sekte aus, während ein einzelner zinnoberroter Punkt einen extremen Schakta kenntlich macht, und eine Zeichnung, die einem Reagenzglas mit einem Punkt im Inneren ähnelt, kennzeichnet einen Vairagi. Einige Sekten schreiben eine solche Kennzeichnung zwingend vor, ein Mann ohne *tilaka* sei ohne Ehre, und wer ihn zufällig anschaue, müsse anschließend in die Sonne blicken, um sich selbst zu reinigen. Andere Sekten verbieten die *tilaka*. Sie meinen, dass sie mit Sicherheit zum Verderben des Trägers führen.

Das im Westen bekannteste Zeichen dieser Art ist der scharlachrote Punkt, den Frauen sich genau über der Nase auf die Stirn malen. Der Brauch will es einfach so, dass sie sich mit diesem kleinen runden Fleck kennzeichnen, der Forscherin Priyabala Shah zufolge wissen jedoch viele indische Frauen überhaupt nicht, »warum sie sich ein rotes Zeichen auf die Stirn malen«.

Tilaka können mächtige Glücksbringer sein. In einem heiligen Buch heißt es, das richtige *tilaka* könne »den Sieg über Könige, stolze Damen, tobende Elefanten, Löwen, Tiger, Schlangen und Riesen« schenken. In einer anderen Schrift wird versichert, dass ein Mann mit dem richtigen *tilaka* »König wird und seinen Feinden wie ein Löwe oder ein Tiger erscheint, der einer Ziege gegenübersteht«. *Tilaka* dienen aber auch der Schönheit und können bei bestimmten Ritualen eine Rolle spielen.

Einige Hindus benutzen für ihr Stirnzeichen rotes Arsen, andere Gelbwurz, Safran, Sandelholzpaste, Betelblätter und roten Graphit. Frühe Forschungsreisende berichteten, dass die Eingeborenenstämme Indiens einen Menschen opferten und sein Blut benutzten, um ein *tilaka* auf die Stirn der Anwesenden zu tupfen. Orthodoxe Familien haben Angst vor einer Stirn, die auch nur einen kurzen Moment lang ohne Zeichen ist. Deshalb tätowieren sie es sich in die Haut.

Ähnlich wie die *tilaka* spielt auch die Vorstellung vom »Dritten Auge« in Indien eine derart herausragende Rolle wie kaum sonst wo.

Einige Wissenschaftler sind der Ansicht, dass diese Vorstellung dort schon zur Zeit Buddhas, also im sechsten Jahrhundert vor Christus, verbreitet war. Der Überlieferung zufolge wurde Buddha mit einem dritten Auge in der Mitte der Stirn geboren, das die Form eines *urna* genannten haarigen Males annahm.

Das »Dritte Auge« gilt für gewöhnlich als Organ, mit dem man das eigene innere Wesen wahrnehmen kann, und es gibt eine faszinierende Verbindung zwischen diesem uralten Glauben und unseren modernen Bemühungen, die Natur unseres Bewusstseins zu erforschen. Warum haben wir ein Gefühl von uns selbst? In welcher Weise nützt es uns, wenn wir uns dessen bewusst sind, was in uns vorgeht? Wir könnten wohl auch ohne ein solches Bewusstsein einige ganz vernünftige Entscheidungen fällen, aber es würde uns schwer fallen, zu beurteilen, wie unsere Entscheidungen sich sozial auswirken würden. Nicholas Humphrey, Psychologe an der Universität Cambridge, hat die Theorie aufgestellt, dass genau darin die Funktion des Bewusstseins liegt. Das Selbst ist ein inneres Modell von anderen. Wir spüren unsere eigenen Reaktionen und projizieren sie auf andere. Auf diese Weise können wir vorhersagen, wie sie sich verhalten werden, und entsprechend handeln. Unser Selbst, so Humphrey, ist ein Cicerone, der uns zu den Seelen anderer geleitet. Er verwendet im Zusammenhang mit dieser Fähigkeit, in uns hineinzuschauen, sogar das Bild vom »inneren Auge«.

Natürlich verleiht ein solcher Einblick auch soziale Macht. In der Mythologie der Hindus ist ein »Drittes Auge« aber noch viel mehr – eine ganz außergewöhnliche Waffe nämlich. Wenn es nach außen gerichtet wird, sendet es einen feurigen Strahl aus, der alles, was er trifft, in ein Häufchen Asche verwandelt und anlässlich jeder periodischen Vernichtung des Universums die Götter und alle Lebewesen zerstört. Das »Dritte Auge« sondert auch das Aphrodisiakum *madhu* ab, das wie der Ganges aus ihm herausfließt.

Was liegt nun wirklich hinter dem Stirnknochen? Jener Teil der

Großhirnrinde, der nicht nur dazu beiträgt, starke Gefühle wie Ärger unter Kontrolle zu halten, sondern der auch bei unserem Urteilen eine entscheidende Rolle spielt. Wenn Weisheit bedeutet, dass man Entscheidungen zu fällen weiß, dann, so könnte man sagen, hat sich das »Dritte Auge« genau die richtige Stelle ausgesucht.

In der Helix

1731 enterte ein spanischer Matrose, der die Rechte seines Heimatlandes, mit Kuba Handel zu treiben, verteidigen wollte, eine englische Brigg und säbelte deren Kapitän Robert Jenkins ein Ohr ab. Diese dreiste Tat erzürnte den Kapitän aufs höchste, obwohl sich sein Aussehen dadurch eigentlich nicht gravierend veränderte, da er wie die meisten anderen Schiffsoffiziere der Zeit eine Perücke trug. Er behielt das Ohr, pökelte es ein und erzählte allenthalben, wie es ihm abhanden gekommen war. Als sieben Jahre später die Beziehungen zu Spanien sehr angespannt waren, stellte Jenkins, der immer noch entrüstet über den Vorfall war, sein Pökelohr im Parlament zur Schau. Die Volksseele kochte vor Empörung, und die Regierung erklärte Spanien widerstrebend den Krieg: einen Krieg wegen Jenkins' Ohr.

Für ein Ohr machte das des Kapitäns eine recht bemerkenswerte Karriere. Normalerweise ist das Ohr ein recht bescheidener Bestandteil des Gesichts, unauffällig und häufig auch noch vom Haar verdeckt. In Haruki Murakamis *Wilde Schafsjagd* (1989) wird der Erzähler, ein Werbetexter, unwiderstehlich von den riesigen Fotos eines Ohrs, die in seinem Büro hängen, angezogen. Dieses Ohr scheint ihm »der Inbegriff, das Vorbild aller Ohren« zu sein. Er verspürt die erotische Anziehungskraft seiner Windungen, macht schließlich die Frau ausfindig, der das bemerkenswerte Ohr gehört, und schläft mit ihr. Die Rede ist in diesem Fall aber nur von einer merkwürdigen

Laune, und die Wirkung der Geschichte ergibt sich allein daraus, dass es schon sehr skurril ist, wenn man einem Ohr verfällt.

Das Ohr ist eigentlich ein entlegener, unseren Blicken mehr oder weniger entzogener Außenposten des Gesichts. Aus diesem Grund fallen große Ohren auch so sehr auf. Das Bescheidene erheischt plötzlich unsere Aufmerksamkeit. Die Ohren werden mit zunehmendem Alter länger, einige aber ragen schon lange vorher gewaltig in die Umgebung hinein. Jener Gangster, der in den Zwanziger- und Dreißigerjahren den Drogenhandel in Shanghai beherrschte – und dann zu einem cholerischen Gewaltverbrecher namens Chiang Kai-sheck wurde –, erhielt seinen Spitznamen aufgrund seiner Ohren: Großohren-Tu. Der fünfzehn Meter hohe Buddha in der Höhle 20 von Yungang in China besitzt Ohren von epischen Dimensionen, die bis auf seine Schultern herabhängen. Der göttergleiche Marduk aus dem mesopotamischen *Schöpfungsepos* hat nicht weniger als vier kolossale Ohren (obendrein besitzt er auch noch vier Augen, und zwischen seinen Lippen springt Feuer hervor).

Fische haben keine richtigen Ohren. Sie besitzen vielmehr ein so genanntes Seitenlinienorgan, mit dem sie Schwingungen im Wasser wahrnehmen können. Diese Vorrichtung kann auch tief im Körper liegen, da Fische ungefähr dieselbe Dichte wie Wasser aufweisen und Vibrationen regelrecht durch sie hindurchlaufen können. Schallwellen in der Luft sind jedoch zu schwach für ein solches Seitenlinienorgan. Als die ersten Fische an Land krabbelten, mussten sie also ein anderes Organ entwickeln, um diese Wellen auffangen zu können.

Sie bildeten sowohl ein Trommelfell wie auch das Hammer-Amboß-Steigbügel-System aus. Beide Vorrichtungen dienen zur Verstärkung von Schallwellen. (Im Verlauf eines völlig verrückten evolutionären Schritts, der zu Recht berühmt ist, rückten die Kiefernknochen nach oben, um sich zu diesen winzigen Gebilden zu entwickeln). Die verstärkten Signale erreichen die Cochlea, wegen ihrer Form auch Schnecke genannt, und bringen die Flüssigkeit in ihrem Inneren zum

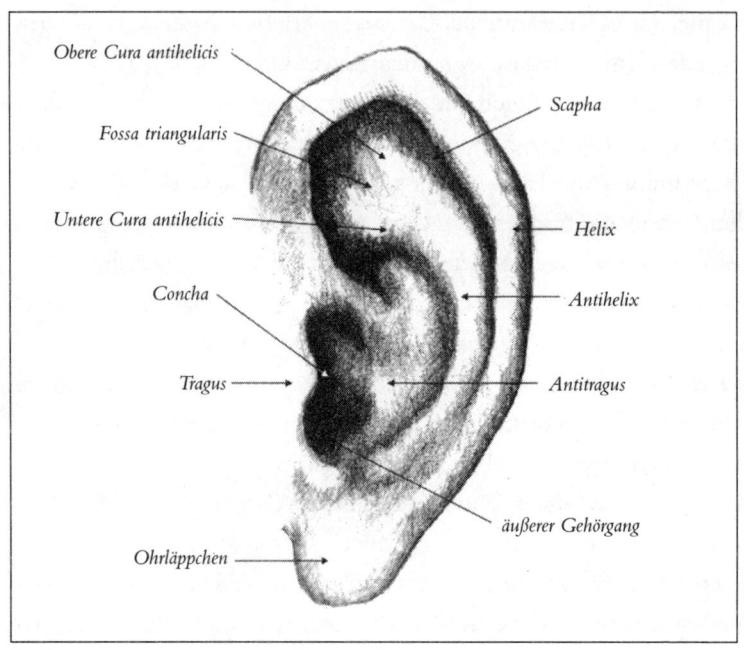

Das Ohr

Vibrieren. Die Cochlea ist mit winzigen Haaren besetzt, die diese Impulse registrieren und Botschaften an das Gehirn weiterleiten: Ton. In einem gewissen Sinn hören wir noch immer unter Wasser.

Landtiere entwickelten darüber hinaus eine Auricula, eine Ohrmuschel (Wir haben es uns angewöhnt, diese Ohrmuschel einfach »das Ohr« zu nennen. »Auricula« hört sich zu sehr nach Fachjargon an, so als würde man die Wangen nur die »buccae« nennen. Die Unterscheidung kann aber durchaus von Belang sein. Ohne »Auriculae« wären wir in unserer Wahrnehmung eingeschränkt, ohne Ohren jedoch wären wir taub.) Alle Primaten besitzen solche Ohrmuscheln, und es gibt nur wenige an Land lebende Säugetiere, die keine aufweisen. Warum ist das so? Darwin war der Meinung, dass eine Ohrmuschel keinen Zweck erfülle. Cicero lag da mit seiner Ansicht schon eher richtig. Er glaubte, dass sie den Klang verstärkt, wie der Schallkörper einer Geige etwa, und bis zu einem gewissen Grad tut sie das auch. Ihre Hauptaufgabe ist jedoch eine andere.

Die Auricula hilft uns festzustellen, woher ein bestimmter Laut kommt. Die Erhebungen und Vertiefungen in ihrem Inneren, die an Hügelkämme und Täler erinnern, lassen einige Schallwellen später in den Gehörgang dringen als andere, und zwar nach einem bestimmten Pattern, das vom Ausgangsort dieser Schallwellen abhängig ist. Das Gehirn dekodiert dann dieses Pattern. Als Wissenschaftler im Zuge eines Experiments die Ohrmuscheln von Testpersonen mit Wachs verschlossen, hatten die Probanden das Gefühl, dass die Klänge aus dem Inneren ihres Schädels herauskämen, wie es auch zu sein scheint, wenn man Kopfhörer aufhat. Eine gewisse Anzahl von Windungen in der Auricula scheint essentiell zu sein, zusätzliche scheinen die Leistung jedoch nicht merklich zu erhöhen.

Den Ausgangsort eines Klanges können wir auch dadurch ermitteln, dass wir zwei Ohren haben, die eine Art von akustischer Parallaxe schaffen. Die Schallwellen treffen ein wenig früher auf das eine Ohr als auf das andere, und das Gehirn registriert den Unterschied.

Dennoch täuschen wir uns oft. Wir glauben, dass die Stimmen im Kino direkt von der Leinwand kommen, und auf Bauchredner fallen wir auch immer wieder herein. Die Langohrfledermaus (*Plecotus auritus*) ist in dieser Hinsicht sehr viel besser ausgestattet als wir. Ihre wie Schöpfkellen geformten Auriculae sind länger als ihr Körper und steigern ihre Fähigkeit zur Echoortung derart, dass dieses außergewöhnliche Geschöpf in dunkler Nacht zwischen den Zweigen eines Busches hindurchsausen oder im strömenden Regen Insekten fangen kann. Wie viele andere Tiere kann auch sie ihre Ohrmuscheln bewegen und auf ein bestimmtes Geräusch hin ausrichten. Nur wenige Menschen besitzen diese Fähigkeit – es ist eines dieser bizarren Talente, die einem im Kreis der eigenen Klassenkameraden zu Ruhm verhelfen –, die meisten von uns drehen und wenden statt dessen den ganzen Kopf.

Bei einigen Tieren trägt die Auricula auch zur Kühlung des Körpers bei. Der wüstenbewohnende Eselhase besitzt riesige, von vielen Blutgefäßen durchzogene Ohren, die die Wärme ableiten. Beim Elefanten ist es genauso. Wegen ihrer gewaltigen Körperausmaße müssen diese Tiere mehr Wärme pro Quadratzentimeter Haut abgeben als andere. Indem sie mit den Ohren wedeln, beschleunigen sie diesen Prozess. Der Schneehase hingegen besitzt nur kleine Ohren, um den Verlust an Körperwärme niedrig zu halten.

Das Ohr besitzt eine ganz besondere Topographie, der aber kaum jemand Beachtung schenkt. Der Rand wird Helix genannt, weil er angeblich einer Spirale ähnelt. Wie eine sich brechende Woge wölbt sich die Helix nach innen über die Ohrmuschel. Etwas tiefer stößt ein zweiter Kamm dieser Art an die Helix an: die Antihelix. Die Antihelix geht oben in eine kleine Ebene über, während sie unten in das Ohrläppchen ausläuft. Im Gegensatz zum Ohr, das überwiegend aus Knorpelmasse besteht, ist das Ohrläppchen weich und gut gepolstert und bietet sich geradezu dazu an, Schmuck an ihm zu befestigen. Die Vertiefung um die Öffnung des Gehörgangs herum nennt man Concha – nach dem lateinischen Wort für »Muschel«.

Und der kleine fleischige Knubbel seitlich neben dem Ohr ist der Tragus. Welches Kind hat nicht schon an diesem merkwürdigen Auswuchs herumgefingert und sich gefragt, wozu er eigentlich gut ist? Er schützt den Gehörgang. Seinen Namen, griechisch für »Ziegenbock«, erhielt er aufgrund der Haare auf seiner Innenseite. Sie erinnerten Rufus von Ephesus, einen Zeitgenossen von Plinius, der das erste medizinische Nachschlagewerk verfasste und außer dem Tragus auch der Helix ihren Namen gab, an einen Ziegenbart.

Jeder Mensch besitzt sein eigenes Ohrmuster – es ist so unverwechselbar wie sein Gesicht, seine Iris, seine Fingerabdrücke, seine Handschrift, seine Stimme und das Bild, das die thermische Emission seines Gesichts ergibt. Also bieten auch die Ohren eine Möglichkeit, Kriminelle zu identifizieren. Berühmt wurde der Ohrenvergleich, den man mit Hilfe von Fotos anstellte, um herauszufinden, ob Anna Anderson, wie sie behauptete, wirklich Anastasia, die jüngste Tochter von Zar Nikolaus II., war. Man entdeckte viele Ähnlichkeiten, die Fotos waren aber von so schlechter Qualität, dass eine definitive Identifizierung nicht möglich war. Man kam lediglich zu dem Ergebnis, es sei nicht auszuschließen, dass Anna Anderson wirklich die Zarentochter sei. Erst DNA-Tests entlarvten sie später als Schwindlerin.

Die bekanntesten Ohren in der Literatur sitzen wahrscheinlich am Kopf von Hamlets Vater. Claudius ermordete ihn, indem er ihm Gift in die Ohren schüttete, als er schlief: eine Metapher für das Erteilen von »mörderischen« Ratschlägen, jene Spezialität von Shakespeares Schurken. Das bekannteste Ohr in der Geschichte ist hingegen nicht das von Jenkins, sondern das von van Gogh.[7] Der Maler schnitt es sich nach einem Streit mit Gauguin ab, wickelte es sorgfältig ein und überreichte es einer Prostituierten in einem in der Nähe gelegenen Bordell mit den Worten: »Hier, zur Erinnerung an mich.« Aber keines dieser Ohren ist so berühmt wie Pinocchios Nase, was zeigt, welch periphere Rolle dieser Teil unseres Gesichts spielt. Das Ohr ist, auf die Gesichtslandschaft bezogen, ein Küstenstrich, gegen den ein wildes Meer von Haaren brandet.

Berenike und Blackbeard

Ein regelrechter Schatz rahmt den oberen Teil unseres Gesichts ein: die Haare. An die einhunderttausend einzelne Haare schmücken den Kopf und schaffen einen seidigen Hintergrund für das Gesicht. Es ist beinahe so, als ob unser Antlitz in eine üppige Urwaldlandschaft gebettet sei, die keiner kennt und die ungemein verlockend duftet.

Ein leuchtendes Auge vermag uns zu erregen, die Zähne vermö-

---

[7] Möglicherweise hat das Ohr von Evander Holyfield, nachdem Mike Tyson ein Stück davon abgebissen hat, das van Goghsche Ohr zeitweise in den Schatten gestellt.

gen uns zu blenden, der Glanz der Haare aber hat eine subtilere Wirkung. Er ist von einer seltsamen, zauberhaften Zartheit. Studiofotografen benutzen einen besonderen kleinen Scheinwerfer, das »Hairlight«, um ihn stärker hervorzuheben. Apuleius (zweites Jahrhundert nach Christus) schwärmte von dem »wunderschönen Kopftuch der Liebe«, das die Frauen trügen, und meinte, eine Dame könne sich mit noch soviel Gold und Juwelen schmücken, das sei alles eitel ohne üppige, schimmernde Locken. In John Updikes *Brazil* heißt es, dass Isabel »leuchtendes Haar« habe, »voll vieler kleiner Lichter, wie Rio, wenn man nachts vom Zuckerhut auf die Stadt hinunterschaut«. Coma Berenices, das Haar der Berenike, das einzige Sternbild, das nach einem Teil des menschlichen Körpers benannt wurde, ist ein Knäuel von funkelnden Sternen. Glänzendes Haar signalisiert Gesundheit, weshalb sich jene Urahnen, die sich davon angezogen fühlten, wahrscheinlich erfolgreicher fortpflanzten als andere.

Dunkles Haar glänzt stärker als blondes. Der Grund dafür liegt darin, dass ein Teil des Lichts, das auf ein einzelnes Haar fällt, von dessen Oberfläche zurückgeworfen wird. Der Rest der Lichts dringt ins Haar ein, wo es teilweise auch von der Innenseite reflektiert wird. Diese Strahlen zerstreuen sich und kreuzen gewissermaßen die des ersten Reflexes. Dunkle Pigmente im Haar verringern diesen Effekt. Sebum, der Talg, der in den Drüsen neben den Haarwurzeln produziert wird, lässt das Haar stumpfer aussehen, wie auch jedes Shampoo, das Seife enthält.

Nur Säugetiere haben Haare. Auch die »Stacheln« von Stachelschweinen sind Haare, wie die feine Wolle von Merinoschafen und alle anderen Sorten von Fell oder Pelz. In den jüngsten Phasen der Evolution hat sich das Haar etwas ausgedünnt. Neuweltaffen haben ein dickeres Fell als Altweltaffen, deren Pelz wiederum dichter ist als der von Gorillas oder Schimpansen. Menschen scheinen auf den ersten Blick weitestgehend haarlos zu sein, doch tatsächlich ist auch der größte Teil unseres Körpers mit feinen Härchen bedeckt.

Aristoteles glaubte, dass Haare überschüssige Materie seien, die das Gehirn aus sich herauspresse – eine wenig schmeichelhafte Vorstellung. Unser Haupthaar ist nicht nur optisch reizvoll, es schützt auch die Kopfhaut vor Sonnenbrand, isoliert das Gehirn, schwächt Schläge auf den Schädel ab und reagiert sensibel auf Berührung. So blieben die Haare auf dem Kopf in ihrer ganzen Üppigkeit erhalten, während die übrigen Haare an unserem Körper im Lauf der Zeit immer dünner und kürzer wurden.

Rapunzels blonde Zöpfe waren zwanzig Ellen lang, also ungefähr dreiundzwanzig Meter, und das kupferfarbene Haar von Sierva María aus Gabriel Garcia Márquez´ *Von der Liebe und anderen Dämonen* (1994) wächst nach ihrem Tod noch zwei Jahrhunderte lang weiter. Als sie aus ihrer Gruft gezogen wird, ist auch ihr Haar zwanzig Ellen lang. Menschen besitzen den langhaarigsten Pelz von allen Tieren: Im Schnitt werden sie neunzig Zentimeter lang, die Rekordlänge liegt jedoch bei ungefähr drei Metern.

Doch weil eine solche Haarpracht den meisten von uns zu lang wäre, schneiden wir sie. Kein anderes Tier tut dies oder könnte dies tun. Die Haare, die aus unserer Kopfhaut sprießen, können so lang werden, weil wir seit Urzeiten Werkzeuge besaßen, mit denen wir sie kürzen konnten – ein weiteres Beispiel dafür, dass die Entwicklung von Technologien Einfluss auf unsere Gene haben kann. Die Angehörigen einiger primitiver Stämme scheren sich noch heute ihre Locken, indem sie sie auf einem flachen Stein ausbreiten und dann mit einem scharfkantigen Stein über sie fahren. Die Steinschaber von *Homo habilis* und *Homo erectus* könnten auch zu diesem Zweck verwendet worden sein.

Doch warum entwickelten sich lange Haare, nachdem sie möglich geworden waren? Es gibt keine klare Antwort darauf. Vielleicht ist es einfach so, dass, nachdem Haare eine anziehende Wirkung entfalteten, eine größere Menge davon einfach attraktiv erschien. Mit Sicherheit geht von Frauen mit einer üppigen Mähne eine magnetische

Kraft aus. Puritanische Moslems bestehen darauf, dass ihre Frauen ihre Haare bedecken, und auch Nonnen haben ihre Haare traditionell unter einer Haube verborgen.

Bei den meisten Säugetieren wachsen die Haare bis zu einer gewissen Länge, bleiben dann aber, nachdem sie ihr Wachstum eingestellt haben, noch lange Zeit erhalten, bis sie schließlich ausfallen. Bei Menschen ist das nicht so. Was unser Haupthaar betrifft, so lautet die Parole: Wachse oder stirb! Wenn ein Einzelhaar aufhört zu wachsen, dann fällt es auch bald aus, und ein neuer Haarschaft bildet sich.

Der Zyklus besteht aus drei Phasen: In der *anagenen* produziert die Haarzwiebel unablässig neue Haarzellen – der Haarstrang beginnt zu wachsen. In der *katagenen* Phase ist das Haar schon zum Tode verurteilt. Sein Wachstum verlangsamt sich, und seine Wurzel strebt Richtung Hautoberfläche. In der *telogenen* Phase kommt das Wachstum zum Erliegen. Ein neues Haar strebt neben dem alten in die Höhe und stößt das alte schließlich aus. Dann beginnt der Zyklus von vorne. Ungefähr fünfundachtzig Prozent der Haare auf der menschlichen Kopfhaut sind im Wachstum begriffen, während ein bis zwei Prozent ihr Wachstum verlangsamen und dreizehn Prozent darauf warten, ausgestoßen zu werden.

Die Haarlänge hängt von der Rate ab, in der sich Haare neu bilden, und von der Dauer dieses Zyklus, die von Körperpartie zu Körperpartie unterschiedlich ist. Bei den Flaumhaaren auf den Armen dauert der Zyklus ein paar Monate. Bei den Haaren auf dem Kopf, die ungefähr 0,45 Millimeter am Tag oder sechzehn Zentimeter im Jahr wachsen, dauert er vier bis sechs Jahre.

Dieser Mechanismus kann sich im Laufe der Jahre ändern. Das bekannteste Ergebnis einer solchen Änderung ist die Kahlköpfigkeit bei Männern: Eine kleine Hautlichtung, meist in Form einer kranzförmigen kahlen Stelle in der Region des Hinterkopfs, macht sich mitten in der Mähne breit. Die einzelnen Haare sind nicht wirklich verschwunden, sie sind aber durch recht dünne Flaumhärchen ersetzt

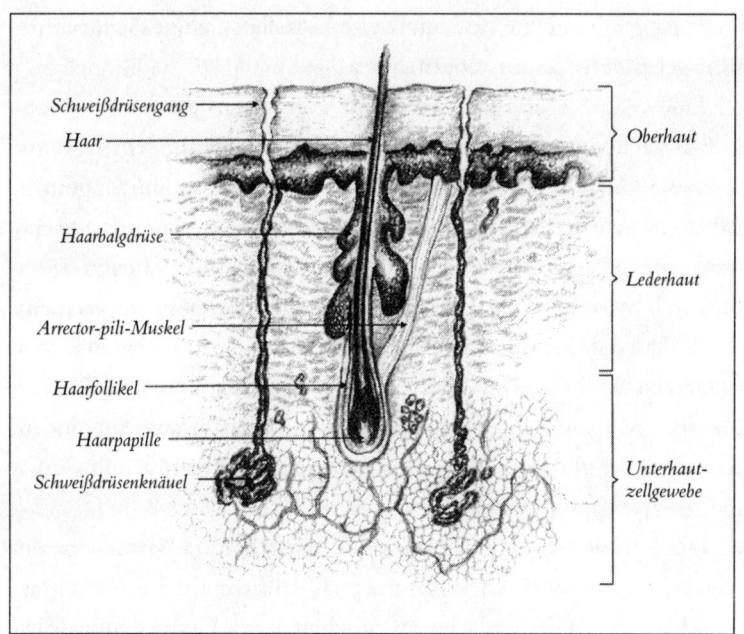

Das Haar und die Haut

worden. Unter Kahlköpfigkeit leiden Angehörige aller ethnischen Gruppen, die Ägypter versuchten schon vor fünftausend Jahren ein Mittel dagegen zu finden.

Wenn Haare so nützlich und begehrenswert sind, warum kommt es dann zu Kahlheit? Wir wissen es nicht. Einer Theorie zufolge verleiht sie dem Betreffenden Autorität, vergleichbar der Autorität, die mit fortgeschrittenem Alter einhergeht. Bei einer Kahlköpfigkeit liegt mehr Kopfhaut frei. Wenn sich das Gesicht vor Ärger rötet, sieht dies entsprechend eindrucksvoller und grimmiger aus. Eine andere Theorie geht von einem nahezu gegenteiligen Effekt aus. Wenn Männer altern, produzieren sie weniger Testosteron, wirken fürsorglicher und großväterlicher – ein Wesenszug, der dazu beiträgt, dass ihre Gene gefragter sind. In grauer Vorzeit signalisierte Kahlheit zudem, dass der Betroffene für junge Krieger kein Rivale mehr war, was ihm körperliche Angriffe ersparte. So konnte er im sozialen Gefüge die Rolle des Rat gebenden Mentors übernehmen.

Eine Glatze ist also eigentlich eine von Genen geschnittene Tonsur. Bisweilen beeilten sich die Menschen aber auch, der Natur zuvorzukommen: 1645, ein Jahr nachdem er Beijing eingenommen hatte, ordnete der Mandschu-Herrscher Dorgon an, dass sich alle chinesischen Männer den vorderen Teil der Kopfhaut zu rasieren hätten und sich einen Zopf nach Mandschu-Art wachsen lassen müssten. Auf Zuwiderhandlung stand die Todesstrafe. Viele Chinesen legten jedoch seinerzeit Wert auf einen raffiniert frisierten Haarschopf als Zeichen für ihre Männlichkeit, und so kam es zu bewaffneten Aufständen. Dorgon aber obsiegte. Die von ihm erzwungene Haartracht hielt sich bis ins zwanzigste Jahrhundert.

Dorgon hatte damit gegen ein weithin anerkanntes Menschenrecht verstoßen, ja er hatte eine Samsonsche Quelle der Kraft versiegen lassen. Längeres Haar macht es uns möglich, unser Gesicht, unser Aussehen schnell und problemlos zu verändern. Haar ist der Teil unseres Körpers, der sich am meisten manipulieren lässt. Die vielen Möglichkeiten, es zu gestalten, haben die Menschen seit jeher fasziniert. Die in Virginia lebenden Powhatan-Indianer rasierten sich die rechte Hälfte ihres Schädels, während sie die Haare auf der anderen Hälfte bis zu ihrer maximalen Länge wachsen ließen. Samurai schlugen zwei tiefe Schneisen in ihr Haar. Die Irokesen bevorzugten natürlich den »Irokesen«-Schnitt, bei dem von der Stirn bis zum Nacken nur ein schmaler Haarstreifen erhalten blieb, der, wie ein holländischer Beobachter es 1644 formulierte, »wie ein Hahnenkamm oder die Borsten eines Schweines aufragt«. Die Cherokee und die Creek schmückten sich mit einem ähnlichen Kamm, einige Creek ließen ein drei Zentimeter breites Kreuz auf ihrem Schädel stehen.

Heute schneidet man Initialen, Muster und Botschaften in die bis auf kurze Stoppeln abrasierten Haare. Aber auch zu Bienenkörben aufgetürmte Locken, Ponyschwänze, Bürstenhaarschnitte, Pagenfrisuren, Rastalocken, grün und orange eingefärbte Stacheln sind keine Seltenheit. Wir stülpen Mützen über unser Haar oder stecken Kämme hinein. In Congreves *Der Lauf der Welt* (1700) wickelt Millamant ihre Haare auf Briefe auf – wenngleich nur auf solche, die in Versen verfasst sind. In der Tat scheinen die Haare ein Geschenk der Natur an unsere Vorstellungskraft zu sein. Mit unserem Gesicht werden wir geboren, aber sein Haar kann jeder von uns in die Gestalt bringen, die ihm behagt.

Bärte – Schnurr-, Kinn-, Backen- oder auch Vollbärte – zählen möglicherweise zu jenen Merkmalen eines Gesichts, die uns die größten Rätsel aufgeben. Früher standen sie für Männlichkeit und für männliche Würde. Bis vor ein paar Jahrhunderten schworen Männer etwas bei ihrem Barte. Mohammed hatte einen Vollbart, den er parfümierte, und Mohammedaner legen noch heute einen Eid »beim Barte des Propheten« ab. Einige Religionen verlangen, dass männliche Gläubige Backenbärte tragen. Chassidische Juden nehmen den Befehl im 3. Buch Mose 19, 27 wörtlich: »Ihr sollt euer Haar am Haupt nicht rundherum abschneiden noch euren Bart stutzen«, und viele Sikhs würden niemals die Haare an ihrem Körper beschneiden. Einen Bart zur Schau zu stellen ist für männliche Moslems *sunnat*: Man erwirbt sich dadurch Ansehen, wird aber nicht bestraft, wenn man darauf verzichtet. In einer moslemischen Sekte jedoch *muss* der Vorbeter einen Bart haben. In allen diesen Fällen haben amerikanische Gerichte Bart-ab-Forderungen als Beschränkung der religiösen Freiheit eingestuft.

Als Zeichen der Würde lädt der Bart natürlich dazu ein, verunglimpft zu werden. Als der Patriarch von Konstantinopel Ludwig XI. (1423–1483) einen Besuch abstattete und ihn bei dieser Gelegenheit ärgerte, fasste der französische König ihn einfach beim Bart und führte ihn so im Raum umher. Ein ganzes Bündel farbiger Redewendungen, die meisten von ihnen sind uralt, belegt, welches Beleidigungspotential im Bart steckt. Allerdings kann man nicht nur »jemanden am Bart zupfen«, um ihn zu ärgern, sondern ihm auch »um den Bart gehen«, um ihm zu schmeicheln. Als Francis Drake 1587 die in Cadiz vor Anker liegende spanische Flotte in Brand setzte, sprach man davon, dass er »Philipps Bart angesengt habe«. Das moderne »an den Bart gehen«[8] bedeutet »etwas mutig angehen«, »eine Herausforderung annehmen«.

Wer sich an fremden Bärten vergeht, muss mit heftigen Reaktionen rechnen. Als Johann II. und seine Gefolgsleute sich 1185 über die Bärte irischer Stammesführer lustig machten, verbündeten sich diese miteinander und besiegten ihn in einer Schlacht. Als die Ammoniter die Botschafter Davids schoren, erklärte der ihnen den Krieg.

Trotz der Würde, die sie ausstrahlen, fallen Millionen von Bärten jeden Tag der Rasierklinge zum Opfert. Bärte sind in der Tat der einzige Teil des Gesichts, den wir routinemäßig ausmerzen.

Sich zu rasieren ist eine uralte Sitte. Die Angehörigen primitiver Stämme benutzten dazu Muscheln mit scharfen Kanten. Der Volksweisheit zum Trotz fördert es nicht das Wachstum von Haaren, wenn man diese regelmäßig kappt. Eine regelmäßige Rasur kann aber vielen Schwarzen sowie einigen Weißen mit lockigem Haar ein medizinisches Problem bereiten. Es ist als Pseudofolliculitis barbae (PFB) bekannt. Vom Aussehen her erinnert dieses Leiden an Akne: Die kleinen Barthaare krümmen sich zurück und dringen wieder in die Haut ein. Das einfachste Heilmittel besteht darin, sich einen Bart stehen zu lassen. Das U.S. Marine Corps, das keine Bartträger in seinen Reihen duldet, entlässt alle Männer, die von diesem Leiden befallen sind.

Rasieren oder Nicht-Rasieren? Bisweilen gibt die jeweilige Kultur die Antwort vor. Die Bartkonjunktur unterlag immer auch modischen Schwankungen. Im alten Ninive legten die Männer ihre Bärte

---

8 Engl. »to beard«.

in Locken und ölten sie. Oft »stärkten« sie sie auch mit einer Mischung aus parfümiertem Gummi und Harz. Perser flochten goldene Fäden in sie hinein. Im alten Ägypten beanspruchten die Adeligen für sich das Monopol, Bärte zu tragen. Der Bart war ein solch elementares Sinnbild für Macht, dass sogar Königin Hatschepsut einen trug – einen falschen, versteht sich, der mit Juwelen durchwirkt und vergoldet war. Den Hebräern galten Bärte als Zeichen für Weisheit, und so stellten sie Jehovah, Adam, Noah und die Propheten mit üppigen Bärten dar. Im Mittelalter zierte ein Backenbart die meisten Heiligen, und wenn Christen Gott bildlich darstellen, dann gewöhnlich als einen alten Mann mit Rauschebart.

Auch die alten Griechen und ihre Götter trugen Bärte, und Diogenes pflegte die Glattrasierten spöttisch zu fragen, ob sie Männlein oder Weiblein seien. In der Republik Rom galt es als weibisch, wenn ein Mann mit einem glattrasierten Kinn herumlief, nicht aber im römischen Kaiserreich. Bärte trugen sogar zur Spaltung der Christenheit bei: Römisch-katholische Priester rasierten sich, oströmisch-orthodoxe ließen sich wahre Matten stehen. Zur Zeit der Eroberung Englands durch die Normannen waren Vollbärte aus der Mode, die Streiter beider Seiten trugen statt dessen lange Schnurrbärte. Mit den Kreuzzügen kamen dann Vollbärte vorübergehend wieder in Mode. Friedrich I. (1122–1190) wurde nach seinem langen roten Bart Friedrich Barbarossa genannt.

Im frühen sechzehnten Jahrhundert waren Bärte wieder von der Bildfläche verschwunden. Heinrich VIII. (1491–1547) machte sie in England wieder populär. Auf seinen Backen und seinem Kinn spross ein buschiger Bart, und auch von seinen Höflingen verlangte er, dass sie reichlich Haare im Gesicht hätten. Bis Elisabeth den Thron bestieg, waren die meisten Männer, unter ihnen auch Shakespeare, Cecil, Bacon, Raleigh und Spenser, seinem Vorbild gefolgt. Besondere Varianten kamen auf: der Holländische Bart, der Alte, der Italienische, der Hofbart – und einige von ihnen zeigten, welchem Beruf sein Träger nachging. Ein Geistlicher ließ sich das Modell »Kathedrale« stehen, während ein Soldat einen »Schwertbart« vor sich hertrug.

Von der Mitte des siebzehnten Jahrhunderts bis zur Mitte des neunzehnten waren Bärte in Europa nur selten zu sehen. Voltaire, Newton, Jefferson, Diderot, Washington – sie alle waren glattrasiert. Ein haariger Kinnriemen wurde sogar zu einem Zeichen für einen eher exzentrischen Charakter – oder sogar Schlimmeres. Der fanatische Prediger Johann Edelmann (1698–1767), »der Berüchtigte«, trug einen besonders langen Bart im Gesicht, und als der Maler Jean-Étienne Liotard von Genf sich einen Bart stehen ließ, wurde dieser bald so berühmt wie seine Pastellbilder und Miniaturen. Der Pirat Blackbeard (alias Edward Teach, ca. 1680–1718) besaß einen Schnurrbart, dessen Spitzen bis hinauf zu seinen Augen reichten – so jedenfalls ist es überliefert. Er flocht Bänder in diese seine Zier, und – einem Historiker zufolge – »erschreckte er Amerika damit mehr als jeder Komet, der dort seit langem erschienen war«.

Peter der Große (1672–1725) schor eine ganze Nation. Als er den Thron bestieg, trugen beinahe alle russischen Männer einen Bart – so als ob die Worte Iwans des Schrecklichen sie noch zittern machten: »Sich den Bart abzurasieren ist eine Sünde, von der alle Märtyrer einen nicht befreien können. Es bedeutet, das Bild des Menschen, wie Gott ihn erschaffen hat, zu entstellen.« Peter war jedoch der Meinung, dass die Bärte nur zeigten, wie rückständig Russland und die Russen waren. Nachdem er seine Bildungsreise durch Europa absolviert hatte, ordnete er in seinem Reich bartlose Gesichter an. Einigen Adeligen nahm er eigenhändig ihre Zier: Er lud sie zu einem Bankett ein, in dessen Verlauf er sie dann einseifte und barbierte. Für die Russen war dies alles zutiefst schockierend, doch die meisten gehorchten ihrem Zaren. Denen, die sich ihm nicht beugen wollten, bot Peter schließlich einen Ausweg an. Sie konnten eine Gebühr bezahlen und mussten ein entwürdigendes Bronzemedaillon um den Hals tragen, auf dem zu lesen war: »Steuer bezahlt.« Nur sehr langsam setzten sich in

Kreisen der Oberschicht später wieder Bärte durch. Die meisten Russen verzichteten bis in die siebziger Jahre des neunzehnten Jahrhunderts darauf, sich einen Bart stehen zu lassen.

In Westeuropa waren sie ungefähr zwei Jahrzehnte zuvor langsam wieder in Mode gekommen. Schriftsteller wie Dickens verhalfen ihnen zu neuem Ansehen. Buschige Koteletten, die man in England »lambchops«, »Lammkoteletten«, nannte, traten in Erscheinung ebenso wie Walroßbärte, die über die Oberlippe hingen. Europäische Romantiker wie auch Oberste der Südstaatenarmee im Bürgerkrieg ließen sich Spitzbärte wachsen, Chopin trug einen Bart, der sein Gesicht zur Hälfte bedeckte.

Zur Zeit des *fin de siècle* befanden sich die Bärte wieder auf dem Rückzug. In dem Künstlerroman *Trilby* (1895) von du Maurier trägt der linkische Svengali einen schwarzen, spitzen Bart genau der Art, wie sie gerade aus der Mode kamen. Jeder amerikanische Präsident von Grant bis Cleveland hatte Haare im Gesicht, in der Zeit danach waren Teddy Roosevelt und Taft die einzigen Bartträger. In den Sechzigerjahren erlebten Bärte erneut eine Renaissance, sie waren die Standarten der Revolutionäre, brachten die Glattrasierten auf die Barrikaden und trugen so dazu bei, Nationen zu polarisieren.

Für ein einfaches genetisches Merkmal hat der Bart alles in allem eine bemerkenswerte Geschichte. Doch was soll der evolutionäre Vorteil eines bisweilen derart geächteten Bestandteils unseres Körpers sein? Bärte sind noch nicht einmal ein universelles Phänomen: Die männlichen Angehörigen vieler ostasiatischer Völker wie auch amerikanischer Eingeborenenstämme haben aber so gut wie keinen Bartwuchs. Warum sind Bärte überhaupt auf den Plan getreten?

Höchstwahrscheinlich nicht, um uns zu wärmen, da sie bei Bewohnern tropischer Zonen vorkommen, nicht aber bei den Eskimos der Arktis. Möglicherweise halten sie uns jedoch kühl. Der englische Archäologe A.M.W. Porter ist der Ansicht, dass Bärte eine Art von Schweißfänger sind und so den Kühlungseffekt verstärken, der durch die Verdunstung von Schweiß entsteht. Das heißt, Bärte waren für Männer, die dem Wild hinterherjagten, von Nutzen, nicht aber für Frauen. Porter führt an, dass heute noch als Sammler und Jäger existierende Menschen wie die Buschmänner der Kalahari manchmal stunden- oder sogar tagelang ihre Beutetiere verfolgen. Er meint, dass jene unserer Ahnen, die ihren Körper am besten kühl zu halten vermochten, mehr Wild erlegten und so bei der natürlichen Auslese den Zuschlag erhielten.

Bärte sprießen nach der Pubertät, zeigen also auch die Geschlechtsreife an. Möglicherweise geht aber eine noch stärkere Botschaft von ihnen aus. Die Psychologen Frank Muscarella und Michael Cunningham glauben, dass sie die Aggressivität eines Mannes unterstreichen und ihm daher auch dazu verhelfen, sich erfolgreich fortzupflanzen. Da dieses Signal aber auch auf eine nicht genau zu bestimmende Weise beunruhigend ist, wird es in einigen Kulturen nicht toleriert. Hier gilt der Bart möglicherweise als Zeichen für einen niederträchtigen und gewalttätigen Charakter, er ist das – faszinierende – Zeichen für einen Rohling, wie in melodramatischen Cowboyfilmen der Fünfzigerjahre.

Die beiden Wissenschaftler stellen die These auf, dass Bärte den Kiefer größer erscheinen lassen und eine Reaktion auslösen, die uns aus jenen Tagen erhalten geblieben ist, als unsere Zähne noch Waffen waren. Bärte verleihen einem »schwachen« Kinn mehr Ausdruck und geben einem Doppelkinn wieder Kontur. Sie sprechen uns aber auf eine andere Weise an als ein starkes Kinn, sie wirken irgendwie wilder und auch geheimnisvoller. Ihre Wirkung mag auch darauf beruhen, dass sie an ein aggressiv vorgestrecktes Kinn erinnern, eine Drohgebärde, die bei Menschen wie bei Schimpansen verbreitet ist.

Wirken Bärte anziehend auf Frauen? Verschiedene Studien kommen zu unterschiedlichen Ergebnissen, was alles recht verwirrend macht. Theoretikern zufolge könnte es sein, dass ein Bart einen Mann aggressiver wirken lässt, als er in Wirklichkeit ist – vielleicht weil Bartlose durch ihn eingeschüchtert werden –, was wiederum indirekt dazu beiträgt, dass Frauen sich zu einem bärtigen Mann hingezogen fühlen.

Offene, das heißt unbehaarte Gesichter entwickelten sich bei Affen, um die mimischen Signale des Gesichts klarer erkennbar zu machen. Entstanden Bärte etwa, um diese Signale zu verbergen? Wenn Bärte bewirken, dass sich der Ausdruck der unteren Gesichtshälfte weniger gut deuten lässt, dann steigern sie vermutlich die Fähigkeit des Bartträgers, andere zu täuschen. Theoretisch sollten bärtige Männer also besser verhandeln und mit größerer Glaubwürdigkeit politische Lügen von sich geben können – also sollten sie auch in der Lage sein, mehr Geld, mehr Ansehen und mehr Frauen zu bekommen. Um dem entgegenzuwirken, haben wir es uns angewöhnt, sie voller Misstrauen zu betrachten und sie mit größter Aufmerksamkeit zu beobachten.

Letztlich ist der Bart aber nur ein weiteres wunderbares Detail unseres Körpers, auch wenn wir ihn und seine Funktion nicht verstehen.

II Die Armatur

Das ist etwas, das alle Menschen wundert:
Wie es bei so vielen Millionen Gesichtern keine zwei gibt,
die einander gleich sind.

SIR THOMAS BROWNE

2   Die Signatur der Gene

Als Arnaud du Tilh 1553 durch Südfrankreich reiste, wurde er eines Tages von zwei Dorfbewohnern gegrüßt. Sie hielten ihn für einen Mann aus dem nahegelegenen Artigat, der fünf Jahre zuvor plötzlich verschwunden war. Du Tilh klärte die Bauern über ihren Irrtum auf, und weil ihn die Verwechslung interessierte, fragte er sie über seinen Doppelgänger, dessen Gewohnheiten und über seine Angehörigen aus. 1556 meldete sich du Tilh in Artigat und gab vor, der Verschwundene zu sein. Er schien sich an alte Freunde zu erinnern, und die Frau des vermissten Mannes ließ ihn in ihr Bett – vielleicht weil sie merkte, dass er einiges mehr zu bieten hatte als jener verdrießliche Bursche, der sie verlassen hatte.

Drei Jahre lang gab du Tilh sich als Martin Guerre aus, und vielleicht hätte er dieses Spiel noch lange weiterführen können, wenn er nicht eines Tages Guerres Onkel auf die Rückgabe eines kleinen Stücks Land verklagt hätte. Der misstrauische Onkel brachte du Tilh wegen Hochstapelei vor Gericht. Hochstapelei war damals ein schwer wiegendes Verbrechen. Du Tilh verlor den Prozess und legte Berufung ein. Sein Talent zur Improvisation hätte ihn vielleicht sogar gerettet, wenn nicht plötzlich der echte Martin Guerre aufgetaucht wäre, tobend vor Wut. Die Richter sprachen dem begabten Schwindler zugleich ihre Hochachtung und ihr Bedauern aus – und ließen ihn hinrichten. Einige Zeit später schrieb ein Jurist in einem volkstümlichen Buch über den Fall, der 1982 mit dem Film *Die Wiederkehr des Martin Guerre* schließlich auch einem zeitgenössischen Publikum bekannt gemacht wurde.

Du Tilh hatte eine erstaunliche Leistung vollbracht. Die meisten Hochstapler geben vor, einen bestimmten Beruf zu haben oder zum entgegengesetzten Geschlecht zu gehören, wie die Piratin Anne Bonny. Du Tilh jedoch posierte gewissermaßen als ein lebendiges Gesicht. Er schlüpfte einfach in die Haut eines anderen, hielt dessen Freunde und Verwandte und möglicherweise auch dessen Frau zum Narren, und das, obwohl es doch viele äußere Merkmale gab, die ihn eigentlich hätten entlarven müssen. Seine Heldentat macht deutlich, wie wichtig es ist, Gesichter zu erkennen. Die Guerres gehörten einer der besseren Familien der kleinen Stadt an, und du Tilhs schauspielerische Leistung ließ ihn für kurze Zeit zu einem gewichtigen und geachteten Mann werden.

Das Gesicht ist eine Signatur aus Fleisch und Knochen, und es bleibt unsere Hauptwaffe gegen Betrugsversuche. Gesichter schmücken Führerscheine, Pässe, Kreditkarten, Mitgliedsausweise – jedes Dokument, das wichtig ist und unsere Identität ausweist. Unsere Einzigartigkeit bedeutet Sicherheit und Beschränkung zugleich.

Das alles funktioniert nur, weil wir zwar inmitten eines Universums von Gesichtern leben, aber dennoch in der Lage sind, ein ganz bestimmtes sofort zu erkennen. Wir besitzen besondere Schaltkreise im Gehirn für diese Aufgabe, und wir erfüllen sie mit solcher Geschicklichkeit, dass Richter und Geschworenenjurys uns für gewöhnlich glauben, wenn wir einen Menschen als den gesuchten Übeltäter identifizieren – auch wenn er in Wirklichkeit unschuldig ist. Wir können auch ein männliches Gesicht von einem weiblichen sofort unterscheiden. Doch die wenigsten von uns haben eine Vorstellung davon, wie sie das eigentlich machen, und auch die Wissenschaft hatte bis vor kurzem noch keinen Schlüssel zum Verständnis gefunden.

Wir nehmen unsere Unverwechselbarkeit für selbstverständlich, und wenn wir einen Beweis für sie benötigen, dann brauchen wir nur Gesichter anzuschauen, die sich genetisch verdoppelt haben und die für die meisten Leute gleich aussehen.

Das lebende Double

Arnaud du Tilh ähnelte Martin Guerre eigentlich nur oberflächlich, was er aber durch seine Pfiffigkeit ausglich. Herrscher hingegen suchen sich Doubles, die ihnen weit ähnlicher sehen. Plinius der Ältere berichtet, dass Pompeius zwei solcher Doppelgänger hatte und dass beide es verstanden, sein adeliges Gebaren nachzuahmen. Der Enzyklopädist weiß auch zu berichten, dass die Frau von Antiochos Soter (324–261 vor Christus), nachdem sie ihren Mann umgebracht hatte, ein Double des Toten engagiert und darauf habe drängen lassen, dass sie den Thron besteigen solle. Herrscher, die wie Saddam Hussein heutzutage Attentäter geradezu magnetisch anziehen, schicken lebende Imitate ihrer selbst aus, um bei Einweihungszeremonien die Bänder zu zerschneiden.

Doch die besten Doubles, die man sich denken kann, sind eineiige Zwillinge.

Solche Zwillinge sind wie Spiegelungen ihrer selbst, eine Verschwörung, um uns zu verwirren. In seinem *Herr der Fliegen* (1954) verschmilzt William Golding die beiden Körper von Samneric durch einen gemeinsamen Namen und ein gemeinsames Denken. Diese Vorstellung von einem mentalen Ineinanderfließen ist der Realität nachempfunden. Ungefähr vierzig Prozent aller Zwillinge entwickeln in ihrer Kindheit eine Geheimsprache, die für Außenseiter völlig unverständlich ist.

Primitive Völker standen Zwillingen oft mit einer Mischung aus scheuer Verehrung und Angst gegenüber. Der Forschungsreisenden Mary Kingsley zufolge pflegten die Bewohner des Nigerdeltas sie zu töten. Manchmal brachten sie vorsichtshalber auch die Mütter um. Auch Aborigines, Eskimos und die Angehörigen vieler afrikanischer und asiatischer Kulturen kannten den Brauch des Geminizids, der sich in einigen abgelegenen Winkeln der Welt vermutlich bis heute gehalten hat.

Zwillinge sind immer noch ein Rätsel der Natur. Wir wissen zum Beispiel bis heute nicht, wieso es überhaupt Zwillinge gibt. Der Biologe George Williams glaubt, dass eine Zwillingsgeburt von mangelhafter Anpassung zeugte, bevor die Menschen die technologischen Fähigkeiten entwickelt hatten, beiden Kindern zum Überleben zu verhelfen. Selbst heute noch stirbt weltweit eines von zehn Zwillingskindern bei oder kurz nach der Geburt, während bei Einzelkindern nur ungefähr eins von einhundert einen so frühen Tod erleidet.

Es gibt zweieiige und eineiige Zwillinge. Zweieiige Zwillinge sehen normalerweise ganz unterschiedlich aus – so wie der haarige Esau und der glatthäutige Jakob. Die Mutter produziert ein Paar Eizellen, die jeweils von einem Samenfaden befruchtet werden, so dass es sich bei den Zwillingen eigentlich nur um zwei Geschwister handelt, die gleichzeitig ausgetragen werden. Eineiige Zwillinge jedoch sind regelrechte Spaltwesen. Ein einzelnes Spermium befruchtet ein Ei, das sich innerhalb der darauf folgenden zwei Wochen teilt. Eine Einzelperson wird verdoppelt, beide Wesen besitzen dieselbe DNA: Sie sind Klone.

Dennoch sind eineiige Zwillinge niemals wirklich identisch. Ihre Gesichter unterscheiden sich ebenso wie ihre Fingerabdrücke, und ihre Eltern oder auch enge Freunde können, wenn sie dem Kleinkindalter entwachsen sind, jederzeit sagen, wer von ihnen wer ist. Einige Zwillinge unterscheiden sich auch noch auf eine recht gespenstische Weise: durch die seitenverkehrte Physiognomie. Das Gesicht des einen ist das genaue Spiegelbild des Gesichts des anderen, bis hin zu Haarwirbeln und der Anordnung und Gestalt der Zähne, das heißt, dass der jeweilige Zwilling, wenn er morgens vom Waschbecken aufschaut, im Spiegel den anderen sieht. In einigen Fällen sehen sich eineiige Zwillinge nicht ähnlicher als gewöhnliche Geschwister. Es kann sogar vorkommen, dass der eine eine Hasenscharte hat oder an Muskelschwund leidet, der andere jedoch nicht. Wie aber ist das möglich, wo sie doch dieselben Gene besitzen?

Die Antwort lautet, dass die Gene das Gesicht nicht bis in seine letzte Einzelheit hinein formen. Eigentlich wissen wir noch nicht einmal genau, bis zu welchem Grad sie es gestalten. Unterschiedliche Bedingungen im Mutterleib können so subtile Prozesse wie die Tätigkeit von Regulator-Genen und Gewebefeedbacksystemen beeinflussen und daher unterschiedliche Gesichter zur Folge haben. Nehmen wir einmal den Wolfsrachen. Wenn ein eineiiger Zwilling eine solche Missbildung hat, liegt die Wahrscheinlichkeit bei zweiundzwanzig Prozent, dass der andere ebenfalls daran leidet. Bei zweieiigen Zwillingen liegt sie aber nur bei 4,6 Prozent. Die Missbildung ist einerseits genetisch bedingt, andererseits aber auch wieder nicht. Ein fehlerhaftes Gen macht den Defekt anscheinend möglich, doch erst wenn ein unbekannter äußerer Faktor hinzukommt, tritt dieser wirklich auf. Wenn man die im Mutterleib herrschende Chemie ändert, kann man einer Missbildung wie dem Wolfsrachen entgegenwirken: Durch die Einnahme von Folsäure können Frauen das Risiko drastisch verringern, dass ihre Kinder mit einer solchen Deformation auf die Welt kommen.

Wenn sich die Verhältnisse für die im Mutterleib heranwachsenden Feten dramatisch unterscheiden, können sich Zwillinge auch ganz unterschiedlich entwickeln. So kann es beispielsweise vorkommen, dass ein Fetus mehr Blut und Nahrung bekommt als der andere. Hat einer der Feten eine Plazenta, die nur schwach mit der Innenseite des Uterus verbunden ist, kann sich der betreffende Zwilling zu einer kleineren Version des anderen entwickeln – eigentlich ist es schon ein Glücksfall, wenn er überhaupt überlebt. Oft werden bei Ultraschalluntersuchungen Zwillinge im Uterus einer Frau festgestellt, von denen sich bei späteren Untersuchungen jedoch plötzlich der eine von beiden in Luft aufgelöst zu haben scheint. Tatsächlich ist es so, dass, wenn ein Arzt vor der zehnten Woche Zwillinge entdeckt, in bis zu achtundsiebzig Prozent aller Fälle nur ein einzelnes Kind auf die Welt kommt. Manchmal ist das einzige äußere Anzeichen für den Verlust des zweiten Embryos ein leichtes vaginales Bluten.

Gelegentlich sind auch einzig und allein die Gene für die Unterschiedlichkeit von Zwillingen verantwortlich. So gibt es zum Beispiel seltene Fälle von »identischen«, also eineiigen Zwillingen unterschiedlichen Geschlechts. Der Junge wird mit X- und Y-Chromosomen geboren, das Mädchen mit nur einem X-Chromosom. Ihr fehlt das Y ihres Zwillings, und aus eben diesem Grund wird sie zu einem Mädchen.

In Theaterstücken wie *Die Komödie der Irrungen* gelingt es eineiigen Zwillingen, Fremde derart an der Nase herumzuführen, dass totales Chaos auszubrechen droht. Ihre Freunde und Verwandten können sie jedoch immer gut auseinander halten. Der eine ist beinahe wie eine Kopie des anderen, und dennoch unterscheiden sie sich auf tausendfache Weise. Selbst in Fällen, in denen die Gene nahezu identisch sind, erhält jedes Gesicht seine eigenen topographischen Merkmale.

»Nichts wie Pusteln, Finnen, Knöpfe und Feuerflammen«

Eine Kavalkade von Gesichtern zieht in unserem Leben an uns vorüber, ein gewaltiger Strom, von der Wiege bis zum Sarg, und sie sind alle von ihren Grundzügen her ähnlich: zwei Augen, eine Nase und ein Mund, angeordnet in Form eines T. Dennoch sind wir in der Lage, eine Person sofort zu identifizieren, auch wenn wir sie fünfzig Jahre lang nicht mehr gesehen haben. Wir berücksichtigen dabei auch Veränderungen, die auf das Lebensalter oder den momentanen Ausdruck, auf einen bestimmten Hintergrund, vor dem wir das Gesicht sehen, oder den Winkel, aus dem wir es betrachten, zurückzuführen sind. Es ist eine erstaunliche Fähigkeit – wie jeder Informatiker weiß.

Forschungen haben gezeigt, dass Menschen Gesichter, die sie zwei Tage zuvor zum ersten Mal gesehen haben, in sechsundneunzig Prozent aller Fälle wiedererkennen. Andere Studien haben ergeben, dass sich, auch wenn eine Woche oder sogar Monate seit dem ersten Sehen verstrichen sind, die Zuverlässigkeit des Wiedererkennens nicht wesentlich reduziert. Im Verlauf eines Experiments nahm sie bis zum Ende des vierten Monats nur sehr langsam ab, dann jedoch rapide.

Dieses Talent ist besonders bemerkenswert, weil Gesichter sozusagen Objekte einer einzigen Kategorie sind: Sie sind allesamt Varianten des *menschlichen Gesichts*. Es fällt uns generell leicht, grundlegende, elementare Unterschiede zu erkennen, Dinge, die verschiedenen Kategorien angehören, auseinander zu halten, also etwa einen Bären und einen Elch oder einen Stuhl und ein Sofa. Und es gelingt uns auch gut, Dinge zu erkennen, die uns gehören: Dies ist *mein* Auto oder *mein* Hut. Mit der Feinunterscheidung von Objekten, die derselben Kategorie angehören, mühen wir uns jedoch ab, wir haben Schwierigkeiten, einen ganz bestimmten Bären, Stuhl oder Hut zu erkennen. Dennoch können wir von den Hunderttausenden von Gesichtern, die wir schon gesehen haben, ein ganz bestimmtes identifizieren, und es bereitet uns noch nicht einmal Mühe.

Es ist eine Fähigkeit, die wir schon sehr früh besitzen. Babys können schon kurz nach ihrer Geburt ihre Mutter erkennen. Im Verlauf eines Experiments zeigte man Säuglingen, die im Schnitt 1,7 Tage alt waren, für einen gewissen Zeitraum die eigene Mutter und eine Frau, die ebenfalls gerade ein Kind zur Welt gebracht hatte und der Mutter ein wenig ähnelte. Sechzig Prozent der Zeit über fixierten die Kleinen das Gesicht ihrer Mutter. Und bei Babys, die zwischen zwölf und sechsunddreißig Stunden alt waren, ließen sich mehr Saugreflexe feststellen, wenn sie statt des Gesichts einer Fremden das der Mutter auf einem Videotape sahen.

Allerdings ist die Fähigkeit, Gesichter wiederzuerkennen, bei unserer Geburt noch nicht vollständig entwickelt, sie reift erst langsam heran. So haben zum Beispiel Kinder unter elf Jahren Schwierigkeiten, die durch das Alter oder einen bestimmten Gesichtsausdruck hervorgerufenen Veränderungen beim Wiedererkennen eines Gesichtes zu berücksichtigen. Als Erwachsene werden sie problemlos damit fertig.

Es gibt jedoch verschiedene Faktoren, die unsere Fähigkeit, Gesichter wiederzuerkennen, beeinträchtigen. Gesichter, die man nur im Dunkeln sieht oder nur ganz flüchtig, wie das von Harry Lime, wenn er als *Der dritte Mann* durch Wien geistert, lassen sich nicht so ohne weiteres identifizieren. Eine veränderte Haltung oder ein anderer Ausdruck kann unser Gedächtnis ebenfalls auf die Probe stellen – zumindest was Fotos anbelangt. Einer Studie zufolge lag die Wiedererkennungsrate bei einer veränderten Haltung bei neunzig Prozent, bei einem veränderten Ausdruck bei sechsundsiebzig Prozent. Wenn beides verändert war, lag sie bei nur 60,5 Prozent, und wenn man das Aussehen der jeweiligen Person durch eine Perücke oder einen falschen Bart noch weiter abwandelte, sank die Rate weiter.

Eine gewisse Tiefe der Darstellung ist wichtig. Wir erkennen Tom Cruise eher, wenn wir ein Foto und nicht eine bloße Umrisszeichnung seines Gesichts in der Hand halten, was zum Teil auch daran liegt, dass die Schattierungen des Fotos die Vertiefungen und Erhebungen seines Gesichts deutlicher hervortreten lassen. Wir haben ein sicheres Gespür dafür, wo diese Schattierung hingehört. Wenn sie sich nicht an der richtigen Stelle befindet, steht es schlecht um die Identifikation des betreffenden Gesichtes. Bei einer Versuchsreihe identifizierten die Probanden die Gesichter berühmter Menschen zu fünfundneunzig Prozent, solange sie Schwarzweißfotos von ihnen vor sich hatten, aber nur zu fünfundfünfzig Prozent, als man ihnen statt dessen die Negative vorlegte. Auch Gesichter, die von unten beleuchtet werden, lassen sich nicht so leicht erkennen, weil das von unten strahlende Licht ungewohnte Schatten zeichnet.

Ungewöhnliche Gesichter identifizieren wir schneller als durchschnittliche. Die spektakuläre Visage von Bardolph aus Shakespeares *Heinrich V.* – »nichts wie Pusteln, Finnen, Knöpfe und Feuerflammen« – war so etwas wie ein Ausweis, den er ständig mit sich herumtrug. Jimmy Durantes Nase war sein Markenzeichen, so wie es für Martha Raye ihr Mund war. Viele andere Schauspieler haben ebenfalls versucht, irgendeine Anomalie ihres Gesichts besonders hervorzuheben. Denn an markante Gesichter erinnert man sich – und zwar nachdrücklich, wie Wissenschaftler herausgefunden haben. Man vergisst so ein Gesicht nicht, auch wenn man es nur eine Sekunde lang gesehen hat und erst nach vier Wochen erneut mit ihm konfrontiert wird.

Wir erkennen Gesichter aber nicht allein an ihren einzelnen Bestandteilen. Wir nehmen vielmehr die gesamte Anordnung in uns auf. Untersuchungen mit von Computern erstellten Bildern von Gesichtern haben ergeben, dass wir ein besonders feines Gespür für die Anordnung der einzelnen Teile besitzen. So kann es geschehen, dass wir eine ganz andere Person wahrnehmen, nur weil der Mund auf der betreffenden Darstellung leicht verschoben ist oder die Stellung der Augen verändert wurde.

Das überrascht eigentlich auch nicht, ist das Gehirn doch auf solche Strukturen eingestellt. Details können es zum Straucheln bringen, aber übergeordnete Strukturen erkennt es mit größter Brillanz und Geschicklichkeit, und zwar pausenlos. Es kann aus Geräuschen bestimmte Muster heraushören, in Buchstaben, die scheinbar wahllos auf einer Seite verteilt sind, Gestalten ausfindig machen und verborgene Zusammenhänge in scheinbar verworrenen Ereignissen entdecken. Alle diese Strukturen springen uns als Ganzheiten entgegen, die sich deutlich von den einzelnen Teilen, aus denen sie sich zusammensetzen, abheben. Aus diesem Grund vermögen wir festzustellen, dass ein Gesicht zum Beispiel das von Oprah Winfrey ist, ohne jedoch angeben zu können, wie wir das bewerkstelligen. Das Gehirn kann diese Muster so problemlos erkennen, dass es uns keinerlei Anhaltspunkte dafür liefert, wie es in diesem Fall arbeitet.

Aus welchen Details setzt sich ein Gesicht zusammen? Was unsere Fähigkeit, es zu erkennen, anbelangt, sind es weniger, wie man wohl erwartet hätte, Organe wie die Augen oder die Nase. Statt dessen sind es Gesichtsbereiche, die tektonischen Platten ähneln. Dies fanden Wissenschaftler heraus, als sie eigentlich Methoden entwickeln wollten, wie man die Zuschauerzahlen von bestimmten Fernsehsendungen ermitteln kann.

Ende der achtziger Jahre wollte Arbitron einen »Zuschauermesser« konstruieren lassen, einen Kasten, der auf dem Fernseher befestigt werden sollte, um zu ermitteln, wie viele Leute in das Gerät hineinstarrten und welches dabei der Grad ihrer Aufmerksamkeit war. Arbitron wandte sich an das Medienlabor des Massachusetts Institute of Technology, wo sich Alexander »Sandy« Pentland des Projektes annahm. Arbitron stieg später aus dem Unternehmen aus, weil man sich dort besorgt fragte, wie Werbekunden reagieren würden, wenn sie »richtige« Zuschauer zu Gesicht bekämen, die vielleicht vor dem Fernseher ihre Hausaufgaben machten oder schliefen oder auch im Zimmer nebenan zu Abend aßen.

Im Laufe der schon angestellten Forschungen hatte man aber bereits eine Methode entwickelt, mit der man Gesichter erkennen konnte. Pentland legte zunächst eine Gesichtsdatenbank an, eine »Facebase«, die die Gesichter von ein paar hundert Menschen enthielt. Dann versuchte er, die einzelnen Komponenten des Gesichts zu isolieren. Er bestimmte, inwieweit ein Gesicht von der Norm abwich, und sein Computer stellte für ihn fest, welche Abweichungen die Tendenz hatten, zusammen aufzutreten.

Pentland entdeckte ein Mosaik, bestehend aus ungefähr einhundert Stücken, die er »Eigengesichter« nannte. Ein Eigengesicht ist eine unabhängige Gesichtseinheit. Variationen einer solchen Einheit haben keine Auswirkungen auf irgendeine andere. Einige Eigengesichter sind vereinzelte isolierte Bereiche. Eines zum Beispiel liegt auf der Oberlippe und ein anderes auf der Stirn. Andere Eigengesichter sind ganze Archipele, eines beispielsweise umfasst Teile der Unterkiefers, die untere Partie der Nase und den Augenbereich. Eigengesichter sind wie Bausteine, die aber nicht immer aneinanderliegen.

Die Kamera vermag für jedes Eigengesicht an die einhundert verschiedene »Ebenen« zu entdecken. Pentlands Forschungsarbeit zufolge gibt es einhundert Regionen im Gesicht, von denen jede in mindestens einhundert Varianten vorkommen kann. Wenn man davon ausgeht, dass diese alle genetisch »machbar« sind, ergeben sich aus den Berechnungen von Pentland 10^{200} mögliche menschliche Gesichter: eine abnorm hohe Zahl jenseits der menschlichen Vorstellungskraft. [9]

Pentland fand heraus, dass er mit Hilfe dieser neuen von ihm entwickelten Kategorien jeden, der in seiner »Facebase« enthalten war, beschreiben konnte. Eine Entdeckung, die ihn selbst ungeheuer überraschte. »Es hieß allgemein, dass Gesichtserkennung sehr schwierig und kompliziert sei«, meinte er, »hier hatte ich jedoch eine sehr einfache Methode gefunden, die ausgezeichnet funktionierte.«

Die Menschen werden mit Hilfe einer elementaren Vergleichstechnik identifiziert. Die Software analysiert zunächst die Eigengesichter der jeweiligen Person. In den meisten Fällen genügt es, wenn sie rund 20 davon überprüft. Der Computer vergleicht diese Eigengesichter dann mit denen in seiner Facebase – eine recht einfache Angelegenheit.

[9] 10 hoch 200 ist eine 10, die 200mal mit sich selbst multipliziert ist, also eine 10 mit 200 Nullen dahinter. Zum Vergleich: Das menschliche Gehirn speichert 10 hoch 18 Informationseinheiten, das Universum weist 10 hoch 87 subatomare Teilchen auf, und beim Schach sind ungefähr 10 hoch 120 verschiedene Partien möglich. Das heißt, dass jede mögliche Schachpartie jeweils von 10 hoch 80 oder anders ausgedrückt von 100.000.000.000.000.000.000.000.000.000.000.000.000.000.000.000.000.000.0-00.000.000.000.000 verschiedenen Gesichtern verfolgt werden könnte.

Und eine kommerziell lukrative dazu. »Es gibt schon jede Menge Anfragen. Man könnte auf diese Weise zum Beispiel sichergehen, dass ein Personalausweis gültig ist – also wirklich der Person gehört, die ihn vorlegt, und dass niemand mehr als einen hat«, meint Pentland. Vierzehn amerikanische Bundesstaaten und vier andere Länder würden bereits seine Software benutzen, um Führerscheine und andere Ausweispapiere zu überprüfen. In Südafrika habe eine Bank für die Auszahlung von Renten die herkömmlichen Scheckkarten abgeschafft und statt dessen solch eine faziale Computeridentifikation eingeführt. Die U.S.-Army halte sein Programm für das sicherste Gesichtskontrollprogramm der Welt und benutze es, um den Zugang zu Atomwaffenstandorten zu sichern. Pentland ist überzeugt, dass sich das System noch perfektionieren lasse, so dass es auch Maskierungen durchschauen könne, indem es sich nämlich vor allem auf die knochigen Partien um die Augen herum konzentriere, den Teil des Gesichts, der sich am schwersten ändern lasse.

Abgesehen davon, dass sich die Identität einer Person überprüfen lässt, können solche Gesichtserkennungsgeräte möglicherweise auch Verbrechen verhindern. In von Menschen überfüllten Einkaufszentren zum Beispiel könnten sie nach Personen fahnden, die einschlägig vorbestraft sind, vor allem nach Ladendieben. Solche Instrumente könnten aber auch Personen überprüfen, die sich in der Nähe von potentiellen Zielen terroristischer Anschläge wie dem Weißen Haus aufhalten, was sicher einen Vorteil hätte, kundschaften doch Bombenattentäter die Objekte, auf die sie es abgesehen haben, gewöhnlich mehrere Male aus, bevor sie tatsächlich zuschlagen.

Auf lange Sicht, so meint Pentland, »wird das Erkennen von Gesichtern – oder allgemeiner die Deutung von menschlichen Gesichtern – entscheidend dazu beitragen, Apparate, Räume und Autos anthropozentrisch statt technologiezentrisch zu machen«. Apparate, die ihre Besitzer erkennen und beispielsweise auf ein Lächeln reagieren, könnten unser alltägliches Leben entscheidend verändern.

Das neurale Gesicht

Dem fünften Marquis von Salisbury fiel es grundsätzlich schwer, Gesichter zu erkennen, sogar die von engen Bekannten. So bemerkte er eines Tages, als er bei Hof hinter dem Thron stand, einen Mann, der ihm zulächelte. Flüsternd fragte er den Mann, der neben ihm stand: »Wer ist denn der junge Freund dort?« Worauf sein Nachbar erwiderte: »Euer ältester Sohn.«

Es ist tatsächlich möglich, dass ihm die Fähigkeit, Gesichter zu erkennen, wirklich ganz und gar abging. Nur wenige Menschen sind von diesem Leiden betroffen. Während sie in anderer Hinsicht völlig normal sind, treiben sie ihr Leben lang in einem Ozean unbekannter Gesichter umher. Diese merkwürdige Gedächtnisschwäche nennt man Prosopagnosie (vom griechischen *prosopon*, »Gesicht«, und *agnosia*, »Nichtwissen«), und sie verrät eine Menge darüber, wie das Gehirn mit Gesichtern umgeht.

Menschen, die an Prosopagnosie leiden, entfällt immer wieder das faziale Muster. Häufig erkennen sie auch ihre Freunde oder die Mitglieder ihrer Familie nicht – oder noch nicht einmal sich selbst! Für diese Menschen ist das Gesicht im Spiegel das eines Fremden, und so entschuldigte sich ein Prosopagnosie-Kranker tatsächlich bei seinem Gegenüber, als er vor einen Spiegel gerannt war. Um andere zu identifizieren, müssen diese Menschen sich auf den Klang von deren Stimme verlassen oder auf irgendwelche anderen Anhaltspunkte. Gelegentlich hilft ihnen auch ein ungewöhnliches Gesichtsmerkmal wie ein Leberfleck oder eine besonders lange Nase. [10]

---

10 Teile des Gesichts können sie wiedererkennen, und auch die Fähigkeit zum Lippenlesen scheint von der Krankheit nicht beeinträchtigt zu sein. Ein Opfer der Störung, das weder ein Gesicht noch einen bestimmten Gesichtsausdruck oder das Geschlecht seines Gegenübers zu identifizieren vermochte, war immer noch für die McGurk-Illusion (siehe S. 71) anfällig.

Ihre Vergesslichkeit braucht sich aber nicht auf Gesichter zu beschränken. Prosopagnostiker haben oft Probleme, Dinge, die einer und derselben Kategorie angehören, voneinander zu unterscheiden, wie zum Beispiel unterschiedliche Tiere, unterschiedliche Blumen oder auch Nahrungsmittel. Dies ist jedoch keine zwangsläufige Folgeerscheinung. In Fachkreisen bekannt ist jener Prosopagnostiker, der die Fähigkeit hatte, alte Brillen, die er früher schon einmal auf den Nasen anderer Menschen gesehen hatte, von deren neuen genau zu unterscheiden. Und ein an Prosopagnosie leidender Bauer konnte mit größter Treffsicherheit die Gesichter seiner Schafe unterscheiden – eine Aufgabe, die die meisten »normalen« Menschen zur Verzweiflung bringen würde. Er konnte aber die Strategien, die er zur Erkennung von Schafsgesichtern einsetzte, welche sie auch gewesen sein mögen, nicht auf menschliche Gesichter übertragen.

Die Ursache von Prosopagnosie ist eine Schädigung des Gehirns. Das Leiden kann ganz plötzlich auftreten. So weiß man vom Fall eines Mannes, der mit seiner Physiotherapeutin sprach, als er plötzlich ausstieß: »Aber Miss, was passiert mit mir? Ich kann Sie nicht mehr erkennen.« Er hatte einen Schlaganfall erlitten. Mitten im Gespräch wurde er zu einem Prosopagnostiker.

Im Gehirn gibt es besondere Bereiche, die für das Gesicht zuständig sind. 1972 entdeckten Forscher in Affengehirnen einen Gesichts-Kortex. Er umgibt den *Sulcus temporalis superior*, eine tiefe Furche in der Nähe des oberen Endes des Schläfenlappens, die bei einer Seitenansicht des Gehirns zu erkennen ist. Zellen, die sich an dieser Stelle befinden, reagieren auf Gesichter der verschiedensten Art, auch auf Nachbildungen aus Plastik oder auf Fotos, sowohl von Affen- wie auch von Menschengesichtern. Auf die meisten anderen Reize reagieren diese Zellen hingegen kaum – auf Kanten, Gitter, Gewebe, Bürsten, Schlangen, Essen, Spinnen. Sie ignorieren auch Bilder von Gesichtern, bei denen die einzelnen Bestandteile durcheinander gebracht worden sind. Auch auf bloße Umrisszeichnungen reagieren sie nur schwach. Und obwohl nur wenige auf isolierte Merkmale eines Gesichts ansprechen, reagieren sie sehr wohl auf ein Gesicht, dem beispielsweise die Nase fehlt.

Faszinierenderweise führt dieser Kortex nicht nur eine Aufgabe aus, sondern mindestens drei. Er stellt die Identität fest, deutet den Ausdruck und ermittelt die Ausrichtung von Augen und Kopf – das Wer, Wie und Wohin von Gesichtern. Bei Affen bildet der Sulcus, also die Gehirnfurche, eine Art von Trennscheide. Die Zellen, die für die Identität zuständig sind, liegen gewöhnlich unter ihm, die anderen darüber. Wenn man den oberen Teil entfernt, können Affen immer noch ein Gesicht identifizieren, sie können aber nicht feststellen, wohin dieses schaut.

Das System, das die Ausrichtung eines Gesichts bestimmt, ermittelt auch, wie hoch die soziale Aufmerksamkeit des anderen ist, und dafür ist es wichtig, die Kopfhaltung feststellen zu können, da sie zum Beispiel Gespanntheit oder Interesse signalisieren kann. Einige Neuronen reagieren sensibler auf ein Gesicht, das vollständig »en face« zu sehen ist, andere auf eines, das seinem Betrachter nur zu drei Vierteln zugewandt ist, wieder andere auf ein im Profil wahrgenommenes Gesicht. In der Tat scheint jede Kopfstellung eine ganz bestimmte Reaktion der Neuronen hervorzurufen. Diese Zellen registrieren auch Blicke. Einige werden mehr durch einen direkten Blickkontakt stimuliert, andere mehr durch einen gesenkten Blick. Daher auch unsere Sensibilität für fremde Blicke. Die entsprechenden Schaltkreise sind einfach in uns angelegt.

Beim Menschen ist der ganze Apparat noch komplexer konstruiert als bei Affen. Zunächst einmal ist der Kortex aus dem Bereich des *Sulcus temporalis superior* in die untere Region des Gehirns gewandert, bis zum unteren *Gyrus temporalis*. Hier gibt es verstreut angeordnete Zusammenballungen von Zellen, die die beschriebenen Aufgaben übernehmen. Sie erledigen diese aber nicht allein. PET-Untersuchungen[11]

---

11 Positronen-Emissions-Tomographie

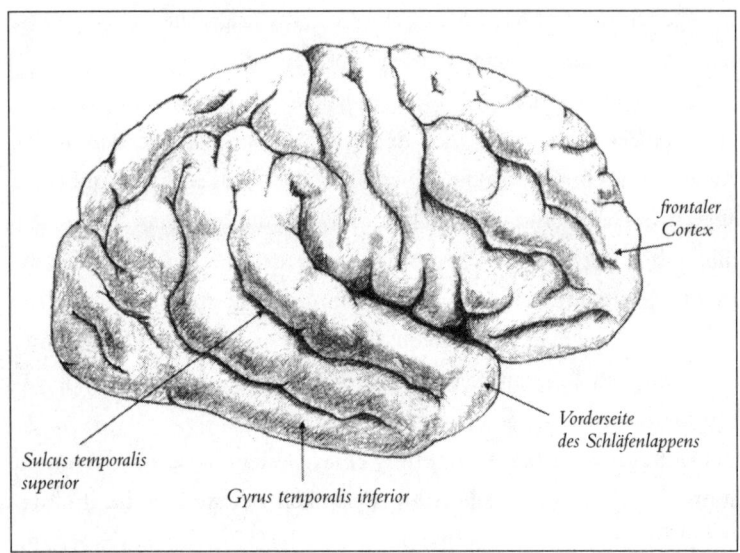

Das Gehirn (Längssicht)

zeigen, dass in einem großen Teil des menschlichen Gehirns eine erhöhte Aktivität stattfindet, wenn das Erkennen eines Gesichts von uns gefordert ist. Einige dieser Neuronen führen noch andere Aufgaben aus, aber die Gesamtzahl der an der Gesichtserkennung beteiligten Nervenzellen weist auf die tatsächliche Komplexität dieser von uns so schnell und mühelos erbrachten Leistung hin.

Beschäftigen wir uns noch einmal näher damit: Wir erkennen einige Gesichter wieder, so wie wir einen uns vage vertrauten Charakterdarsteller in einem alten Western wieder erkennen, können uns aber an nichts anderes im Zusammenhang mit ihnen erinnern. Das Gesicht ist einfach aus der Anonymität herausgetreten, um uns zu verwirren. Das Déjà-vu-Gefühl ist ein erster Schritt im Erkennungsprozeß, aber ein wahres Bestimmen der Identität erfordert mehr. Normalerweise ruft das Gehirn auch einen Namen auf, es liefert ein Dossier zu der betreffenden Person und löst eine emotionale Reaktion in uns aus.

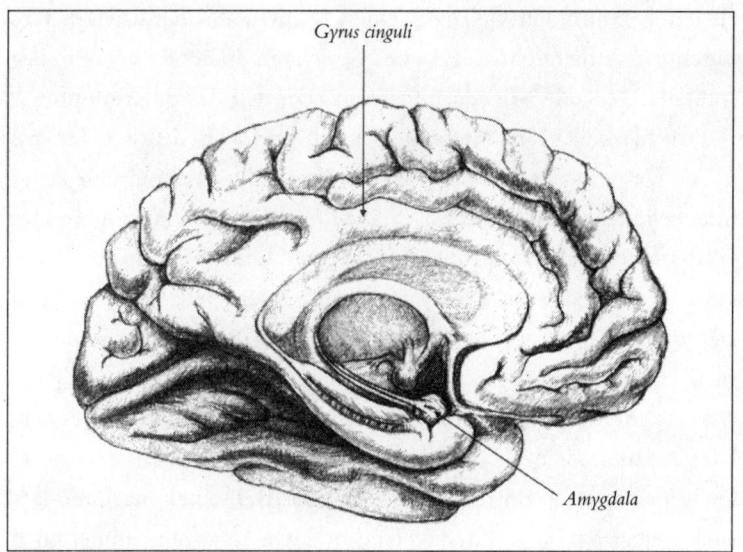

Das Gehirn (Mittelsicht)

Wie der Abruf des Namens funktioniert, ist nach wie vor unklar. Möglicherweise speichern wir Namen im linken mittleren Schläfenlappen. Im Verlauf einer Untersuchungsreihe konnte ein Patient, dessen Gehirn in diesem Areal Schädigungen aufwies, zwar Gesichter und Gegenstände erkennen, er konnte sie aber nicht benennen. Dieses Unterprogramm hebt sich also etwas von dem allgemeinen Programm zur Gesichtserkennung ab, da es eher ein Etikett liefert als etwas Inhaltliches. So kann uns, unabhängig von unserem übrigen Wissen über eine Person, ihr Name manchmal entfallen.

Das persönliche Dossier eines Menschen rufen wir wahrscheinlich aus der vorderen Partie des Schläfenlappens auf. In diesem Bereich scheint biographisches Wissen über andere Menschen gespeichert zu sein. Er kommt aber auch bei Aufgaben ins Spiel, die nichts mit dem Erkennen von Gesichtern zu tun haben. Ein Patient, dessen Gehirn in diesem Bereich geschädigt war, konnte Objekte der grundlegenden Kategorie, der sie angehörten, zuordnen, das heißt, er konnte sie als einen Baum, ein Gebäude, einen Menschen identifizieren, vermochte aber nicht ein spezifisches Gesicht zu erkennen oder ein besonderes Gebäude wie den Eiffelturm oder den Arc de Triomphe.

Der Identifikations-Respons, der die größte Bedeutung für uns haben kann, ist der, mit dem wir rasch zwischen Freund und Feind unterscheiden: Er kann uns das Leben retten. Gegen Anfang unseres Jahrhunderts behandelte der Genfer Arzt Edouard Claparède eine Patientin, die nicht in der Lage zu sein schien, neue Erinnerungen auszubilden, also etwas im Gedächtnis zu behalten, was ihr in jüngerer Zeit geschehen oder begegnet war. Claparède musste sich jedes Mal erneut vorstellen, wenn er ihr Zimmer betrat. Eines Tages verbarg er einen kleinen Nagel in seinem Handinneren, mit dem er sie leicht piekte, als er ihr die Hand schüttelte. Bei seinem nächsten Besuch weigerte sie sich, ihm die Hand zu reichen, gab aber immer noch an, ihn nicht wiederzuerkennen. Sie blieb bei ihrer strikten Weigerung, ihm die Hand zu schütteln, konnte aber keine Erklärung dafür vorbringen. Auf irgendeiner Stufe erkannte sie also nicht nur sein Gesicht, sondern brachte dieses auch mit einer schmerzhaften Erfahrung in Verbindung. Wir können mithin ein Gesicht fürchten, das wir gar nicht bewusst erkennen.

Welche Schädigung auch immer das Gehirn von Claparèdes Patientin aufwies, ihre Amygdala (lateinisch »Mandel«) funktionierte höchstwahrscheinlich. Die ovale Amygdala ist ein Knotenpunkt von Gehirnsignalen und enthält auch Nervenzellen, die sensibel für Gesichter sind. Ihre Hauptaufgabe ist sozialer Art: Sie hilft uns dabei, unser Gefühl gegenüber Gesichtern und anderen Reizen zu bestimmen, und kann schnell eine Alarmglocke in uns ertönen lassen. PET-Untersuchungen zeigten, dass vor allem die linke Seite der Amygdala auf Furcht und Wut reagiert. Menschen mit einer defekten Amygdala sind normalerweise immer fröhlich und völlig unbekümmert, was mögliche Gefahren anbelangt. Vor Angst oder Zorn verzogene Gesichter haben auf sie keinerlei Wirkung, ebenso wenig wie verbale Attacken. Diese Menschen sind blind gegenüber allen Fährnissen oder Risiken.

Ist das »Mandelkern«-Organ auch noch für andere Emotionen zuständig? Anscheinend ja, darauf weist jedenfalls das Schicksal einer fünfzigjährigen Frau hin, die eine Schädigung in diesem Bereich aufwies und nicht in der Lage war, Verbindungen von mehreren Gesichtsausdrücken zu erkennen. Einige Wissenschaftler haben daher die Theorie aufgestellt, dass die Amygdala uns hilft, beispielsweise Verbindungen von Freude und Überraschung wahrzunehmen. Einige Forscher sind sogar der Ansicht, dass sie als eine Art von Berechnungsstelle für alle sozialen Signale dient.

Sie ist aber ganz offensichtlich nicht von wesentlicher Bedeutung für ihre Identifikation. Bei einer 1997 durchgeführten Untersuchung konnte eine Frau, die dieses Organ überhaupt nicht besaß, immer noch Laute unterscheiden, die von Überraschung kündeten, von Glück, Ekel oder Trauer. Eine andere, mit Hilfe von PET-Untersuchungen durchgeführte Studie ergab, dass der *Gyrus cinguli* erhöhte Aktivität zeigte, wenn die Testpersonen glückliche, traurige und ausdrucksneutrale Gesichter voneinander unterschieden. Und eine weitere Studie zeigte, dass die Großhirnrinde auf Gesichter, die einen angeekelten Ausdruck hatten, reagierte, das »Mandelkern«-Organ hingegen nicht. Überdies mögen Teile der rechten Gehirnhälfte Furcht unabhängig von der Amygdala weiterverarbeiten. Nichts im Zusammenhang mit dem menschlichen Gehirn ist wirklich simpel.

Gegen Ende der Erzählung *Moby Dick* (1851) gibt es eine Stelle, wo Kapitän Ahab auf seinen eigenen Schatten im Meer starrt und beobachtet, wie sich dessen Umriss in der Tiefe allmählich auflöst. Auf ganz ähnliche Weise ist unser Gesicht wie sein eigener Schatten, und seine Aussage oder Bedeutung können sich ebenso im Dunkeln verlieren. Wenn es darauf ankommt, einen Gesichtsausdruck ganz genau zu deuten, wie den der Mona Lisa oder auch das Lächeln O. J. Simpsons, dann wird er an die *Cortex frontalis* weitergeleitet. Dort werden die meisten bewussten Entscheidungen gefällt. Aber selbst dort mag sich ein Ausdruck dem Zugriff entziehen, das Gesicht mag sibyllinisch wirken.

Während das Hauptsystem zur Erkennung von Gesichtern bei Prosopagnostikern zusammenbricht, funktioniert es bei der Mehrheit von uns ganz prächtig – die meiste Zeit über jedenfalls. Aber hin und wieder gibt es auch Aussetzer. Das Ergebnis kann schwerwiegend sein.

Das Verbrechen des Laszlo Virag

An einem schönen Tag des Jahres 1969 begann ein Mann im Geschäftsviertel von Bristol in aller Seelenruhe Parkuhren zu öffnen. Ein Passant fragte ihn, was er da tue, und er erwiderte, dass er die Einnahmen für die Stadt einsammele. Der Passant schöpfte Misstrauen und verfolgte ihn bis zu seinem Auto, wo der selbst ernannte städtische Parkgebühreneinsammler plötzlich eine Pistole hervorzog. Der Passant floh und meldete den Vorfall bei der Polizei.

Eine motorisierte Streife machte schon nach kurzer Zeit das Auto des Diebs auf einer Schnellstraße ausfindig und jagte hinter ihm her. Zweimal hielt der Mann an und fuchtelte mit seiner Pistole herum, bevor er die Flucht fortsetzte. Schließlich ließ er seinen Wagen stehen und machte sich zu Fuß quer über ein Feld davon. Die Polizisten blieben ihm auf den Fersen. Er drehte sich um, schoss auf sie und verwundete einen von ihnen am Arm. Dann lief er zur Schnellstraße zurück, hielt ein Auto an und zwang den Mann hinter dem Steuer, ihn nach Bath zu fahren. Er entkam.

Doch mehrere Menschen hatten sein Gesicht gesehen, und die Ermittlungsbeamten erfuhren bald von einem ähnlichen Verbrechen, das sich in Liverpool zugetragen hatte. Der Kriminelle schien mit einem ausländischen Akzent zu sprechen. Die Polizei hatte darüber hinaus Kenntnis von einigen Ungarn, die Parkuhren ausgeplündert hatten. Also legten sie Zeugen Fotos von den in Frage kommenden Übeltätern vor. Vier der Zeugen legten sich auf das Foto von einem Mann namens Laszlo Virag fest. Die Beamten nahmen Virag fest und stellten ihn siebzehn Zeugen gegenüber, von denen sechs Polizisten waren. Vier der Polizisten und drei der übrigen Zeugen identifizierten Virag als den Täter.

Das gesamte Verfahren gegen ihn beruhte auf ihren Aussagen. Der Polizei gelang es nicht, Virag auf irgendeine andere Weise mit dem in Bristol begangenen Verbrechen in Verbindung zu bringen. Er besaß jedoch kein Alibi und schien ein echter Tunichtgut und Herumtreiber zu sein, er ging keiner Arbeit nach, lebte vom Glücksspiel und von der Sozialhilfe. Die Zeugen waren sich sehr sicher, einer von ihnen, ein Polizeibeamter, sagte sogar: »Sein Gesicht ist in mein Gehirn eingebrannt.« Im Juli 1969 befanden die Geschworenen Virag für schuldig, woraufhin er eine zehnjährige Gefängnisstrafe antrat.

Zwei Jahre später drang die Polizei in das Haus eines gewissen Georges Payen ein und fand dort die Waffe, aus der bei der Verfolgungsjagd in Bristol Schüsse abgegeben worden waren, sowie anderes Beweismaterial, das Payen mit den Vorfällen in Verbindung brachte. Sie verhafteten ihn, und Virag wurde kurz darauf auf freien Fuß gesetzt. Ein Polizist sagte später, dass Virag und Payen »sich vom Äußeren her in keiner Weise ähnelten und man daher gar nicht glauben könne, dass alle diese Zeugen sich geirrt hätten«. Dennoch mochten sie ihre Aussagen von damals nicht zurücknehmen.

Wie kann es zu solch einer Verwechslung gekommen sein? Es gibt keinerlei Anhaltspunkte dafür, dass die Polizei die Augenzeugen vor der Gegenüberstellung absichtlich beeinflusst hatte. Der Fall wirft vielmehr grundsätzliche Fragen zur Identifikation durch Augenzeugen auf. Wie sicher sind sie, und aus welchen Gründen können sie so danebenliegen?

Irrtümer von Augenzeugen stellen für unser Strafrechtssystem ein ernsthaftes Problem dar. Sie sind mit Abstand der häufigste Grund für ungerechtfertigte Verurteilungen. Einer neueren Erhebung zufolge gingen von insgesamt zweihundertfünf Justizirrtümern zweiundfünfzig Prozent auf falsche Identifizierungen zurück. Meineid landete mit elf Prozent weit abgeschlagen auf dem zweiten Platz. Der vorsichtigen Schätzung eines Fachwissenschaftlers zufolge kommt es in den USA jährlich zu siebentausendfünfhundert Fällen von ungerechtfertigten Verurteilungen wegen verschiedenster Schwerverbrechen, und möglicherweise werden viertausendfünfhundert davon durch die falschen Aussagen von Augenzeugen verursacht.

Es kann jeden treffen. Der australische Psychologe Donald Thompson begann sich für dieses Phänomen zu interessieren, nachdem er von Polizisten verhaftet und zu einer Gegenüberstellung geschleift worden war. Eine Frau identifizierte ihn tatsächlich als den Mann, der sie vergewaltigt hatte. Zu seinem Glück hatte er ein Alibi: Er war zur Tatzeit in einer Fernsehsendung aufgetreten – zusammen mit einem Polizeikommissar.

Die Zeugen mögen sich ihrer Aussage völlig sicher sein, und Juries wie auch Richter neigen dazu, solchen selbstsicher auftretenden Augenzeugen zu glauben. Bei jenem vom U.S. Supreme Court verhandelten Fall, bei dem die Zulässigkeit von Augenzeugenaussagen problematisiert wurde, dem Fall *Neil gegen Biggen* (1972), wurden fünf relevante Faktoren für die Zulässigkeit aufgeführt. Und einer davon ist die »Gewissheit« des Zeugen. Das ist aber ein recht schwaches Fundament, um sich darauf zu stützen, denn viele Studien haben erwiesen, dass der Zeuge, der sich seiner Sache »ganz sicher« ist, nur unwesentlich öfter richtig liegt als einer, der zaudert. Wie lässt sich das erklären? Die Antwort darauf ist nicht völlig klar, aber ganz offensichtlich erhöhen einige Faktoren die Gewissheit, aber nicht die Genauigkeit – und umgekehrt. So kann sich zum Beispiel ein Zeuge seiner selbst immer sicherer werden, wenn er Fakten erfährt, die seine Ansicht zu bestätigen scheinen.

Vier der sieben Zeugen, die gegen Virag aussagten, waren Polizisten. Man sollte erwarten, dass professionelle Ordnungshüter Kriminelle besser zu erkennen vermögen als gewöhnliche Bürger. Das bislang vorliegende, noch nicht sehr umfangreiche Untersuchungsmaterial deutet darauf hin, dass dies tatsächlich so ist, aber nur wenn diese Profis das Gesicht des Gesetzesbrechers lange genug zu sehen bekommen. Wenn sie nur einen kurzen Blick darauf werfen können – wie im Fall Virag –, dann leisten sie nicht mehr als jeder andere Mensch.

Payen hatte die Polizisten mit einer Pistole bedroht. Wenn jedoch eine Waffe im Spiel ist, dann verringert sich die Wahrscheinlichkeit, dass ein Gesicht richtig erkannt wird. Eine Handfeuerwaffe zieht natürlich die Blicke auf sich, selbst bei Experimenten mit Videofilmen bewirkte sie, dass die Betrachter das Gesicht der Person, in deren Hand sie sich befand, weniger aufmerksam beobachteten. Im Verlauf einer solchen Studie gelang es sechsundvierzig Prozent der Testpersonen, einen Räuber ohne Pistole korrekt zu identifizieren, während nur sechsundzwanzig Prozent von ihnen denselben Räuber erkannten, wenn er eine Waffe in der Hand hielt.

Die Zeugen wählten anfangs ein Foto Virags aus dem Verbrecheralbum aus. Solche Alben bergen immer eine Gefahr in sich: Sie enthalten zu viele Fotos. Schon nach dem Betrachten von einhundert bis einhundertfünfzig solcher Porträts kann sich die Zuverlässigkeit, mit der man ein Gesicht zu identifizieren vermag, verringern, nach sechshundert Fotos fällt sie drastisch ab. Eine lange Reihe von Gesichtern zieht vor den Augen des Zeugen vorüber, sie scheinen sich über das von ihm erinnerte Gesicht zu legen und es nachträglich zu verändern. Programmierer sind zur Zeit damit beschäftigt, eine neue Software zu entwickeln, die die Suche abkürzen soll, und zwar vor allem dadurch, dass dem Zeugen von Anfang an nur noch Bilder von Personen gezeigt werden, die der von ihm beschriebenen ähneln.

Eine Reihe von Faktoren haben überraschenderweise keinerlei Einfluss auf die Zuverlässigkeit des Zeugen. Intelligenz spielt keine wesentliche Rolle. Der eine Zeuge kann die verrücktesten Details beschreiben, ein anderer erinnert sich nur an die Hauptereignisse. Die Trefferquote ist bei beiden dieselbe. Und wie steht's mit der Unbeirrbarkeit, mit der Konsistenz der Aussagen? Polizisten und Anwälte befragen einen Zeugen normalerweise am Ort des Verbrechens, bei späteren Einvernehmungen und vor Gericht. Die Beschreibung, die jemand von einem Gesicht liefert, kann sich über diese Zeitspanne hinweg ändern. Solche Inkonsistenzen stehen aber eigentlich in keinem erkennbaren Verhältnis zur Zuverlässigkeit der Identifikation – eine enervierende Erkenntnis, da Verteidiger Inkonsistenzen oft vor Gericht benutzt haben, um einen Zeugen unglaubwürdig zu machen.

Auf der anderen Seite korrelieren zwei auf der Hand liegende Faktoren mit der Zuverlässigkeit einer Identifikation. Der eine ist die Frische der Erinnerung. Je weniger Zeit vergangen ist, seit man ein Gesicht gesehen hat, um so zuverlässiger kann man es wieder erkennen. Der Zeuge, dem ein Verdächtiger kurz nach der Tat gegenübergestellt wird, wird also in jedem Fall besser zu dessen Identifikation beitragen können. Der andere Faktor ist die Länge der Zeit, während der man jemanden gesehen hat. Je länger der Augenzeuge den Verbrecher bei seiner Tat beobachten konnte, desto größer seine Zuverlässigkeit. Zahlreiche Studien belegen, dass bei Zeugen, die die Übeltäter nur ganz kurz sehen konnten, wie die meisten Angestellten in Geschäften, die Quote falscher Identifikationen in die Höhe schnellt.

Viele Menschen – und auch viele Gerichte – sind der Ansicht, dass Stress die Erinnerung an ein Gesicht durcheinander bringt und daher eine Identifikation letztlich unmöglich macht. Kann sein, dass das so ist. Untersuchungen zur Auswirkung von körperlicher Gewalt, die auf Zeugen ausgeübt wurde, oder von Stress, unter dem sie standen, haben jedoch zu widersprüchlichen Ergebnissen geführt, möglicherweise weil die Auswirkungen so komplex sind. Die Frage lässt sich nur schwer durch eine empirische Untersuchung beantworten, da es natürlich ethisch nicht vertretbar wäre, Testpersonen in Situationen hineinzuversetzen, in denen sie wirklich glauben, dass ihnen Gewalt droht.

Nachdem ein Verbrechen begangen wurde, bittet die Polizei oft Zeugen, bei der Rekonstruktion der Gesichtszüge des Missetäters zu helfen, also bei der Anfertigung einer Skizze für die Fahndungsbeamten oder für die Medien zu assistieren. Für diese Aufgabe wird das »Erinnern« eines Gesichts verlangt, nicht das »Erkennen«. Und das ist etwas völlig anderes. Der Zeuge sitzt nicht mehr länger da und wartet, bis er beim Blättern in einem Verbrecheralbum auf ein Gesicht stößt, das ihm bekannt vorkommt, sondern er muss aus seiner Erinnerung ein Bild abrufen und diesem erinnerten Bild irgendwie konkreten Ausdruck verleihen.

Üblicherweise sprechen die Zeugen mit einem Polizeizeichner, der eine Grundskizze anfertigt und diese dann den Angaben der Zeugen entsprechend abändert. In den siebziger Jahren wurden dann aber zwei neue Verfahren vorgestellt, die wissenschaftlich und revolutionär zu sein schienen: Identikit und Fotofit. Beide zerlegen das Gesicht in einzelne Teile und bieten eine Unmenge von Beispielen für jeden dieser Einzelteile an. Bei der Nase, zum Beispiel, kann man zwischen einer Adler- oder einer Stups-, einer spitzen oder flachen, breitgedrückten wählen. Der Zeuge wählt eine Nase von der Form aus, wie sie der Gesuchte seiner Meinung nach hatte, und fügt sie in das Gesicht ein. Indentikit arbeitete zuerst mit Zeichnungen, später mit Fotos, indem man eine Reihe von Diapositiven übereinanderschob. Beim Fotofit-Verfahren ist das Gesicht in fünf Segmente unterteilt, in die der Zeuge jeweils eine Fotosequenz hineinschiebt. Jacques Penry, der Erfinder von Fotofit, beschrieb sein Verfahren so: »Weil jeder Teil des Gesichts die Summe seiner jeweiligen Einzelheiten ist und das ganze Gesicht wiederum die Summe seiner Abschnitte, bedarf es zu seiner vollständigen Bestimmung einer sorgfältigen visuellen Addition.«

Obwohl beide Methoden zunächst als Fortschritte auf dem Gebiet der Verbrechensbekämpfung gefeiert wurden, hat sich mittlerweile gezeigt, dass Polizeizeichner per Hand immer noch treffendere Skizzen anfertigen. Sogar von Zeugen selbst angefertigte Zeichnungen führen zu beinahe denselben Ergebnissen wie die beiden »Baukasten«-Methoden. Ihr Fehler besteht in der von Penry geforderten »sorgfältigen visuellen Addition«, die voraussetzt, dass Zeugen sich genau an die Augen, die Nase, das Kinn oder den Mund eines Täters erinnern können. In der Regel können sie dies aber eben nicht. Bei einem Experiment beispielsweise versuchten zweiunddreißig Testpersonen ein Bild, das vorher mit Hilfe der fünf Fotofit-Segmente angefertigt worden war, nachzuzeichnen. Sogar mit dem lebenden Modell vor sich gelang es keinem von ihnen. Das Kinn und die Nase erwiesen sich als besonderes Problem. In Abwesenheit des Modells waren sie nur bei fünfunddreißig von insgesamt einhundertsechzig Versuchen erfolgreich, einzelne Gesichtsbereiche wiederzugeben. Ihre Gehirne waren eben auf ganzheitliche Muster geeicht und nicht auf Einzelteile.

Mit dieser Studie ist man auf ein Trio von entscheidenden Faktoren gestoßen, an die wir uns problemloser erinnern als an andere. Die beiden ersten sind Alter und Gesichtsform. Beides wird uns aus einem übergreifenden Muster deutlich und lässt sich daher mit einer »Baukasten«-Methode nur sehr schwer rekonstruieren. Der dritte Faktor ist das Haar. In der Tat ist das Haar das Merkmal eines menschlichen Gesichts, das sich einem Zeichner am leichtesten beschreiben lässt – was nicht einer gewissen Ironie entbehrt, da wir sein Aussehen so regelmäßig verändern. Weil gerade das Haar verräterisch für einen Menschen ist, erfordert es von einem gerissenen Bankräuber, eine Mütze zu tragen. Bei einem Experiment wurden Testpersonen einer Reihe von Männern gegenübergestellt, die alle barhäuptig waren. Die Hälfte dieser Männer hatte während des von ihnen begangenen Überfalls die Kopfbedeckung verloren, während die anderen eine Strickmütze getragen hatten, die den Haaransatz verdeckte. Die Zeugen identifizierten fünfundvierzig Prozent der Räuber, die ihre Kopfbedeckung eingebüßt hatten, aber nur siebenundzwanzig Prozent der kriminellen Mützenträger.

Mittlerweile gibt es Computerprogramme wie Mac-A-Mug und EFIT, die unserer Erinnerung an ein Gesicht auf die Sprünge helfen. Sie lassen eine viel größere Flexibilität bei der Kreation eines Gesichts zu. Bislang sind diese Programme noch nicht sorgfältig überprüft und bewertet worden, aber es ist wahrscheinlich, dass sie mit denselben Problemen zu kämpfen haben wie Identikit und Fotofit. Und tatsächlich hat ein Fachmann schon behauptet, dass der durchschnittliche Zeuge auch mit diesen Programmen nicht in der Lage sein wird, das Gesicht eines Verdächtigen so weit zu rekonstruieren, dass eine Identifikation möglich wird.

Das Verbrechen lotet gewissermaßen die Grenzen unserer Gesichtserkennung aus. Es macht deutlich, wo unsere Fähigkeiten zu versagen beginnen, und es zeigt auch, wie bereitwillig wir uns hinsichtlich unserer eigenen Fähigkeiten und der anderer etwas vormachen lassen. Niemand weiß, wie viele unschuldige Menschen aufgrund irrtümlicher Identifizierungen immer noch hinter Gittern sitzen, und niemand weiß, wie schnell unser für gewöhnlich sehr vorsichtig und bedächtig operierendes Justizsystem die neueren Erkenntnisse zur Erkennung von Gesichtern berücksichtigen wird.

Nelson Mandelas Augenlider

Im Lauf der letzten Jahrhunderte fand auf der winzigen Antilleninsel St. Vincent eher zufällig ein historisches Experiment statt. Nachdem das Eiland ursprünglich von Arawak-Indianern und Kariben bewohnt worden war, wurde es im sechzehnten Jahrhundert zu einem Zufluchtsort für entlaufene Sklaven. Die Rassen mischten sich. Ein Team von der Universität Kansas fand nun heraus, dass die gegenwärtigen

Bewohner von St. Vincent dreiundvierzig Prozent indianische Gene, einundvierzig Prozent afrikanische und sechzehn Prozent europäische in sich tragen. Diese »schwarzen Kariben« sehen aber wie Afrikaner aus. Deren Gene dominieren, was die »Oberfläche« anbelangt, was darauf hindeutet, welche Funktion sie in den Tropen haben.

Welcher Rasse jemand angehört, liest man in seinem Gesicht. Dort sehen wir es zuerst, und dort sehen wir es immer und immer wieder. Die Bedeutung, die die meisten Gesellschaften der Rassenzugehörigkeit beimessen, ist verblüffend und auch etwas lächerlich. Es ist ein bisschen so, als ob jemand glaubt, dass im Fernsehen dargestellte Personen wirklich existieren würden. Rassenunterschiede machen sich eigentlich nur auf der Oberfläche der Haut bemerkbar. Welcher Rasse man angehört, ist in genetischer Hinsicht jedoch mehr oder weniger bedeutungslos.

Tatsächlich waren wir bis vor kurzem alle noch schwarz. Zuverlässiges Beweismaterial deutet darauf hin, dass *Homo sapiens* Afrika vor rund einhunderttausend Jahren verließ und vor vielleicht sechzigtausend Jahren Australien besiedelte – wenngleich diese Datierung immer wieder nach hinten verschoben wird. In Eurasien fand vor ungefähr vierzigtausend Jahren die Aufsplitterung in »Weiße« und »Orientalen« statt.

Warum war die afrikanische Haut schwarz, und warum nahm die Haut der Emigranten eine andere Farbe an? Kant meinte schon 1775, dass die spezifischen Merkmale, die sich mit einer bestimmten Rasse verbanden, vor allem eine Reaktion auf die geographische Breite seien, in der diese zuhause war. Sie reduzierten die Sterblichkeit aufgrund eines »Zu viel« oder »Zu wenig« von Sonnenlicht, dem man ausgesetzt war.

Schwarze Haut schützt vor zu viel Sonnenlicht. Sie entsteht durch die Melanozyten, Zellen, die eine Schicht an der Basis der Epidermis bilden. Sie produzieren einen bräunlich-schwarzen Sonnenblocker, Melanin genannt, der den Körper vor ultravioletten Strahlen schützt.

Diese Strahlen verursachen Melanome, einen sich schnell ausbreitenden Krebs. Prähistorische Menschen hätte aber auch ein gutartiger Hauttumor für einen ganzen Schwarm von Infektionskrankheiten empfänglich gemacht. So konnten sich in Regionen, in denen die Sonne lange hoch am Himmel stand, die Dunkelhäutigen erfolgreicher fortpflanzen.

Die Vorteile von schwarzer Haut für Surfer und Strandläufer sind ganz klar. Schwarze können viel ungefährdeter im Meer schwimmen und am Strand in der Sonne liegen als Weiße. In Australien leiden die Aborigines nur selten an Melanomen, Weiße hingegen häufig – und dies trotz ihres in Flaschen abgefüllten Sonnenschutzes und ihrer Buschhüte. Tatsächlich weist Cairns im Nordosten Australiens die höchste Rate an Melanom-Todesopfern der ganzen Welt auf. In den Vereinigten Staaten erkranken im Schnitt 4,1 bis 4,4 von einhunderttausend Weißen an diesem Hautkrebs und nur 0,6 bis 0,7 von einhunderttausend Schwarzen. Asiaten bekommen weniger häufig Hautkrebs als Weiße, aber öfter als Schwarze.

Melanin ist in vieler Hinsicht ein Gewinn. Es verhindert Sonnenbrände und Faltenbildung. Von Rosazea, einem Leiden, das eine Schädigung durch Sonneneinstrahlung voraussetzt, werden Schwarze seltener befallen, weshalb die Krankheit auch »der Fluch der Kelten« genannt wird. Melanin hält wahrscheinlich die ultravioletten Strahlen davon ab, Nährstoffe wie Folsäure, Riboflavin und Vitamin E zu zersetzen. Es hindert auch den Körper daran, zu viel Vitamin D zu produzieren, das Kalkablagerungen und Nierensteine verursacht.

Das Sonnenlicht stimuliert die Melanozyten, Melanin auszuwerfen und damit die Haut dunkler zu färben. Die Babys von Dunkelhäutigen kommen mit relativ blasser Haut auf die Welt und werden nicht dunkelhäutig, bevor sie nicht der Sonne ausgesetzt werden. Auch Sommersprossen bilden sich, vor allem im Gesicht, wenn Fotonen auf die Haut treffen. Im Winter werden sie wieder heller. Wer in ewiger Finsternis eingeschlossen wäre, hätte keine Sommersprossen. Wer ständig im Badeanzug herumlaufen würde, könnte auch auf den Schenkeln Sommersprossen entwickeln.

Die Sonne macht braun, was von Swimmingpool-Schönheiten sehr geschätzt wird. Doch die Bräune verblasst bald wieder. Als Ishmael in *Moby Dick* durch Bedford schlendert, beurteilt er nach der Farbe ihrer Gesichter, wie lange die Seeleute, die ihm begegnen, schon an Land sind: »sonnengedörrte Birne« bedeutet seit drei Tagen von einer Fahrt nach Indien zurück, »ein Schimmer von Sandelholz« seit einer Woche oder mehr; ein leicht ausgebleichtes »Tropenbraun« weist darauf hin, dass seit der Rückkehr mehrere Wochen vergangen sind.

Sonnenbräune ist ein Schutzschild gegen Sonnenbrand. Eine Person mit einer richtig tiefen Sonnenbräune, »eine sonnengedörrte Birne«, hat möglicherweise einen Sonnenschutzfaktor fünf, wohingegen ein schokoladenbrauner Afrikaner einen Sonnenschutzfaktor sechs bis sieben hat. Ein normales T-Shirt hat einen Sonnenschutzfaktor von fünfzehn, wenn es trocken, von fünf, wenn es nass ist. Was bedeuten diese Sonnenschutzfaktor-Zahlen? Man erfand diese Skala, um Sonnenschutzmittel einstufen zu können. Die Zahlen der Skala geben an, um wie viel länger es dauert, bis man den ersten Anflug von Sonnenbrand bekommt, wenn man ein solches Produkt benutzt hat, als wenn man sich ganz schutzlos der Sonne aussetzen würde. Wer sich normalerweise in zehn Minuten einen Sonnenbrand zuzieht, kann diese Gnadenfrist auf fünfzig Minuten verlängern, wenn er sich vorher in Etappen eine kräftige Bräune (zehn mal fünf) zugelegt hat, und auf einhundertfünfzig Minuten (zehn mal fünfzehn), wenn er ein T-Shirt überstreift.

Ärzte sehen jedoch in der Sonnenbräune eine Reaktion auf eine Verletzung – vergleichbar einer Narbe. Und anders als von Natur aus dunkle Haut mit demselben Sonnenschutzfaktor setzt gebräunte Haut die Gefahr von Hautkrebs herauf. Ein Schwarzer bekommt seine Haut gratis, ein Weißer muss für seine sonnengebräunte Haut zahlen: Er muss ein ständiges Bombardement durch ultraviolette Strahlen und die dadurch verursachte Schädigung seiner DNA in Kauf nehmen. Und da Sonnenbräune einen Sonnenbrand hinauszögert, kann sie ein ein trügerisches Gefühl von Sicherheit erzeugen. In unserer wohlgebräunten westlichen Gesellschaft haben Hautkrebserkrankungen im Laufe der letzten fünfzig Jahre um 812,5 Prozent zugenommen, eine wirklich erstaunliche Steigerung, die Wissenschaftler auf häufigeres Sonnenbaden und die dünnere Ozonschicht zurückführen. Und wegen der uneinheitlichen Verwirklichung der Beschlüsse der Konferenz von Montreal von 1987 wird die Epidemie weiter um sich greifen. Wissenschaftler sagen voraus, dass sich bis zum Jahr 2100 die Fälle von Hautkrebserkrankungen in den USA und in Europa verdoppelt haben werden.

Die Angehörigen aller Rassen besitzen ungefähr die gleiche Zahl von Melanozyten. Bei Schwarzen geben sie aber mehr Melanin ab, und dies in größerer Vielfalt. Als unsere Spezies in Afrika entstand, produzierten wir vermutlich die gleiche Menge von Sonnenblockern. Bei den Menschen, die dann nach Norden wanderten, verringerte sich die Menge. Die Zellen zur Produktion von Melanin blieben aber erhalten.

In nördlicheren Breitengraden sind die ultravioletten Strahlen schwächer. Dort wiederum besteht die Gefahr, dass die Menschen zu wenig Sonnenlicht erhalten. Sonnenlicht braucht der Körper zur Bildung von Steroiden unter der Haut, damit Vitamin D produziert wird, das der Körper braucht, um Kalzium zu verarbeiten. Jugendliche mit einem Mangel dieses Vitamins leiden an Kalkarmut, ihre Knochen werden weich und krümmen sich. Eine Krankheit, die man Rachitis nennt. In kühleren Klimazonen steht die Sonne niedrig am Himmel, der Körper produziert weniger Vitamin D, und mehr Menschen leiden an Rachitis. Bei circa zehn- bis fünfzehntausend Jahre alten menschlichen Überresten, die man in Schweden gefunden hat, wiesen in der Tat sowohl Knochen als auch Zähne Schädigungen durch Kalziummangel auf. Melanin hält das Sonnenlicht ab und bewirkt eine Senkung des Vitamin-D-Spiegels. Helle Haut entwickelte sich also, damit die Fotonen eindringen konnten. Bewohner nördlicher Regionen mit wenig Melanin erkrankten weniger häufig an Rachitis und konnten sich erfolgreicher fortpflanzen.

Blondes Haar und blaue Augen waren eine Folge dieses Erbleichens. Melanin färbt auch das Haar. Jedes einzelne Haar nimmt wie der Stängel einer Tulpe seinen Anfang in einer Zwiebel unter der Haut. Wenn die Haarzellen sich dort teilen und vervielfältigen, nehmen sie aus benachbarten Melanozyten Melanin auf. Je nachdem wie viel sie aufnehmen, wird das Haar dunkel oder hell. Tatsächlich sind Variationen von zwei Grundarten von Melanin für alle braunen, roten, blonden und schwarzen Schattierungen des Haars oder des Pelzes von Säugetieren verantwortlich. Der Polarfuchs legt sich in jedem Jahr zwei Pelzmäntel zu, der für den Winter ist weiß, weil das Tier in dieser Jahreszeit kein Melanin produziert.

Das Haar von Schwarzen ist gewöhnlich gekräuselt und sehr dicht. Wenn ein Haarschaft einen kreisförmigen Querschnitt aufweist – wie bei Affen –, hängt er glatt herab, wenn er aber abgeflacht ist, kräuselt sich das Haar zu einer Spirale oder nimmt eine noch exotischere Form an. Das gekräuselte Haar eines Afrikaners fällt nicht glatt herab, sondern wächst zu einer dichten Schutzschicht, es kühlt auf diese Weise den Kopf und hält gleichzeitig ultraviolette Strahlen ab.

Blaue Augen weisen kein Melanin auf, statt dessen sind sie mit weißen Pünktchen gesprenkelt, von denen Lichtstrahlen mit hoher Energie – blau – stärker zurückgeworfen werden. Ein ähnliches Phänomen lässt das blaue Himmelszelt entstehen. Wenn eine Schicht von Melanin die Iris bedeckt, sehen die Augen grau aus, hellbraun, braun oder dunkelbraun, je nachdem wie dick die Schicht ist.

Über achtzig Prozent der Menschen in den Regionen rund um die Ostsee haben blaue Augen. Vermutlich trat entstehungsgeschichtlich dort diese Mutation auch erstmals auf. Es gibt jedoch auch Enklaven von blauäugigen Menschen in Afrika und unter den Indianern Amerikas, was darauf hindeutet, dass diese Variante sich auch anderswo ausgebildet hat, sich aber nicht durchsetzen konnte. Warum hat sie sich im Ostseeraum so stark verbreitet? Der Anthropologe Jonathan Kingdon meint, dass die hellere Färbung einer blauen Iris erweiterte Pupillen deutlicher sichtbar werden lässt, so dass sie Aggression oder auch Begierde deutlicher vermitteln können. Dieses Merkmal mag sich aber auch durch sexuelle Selektion verbreitet haben, durch ein recht willkürliches Bevorzugen blauer Augen beim Geschlechtspartner.

Asiaten haben in der Regel flachere und zartere Gesichter, im Verein mit prallen Wangen, kleineren Nasen und geraden turmalinschwarzen Haaren. Für die Angehörigen aller anderen Rassen sind ihre Augenlider jedoch das auffälligste Charakteristikum. Weiße und Schwarze haben eine Falte im Lid, die dieses in zwei Hälften teilt, so dass der untere Teil unter den oberen Teil rutschen kann. Asiatische Augenlider weisen einen höheren Fettanteil auf, deswegen ist das Lid oft flach und nicht unterteilt, obwohl die Falte bei vielen vorhanden ist.

Asiaten besitzen auch die so genannte epikanthische Falte, die den inneren Augenwinkel, manchmal auch zusätzlich noch den äußeren bedeckt. Einer alten Theorie zufolge fungiert diese »Mongolenfalte« als eine Art von Baldachin, der ein Übermaß an Sonne abhält. Allerdings ist die Argumentation nicht ganz überzeugend, dass Asiaten auf einen solchen Sonnenschutz angewiesen waren, weil sie in der Nähe von großen Schneeflächen lebten. Die Khoisan, die in Südafrika zuhause sind, besitzen ebenfalls diese Falte, und jedermann kann sie im Gesicht Nelson Mandelas erkennen, der zur Hälfte Khoisan ist. Ein Wissenschaftler meinte, dass sie genetisch mit einer konkaven Nase verbunden sei. Sie scheint eine Art Mitläufer oder Anhängsel zu sein ohne wirklichen Zweck.

Nasen variieren gewaltig von Rasse zu Rasse. Schon 1923 brachten die beiden Anthropologen A. Thomson und L.H.D. Buxton ihre Form mit dem Klima in Zusammenhang. In einer sehr kalten oder trockenen Region sind Nasen für gewöhnlich länger und schmaler. In Gebieten mit einem sehr heißen, feuchten Klima wie den Tropen sind Nasen kürzer und flacher. Die beiden Anthropologen erklärten den Zusammenhang so, dass lange, schmale Nasen die Luft auf ihrem Weg in die Lungen besser zu wärmen und anzufeuchten vermögen. Die heutige Wissenschaft schließt sich dieser Erklärung im allgemeinen an.

Gibt es so etwas wie die »jüdische« Nase? Die meisten Leute verstehen darunter eine stark gekrümmte Hakennase. Bei einer 1952 durchgeführten Untersuchung an New Yorker Juden, für die sich insgesamt 2836 Männer zur Verfügung stellten, stellte man fest, dass siebenundfünfzig Prozent von ihnen flache Nasen hatten, vierzehn Prozent konkave, 6,4 Prozent gespreizte Nasen und 22,3 Prozent – also reichlich ein Fünftel – konvexe, gekrümmte Nasen. Eine in Polen durchgeführte Untersuchung führte zu ganz ähnlichen Erkenntnissen. Mit anderen Worten: Die »jüdische« Nase ist in Wirklichkeit unter Juden eher eine Seltenheit.

Die Gesichter von Menschen, die der eigenen Rasse angehören, vermögen wir besser zu identifizieren als die anderer, ein Phänomen, das man die »Eigenrassen-Bevorzugung« nennt. Es ist eine relativ schwach ausgeprägte Tendenz, aber alle Rassen legen sie an den Tag, und die Wissenschaft hat sie mehr als einmal nachgewiesen. Versuche, die Menschen dazu zu bringen, diese Tendenz irgendwie zu überwinden, sind zumeist gescheitert.

Was ist die Ursache? Untersuchungen deuten darauf hin, dass sie nicht auf Voreingenommenheit gegenüber anderen Rassen beruht, eher auf einem Mangel an Kontakt mit ihnen. Personen, die nur sehr wenige Gesichter von Angehörigen anderer Rassen gesehen haben, tun sich am schwersten, diese zu identifizieren. Aber das Kontaktproblem allein scheint keine befriedigende Erklärung. Bei einer sehr interessanten Untersuchung, die in Zimbabwe durchgeführt wurde, erkannten schwarze Schüler des Harare-Instituts, die täglich Kontakt mit Weißen hatten, die Gesichter von Weißen viel besser wieder als solche, die nur selten mit Weißen in Berührung kamen. Weiße Schüler derselben Institution jedoch, die täglich Umgang mit Schwarzen hatten, profitierten kaum von diesem häufigen Kontakt. Vielleicht war für diesen Unterschied eine einfache Notwendigkeit verantwortlich: Alle leitenden Angestellten der Schule waren weiß, die Schwarzen waren also auf die Fähigkeit angewiesen, weiße Gesichter zu identifizieren. Weiße hingegen waren nicht in vergleichbarer Weise motiviert, Schwarze wiederzuerkennen. Interessanterweise hatten die Schwarzen, die weiße Gesichter gut identifizieren konnten, leichte Schwierigkeiten mit schwarzen Gesichtern.

Im Verlauf einer anderen Untersuchungsreihe unterzog Ruth Dixon weiße Briten, die an einem achtwöchigen Trainingsprogramm in Ghana oder Tansania teilnahmen, einem Test, und zwar einmal in Großbritannien vor ihrer Abreise und dann in Afrika unmittelbar vor ihrer Rückkehr in die Heimat. Am Ende ihres Aufenthalts in Afrika gelang es ihnen bedeutend besser, schwarze Gesichter zu unterscheiden, dafür hatten sie geringe – letztlich unbedeutende – Schwierigkeiten, weiße Gesichter wiederzuerkennen. Vertrautheit und eine relativ einfache Motivation scheinen die »Bevorzugung« der Angehörigen der eigenen Rasse, was die Gesichtserkennung betrifft, weitgehend aufzuheben.

Rasse ist jedoch nicht allein eine Frage der Hautfarbe. Die verschiedenen Rassen haben auch einige »interne« Eigenarten entwickelt, um sich vor klimatischen Extremen zu schützen. Die U.S.-Army fand heraus, dass sich Soldaten afrikanischer Abstammung eher Erfrierungen zuzogen als solche europäischer oder asiatischer Herkunft. Schwarze wiederum sind eher vor einem Hitzschlag geschützt als Weiße, da ihre Körpertemperatur auch bei massiver Schweißabsonderung stabiler bleibt. Inuit weisen mehr Fett unter der Haut auf, und ihre Hände können bei Temperaturen, bei denen die Hände Weißer und Schwarzer gefühllos würden, noch komplizierte Arbeiten ausführen.

In einigen Regionen haben die Einheimischen sogar eine spezifische Abwehr gegen dort vorkommende Parasiten entwickelt, wie zum Beispiel in Afrika das die Malariaerreger bekämpfende Sichelzellen-Gen, oder sie haben sich an bestimmte Ernährungsweisen angepasst, wie zum Beispiel die Tussi im Kongo, einem vor allem von der Milch ihrer Rinder lebenden Hirtenvolk, die besonders viel Laktose absorbieren können.

Die Hautfarbe ist kein zuverlässiger Indikator für genetische Ähnlichkeiten. Sowohl Afrikaner als auch die Aborigines Australiens sind schwarz, weisen jedoch von allen Völkern auf diesem Planeten die wenigsten gemeinsamen Gene auf. Aborigines haben zwar eine schwarze Haut, weil sie in Australien einfach lebensrettend ist, doch mit den schwarzhäutigen Afrikanern sind die Weißen sehr viel enger verwandt.

Und Afrikaner unterscheiden sich untereinander genetisch viel mehr, als es die Angehörigen anderer Rassen tun. Nachdem die Ahnen der Aborigines, der Weißen und der Asiaten Afrika verlassen hatten, spaltete sich die DNA der Afrikaner weiter auf. Wenn man also die Menschheit nach strikt genetischen Gesichtspunkten in Kategorien unterteilt, dann gibt es innerhalb von Schwarzafrika selbst zahlreiche Rassen.

Die Unterschiede zwischen den einzelnen Rassen wiederum sind nur gering. 1980 untersuchte der Molekularbiologe B.D. Latter, inwiefern Proteine sich sowohl bei Angehörigen einer und derselben Rasse als auch verschiedener Rassen unterscheiden. Er entdeckte, dass vierundachtzig Prozent der möglichen Variationen innerhalb einer einzelnen Rasse auftraten. Mit anderen Worten: Wir sind von unseren Genen her vielen Menschen anderer Rassen ähnlicher als Angehörigen unserer eigenen. Douglas Wallace, Genetiker an der Universität Stanford, meint, dass alle menschlichen Rassen genetisch enger miteinander verwandt sind als zwei Unterarten des afrikanischen Gorillas, die nur ein paar hundert Kilometer entfernt voneinander leben.

Was bedeutet das alles also für unseren »Rasse«-Begriff?

Einige Wissenschaftler meinen, dass dieser Begriff völlig ohne Bedeutung sei. Das scheint eine heilsame Gegenposition zu der weltweit verbreiteten Auffassung zu sein, die Rassenzugehörigkeit sei etwas sehr Wichtiges, aber leider ist sie nicht ganz zutreffend. Rein biologisch gesehen ist Rasse etwas real Existierendes, wenn die Unterschiede auch nur oberflächliche Merkmale betreffen und die Kategorien, in die man diese Unterschiede gefasst hat, sehr verschwommen sind. Der »Rasse«-Begriff führt aber oft ein aufdringliches, großspuriges Leben als ein soziales Konstrukt, als ein Instrument, welches Menschen benutzen, um sich selbst und andere zu definieren. Die Menschen interpretieren geringfügige Veränderungen der Oberfläche als etwas Wesentliches und erkennen eine Spiegelung des »Geistes« in dem, was eigentlich nur der Prävention von Krankheiten dient.

Gesicht und Geschlecht

Shi Peipu, Sänger(in) der chinesischen Oper, posierte nicht nur auf der Bühne, sondern auch im Alltagsleben als Frau. 1964 begann er eine Affäre mit einem arglosen Zwanzigjährigen namens Bernard Boursicot, der als Buchhalter bei der französischen Botschaft in Beijing arbeitete. Ihre seltenen sexuellen Begegnungen vollzogen sich immer in Hast und unter einer Decke. Shi Peipu verbarg dabei seine Genitalien in seinen Händen. Im August 1965 erklärte der Sänger jedoch, er sei schwanger. Später behauptete er, dass er eine Fehlgeburt erlitten habe. Im Dezember des gleichen Jahres gab er bekannt, dass ein zweites Baby unterwegs sei. Als Boursicot von der Geburt dieses Kindes erfuhr, war er bereits nach Amazonien versetzt worden. Erst

1972 bekam er es zu Gesicht. 1982 leitete er schließlich alles in die Wege, damit Shi Peipu und der Junge nach Frankreich ausreisen konnten. Dort wurden sowohl er als auch Shi Peipu als Spione festgenommen. Im Verlauf des Prozesses erfuhr Boursicot nach zwanzigjähriger Liaison mit dem Chinesen erstmals, dass dieser ein Mann war. Die Ereignisse dienten später als Stoff für *M. Butterfly*, das 1988 einen Tony als bestes Theaterstück des Jahres gewann.

Eine solche Geschichte wirft alle möglichen Fragen auf. Eine davon ist: Wie konnte es geschehen, dass Boursicot nicht an Shi Peipus Gesicht erkannte, dass dieser ein Mann war? Normalerweise erkennen wir das Geschlecht eines anderen sofort an seinem Gesicht. Wir greifen dabei auch auf sekundäre Kennzeichen wie Haarlänge, Makeup und so weiter zurück, sind aber nicht wirklich auf diese angewiesen. Bei einem Experiment legte man Probanden einhundertfünfundachtzig Fotos von Frauen und von glattrasierten Männern vor, die alle eine Duschhaube trugen, welche ihr Haar verbarg. Die Testpersonen konnten in sechsundneunzig Prozent aller Fälle korrekt angeben, ob es sich um das Gesicht eines Mannes oder einer Frau handelte. Andere Studien führten zu ähnlichen Ergebnissen.

Diese Fähigkeit ist von zentraler Bedeutung, da die Konturen und Merkmale des Gesichts das Geschlecht definieren, das uns anzieht. Wir müssen sie richtig lesen können, um den Erhalt unserer Spezies garantieren zu können. In der Tat werden sich in der Pubertät männliche und weibliche Gesichter immer unähnlicher, während sich ihr Aussehen bei alten Menschen wieder einander annähert. Die Gene lassen die Unterschiede der Geschlechter in der Zeit, in der man fortpflanzungsfähig ist, besonders hervortreten.

Das Geschlecht einer Person anhand ihres Gesichts zu bestimmen ist so wichtig, dass die Evolution dafür gesorgt zu haben scheint, dass dies automatisch geschieht. Daher können nur wenige von uns in Worte fassen, welches die Unterschiede zwischen männlichen und weiblichen Gesichtern sind. Dass wir sie so leicht auseinander halten können, ist eine Leistung, die Wissenschaftler lange vor Rätsel gestellt hat, und erst vor kurzem haben sie ein wenig Einblick in diesen Prozess gewonnen.

Die einzelnen Orientierungspunkte sind über das ganze menschliche Antlitz verstreut.

Männer haben in der Regel schroffere, zerfurchtere Gesichtszüge. Ihre Brauen ragen weiter vor, ebenso ihr Kinn. Die Stirn steigt oft steiler an und die Augen liegen in tieferen Höhlen. Sie haben auch längere Wangen. Insgesamt besitzt ihr Gesicht eine größere Tiefe. Zudem weisen sie im Gesicht eine größere Zahl von Haarbälgen auf, wodurch ihre Haut bisweilen rauer aussieht, vor allem bei älteren Männern.

Frauen haben kleinere Gesichter, für gewöhnlich beträgt die Größe eines weiblichen Gesichts nur vier Fünftel von der eines männlichen. Außerdem sehen ihre Gesichter kindlicher aus. Sie wirken breiter, und ihre Augen scheinen größer zu sein. Audrey Hepburn hat im Verhältnis zur Fläche ihres Gesichts viel größere Augen als William Holden. Das Gewebe um die Augen herum reagiert empfindlicher auf Veränderungen des Blutkreislaufs und verfärbt sich schneller dunkel – was eine anziehende Wirkung hat, die Frauen durch Maskara noch verstärken. Ihre Wimpern sind länger und voller. Ihre Brauen hingegen sind schmaler und werden mit zunehmendem Alter immer spärlicher, während die von Männern im Lauf der Jahre buschiger werden.

Auch die Nase unterscheidet die Geschlechter voneinander. Frauen besitzen kleinere, breitere und konkavere Nasen, die denen von Kindern ähneln. Die von Männern sind größer und ragen stärker vor, vermutlich deswegen, weil sie von den Lungen über den Atmungstrakt bis hin zur Nase ein größeres Atmungssystem benötigen. In einer Untersuchungsreihe wurden den Testpersonen nur Nasen ohne den Rest des Gesichts gezeigt. Männliche Nasen vermochten die Probanden besser von vorn und von der Seite zu identifizieren, weibliche, wenn sie eine Dreiviertelansicht von ihnen zu sehen bekamen. Die Forscher kamen zu der Ansicht, dass alle Nasen von vorn ein bisschen männlich wirken. Die Dreiviertelansicht lässt jedoch den Rücken, der ein Hauptunterscheidungsmerkmal ist, deutlicher hervortreten.

Frauen besitzen aber noch andere für sie charakteristische Merkmale. Ihre Münder sind kleiner und ihre Oberlippen im Verhältnis zum Rest des Mundes kürzer. Ihre Wangen stehen mehr hervor als die von Männern, zum einen aufgrund ihrer kleineren Nasen, zum anderen aufgrund einer Extraschicht Fettgewebe.

Die Gesichter von Frauen sind glatter, was nicht nur daran liegt, dass die Gesichtsmuskeln weniger stark entwickelt sind, sondern auch daran, dass das faziale Fettgewebe diese auch mehr verbirgt. Daher treten auch die Bewegungen ihres Gesichts weniger stark in Erscheinung und sind weniger leicht zu identifizieren. Männer scheinen beweglichere Gesichter zu haben. Einige Wissenschaftler sind der Ansicht, dass wir eine solche Mobilität des Gesichts mit Maskulinität assoziieren, Regungslosigkeit hingegen mit Feminität.

Dies alles gilt aber nur für schwache Bewegungen, denn insgesamt gesehen sind die Gesichter von Frauen viel expressiver. Sie reagieren viel stärker auf alles, was in irgendeiner Hinsicht »brisant« ist. Sie geben an, Emotionen intensiver zu verspüren, sie können ihr eigenes Gesicht besser an einen bestimmten Gesichtsausdruck, den sie auf einem Foto sehen, anpassen und geben bei Interviews viel stärker Freude und Aufregung zu erkennen.

Es gibt keinen Lackmustest, mit dem man männliche Gesichter säuberlich von weiblichen separieren könnte. Merkmale wie Nasenlänge und Wangenprotrusion überschneiden sich teilweise und sind daher nicht eindeutig kennzeichnend. Vicki Bruce von der Universität Stirling in Schottland deckte Teile des Gesichts ab und testete anschließend die Fähigkeit ihrer Versuchspersonen, zwischen männlich und weiblich zu unterscheiden. »Es gibt da nur eine ganz allmähliche

Abnahme«, berichtet sie. »Wenn man die Augenbrauen abdeckt, geht die Fähigkeit nicht verloren. Wenn man Informationen über die Nase und das Kinn vorenthält, geht die Fähigkeit auch nicht verloren. Es sieht so aus, als ob das Erkennungssystem des Menschen auf alle Einzelteile zurückgreift.«

Eine besonders interessante Studie ergab, dass wir nicht nur problemlos männliche und weibliche Gesichter voneinander zu trennen vermögen, sondern diese Gesichter auch nach ihrer Maskulinität oder Feminität einzuschätzen vermögen, was eigentlich eine ganz andere Aufgabe ist. Wir können also sagen: »Dies ist ein maskulin aussehendes Gesicht, aber ich weiß, dass es zu einer Frau gehört.« Wir spüren bestimmte Aspekte männlicher Erscheinungsformen, obwohl wir es insgesamt als das einer Frau erkennen.

Eine Gruppe von Forschern versuchte unter Berücksichtigung der zahlreichen Variablen des Gesichts eine Formel zu entwickeln, mit der man männliche und weibliche Gesichter voneinander würde unterscheiden können. Obwohl sie bis zu einem gewissen Grad erfolgreich waren, kamen sie zu dem Schluss, dass es ausgesprochen schwer sei, solch eine quasi mathematische Bestimmung vorzunehmen.

Männer haben mehr als einmal auf der Bühne Frauen verkörpert, und dies nicht nur zur Zeit Shakespeares oder Molières. Die männlichen *Onnagata* des Kabukitheaters haben seit 1629 Frauen gespielt, als das damalige Schogunat Schauspielerinnen von der Bühne verbannte, weil diese sich nämlich gegen Geld den Adeligen hingegeben und so für Streitereien zwischen ihnen gesorgt hatten. Einige *Onnagata* führten auch außerhalb des Theaters eine Existenz als Frau. Einer von ihnen schlenderte einmal ganz zerstreut in die Frauenabteilung eines Badehauses. Die Polizei verhaftete ihn.

Der Damenimitator Julian Eltinge (William Dalton, 1883–1941), der weiche Gesichtszüge, große Augen und Pausbäckchen sein eigen nannte, gelangte mit Hilfe seines besonderen Talents zu Ruhm und

Reichtum. Ruth Gordon bezeugte, dass er, wenn er nicht auf der Bühne stand, so »männlich wie jeder Mann« gewesen sei. Er trank gerne Bier, begeisterte sich für Pferderennen und erwarb sich einen zweifelhaften Ruf wegen seiner Kneipenraufereien. Er gab auch mehrfach bekannt, dass er nur um der Gage willen Frauenkleider anziehe. Viele Schauspieler wie Charles Pierce und Jim Bailey ahmten auf der Bühne weibliche Berühmtheiten nach.

Natürlich haben aber auch Frauen auf der Bühne Männer dargestellt, allerdings nicht ganz so oft wie umgekehrt. Sarah Bernhardt (1845–1923) gab einen ganz entzückenden sylphidenhaften Hamlet ab. Sarah Siddons, Judith Anderson, Eva Le Galliene sowie über fünfzig andere Aktricen haben ebenfalls den verwirrten Dänen gespielt. Die Rolle des Peter Pan ist mehr oder weniger eine Domäne weiblicher Darstellerinnen geworden, Mary Martin und Sandy Duncan haben sich in dieser Rolle besonders ausgezeichnet. In Japan treten die Mitglieder der Takarazuka-Revue, einer reinen Frauentruppe, als Männer auf und werben leidenschaftlich um ihre (Bühnen-)Frauen – was japanische Männer in der Realität erstaunlicherweise nicht tun. Über 2,5 Millionen begeisterter Fans sehen jedes Jahr die Show – fünfundneunzig Prozent davon sind Frauen.

Die faszinierendsten Imitatoren sind aber mit Sicherheit die, denen es gelingt, eine richtige Existenz als Angehöriger des jeweils entgegengesetzten Geschlechts zu führen. Fluchend, ihre Entermesser schwingend und entsprechend gekleidet, gingen die Piratinnen Anne Bonny (ca. 1695–?) und Mary Read (gest. 1721) problemlos als Männer durch. Es gelang ihnen, anscheinend sogar an Bord ihres Schiffes ihr Geheimnis zu wahren. Wie dies allerdings möglich war, wissen wir nicht. Die Schauspielerin Eliza Edwards (gest. 1721) galt als große Schönheit, und die Frauen, die sich um sie kümmerten, als sie auf dem Totenbett lag, waren fassungslos, als sie entdeckten, dass sie in Wirklichkeit ein Mann war. Chevalier d'Eon (1728–1810) war ein General verbürgt männlichen Geschlechts, der sich im Alter von neunundvierzig Jahren ins Privatleben zurückzog, um anschließend jedermann davon zu überzeugen, dass er eine Frau sei, die sich als Mann ausgegeben habe. Für die letzten zweiunddreißig Jahre seines Lebens trat er als Frau auf.

Dass sich Täuschungen wie die oben beschriebenen über einen so langen Zeitraum aufrechterhalten ließen, dazu trugen vermutlich Kunstfertigkeit in Verbindung mit einem ausgeprägten transsexuellen Empfinden bei. Bühnendarsteller überschreiten die Geschlechtergrenze mit Hilfe einer Vielzahl verschiedener Tricks. Sie legen zunächst einmal die passende Kleidung an, verändern ihre Frisur, schnüren ihren Körper ein oder befestigen Polster an ihm. Sie wissen auch sehr geschickt mit Make-up umzugehen. Eltinge hob seine Lider blau hervor, machte seine Wimpern üppiger und umrandete seine Augen so, dass sie mandelförmig aussahen. Allgemein verleihen Kosmetika, die die Nase kleiner aussehen lassen, die Haut glatter, die Augen größer und den Mund röter, einem Mann ein weiblicheres Gesicht – während alle Mittel, die den entgegengesetzten Effekt erzielen, das Gesicht einer Frau männlicher machen. Gute Imitatoren ahmen auch die Stimme, den Gang und die Gestik des anderen Geschlechts nach. Die Schauspielerinnen der Takarazuka-Revue beispielsweise eignen sich typisch männliche Verhaltensweisen an, indem sie sich Filme mit Cary Grant, Tyrone Power, Sean Connery und Kevin Costner anschauen.

Wie Bauchreden, Zaubern und herkömmliches Schauspielern verlangt auch die Imitationskunst jahrelanges Üben. Wir unterschätzen oft den Beitrag eines solch langen Studierens und Probierens am Zustandekommen einer Illusion. Doch wer schließlich all die notwendigen Tricks souverän beherrscht, vermag uns manchmal wirklich vorzugaukeln, jemand ganz anderes zu sein, das heißt, sich selbst ein anderes Gesicht zu geben.

3 Embleme des Selbst

Als der Anthropologe Edmund Carpenter den Mitgliedern eines Eingeborenenstammes im Bergland von Neuguinea die ersten Polaroidfotos von ihren Gesichtern überreichte, waren diese von ihren Geschenken zunächst zutiefst verwirrt. An zweidimensionale Bilder waren sie nicht gewöhnt. Carpenter musste sie ihnen erklären, indem er zunächst auf irgendein Merkmal auf einem Foto, die Nase beispielsweise, und dann auf dasselbe Merkmal im Gesicht der abgebildeten Person deutete. Als ihnen ihre Gesichter dann plötzlich entgegensprangen, zogen sie erschreckt die Köpfe ein und wandten sich ab. Einige reagierten mehrfach hintereinander auf diese Weise, starrten dann aber erneut, zumeist wie hypnotisiert, auf die Aufnahme, mit vor Aufregung angespannten Bauchmuskeln. Viele schlüpften auch, das Foto an die Brust gepresst, in einen einsamen Winkel, um es dort in aller Ruhe studieren zu können. Sie waren zum ersten Mal mit einem Bild ihres eigenen Gesichts konfrontiert – und der Schock saß tief. Später jedoch befestigten einige von ihnen die Polaroidschnappschüsse an ihrer Stirn – als Proklamation ihres Selbst.

Das Gesicht ist eine Oberfläche, die in die Tiefe reicht, sie ist nicht nur Haut, sondern auch Geist. Es gibt noch andere Völker, die es nicht mögen, wenn es von Fremden eingefangen wird. Die Indianer nannten die frühen Fotografen »Schattenfänger«, Männer, die sich des Symbols des Todes bemächtigten. Im Jahr 1901 beklagte sich ein alter Aborigine in Zentralaustralien darüber, dass Sir Walter Baldwin Spencer Fotos mache, »um den dunkelhäutigen Burschen das Herz und die Leber aus dem Körper zu ziehen«. Eine extreme Formulierung, aber man kann das Gefühl, das darin zum Ausdruck kommt, nachvollziehen, denn wem kommt es nicht so vor, dass ihm Gewalt angetan wird, wenn ein vollkommen Fremder ihn fotografiert?

Bilder des Gesichts unterscheiden sich radikal von solchen, auf denen zum Beispiel Hände zu sehen sind oder Landschaften. Sie sind mit einer tiefer gehenden Bedeutung erfüllt, es kann sogar eine gewisse Unheimlichkeit von ihnen ausgehen. Solche Bilder können tabu sein. Das Porträt hat jahrhundertelang mit dem Problem der Ähnlichkeit gerungen, und die Frage, wie man das Antlitz Gottes darstellen solle, hat die Gläubigen seit Urzeiten gequält. Bilder von Gesichtern können Ikonen sein, illusionäre Super-Identitäten, oder Karikaturen, Sub-Identitäten, die aber mehr sind als reiner Ulk und überraschende Geheimnisse in bezug auf die Gesichtserkennung in sich bergen. Sie können phantastische Substitute sein. Masken machen uns zu übernatürlichen Wesen, sie ermutigen uns zu Liebesabenteuern, verbergen unser Selbst und legen es gleichzeitig bloß. Und wo die Bilder eine Leerstelle aufweisen, wo das Gesicht uns unbekannt bleibt, da greifen wir auf unsere Vorstellungskraft zurück, um eines zu ersinnen.

Sogar das Gesicht im Spiegel ist nicht ganz das, was es zu sein scheint.

Geschichte der Spiegel

Was uns selbst betrifft, sind wir Experten. Niemand sonst kennt unsere Gedanken, Sehnsüchte oder auch unsere Geschichte, wie wir selbst es tun. Doch in einer Beziehung sind andere uns überlegen: Sie kennen unser Gesicht besser als wir selbst. Sie sehen, wie unsere Gefühle sich auf unseren Gesichtern abzeichnen, wir hingegen sehen es nicht. Rochester erzählt Jane Eyre etwas über »den Glanz und das Licht und die Seligkeit« in ihrem Gesicht, Dinge, von denen weder sie noch der Leser etwas mitbekommen hat. Um uns solche Kenntnisse zu verschaffen, müssen wir den Spiegel zu Hilfe nehmen. In den Spiegel zu schauen ist eine alltägliche Erfahrung.

Spiegel sind jedoch auch immer Schlachtfelder, Flächen, auf denen »Einblick« über »Einbildung« zu triumphieren versucht, und umgekehrt. Das Bild, das Spiegel zurückwerfen, ist ebenso wahr wie trügerisch. Es ist ein scharfes, lebendiges Bild, aber der Mann oder die Frau im Spiegel existiert nicht wirklich. Dennoch hat beinahe jeder von uns irgendwann einmal auf diesen Klon reagiert, als ob er eine autonome Person sei. Wir zwinkern, lächeln und nicken dem Doppelgänger zu, grüßen ihn und beobachten ihn, wie er in gleicher Weise antwortet.

Vor der Renaissance hatten die meisten Menschen nie ein wirkliches klares Bild ihres Gesichts zu sehen bekommen. Die ältesten Spiegel, die wir kennen, sind Obsidianscheiben aus Catal Hüyük in der Türkei, die aus der Zeit zwischen 6500 bis 5700 vor Christus stammen. Die Ägypter fertigten die ersten metallenen, das heißt kupfernen Spiegel in der Zeit der Ersten Dynastie (2920–2770 vor Christus) an, und die erfinderischen Olmeken stellten welche aus Magnetit, Hämatit und Eisenpyrit her. Mit Bronze konnte man jedoch besonders glatte und reflektierende Oberflächen herstellen, weshalb die Griechen und die Etrusker dieses Metall bevorzugten. Auch die Chinesen fertigten kunstvolle Bronzespiegel an, mit kosmischen Symbolen auf der Rückseite. Um böse Geister fernzuhalten, gaben die Chinesen ihren Toten oft einen Spiegel mit ins Grab, dessen reflektierende Fläche nach oben wies. Im Jahr 296 vor Christus wurde König Ai von Wie mit mehreren Hundert dieser Utensilien bestattet. Spiegel besaßen aber noch andere außergewöhnliche Kräfte. Fein zermahlen und in Arzneitränke gemischt, machten sie Geburtswehen weniger schmerzhaft und heilten Herzleiden.

Von Anfang an haben Spiegel bei allen möglichen übernatürlichen Künsten eine Rolle gespielt. Hellseher und Wahrsager, die allenthalben ihre Dienste anboten, vermochten Ereignisse, die sich in weiter Ferne oder in der Zukunft abspielten, in Spiegeln zu sehen, manchmal auch in Seen, Glaskugeln, gefüllten Pokalen oder den polierten und geölten Fingernägeln eines jungen Menschen. Wahrsager machten es sich zunutze, dass der Spiegel so ein quälend verschwommenes Bild zurückwarf: Sie behaupteten, dass sie in ihm etwas zu entdecken vermochten, das keinem anderen Sterblichen sichtbar sei. Der aztekische Gott Tezcatlipoca (»Rauchender Spiegel«) war ein allmächtiger Seher. Er konnte das Schicksal eines jeden einzelnen Menschen in einer Obsidianscheibe erkennen. Auch Merlin und Prester John besaßen solche Zauberspiegel. *Specularii*, mit besonderen Gaben und nicht ganz so raffinierten Instrumenten ausgestattete Männer, zogen durch das mittelalterliche Europa und beschäftigten oft Kinder, die bisweilen blind wurden, weil sie immer wieder in die grellen Reflexionen starren mussten. Die Pawnee fingen das Blut eines Dachses in einem Gefäß auf, und die Jugendlichen lasen daraus bei Mondschein ihr Schicksal ab. Und der Mystiker Jakob Böhme (1575–1624) glaubte, dass der Blick eines Wahrsagers spirituelle Energie freisetze, die den Spiegel so beschlagen lasse, dass er himmlische Landschaften reflektiere und die Vergangenheit, die Gegenwart und die Zukunft enthülle.

Die Abbildungsschärfe von modernen Spiegeln machte dieser Art von Wahrsagerei den Garaus. Die Römer hatten zwar schon den Glasspiegel erfunden, aber dessen Bleihintergrund ließ ein nur verwaschenes Bild entstehen. Die der Eitelkeit dienenden Spiegel waren daher immer noch aus Bronze. Die Venezianer erschufen den ersten modernen Spiegel. Um 1460 erfanden sie das erste farblose, das heißt wirklich transparente Glas, und 1507 beschichteten Andrea und Domenico d'Anzolo del Gallo eine Seite einer solchen Glasscheibe mit einem Zinn-Quecksilber-Amalgam und stellten so den ersten Spiegel her, der ein bis in die Einzelheiten getreues Bild zurückwarf. Ihre Erfindung ließ in Venedig ein lukratives Gewerbe entstehen. Man hielt die Fertigungsmethoden mehr als einhundertfünfzig Jahre geheim und bewahrte sich so das Monopol der Spiegelherstellung.

Colbert machte im Jahr 1664 mit dieser Monopolstellung Schluss, indem er venezianische Facharbeiter mit Bestechungsgeldern nach Frankreich lockte. Daheim in der Serenissima wurden die Angehörigen der Abtrünnigen mit Vergeltungsmaßnahmen bedroht, und es kam zu einem phantastischen Wechselspiel von Verschwörungen und Gegenverschwörungen. Aber schon 1671 war Frankreich kaum noch auf venezianische Spiegel angewiesen, und die Fertigungstechnik war allgemein zugänglich. Um der neuen französischen Industrie Auftrieb zu verleihen, gab Ludwig XIV. den Auftrag, einen Korridor des Versailler Schlosses ganz und gar mit Spiegeln auszukleiden: den berühmten Spiegelsaal.

Spiegel können auch zur Spionage eingesetzt werden. Anne Frank bemerkte, dass die Jungs in der Schule im Spiegel einen Blick auf sie zu erhaschen versuchten, und die Mitglieder von Fitnessclubs pflegen einander verstohlen in Wandspiegeln zu mustern. Spiegelähnliche Oberflächen wie Fensterscheiben lassen sich diskreter einsetzen, da sie nur ein geisterhaftes Bild liefern und man so tun kann, als ob man durch es hindurchschaue. In Kawabatas *Schneeland* (1948) studiert Shimamura bei einer Zugfahrt heimlich Yokos Spiegelbild im Fenster des Abteils und beobachtet, wie ihr Gesicht über die Berge huscht, bis es mit ihnen zu verschmelzen scheint. Die Bildschirme von Fernsehapparaten und Computermonitoren haben reflektierende Oberflächen wie unsere Augen. Liebende sehen sich in den Pupillen des Gegenübers, durch die konvexe Wölbung von dessen Augen sogar vergrößert.

Im Spiegel fahnden wir nach unserem Selbst. Am Hof der kaiserlichen Yamato-Familie war der Spiegel das Symbol des Wissens. Die Japaner pflegten häufig Buddhadarstellungen in seine Oberfläche zu ätzen, so dass sich der sterbliche Mensch und das Vorbild vereinen konnten. Spiegel zeigen uns das Rätsel, welches wir für andere darstellen, und fordern uns auf, aus dem, was wir erblicken, etwas über unsere Seelen abzulesen. Ein Versuch, der zum Scheitern verurteilt ist, der uns aber unwiderstehlich anzieht. Gewöhnlich unternehmen wir ihn allein, doch Gesichter erwachen erst in der Gegenwart anderer zu vollem Leben. Spiegel verführen uns gleichwohl dazu, unser eigenes Bild als ein eigenständiges Individuum zu behandeln, eines, das wir in keiner Weise irritieren können, indem wir es anstarren. Schauend sind wir erste und dritte Person zugleich, Betrachter und Betrachteter. Sogar wenn das Gesicht ganz teilnahmslos ist, wissen wir, dass es denkt: »*Ich weiß, was es denkt*«, und genießen einen Augenblick lang das Gefühl, Gedanken lesen zu können.

Einige Menschen fahnden im Spiegel nach ihrer Menschlichkeit. In Jewgenij Samjatins dystopischem Roman *Wir* (1924) starrt der Ingenieur, der keinen Namen trägt, sondern die Ziffer D-503, in einen Spiegel, um seine Seele ausfindig zu machen, und sieht tatsächlich einen schwachen Schimmer. In Sartres *Der Ekel* (1938) entdeckt Roquentin viel weniger. »Ganz offensichtlich sind da eine Nase, zwei Augen und ein Mund«, meint er. »Aber das macht alles keinen Sinn, da ist noch nicht einmal ein menschlicher Ausdruck.« Er fragt sich, ob überhaupt irgendjemand sein eigenes Gesicht zu verstehen vermag. Literarischen Konventionen folgend, bedarf es zur Reflexion einer Seele. Dracula hat die seine verloren und kann sich deshalb nicht im Spiegel sehen.

Sittiche und siamesische Kampffische beginnen bis zur Erschöpfung mit ihrem »Gegenüber« zu kämpfen, um es zu werben oder es sogar zu füttern, wenn man sie vor einem Spiegel deponiert. Katzen und Hunde hingegen verlieren sehr schnell das Interesse an ihrem Spiegelbild. Wenn Primaten sich zum ersten Mal im Spiegel erblicken, fallen sie zumeist darauf herein. Sie machen Drohgebärden oder freundliche Gesten, als ob sie einem Artgenossen gegenüberstünden. Sie schauen auch hinter den Spiegel. Die meisten normalen Affen begreifen es nie: Sie behandeln das Spiegelbild als Freund oder Feind, bis sie des Ganzen überdrüssig sind.

Menschenaffen hingegen begreifen irgendwann, dass sie sich selbst sehen. Bei einem berühmten Experiment betäubte Gordon Gallup von der State University of New York in Albany Schimpansen, die schon Erfahrungen mit ihrem eigenen Spiegelbild hatten, und malte ihnen mit geruchsloser roter Farbe Streifen über die Augenbrauen. Als die Tiere erwachten, stellte er einen Spiegel vor ihnen auf. Sie befingerten allesamt ihre Stirn und viele rochen dann auch an ihren Fingerspitzen. Dieses Experiment bewies, dass die Affen ihr Abbild erkannten, sonst hätten sie nicht ihre realen Gesichter überprüft. Gallup fand später heraus, dass Orang-Utans, Gibbons, Bonobos, einige Gorillas und Kinder, die über achtzehn Monate alt sind, in derselben Weise reagieren.

Einige Schimpansen und Orang-Utans gehen jedoch noch weiter. Sie verwenden Spiegel, um ihre Zähne, ihren Leib und andere Teile ihres Körpers, die sie normalerweise nicht sehen können, zu betrachten. Sie verziehen ihre Gesichter zu drolligen Grimassen, legen sich irgendwelches Gemüse auf den Kopf, schmücken sich sogar, indem sie sich lange Stängel von Kletterpflanzen um den Hals winden. Warum verhält sich ein Affe wohl so? Spielt er mit seinem Bild? Testet er verschiedene Mienen? Oder genießt er es, dass er den Sklaven im

Spiegel so völlig kontrolliert? Gallup kam zu dem Schluss, dass Schimpansen und Orang-Utans »sich ihrer selbst bewusst« waren, ein Ausdruck, an dem viele andere Wissenschaftler Anstoß nahmen. Wenn diese Tiere aber nicht wirklich bis zu einem gewissen Grad ein solches Bewusstsein ihrer selbst besitzen, dann lässt sich ihr Verhalten nicht erklären. Die Frage lautet nur: Wie viel davon besitzen sie, und von welcher Art ist es?

Wir verbessern uns selbst mit Hilfe von Spiegeln. Benutzte Dr. Henry Jekyll einen Spiegel, um seinen Zerfall zu Edward Hyde besser mitverfolgen zu können, so hoffen die meisten Menschen mit Hilfe eines Spiegels einen gegenteiligen Prozess beobachten zu können: Wir rasieren uns vor ihm, reinigen uns die Zähne, bürsten und kämmen uns, tragen Make-up auf. Der raffinierte Einsatz von Kosmetika verlangt sogar ausdrücklich einen Spiegel. Ihre kleinen Puderdöschen mit integriertem Spiegel gestatten es der Dame, sich überall rasch wieder »fein« zu machen. Solche tragbaren Spiegel kannte man schon in der Antike. Die Tsimschian-Indianerinnen aus British Columbia hängten sich ein Schieferplättchen um den Hals, und wenn sie den Drang verspürten, ihr Gesicht anzuschauen, dann leckten sie mit der Zunge darüber und hielten es in einem bestimmten Winkel zur Sonne. Venezianische Glasmacher fanden heraus, dass sie ihr Zink-Quecksilber-Amalgam auf Glas von jeder beliebigen Größe auftragen konnten – rasch waren Taschenspiegel in Mode. Der Dramatiker Philip Massinger erwähnt sie in *Die Bürgersfrau als Dame* (1624). Zur Zeit der Tokugawa (1603–1867) trugen die Japaner Spiegel in den weiten Ärmeln ihrer Gewänder mit sich umher, die es ihnen erlaubten, ihr Aussehen diskret zu überprüfen, während sie über die Straße schlenderten. Französische Damen befestigten solche Spiegel in Hüftnähe. »Ach, in was für einer Zeit wir leben, dass wir diese Verworfenheit mitansehen müssen«, seufzte 1575 der Moralist Jean des Caurres, »die sie sogar dazu treibt, diese skandalösen Spiegel, die von ihren Hüften baumeln, mit in die Kirche zu bringen!«

Wir versuchen die Wirkung unseres Äußeren auf andere Weise zu steigern. Vor dem Spiegel spielen wir mit unserer Fassade, wir grinsen uns an, lächeln scheu oder verschmitzt, schauen uns selbst tief in die Augen. Wie Schauspieler experimentieren wir mit verschiedenen Mienen und versuchen ihre Ausdruckskraft wie neutrale Beobachter einzuschätzen. Das Gesicht wird zu einem elastischen Medium, das sich von innen gestalten lässt. Thomas Nashe (1567–1601) beklagte sich über Frauen, die vor dem Spiegel übten, wie man einem Mann verlockende Blicke zuwirft. Doch die Übungen vor dem Spiegel können auch weitergehen: Es gibt Menschen, die sich bemühen, totale Kontrolle über die Art und Weise zu gewinnen, in der sie sich anderen präsentieren, bis sie schließlich völlig gekünstelt wirken.

Von manchen Menschen wird ein solches Sich-selbst-Verbessern vor dem Spiegel sogar reflexartig vorgenommen. Manche Personen beurteilen sich bei jeder Gelegenheit im Spiegel und setzen dann rasch einen bestimmten Gesichtsausdruck auf, sie machen den Spiegel zu ihrem Sykophanten. Joyces Gerty MacDowell »wusste sehr nett vor einem Spiegel zu weinen. Du bist reizend, Gerty, sagte er.«

Sogar wenn sie mit einem Spiegel allein sind, betrügen die Menschen sich selbst. Der herausragende Evolutionstheoretiker Robert Trivers meint, dass das Lügen in der Kommunikation von Lebewesen eine zentrale Stellung einnimmt, da es große Vorteile einbringt. Daher, so meint er, »muss es eine harte Selektion geben, die einen in die Lage versetzt, Betrug zu entdecken, was wiederum zu einem gewissen Grad von Selbstbetrug führt«. Denn Selbstbetrug macht Lügen glaubhafter. Wenn wir in der Lage sind, uns selbst hereinzulegen, werden wir beim Belügen anderer aufrichtig und sogar seriös wirken. Anwälte wissen, dass sie ihre Klienten viel besser vor Gericht vertreten können, wenn sie davon überzeugt sind, dass diese im Recht sind. Und Vertreter machen sich routinemäßig selbst etwas über das Produkt vor, das sie anderen andrehen wollen. Forschungen haben gezeigt, dass viele Flugbegleiter, die dazu gezwungen sind, auch den widerwärtigsten Passagier höflich zu behandeln, sich zunächst einzureden versuchen, dass sie ihn eigentlich ganz nett finden.

Selbsttäuschung kann ganz automatisch erfolgen. Wir ersinnen unbewusst Entschuldigungen oder Ausreden, wenn uns etwas misslingt, und glauben auch an sie. Psychologen halten das für einen gesunden Mechanismus. Wir neigen dazu, eine nicht eindeutige Reaktion auf etwas, was wir sagen oder tun, positiv zu deuten, während – wie Studien zeigen – die Reaktion in Wirklichkeit fast immer negativ war. Auch Wut macht uns blind, vermutlich, um uns kämpferischer zu machen. Erkenne dich selbst, das war es, was das Orakel von Delphi verkündete. Aber dieser Rat gilt nicht uneingeschränkt. Wir entwickelten uns im Lauf der Evolution so, dass wir im Wettstreit mit anderen bestehen konnten, und nicht so, dass wir Einblick in uns selbst gewannen. Und das ist ein Grund dafür, dass wir uns manchmal selbst so rätselhaft sind. Und das ist auch einer der Gründe, warum uns ein Spiegel so zu faszinieren vermag.

In der Tat kann ein Spiegel zur Selbstberauschung führen. Han Feizi (ca. 280 – 233 vor Christus), der chinesische Machiavelli, sagte, der Blick in einen Spiegel, der uns nicht unsere Makel zeige, sei wie eine Selbstüberprüfung, bei der wir uns nicht unsere Sünden eingestünden. Aber Spiegel dieser Art kommen überaus häufig vor. Der Spiegel ist das Symbol aller eitlen Menschen und wurde einst im Englischen auch ein »flattering glass«, ein »Schmeichelglas«, genannt. In Kurt Vonneguts Roman *Blaubart* (1987) hat der in sich selbst verliebte Künstler Dan Gregory in seinem Studio zweiundfünfzig Spiegel aufgestellt, jeden in einem anderen bizarren Winkel. Der junge Balzac hatte in seiner Dachstube in Paris zwei Spiegel parallel zueinander aufgehängt, so dass er in den Genuss unzählig vieler Ebenbilder seines eigenen Gesichts kam. In Shakespeares *Richard II.* schwimmt der König zunächst geradezu in Schmeicheleien; nach seinem Sturz vergleicht er seinen Spiegel mit den Speichelleckern von früher und schmettert ihn zu Boden.

Spiegel können auch sprechen. In Isaac Bashevis Singers Kurzgeschichte mit dem Titel »Der Spiegel« vertreibt sich die wunderschöne Zirel die Zeit damit, dass sie ihren nackten Leib betrachtet. In ihrem Spiegel wohnt ein Dämon, den sie mit den Augen herbeirufen kann. Und dieser beschwatzt sie, mit ihm zum Palast der Metze Rahab zu fliegen, wo sie ein schlimmes sexuelles Geschick erwartet. Ein Spiegel, sagt der Dämon, ist »eine Art von Netz, so alt wie Methusalem, so weich wie eine Spinnwebe und auch voller Löcher, das aber bis zum heutigen Tag seine Stärke behalten hat«. In »Schneewittchen« informiert ein Spiegel wie eine Presseagentur die Königin darüber, dass sie die Schönste im ganzen Land sei. Als der Spiegel seine Meinung ändert, begeht sie mehrere Morde.

Spiegel besitzen noch andere merkwürdige Kräfte. Sie kehren das Bild um, so dass ein Mal auf der linken Wange auf die rechte übersiedelt. So kommt es, dass Alice, nachdem sie durch den Spiegel hindurchgeschritten ist, sich in einer Welt der Umkehrungen und Absonderlichkeiten wiederfindet. Dem haitianischen Voodoo-Glauben zufolge sind die Orixa- oder Loa-Geister, deren Interaktion das Universum regiert, Spiegelungen der Persönlichkeiten der Lebenden. Solche Spiegelbilder der profanen Welt sind von größter Bedeutung für den gesamten Voodoo-Kult, für seine Kosmologie und für seine Zeitvorstellung.

Spiegel bieten uns Zweitwelten an, in denen ein Imitator von uns selbst ein Reich wie das unsere bewohnt. Als ein Einwohner der Osterinseln im Jahr 1722 zum ersten Mal sein Gesicht in einem Spiegel erblickte, schaute er auch hinter das Instrument, um mehr von diesem zweiten Universum zu sehen. Alice phantasiert laut über ein Spiegelhaus, bevor sie in den Spiegel hineinschreitet, und die junge Jane Eyre erblickt im Spiegel eine kältere und dunklere Sphäre, in der ihr Bild wie ein einsamer Geist umherzuirren scheint, mit Augen, die vor Furcht leuchten. In *Das Phantom der Oper* fungiert ein Spiegel als geheime Einlasspforte zu Eriks sehr realer Welt.

Ihre klassische Darstellung fand diese Zweitwelt aber bei Ovid (43 vor Christus – ca. 17 nach Christus) in der Geschichte des Narziss. Die Nymphe Echo liebte Narziss, welcher sie aber zurückwies. Sie verbarg sich in dichten Wäldern und in Höhlen, konnte aber den von ihr Geliebten nicht vergessen und verkümmerte, bis sie nur noch Stimme war. Narziss hatte auch andere Frauen verschmäht, die deswegen zu den Göttern um Rache beteten. Nemesis hörte ihre Gebete. Eines Tages kam Narziss an einen kleinen Teich, starrte in die spiegelnde Oberfläche hinein und verliebte sich in sein eigenes Bild. »Der Geliebte wird der Liebende, der Sucher der Gesuchte, der Entfacher brennt«, so formuliert es Ovid. Narziss vermochte den Teich nicht mehr zu verlassen. Jedes Mal, wenn er sich niederbeugte, um sein Bild zu küssen, antwortete ihm dies in gleicher Weise. Er dachte darüber nach, warum es ihn wohl so sehr liebe, sich ihm aber dennoch entzog. Als er schließlich begriff, dass er selbst dieses Bild war, verlangte es ihn danach, seinen Körper abzustreifen, ihn dort am Ufer zurückzulassen, um mit seinem Spiegelbild verschmelzen zu können. Schließlich schwand auch er – wie Echo – immer mehr dahin, und was von ihm blieb, war eine Blume mit einem Kranz von weißen Blütenblättern um eine gelbe Mitte.

Das Gesicht im Spiegel ist alles – und es ist nichts.

Das letzte Bild

»Nichts von der ganzen Schar menschlicher Eitelkeiten ergreift von unserer Vorstellung stärkeren Besitz, als ein Porträt von sich malen zu lassen. Aber warum ist das so?« fragte sich Nathaniel Hawthorne. Er meinte, dass es wohl etwas mit der Dauerhaftigkeit eines Gemäldes zu tun haben müsse, denn um unser Gesicht im Spiegel machen wir kaum ein solches Aufheben.

In der Tat ist ein Spiegelbild vergänglich wie das Leben selbst, während ein Porträt Tausende von Jahren bestehen bleiben kann. Freunde, Nachkommen, Fremde können es anschauen und begutachten. Es wird zu einem Wanderpokal der Reputation.

Ein solches Porträt legt immer auch ein bisschen vom Selbst des Porträtierten frei. Es ist sowohl Gestalt als auch Geist – und voller Anziehungskraft. Daher ist das Gesicht das bleibendste und auch das bedeutendste Sujet der Kunst gewesen.

Das früheste bekannte Objekt, das die bildende Kunst hervorgebracht hat, ist das Vogelherd-Pferd, eine wunderschöne Miniatur, die vor zweiunddreißigtausend Jahren aus Elfenbein geschnitzt wurde. Aber auch Darstellungen von Menschen begegnen uns schon früh. Bei Grabungen in Dolní Vestonice in der Nähe von Brünn, wo sich vor sechsundzwanzigtausend Jahren eine Siedlung von Steinzeitjägern befand, entdeckten die Archäologen zwei menschliche Gesichter, das eine aus Elfenbein, das andere aus Ton. Bei beiden hängt die linke Gesichtshälfte etwas nach unten. Nur ein paar Meter von ihnen entfernt fand man auch die Überreste einer ungefähr vierzig Jahre alten Frau, die an einer Knochenkrankheit gelitten haben muss, was zur Folge hatte, dass ihre linke Gesichtshälfte schlaff herunterhing. Wenn es sich wirklich um Porträts handelt, dann sind es die ältesten der Welt.

Geschichte wird zum größten Teil von Menschen gemacht, und so haben auch Porträts lange Zeit eine historiographische Funktion besessen. Sie konnten zum Beispiel eine Geschlechterfolge verdeutlichen. Die Maori schnitzten die Gesichter ihrer Ahnen und deren Körper in verkleinerter Form in »Pou-Pou«-Pfosten und brachten zwischen den Beinen der Figuren Darstellungen von den Gesichtern ihrer Nachfahren an. Diese Pfosten bleiben wertvolle Zeugen für die Geschichte der Maori, da diese keine Schrift kannten.

Auf Totempfählen konnten bedeutende Taten, die die Mitglieder einer Sippe in der Vergangenheit vollbracht hatten, bildlich festgehalten werden. Allerdings verwitterten diese Pfähle schnell und standen kaum jemals länger als einhundert Jahre. Auf einem Pfahl der Haida in Alaska sind jene russischen Priester zu sehen, die im neunzehnten Jahrhundert versucht hatten, Häuptling Skowl und seinen ganzen Stamm zum Christentum zu bekehren. Die Haida schnitzten diesen Pfahl, um das Ereignis zu dokumentieren und sich über die Missionare und deren Niederlage lustig zu machen. Wenn einer ihrer Häuptlinge einen anderen bezwang, dann ließ er seinen Triumph ebenfalls auf einem solchen Pfahl darstellen, damit alle den besiegten Feind verspotten konnten.

Im siebzehnten Jahrhundert gaben die Holländer Porträts in Auftrag, um wichtige Momente im Leben eines Menschen, wie seine Hochzeit oder seine Taufe, festzuhalten. Auch wir stellen heute auf ähnliche Weise Lebensgeschichten zusammen: mit Fotos, die wir in Alben kleben. Wir fotografieren Gesichter bei Abschlussfeiern, Parties, Ausflügen und anderen denkwürdigen Anlässen. Zu bestimmten Zeiten unseres Lebens fixieren wir unser Bild. Eltern zeichnen das Wachstum ihrer Kinder auf, Journalisten halten die Erinnerung an die Berühmten wach.

Früher hielten wir auch das Gesicht eines Menschen kurz nach dessen Tod fest. Aus diesem Grund erschienen auch in der Nacht des 13. Juni 1793 Vertreter der revolutionären Jakobinerpartei bei Madame Marie Tussaud und befahlen ihr, sich in die Wohnung von Jean-Paul Marat zu begeben, der gerade von Charlotte Corday erstochen worden war, während er über Papiere gebeugt in der Badewanne saß. Madame Tussaud sollte ihm die Totenmaske abnehmen. Sie berief sich später darauf, unter Zwang gehandelt zu haben. Während der gesamten Schreckensherrschaft erhielt sie immer wieder Köpfe mit erloschenen Augen, frisch von der Guillotine. Sie stellte die Totenmaske von Charlotte Corday her, von Madame Dubarry und vielen Jakobinern, darunter auch von Robbespierre selbst. Deren Gesichter hatte sie auch schon vorher, als sie noch lebten, in Wachs modelliert. 1802 entkam sie mit ihren Kunstwerken nach England, die dort später Wachsmuseen schmückten. Ihren Erfolg verdankte sie der morbiden

Akkuratesse, mit der sie – lange vor der Erfindung der Fotografie – die Gesichtszüge berühmter Persönlichkeiten wiederzugeben verstand. Doch vermochte sie kaum etwas von der Seele dieser Personen einzufangen. Mit einer »Wachsfigur« verbinden wir nicht umsonst die Vorstellung von Leblosigkeit.

Gelegentlich fungiert ein Porträt auch als zweites Selbst. 1341 beabsichtigten Jeanne de Bretagne und ihre Tochter, vor dem Schrein von San Diego de Compostela um himmlischen Beistand zu bitten, befürchteten jedoch, dass die Reise dorthin zu beschwerlich und gefährlich sein würde. So schickten sie statt dessen Silberstatuetten von sich selbst aus. In einen geradezu gespenstisch anmutenden Fall war der Maler Oskar Kokoschka (1886–1980) verwickelt. 1912 hatte er eine Affäre mit Alma Mahler begonnen, die Alma Mahler einmal als einen »einzigen heftigen Liebeskampf« bezeichnete. Obwohl ihr erster Gatte, der Komponist Gustav Mahler, bereits verstorben war, war Kokoschka rasend eifersüchtig auf ihn. Seine Wutanfälle irritierten und ermüdeten Alma so sehr, dass sie ihn verließ und 1915 den Architekten Walter Gropius heiratete. Kokoschka hingegen blieb auf die verlorene Geliebte fixiert. Auf vielen Porträts ersetzte er das Gesicht der Frau, die ihm Modell saß, durch das Almas. 1919 ließ er von einem Münchener Puppenmacher eine lebensgroße Nachahmung von ihr anfertigen, die bis in alle anatomischen Einzelheiten hinein lebensgetreu war. Er nahm sie wohl auch mit ins Bett, und seinem Hausmädchen befahl er, ihr die allerfeinste Unterwäsche und ausgesuchte Kleider anzuziehen. Kokoschka zeichnete diese Puppe an die dreißig Male, und mindestens zweimal malte er sie. Schließlich veranstaltete er ein rauschenden Fest, das bis zum Morgengrauen dauerte. Als der neue Tag anbrach, enthauptete er die Puppe im Garten und goss Rotwein über den abgetrennten Kopf. Die Puppe habe ihn geheilt, sagte er anschließend.

In der bildenden Kunst gilt das Anfertigen eines lebensgetreuen Porträts mittlerweile als langweilig und etwas rein Mechanisches: Das Ergebnis sei ein Gesicht, dem die Seele fehle – nur drittklassige Künstler gäben sich noch zu so etwas her. In vergangenen Zeiten jedoch legte man auf eine solche Ähnlichkeit besonderen Wert, da sie so etwas wie Wahrhaftigkeit implizierte. In Europa verschwand für ungefähr ein Jahrtausend lang, von 400 bis circa 1400, Lebensähnlichkeit aus der Malerei. Die Künstler suchten eher das Wesen einer Person einzufangen als die Umrisse ihres Gesichts wiederzugeben, ein Unterfangen, bei dem man wenig Wert auf Individualität legte, was zu stereotypen, gekünstelten Darstellungen führte. Erst mit der Renaissance hielt Lebenstreue wieder Einzug in die Malerei. In Holland schuf Jan van Eyck (gest. 1441) die ersten modernen Porträts. Die meisten holländischen Porträtisten, die ihm folgten, spezialisierten sich auf die ungeschminkte Wiedergabe von Details, sie erfassten Gesichter beinahe kartografisch genau und stellten sie mitsamt allen »topographischen« Merkmalen in einem klaren und kalten Licht dar.

Aber auch in der Zeit danach war die Beliebtheit solcher Porträts immer wieder modischen Launen unterworfen. Weniger beliebt war Lebensähnlichkeit gewöhnlich in Zeiten, in denen Armut herrschte, die Ignoranz triumphierte und der Mensch an sich wenig galt.

Lebensähnlichkeit besitzt aber noch andere Feinde. Die Eitelkeit ihrer Modelle hat Maler immer wieder zur Verzweiflung gebracht. Ayn Rand ließ eine lächerlich geschönte Skizze von sich selbst auf den Schutzumschlägen ihrer Bücher abdrucken. Sollten Künstler ihre Auftraggeber so darstellen, wie sie wirklich sind, oder so, wie sie gerne wären? Ihnen zu schmeicheln ist der bequemste Weg aus der Zwickmühle. So erhält man Anerkennung und füllt seine Schatullen. Viele Künstler beschreiten ihn deswegen. »Die Natur sollte nicht zu genau nachgeahmt werden«, sagte Joshua Reynolds (1723–1792) mit einem hintergründigen Lächeln. Reynolds fertigte 650 Porträts an und war der bestbezahlte Künstler seiner Zeit. Der stets pragmatische Andy

Warhol porträtierte oft eine und dieselbe Person gleich mehrfach bei einer Sitzung – in der Hoffnung, dass zumindest eines der Bilder Anklang finden würde. In *Der Ekel* streift Roquentin durch das Museum von Bouville und schaut sich die Porträts von Bürgern des Ortes an. Man hat sie peinlich genau gemalt, denkt er, und doch zeigen ihre Gesichter auf der Leinwand nichts von der geheimnisvollen Schwäche der Menschengesichter.

Man braucht Mut, um einen Schwachkopf so zu malen, wie er ist. Francisco de Goya (1746–1828) hatte diesen Mut. *Die Familie Karls IV.* (1799) zeigt die Mitglieder der königlichen Familie mit stumpfen, durch Inzucht leicht verblödeten Gesichtern. Ihre prächtige Garderobe unterstreicht die Leere ihrer Züge. Goya blieb nicht nur vom Zorn der Dargestellten verschont, anscheinend gefiel ihnen das Gemälde sogar! Mindestens dreihundert Adelige und achtundachtzig Mitglieder des Königshauses saßen Goya im Lauf seines Lebens Modell – sie alle waren willens, die grausame Detailtreue seines Stils zu ertragen, wenn nur die Möglichkeit bestand, durch ein Porträt von seiner Hand unsterblich zu werden.

Andere Modelle waren weniger tolerant. Stalin war nur etwas über 1,60 Meter groß, bestand aber darauf, dass er auf Gemälden stets als hünenhafter Mann mit Händen, die Bäume ausreißen konnten, dargestellt wurde. Mehreren Malern gelang dies nicht, er ließ sie füsilieren und ihre Arbeiten verbrennen. Der Maler Nalbandian präsentierte ihn als eine imposante Gestalt mit kräftigen, vor dem Bauch verschränkten Händen. Dieses Porträt befriedigte den Diktator endlich. (Stalin selbst hat einmal die offizielle *Kurze Biographie Stalins* revidiert und den Satz eingefügt: »Stalin hat es nie zugelassen, dass sein Werk durch den leisesten Anflug von Eitelkeit, Selbstgefälligkeit oder Selbstbewunderung verschandelt wurde.«)

Stalin war sicher ein extrem anspruchsvoller Kunde, aber die Tatsache, dass Porträts – zumeist – Auftragsarbeiten sind, liegt oft wie ein Schatten auf ihnen. Dem ganzen Genre haftet – ähnlich wie dem der autorisierten Biographie – etwas Kompromißhaftes an. Sich selbst nicht eingerechnet, hat der Künstler zwei unterschiedliche Betrachter zufriedenzustellen: das Modell und die Öffentlichkeit. Wem dient er in erster Linie? Präsentiert er der Welt die nackte Wahrheit, oder verpackt er sie hübsch? Doch diese Fragen sind irreführend, denn auch bei der Porträtmalerei ist die wirksamste Art der Schmeichelei eine sehr subtile, bei der man zwar ein wenig schönt, aber glaubhaft bleibt. Der Porträtmaler scheint so gleichermaßen der beste Freund des Porträtierten und der Öffentlichkeit zu sein.

Der Status, den der Porträtierte innerhalb seiner Gesellschaft oder auch Kultur innehat, kann seine Darstellung verzerren und weniger lebensecht erscheinen lassen. Die Pharaonen des Alten Reichs haben das Erscheinungsbild von idealisierten Göttern, sie sehen beinahe wie Klone aus. Im Mittleren Reich gab es dann ganz plötzlich so etwas wie Lebensähnlichkeit, die Herrscherdarstellungen dieser Periode wirken individuell und lebendig, mit Beginn des Neuen Reiches ging wieder der Vorhang des Göttlichen vor ihren Gesichtern nieder. Salvador Dalis Bild *Mae Wests Gesicht, das als surrealistisches Appartement benutzt werden kann* (1933–1935) zeigt Mae West als ein reines Geschöpf des Films. Ihr Gesicht ist eine Leinwand, über die ihre Haare wie ein Vorhang fallen. Es besitzt eine Oberfläche, die aus Augen, Nase und geschminkten Lippen zusammengesetzt ist. Es weicht aber – wie es der vom Film geschaffenen Illusion zueigen ist – auch in die dritte Dimension zurück und eröffnet einen fast leeren Raum, in dem ihre Lippen ein Sofa bilden (Dali erhielt später einen Auftrag für ein Lippensofa in Lebensgröße). Das Porträt nimmt auf das tatsächliche Aussehen der Schauspielerin Bezug, setzt sich aber in Wirklichkeit mit dem öffentlichen Image auseinander.

Porträtmaler können die tatsächliche Ähnlichkeit in der Darstellung auch der allgemeinen Meinung, wie jemand aussieht, opfern. Als Benjamin West 1801 sein *Benjamin Franklin Drawing Electricity from the Sky* malte, stellte er Franklin als den schlauen älteren Mann dar, den wir heute auf einem Einhundertdollarschein sehen. Franklin war jedoch erst um die vierzig, als er mit seinem Drachenexperiment bewies, dass Wolken elektrisch geladen sind. In der Vorstellung der amerikanischen Öffentlichkeit etablierte sich sein Bild jedoch erst, als er schon um einiges älter war. West verzichtete auf eine realistische Darstellung, um dem Publikum das ihm bereits vertraute Gesicht zu präsentieren.

Spätestens seit den Zeiten Petrarcas haben Künstler Porträts auch zur moralischen Erbauung des Betrachters angefertigt. In der Frührenaissance waren sie darum bemüht, bestimmte Tugenden der von ihnen Dargestellten stärker hervorzuheben, um dem normalen Bürger klarzumachen, dass in ihm Vergleichbares schlummere. Nachdem Sebastiano del Piombo ein Porträt des venezianischen Humanisten Claudio Tolomei fertig gestellt hatte, schrieb Tolomei dem Maler und lobte die mangelnde Genauigkeit des Bildes. Das Porträt, so erklärte er, werde ihn zu dem Bemühen anstacheln, jene Perfektion zu erreichen, mit der del Piombo ihn auf seinem Bild gesegnet habe. Er fügte noch hinzu, dass er in dem Werk sowohl sich selbst als auch del Piombo sehe, und dass er das Genie des Malers vor sich sehe, werde ihn selbst nach Ruhm und Ehre streben lassen.

Die Porträtkunst hat immer auch etwas mit der Vorstellung von Ewigkeit zu tun gehabt. Sie verspricht Triumph über das Vergessen, Eroberung der tödlichen Leere. Die alten Ägypter strebten nach Unsterblichkeit im buchstäblichen Sinne des Wortes. Statuen waren etwas Magisches, und wenn Name und Titel in sie eingemeißelt waren, beherbergten sie für immer den Geist des Dargestellten.

Das typische Porträt jedoch dient dazu, bestimmte Informationen für lange Zeit festzuhalten. Das weiche, vergängliche Gesicht erhält ein zweites Leben in dauerhaftem Material. Im *Gilgamesch-Epos* (ca. 2100 vor Christus) lässt Gilgamesch nach dessen Tod von Handwerkern eine Statue seines Freundes Enkidu herstellen. In der Frühzeit ließen die Römer oft Totenmasken anfertigen, später ließen sie ihre

Porträts in ihre Grabsteine einmeißeln. Und Künstler wie Goya lockten Menschen in ihr Atelier, die wollten, dass auch zukünftige Generationen ihre Gesichter würden anschauen können.

So ein Bild ist ein merkwürdiges Geschenk an die Nachwelt. Es kann wertvoll sein. Wir wissen, wie Nofretete und Julius Cäsar aussehen, weil ihre Büsten erhalten blieben. Martin Droeshouts Porträt von Shakespeare, das die Erste Folio-Ausgabe von 1623 schmückt, wurde zwar vermutlich nach der Erinnerung angefertigt, es ist aber das einzige Bild, das wir von dem großen Dichter besitzen, und daher von großem Interesse für uns.

Für gewöhnlich reagiert die Nachwelt aber auf das Bildnis eines längst Verstorbenen nur mit einem gelangweilten Gähnen. Wen kümmert es schon, ob *The Blue Boy* die Züge von Jonathan Buttal, dem Sohn eines Eisenwarenhändlers, genau wiedergibt? Wie Walter Benjamin treffend bemerkte, ist das Porträt nach einigen Generationen nichts anderes mehr als ein Zeugnis für die Kunst der Person, die es anfertigte. Goyas adelige Modelle mögen von jenseits des Grabes den selbstbewussten Schrei ausstoßen: »Ich lebe weiter!« Aber wir interessieren uns nur für ihre Porträts, wenn wir in ihren Gesichtern einen Funken von uns selbst wiederfinden: Identität überlebt in der Universalität.

Der Philosoph Jeremy Bentham (1748–1832) unternahm einen sehr ungewöhnlichen Versuch, nach dem Tode weiterzuleben. Nach seinem Dahinscheiden, so wies er seine Erben an, sollten sie sein Skelett aufbewahren, seinen Körper rekonstruieren, in seine Kleider hüllen und dann auf dem Gestell eine Nachahmung seines Kopfes in Wachs anbringen. Heute sitzt diese Figur im University College, London, zusammengesunken in einer Glasvitrine. Benthams Gesicht mit seinen Hängebacken ist nach oben gewendet, als ob er die Welt immer noch neugierig erforsche. Als er seine letzte Verfügung erließ, hoffte der Philosoph, dass andere seinem Beispiel folgen würden, aber bis heute hockt er ganz allein da.

Einige Porträts streben nach einem Transfer von Identität über die Zeiten hinweg. Das *chinzo* der Zen-Buddhisten zeigt den Meister zusammen mit einer persönlichen Widmung wie zum Beispiel »Von Geist zu Geist«. Der Schüler erhielt eines, wenn er der Erleuchtung teilhaftig geworden war. Es stand für Weisheit, die von einer Generation in die nächste übergeht. Die römische Doppelherme bestand aus einem Paar am Hinterkopf miteinander verschmolzener Büsten: Ein Grieche wie Aristophanes war mit einem Römer wie Terenz verbunden, der sein Erbe war und ihm an Bedeutung gleichkam. Die Apotheosen-Skulpturen der Huaxteken in Mexiko zeigen den Herrscher auf der einen und das Gesicht eines Kleinkindes oder einen Totenschädel auf der anderen Seite – vermutlich seinen Sohn oder seinen verstorbenen Vater. Sie machen die Abfolge königlicher Herrscher deutlich.

Louis Daguerre fand 1837 heraus, wie sich ein fotografisches Bild fixieren lässt. Bald darauf gab es die ersten mit Hilfe des neuen Mediums hergestellten Porträts. Für eine solche Aufnahme zu posieren war anfangs die reine Hölle. 1839 musste Lord Brougham eine halbe Stunde lang in der glühenden Sonne sitzen. Anschließend gab er zu, dass es die schlimmste Erfahrung seines Lebens gewesen sei. Aber die Zeit, die man bewegungslos verharren musste, schmolz schon bald auf wenige Minuten zusammen. Balzac starrt auf einer Daguerreotypie aus dem Jahr 1842 mit feuchtschimmernden Augen nach links und presst die Hand auf die Brust: ganz der treuherzige Schwerenöter, der er war. Die Porträtfotografin Julia Margaret Cameron (1815–1879) entwickelte einen ganz eigenen Stil; durch eine unscharfe Objektfokussierung vergeistigte sie die Menschen vor ihrer Kamera, machte sie zu ätherischen Wesen: Ihre Gesichter scheinen wie aus einem Traum herauszuschauen. Aber sie war eine Illusionistin. Typisch für die damalige Zeit sind eher Fotos wie das von Daniel Webster von 1852, auf dem man – ganz anders als auf Gemälden – beinahe jede Pore in der Haut erkennen kann. Man kann sich kaum des Gefühls erwehren, dass wir mit der Erfindung der Fotografie eine Art von Kontinentalkluft in der Geschichtsschreibung überschritten haben. Seitdem können wir die wahre Textur der Vergangenheit sehen.

Mit dieser Möglichkeit zur Abbildung der »Wahrheit« ausgerüstet, schwärmten die Fotografen aus, um das Antlitz der Welt und die Gesichter der Menschen, die auf ihr lebten, festzuhalten. Roger Fenton (1819–1863) brachte Gesichter aus dem Krimkrieg zurück. Der tatkräftige Mathew Brady (1823–1896) und seine Leute verewigten Menschen und Szenen aus dem amerikanischen Bürgerkrieg. W. H. Jackson (1843–1942) zog in den Siebzigerjahren des neunzehnten Jahrhunderts gen Westen und fotografierte Indianer, was angesichts ihrer Überzeugung, dass die Kamera einem Menschen die Seele stiehlt, ein heikles Unterfangen war.[12] Brassaï (Gyulia Halász, 1899–1984) tauchte in die Pariser Unterwelt der frühen Dreißigerjahre ein, nahm Paare in Cafés auf, Sänger, Tänzerinnen, Opiumraucher, Stripperinnen und Prostituierte. Und Diane Arbus (1923–1971) legte eine ganze Galerie von Zwergen, Nudisten, Obdachlosen und Transvestiten vor.

1888 erfand George Eastman die erste *box camera*, die er eine »Kodak« nannte. (Er mochte diesen Namen, weil er kurz war, sich einprägte und sich nur schwer auf irgendeine Weise verballhornen ließ.) Der Käufer zahlte fünfundzwanzig Dollar für den Apparat, der mit Filmmaterial für einhundert Bilder geliefert wurde. Man musste ihn fest gegen die Brust pressen, wenn man den Auslöser betätigte. Wenn die Filmrolle zu Ende war, schickte man die ganze Kamera per Post nach Rochester, wo die Eastman Company den Film für weitere zehn Dollar entwickelte. Der gerissene Erfinder hatte das Fotografieren

---

12 Mit Kameras bewaffnete Anthropologen begriffen irgendwann, dass sie ihre »Opfer« nur großzügig zu entschädigen brauchten. Lévi-Strauss berichtete: »Die Caduevo hatten das System perfektioniert. Sie bestanden nicht nur darauf, bezahlt zu werden, bevor sie es zuließen, dass man sie fotografierte, sondern sie zwangen mich auch dazu, sie zu fotografieren, damit ich sie bezahlen musste.«

und das Entwickeln des Films voneinander getrennt, was die ganze Industrie revolutionierte. Eastman wusste, dass man den eigentlichen Profit mit den Filmen machte. 1899 begann er dementsprechend damit, sie separat zu verkaufen. Seine Ideen ließen in den neunziger Jahren eine regelrechte Mode ausbrechen. Jedermann konnte jetzt Porträts machen. Sogar der Dalai Lama legte sich eine Box zu. Der *Hartford Courant* veröffentlichte folgende Warnung: »Achtung vor der Kodak. Der achtbare Bürger kann sich keiner Vergnügung hingeben, ohne Gefahr zu laufen, dass er dabei erwischt wird und dass sein Foto unter den Sonntagsschulkindern von Hand zu Hand geht.«

Die Kamera arbeitete schneller, billiger und wirklichkeitsgetreuer als der Pinsel. Sie übernahm nun weitgehend die Aufgabe des Porträtierens und machte Gemälde zu Objekten für einige wenige Kenner. In der Malerei entstanden nun Dutzende von Schulen. »Ein Kopf besteht aus Augen, Nase und Mund«, erklärte Picasso, »die man anordnen kann, wie es einem gefällt; der Kopf bleibt immer ein Kopf.« Von ungefähr 1906 an sahen seine Gesichter immer zusammengewürfelter und närrischer aus, bis sie schließlich nur noch des Meisters eigene Stimmung anzeigten. Francis Picabias dadaistisches *Portrait der Marie Laurencin* von 1917 nahm das ganze Genre auf den Arm: Auf dem Bild war nur ein Wirrwarr mechanischer Teile zu sehen, die keinerlei Beziehung zu der realen Marie Laurencin hatten. So wie Tristan Tzara die Sprache von der Bedeutung befreite, befreite Picabia die Porträtmalerei vom Gesicht.

Maler ließen in Porträts schon immer etwas von sich selbst einfließen, diese Neigung wurde nun aber zu einer Notwendigkeit. Moderne Porträtisten wie Francis Bacon (1910–1992) entwickelten Malweisen, die jede Ähnlichkeit des gemalten Gesichts mit dem Original begruben. Alberto Giacometti (1901–1966) fertigte Statuen an, die wie Pfähle mit gebördelten Rändern aussahen, behauptete aber, dass er Ähnlichkeit mit lebenden Menschen anstrebe. (»Nur wenn sie lang und schlank waren, waren sie ähnlich.«) Als Modigliani gegen Ende seines fünfunddreißig Jahre währenden Lebens immer mehr dem Alkohol und Drogen verfiel, nahmen die Gesichter aller seiner Modelle auf der Leinwand dieselben Züge an: lange gewölbte Nase, Mandelaugen, zur Seite geneigter Kopf. Bald nach seinem Tod wurden diese Porträts das »Markenzeichen« Modiglianis schlechthin, und nicht selten wurde er imitiert. In den siebziger Jahren bestäubte Andy Warhol die Gesichter seiner Modelle mit einem weißen Puder, der alle Falten verschwinden ließ, ja alle Details der Haut verdeckte. Ihr Antlitz wurde eine leere, glatte Fläche, die nur von den Augen, den Augenbrauen, den Lippen sowie dem Schatten, den Nase und Kinn warfen, unterbrochen wurde. Die Abgebildeten sehen sich alle so ähnlich, dass bis heute viele der Porträts, die in Warhols Workshop zurückgeblieben sind, nicht eindeutig einem Modell zuzuordnen sind.

In der Zwischenzeit hatten Studiofotografen ein lukratives Geschäft daraus gemacht, Menschen wirklichkeitsgetreu abzubilden. Kameras verbreiteten sich immer mehr. Kodak stellte 1963 seine Instamatic vor, ein Modell, von dem das Unternehmen in den folgenden zehn Jahren über sechzig Millionen Exemplare verkaufte. Die automatischen Kameras von heute erledigen beinahe alles von selbst, man muss eigentlich nur noch das Objektiv auf das Objekt richten. Jedes Jahr machen allein die Amerikaner mehr Fotos, als es Menschen auf der Erde gibt.

Die Fotografie scheint eine Diogenes-Technologie zu sein, das heißt, überaus wahrhaftig. In Ländern wie Indien werden heute noch Ehen auf der Grundlage von Fotografien arrangiert. Doch die Kamera fängt nur Licht ein und nicht die reale Oberfläche. Berufsfotografen beherrschen eine Menge subtilster Tricks. Grobkörnigere Filme zum Beispiel oder eine lange Belichtungszeit lassen die Haut glatter aussehen. Wenn man auf ein Gesicht von oben links oder oben rechts in einem Winkel von fünfundvierzig Grad Licht fallen lässt, erhält man den Rembrandt-Effekt, einen klassischen Look. Beleuchtet man dasselbe Gesicht frontal von oben, ergibt sich der so genannte

Schmetterlings-Effekt, der den abgelichteten Menschen glamouröser aussehen lässt. Und natürlich kann man durch Retuschen in der Dunkelkammer Falten und andere Makel der Haut verschwinden lassen.

Computer ermöglichen es uns heutzutage, Fotos bis in die letzte Einzelheit hinein zu manipulieren, Pixel für Pixel. Man kann Porträts schönen, den Umriss des Gesichts und den Ton der Haut verändern. Diese Methoden gehören mittlerweile zur Routine. Fotos werden bald die Koppelung an die Realität verlieren – so wie es schon mit dem Kinofilm geschehen ist. Wir werden wieder zur Welt des Salon-Porträts zurückkehren und zu den alten Konflikten zwischen Aufrichtigkeit und Loyalität gegenüber dem Dargestellten.

Mao und Marilyn

In den *Popol Vuh* prahlt der göttergleiche Seven Macaw: »Ich bin wie Sonne und Mond für die, die im Licht geboren, im Licht gezeugt sind. So muss es sein, denn mein Gesicht erstreckt sich bis in die fernste Ferne.« Er täuscht sich aber: Sein Gesicht erstreckt sich nicht so weit, wie er meint, und andere bringen ihn bald zu Fall.

Die Gesichter von Herrschern, die gegenwärtiger sind als Seven Macaw, reichen aber bisweilen tatsächlich bis in letzten Winkel des Landes. Das Gesicht ist die klassische Ikone der Macht. Es begegnet uns auf Münzen, Banknoten, Medaillen, Briefmarken, Plakaten oder auch in Form von öffentlich aufgestellten Büsten. Es kann riesige Dimensionen annehmen wie auf der Osterinsel oder am Mount Rushmore. Es kann aber auch von Pathos getragen sein wie bei den Kolossalstatuen von Stalin, Mao oder Kim Jong Il.

Alle Ikonen dieser Art verschmelzen ein Gesicht mit einer Idee. Sie erkunden nicht die Identität einer Person, sondern erschaffen sie erst. Diese Gesichter sind von besonderer Art: Sie versinnbildlichen Autorität. Mao starrt über den Platz des Himmlischen Friedens, ganz der unumschränkte Herrscher, und sein Gesicht löst irgendwo im Inneren des Betrachters eine instinktive Reaktion aus.

Das japanische *kao ga kiku* bedeutet »einflussreich sein«, wörtlich übersetzt heißt es aber soviel wie »Gesicht ausüben«. Ikonen der Macht tun genau dies auf unterschiedliche Weise.

In primitiven Kulturen können diese Gesichter geradezu vor Kraft pulsieren. Die Kiptschak-Statuen (elftes bis zwölftes Jahrhundert nach Christus) in der Nähe des Schwarzen Meeres, steinerne Abbilder von Adeligen, die sich über Grabhügeln erheben, schauen voller Strenge auf die Region, die sie einst bewohnten und beherrschten. Die älteren *Moi* auf der Osterinsel strahlen Verachtung aus, und die berühmten Olmeken-Köpfe – wie der kolossale, achtzehn Tonnen schwere Kopf fünf mit seinen gewaltigen Wulstlippen – starren dem Betrachter voll heiterer Grausamkeit in die Augen. Von solchen Gesichtern geht eine ganz klare Botschaft aus. Vor Kopf fünf und der unerschütterlichen Autorität, die sich in seinen Zügen abzeichnet, ein wenig vor Furcht zu erschauern ist durchaus angebracht.

Andere Ikonen vereinigen weltliche Herrscher mit Gestalten aus Legenden oder mit Göttern. Die Ägypter meißelten die Große Sphinx von Giseh um 2250 vor Christus aus einem natürlichen Felsrücken heraus, und obwohl islamische Machthaber ihre Nase vor fünfhundert Jahren zerstören ließen, umgibt die monumentale Figur bis heute ein geheimnisvoller Zauber. Wahrscheinlich stellt sie den Pharao Chephren in idealisierter Form dar. Den Griechen galt die Sphinx als ein Wesen, das den Menschen unlösbare Rätsel aufgab. Die Ägypter hingegen verschmolzen einfach das Bild ihres Pharaos mit prähistorischen Vorstellungen von einem König als einem mächtigen Mensch-Tier-Wesen. Auf zeremoniellen Objekten und Geräten sind die Pharaonen oft als Löwen dargestellt, die ihre Gegner niederreißen.

Die kambodschanischen Khmer huldigten einem Gott-König. Jayavarman VII. (herrschte von 1181–1219) hielt sich für eine Inkarnation Buddhas. Als eifriger Bauherr ließ er vor allem die große Bayon-

Tempelanlage von Angkor erbauen, einen »Welt-Berg«, der das Zentrum des Universums darstellt. Er ließ den Bayon mit Gesichtertürmen verzieren, und noch heute starren aus der zerbröckelnden Fassade riesige Steingesichter. Die Gesichtszüge des Königs sind dabei mit denen Buddhas verschmolzen. In Kontemplation versunken, mit geschlossenen Lidern, scheinen diese Gesichter über die alten Gemäuer zu wachen und sie gleichermaßen heimzusuchen.

Eine Ikone kann auch das Amt, das jemand bekleidet, hervorheben. Auf einer Stele in der Mayastadt Tikal (ca. 380 nach Christus) ist das winzige, schläfrige Gesicht von »Kräuselnase« dargestellt, der in den Abzeichen seiner Königswürde wie in Treibsand versinkt. Das emblematische Porträt von Königin Elisabeth I., das Crispin van de Passe (ca. 1596) zugeschrieben wird, zeigt sie als eine Frau, die von Majestät geradezu durchflutet ist. Ihr Kopf ragt aus einer wagenradgroßen Halskrause heraus, darunter bauschen sich prächtige Roben. Sie steht zwischen Säulen, und im Hintergrund sieht man Schiffe auf den Wogen des Ozeans schwimmen. Ihr Gesicht wirkt leer, es ist anonym, unauffällig – beinahe das letzte, auf das wir unseren Blick lenken. Sie ist mehr Königin als Elisabeth.

Münzen und Geldscheine verbinden das Gesicht des Herrschers mit Reichtum, dem Ziel manch irdischen Strebens. Sie verleihen ihm auch Ubiquität. Die Lyder in Kleinasien erfanden zwischen 620 und 600 vor Christus Münzen, was man in den nahegelegenen griechischen Kolonien bald nachahmte. Die Perser prägten erstmals die Köpfe ihrer Könige auf Gold- und Silbermünzen. Da erhabene Darstellungen sich im Laufe der Zeit abnutzen und *en face* abgebildete Gesichter dadurch unkenntlich werden, gingen die Münzer schnell dazu über, den jeweiligen Herrscher im Profil darzustellen. In den griechischen Staaten wurden die Münzen mit Bildern von Göttern wie Dionysos und Pan geschmückt. Lebende Personen vermied man abzubilden. In der hellenistischen Periode erklärten sich die Herrscher jedoch zu Göttern, was die Unterscheidung zu einer rein hypothetischen machte. Ptolemaios I. von Ägypten (regierte von 323–285 vor Christus) ließ um 300 sein eigenes Gesicht auf eine Tetradrachme setzen, andere Könige folgten nur allzu bereitwillig seinem Beispiel.

In Europa war das Gesicht der Monarchen häufig das einzige, was man landesweit kannte, weil es die Münzen des Landes schmückte. Als 1791 Ludwig XVI. als Kammerdiener verkleidet nach Norden floh, nahmen ihn mit Musketen bewaffnete Bauern in der kleinen Stadt Varennes gefangen. Der Postmeister des Ortes hatte ihn nach seinem Porträt auf den Münzen erkannt. Jedem anderen Mann wäre es gelungen, durch die Straßensperren hindurchzuschlüpfen.

Der Reiz der Münz-Ikone kann Menschen geradezu berauschen. 1925 kaufte Martin Coles Harman die vor der britischen Küste gelegene Insel Lundy, weil er glaubte, dass sie ein unabhängiges Territorium sei. Er erklärte sich selbst zum König und brachte den »Halben Puffin« in Umlauf, eine Bronzemünze, auf deren Vorderseite sein Gesicht prangte. Damit war er in die Gesellschaft von Kaiser Augustus, Heinrich VIII. und Washington aufgerückt. Als englische Gerichte später seinen Anspruch auf Autonomie zurückwiesen, wurden die Münzen zu Sammlerstücken.

Die erste Briefmarke mit selbstklebender, gummierter Rückseite, die »Penny Black«, wurde 1840 in Großbritannien ausgegeben. Auch auf ihr war der Souverän des Landes abgebildet: Königin Victoria. Andere lebende Monarchen schlossen sich bald ihrem Beispiel an: Leopold I. von Belgien im Jahr 1849, Louis Napoléon von Frankreich im Jahr 1852. Die Briefmarken zeigten das königliche Profil, oft auch in Form einer Büste, wie es so auch auf den Münzen zu sehen war. Die ersten amerikanischen Briefmarken von 1847 trugen das Bild George Washingtons oder Benjamin Franklins. Noch nie ist auf amerikanischen Marken ein lebender Präsident dargestellt worden. Und aus irgendeinem Grund prangte auf jeder chilenischen Briefmarke bis zum Jahr 1910 der Kopf von Christoph Columbus.

Eine Briefmarke, die ohne Umweg in einer Sammlung verschwindet, ist ein Geschenk an die Regierung. Wirtschaftlich denkende Staaten versuchen, zum Anlegen solcher Sammlungen anzuregen. Daher haben sich die Motive auf diesen Marken mit einer Turbulenz vervielfältigt wie Pflanzen und Tiere im Karbonzeitalter. Blumen sind auf ihnen zu sehen, Leuchttürme, Edelsteine, Landschaften, Vögel, Früchte – nahezu alles, was man sich denken kann. Gesichter sind jedoch nach wie vor ein Hauptmotiv, allerdings hat eine Verlagerung von politischen zu kulturellen Ikonen stattgefunden. Die erste Briefmarke der neuen, am Schwarzen Meer gelegenen unabhängigen Republik Abchasien (früher einmal Kolchis, das Land des Goldenen Vlieses) zierten die Gesichter von Groucho Marx und John Lennon – die Marke wurde prompt in vielen Bestellkatalogen angeboten. Andere Nationen, die begierig auf Bargeld waren, machten den Trick bald nach: Tansania mit John Lennon, der Tschad mit Jackie Onassis und die Vulkaninsel Montserrat mit Marilyn Monroe. Was Briefmarken betrifft, ist eine breite Streuung der Motive eine solide ökonomische Strategie.

Die bekanntesten modernen Ikonen totalitärer Macht sind geradezu bedeutungsüberladen. Jayavarman VII. mag sich mit einer Gottheit verbunden haben, diese Herrscher aber scheinen eine zu sein.

In Samjatins *Wir* lässt sich das Gesicht des Diktators, der stets nur »Der Wohltäter« genannt wird, nur sehr schwer identifizieren. Sogar als D-503 mit ihm zusammentrifft, scheint sein Antlitz im Dunst versunken zu sein. Der Autor erklärt die verschwommene Darstellung des Diktators an keiner Stelle mit plausiblen Argumenten. Sie kommt aber seinen Intentionen entgegen. Der »Wohltäter« ist unfassbar, jenseits des Menschlichen. Die Lektion lautet: Unergründlichkeit ist Macht.

Zwei Jahrzehnte, mehrere Diktaturen und Millionen von Leben später stellte Arthur Koestler das Gesicht des Herrschers in *Sonnenfinsternis* (1941) ganz anders dar. Bilder von »Nr. 1« hängen über Rubashovs Bett »an der Wand seines Zimmers – und an den Wänden aller Zimmer neben, über oder unter seinem; an allen Wänden des Hauses, der Stadt und des riesigen Landes«. »Nr. 1« ist omnipräsent, jenseits des Menschlichen. Die Lektion lautet: Allgegenwärtigkeit ist Macht.

George Orwell griff auf beide Romane zurück. Ikonen führen uns in die Welt von *Nineteen Eighty-four* (1948) ein. Im zweiten Absatz heißt es, dass Winston seine Blicke über den Flur des Hauses, in dem er wohnt, schweifen lässt und ein großes, fast ein Meter breites Bild eines Gesichts erblickt, das dem Stalins ähnelt. Als er die Treppe hinabsteigt, begegnet er demselben Bild auf jedem Treppenabsatz erneut, und die Augen scheinen ihm zu folgen. Unter jedem dieser Bilder steht die berühmte Unterschrift: BIG BROTHER IS WATCHING YOU. Draußen sieht er das Bild an den Fassaden der Häuser, an jeder Straßenecke, und die Augen scheinen sich in ihn hineinzubohren. »Auf Münzen, auf Marken, auf den Umschlägen der Bücher, auf Fahnen, auf Plakaten und auf der Hülle einer Zigarettenpackung – überall. Immer die Augen, die einen beobachten, und die Stimme, die einen ganz und gar umhüllt. Ob man schlief oder wachte, arbeitete oder aß, drinnen oder draußen war, im Bad oder im Bett – kein Entkommen. Nichts gehörte einem außer den paar Kubikzentimetern im eignen Kopf.«

Mit einundzwanzig Jahren hatte Orwell das Amt eines Chefs der Kolonialpolizei in der von rund zweihunderttausend Menschen bewohnten Region Twante in Burma innegehabt. Unter anderem war es seine Aufgabe gewesen, potentielle Unruhestifter ausspionieren zu lassen: Er war selbst »Big Brother« gewesen, und selbst nachdem er 1927 den Fernen Osten verlassen hatte, fühlte er sich noch von den anklagenden Gesichtern der Burmesen verfolgt. »Leider«, schrieb er, »habe ich es mir nicht antrainieren können, dem Ausdruck des menschlichen Gesichts gegenüber gleichgültig zu sein.«

Big Brother ist heute vor allem in islamischen Ländern zuhause.

Das Gesicht des Präsidenten von Turkmenistan, Saparmurad Nijasow, ist in jedem Büro, Geschäft und Schulzimmer des Landes zu sehen, und die Regierung lässt ihre Bürger wissen, dass ihnen ihre Zungen ausfallen würden, wenn sie auf die Idee kämen, den großen Mann zu kritisieren. Überall in den Suks und auf den Plätzen von Damaskus starrte einem das Megaporträt von Hafis al Assad entgegen. Der Mann lächelte: Er ist unser aller Freund. Auch das Gesicht von Saddam Hussein leuchtet dem Betrachter von Museumsgebäuden ebenso wie von Ölraffinerien entgegen, und jeden Tag nimmt es ein drei Spalten breites und zehn Zentimeter langes Rechteck auf der Titelseite der Bagdader Zeitung in Anspruch. Dreißig Prozent der gesamten Fernsehsendezeit, ungefähr sieben Stunden am Tag, sind Saddam Hussein gewidmet. Durch schiere Größe, Allgegenwärtigkeit und geschickte Positionierung nimmt sein Gesicht für seine Untertanen eine überwältigende Bedeutung an.

Natürlich verbirgt sich dahinter Egomanie, gleichzeitig aber ist es auch eine Strategie. Solche Herrscher versuchen, ihr Gesicht mit bohrenden Augen in das Denken von jedermann im Lande einzubrennen. Wenn man ein Gesicht endlos vervielfältigt, dann reizt schon die Vorstellung von ihm die Sehnerven. Es hat sich unauslöschlich ins Bewusstsein eingeprägt.

Eine kulturelle Ikone ist eine mythische Figur, eine moderne Aphrodite, ein gleichzeitig überhöhtes und stark simplifiziertes Bild. Elvis Presley, Marilyn Monroe, Michael Jordan, W.C. Fields, Robert Redford, John Wayne, Martin Luther King Jr., Charles Manson, Albert Einstein, Mahatma Gandhi – solche Gesichter beschwören sofort bestimmte Vorstellungen herauf. Andere Gesichter – wie das Adolf Hitlers, vielleicht das ikonenhafteste des zwanzigsten Jahrhunderts – sind einfach Abkürzungen abstrakter Zusammenhänge, verleihen zum Beispiel dem Bösen konkrete Züge.

In alten Zeiten verwandelten der Tod und die schwächer werdende

Erinnerung die betreffende Person möglicherweise in eine mythische Gestalt – wie es zum Beispiel mit Agamemnon geschah. Heute führen gesellschaftliche Distanz und Public Relations eine solche Mythisierung viel rascher herbei. Hollywood ist die große Ikonen-Werkstatt der Moderne gewesen.

In den Kindertagen des Films schreckten die Filmstudios vor dem Schaffen von Ikonen zurück. Sie fürchteten, dass der Ruhm von Schauspielern deren Gagen in die Höhe treiben würde. Also hinderten sie sie daran, sich im wahrsten Sinne des Wortes einen »Namen« zu machen. Das Publikum kannte seine Lieblinge meist nur als »Biograph-Mädchen« oder »Little Mary«. Die Industrie hatte eine absolute Rarität produziert: die namenlose Ikone. 1910 jedoch nahm der Begründer der Universal Studios Carl Laemmle das »Biograph-Mädchen« unter Vertrag, enthüllte der Öffentlichkeit, dass sie Florence Lawrence hieß, und machte schamlos Werbung für sie. Das war die Geburt des Starkults.

Dieser Kult verbreitete sich rasch. Die Gagen der Schauspieler schnellten dementsprechend steil in die Höhe, aber die Gesamteinnahmen der Filmindustrie stiegen noch gewaltiger an. Tatsächlich machten einige Ikonen des »Glamour« – ein Ausdruck, der soviel wie »Zauber«, »bezaubernde Schönheit« bedeutet – eine Reihe von Produktionsfirmen reich. Schon 1914 zum Beispiel brachte die Produktionsfirma Fox Theda Bara (Theodosia Goodman, 1890–1955) als eine Beduinen-Boudoir-Circe heraus, als erotischen Vampir oder eben »Vamp«. Vamp wurde danach zu einem stehenden Ausdruck. Gemeinsam mit der Cowboy-Ikone Tom Mix ließ Theda Bara die Fox zur führenden Produktionsfirma werden.

Ein echter Star war ein kostbarer Rohdiamant, aber auch ein Bild, ein Gewebe aus Informationen. Und die verschiedenen Produktionsfirmen manipulierten die Bilder ungehemmt. Einem Ritual gleich und mit symbolischer Gestik tauften sie ihre Schauspieler um und gaben ihnen beschwingt klingende Namen. Maskenbildner, Friseure und Kameramänner verschönten die Gesichter der Akteure. Diese wiederum schlüpften in die Rolle von Persönlichkeiten mit magnetischer Anziehungskraft. Die Publicity-Abteilungen überwachten ihre Identität im wahren Leben, sie erfanden Biographien, inszenierten Liebesromanzen und unterdrückten Nachrichten über nachteilige Begebenheiten. Und die Studios ließen ihre Schauspieler wieder und wieder dieselbe Rolle spielen, um ihren Kultbild-Charakter noch zu verstärken. John Wayne wirkt unter anderem auch deswegen wie ein Held, weil er nie etwas anderes spielte.

Durch all diese Anstrengungen wurden die Gesichter von Menschen wie Marilyn Monroe zu käuflichen Artikeln, massenhaft hergestellt und überall auf der Welt bekannt. Andy Warhol kommentierte diese Entwicklung mit seinem *Marilyn-Diptychon* von 1962. Er vervielfältigte ein Bild ihres Gesichts fünfzigmal, fügte die Einzelbilder, die zur Hälfte farbig und zur Hälfte schwarz-weiß waren, aneinander und überzog letztere mit einer dunklen Lasur. Das Leben der Monroe, so Warhol, sei in das »Chromatische« und das »Sublunare« aufgespalten gewesen. Bis zu einem gewissen Grad trifft das auf das Leben jeder Ikone zu. Marilyn Monroe selbst entwickelte im Lauf der Zeit einen regelrechten Hass auf jeden, der ihr sagte, wie schön sie sei.

Die meisten Ikonen vermitteln knapp und bündig eine bestimmte Idee. Bei einigen jedoch – wie bei Jackie Onassis – kann die Botschaft auch recht kompliziert sein. In seinem amüsanten Buch *Jackie Under My Skin* (1995) stellt Wayne Koestenbaum eine Reihe von Fragen zu dieser spezifischen Ikone: War sie eine gute Hausfrau? Welche Bedeutung hat Jackies Sonnenbrille für uns? Ist die Ikone Jackie die Medusa? Was haben Jackie und Elizabeth Taylor gemeinsam? Ist Jackie die Ikone, ein Freak oder eine Verrückte? Koestenbaum analysiert eine Silhouette, an der er reißt und zerrt, in dem Versuch, sie dazu zu bringen, uns ihr Gesicht zuzuwenden.

Ihm ist natürlich völlig klar, dass der Versuch vergeblich ist. Ikonen sind ein wenig wie Masken. Sie verschmelzen eine Idee mit einem

Gesicht und simplifizieren und intensivieren auf diese Weise beides. Die Ikone wird zu einem Maßstäbe setzenden Destillat, zu einem menschlichen Symbol, und sie reicht tief in unser Denken und Fühlen hinein.

Das Antlitz Gottes

In Archibald MacLeishs Schauspiel *J.B.* (1959) thronen Mr. Zuss und Nickles irgendwo über den Akteuren und kommentieren mit abfälligen Worten die Handlung, setzen aber hin und wieder auch Masken auf, um Gott und Satan zu spielen. Mr. Zuss fragt sich, warum sie dafür Masken anlegen müssen. »Sie würden doch nicht mit ihrem eigenen Gesicht Gott spielen wollen?«, meint darauf Nickles.

Wie sieht das Gesicht Gottes aus? Was *ist* Gott? Hat Gott ein Gesicht? Wenn nicht, sollten wir ihn dann trotzdem mit einem solchen darstellen? Sollten wir ein grobes und verfälschtes Bild von Gott zeichnen, damit die Menschen ihn besser begreifen können?

Diese Fragen irritieren wie Irrlichter. Die Voraussetzungen ändern sich unablässig, und die Ansprüche, die die reale Welt stellt, lassen das Nachsinnen über diese Fragen lächerlich werden. Die Emotionen schäumen bei ihrer Erörterung zudem über.

Einige Kulturen mit menschenähnlichen Göttern haben das Problem einfach ignoriert. Die Liberianer verehrten ihre Helden als Götter und stellten Totenmasken von ihnen her. Sie trugen diese Masken, wenn sie in den Kampf zogen. Die Gott-Helden-Maske auf dem eigenen Gesicht zu verspüren ließ ihren Adrenalinspiegel in die Höhe schnellen. Einige Wissenschaftler sind der Ansicht, dass die Riesenköpfe der Olmeken Häuptlinge darstellten, und auf der Osterinsel verneigten sich die Menschen vor den steinernen Köpfen ihrer Ahnen-Götter, die vermutlich einer realen Person nachempfunden waren.

In der tantrischen Tradition ist die Abbildung von entscheidender

Bedeutung, die Gläubigen müssen ihrem Denken das Bild eines Gottes aufprägen, sich seines Bildes so intensiv bewusst werden, dass, wie ein Gelehrter es formulierte, das »ganze Bild in einem glüht, jede Einzelheit mit tiefer Bedeutung erfüllt ist und der Widerhall der Gottheit innerhalb des eigenen Seins wach zu werden beginnt«. Eine Ikone ist ein Hilfsmittel, das die innere Präsenz der Gottheit fördert. Wenn auch einige Tantristen von ihnen angefertigte Bilder später als bloße Annäherungen verwerfen, handelt es sich doch grundsätzlich um eine sehr sinnlich-genüssliche Vorgehensweise, die Gottheit in sich aufzunehmen. Die meisten Religionen sind in dieser Hinsicht weitaus ambivalenter.

Der Polytheismus zumal tut sich schwer ohne Bilder, da diese dem Gläubigen dabei helfen, die verschiedenen Götter auseinander zu halten. Sie dienen aber auch noch anderen Zwecken. Schon Philon von Alexandria sprach von dem dringenden Bedürfnis der Menschen, Gott zu erblicken, sein Antlitz zu sehen. Überall erhalten solche Götterbilder Opfergaben und schenken dafür den Gläubigen ein Gesicht, an das sie ihre Gebete richten können. Überdies heilen sie Kranke, wie man allenthalben hört. Tatsächlich sind sie so mächtig, dass wir in ihnen lebendige Wesen sehen: Sie blinzeln uns an, raunen uns etwas zu und vergießen Tränen.

In der klassischen Welt waren manche Menschen überzeugt davon, dass die Götter den Statuen, die sie verkörperten, innewohnten. Die Statuen konnten ihre Gesichter zu einem Lächeln verziehen, traurig oder abweisend dreinschauen oder auf andere Weise mimisch kommunizieren. Sie fungierten auch als Orakel, die Ratschläge in das Ohr des Hilfesuchenden murmelten. Der Traumdeuter Artemidoros von Daldis (185 nach Christus) behauptete, wenn man im Traum von einer Götterstatue angelächelt werde, stehe das Glück vor der Tür. Manchmal zog es diese Ikonen auch in die Ferne. Eine Bronzestatue des Helden Pelichos kletterte ganz gern mal von ihrem Sockel, um einen kleinen Spaziergang zu unternehmen.

Kritische Köpfe wie Xenophanes und Lukian meinten jedoch, dass solche Statuen nur tote Formen seien. Sie wiesen darauf hin, dass sie aus ganz gewöhnlichem Material bestanden, aus dem Handwerker genauso gut Fußbadewannen hätten herstellen können. Sie spotteten über die Machtlosigkeit der Statuen, vor allem wenn man die Allmacht eines Gottes dagegensetze. Vögel ließen ihren Kot auf sie fallen, sie verrotteten, rosteten und fielen der Zersetzung durch Regen anheim. Arnobius (220 nach Christus) fragte die Verehrer von Götterbildern: »Seht ihr denn nicht, dass Molche, Spitzmäuse, Mäuse und Schaben, die das Licht scheuen, ihre Nester in den hohlen Sockeln dieser Statuen bauen und dort leben?« Diese Kritiker wiesen auch auf die Auswüchse eines Kultes hin, den einige Menschen trieben: Sie badeten diese Ikonen oder legten sie sogar in Ketten. Pausanias (zweites Jahrhundert nach Christus) berichtet, dass in Arkadien eine verhüllte Statue der Aphrodite stand, der man Fußfesseln angelegt hatte. Sophokles hatte erzählt, wie unmittelbar vor dem Fall von Troia die Götter der Stadt mit ihren eigenen Standbildern auf dem Rücken das Weite suchten. Wenn man ihre Statuen ankettete, war es also weniger wahrscheinlich, dass sie sich einfach davonstahlen.

Hindus stellen ihre Götter verschwenderisch zur Schau. Im Tempelkomplex von Madurai ragen sie in die Höhe, eine Reihe über der anderen, zu Tausenden. Einige Wissenschaftler erkennen gemeinsame Wurzeln mit den griechisch-römischen Göttern. Anders als diese weisen die der Hindus aber oft einige Merkmale vervielfacht auf – sechs Arme zum Beispiel –, damit sie sich deutlich von den Sterblichen absetzen. Bei Harappa und Mohenjo-Daro (ca. 3000–1600 vor Christus) in Pakistan haben Archäologen Götterstandbilder mit drei Gesichtern gefunden. Brahma schaut mit seinen vier Gesichtern gleichzeitig in alle vier Himmelsrichtungen. Auf der kleinen Insel Elephanta im Hafen von Bombay steht eine großartige Statue von Shiva mit drei Gesichtern, von denen das erste erschreckend, das zweite weiblich-weich und das dritte ruhig aussieht. Das vielleicht berühmteste Götterbild ist das von Shiva, der sich in einem wild wirbelnden, vielarmigen Tanz befindet, auf dessen Gesicht aber weiter Gelassenheit, ja sogar der Anflug eines Lächelns liegt. Intellektuelle Hindus sehen auf solche Darstellungen herab – seichte Kost für die Massen – und betonen, dass die Götter auf einer höheren, abstrakteren Ebene existieren.

Eine solche Kontroverse über Ikonen spielt jedoch eine viel größere Rolle in Religionen wie dem Christentum, dem Buddhismus und dem Islam, wandelten die wichtigsten Protagonisten dieser Religionen doch einmal in menschlicher Gestalt auf der Erde.

Das zweite Gebot des christlichen Gottes lautet: »Du sollst dir kein Bildnis noch irgendein Gleichnis machen, weder von dem, was unten auf Erden, noch von dem, was im Wasser unter der Erde ist.« Wenn man es wörtlich nimmt, dann verbietet dieses Edikt jede Art von gegenständlicher Darstellung und würde uns dazu verdammen, uns mit Arabesken und Kunstwerken im Stil von *De Stijl* zufrieden zu geben. Schon die Israeliten nahmen das Verbot aber nicht ganz ernst, und die Bibel selbst verweist billigend auf Darstellungen von Tieren und Cherubim.

Die Frühchristen lehnten jedoch alle bildlichen Darstellungen Christi als heidnisch ab. Tertullian (ca. 160 – ca. 230 nach Christus) bezeichnete alle Abbildungen dieser Art als Verfälschungen, die Gottes Missfallen erregen würden. Eusebios (ca. 260 – ca. 340 nach Christus), der Bischof von Caesarea, sagte zur Schwester des Kaisers Konstantin, das Gesicht des gekreuzigten Christus strahle wie die Sonne und in einer solchen Pracht, dass noch nicht einmal seine Jünger es hätten ertragen können, es anzuschauen. Niemand könne solch ein Gesicht malen, betonte er, und niemand solle den Versuch unternehmen. Das Konzil von 754 befand, da Christus sowohl Mensch als auch Gott sei, würde ein Bild von ihm entweder die unbegrenzbare Gottheit in sich einschließen und so begrenzen oder sie in blasphemischer Weise ausschließen.

Das Verlangen, das Antlitz Gottes zu sehen, blieb jedoch unvermindert stark. Johannes von Damaskus (675–749), der meinte, dass uns die Sehnsucht, Gott zu erblicken, angeboren sei, fasste die Hauptargumente für Ikonen zusammen: Bilder würden den Ungebildeten eine Vorstellung von Christus geben. Er sei im Fleisch erschienen, und man könne ihn daher auch so darstellen. Die Ikone sei nur eine besondere Weise, Christus zu erkennen, nämlich, um mit den Worten des Paulus zu sprechen, »in einem Spiegel, einem dunklen«. Johannes sprach sich auch für wundertätige Ikonen aus. Er erinnerte daran, dass der Schatten des Petrus Dämonen vertrieben und Kranke geheilt habe. Eine Ikone habe aber mehr von einem Menschen als sein Schatten. Das zweite Konzil von Nicäa (787) setzte schließlich die bilderfeindlichen früheren Erlasse außer Kraft, vor allem auch deshalb, weil von Ikonen bewirkte Wunder beim Volk solchen Anklang gefunden hatten.

Trotz späterer Ausbrüche von Ikonoklasmus, vor allem während der Zeit der Reformation, hatte diese Entscheidung weit reichende Auswirkungen. In der griechisch-orthodoxen Kirche entstanden Bilder, in denen das Göttliche golden leuchtete, Ikonen, die verehrt wurden, die ihre eigenen Festtage besaßen und die routinemäßig Wunder vollbrachten. Die Aura dieser Bilder war es, die den ehemaligen Seminaristen Joseph Stalin dazu inspirierte, die ganze Sowjetunion mit Darstellungen von sich selbst zu dekorieren.

Im Westen hob die Kirche auf die wundertätige Kraft von Reliquien, wie Splitter vom Wahren Kreuz, ab, weniger auf Ikonen der Art, wie die Ostkirchen sie kannten. Das Edikt von Nicäa hatte aber zur Folge, dass die Kreuzigung Christi zu einem der verbreitetsten Themen der abendländischen Kunst wurde (vom vierzehnten bis zum sechzehnten Jahrhundert wurden in vielen Kirchen auch wundersame Christusfiguren aufgestellt, deren Arme und Köpfe sich mit Hilfe eines geheimen Mechanismus bewegen ließen). So hatte dieses Edikt einige der großartigsten Werke, die die Welt kennt, zur Folge:

Michelangelos *Pietà* und da Vincis *Abendmahl* stehen ganz oben auf der Ruhmesliste.

Kunst verlangt jedoch auch künstlerische Freiheit. Da Vinci und Rembrandt suchten sich die Männer, die ihnen für ihre Christusdarstellungen Modell standen, in den jüdischen Ghettos ihrer Städte. Andere Maler waren da weniger gewissenhaft. In Nazideutschland hatte Christus plötzlich blonde Haare, in Afrika war sein Gesicht schwarz. Mexikanische Künstler heben besonders gern die Leiden Christi hervor und zeigen ihn oft mit ellenlangen Blutfontänen, die aus seinen Wunden schießen. Die Jungfrau Maria ist mit Kronen, Juwelen und kostbaren Gewändern dargestellt worden. Aber selbst diese beeindruckende Vielfalt ist nichts gegenüber dem bunten Schauspiel, das der Buddhismus in dieser Beziehung bietet.

Siddhartha Gautama, bekannt als Buddha (ca. 560 – ca. 480 vor Christus), versuchte religiöse Bilder abzuschaffen. Er scheiterte. Darstellungen von ihm selbst sind heute in ungeheurer Zahl über ganz Asien verbreitet. Keine andere historische Person hat jemals Künstler dazu inspiriert, solch kostbare Statuen und Skulpturen anzufertigen. Bei Ajanta in Indien sind neunundzwanzig Höhlen in eine halbkreisförmige Felswand hineingehauen, von denen jede bis unter die Decke mit Statuen und Bildern Buddhas gefüllt ist. Die meisten dieser Werke entstanden im Verlauf eines einzigen schöpferischen Aufwallens innerhalb einer Periode von nur fünfzig Jahren im fünften Jahrhundert. Japan besitzt prachtvolle Statuen wie den Todaiji-Buddha in Nara (751) und den sitzenden Amida (13. Jahrhundert) in der Nähe von Kamakura. Zum Tempel von Borobodur (ca. 800) auf Java gehören Steinreliefs in einer Gesamtlänge von zweitausendvierhundert Metern und über fünfhundert lebensgroße Skulpturen Buddhas auf acht ansteigenden Ebenen; von einer Ebene zur nächsthöheren werden sie immer weniger realistisch, zunehmend himmlisch und esoterisch, bis sich am Ende ihre Gestalten ganz auflösen.

Bis zur Konversion des Maurya-Herrschers Aschoka (regierte ca. 272–231 vor Christus) gab es kaum so etwas wie buddhistische Kunst. Und auch danach stellten die Künstler den Religionsstifter meistens symbolisch dar – in Form eines Baumes, einer Stupa, eines leeren Thrones. Darstellungen von ihm in Menschengestalt kamen erst einhundertfünfzig Jahre später auf.

Natürlich wusste zu jenem Zeitpunkt niemand mehr, wie Buddha wirklich ausgesehen hatte. Die Darstellungen von ihm variierten daher von Anfang an, und es bildeten sich sehr schnell zwei verschiedene Schulen aus. Alexander der Große war bis Gandhara in Nordwestindien vorgedrungen, und sein Ansehen führte dazu, dass die in Stein gehauenen oder auf Felswände gemalten Buddhas Togen und Bärte westlichen Zuschnitts trugen. Dieser Stil beeinflusste auch die chinesischen Künstler: Der früheste uns bekannte chinesische Buddha ist mit einer Toga bekleidet. Gleichzeitig modellierten aber weiter im Süden die Bildhauer Buddha nach dem Vorbild schlanker Symbole für männliche Fruchtbarkeit und für Wohlstand.

Wie die Hindugötter brauchte Buddha Zeichen für seine Göttlichkeit. Eine Technik bestand darin, das Gesicht überhöht darzustellen. Von Beginn an schmückten die Künstler Buddha mit einem Heiligenschein oder Strahlenkranz, wie sie uns auch von Darstellungen Christi und der verschiedenen Heiligen vertraut sind. Ein solches Attribut lenkte die Aufmerksamkeit auf das Gesicht und verlieh ihm Ausstrahlung und Charisma. Koreanische Buddhas hatten übergroße Köpfe, die ebenfalls das Gesicht besonders zur Geltung brachten. In Thailand und Kambodscha gibt es Buddhas, die vom gespreizten Halsschild der riesigen Schutzschlange Muchalinda beschirmt sind. Dieser Schild fungiert wie eine Art Strahlenkranz. Autoren der Frühzeit schrieben weitere zweiunddreißig besondere Insignien vor, wie ein Haarbüschel, das aus der Stirn des Erleuchteten sprießt, ineinander verschränkte Finger sowie Lotuszeichen und Radsymbole auf seinen Fußsohlen.

Diese Vorschriften ließen sich aber nur noch schwer aufrechterhalten, als der Buddhismus sich mehrfach in verschiedene Richtungen aufspaltete. Die Mahayana-Buddhisten (Mahayana heißt »Großes Fahrzeug«) stellten sich den Begründer ihrer Religion als eine recht königliche Erscheinung vor und setzten ihm oft eine Krone auf. In Afghanistan gibt es einen über fünfzig Meter hohen Buddha, der aus einer Felswand herausgehauen ist. Er ragt höher auf als die Freiheitsstatue mitsamt Sockel. Schon in frühester Jugend war Buddha beeindruckend. Darstellungen des Kleinkindes, das seinen ersten eigenen Schritt tut, zeigen eine Gestalt, die die Arme zum Himmel streckt: die Geste eines siegreichen Helden. Der Mahayana-Buddhismus versprach den Gläubigen schließlich ein Nachleben im westlichen Paradies, einem Ort des Überflusses und der Fülle, der die kühnsten Träume der Sterblichen überstieg.

Die zweite Hauptrichtung, Theravada (»Pfad der Ordensältesten«, welche die Mahayana-Buddhisten spöttisch als Hinayana, »Kleines Fahrzeug«, bezeichnen), hat ihre Anhänger heute hauptsächlich in Sri Lanka und Südostasien. Sie legt auf die Lektionen Gewicht, die aus dem irdischen Dasein Buddhas gezogen werden können. Er ist das Vorbild, nach dem man sich richtet, eher die Quelle von Nirwana als der Gewährsmann von Reichtümern nach dem Tod. Die Theravada-Künstler bilden ihn in realistischerer Manier ab, als eine historische Gestalt, die damit beschäftigt ist, bestimmte einfache Handlungen auszuführen.

Buddhastatuen wirken oft wie die Verkörperung von heiterer Gelassenheit: Seine Gesichtszüge weisen häufig ein derart entrücktes Lächeln auf, dass sie manchmal schon nahezu leer wirken. Oft hat Buddha auch einen kontemplativen Ausdruck - wie zum Beispiel der sitzende Amida bei Kamakura, der seine Hände im Schoß gefaltet hat und mit einem vor Ernst und Feierlichkeit erschlafften Gesicht nach unten blickt. Buddhas können klapperdürr sein oder fettleibig, schmalgesichtig oder breitwangig, sie können weitaufgerissene oder geschlossene Augen haben, freundlich lächeln, einen ganz neutralen Ausdruck haben oder einen ernsten, fröhlichen, tiefsinnigen, gedankenverlorenen, neckisch zögerlichen und so weiter. Einige Statuen der Thais zeigen den Buddha mit femininen Zügen, und er scheint mit der geschmeidigen Grazie einer Huri einherzuschlendern.

Die Varietät verzweigt sich weiter in den *Bodhisattvas*, den »Erleuchtungswesen«, die entfernt den christlichen Heiligen entsprechen. Avalokiteshvara, der *Bodhisattva* des Mitgefühls, hatte eintausend Arme und elf Gesichter, die oft übereinandergestapelt gezeigt werden: Auf einem größeren Kopf sitzen, einer über dem anderen, die kleineren. Im China der Tang-Dynastie war er zur Zentralfigur der religiösen Dichtung geworden, in der er Buddha für gewöhnlich verdrängte. Sein Bild war bei seinen Verehrern so heiß begehrt, dass dadurch die Entwicklung des Holzschnittdrucks beschleunigt wurde.

Der populäre *Bodhisattva* Maitreya, der Buddha, der noch auf seine Wiedergeburt wartet, erfuhr nach der Zeit der Tang eine bizarre Wandlung. Er verschmolz mit einer volkstümlichen Figur namens Budai (in Japan Hotei), dem »Hanfsack«, einem fröhlichen dicken Mann, der auf der Suche nach Vergnügen durch die Welt wandert. Bei Zen-Künstlern mit einem Hang zu Humor und Respektlosigkeit ist er nach wie vor sehr beliebt. Vermutlich gehen auf ihn die im Westen verbreiteten Nippesfigürchen zurück, die Buddha als einen dickbäuchigen Hanswurst mit einem etwas sinnentleerten Grinsen zeigen.

Nach der Tang-Ära nahm sich in China die Porträtkunst eines anderen merkwürdigen Sujets an: der *Lohan* (in Indien *Arhat*), oft auf besondere Weise gekleidete Asketen, die für individuelle Leistung standen. Sie blicken finster drein oder starren den Betrachter mit einer merkwürdig geneigten Kopfhaltung an. Ihr wilder Blick ließ sie zu einem Lieblingssujet von Karikaturisten werden. Die *Lohan* wurden auch zu Vorlagen für einige Buddhadarstellungen. Aus der Quing-Zeit gibt es eine Darstellung, die ihn mit einem Vollbart westlichen

Stils, einem schmalen Gesicht mit einer großen Nase und Ohren so lang wie Bananen zeigt.

Eine monotheistische Religion stellt ihren Gott nur selten dar. Er ist der einzige seiner Art und bedarf keiner visuellen Identität. Er ist weit entfernt von jeder Inkarnation und besitzt Züge, die sich der Wahrnehmung durch das Auge entziehen. »Wie kann das Unsichtbare bildlich dargestellt werden?«, fragte Johannes von Damaskus. »Wie bildet man das Unbegreifliche ab? Wie kann man das, was unbegrenzt, unermesslich, unendlich ist, gestalterisch erfassen? Wie kann dem Formlosen eine Form gegeben werden? Wie malt man das Körperlose? Wie kann man das beschreiben, was ein Mysterium ist?«

Besitzt der christliche Gott ein Gesicht? In der Bibel heißt es, dass er den Menschen nach seinem Ebenbild schuf, was darauf hindeutet, dass er eines hat. Im Alten Testament erscheint Gott Adam und Moses in körperhafter Form. Jakob sagt, dass er Gott von Angesicht zu Angesicht gesehen habe, und Jesaja erblickte ihn auf seinem Thron.

Bildliche – im konkreten Sinn des Wortes – Darstellungen Gottes sind jedoch selten. Die griechisch-orthodoxe Kirche sprach beim Großen Konzil von Moskau (1666–1667) das Verbot aus, Bilder von Gott anzufertigen. In Westeuropa wurde und wird er gewöhnlich als Mann mit einem langen, wehenden Bart dargestellt, wie zum Beispiel auf dem Deckengemälde in der Sixtinischen Kapelle oder auch auf Tizians *Himmelfahrt Mariä* (1516–1518). Heutzutage macht sich bei solchen Darstellungen Gottes oft eine Tendenz zum Comic-Strip bemerkbar, was darauf hindeutet, dass der jeweilige Künstler es nicht ganz ernst meint.

Warum diese grundlegende Scheu davor, sich ein »Bild Gottes« zu machen? Von theologischen Bedenken einmal abgesehen, schränkt die Abbildung Gottes seine Erhöhung ein. Sie führt ihn uns deutlich vor Augen, zeigt uns seine Stimmung, individualisiert ihn, verleiht ihm ein Geschlecht, macht ihn mit anderen Worten zu einem von vielen. Wenn man nicht die Lösung der Hindus übernimmt und Gott mit einer Vielzahl von Gliedern und Köpfen ausstattet, dann suggeriert ein solches Bild, dass er wie wir ist. Ohne Gesicht ist er viel mächtiger und geheimnisvoller.

Auch der Judaismus ächtete bildliche Darstellungen Gottes und hielt sogar lange seinen Namen geheim. Von allen großen Religionen der Welt prescht jedoch der Islam am weitesten vor.

Er verbietet grundsätzlich jede Abbildung von Gesichtern. Als der Omaijaden-Kalif Abd al-Malik gegen Ende des siebten Jahrhunderts sein Gesicht auf Münzen prägen ließ, löste er bei den Gläubigen solchen Aufruhr aus, dass er es umgehend durch eine einfache Inschrift ersetzen ließ. Ibrahim Pascha (ca. 1493–1536) ließ die drei einzigen Statuen aufstellen, die in der 471 Jahre währenden Geschichte des ottomanischen Reiches angefertigt wurden – sie zeigten Herkules, Diana und Apollo –, und seine Untertanen verfluchten den Potentaten dafür, allerdings sehr leise. Claude Lévi-Strauss gab dieser Ablehnung von Bildern die Schuld an der Leere islamischer Kunst: Sie trenne die Künstler von der Realität und fördere fade Konventionalität.

Im Koran findet sich jedoch keine entsprechende Vorschrift. Das Verbot von Porträts geht eher auf eine Gewohnheit zurück, und es war auch nie völlig uneingeschränkt. Die Sultane der Ottomanen-Dynastie gaben regelmäßig Porträts von sich selbst in Auftrag, und unter den indischen Moguls erreichte dieses Genre der Malerei allerhöchstes Niveau, vor allem während der Regierungszeit von Jahangir (1605–1622). Jahangir setzte sogar Porträts zu diplomatischen Zwecken ein und schickte einen Künstler aus, der Abbas, den Schah des Iran, malen sollte.

Dennoch ist der Islam in seiner Haltung extrem. Aufgeklärte Denker fast aller Konfessionen kommen jedoch überein, dass das Gesicht Gottes eine menschliche Projektion ist. Es stellt eine Verbindung her und hilft uns verstehen – auch wenn es nur ein Traum ist.

Superporträts

Die bizarrsten Gesichter findet man nicht in literarischen Phantasien wie in denen von Mandeville, sondern auf Papier gebannt. Der Zeichenstift macht das Gesicht unendlich plastisch. Ein Karikaturist wie Basil Wolverton versteht es, Gesichter zu kreieren, die selbst die Mutation einer Fruchtfliege banal erscheinen lassen. Die Freiheit, hinzuzufügen und wegzunehmen, zu übertreiben und zu reduzieren, macht die Karikatur möglich.

Eine Karikatur ist ein epigrammatisches Porträt. Sie übertreibt die charakteristischen Merkmale – oft um einer witzigen Wirkung willen – und hat seit Jahrhunderten vielen Menschen, die allzu sehr von sich überzeugt waren, hart zugesetzt. Diese Form der Parodie entstand im alten Ägypten, wenn nicht sogar schon früher. In seiner *Poetik* erwähnt Aristoteles einen Künstler, der Gesichter schöner macht, einen zweiten, der sie getreu kopiert, und einen dritten, der sie verschlimmert. Diese drei sind der Schmeichler, der Realist und der Karikaturist.

Wahre Bedeutung erhielt die Karikatur aber erst mit der Drucktechnik in der Zeit der Renaissance. Sakrale Kunstwerke waren dauerhaft, in Stein gehauen oder auf Wände gemalt. Auf Papier gedruckte Werke waren etwas äußerst Flüchtiges. Man konnte die Blätter verstecken oder vernichten, wenn Vertreter der Obrigkeit erschienen, um herumzuschnüffeln. Man hatte auf diesem Weg größere Freiheit, Kritik zu üben. Frühe moralistische Karikaturisten konzentrierten sich auf den Totentanz und zeigten, dass den Sünder nach seinem Tod Genüsse einer ganz speziellen Art erwarteten. William Hogarth (1697–1764) war der erste große Karikaturist; er gravierte *Gin Lane* (1751) und andere Ansichten des Lebens der Unterklasse gewissermaßen in die europäische Psyche. Hogarths eigentliches Gebiet war die Gesellschaftssatire, er wagte aber hin und wieder auch einen Vorstoß in den Bereich der Politik, machte sich über Lord Bute und John Wilkes lustig und über die vielen, die in den »South Sea Bubble«, den großen Börsenkrach von 1720, verwickelt waren.

Seine Nachfolger in England, Thomas Rowlandson (1756–1827) und James Gillray (1757–1815), beschritten ganz unterschiedliche Wege. Rowlandson verspottete die Schwächen der besseren Gesellschaft wie zum Beispiel das Modediktat, dem sich Theaterbesucher unterwarfen. Gillray war vermutlich der erste genuine politische Karikaturist, der Whigs und Tories gleichermaßen aufs Korn nahm. Wenn eine neue Zeichnung von ihm zu erwarten war, versammelte sich eine Menschenmenge vor dem Redaktionsbüro der Zeitschrift, für die er arbeitete. »Es war das reinste Tollhaus«, berichtete ein Beobachter. »Man musste sich mit den Fäusten den Zugang erkämpfen.«

Karikaturen sind massenwirksam. Honoré Daumier (1808–1879) war der erste große Vertreter dieses Genres, der sich die Lithographietechnik und die Rotationsdruckmaschinen zunutze machte, durch die Zeitschriften für weite Kreise erschwinglich wurden. Während der Revolution von 1830 veröffentlichte er Porträts politisch bedeutender Männer in dem Magazin *La caricature*. Baudelaire meinte dazu: »Alle Armseligkeiten des menschlichen Gemüts, alle Lächerlichkeiten, alle Verrücktheiten des Geistes, alle Laster des Herzens sind von diesen ins Tierhafte veränderten Gesichtern deutlich abzulesen; und gleichzeitig ist alles großzügig hingeworfen und ausgearbeitet.« Nach der Einführung neuer Zensurgesetze und nachdem er 1832 für einige Monate ins Gefängnis gesteckt worden war, weil er Louis Philippe als Gargantua dargestellt hatte, beschränkte Daumier sich darauf, Sitten und Gebräuche satirisch aufs Korn zu nehmen. Insgesamt zeichnet sich sein Werk durch eine Art von aphoristischer Direktheit aus. Wie Baudelaire bemerkte: »Der Grundgedanke tritt sogleich hervor. Man schaut hin, und schon hat man begriffen.«

Die bekanntesten modernen Karikaturen haben einen politischen Hintergrund und stammen von Zeichnern wie Thomas Nast, Herbert Block (»Herblock«), Pat Oliphant, Paul Conrad, Bill Mauldin und Jeff MacNelly. Nast (1840–1902) trat während des amerikanischen Bürgerkrieges für die Union ein – Lincoln nannte ihn »unseren besten Rekrutierungsoffizier«. Und es war Nast, der die moderne Darstellung des Weihnachtsmanns erfand wie auch die Wappentiere der Republikanischen und der Demokratischen Partei, den Elefanten und den Esel. Er zog erbarmungslos über Tammany Hall her, das Hauptquartier der Demokratischen Parteiorganisation in New York. Seine Zeichnung »Die Gehirne« zeigte den Boss, Tweed, mit einem Geldsack anstelle eines Gesichts. Solche bissigen Zeichnungen lösen in denjenigen, denen sie gewidmet sind, nicht immer das reinste Entzücken aus. Richard Nixon ärgerte sich jahrzehntelang über die Karikaturen, die Herblock von ihm für die *Washington Post* zeichnete, und der Bürgermeister von Los Angeles Sam Yorti verklagte Paul Conrad auf zwei Millionen Dollar Schmerzensgeld – ohne Erfolg.

Nicht jede Karikatur ist eine Waffe. Zen-Buddhisten stellten gerne Bodhidarma, den Begründer der Chan-Sekte aus dem fünften Jahrhundert, in ganz unehrerbietig karikierender Weise dar, eine für religiöse Darstellungen sehr ungewöhnliche Praxis. David Levines Porträts im *New York Review of Books* sind zwar nicht schmeichelhaft, normalerweise aber auch keineswegs maliziös – für auserwählte Opfer wie Nixon und William F. Buckley spitzte er allerdings seinen Bleistift noch einmal extra an, bevor er sich ans Werk machte. Die Gesichter, die Al Hirschfeld aufs Papier bringt, besitzen sogar einen gewissen spitzbübischen Charme. Jede gute Karikatur weist jedoch auch immer eine gewisse Schärfe auf.

Die Wirkung von Karikaturen beruht darauf, dass sie uns dazu veranlassen, eine wirkliche Person mit einem komischen Zerrbild zu identifizieren. Wir können ein grinsendes, abnorm aufgeschwollenes Gesicht vor uns haben und dennoch sagen: »Das ist Bill Clinton!« Notwendig dafür ist eine gewisse Ausgewogenheit. Auf der einen Seite kann der Künstler nicht einfach nur ein einziges bestimmtes

Merkmal übertrieben darstellen: Richard Nixon erfordert eine sehr lange Nase, aber auch aufgeblähte Wangen und ein vorspringendes Kinn. Interessanterweise sind sich die Karikaturisten generell einig darüber, welches die charakteristischen Merkmale eines Gesichts sind, die sie vergrößern müssen. Auf der anderen Seite muss der Zeichner aber auch jede allzu große Übertreibung vermeiden. Eine Gurkennase und Wangen so prall wie Satteltaschen würden verhindern, dass wir Nixon überhaupt noch erkennen, und den ganzen Effekt zunichte machen.

Die besonders prägnanten Merkmale zu übertreiben reicht zudem möglicherweise nicht aus. Computer können das auch, doch Menschen zeichnen normalerweise immer noch viel treffendere, »vernichtendere« Karikaturen. Es verhält sich ähnlich wie bei Phantombildern von Kriminellen: Künstlern gelingt es immer noch besser, das Charakteristische eines Gesichts einzufangen, als irgendeinem Apparat – bis heute jedenfalls.

Der Zeichner Annibale Carracci (1560–1609) meinte: »Eine gute Karikatur ist, wie jedes andere Kunstwerk, lebensgetreuer als die Realität selbst.« Psychologen nehmen diese Vorstellung heute sehr ernst. Versuche zeigen, dass wir eine gute Karikatur schneller erkennen als eine vollständige und akkurate Strichzeichnung. Überraschenderweise wirken Karikaturen auch realistischer. Bei einer vor kurzem durchgeführten Untersuchung wurden den Testpersonen lebensgetreue Bilder und vom Computer geschaffene Karikaturen eines und desselben Menschen – beides in Fotoqualität – vorgelegt. In vielen Fällen meinten die Probanden, dass die Karikaturen dem wirklichen Menschen ähnlicher seien als die Fotos. Verzerrung scheint genauer zu sein als Wahrhaftigkeit. Und Vertrautheit erhöht diese Wirkung noch. Bei sehr bekannten Gesichtern hielten die Testpersonen sogar ganz extreme karikaturistische Darstellungen für besonders treffend. Es scheint ein Paradox zu sein: Je besser wir ein Gesicht kennen, desto schlechter scheinen wir es zu sehen.

Solche Erkenntnisse haben einige Psychologen dazu veranlasst, Karikaturen als »Superporträts« zu bezeichnen. Sie vertreten die Ansicht, dass wir Gesichter an einigen wenigen besonderen Merkmalen erkennen, die eine Karikatur hervorhebt, ein lebensgetreues Bild hingegen nicht. Die Karikatur gibt die entscheidenden Variablen direkt in die Formel ein, während eine realistisch ausgeführte Zeichnung nur Störendes hinzufügt und allen Merkmalen gleiches Gewicht verleiht.

Andere Wissenschaftler gehen noch weiter. Die Psychologen Robert Mauro und Michael Kubovy haben Beweise dafür gefunden, dass das Gehirn Gesichter in Form von Karikaturen speichert. Eine solche Zeichnung liefere keineswegs nur in stenografischer Verkürzung die wichtigsten Merkmale zur Erkennung eines Gesichts, vielmehr sei die Karikatur selbst in unserer Erinnerung aufbewahrt. Eine Zeichnung des grinsenden Jimmy Carter mit Zähnen so groß wie Spielkarten korrespondiere einfach mehr mit dem Bild, das in unseren Nervenzellen gespeichert sei.

Diese Theorie könnte auch das schon erwähnte Phänomen erklären, dass wir Angehörige einer fremden Rasse weniger leicht voneinander zu unterscheiden vermögen als solche der eigenen. Wenn Erinnerungen an Menschen anderer Rassen gespeichert werden, könnten Mauro und Kubovy zufolge deren rassische Merkmale möglicherweise als ebenso kennzeichnend empfunden werden wie beispielsweise eine lange Nase und sich daher auf Kosten von individuelleren Merkmalen in unserem Gedächtnis festsetzen.

Tatsächlich ist es möglich, dass die Zeugen damals Laszlo Virag auch deswegen mit Georges Payen verwechselten, weil die beiden Männer, obwohl ihre Gesichter sich deutlich unterschieden, bestimmte Merkmale, die eine Karikatur hervorheben würde, gemeinsam hatten – wie zum Beispiel schmale Lippen oder eine spitze Nase.

»Keine alltägliche Erfahrung ist zu banal für den denkenden Menschen«, sagte einst Umberto Eco. Die vielen überraschenden Aspekte der Karikatur, die sich uns offenbaren, wenn wir uns ein wenig eingehender mit ihr beschäftigen, geben ihm recht.

Masken – eine Quelle für Identitäten

Masken sind Spielzeuge des Selbst. Sie sind aufsetzbare Gesichter, instantisierte Persönlichkeiten, die am unmittelbarsten wirkenden und verbreitetsten Instrumente der Verkleidung. Bei den Kachina-Zeremonien der Pueblo-Indianer ebenso wie beim mittelalterlichen Narrenfest oder bei Postkutschenüberfällen im Wilden Westen haben sie es Menschen ermöglicht, mit einer fremden Identität zu spielen. Sie haben uns in Verbrecher, Liebhaber und Götter verwandelt.

Wie viele andere kulturelle Innovationen gehen Masken auf das Zeitalter des Paläolithikums zurück. Ein Eiszeitmensch, dessen Leiche vor siebenundzwanzigtausend Jahren bei Dolní Vestonice begraben wurde, trug vielleicht bereits eine bemalte Maske. Das Skelett des jungen Mannes lag zusammen mit denen zweier anderer Jugendlicher so im Boden, dass eine Art Liebesdreieck entstand: Die Hand eines jeden von ihnen ruhte auf der Schamregion eines anderen. Eine Kalksteinmaske aus Hebron aus der Zeit um 6500 vor Christus ist jedoch die erste, deren Existenz wirklich gesichert ist. Steinmasken waren unbequem, aber sie blieben erhalten. Man kann davon ausgehen, dass es vor ihnen Gesichtshüllen aus weniger dauerhaftem Material gab.

Totenköpfe geben sehr wirkungsvolle Masken ab. Ein ehemaliges Gesicht liegt über einem gegenwärtigen, Knochen über lebendiger Haut. Sie sind real, nicht nur Darstellungen von etwas, und können daher eine enge Verbindung mit den Ahnen-Göttern knüpfen. Doch weisen solche Schädel große Öffnungen auf und bedürfen zumeist einiger Reparaturarbeiten. So haben Archäologen in Jericho zwölf vermutlich als Masken verwendete Schädel aus der Zeit zwischen 7600 und 6000 vor Christus gefunden, die mit Gips überzogen worden waren. Mindestens fünf von ihnen waren zudem bemalt worden. Auch die Melanesier, die Azteken und Nigerianer stellten Schädelmasken her. Die Melanesier trugen eine Wachsschicht auf den Schädel auf und bemalten ihn dann. Oft setzten sie auch neue Augen ein, formten eine Nase und klebten menschliches Haar an. Eine aztekische Schädelmaske des mit wahrsagerischen Fähigkeiten ausgestatteten Gottes Tezcatlipoca, die sich heute im Britischen Museum befindet, besitzt Augen aus Pyrit. Über das Gesicht mit dem weit offenen Mund laufen Streifen aus türkisfarbenen Mosaiksteinchen und aus Obsidian. Möglicherweise hat Montezuma diese Kultmaske Cortez als Geschenk überreicht.

Auch die Haut von Toten diente als Material für Masken. Die chilenischen Mapuche trockneten die Gesichtshaut getöteter Gefangener und trugen diese dann bei Tänzen über ihrem eigenen Gesicht. Bei den Huasteken und später bei den Azteken, im Gebiet des heutigen Mexiko, war der wichtigste maskentragende Gott Xipe Totec, »Unser Herr, der Gehäutete«, der Frühlingsgott. Junge aztekische Männer imitierten ihn, indem sie ihr Gesicht und ihren Körper mit der Haut bedeckten, die zeremoniell geopferten Menschen abgezogen worden war. Sie trugen diese Haut einundzwanzig Tage lang. Nach dieser Zeit war sie verwest, und der Mensch, der aus ihr auftauchte, war erneuert.

Auch Statuen haben Masken getragen. Wenn ein aztekischer Herrscher krank wurde, setzten Priester den Götterstandbildern Masken auf, bis er genas. Dasselbe taten sie, wenn ein großes, die Allgemeinheit betreffendes Unglück eingetreten war. Statuen können aber auch Masken *sein*. In Nord-Ekiti stieß ein Anthropologe auf eine Skulptur, die über 1,80 Meter groß war und mehr als fünfundfünfzig Kilo wog, sich aber als eine *Epa*-Maske offenbarte, dazu bestimmt, getragen zu werden.

Niemand weiß, warum Masken überhaupt entstanden. Vielleicht dienten sie anfangs bei der Jagd dazu, sich an Beutetiere anzuschleichen. In Nayarit in Mexiko trug man früher bei Jagdritualen Cora-Masken. Noch legen in der Karwoche die Männer solche Masken an und verfolgen und töten Jesus, als ob er ein Hirsch wäre.

Vielleicht waren es zunächst aber auch Instrumente, mit denen man übernatürliche Macht signalisierte. Masken waren die ersten Idole. Mit ihrer Hilfe kann man besonders gut Götter und Geister darstellen, weil sie ihren Trägern nicht-menschliche Gesichter verleihen. So ist es denkbar, dass ägyptische Priester sich maskierten, um in die Rolle ihrer tierköpfigen Gottheiten zu schlüpfen. Überdies glaubten viele primitive Völker, dass der Kopf von Geistern bewohnt werde. Diese Geister mit Hilfe einer Maske nach außen hin sichtbar zu machen war ein nahe liegender Schritt.

Masken haben seit langer Zeit die Toten repräsentiert. Totenmasken manifestieren die Züge eines Verstorbenen und können zur Ikone eines neuen Ahnen-Gottes werden. In New Ireland versammelten sich die Menschen im Juni, um ihre Toten zu betrauern. Die Zeremonie fand unter der Ägide einer Geheimgesellschaft statt, und die Teilnehmer trugen Masken, die dem Gesicht einer verstorbenen Person nachempfunden waren. Wenn die Menge ein Gesicht erkannte, dann rief sie laut den Namen des Toten aus und brach in Wehklagen aus.

Masken können einen Menschen zu einer geisterhaften Erscheinung machen. Maskierte und als Geister verkleidete junge Männer pflegten durch die Dörfer von Nigeria, Dahomé und Togo zu ziehen, um »Juju«-Zauber zu machen und dafür Geschenke entgegenzunehmen. Bei bestimmten westafrikanischen Stämmen – wie den Ibo – kommt es zu einer kurzen Wiederauferstehung. Der Geist eines Verstorbenen erscheint nach der Beerdigung zweimal am Tag auf der Erdoberfläche. Er trägt dabei eine Maske von bleicher Farbe und spricht durch eine Art von Rohr. Die Stammesangehörigen bürsten den Grabesstaub sorgfältig von ihm ab und bieten ihm die Schulter, damit er sich auf sie stützen kann. Im Laufe der vier bis fünf Tage im Anschluss an sein erstes Erscheinen kommt der Geist zunehmend zu Kräften, bis er schließlich ohne fremde Hilfe einherwandeln kann. Wenn es so weit ist, nimmt eine zweite, rituelle Beerdigung ihren Anfang.

Masken können Wohnstätten der Götter sein. Die zu Göttern gewordenen Ahnen der Hopi-Indianer, die Kachinas, hielten sich in der Zeit zwischen der Winter- und der Sommersonnenwende auf der Erde auf. Als sie dort nicht länger bleiben konnten, brachten sie den Hopi bei, Masken herzustellen, in die ihre Geister einziehen konnten. Die Hopi holen diese Masken für eine Ende Dezember stattfindende Zeremonie, die »Wiederkehr der Kachinas«, hervor und legen sie erst Ende Juni wieder zurück.

Eine Maske kann auch ein Gott *sein*. Die Delaware-Indianer haben einen Gott, der »Lebendes festes Gesicht« heißt: eine Maske, die lebt und göttliche Eigenschaften besitzt. »Lebendes festes Gesicht« zeigte einst dem Stamm, wie man Masken von ihm herstellte, und versprach, dass er in diese einziehen werde, wenn sie getragen würden. Er fungiert als eine Art Ratgeber für den Stamm und hilft ihm vor allem bei der Jagd.

Diese Verbindung zum Übernatürlichen besitzt unzählige Facetten, und so ist eine Maske auch das Gesicht unserer Träume. Mit ihr können wir jede Person sein, die wir uns vorzustellen vermögen. So konnte ein Medizinmann, wenn er die richtige Maske dafür aufgesetzt hatte, auch eine spezifische Krankheit heilen. In Sri Lanka gab es für neunzehn verschiedene Krankheiten jeweils eine andere Maske. Der Schamane wählte eine aus, setzte sie auf, tanzte vor dem Patienten und lockte den bösen Geist aus diesem heraus in seinen eigenen Körper. Dann wanderte er zum Rand des Dorfes, wo er so tat, als ob er sterbe. Auf diese Weise befreite er sowohl sich selbst als auch das ganze Dorf von der Krankheit.

Masken können die Umgebung, in der man lebt, reinigen. Dem Forschungsreisenden K.T. Preuss zufolge glaubten die Kagaba im Norden Kolumbiens, dass Masken die Gesichter von Dämonen seien, die diese den Menschen geschenkt hätten, damit sie jene Tänze aufführen konnten, die Krankheiten von ihnen fernhielten. Im Laufe der Zeit hätten die Fleischessünden der Bewohner eines Dorfes dazu geführt, dass einige in der Nähe befindliche magische Steine zu einem Staub zerfielen, der Krankheiten hervorrief. Da die Sonne ein der Menschheit wohlwollender Gott war, fegte die große Sonnenmaske diesen Staub aber ans Ende der Welt.

Wie Totempfähle können Masken auch jemanden verspotten. Bei ihren Potlatch-Zeremonien trugen die Indianer Britisch-Kolumbiens manchmal Masken, die den Gesichtern von Häuptlingen verfeindeter Stämme nachempfunden waren. Masken konnten auch verspotten, indem sie jemandem gegen seinen Willen eine Identität aufzwangen. Protestantische Frauen, die der Hexerei bezichtigt wurden, mussten bei ihren Prozessen »Schandmasken« tragen. Diese zeichneten sich häufig durch lange Nasen, wild grinsende Münder, riesige Ohren und Zottelhaare aus. Sie tragen zu müssen war eine Strafe vor dem Urteil.

Die Zwecke, zu denen Masken dienen können, scheinen ebenso vielfältig zu sein wie die Begierden und Sehnsüchte der Menschen, die sie tragen. Für die Dan von der Elfenbeinküste besitzen jene Masken die größte Bedeutung, die sie aufsetzen, um – über ihre Ahnen – mit dem hochmütigen Gott Zlan zu kommunizieren. Sie kennen aber auch Opfermasken, auf denen sie ihren Vorfahren Gaben darbieten, Rachemasken, mit denen man Ordnungshütern und Richtern beistehen kann, Initiationsmasken, mit denen man die Kandidaten unterweisen und die Dorfbewohner erheitern kann, *Sagbwe*-Masken, die Siedlungen, welche in der Nähe des Waldes liegen, vor Gefahren wie Feuersbrünsten schützen sollen, und schließlich die am wenigsten wichtigen Masken, die zur reinen Unterhaltung dienen.

Masken haben in den Kulturen Indiens, Chinas, Japans, Schwarzafrikas, des alten Ägyptens, Neuseelands und des präkolumbischen Amerikas mannigfaltige Rollen gespielt. Menschen haben sie aufgesetzt, um rituellen Tänzen Gewicht zu verleihen, um auf dem Schlachtfeld den Feind in Schrecken zu versetzen, um die Götter zu besänftigen, um einen Herrscher auf der Reise ins Totenreich zu begleiten und um mit einer Gottheit in Verbindung zu treten.

Masken repräsentieren nicht nur bestimmte einzelne Menschen. Sie können ganze Gesellschaften darstellen oder an geophysikalische Ereignisse erinnern. Auf den gewaltigen *Ijele*-Masken (2,70 Meter breit und 3,60 bis 5,40 Meter hoch) der Ibo in Nigeria sind in Brueghelscher Manier Szenen aus dem alltäglichen Leben dargestellt, die Menschen, ihre Tiere und ihre Götter. In New Britain gelangen bei der *Mandas*-Zeremonie vierundachtzig Masken zum Einsatz, die Ereignisse aus mythischen Zeiten zeigen. Auf einer dieser Masken sind Strudel zu sehen, sie symbolisieren die Geburt des Ozeans. Eine andere zeigt, wie die Erde sich von der See trennte. Bei den Senufo der Elfenbeinküste, Malis und Burkina Fasos erinnert die *Kponiougo*-Maske an das Chaos, das auf der Welt herrschte, bevor Koulo Tiolo Ordnung auf ihr schuf. Auf der *Mosh'ambooymushall*-Maske der Kuba in Zaire ist der Anfang der Welt dargestellt.

Im Westen verbergen Masken heutzutage eher die Identität, als dass sie sie verwandeln. Zu Halloween verkleidet sich ein Kind als Geist oder als Cowboy, verhält sich aber nicht entsprechend. Leute, die einen Maskenball besuchen, legen sich Scheinidentitäten zu. Ihr Gesicht verrät sie nicht länger, die Fesseln der Identität fallen von ihnen ab. Deswegen fühlen sich viele maskierte Menschen freier, meinen, weniger auf ihr Betragen achten zu müssen. Das geheime Selbst, das in ihnen steckt, blüht auf. Manchmal kann also eine Maske auch eine Person enthüllen.

Schleier und Fächer sind Halbmasken. Sie verhüllen unauffällig und nur partiell, bringen so Schönheit stärker zur Geltung und laden zum

Flirten ein. In viktorianischer und edwardianischer Zeit trugen die Frauen oft Schleier, um auf ihr Gesicht aufmerksam zu machen, es aber gleichzeitig hinter einem geheimnisvollen Hauch von Tüll zu verstecken. Sie entrückten das Gesicht der Welt und erhoben es zugleich über sie. Diese – oft sehr weitmaschigen Schleier – ließen natürlich auch Falten und Hautunreinheiten weniger deutlich hervortreten und konnten den Gesichtszügen einen träumerisch-vagen Ausdruck verleihen. Die, wenn auch nahezu durchsichtige, Trennung zwischen Gesicht und Betrachter ließ eine Art von Vitrineneffekt entstehen.

Gegen Ende des siebzehntes Jahrhunderts wurde der Fächer ein beliebtes Instrument, um das Gesicht keusch zu bedecken oder es keck zu enthüllen, je nachdem. Reynolds und Fragonard stellten auf ihren Gemälden Fächer dar, und bald entstand für diese Utensilien ein eigener Code. Mit der Zahl von Wedelbewegungen, die man mit einem halbgeöffneten Fächer ausführte, konnte man zum Beispiel jemandem signalisieren, zu welcher Zeit man sich mit ihm treffen wollte. Ein sachte an die Lippen gelegter Fächer deutete an, dass die betreffende Dame geküsst werden wollte. Ein ans Herz gepresster Fächer zeigte, je nach der Intensität, mit der dies geschah, die Stärke ihrer Leidenschaft an. Ein spanischer Verleger gab sogar ein Fächerbuch heraus, in dem die Bedeutung der verschiedenen Gesten erklärt wurde. In Spanien wurden Fächer zu einer Zeit populär, als die guten Sitten Gespräche zwischen zwei Menschen unterschiedlichen Geschlechts nicht mehr uneingeschränkt zuließen.

Masken, richtige Masken, sind ein Sesam-öffne-dich zu allen möglichen Vergnügungen halbegitimen Charakters. Im alten Rom trugen sie während der Saturnalien dazu bei, dass die soziale Ordnung auf den Kopf gestellt werden konnte. Leibeigene staffierten sich als Adelige aus, Adelige tollten ganz unadelig umher. Die Staatsdiener lächelten nur milde über die Verbrechen, die eine Folge von all dem waren. Beim mittelalterlichen Narrenfest maskierten sich die Bauern und lachten und tranken miteinander. Die Priester zogen ihre Soutanen verkehrt herum an, setzten sich Bischofsmasken auf und zelebrierten die Riten des Herrn der Unordnung, des Papstes der Torheit. 1207 sprach Innozenz III. ein Verbot aus, Masken zu tragen. Es wurde jedoch kaum beachtet. Als es den päpstlichen Behörden im fünfzehnten Jahrhundert schließlich gelang, sie aus den religiösen Riten zu verbannen, etablierten die Masken sich im Karneval.

Karneval ist das jährliche apokalyptische Galafest vor dem Beginn der Fastenzeit. Beim venezianischen Karneval vergnügten sich im siebzehnten und achtzehnten Jahrhundert maskierte Damen und Herren auf den Piazzas oder in mit Kerzen beleuchteten Ballsälen. Der Umstand, dass ihre Gesichter nicht zu erkennen waren, machte sie kühn. »Alte und Junge, Patrizier und Plebejer, Reiche und Arme, alle sind sie verkleidet«, schrieb Pompeo Molmenti (1852–1928). »Ein Harlequin flüstert süße Belanglosigkeiten in das Ohr einer jungen Dame, die ein Dominokostüm trägt, sie lacht und sucht Zuflucht in der Menge. Ein Mattacino in einem weißen Gewand mit roten Strumpfbändern und roten Schuhen wirft Eierschalen voller Rosenwasser an die Fenster von Patriziern.« Die Venezianer haben vor einigen Jahren ihren Karneval wieder aufleben lassen, und eine ausgelassene Menge maskierter Touristen tobt nun an den entsprechenden Tagen durch die Stadt.

Seit jeher haben Masken Liebende bei ihren Abenteuern behütet. Bei Shakespeare vermag Romeo sich mit einer Maske vor dem Gesicht inmitten der Capulets zu bewegen. In *Was ihr wollt* ist Viola maskiert, als sie um Olivia wirbt. Die Augenmaske, ein schmaler Stoffstreifen, der nur die Augenregion bedeckt, war in Venedig sehr populär und ideal für amouröse Abenteuer. Der untere Teil des Gesichts blieb frei, so dass man ungehindert sprechen konnte. Das Verbergen der Augen machte ein Erkennen schwieriger als das Verdecken irgendeines anderen Teils des Gesichts. Trotzdem gab eine solche Maske soviel preis, dass Männer und Frauen das Alter und die Attraktivität des Gegenübers zu beurteilen vermochten.

Mitte des neunzehnten Jahrhunderts kamen Maskenbälle auch in Amerika in Mode. Die Tradition, sich bei solchen Veranstaltungen zu maskieren, lebt weiter, obwohl die Gründe dafür manchmal andere sind als früher. Teilnehmer an den Mardi-Gras-Feiern setzen bisweilen eine Maske auf, um eine andere sexuelle oder ethnische Identität anzunehmen. Vor allem an Halloween können Maskeraden zur Spezialität von Prostituierten, Fetischisten und anderen, die ein sexuelles Geheimnis besitzen, werden. Masken, die wirklich unkenntlich machen, offenbaren häufig, wo die Gesellschaft Grenzen zieht.

Europäische Banditen begannen erst vom sechzehnten Jahrhundert an Masken zu tragen. Abgesehen davon, dass sie das Gesicht verbargen, verliehen sie oft einem gewissen Modebewusstsein Ausdruck oder trugen zumindest dazu bei, dass berittene Straßenräuber sich vom gewöhnlichen Pöbel absetzen konnten. Viele dieser Wegelagerer entstammten der Oberschicht und brauchten dringend Bargeld, um ihre Spielschulden bezahlen zu können, ein vergeudetes Erbe zu ersetzen oder Reichtümer, die ein Krieg ihnen genommen hatte. Ein Gentleman war mehr als alle anderen auf eine Maske angewiesen, da seine Opfer von heute sehr gut seine Tischgenossen von morgen sein konnten.

Solche Straßenräuber machten sich auf verschiedenste Art unkenntlich. Der Sohn eines Landedelmannes, Gamaliel Ratsey, der im sechzehnten Jahrhundert seinem »Gewerbe« nachging, setzte sich eine besonders abscheuliche Maske auf, um seine Opfer einzuschüchtern. Jack Collet verkleidete sich als Bischof und ließ sich von vier bis fünf berittenen Kumpanen begleiten, die sich als seine Diener verkleidet hatten. Tom Royland und Thomas Simpson staffierten sich als Frauen aus. Mary Firth – auch Moll Cutpurse (»Püppchen Beutelschneiderin«) genannt – trat hingegen als Mann auf und wurde mit diesem Trick recht wohlhabend. Francis Jackson, ein Spieler, Kavalier und Bonvivant, wurde zum Räuber, um eine befreundete Prostituierte unterstützen zu können. Er entwickelte sich zu einem Experten in Sachen Verkleidung und gab Kollegen den fachmännischen Rat, sich viele Bärte und Perücken von unterschiedlicher Farbe zuzulegen. Die Einführung einer Landstraßenpatrouille machte im frühen neunzehnten Jahrhundert diesem Metier schließlich den Garaus.

Im wilden amerikanischen Westen banden die Banditen im neunzehnten Jahrhundert sich einfach ein Tuch um, das ihr Gesicht bis zur Nasenwurzel bedeckte. Es war ein Trick, den sie von Bergleuten übernommen hatten, die solche Tücher benutzten, um den Kohlenstaub aus Nase und Hals herauszuhalten. Black Bart, der zwischen 1875 und 1883 regelmäßig Postkutschen der Wells-Fargo-Gesellschaft überfiel, zog sich einfach einen Mehlsack über, in den er Löcher für die Augen geschnitten hatte, und stülpte sich dann noch einen runden schwarzen Hut, eine Melone, auf den Kopf. Er verhielt sich immer als Gentleman und machte nur einen Fehler, der seine Karriere allerdings ein für allemal beendete: Er ließ am Tatort eines seiner Überfälle ein Taschentuch zurück. Detektive stellten fest, dass das Wäschereizeichen aus San Francisco war, und identifizierten ihn schließlich als Charles Bolton, einen schmächtigen kleinen Kerl, der gerne Melonen über seinem schütteren Haar trug und sich als wohlhabender Minenbesitzer ausgab. Nachdem er verhaftet worden war, belagerten die Bürger der Stadt das Gefängnis, um einen Blick auf den berühmten Mann werfen zu können.

Für den Räuber von heute ist eine Maskierung eine Berufsnotwendigkeit. Mit Hilfe von Überwachungskameras, fortschrittlichen Identifizierungsmethoden und der Fernsehtechnik kann sein Bild innerhalb kürzester Zeit über den ganzen Erdball verbreitet werden. In der Regel ziehen Verbrecher sich irgendetwas über, was man problemlos kaufen kann: eine Halloween-Maske, eine Strickkapuze oder einen Nylonstrumpf (solch ein Strumpf macht übrigens das Gesicht nicht unkenntlich, indem er es verbirgt, sondern indem er die Gesichtszüge gleichsam einebnet).

Scharfrichter trugen Masken, die fast ihr gesamtes Gesicht verhüllten, um nicht erkannt und stigmatisiert zu werden. Niemand weiß, wer es war, der Karl I. köpfte. In Irland schnallten sich Henker eine abscheuliche Maske vor das Gesicht und einen hölzernen Buckel auf den Rücken, an dem Steine, die auf sie geworfen wurden, abprallen sollten. Mit solchen Steinwürfen mussten sie nämlich rechnen, da sie oft Rebellen hinrichteten, die im Volk große Popularität genossen.

Als dann aber Hinrichtungen zu Spektakeln wurden, in London Vergnügungssuchende die Straßenränder vom Newgate-Gefängnis bis zum Richtplatz in Tyburn säumten und *le beau monde* sogar Balkone mietete, von denen aus man den Verurteilten auf seinem letzten Gang beobachten konnte, nahm der Scharfrichter seine Maske ab und wurde so zu einer der Öffentlichkeit wohlbekannten Persönlichkeit, beinahe zu so etwas wie einem Festvorsitzenden. Zur gleichen Zeit wurde es Sitte, dass man die Gesichter der Verurteilten bedeckte oder ihnen ein Tuch um die Augen band. Sir Walter Raleigh lehnte es voller Verachtung ab, sich die Augen verbinden zu lassen. Er sagte: »Glaubt ihr, dass ich den Schatten der Axt fürchte, wenn ich die Axt selbst nicht fürchte?«

All diese Masken dienten dem Schutz der Reputation. Manchmal konnten sie ihrem Träger aber auch dazu verhelfen, überhaupt erst Reputation zu erwerben.

Unbekannte Gesichter

Am 19. November 1703 starb in der Bastille ein geheimnisvoller Mann. Er war 1698 aus dem Gefängnis von Pignerol, wo er seit 1661 oder 1669 gefangen gehalten worden war, in das Pariser Gefängnis gebracht worden. Dort lebte er noch fünf Jahre in strengstens aufrechterhaltener Isolation unter der persönlichen Aufsicht eines Wärters, der das höchste Vertrauen von Ludwig XIV. genoss. Er wurde unter dem Namen »Marchioly« beigesetzt. Die Geschichte wäre vielleicht schon längst über ihn hinweggegangen, wenn er nicht der Nachwelt ein quälendes Rätsel aufgegeben hätte: Niemand weiß, wer er war, weil er ständig eine schwarze Samtmaske trug.

Voltaire war der erste, der über ihn schrieb. Dieser geistreiche Schriftsteller, der aus irgendeinem Grund behauptete, die Maske sei nicht aus Samt, sondern aus Eisen gewesen, hatte selbst ein paar Jahre nach dem Tod des geheimnisvollen Mannes in der Bastille gesessen und schien sich bestens über das dort Vorgefallene auszukennen. In seinem *Siècle de Louis XIV* schrieb er, dass der Insasse mit Sicherheit ein Mann von Bedeutung und Rang gewesen sei, dass aber kein solcher um die Zeit, als die Gefangenschaft des Unbekannten begann, verschwunden sei. Er überließ es seinen Lesern, selber zu dem Schluss zu kommen, dass der Mann mit der eisernen Maske ein Halbbruder von Ludwig XIV., ein uneheliches Kind seines Vaters, gewesen sein musste.

Mutmaßungen über die Identität des Gefangenen anzustellen wurde bald ein beliebtes Gesellschaftsspiel. Einige meinten, er sei ein Zwillingsbruder von Ludwig XIV. gewesen. Alexandre Dumas (1802–1870) hat diese Theorie vermutlich mit seinem *Der Mann mit der eisernen Maske* (1848–1850) unsterblich gemacht. Es wurden aber noch viele andere Kandidaten genannt, die Reihe der Namen wurde immer länger und phantastischer: Der Gefangene sei ein französischer Admiral gewesen, der auf Kreta verschwunden war. Es habe sich um Molière gehandelt. Er sei ein englischer Lord gewesen, ein italienischer Intrigant, eine Tochter von Ludwig XIII., der Anführer einer konspirativen Vereinigung. Einer erst 1978 aufgestellten Theorie zufolge war er vermutlich der führende Kopf bei dem Versuch, den Orden der Tempelritter wiederaufleben zu lassen. Einer Redensart zufolge hat der Mann mit der eisernen Maske mehr Inkarnationen erlebt als ein Hindu-Gott. Wer war er? Am überzeugendsten scheint heute die Annahme zu sein, dass es sich um Eugène Dauger gehandelt hat, den Sohn einer Hofdame. Warum er aber eine Maske getragen hat, weiß keiner zu sagen.

Die wirklich interessante Frage lautet aber: Warum will man überhaupt wissen, wer er war? Warum hat das Interesse an dieser schattenhaften und unbedeutenden Gestalt im Zeitraum von fast drei Jahrhunderten kaum nachgelassen?

Im Grunde ist es natürlich so, dass sich alle Forscher, die sich mit ihm beschäftigt haben, danach sehnen, ihm die Maske vom Gesicht zu reißen. Sie ähneln darin Christine Daaé in *Das Phantom der Oper*, die versucht, Eriks Gesicht zu entblößen, als er sie über einen unterirdischen See rudert. Er warnt sie: »Ihr seid in keiner Gefahr, solange Ihr die Maske nicht berührt.« Aber der Drang ist unwiderstehlich. »Plötzlich verspürte ich die Notwendigkeit, unter die Maske zu schauen«, erzählt sie später. »Ich wollte das *Gesicht* der Stimme kennen, und mit einer Bewegung, die ich überhaupt nicht zu kontrollieren vermochte, rissen meine Finger rasch die Maske weg. O Grauen, Grauen, Grauen.«

Dies ist ein extremer Fall, aber jeder von uns hat schon einen ähnlichen Drang verspürt wie Christine Daaé. Wir wollen Gesichter einfach erkennen. Wir möchten unbedingt ein Foto vom Autor eines Buches sehen, und wenn wir einmal eins gesehen haben, sind wir zufrieden. Im Grunde spielt es kaum eine Rolle, wie der Autor aussieht.

Dieser elementare Hunger nach Gesichtern hat pfiffige Unternehmer reich gemacht. 1933 entschied sich George Trendle, der Besitzer eines Radiosenders in Detroit, einen Western mit einer Robin Hood nachempfundenen Gestalt, die eine Maske trägt, zu produzieren. Sein Scriptwriter Fran Striker erweckte diese Figur zum Leben: Der »Lone Ranger« war geboren. In einer der ersten Episoden wurde erklärt, warum er eine Maske trug: weil Banditen einen ganzen Trupp von Texas Rangers abgeschlachtet hatten und er allein das Massaker überlebt hatte. Nun befürchtete er, dass die Mitglieder der Bande eine erbarmungslose Hetzjagd auf ihn eröffnen würden, wenn sie erführen, dass er noch lebte. Später wurde die Maske nicht mehr mit der Furcht des Helden begründet, erkannt zu werden, sie ermöglichte ihm vielmehr ein heroisches Verschmelzen seiner Identität mit der der anderen Ranger: Als Maskierter konnte der Lone Ranger jeder der getöteten Gesetzeshüter sein – er stand für sie alle.

Als der Lone Ranger in die Amerikana hineingaloppierte und sofort großen Erfolg hatte, wurde die Gestalt schnell übernommen. Andere Maskenträger hatten ihren Auftritt: 1939 war es Batman. Als Kind, so hieß es, hätten Räuber eines Nachts seine Millionärseltern umgebracht, als sie vom Kino nach Hause schlenderten. Der Junge habe daraufhin sein Leben der Aufgabe gewidmet, Verbrechen dieser Art in Zukunft zu verhindern. Irgendwann legte er seine Fledermausmaskierung an, um abergläubische Verbrecher zu erschrecken. Viele andere Superhelden dieser Art – Spiderman, Captain Marvel, Zorro, Captain America – begingen danach ihre noblen Taten ebenfalls mit einer Maske vor dem Gesicht.

Die Erklärungen für diese Masken hören sich so bemüht und so wenig überzeugend an, weil man deren wirklichen Zweck nicht offen aussprechen kann. Der besteht nämlich in nichts anderem als in Manipulation. Eine Maske lässt eine mysteriöse Aura entstehen, sie erzeugt ein Geheimnis. Der Soziologe Georg Simmel (1858–1918) stellte fest, dass Geheimnisse eine Persönlichkeit bereichern und ihr mehr Geltung verschaffen. Eine Maske kaschiert Informationen, Informationen, die ein Gesicht unablässig von sich gibt. Simmel zufolge sind für einen gewöhnlichen Menschen überlegene Persönlichkeiten immer geheimnisumwittert. Und eine Maske diene vorzüglich dazu, eine solche Aura zu verleihen. In dem Vertrag Clayton Moores, des Schauspielers, der den Lone Ranger spielte, war ausdrücklich festgehalten, dass dieser nur maskiert in der Öffentlichkeit erscheinen durfte oder ganz und gar anonym bleiben musste. So wurde die Figur anstatt des Schauspielers zur Ikone.

Masken stimulieren auch zu eindringlichen Fragen: Wie sieht er aus? Wer ist er eigentlich? Die Zuschauer wollten das Gesicht des Lone Rangers sehen – und das wollten auch seine Feinde, die immer damit drohten, ihm die Maske vom Gesicht zu reißen, wenn sie ihn fangen würden. Sie versuchten, die Ikone zum gewöhnlichen Menschen zu degradieren. Genau das war auch die Absicht der mexikanischen Regierung, als sie im Februar 1995 den wahren Namen des Guerrilla-Subcomandante Marcos bekanntgab. Was den Lone Ranger betrifft, so sorgte diese Drohung, ihn zu demaskieren, immer wieder von neuem für Momente höchster Spannung.

Hunderte Porträts von Jeanne d'Arc (1412–1431) sind uns überliefert. Ihr Bild schmückte das Heim von Millionen von Franzosen, lange bevor die Kirche sie 1920 heilig sprach. Meistens wurde sie entweder als fromme Hirtin gezeigt oder als Kriegerin auf einer sich aufbäumenden Stute, und ihr Gesicht wurde mit größter Genauigkeit wiedergegeben. Es handelte sich jedoch durchgehend um Phantasiedarstellungen. Die Jungfrau von Orléans saß nie einem Maler für ein Porträt Modell, und wir haben nicht die geringste Ahnung, wie sie in Wahrheit aussah.

Wenn wir das Gesicht einer Person, die wirklich gelebt hat, nicht kennen, neigen wir dazu, diese Leerstelle zu füllen. Wir malen uns aus, wie Menschen, denen wir noch nie persönlich begegnet sind, aussehen. Jeder von uns hat wohl schon einmal den Satz gehört: »Sie sehen ganz anders aus, als ich Sie mir vorgestellt habe!« Jahrelang erlaubte es Honoré de Balzac nicht, dass man ihn porträtierte. Als er schließlich mit siebenunddreißig Jahren dem Drängen eines Malers nachgab, entstand ein Bild, das einen Mann mit einer Knollennase und einem Doppelkinn zeigte. In einem Damenmagazin wurde daraufhin geseufzt: »Ach, was für Illusionen der Anblick dieses Gemäldes zerstören wird! Die vielen Stimmen, die rufen werden: ›Gebt uns unseren Balzac zurück!‹« Diese Frauen hatten sich ihr eigenes Bild von ihm gemacht.

Ein unbekanntes Gesicht provoziert die Suche nach einem Bild, nach einer Fotografie. Von Thomas Pynchon existiert kein einziges Bild aus der Zeit nach seinem Studium an der Cornell-Universität in den fünfziger Jahren. Immer wieder versuchten Journalisten, ihn aufzuspüren. In *Dr. Jekyll und Mr. Hyde* (1886) ist Hyde auf merkwürdige Weise gesichtslos. Zeugen sehen sein Antlitz, können es aber nicht beschreiben, das einzige, was sich ihnen einprägt, ist sein unglaublich böser Ausdruck. Daher verspürt der Rechtsanwalt Utterson eine »einzigartig starke, beinahe unmäßige Neugier, die Züge des wirklichen Mr. Hyde zu sehen«, und beginnt nach ihm zu suchen.

Künstler befriedigen solche Gelüste nur allzu bereitwillig. So liefert uns Rembrandt mit seinem *Aristoteles in der Betrachtung einer Büste Homers* sowohl ein Porträt Homers, über den wir nichts wissen, und ein Konterfei des Aristoteles, von dem wir ebenfalls keine zuverlässige Beschreibung besitzen und der hier auch noch in das Gewand eines holländischen Meisters gehüllt ist. Rembrandt hatte die Gesichter dieser beiden Gestalten einfach erfunden.

In der Antike stellten Künstler solche Pseudoporträts in großer Zahl mit beunruhigender Routine und Unbefangenheit her, womit sie den Kunstwissenschaftlern von heute ein echtes Problem hinterließen. Oft fertigten sie ein Konterfei eines berühmten Menschen Hunderte von Jahren nach dessen Tod an. Die Bildnisse des Aischylos, Sophokles und Euripides, die uns überliefert sind, scheinen nach dem Ableben dieser großen Männer von den Künstlern frei erfunden worden zu sein. Auf die bekanntesten Statuen von Aristoteles und Demosthenes trifft dies mit Sicherheit zu.

Solche Büsten und Statuen konnten durchaus ein sehr individuelles Aussehen haben, da die Künstler die Gesichter oft denen von Menschen aus ihrem Umkreis nachempfanden. Irgendein Zeitgenosse konnte so als Platon in die (Kunst-)Geschichte eingehen. Die *Vier Philosophen mit einer Büste des Seneca* von Rubens zum Beispiel zeigt ein Männerquartett, das sich unter einer Marmorbüste des Stoikers unterhält. Der Maler hatte aber einfach eine andere Büste zum Vorbild genommen, und wir wissen mittlerweile, dass es sich gar nicht um Seneca handelt, sondern um irgendeine unbekannte Person der Antike, deren Gesicht aufgrund einer frechen Schwindelei bis heute weiterlebt.

Bisweilen wurden schon in der Antike selbst Klagen über die Qualität der Porträtkunst laut. Plinius der Ältere (23–79 nach Christus) bedauerte, dass lebensgetreue Abbildungen aus der Mode gekommen seien. »Die Köpfe von Statuen sind untereinander austauschbar«, murrte er und fügte noch hinzu: »Sarkastische Gedichte zu diesem Thema haben schon die Runde gemacht.« Und doch »schmücken die Menschen die Wände ihrer Häuser mit alten Bildern und verehren die Porträts von Fremden«. Keine Büste, kein Bild oder irgendeine andere Darstellung von Plinius ist uns erhalten geblieben, es existiert noch nicht einmal eine Beschreibung seines Aussehens.

Als seine Schüler den Philosophen Plotin (ca. 205–270 nach Christus) baten, sich porträtieren zu lassen, äußerte er Zweifel am Sinn eines solchen Unterfangens. Sein Gesicht, sagte er, sei nicht er, sondern lediglich seine äußere Schale, ein Porträt wäre demnach so etwas wie die Schale einer Schale, eine potenzierte Illusion. Seine Schüler erhoben natürlich Einwände, weil für sie in Plotins Gesicht sehr viel von ihm zum Ausdruck kam. So ließ er sich schließlich von ihnen überzeugen, aber sein Porträt ist verloren gegangen, und wir wissen nicht, wie er aussah. So hat sich der Philosoph am Ende doch durchgesetzt.

Auch von Christoph Columbus ist kein zeitgenössisches Konterfei überliefert, wir kennen aber einige Beschreibungen von ihm. Er hatte ein langes Gesicht mit einer Adlernase und hellen Augen. Die Farbe seiner Haare wird mal als rot, mal als blond und mal als weiß bezeichnet. Bei der Weltausstellung von Chicago im Jahr 1893 wurden den Besuchern einundsiebzig angebliche Originalporträts präsentiert, die sich alle stark voneinander unterschieden. Auf einigen Bildern war sein Gesicht schmal mit länglichen Kinnbacken, auf anderen war es fettgepolstert. Es gab ihn in glattrasierter, schnurr- und vollbärtiger Ausführung. Auf einigen Bildern ähnelte er dem ältlichen Rembrandt, auf anderen dem jugendlichen Laurence Olivier.

Wir besitzen auch kein Bild und keine Beschreibung von Moses oder Buddha. Es gibt Millionen von Jesusdarstellungen: Keine von ihnen ist zuverlässig. Auf frühen Bildern ist er bartlos, und manchmal hat er blonde Haare. Mit den Porträts von Alexander dem Großen könnte man ein ganzes Museum füllen, aber niemand weiß, ob ihm eines davon ähnlich ist, und wenn ja, welches. Über Lao-tse besitzen wir nicht den Hauch einer Information – und vielleicht ist er überhaupt keine historische Person, sondern nur ein Phantom. Uns ist auch keine Beschreibung des Piraten Henry Morgan überliefert, wir wissen nur, wie sein Gesicht kurz vor seinem Tod ausgesehen hat, als der Rum und Tropenkrankheiten es bereits verwüstet hatten. Und auch das Gesicht der berühmten Freibeuterin, die man Mrs. Cheng nannte und die im frühen neunzehnten Jahrhundert mit ihren siebzehntausend Männern und zweihundertvierundzwanzig Dschunken die südlichen Regionen des Chinesischen Meeres unsicher machte, kennen wir nicht. Solche Gesichter sind einfach verschwunden. Wir bemühen statt dessen unsere Phantasie, setzen dem Phantom ein Gesicht auf, wie wir Gott ein Gesicht aufsetzen.

In Koestlers *Sonnenfinsternis* sendet der inhaftierte Rubashov dem Mann in der Nachbarzelle mit Hilfe von Klopfzeichen eine Botschaft. Als dieser antwortet, beginnt Rubashov sich auszumalen, wie er aussieht. Zunächst stellt er ihn sich als einen unschuldig Verurteilten vor, der langsam verzweifelt, und er malt sich aus, dass er einen schwarzen Puschkinbart trägt, dass sein Gesicht ungewaschen und seine Erscheinung insgesamt ungepflegt ist. Nachdem er eine scharfe Entgegnung hat einstecken müssen, glaubt er, dass der andere ein Konformist sei, glattrasiert und fanatisch. Dann kommt er zu dem Schluss, dass der

Mann Royalist sein müsse, und sieht einen jungen Offizier vor sich, hübsch und ein bisschen dumm. Allmählich wächst diesem Individuum ein Schnurrbart mit hochgezwirbelten Enden, und vor einem seiner Augen erscheint ein Monokel: Rubashov spricht mit einer Maske, ein Bild nach dem anderen steigt in ihm auf.

Das Internet kann heutzutage aus jedem Zimmer eine Rubashov-Zelle machen. Wir brauchen nur ein wenig auf einem Keyboard herumzuspielen, um mit Menschen überall auf der Erde ein Gespräch führen zu können, ohne dass wir sie sehen. Die Wirkung ist noch unmittelbarer als bei der Kommunikation mittels E-Mail, die ihrerseits so zugenommen hat, dass die Charaktere in Douglas Couplands *Microserfs* (1995) ganz normalen gesellschaftlichen Umgang miteinander »FaceTime« nennen. In »Blind-Conversation-Parlors« legen sich die Akteure ganz routinemäßig eine geheime Identität zu – einschließlich eines »Pseuds«. Die normalen Verankerungen des Selbst an Gesicht, Stimme, Körper, Name, Geschlecht, Rasse und Lebensgeschichte lösen sich auf, die Identität reduziert sich auf den bevorzugten Kommunikationsstil und auf eine oftmals erfundene Persönlichkeit. Das Sich-Gegenseitig-Kennen kann zu etwas ganz und gar Ephemerem werden. Das ist das Paradies der Prosopagnostiker.

Mittlerweile gibt es sogar gesichtslose Intimität. Telefonsex ist zu einem Standardthema von Büchern und Filmen geworden, beinahe schon zu einem Klischee. Nicholson Bakers *Vox* (1992) ist nichts anderes als ein langes telefonisches Sexgeplauder zweier Menschen, die sich völlig fremd sind. In dem Film *Hier spricht Denise* (1996) interagieren beruflich stark in Anspruch genommene Menschen nur noch telefonisch miteinander, zwei von ihnen durchleben eine Affäre, vom Anfang bis zum Ende, ohne das Gesicht des Partners zu kennen. In *Lügen haben lange Beine / The Truth About Cats and Dogs* (1996) findet eine erste sexuelle Begegnung über die Telefonleitung statt. Die ganze Handlung beruht darauf, dass ein Mann eine falsche Vorstellung vom Gesicht einer Frau hat.

Über das Telefon identifiziert uns wenigstens unsere Stimme. Online, in den Lokalen, die sich TinyMUDs nennen, können die Leute sich ein Geschlecht aussuchen – nicht weniger als zehn verschiedene stehen zur Wahl – und sogar die Spezies, der sie angehören, ihr Alter, ihren Beruf, ihre Biographie, ja ihr Selbst können sie erfinden. Sie plaudern miteinander oder tragen einen rituellen Kampf aus. Sie können sogar Tinysex miteinander haben, die Keyboardversion von Telefonsex. Es ist ein verbaler Maskenball, von dem man sich auch zu einem intimen Treffen in ein Séparée zurückziehen kann – eine gesichtslose Intimität, wie es sie vorher in solchem Grad noch nie gegeben hat. TinyMUDs dokumentieren, wie die normalen Hinweise auf unsere Identität dafür sorgen, dass wir aufrichtig und anständig bleiben. In diesen neuen Welten ist Täuschung etwas ganz Selbstverständliches, Täuschung, was das Geschlecht, die Einstellung, das Aussehen, die eigene Vergangenheit betrifft. Männer geben sich besonders gern als Frauen aus, Frauen dagegen machen sich weniger häufig zu Männern. Indem sie sich ein neues »Pseud« zulegen, wischen diese Menschen einfach ihre eigene Biographie aus. Es ist die ultimative Maskerade.

Natürlich sind Cyberchat und TinyMUD-Konversationen etwas, in das man freiwillig und zur Entspannung einsteigt. Sie ermöglichen eher ein aufregendes Spiel mit Identitäten, als dass sie wirklich solche schaffen können. In einer Welt uneingeschränkten Cyberchats wüssten wir nicht, wem wir trauen könnten oder mit wem wir sprächen. Geschäftspartner oder sogar Ehepartner könnten wir nur aufgrund gemeinsamen Wissens oder mit Hilfe von kodierten Kennwörtern erkennen.

Einige Online-Dienste wie »The Well« veranstalten in regelmäßigen Abständen Parties, bei denen die Teilnehmer sich in FaceTime treffen können, das heißt von Angesicht zu Angesicht. Denn letztlich kann selbst die schönste Keyboard-Unterhaltung das Gesicht nicht ersetzen.

III Der Semaphor

Das Gesicht ist die Seele des Körpers.

LUDWIG WITTGENSTEIN

4   Der Haut-Code

Gegen Ende des Jahres 1897 traten Harry Houdini und seine Frau Bess, weil sie beide keinen Cent mehr in der Tasche hatten, einer Truppe von Künstlern und Artisten bei, die von Stadt zu Stadt zog und Shows veranstaltete, die die Bevölkerung zum Kauf bestimmter Arzneimittel animieren sollte. Wenn die Mitglieder von Dr. Hill's Concert Company in irgendeinem kleinen Nest ankamen, stellten sie sich an einer Straßenecke auf und holten Musikinstrumente hervor. Houdini schlug auf ein Tamburin ein, während Bess als Sängerin auftrat. Sobald genügend Leute zusammengekommen waren, erklomm Dr. Hill ein hastig aufgebautes Podium, pries sein Wunderelixier an und verscherbelte es. Abschließend kündigte er für den Abend noch eine Veranstaltung in der Stadthalle an.

Bei dieser Veranstaltung trat er als Gedankenleser auf. Er und seine Frau gaben vor, mediale Fähigkeiten zu besitzen. Bess begab sich unter die Zuschauer, ließ sich von irgend jemandem eine Dollarnote reichen und forderte Houdini auf, ihr die Seriennummer zu sagen. Houdini konzentrierte sich einen Moment, wobei er versuchte, ein wenig unheimlich auszusehen, und betete sodann unter dem erstaunten Gemurmel des Publikums langsam die Nummer herunter.

Dieser Darbietung lag ein interessanter Trick zugrunde. Die beiden hatten einen Code ausgearbeitet, bei dem für jede Ziffer ein bestimmtes Wort stand:

    1 = Flehe   6 = Bitte
    2 = Antworten 7 = Sprechen
    3 = Sagen   8 = Rasch
    4 = Nun   9 = Schauen
    5 = Erzählen   0 = Schnell

Wenn die Seriennummer des Dollarscheins die Ziffernfolge 48655971677 aufwies, richtete Bess in etwa folgende Aufforderung an ihren Partner: »Nun, Gedankenleser. Rasch, bitte! Erzählen Sie uns, was Sie sehen! Erzählen Sie es uns. Schauen Sie in Ihr Herz! Sprechen Sie, ich flehe Sie an! Bitte, sprechen Sie zu uns! Sprechen Sie!« Der auf diese Weise aufgeklärte Magier konnte dann ihrer eindringlichen Bitte geflissentlich nachkommen.

Doch auch wir werden jeden Tag als Gedankenleser tätig. Und zwar in der Begegnung mit Gesichtern. Und dabei gehen wir ganz ähnlich vor wie Houdini, wenn er die Nummern von Geldscheinen erriet. Denn auch Gesichter »sprechen« mit einer Art Code, der sich aus nicht viel mehr Grundelementen zusammensetzt als der der beiden Houdinis. Allerdings können diese Grundelemente in unzähligen Schattierungen vorkommen und sich auf vielfältigste Weise miteinander verbinden: Es sind die verschiedenen »Mienen«, zu denen wir unsere Gesichter verziehen können.

Jeder einzelne Gesichtsausdruck ist uralt und hat Äonen Zeit gehabt, in unsere DNA einzugehen. Auch Reptilien kennen solche Gesichtssignale, wie das Aufreißen der Schnauze zum Beispiel, mit gebleckten oder nicht-gebleckten Zähnen. Pelzrobben und Walrosse begrüßen sich, bedrohen einander oder unterwerfen sich, indem sie ihrem Gesicht einen bestimmten Ausdruck verleihen. Menschen vermögen den Gesichtsausdruck eines Hundes bis zu einem gewissen Grad klar zu deuten. Die Gesichter von Affen wurden im Laufe der Evolution kahl, damit ihre Signale deutlicher zu erkennen waren. Wir Menschen lachen, weinen, erröten und verfügen über eine ganze Reihe sehr subtiler Möglichkeiten, unserem Gesicht einen bestimmten Ausdruck zu verleihen, wobei die Bedeutung einer jeder dieser Mienen sich im Lauf der Zeit in unser Gehirn eingebrannt hat.

Die Folge ist, dass die meisten von uns noch nicht einmal über die Grundzüge unserer Mienensprache Bescheid wissen. Es ist so, als ob ein kleiner Houdini in uns wohnt, der in einer hermetisch isolierten Zelle einen Gesichtsausdruck dechiffriert und das Ergebnis dann weiterreicht. Wir sehen nicht die Bewegungen von Muskeln im Gesicht des Menschen, der uns gegenübersteht, sondern nehmen sofort ihre Bedeutung wahr: die Gefühlsregungen und -aufwallungen unseres Gegenübers.

Ein Gesichtsausdruck besagt oft mehr als Worte, da er viel älter ist als Sprache. Wir alle haben es schon erlebt, wie im Gesicht eines Menschen etwas aufflammt, dessen Bedeutung man verbal nicht wiedergeben kann. Jane Eyre spricht von einem »vagen Etwas«, das sich hin und wieder im Auge Rochesters auftat und sie »in Angst und Schrecken versetzt, als ob ich zwischen Hügeln, die Vulkanen glichen, einhergewandert wäre und der Boden plötzlich zu beben begonnen und sich aufgetan hätte«. Die Japaner kennen zwei Wörter, die ungefähr unserem Begriff »Seele« entsprechen: *ki* und *kokoro*. *Ki* ist jener Teil in uns, der nahezu automatisch auf die Welt reagiert, und *kokoro* ist die geheime Region des Herzens. Das Gesicht spiegelt unser *ki*, manchmal aber auch unser *kokoro*.

Jahrtausende hat sich dieser Code jeder genauen Erforschung entzogen, und abgesehen von einigen begnadeten Malern und Romanschriftstellern haben ihn nur wenige Menschen begriffen. Erst in den letzten dreißig Jahren haben Wissenschaftler ihn zu einem Teil dechiffrieren können. Sie haben sechs grundlegende und universelle Mienen, die sechs »Primäremotionen« entsprechen, ausfindig gemacht sowie eine Hand voll weiterer möglicher Kandidaten. Sie haben auch jene subtilen Signale erforscht, die eine so genannte Parasprache darstellen, sowie die noch subtileren, die von den Augen ausgehen. Auch den Geheimnissen des Weinens, Lächelns, Lachens, Errötens und Starrens sind sie nachgegangen. Unser Wissen über das Gesicht ist durch die Ergebnisse dieser Untersuchungen revolutioniert worden.

Lange zuvor gab es jedoch schon die Physiognomik.

Niedrige Stirn und niedrige Intelligenz

Das Gesicht eines jeden von uns ist abwechselnd offen und verschlossen. Es ist wie eine Schatzkarte, die aber nicht den Weg zu materiellem Vermögen, sondern zu Erkenntnissen des menschlichen Charakters weisen könnte. Sie ist voll unsichtbarer und sich ständig verlagernder Linien – ein Segen für den, der sie zu entschlüsseln weiß. Tatsächlich hat es immer wieder Menschen gegeben, die sich für scharfsinnig genug hielten, die Rolle eines Deuters übernehmen zu können. Sie haben Physiognomik praktiziert, das heißt, von den Umrissen des Gesichts eines Menschen auf seinen Charakter geschlossen.

Dieses Gewerbe ist uralt. In China boten schon vor Konfuzius Gesichtsleser ihre Dienste an, und Aristoteles widmete der Physiognomik in seiner *Historia Animalium* nicht weniger als sechs Kapitel. Polemon (zweites Jahrhundert nach Christus) verlieh ihr Ansehen, als das Römische Reich seine beste Zeit schon hinter sich hatte, und ließ in seinem Kielwasser einen ganzen Stamm professioneller Gesichtsdeuter zurück. Avicenna (980–1037) befasste sich ernsthaft mit ihr, ebenso wie Albertus Magnus (ca. 1193–1280) und die persischen Gelehrten Ali Ben Ragel und Rhazes.

Michael Scot, Hofastrologe von Friedrich II., schrieb das erste Buch über das Thema. Sein *De Hominis Physiognomia* wurde 1272 verfasst und 1477 veröffentlicht. Dieses Werk war schuld daran, dass rund fünfhundert Jahre lang Physiognomik und Astrologie auf bizarre Weise miteinander verknüpft waren und Fachkundige das Schicksal eines Menschen aus den Venus-, Jupiter- und Merkurlinien auf seiner Stirn ablasen.

Der moderne Prophet dieser Kunst war der Schweizer Pfarrer und Poet Johann Caspar Lavater (1741–1801), der behauptete, dass er nur den Scherenschnitt eines Menschen zu sehen brauche, um auf dessen Charakter schließen zu können. Er hielt sehr gerne Reden und sprach voller Inbrunst über die wohltätigen Dienste, die die Physiognomik der Menschheit leisten könne. Goethe wurde zu einem seiner Freunde, der ihn auch auf Reisen begleitete. Lavaters vierbändiges Opus *Physiognomische Fragmente zur Beförderung der Menschenkenntnis und Menschenliebe* (1775–1778) ließ ihn berühmt werden. Er glaubte, dass seine besondere Fertigkeit, den Charakter seiner Mitmenschen zu erkennen, ihm einfach angeboren sei, dass es sich um etwas handele, das sich nicht kodifizieren lasse. Er erklärte, dass es eine Narrheit sei, aus der Physiognomik eine Wissenschaft machen zu wollen, über die man sprechen oder schreiben könne und über die man Vorlesungen halten oder hören könne.

Lavater ließ das Gesichterlesen im Europa des späten achtzehnten Jahrhunderts zu einer wahren Mode werden, die noch bis ins neunzehnte Jahrhundert hinein anhielt und sich auch im Werk bedeutender Schriftsteller niederschlug. Als Jane Eyre zum ersten Mal Rochester trifft, mustert sie ganz schnell sein Gesicht und meint dann, dass seine Nase auf Entschlossenheit hindeute und die ausgeprägten Nasenflügel auf ein cholerisches Temperament. Balzac würzte ebenfalls seine Romane mit solcherlei Analysen und verteidigte 1839 standhaft den des Mordes angeklagten Sébastien Peytel. Heute scheint die Schuld Peytels ganz offenkundig zu sein, Balzac glaubte aber den Unschuldsbeteuerungen des Mannes, weil seiner Meinung nach die Form seines Gesichts es ausschloss, dass er sich verstellte.

Cesare Lombroso (1836–1909), ein »Psychiater« des neunzehnten Jahrhunderts, erfand ein phsysiognomisches System, mit dem man angeblich Verbrecher erkennen konnte. Der geborene Kriminelle, so erklärte er, habe vorstehende Schneidezähne wie ein Nagetier, entweder ein fliehendes oder ein großes und flaches Kinn, wenig Bartwuchs oder gar keinen, schon frühzeitig Falten und buschige Augenbrauen, die entweder zusammengewachsen seien oder sich an den äußeren Enden wie die Hörner eines Teufels nach oben krümmen würden. Er gab weiterhin bekannt, dass verbrecherisch veranlagte Menschen selten kahl würden oder graue Haare bekämen. Mörder hätten öfter schwarzes Haar als blondes, während das von Betrügern häufig gelockt sei. Natürlich gab es aber auch damals schon genügend Mörder, Totschläger und andere Gewaltverbrecher mit kleinen Zähnen, einem normalen Kinn, einem Bart, faltenloser Haut oder Glatze. Die moderne Wissenschaft schickte Lombroso schließlich in die Ecke der bösen Buben, wo auch Velikovsky, Burt und Lysenko stehen.

Franz Joseph Gall (1758–1828) entwickelte im Anschluss an Lavater die »Wissenschaft« von der Phrenologie. Während die Vertreter der Physiognomik die Struktur des Gesichts untersuchten, um Erkenntnisse über den Charakter des Betreffenden zu erhalten, glaubten Phrenologen, dass die kleinen Vertiefungen und Erhebungen auf dem Schädel eines Menschen, die Dellen und Höcker, Hinweise auf dessen Gedächtnis, Vernunft und Vorstellungskraft gäben. Gall distanzierte sich ganz entschieden von der Physiognomik. Doch die beiden Techniken griffen ineinander, und viele Adepten verwendeten beide. Phrenologen gingen nach einem ganz bestimmten System vor, das erlernbar war. Sie brauchten sich nicht auf eine besondere Begabung zu berufen. Dies wiederum veranlasste einige Physiognomiker dazu, Regeln für ihre eigene Tätigkeit niederzulegen, um den Eindruck einer wissenschaftlichen Disziplin zu erwecken.

Heute ist die Physiognomik zwar nicht mehr besonders en vogue, vielleicht auch wegen der Vielzahl von Gegenbeweisen, die wir im

Fernsehen sehen, aber wirklich passé ist sie nicht. In einem Buch, das 1993 bei einem namhaften amerikanischen Verlag erschien, wird nicht nur fälschlicherweise suggeriert, Darwin hätte diesem Verfahren seinen Segen gegeben, sondern auch behauptet, die Fähigkeit, Gesichter zu deuten, könne uns in der hektischen Wettbewerbsgesellschaft von heute einen entscheidenden Vorteil verschaffen.

Dieses Werk liefert dem Leser eine Reihe unterhaltsamer und oft verblüffender Informationen. Wir erfahren, dass Personalchefs die Gesichter von Bewerbern um eine Stelle genauestens studieren. So seien sie zum Beispiel auf der Suche nach einem vorspringenden Kinn (»Dominanz und Ruhmsucht«) oder einem tiefen Philtrum (»Entschlossenheit«) oder auch rechteckigen Augen (»Schlauheit«). Ein Muttermal unterhalb der Lippenmitte lasse auf einen ernsthaften Denker schließen, ein solches Mal auf dem Nasenrücken sei jedoch ein Anzeichen für einen sehr starken Sexualtrieb. Eine große Nasenspitze signalisiere Gewalttätigkeit. Ein Kinn mit einer tiefen Kerbe in der Mitte weise auf einen anmaßenden, geltungssüchtigen, oft auch heuchlerischen Charakter hin.

Zudem enthülle schon ein flüchtiger Blick dem aufmerksamen Betrachter die intimsten Geheimnisse seines Gegenübers. Menschen mit dicken, halbmondförmigen Augenbrauen oder einem konkaven Nasenrücken »erleben die phantastischsten Orgasmen, die wir überhaupt kennen ... [Sie] gehören zu den glücklichsten Menschen der Welt«. Ein Mann mit einer großen Nase und breiten Nasenflügeln hat einen »kräftigen Penis, es fehlt ihm aber an Ausdauer«. Eine Frau mit kleinem Kinn und breiten Nasenflügeln besitzt »eine tiefe Vagina; sie ist nicht leicht zu befriedigen«.

Ist die Physiognomik ein seriöses Verfahren? Sie postuliert Gene, die die Oberfläche des Gesichts mit mentalen und emotionalen Eigenheiten in Verbindung bringen. Tatsächlich kann man die Existenz solcher Verbindungen nicht a priori ausschließen. Der genetische Code sorgt für viele merkwürdige Zusammenhänge. Eine diagonale

Kerbe im Ohrläppchen zum Beispiel geht mit einem höheren Infarktrisiko einher. Wissenschaftler sind gleichwohl überzeugt, dass die Physiognomik nichts als fauler Zauber sei. Darwin sprach von der »so genannten Wissenschaft« der Physiognomik und meinte, wahr sei lediglich, dass verschiedene Menschen verschiedene Gesichtsmuskeln stärker beanspruchten, wodurch bestimmte Linien im Gesicht stärker ausgeprägt seien. Der Psychologe Thomas R. Alley urteilt: »Die Physiognomik ist, mit wenigen und eigentlich nicht ins Gewicht fallenden Ausnahmen, ein wertloses Verfahren.« Sie vermenge eine äußere Struktur mit Mentalität, das ruhende Gesicht mit dem Tanz seiner Signale.

Die Physiognomik kann, wenn die Menschen närrisch genug sind, sie ernst zu nehmen, sogar Schaden anrichten. Kapitän Robert Fitzroy hätte es beinahe abgelehnt, Darwin als Zoologen auf der *Beagle* mitzunehmen, weil, wie Darwin in seiner Autobiographie schrieb, er daran »zweifelte, dass jemand mit meiner Nase genügend Energie und Entschlusskraft für eine solche Reise besitzen könne«. Balzac ließ sich hinsichtlich des Mörders Peytel von ihr in die Irre führen, und personalpolitisch ebenso wie erotisch würde sie auch heute noch jeden fehlleiten, der sich auf sie verließe.

Und dennoch gibt es weiterhin so etwas wie eine Volks-Physiognomik. Menschen, die noch nie etwas von Lavater gehört haben, beurteilen Gesichter nach stereotypen Vorstellungen, oft auch über die Grenzen zwischen den Kulturen hinweg. Die Wissenschaftler, die diesbezügliche Untersuchungen durchgeführt haben, weisen selbst darauf hin, dass diese vielleicht nicht ganz zuverlässig sind. Bei vielen dieser Untersuchungen werden Fotos oder Zeichnungen verwendet, die zweidimensional und überdies statisch sind, während richtige Gesichter sich ja normalerweise in Bewegung befinden. Ein bestimmter Ausdruck kann die Wahrnehmung bereits beeinflussen. Und oft kann man nur schwer sagen, auf welche Merkmale die Menschen wirklich reagieren. Die grundlegenden Ergebnisse jedoch bleiben bestehen.

So schließen beispielsweise die Angehörigen vieler Kulturen aufgrund ganz ähnlicher Kriterien auf die Überlegenheit einer Person. Sie bringen sie mit bestimmten Anzeichen für fortgeschrittenes Lebensalter in Zusammenhang – hohe Stirn, breiteres Gesicht, kleinere Augen. Einige Psychologen sind der Ansicht, dass diese Merkmale sich überhaupt nur ausgebildet haben, um einen Vorrang aufgrund von Erfahrung zu signalisieren. Viele Menschen assoziieren Überlegenheit beispielsweise auch mit schmalen Lippen und nach unten gezogenen Augenbrauen, die auf ein Verärgertsein schließen lassen. Und ein vorstehendes Kinn interpretieren sie als Zeichen für Willensstärke und Ehrgeiz, während ein fliehendes Kinn allgemein als Anzeichen für ein schwächliches Naturell gilt.

Einige Merkmale künden von charakterlicher Wärme. Große Rehaugen wirken freundlicher. Von Natur aus hoch über den Augen sitzende Brauen korrelieren mit einem liebevollen und devoten Wesen. Studien haben ergeben, dass wir die Menschen mit Babygesicht für warmherziger, nachgiebiger und aufrichtiger halten als die mit reifen Gesichtern. Daher greifen Werbeleute gern auf babygesichtige Darsteller zurück, wenn Vertrauenswürdigkeit gefragt ist, und eher auf Menschen, die gereift aussehen, wenn Fach- oder Sachkenntnis für die Überzeugungskraft eines Werbespots oder Plakats ausschlaggebend sind.

Wir mögen es, wenn jemand lächelt. Wir stufen daraufhin sofort seine Intelligenz, seinen Humor, seine Freundlichkeit und Ehrlichkeit höher ein. Wir schreiben solche Eigenschaften auch Menschen zu, die von Natur aus nach oben gezogene Mundwinkel haben.

Die Konturen eines Gesichts werden von vielen auch als Indikator für die Intelligenz eines Menschen verwendet. Sie betrachten jemanden mit einer breiten, hohen Stirn als klug und all die, deren Gesicht in irgendeiner Weise deformiert ist, als kriminell oder dumm. Tatsächlich aber steht die Struktur eines Gesichts in keinerlei Beziehung zur Intelligenz seines Besitzers.

Verlockend ist die Physiognomik natürlich auch deshalb, weil sie eine Bestimmung der menschlichen Psyche zu ermöglichen scheint, wonach wir beständig auf der Suche sind. Sie verspricht einen problemlosen Zugang zur Seele. Wie die Astrologie behauptet die Physiognomik, uns rasch geheime Kenntnisse über den Charakter eines Menschen vermitteln zu können und uns an den Hindernissen, die die Evolution errichtet hat, vorbeizuführen. Sie ist eine Art Magie, die uns in gehobene Stimmung versetzt, weil sie unser unendliches, unerträgliches Bedürfnis nach Wissen zu befriedigen scheint.

Seele auf Leinwand

Als Roger Fry John Singer Sargents Porträt von General Sir Ian Hamilton zu Gesicht bekam, sagte er: »Ich kann den Mann wegen der Ähnlichkeit nicht erkennen.« Ähnlichkeit ist Oberflächenwahrheit und kann beinahe inhaltsleer sein. Gute Porträts führen uns in ein Gesicht hinein, sie lassen den Geist des Porträtierten Gestalt annehmen, und sie vermögen uns fast wie lebendige Menschen zu faszinieren. Es gibt kein berühmteres Gemälde als die *Mona Lisa*, und Botticellis *Geburt der Venus* wie auch Michelangelos *David* stehen ebenfalls ganz oben auf der Liste der bekanntesten Kunstwerke der Welt.

Ein gutes Porträt ist von einer Aura umgeben. »Das ganze Leben eines Mannes mag für ihn selbst und für andere eine Lüge sein«, schrieb Hazlitt (1778–1830), der selber früher Porträtist gewesen war, »und doch würde vermutlich sein Bild, von einem großen Künstler gemalt, der Leinwand seinen wahren Charakter aufdrücken und der Nachwelt sein Geheimnis verraten.« In Wildes *Das Bildnis des Dorian Gray* (1890) besitzt das Porträt magische Kräfte und verändert sich wie die Seele des Abgebildeten. Es gibt mehr über ihn preis als sein Gesicht.

Wie gelingt es Künstlern, eine Seele auf die Leinwand zu bannen?

Beim Konterfei des Dorian Gray offenbart sich dessen Charakter zum Teil in seiner Physiognomie. Sein gemaltes Gesicht wird immer hässlicher, je verderbter er selbst wird. Auch Künstler haben sich der Physiognomik bedient, haben Intellektuelle dargestellt, indem sie ihnen eine besonders hohe Stirn gaben. Solche Porträtkunst war besonders im Römischen Reich, in der Renaissancezeit und im achtzehnten und frühen neunzehnten Jahrhundert, als die Lehre Lavaters populär war, in Mode. Und selbst moderne Kunstwissenschaftler warten noch mit »Erkenntnissen« der Physiognomik auf, wenn sie sich an der Interpretation eines Porträts versuchen.

Entscheidend ist jedoch der Ausdruck, und so haben sich Künstler diesem Problem von den unterschiedlichsten Seiten genähert.

Eine Möglichkeit besteht in der Summierung. Das heißt, sie bemühten sich, viele Augenblicke zu einem einzigen zusammenzuschmelzen. Sie scheuten auch davor zurück, starke Gefühle darzustellen. Denn mit dem Fixieren einer nur kurz währenden Oberflächenturbulenz erschließt man nicht das wirkliche Wesen des Dargestellten. In seiner *Philosophie der Kunst* (um 1802) erklärt Friedrich von Schelling, dass ein Porträt die vielen Momente des Lebens einer Person in einem einzigen Bild versammeln müsse. Es müsse mehr als die Person beziehungsweise als die Idee von ihr sein, und mehr, als diese Person selbst in jedem der einzelnen Augenblicke sei. Das Risiko dabei liegt aber auf der Hand: Wie gut kann ein Ausdruck wirklich etwas über einen zu Porträtierenden offenbaren, wenn diese Person diesen Ausdruck bei keiner Sitzung wirklich gezeigt hat?

Im Verein mit der Eitelkeit des Modells und dem Verlangen, sich an nachkommende Generationen zu wenden, verleiht die Summierung einem Porträt oft etwas unnatürlich Komponiertes und Formales. Der zu Malende starrt in den leeren Raum, sein Gesicht ist unbeweglich und wirkt marmorhaft: eben für die Ewigkeit bestimmt. In dem Statischen solcher Darstellungen schlagen sich oft auch die langen Stunden nieder, die das Modell bewegungslos posieren musste.

Dem Maler erleichterte das sicher die Arbeit, aber die Gesichter wurden dadurch leblos.

Die Expressionisten merzten diese scheinbare Gefasstheit aus. Ihre Bilder vibrieren vor Angst und Pein, so wie das bekannte *Der Schrei* (1893) von Edvard Munch, auf dem die ganze Welt wie unter einem Schlag zu erbeben scheint. Die Expressionisten, aber auch andere Maler wollten vor allem ihre Eindrücke festhalten und bemühten sich gar nicht erst um Ähnlichkeit, da sie – wie Plotin – das Gefühl hatten, dass diese ein unmittelbares Erkennen der Seele einschränke. Van Gogh scheute in seiner letzten Schaffensphase davor zurück, das Äußere seiner Modelle zu genau zu studieren und brachte statt dessen seinen Eindruck von ihrer verborgenen Persönlichkeit auf die Leinwand, er wollte »Erscheinungen« für eine zukünftige Zeit festhalten. Oskar Kokoschka erklärte, dass er bei seinen frühen Werken versucht habe, das hell leuchtende innerste Wesen der abgebildeten Menschen einzufangen, etwas, das – ähnlich wie ein in der Erinnerung gespeichertes Bild – lebendiger sei als die Person selbst in Fleisch und Blut, weil es »wie durch eine Linse gebündelt« sei.

Die Suche nach einem solchen Wesen oder einer solchen Essenz führte aber durch die Psyche des Künstlers, oft fürwahr eine einzigartige Reise, und am Ende konnte der Charakter des Künstlers sich mit dem des Modells vereinen oder diesen sogar ersetzen. Die Gesichter, die Francis Bacon gemalt hat, sehen alle ein wenig verschleiert oder sogar wüst verschmiert aus, weil sie von seinen eigenen Ängsten erfüllt sind. Die Jagd nach der Person, die man malen will, wird zur Jagd nach dem eigenen Selbst.

Der Soziologe Georg Simmel meinte, dass wir uns selbst einfach nicht davon abhalten könnten, einen anderen Menschen zu deuten, sein inneres Wesen ermitteln zu wollen. Die besten Porträts zwingen uns mit der Darstellung eines bestimmten Gesichtsausdrucks dazu, uns Gedanken über die Persönlichkeit des Dargestellten zu machen, wie ein raschelndes Blatt Papier auf dem Fußboden eine Katze dazu treibt, sich anzuschleichen und zuzustoßen.

Einen präzisen Gesichtsausdruck einzufangen ist jedoch »notorisch schwierig«, wie der Kunstwissenschaftler E.H. Gombrich einmal bemerkte. Ein kluger deutscher Bankchef forderte einmal nachdrücklich, dass auf jede Banknote ein Porträt aufgedruckt werden solle, weil der Ausdruck eines Gesichts etwas sei, das ein Fälscher kaum jemals perfekt imitieren könne. Auf diese Weise könne man eine Blüte leicht erkennen. Gombrich meinte, dass das auch für Kunstfälschungen zutreffe. Zeitgenössische Maler würden einem Gesicht, ohne es zu wollen, einen »modernen« Ausdruck verleihen. Experten würden ihn schnell entdecken, könnten aber kaum sagen, worauf er eigentlich beruhe.

Künstler wie Rembrandt wurden nach ihrem Tod berühmt dafür, dass sie eine große Zahl von Gesichtern mit jeweils unterschiedlichem Ausdruck in ihrem Gedächtnis speichern konnten. Aber ein solches inneres Album ist nicht unbedingt nötig. Rodolphe Töpffer (1799–1846), der Erfinder der Bildergeschichte, meinte, dass jemand, der einen bestimmten Ausdruck treffen wolle, nur ein Gesicht auf ein Stück Papier zu zeichnen brauche. Dieses Gesicht werde notwendigerweise irgendeinen Ausdruck haben. Um den richtigen zu finden, brauche der Künstler nur mit den verschiedenen Merkmalen des Gesichts zu spielen. Er könne beispielsweise den Mund verbreitern, die Stirn niedriger darstellen oder die Lippen verschmälern. Da Vinci und Hogarth haben häufig auf solche Weise »herumprobiert«.

Einige Maler wie Hals, David und Ingres spezialisierten sich darauf, das kurze intensive Aufblitzen von Leben einzufangen, den verstohlenen oder den entzückten Blick, das Aufflackern von Erregung. Diese Vorgehensweise wurde, als die Fotografie sich zunehmend durchsetzte, immer gebräuchlicher. Manet verstand es mit größter Meisterschaft, Menschen in Situationen einzufangen, in denen sie sich unbeobachtet fühlten – wie sein *Bar in den Folies-Bergère* (1881) be-

Raffael, Baldassare Castiglione

weist. Edgar Degas machte aus der Darstellung solcher Situationen fast ein eigenes Genre.

Andere geben sowohl die äußere Gestalt wie auch die Seele wieder, das Gesicht und was sich dahinter verbirgt. So hielt zum Beispiel Raffael das gleichermaßen milde und doch auch ehrgeizige Antlitz von Baldassare Castiglione fest. Castiglione war der Autor eines Werks über guten Geschmack und höfische Etikette mit dem Titel *Das Buch vom Höfling* (1528). Sein beherrschtes Gesicht deutet auf jemanden hin, der sich vorsichtig zu bewegen weiß, der jeden Schritt sorgfältig bedenkt. Er lehrte das Vordergründige, die oberflächliche Etikette, und ironischerweise verrät ihn ausgerechnet sein dargestelltes Äußeres.

Porträtkünstler, die auf höchstem Niveau arbeiten, sind in der Lage, »die Bewegungen des Geistes« zu zeigen, wie Fréart de Chambray es 1662 nannte. Leonardo da Vincis *Mona Lisa* ist das klassische Beispiel dafür. Es handelt sich um das Bildnis einer unbekannten Frau, möglicherweise ist es die Gattin von Francesco del Giocondo. Ihre Pupillen sind nach rechts gerichtet und ein Mundwinkel leicht nach oben gezogen. Wir können sehen, dass sie denkt, aber – und das hat das Bild berühmt gemacht – ihre Gedanken lassen sich nicht lesen.

Eine Armee von Deutern hat sie zu allem möglichen erklärt – vom Engel bis hin zum Blut saugenden Monster. Vasari meinte, dass ihr Lächeln in göttlicher Weise entzücke und sie wirklich zu leben scheine. In seinem Buch *Revolutionen Italiens* (1848–1852) rühmte der Dichter und Politiker Edgar Quinet ihr »halbironisches Lächeln«, das Lächeln »einer menschlichen Seele, die voller Frieden einherzieht, während sie auf eine Welt hinabblickt, die von menschlichem Schrecken befreit ist«. Jules Michelet hingegen verspürte eine hypnotisch-böse Wirkung, die von dem Porträt ausging: »Mich zieht es gegen meinen Willen zu ihm hin wie den Vogel zur Schlange.« Und Alfred Dumesnil gab in *Italienische Kunst* (1854) folgendes Urteil ab: »Das Lächeln ist voller Anziehungskraft, aber es ist die heimtückische Anziehungskraft einer kranken Seele, die krank macht.« Walter Pater machte in ihrem Gesicht das Ewige ausfindig: »Sie ist älter als die Felsen, inmitten derer sie sitzt; wie ein Vampir ist sie schon viele Male tot gewesen und hat die Geheimnisse des Grabes kennen gelernt, sie ist in die Tiefen der Meere hinabgetaucht, und das dorthin abgesunkene Tageslicht liegt noch auf ihr; und sie hat mit Kaufleuten aus dem Osten um seltsame Gewebe gehandelt.« Paul Valéry behauptete, dass ihr Gesicht überhaupt kein Geheimnis in sich berge. Bernard Berenson entdeckte eine abstoßende Hochmütigkeit in ihren Zügen und verlangte, dass man das Gemälde verbrennen solle. Der Gesichtswissenschaftler Paul Ekman vom University College San Francisco glaubt, dass sie einfach nur mit dem Betrachter flirtet.

Ein bekannter Kunstgriff, der auch in diesem Bild zur Anwendung gekommen ist, ist das Verwischen der Umrisse, das man Sfumato nennt. Durch diese Technik wird das Gesicht der Mona Lisa mit vibrierendem Leben erfüllt, vor allem im Bereich der Mundwinkel.

Leonardo da Vinci, Mona Lisa

Dies mag die von vielen Betrachtern empfundene Deutungsvielfalt und den Eindruck erklären, tatsächlich etwas von ihrem Geist zu verspüren. Ihr Gesicht ist lebende Vielheit.

Gewisse Charaktere sind per se schwer fassbar. Wie soll ein Porträtist das »wirkliche Selbst« einer Schauspielerin abbilden, wenn er gleichzeitig zeigen will, wie groß ihr schauspielerisches Talent ist, das heißt ihr Talent, ein fremdes Selbst zu spielen? Auf Joshua Reynolds' *Sarah Siddons als tragische Muse* (1784) sitzt die Schauspielerin mit einem wie eine Geländerstange steif in die Höhe gereckten Unterarm, den Kopf nach rechts und leicht nach oben gedreht, als ob sie gerade einen Ruf aus der Kulisse vernommen habe. Den *Reminiscences* der Siddons zufolge hatte Reynolds vorher zu ihr gesagt: »Besteigt Euren Thron, den Euch keiner streitig macht, und seid so gnädig, mir

Joshua Reynolds, Sarah Siddons als tragische Muse

einen großartigen Eindruck von der tragischen Muse zu geben.« Die Pose, die sie einnimmt, hat mehr als eine Frage aufgeworfen. Hat sie sie selber ersonnen, oder ist sie Anweisungen von Reynolds gefolgt? (Es wird Gegensätzliches darüber berichtet.) Ist sie hier wirklich in eine Rolle geschlüpft, oder ist sie, wie sich der Kunstwissenschaftler F. E. Sparshott fragt, einfach sie selbst, »eine Berühmtheit, die von ihrer eigenen Apotheose träumt«?

Intelligenz wiederzugeben ist für einen Künstler keine einfache Aufgabe. In der direkten Begegnung entdecken wir sie schnell – im wachen und erwidernden Ausdruck der Augen zum Beispiel –, aber aus einem unbeweglichen Gesicht ist sie nicht so leicht abzulesen. Porträtisten versuchten häufig, sie mit einem leicht introvertierten Ausdruck oder mit einem königlich anmutenden Blick anzudeuten. Kunstkritiker rühmen oft die Intelligenz, die man zum Beispiel angesichts der Porträts von Sir Thomas More verspürt, aber diese Urteile können durch die Kenntnisse über die dargestellte Person beeinflusst sein. Intelligenz zeichnet sich durch eine schnelle Auffassungsgabe, durch das Erkennen von Zusammenhängen und das Reagieren auf Nuancen aus – alles Fähigkeiten, die wiederzugeben für die Porträtmalerei eine sehr schwierige Aufgabe ist.

Intellekt lässt sich mit dem Pinsel kaum wiedergeben, da er eine gewisse Gelehrtheit voraussetzt, eine Eigenschaft, die sich auf Gesichtern nicht abzeichnet. Wie können Künstler also Intellekt darstellen? Sie können den Porträtierten bei einer geistigen Tätigkeit zeigen, so wie es Dürer tat, als er den großen Gelehrten Erasmus 1526 schreibend an einem Tisch porträtierte, das Gesicht finster vor lauter Konzentration. Weitaus häufiger jedoch zeigen sie die betreffende Person vor einem entsprechend ausstaffierten Hintergrund. Sie bedienen sich dabei desselben Tricks, den heutzutage Politiker oder Rechtsanwälte bei Pressekonferenzen oder Fernsehinterviews gerne einsetzen, indem sie sich vor ein Regal voller Bücher stellen, die sie nie gelesen haben. Etwas von dem wahrnehmbaren Hintergrund sickert in den Charakter ein.

Eine Kamera vermag einen Charakter ganz hervorragend einzufangen, so wie auch Grimassen oder Zuckungen. Ein Maler muss das, was er über eine Person weiß, in ein Porträt eingehen lassen. Ein Fotograf aber fertigt viele einzelne Bilder von einem Gesicht an – hier kommt dem sorgfältigen Auswählen der treffendsten Aufnahme die entscheidende Bedeutung zu. Um ein Gemälde fertig zu stellen, braucht man Stunden, Tage, Wochen. Ein Fotograf kann einen ganzen Film in wenigen Minuten verknipsen, und einige seiner Schnappschüsse können unter Umständen einen Gesichtsausdruck zeigen, der kaum noch menschlich wirkt.

Anfänglich erforderte auch die Arbeit mit der Kamera viel Zeit und vor allem ein ermüdendes Posieren. Von 1851 an ließ das nasse

Kollodiumverfahren die notwendige Belichtungszeit auf ein paar Sekunden zusammenschrumpfen. Seit den sechziger Jahren des neunzehnten Jahrhunderts arbeiteten Kameras auch schnell genug, um auch einen flüchtigen Gesichtsausdruck einfangen zu können. Nadar (Gaspard Félix Tournachon, 1820–1910) spezialisierte sich darauf, Berühmtheiten auf die Glasplatten, die man damals noch verwendete, zu bannen. Seine Fotos zeigen Männer wie Manet, Baudelaire, Daumier, Courbet und Doré. Die Porträtierten vermitteln oft den Eindruck, als ob sie nachdächten oder jeden Moment zu reden anfangen könnten. Man spürt ihre gesellschaftliche Präsenz.

Seit jener Zeit hat die Kamera immer wieder Menschen in besonders einschneidenden Momenten ihres Lebens festgehalten: Jackie Kennedy nach Dallas, mit einem Gesicht, in dem sich nichts anderes als ihr Verlust spiegelt, Sportler bei Weltmeisterschaften, am Boden zerstört nach einer Niederlage oder jubilierend nach einem Triumph, einen Vietcong in Todesangst, weil ihm jemand eine Pistole an die Schläfe setzt.

Sie hat aber auch Subtileres entstehen lassen. Alfred Stieglitz (1864–1946) lichtete Georgia O'Keefe und Dorothy Norman in tausend verschiedenen Stimmungen ab. Walker Evans, Dorothea Lange und Ben Shahn hielten die vielen verzweifelten Gesichter der amerikanischen Farmer während der Depressionszeit fest. Der große deutsche Fotograf August Sander (1876–1964) stellte gerne ähnliche Menschen einander gegenüber, um ihre Unterschiede herauszuarbeiten. Sein 1914 entstandenes Foto von drei beinahe identisch gekleideten Männern ist so reich an Nuancen, dass es Richard Powell zu seinem Roman *Three Farmers on Their Way to a Dance* (1985) inspirierte, in dem jeder dieser drei seine eigene Persönlichkeit erhält. Das Foto war in Sanders *Antlitz der Zeit* (1929) enthalten, einen Bildband, den die Nazis 1934 einstampfen lassen wollten. Gombrich sagte 1956: »Ich zweifle daran, ob wir jemals erkennen können, welche Veränderungen bewirken, dass ein Gesicht sich zu einem Lächeln erhellt oder sich nachdenklich beschattet, indem wir einfach die Leute um uns herum beobachten«, da »wir in Wirklichkeit nur ein fröhlicheres Gesicht sehen und nicht etwa eine Veränderung der Muskelkontraktionen«. Er hatte recht, und was das von ihm angesprochene Problem betrifft, leistete die Fotografie der Menschheit einen entscheidenden Dienst. Sie ermöglichte eine wissenschaftliche Untersuchung von Gesichtssignalen.

Das Ausdrucks-Orchester

Im neunzehnten Jahrhundert führte der französische Forscher Guillaume Duchenne de Boulogne (1806–1875) an den blutenden Häuptern, die kurz zuvor durch die Guillotine von den dazugehörigen Rümpfen abgetrennt worden waren, Experimente durch. Er befestigte Elektroden an ihnen, um festzustellen, auf welchem Weg Gefühle das Gesicht erreichen. Er musste rasch arbeiten, da die Nerven nur noch wenige Stunden nach dem Tod elektrische Impulse weiterleiten. Schließlich war er es satt, permanent unter Zeitdruck zu stehen, und heuerte einen alten Armenhäusler an, der in seinem Gesicht keinen Schmerz empfand. Der Strom verzerrte das Gesicht des Alten bis zur Unkenntlichkeit. Duchenne hielt alle diese unheimlichen und verblüffenden Grimassen auf Film fest. Duchenne kartographierte als erster die wechselnden Landschaften, die ein Gesicht je nach Ausdruck bildet.

Grundlage eines jeden Ausdrucks sind die Gesichtsmuskeln, von denen wir mehr besitzen als jedes andere Lebewesen auf der Welt: an die zweiundzwanzig auf jeder Seite des Gesichts. Wie die meisten anderen Muskeln sind sie an Knochen verankert. Im Gegensatz zu den meisten anderen Muskeln sind sie aber auch mit der Haut verbunden. Sie bewirken, dass die Gesichtshaut, ganz anders als die Haut auf dem Rücken oder auf den Beinen, beweglich ist, so dass sie sich den vom Gehirn ausgesandten Impulsen entsprechend schnell verformen kann.

Wie die Graphik (S. 250) zeigt, bilden diese Muskeln ein komplexes Netz von Strängen, aus denen einige besonders herausragen.

Der Himmel und die Hölle des Gesichts sind der *Zygomaticus major* und der *Corrugator supercilii*. Der *Zygomaticus major* ist jener Muskel, der unseren Mund lachen lässt. Er erstreckt sich über die Wange nach unten bis zu den Mundwinkeln, die er nach oben zieht. Der *Corrugator* hingegen lässt unsere Augenbrauen zusammenrücken und tiefe vertikale Falten zwischen ihnen entstehen. Bei den meisten freundlichen Mienen ist der *Zygomaticus major* im Spiel, bei den meisten bösen Mienen der *Corrugator*.

Auch andere Muskeln spielen eine große Rolle. Am häufigsten kommt der *Frontalis* zum Einsatz, der einem Vorhang ähnelnde Stirnmuskel, der die Augenbrauen hebt, wenn man zum Beispiel signalisieren will, dass man überrascht ist. Sein Gegenpart ist der *Procerus*; er zieht die Augenbrauen nach unten. Wenn wir die Lippen vor Angst waagerecht zurückziehen, dann setzen wir den *Risorius* ein, der trotz seines Namens keinerlei Funktion für das Lachen hat. Der *Mentalis* ist der Schmoll-Muskel. Er zieht die Haut über dem Kinn nach oben, wodurch die Unterlippe vorgeschoben wird.

Die meisten dieser Muskeln sind – wie der *Bizeps* – lang gestreckt. Sie kontrahieren und ziehen dadurch die Haut in eine bestimmte Richtung. Das Gesicht besitzt aber auch zwei kleine Schlingen, die an keinem ihrer beiden Enden mit einem Knochen verbunden sind. Der *Orbicularis oris* befindet sich innen in den Lippen, läuft um sie herum und zieht sich zusammen, wenn wir sie vorstülpen wollen. Wir benutzen diesen Muskel, um jemandem einen Kuss zu geben oder um »Huh!« zu rufen. Der *Orbicularis oculi* verengt die Augen. Er besteht aus zwei Teilen, einem inneren und einem äußeren. Der innere schließt das Auge sachte, zum Beispiel beim Blinzeln. Der äußere kneift das Auge gewaltsam zu, wenn wir zum Beispiel einen argwöh-

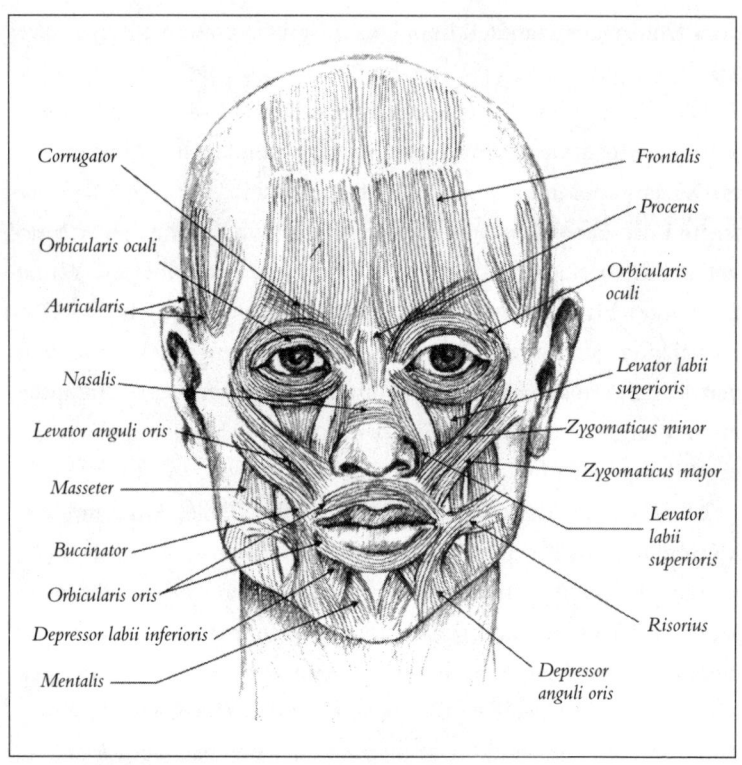

Die Gesichtsmuskeln

nischen Blick auf jemanden werfen oder wenn grelles Licht uns blendet.

Alle diese Muskeln sind Sklaven, ausführende Organe von Nerven. Ein einzelner Nerv – der *Facialis* – beherrscht sie alle. Er besteht aus drei Teilen. Der erste bewirkt die Absonderung von Tränen und fördert den Speichelfluß, der zweite transportiert Geschmacksempfindungen zum Gehirn. Der dritte ist von entscheidender Bedeutung für den Gesichtsausdruck. Die Befehle an ihn werden aus dem fazialen Nukleus heraus ausgesendet, einer kleinen Stelle im *Pons*, der »Brücke«, einer Übergangsregion zwischen Gehirn und Rückenmark. Vor dem Ohr tritt er an die Oberfläche des Gesichts, wo er sich mehrfach gabelt, um eine möglichst große Fläche des Gesichts zu bedecken. Zunächst teilt er sich in einen oberen und einen unteren Strang auf. Der obere spaltet sich wiederum in zwei Unterstränge auf, den zygomatischen und den temporalen, den zum Jochbogen beziehungsweise zur Schläfe gehörigen Zweig, die den Ausdruck im mittleren und oberen Gesichtsbereich bestimmen. Der untere Strang fächert sich in drei Unterstränge auf – den *Buccalis*, den mandibularen und den zervikalen, den zur Wange, zum Unterkiefer beziehungsweise zum Halsbereich gehörenden. Diese drei sind für Bewegungen und Regungen im unteren Bereich des Gesichts zuständig. Es gibt noch weitere, feinere Stränge, aber die genannten fünf sind die wichtigsten. Sie bewegen die verschiedenen Partien unseres Gesichts, so wie Fäden eine Marionette zum Leben erwecken.

In ihrem Zusammenspiel ermöglichen die Gesichtsmuskeln eine so große Ausdrucksvielfalt, dass wir immer wieder meinen, einen neuen Gesichtsausdruck zu sehen, der uns in irgendeiner Weise irgend etwas signalisiert. In der Tat ist es schwierig, das Gesicht zu einer Miene zu verziehen, die überhaupt keine Bedeutung hat. Der Psychologe Paul Ekman forschte nach solch einem Ausdruck, und nach vielen Mühen entdeckte er auch einen: Emporgezogene Augenbrauen, geschlossene Augen und aufgeblasene Backen signalisieren einfach gar nichts.

Wie viele verschiedene Möglichkeiten, sein Gesicht einen bestimmten Ausdruck annehmen zu lassen, gibt es? Wissenschaftler, die insgesamt fünf Stunden Gespräche mit Therapiepatienten auf Videoband aufzeichneten, zählten ungefähr sechstausend, also ungefähr alle drei Sekunden einen neuen Ausdruck. Der holländische Künstler Arthur Elsenaar reizte Gesichtsmuskeln von Versuchspersonen durch Stromstöße – ganz ähnlich, wie Duchenne es getan hatte – und entdeckte in einer zweiunddreißig Minuten langen Videoaufzeichnung seines Experiments viertausendundsechsundneunzig Ausdrucksvarianten – also jede halbe Sekunde eine andere. Einer anderen Schätzung zufolge gibt es insgesamt zehntausend Varianten. Der Schauspieler David Garrick (1716–1779) konnte sein Gesicht rasch hintereinander neun verschiedene Gefühle widerspiegeln lassen: Freude, Gelassenheit, Überraschung, Erstaunen, Betrübtheit, Niedergeschlagenheit, Angst, Schrecken, Verzweiflung – und wieder Freude. Wie viele unterschiedliche Gesichter mag er aber dabei gemacht haben? Angesichts der vielen Möglichkeiten, einen Ausdruck graduell abzustufen, sanft zu modulieren oder mit einem anderen zu »überblenden«, und angesichts des Reichtums unseres Gefühlslebens entzieht sich die tatsächliche Gesamtzahl wohl einer exakten Bestimmung.

Gesichts-Esperanto

1722 segelte der holländische Forschungsreisende Jacob Roggeveen auf der Suche nach einem Phantomkontinent in Richtung Westen über den Südpazifischen Ozean. Sein Schiff trieb wochenlang über die riesige leere Wasserfläche, bis am Ostersonntag am Horizont eine kleine vulkanische Insel auftauchte, die er nach dem Tag ihrer Entdeckung taufte. Die Osterinsel war einer der entlegensten Flecken der Welt. Die Zivilisation, die Roggeveen hier entdeckte, hatte jahrhundertelang in völliger Isolation existiert. Gleichwohl vermochte er ohne Probleme jeden Gesichtsausdruck der Bewohner zu lesen: ihre Freude, als sie ihn erstmals zu Gesicht bekamen, ihr Erstaunen über die Größe seines Schiffes, ihre Begierde, mit ihm zu handeln.

Andere Forschungsreisende machten exakt dieselbe Erfahrung, ganz egal, in welchen Winkel der Erde es sie verschlug. Columbus, Vespucci und Cortez hatten keinerlei Schwierigkeit, die Gesichter der Eingeborenen richtig zu deuten. Auch als der völlig isoliert lebende Stamm der Biami in der Dreißigerjahren auf Neuguinea entdeckt wurde, war das Mienenspiel dieser Menschen für die Fremden sofort verständlich.

Gesichtssignale sind universell. Sie stellen eine Sprache dar, die die Menschen überall auf dem Globus miteinander vernetzt, gleichgültig, welcher Rasse, Kultur oder Nationalität sie angehören. Und doch glaubten Sozialwissenschaftler noch im zwanzigsten Jahrhundert lange Zeit, dass das Gegenteil der Fall sei. Sie waren überzeugt, dass die jeweilige Kultur die Signale des Gesichts definiere, wie sie die Wörter einer Sprache festlege, dass diese Signale also von Land zu Land variierten. Einer traditionellen anthropologischen Ansicht zufolge, die bis zum Beginn des zwanzigsten Jahrhunderts und zu Franz Boas zurückreicht, determinierte die Kultur sogar das gesamte Verhalten des Menschen. Gene bauten vielleicht die Nervenzellen auf, aber die Gesellschaft vernetzte sie miteinander. Wir seien mithin unendlich formbar. Dieses Axiom war auch schuld daran, dass Margaret Mead in *Heranwachsen in Samoa* (1928) Ergebnisse ihrer Feldforschungen völlig falsch interpretierte – so wie es auch viele andere Wissenschaftler in die Irre führte.

Anfangs stand auch Paul Ekman unter seinem Einfluss. Heute ist Ekman ein sehr entspannt wirkender Mann mit einem graumelierten Bart und einem schlauen Lächeln. Auf Partys treten Leute an ihn heran und fragen ihn – nicht ganz ohne Nervosität –, ob er erraten kann, was sie denken. »Nein, ich kann keine Gedanken lesen«, antwortet er stets und fügt dann aber nach einer kleinen Pause hinzu: »Aber ich kann *Ihre Gefühle* lesen.«

Ekman ist tiefer als jeder andere moderne Wissenschaftler in die Geheimnisse des Gesichtsausdrucks und der Verstellung eingedrungen. Als Kind liebte er es, komische Grimassen zu schneiden, und seine Mutter warnte ihn manchmal: »Mach das nicht! Dein Gesicht wird für immer so bleiben!« Als Heranwachsender war er ein ausgezeichneter Porträtfotograf, später promovierte er in Psychologie. Als er in den sechziger Jahren damit begann, Gesichtssignale zu erforschen, stand er noch unter dem Einfluss der Lehre von der kulturellen Determiniertheit menschlichen Verhaltens. »Ich ging davon aus, nachweisen zu können, dass Darwin sich geirrt hatte, als er meinte, dass jeder Gesichtsausdruck universell sei«, erinnerte sich Ekman.

Zu seiner eigenen Überraschung wurde Darwin aber von ihm bestätigt. Er fand heraus, dass der Kern des fazialen Codes aus sechs verschiedenen Primär-Mienen (»Glypten«), besteht, vielleicht sind es auch ein paar mehr. Die grundlegenden sechs sind: Freude, Zorn, Angst, Erstaunen, Abscheu und Trauer.

Diese Signale bilden sich in der Kindheit aus, und zwar nach einem verlässlichen Zeitplan. Lächeln und überrascht dreinschauen kann der Mensch schon kurz nach seiner Geburt, Signale für Abscheu und Kummer (Trauer) lernt er in der Zeit zwischen seiner Geburt und dem dritten Lebensmonat, das »soziale« Lächeln macht sich in der Zeit zwischen der sechsten Lebenswoche und dem dritten Lebensmonat erstmals bemerkbar, der Ausdruck für Zorn zwischen dem dritten und dem siebten Monat, der für Angst zwischen dem fünften und dem neunten. Es ist mit an Sicherheit grenzender Wahrscheinlichkeit auszuschließen, dass diese Signale erlernt sind. Thalidomid-Kinder (Contergan-Kinder), die blind, taub und ohne Arme auf die Welt kamen, verwendeten sie ebenfalls.

In der Regel nehmen wir einen solchen Primärausdruck nicht willentlich an, dieser stellt sich vielmehr automatisch ein und lässt sich auch normalerweise nicht willentlich nachahmen. Die wenigsten Menschen können überzeugend Überraschung simulieren, ja noch nicht einmal ein richtiges herzliches Lächeln können sie nachmachen. Wenn man sie auffordert, »traurig auszusehen«, lassen sie den Kopf hängen und verziehen ihr Gesicht zu einer Grimasse, die nicht im Entferntesten an den Ausdruck echter Trauer erinnert. Da nur sehr wenige Menschen mit ihrer Mimik spielen und bewusst täuschen können, ist der Gesichtscode sehr glaubwürdig.

Der Ausdruck, der überall auf der Erde ohne jedes Problem erkannt wird, ist ein aufrichtiges Lächeln, das Aufflammen von Glücklichsein. Dabei kommen zwei Muskeln zum Einsatz. Der *Zygomaticus*

Das aufrichtige Lächeln. Foto: Paul Ekman

major krümmt den Mund und der *Orbicularis oculi* zieht die Wangen nach oben, wodurch sich die Haut unter den Augen in »Lachfalten« legt. Bei einem richtig breiten Lächeln blitzen auch noch die Zähne auf, und die Augen beginnen zu funkeln. Nicht jedes Lächeln deutet auf Freude hin, aber ein aufrichtiges Lächeln ist unverkennbar.

Während ein lächelndes Gesicht leicht zu beschreiben ist, lassen sich andere Porträts in dieser Galerie nicht so ohne weiteres mit Worten schildern. Wie zum Beispiel sieht ein Antlitz voller Zorn aus?

Ein zorniges Gesicht ist ein Gesicht voll düsterer Konzentriertheit. Die Gesichtszüge scheinen sich zusammenzuziehen, um die Bosheit gebündelter ins Ziel schleudern zu können. Die Augenbrauen senken sich, die Lippen werden aufeinandergepreßt. Jane Eyre sagt über die Braue ihrer Tante Reed: »Wie oft hat sie sich voller Drohung und Hass auf mich herabgesenkt.« In ein erzürntes Gesicht strömt verstärkt Blut, das es rot werden lässt. Ist die Wut besonders groß, funkeln

Zorn. Foto: Paul Ekman

die Augen, und das ganze Gesicht sieht aus, als ob es glühe. Ein solches Gesicht ist eine Warnung. Wie die leuchtenden Farben einer Korallenschlange trägt es dazu bei, physische Auseinandersetzungen, bei denen auch der Sieger eine Verletzung davontragen kann, auf ein Minimum zu reduzieren. Es gibt der Zielscheibe des Zorns die Chance, einen Beschwichtigungsversuch zu unternehmen.

Das Signal für Angst hingegen weist beinahe die entgegengesetzten Charakteristika auf. Sie scheint das Gesicht gleichsam zu öffnen. Die Augen weiten sich, die Augenbrauen gehen in die Höhe und bewegen sich aufeinander zu. Die Lippen ziehen sich horizontal zurück. Wenn die Angst besonders groß ist, beginnen sie möglicherweise zu zittern. Der Mund wird trocken, und die Zähne beginnen manchmal sogar in rascher Folge zu klappern, das Gesicht wird bleich, die Nasenlöcher weiten sich, ebenso die Pupillen, Schweiß tritt auf die Stirn – der legendäre »kalte Schweiß«. Verspürt man hingegen nur

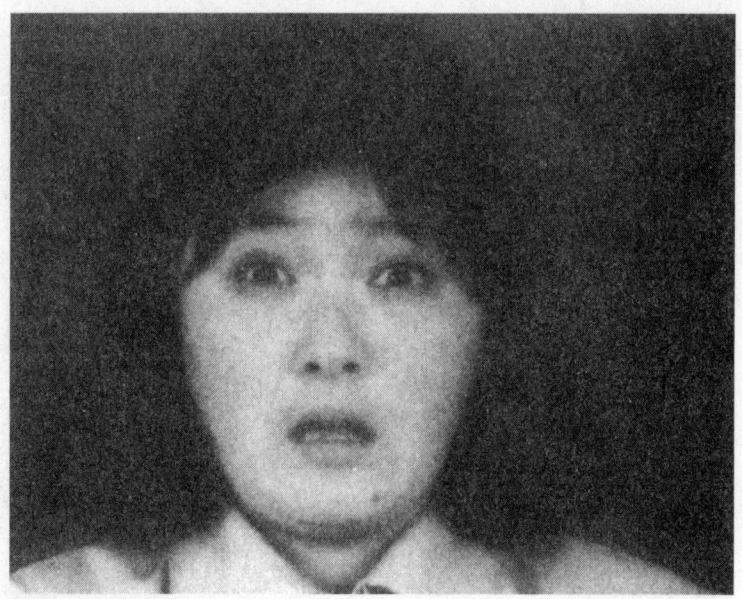

Angst. Foto: Paul Ekman

leichte Angst, kann es sogar geschehen, dass man einfach nur gähnt. Ein solches Gähnen suggeriert dem Gegenüber ein Einlenken und kann daher Handgreiflichkeiten verhindern.

Überraschung ähnelt nicht nur der Angst, sie geht dieser oft auch voraus. Sie ist der Ausdruck von der kürzesten Dauer, er zeichnet sich weniger als eine Sekunde lang auf unserem Gesicht ab. Sowohl der Mund als auch die Augen werden aufgerissen, die Augenbrauen schnellen in die Höhe und krümmen sich. Aus diesem Grund bedeutet der Ausdruck »große Augen machen« soviel wie »überrascht sein«, und aus diesem Grund gab der Schauspieler Ray Milland seiner Autobiographie den Titel »Wide-Eyed in Babylon« (»Mit aufgerissenen Augen in Babylon«). Der Grad, in dem die Augenbrauen in die Höhe steigen und der Unterkiefer nach unten klappt, gibt das Ausmaß der Überraschung an. Brauen und Kiefer müssen aber zusammenarbeiten, denn ein weitgeöffneter Mund im Verein mit kaum oder gar

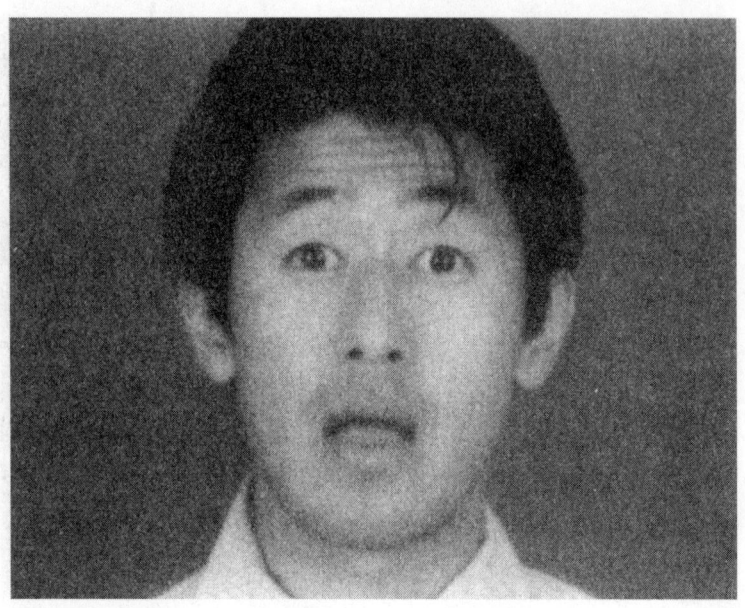

Überraschung. Foto: Paul Ekman

nicht emporgezogenen Augenbrauen ist ein Ausdruck, der keinerlei Bedeutung vermittelt.

Die muskulären Veränderungen, die bei Überraschung im Gesicht vorgehen, scheinen ihren Ursprung in einem Bemühen um Selbstschutz gehabt zu haben. Wenn Tiere wie Hunde zum Beispiel von irgend etwas oder irgend jemandem überrascht werden, dann legen sie ihre Ohren an, um sie zu schützen. Bei Menschen sind die Muskeln zum Ohrenanlegen auf die Stirn gewandert, wo sie nun bewirken, dass unsere Augenbrauen in die Höhe schnellen. Und wie Darwin schon vermutete, öffnen wir unseren Mund, wenn wir überrascht sind, weil wir dann geräuschloser atmen können, was in Gefahrensituationen natürlich von Vorteil sein kann. Hunde, so stellte Darwin fest, atmen viel leiser durch die Nase, deswegen schließen sie ihre Schnauzen, wenn sie aufgeregt sind. Mit einem geöffneten Mund kann man zudem größere Mengen Atemluft aufnehmen, was in Not-

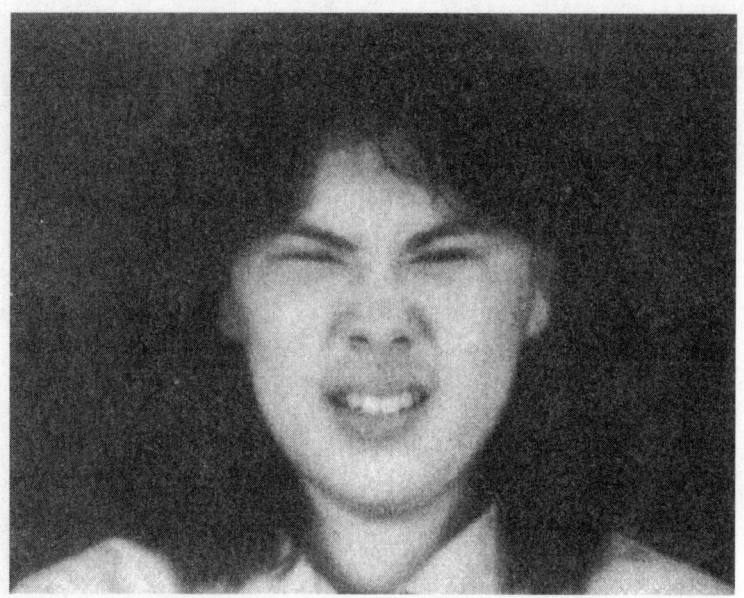

Abscheu. Foto: Paul Ekman

lagen lebenswichtig sein kann. Auch Schimpansen und Orang-Utans öffnen ihren Mund, wenn sie über irgend etwas verblüfft sind, oft stülpen sie auch noch ihre Lippen vor.

Abscheu wird vor allem durch die Nase signalisiert, die sich sonst nicht gerade durch Ausdrucksstärke hervortut. Die Nase kann »gerümpft« werden, das heißt sich zusammenziehen, wie es geschieht, wenn wir einen widerlichen Geruch wahrnehmen. Das Gesicht verwendet also eine Metapher: Das verabscheute Objekt »stinkt«. Aber auch der Mund kommt ins Spiel. Leichten Ekel können wir dadurch zu erkennen geben, dass wir ausspeien oder den Mund öffnen, als ob wir einen Brocken verdorbener Nahrung ausspucken wollten. Und besonders starken Ekel signalisieren wir mit Bewegungen des Mundes und der Kehle ähnlich jenen, die wir machen, bevor wir uns übergeben müssen.

Diese Reaktionen machen Sinn, da Abscheu das Gefühl ist, wel-

Trauer. Foto: Paul Ekman

ches den Mund schützt. Die stärksten Ekelgefühle werden durch Exkremente und Verwesung ausgelöst, beziehungsweise durch Tiere oder deren Produkte. Einige Menschen essen keine Zunge, weil sie so offenkundig »tierisch« ist, andere schrecken aus demselben Grund vor Sashimi zurück. Tatsächlich gibt es eine anatomische Verbindung zwischen dem Empfinden eines widerwärtigen Geschmacks und einem vor Ekel verzogenen Gesicht: Für beides ist eine und dieselbe Region des Gehirns zuständig.

Auch Assoziationen lassen Ekel wie elektrischen Strom durch uns hindurch jagen. Man mag keine Suppe essen, die mit einer Fliegenklatsche oder einem Kamm umgerührt wurde, auch wenn beide Utensilien brandneu waren. In Indien fühlen sich Angehörige der oberen Kasten von Nahrungsmitteln angewidert, die bereits ein »Unberührbarer« in der Hand hatte. In einem Krankenhaus bevorzugten die Schwestern den Saft, der eigentlich für die Kinder bestimmt war

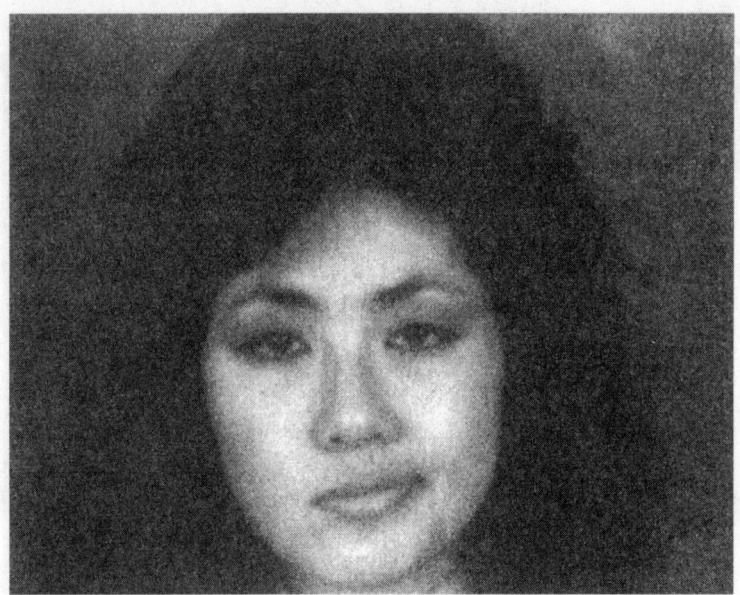

Verachtung. Foto: Paul Ekman

– die Verwaltung schaffte das Problem aus der Welt, indem sie diesen Saft fortan in unbenutzten Urinfläschchen servieren ließ. Dass Ekel uns auch aufgrund reiner Assoziationen mit solcher Vehemenz überfallen kann, hat seine Ursache wohl darin, dass auch unsichtbare Verunreinigungen dem Menschen Schaden zufügen können. Wissenschaftler vertreten die These, dass der Ausdruck von Abscheu entstand, weil er kulturelle Werte vermittelte, indem er Tabus und Objekte des Ekels sichtbar miteinander in Verbindung brachte. Wenn wir es uns einmal angewöhnt haben, uns vor bestimmten Nahrungsmitteln – wie zum Beispiel Muscheln – zu ekeln, können wir uns diesen spezifischen Ekel tatsächlich kaum wieder abgewöhnen. Das vor Abscheu verzerrte Gesicht warnt überdies andere vor verdorbenen Nahrungsmitteln und deren Geruch.

Trauer hat zur Folge, dass die Gesichtszüge herunterzuhängen scheinen. Außen sinken die Augenbrauen ab, oberhalb der Nase jedoch steigen sie leicht nach oben, so dass beide Brauen zusammen eine Art flachen Giebel bilden. In der Mitte der Stirn sammeln sich Falten. Aus diesem Grund haben viele Dichter gemeint, dass der Kummer dort seinen Sitz habe. Die Mundwinkel hängen herunter, das gesamte Gesicht erschlafft: Wir machen ein »langes Gesicht«. Als die Feuerland-Indianer Darwin begreiflich machen wollten, dass einer der Kapitäne wohl deprimiert sei, zogen sie ihre Wangen mit den Händen nach unten. Der Ausdruck von Trauer ähnelt dem von Kummer und von Schuld.

Ein trauriges Gesicht löst Mitgefühl aus und fordert zu Hilfeleistung auf, sogar bei Schimpansen. Tatsächlich ist dieser Ausdruck so wirksam, dass er zu einer stilisierten Bittgeste werden kann: Bettler sind Experten im Ziehen von langen Gesichtern. Bei den Kaluli auf Neuguinea und bei den Quechua im Hochland von Ecuador ist ein bekümmertes Aussehen nicht lediglich ein flüchtiges Signal, sondern eine ganz präzise definierte kulturelle Botschaft. Wenn eine Quechua-Frau über einen langen Zeitraum hinweg traurig wirkt, beginnen ihre Anverwandten der Ursache dafür auf den Grund zu gehen, wobei sie für gewöhnlich erst einmal den Ehemann verdächtigen, irgendwelche Gemeinheiten begangen zu haben.

Zu den sechs beschriebenen Primäremotionen und den dazugehörigen Mienen fügen einige Wissenschaftler noch Verachtung, Schmerz und Gleichgültigkeit hinzu.

Verachtung wird auf recht subtile Weise deutlich gemacht, und Fachwissenschaftler haben darüber gestritten, ob dieser Ausdruck wirklich universell ist und wie er eigentlich genau zustande kommt. Bei Experimenten bezeichneten die Versuchspersonen einen Gesichtsausdruck (auch von Angehörigen anderer Kulturen) als verächtlich, wenn die Lippen fest zusammengepresst und nur auf einer Seite hochgezogen wurden. Für andere hingegen ist ein bestimmter hochmütiger Augenausdruck wichtig, und Darwin meinte, dass bei einem verächtlichen Blick die Lider halb geschlossen und die Augen etwas abgewandt seien, so als ob man nicht gewillt sei, das Objekt seiner Geringschätzung genau anzusehen. Wahrscheinlich kann Verachtung durch mehr als einen Ausdruck signalisiert werden. Die wissenschaftliche Auseinandersetzung darüber ist lebhaft und wird – auf dem Papier zumindest – im Großen und Ganzen frei von Verachtung für den Andersdenkenden geführt.

Schmerz mag ebenfalls ein Elementarausdruck sein. Wir alle sind mit dem »schmerzverzerrten« Gesicht vertraut. Sein Anblick lässt einen nicht los und kann nahezu unerträglich sein. Die ganze mittlere Partie des Gesichts scheint zu kontrahieren. Die Augenbrauen ziehen sich zusammen, sinken oft auch nach unten, der Nasenrücken kräuselt sich. Die Oberlippe wird nach oben gezogen, so dass der Mund sich öffnet, und zu beiden Seiten der Nase können tiefe Falten entstehen. In höchster Agonie schließen sich unter Umständen die Augenlider völlig. Das Gesicht zieht sich quasi in sich selbst zurück, als ob es eine unsichtbare Gefahr abwehren wolle. Einen solchen extremen Ausdruck nehmen unsere Züge aber nur dann an, wenn wir von wirklich heftigen Schmerzen attackiert werden. Daher unterschätzen Beobachter oft den Grad des Schmerzes, den ein anderer empfindet, wenn sie nur nach seinem Gesichtsausdruck urteilen. Menschen, die mit einzelnen Personen zusammenleben, die oft unter Schmerzen leiden, können ihnen diese besser vom Gesicht ablesen. Ärzte hingegen, die ständig vom Schmerz anderer umgeben sind, achten weniger auf einen solchen Gesichtsausdruck. Eine nicht ganz nebensächliche Tatsache, die ihnen vielleicht selber nicht bewusst ist.

Ein schmerzvoll verzogenes Gesicht ist ein noch viel eindringlicherer Appell an andere, Hilfe zu leisten, als ein trauriges Gesicht. Es macht zudem den sozialen und den evolutionären Aspekt von Gesichtssignalen deutlich. Schmerzen leichterer Art ertragen wir, ohne dass sich unser Ausdruck verändert. Das Signal wird erst in dem Moment ausgesandt, wenn der Schmerz wirklich heftig ist, das heißt, wenn wir vielleicht auf die Hilfe anderer angewiesen sind.

Einige Wissenschaftler sind der Ansicht, dass auch Unbeteiligtheit ein Gesichtsausdruck sein könnte. Wir alle erkennen sofort ein unbeteiligtes Gesicht. Der entsprechende Ausdruck befremdet uns, weil wir aus ihm nicht auf die Gefühle oder Gedanken der betreffenden Person schließen können. Tatsächlich ist ein solches Gesicht ja ausdrucksleer und damit nicht zu deuten. Jemand kann durchaus fröhlich sein und trotzdem einen leeren Ausdruck im Gesicht haben. Als man bei einem Experiment amerikanischen und japanischen Versuchspersonen Filme mit grausigen Szenen von rituellen Beschneidungen, von Geburten mit Hilfe von Saugglocken und von Operationen an Nasennebenhöhlen vorführte, machten rund zwanzig Prozent von ihnen die ganze Zeit über eine völlig unbeteiligte Miene. Was ging wohl in ihnen vor? Man kann es nur erraten.

Zwischen den einzelnen »Grundmienen« kann es Verschmelzungen oder, wie die Wissenschaftler es nennen, »Überblendungen« geben: Wir können also in den Gesichtszügen eines Menschen auch wütende Verachtung, wütende Freude oder auch wütendes Angeekeltsein feststellen. Außerdem gibt es von jedem Ausdruck auch gewisse Spielarten. Der Ausdruck von Angst ähnelt dem von mäßiger Furcht, vor allem was die horizontale Dehnung des Mundes betrifft. Aufmerksamkeit lässt wie leichte Überraschung die Augenbrauen ein wenig in die Höhe wandern. Der Ausdruck von Kummer und der von Schuldbewusstsein scheinen Variationen des Ausdrucks von Trauer zu sein.

Ein Gesichtsausdruck ändert sich stufenweise. Wut hat zahllose Varianten, was ihre Intensität betrifft (von leichter Irritation bis hin zu rasendem Zorn), was den Grad betrifft, mit dem sie beherrscht wird (man kann vor Wut ebenso schweigend kochen wie laut schreiend in die Luft gehen), und was ihre Echtheit betrifft (von nur vorgespielt bis aufrichtig empfunden). Ein extremerer Ausdruck wie Entsetzen beispielsweise geht oft weit über seinen Prototyp hinaus. Allein von der Anzahl seiner möglichen Varianten her ist mancher Grundausdruck – der von Abscheu zum Beispiel – am ehesten mit einem riesigen Schwarm von Insekten vergleichbar.

Damit ist die Galerie allerdings noch lange nicht vollständig. Fröhliches Lachen, Gähnen und Erröten sind nicht in sie aufgenommen, obwohl es sich um universelle und sehr expressive Signale handelt. Auch Geisteszustände und Stimmungen wie Verblüffung, Langeweile, Schläfrigkeit und Misstrauen sind nicht berücksichtigt. Die jeweils dazugehörigen Mienen scheinen universell zu sein – wir verstehen sie, wenn wir einen Film in einer uns unbekannten Sprache sehen –, und dennoch wurden sie bisher noch nicht experimentell erforscht.

Die Wissenschaftler, die auf diesem Gebiet tätig sind, geben selbst zu, dass sie bei ihren Forschungen durch ähnliche Fallstricke zum Straucheln gebracht werden wie jene Menschen, die sich der Physiognomik bedienen. Normalerweise arbeitet man mit Fotos, auf denen ein Gesicht zumeist von vorne abgebildet ist, wodurch es gleichsam eingeebnet und seiner Tiefen, die ja für den Ausdruck ebenfalls entscheidend sind, beraubt wird. Außerdem ist der auf ihnen eingefangene Ausdruck oft nicht spontan zustande gekommen wie im normalen Leben, sondern vielmehr »konstruiert« worden.

Und sie geben das Fließende nicht wieder: Ein Gesichtsausdruck ist etwas Dynamisches, mit einem Beginn, einem Höhepunkt und einem Ausklingen. Das alles dauert mehrere Sekunden, ein Foto aber fängt vielleicht nur ein Fünfhundertstel einer Sekunde ein. Betätigt man den Auslöser, wenn der Prozess auf seinem Höhepunkt ist, dann fängt man vielleicht einen Ausdruck ein, der auf der ganzen Welt erkannt wird, drückt man zu früh oder zu spät, weiß vielleicht keiner die Miene zu deuten. Und ein Ausdruck wie das »Starren« zum Beispiel hängt so sehr von der zeitlichen Dauer ab, dass man ihn mit einer Momentaufnahme überhaupt nicht wiedergeben kann. Deswegen haben einige Forscher begonnen, mit Videokameras zu arbeiten.

In *Brazil* schreibt John Updike: »Immer wenn Isabel eine Bemerkung von sich gab, die zu einer Antwort anregen sollte, zeichnete sich auf ihrem ganzen Gesicht Anspannung ab, eine Art von leuchtendem Erfülltsein – wie bei einem dicken Tautropfen, der kurz davor ist, zu platzen und zu verrinnen.« Unser Gesicht kann jenseits der Grundtypen eine Fülle solcher lebendiger Signale aussenden. Was konstituiert sie? Wir wissen es nicht.

Das Zwinkern und der Zeigestock

Die beschriebenen Grundausdruckstypen sind die Leitsignale unserer Mimik. Sie enthüllen tiefe und oft leidenschaftliche Gefühle, vom Lächeln abgesehen kommen sie aber verhältnismäßig selten vor. Unablässig hingegen zucken Signale über die Oberfläche unseres Gesichts, die Botschaften von etwas weniger bedeutendem Rang vermitteln: Es sind Signale paralingualer Art. Zu diesen gehören unter anderem nicht-sprachliche Substitute für Wörter, Modulationen der Stimme, Gesprächskoordinatoren und sogar »Halb-Geräusche« wie Zähneknirschen. Diese unauffälligen Signale verbinden uns in unserem täglichen Umgang miteinander.

Obwohl wir sie ständig verwenden, hat man erst in den fünfziger Jahren mit ihrer Untersuchung begonnen. Paul Ekman und Wallace Friesen haben sie später klassifiziert: Sie unterscheiden zwischen Emblemen, Illustratoren, Regulatoren und Adaptoren.

Embleme ersetzen gesprochene Wörter oder modifizieren sie. Sie treten an die Stelle verbaler Äußerungen. Ein Lächeln kann heißen: »Ich stimme zu.« Ein Heben der Augenbrauen kann bedeuten: »Das glaube ich nicht ganz.« Ein Schulterzucken begleitet von einem kurzen Nachuntenziehen der Mundwinkel und einer leichten Neigung des Kopfes besagt: »Ich bin verblüfft.« Ein Augenzwinkern kann auf gemeinsame Erfahrungen verweisen und geheimes Einverständnis signalisieren, es kann aber auch flirtend gemeint sein oder andeuten, dass eine bestimmte Bemerkung nicht ernst gemeint ist. Eine aus dem

Mund gestreckte Zunge ist eine Beleidigung. In den USA werden gegenwärtig an die sechzig verschiedene Embleme benutzt.

Embleme sind bewusst abgegebene Signale. Man weiß, dass man sie benutzt. Eines Gefühlsausdruckes, der kein paralinguales Signal ist, ist man sich hingegen nicht bewusst. Deshalb reagieren wir auch oft auf ein Emblem so, wie wir auf einen gesprochenen Satz reagieren würden. Wenn wir zum Beispiel einer anderen Person gegenüber etwas behaupten und diese daraufhin die Augenbrauen skeptisch in die Höhe zieht, dann antworten wir ihr darauf unter Umständen genauso, als ob sie gesagt hätte: »Das glaube ich dir nicht!«

Embleme eignen sich wunderbar für Mitteilungen, die nicht für fremde Ohren bestimmt sind. Wenn man jemanden fragt, was er von einer Person hält, die sich im Nebenraum befindet, dann antwortet er unter Umständen nur mit einer Grimasse. Diese Taktik schränkt die Botschaft auf das Visuelle ein. Keine unbefugte Person kann sie mithören. Und sie lässt sich auch verleugnen, da ja niemand Worte ausgesprochen hat, die sich wiederholen ließen.

Diese Signale äffen oft die uns angeborenen Signale nach. Aber ein Emblem sagt etwas aus, während ein Gesichtsausdruck etwas zeigt. Wir verspüren das Gefühl nicht, sondern beziehen uns auf es. Wenn jemand Sie nach Ihrer Meinung über einen Kandidaten für ein politisches Amt fragt und Sie daraufhin ein gequältes Gesicht machen, dann sagen Sie damit nicht: »Ich verspüre einen Schmerz«, sondern: »Der Mann bereitet mir Schmerzen.« Solche Botschaften sind häufig länger oder auch kürzer als der entsprechende Gesichtsausdruck, und in der Regel sind sie stilisiert, entweder bewegter oder weniger bewegt als das Original.

Embleme werden erlernt, und sie unterscheiden sich von Kultur zu Kultur. In dem chinesischen Roman *Traum der Roten Kammer* zeigen die Personen, dass sie glücklich sind, indem sie sich die Wangen oder die Ohren kratzen. Polnische Adelige des sechzehnten Jahrhunderts entwickelten solche Embleme, um sich vom Pöbel abzusetzen. Zwei gleichrangige Personen begrüßten sich zum Beispiel, indem sie sich gegenseitig auf die Schulter küssten. Wenn man jemanden, der einem vom Rang her unterlegen war, vor sich niederknien ließ und ihm zärtlich den Kopf liebkoste, war dies ein Zeichen dafür, dass man ihn schätzte. Eine Person, die behauptete, zu diesem erlauchten Kreis zu gehören, aber diesen außergewöhnlichen Code nicht kannte, entlarvte sich selbst als Hochstapler.

Embleme sind nicht notwendigerweise an das menschliche Gesicht gekoppelt. Der nach oben gestreckte Mittelfinger ist ein Emblem, das in vielen Kulturen des Westens verwendet wird, und auch die alten Römer verstanden schon seine Bedeutung. So gut wie alle mit der Hand ausgeführten Gesten sind bewusster Art und kulturell kodifiziert. Vielleicht deswegen, weil wir unsere eigenen Hände und Arme sehen und daher besser kontrollieren können.

Manchmal verwenden wir auch Embleme, um über eine größere Entfernung hinweg oder trotz großen Lärms miteinander zu kommunizieren oder auch um strenge Vorschriften auf diese Weise zu umgehen. Mit einem Handwinken können sich zwei Menschen, die weit voneinander entfernt sind, »Guten Tag« sagen. Arbeiter in Sägemühlen, die von einem Wahnsinnslärm umgeben sind, haben ausgefeilte Handzeichensprachen, und die Angehörigen von Mönchsorden, die sich zum Schweigen verpflichtet haben wie die Zisterzienser, haben eine solche Gebärdensprache erwiesenermaßen spätestens seit dem Jahr 328 benutzt. In der ehrerbietigen Stille, die die ottomanischen Sultane umgab, kommunizierten die Palastdiener mit Hilfe eines ähnlichen Codes miteinander. Natürlich verfügen auch Taube und Stumme über eine breite Skala solcher Handzeichen, mit denen sie fast wie mit gesprochenen Wörtern kommunizieren können. Die American Sign Language ist so differenziert, dass einige mimische Signale tatsächlich aus dem Bereich des Paralingualen in den der richtigen Sprache aufstiegen. Wenn zum Beispiel die Lippen zusammengedrückt und leicht nach vorne gestülpt werden und der Kopf dabei etwas schräg gehalten wird, dann bedeutet das soviel wie »ich bin entspannt und amüsiere mich«.

Die zweite Kategorie paralingualer Zeichen sind die Illustratoren. Während man mit einem Emblem einen kompletten Kommentar abliefern kann, dient ein Illustrator mehr zum Hervorheben oder auch als eine Art Wegweiser. Die Unterart, die man »Baton«, Takt- oder Zeigestock nennt, hebt ein Wort oder einen Satz hervor. Wenn man zum Beispiel fragt: »Was *willst* du denn eigentlich?« und bei dem Wort »willst« die Augenbrauen hebt, dann ist dies ein »Baton«. Solche mimischen Betonungen sehen wir jeden Tag. Die »Batons« stellen eine weitere wohlmeinende Schar von Geheimagenten des Gesichts dar, die sich an unserer bewussten Wahrnehmung vorbei in uns hineinschleichen, um dort zu helfen. Das Heben der Braue ist in der Tat das am häufigsten verwendete mimische Zeichen.

Einige Menschen setzen die Brauenbewegung, mit der Trauer oder Angst normalerweise unbewusst angezeigt wird – die Brauen werden nur innen, das heißt über der Nasenwurzel nach oben gezogen –, ganz gezielt ein. Einer von ihnen ist Woody Allen. Ekman meint, dass dieses Signal zu der wehmütigen Miene beiträgt, die für ihn so charakteristisch ist. Die Immobilienmaklerin Gerri in Stephen Wrights *Going Native* (1994) bedient sich ebenfalls ganz bewusst dieses Tricks. Er verleiht ihr »einen permanent wehmütigen Ausdruck, den sie zu ihren Gunsten einsetzt, indem sie nämlich mit seiner Hilfe Mitgefühl und Unterschriften aus unschlüssigen Klienten herauskitzelt«. Die Augenbrauen zu heben kann aber auch den Ausruf- oder Fragecharakter eines Satzes unterstreichen.

Einige Illustratoren weisen auf den Ort hin, an dem sich etwas befindet. Das Gesicht kann als Zeigefinger fungieren – indem wir zum Beispiel unsere Augen in eine bestimmte Richtung wandern lassen und dann auch noch mit dem Kopf in dieselbe Richtung nicken: »Der da drüben, das ist er!« Wir benutzen Illustratoren aber auch, um Richtungsangaben allgemeinerer Art zu machen, indem wir zum Beispiel mit der Stirn in die Höhe oder in die Tiefe deuten, um oben und unten anzuzeigen.

Regulatoren bilden die dritte Kategorie. Regulatoren organisieren den Ablauf von Gesprächen. Sie sind so etwas wie Verkehrszeichen an einer Straßenkreuzung. Aber es gibt sehr viele von ihnen, und sie werden eigentlich nur unterschwellig wahrgenommen. Diese subtilen Signale verhindern, dass es zu Karambolagen oder zu großen Lücken in unseren Gesprächen kommt. Um anzudeuten, dass wir zu sprechen wünschen, bewegen wir beispielsweise den Mund in einer stummen, zögerlichen Nachahmung eines Unterbrechens. Wir heben die Augenbrauen, um unsere Zustimmung zu signalisieren und den, der gerade spricht, aufzufordern weiterzureden. Um das Gegenteil mitzuteilen – dass wir anderer Ansicht sind und möchten, dass sie/er zu reden aufhört –, runzeln wir die Stirn und schütteln den Kopf. Um sie/ihn aufzufordern, zu einem raschen Ende zu kommen, bewegen wir den Kopf stakkatohaft nach oben und nach unten. Und ein des öfteren untereinander ausgetauschtes Lächeln sorgt dafür, dass der ganze Prozess glatt abläuft. Wenn wir über das Telefon mit jemandem sprechen, also ohne Regulatoren auskommen müssen, unterbrechen wir einander viel öfter.

Die vierte und letzte Kategorie paralingualer Zeichen wird von den Adaptoren gebildet. Adaptoren sind Manipulationen der eigenen Gesichtszüge. Sie sind in der grauen Randzone des Signalisierens angesiedelt. Ein Adaptor kann sein: sich auf die Lippen zu beißen, sich die Lippen zu wischen, mit der Zunge zwischen Zähnen und Wange umherzufahren, mit den Kiefern zu mahlen oder die Augen ganz fest zuzudrücken. Zu den Adaptoren zählen noch viele andere, zum Teil sehr merkwürdige Arten, das Gesicht zu verziehen: beispielsweise die Lippen so nach innen zu saugen, dass sie die Form einer acht annehmen. Adaptoren sind die Rülpser und Gurgler der mimischen Sprache.

Diese nonverbale Sprache ist ein Mikrokosmos, ein kleines Reich für sich, das von den Unterarten der großen und bedeutenden Signale des Gesichts gebildet wird. Wenn sie auch eine untergeordnete Stellung einnehmen, so würzen sie doch unsere Kommunikation und lassen sie reibungsloser vonstatten gehen. Ohne sie würde unser Gesicht viel leerer wirken.

Das sprechende Auge

In Balzacs Erzählung *Das Lebenselixier* bittet ein Mann, der im Sterben liegt, seinen Sohn, seine Leiche mit einem magischen Elixier zu bestreichen, um ihn wieder zum Leben zu erwecken. Nach dem Tod des Vaters benetzt der Sohn zunächst nur eines seiner Augen mit der Flüssigkeit. Es öffnet sich, und sofort sieht es ihn »denkend, anklagend, verdammend, drohend, urteilend, sprechend, schreiend und beißend« an. Der Sohn schließt das Auge wieder und behält das Elixier für sich selbst.

Augen sind in höchstem Maße expressiv. Plinius der Ältere sagte: »Kein anderer Teil des Körpers gibt mehr Hinweise auf den Gemütszustand.« Jane Eyre meinte nachdenklich: »Zum Glück besitzt die Seele im Auge einen Dolmetscher – einen oft unbewussten, aber treuen Dolmetscher.« Gerty MacDowells Seele liegt in ihren Augen. Die Forschungsreisende und Wissenschaftlerin Mary Kingsley (1862–1900) stellte fest, dass die Eingeborenen Zentralafrikas oft Gräber plünderten, um die Augäpfel der Leiche an sich zu bringen und sich so für ihr Dorf »der Dienste ›des Mannes, der in den Augen lebt‹ zu versichern«.

Das Auge besitzt Ausdrucksmöglichkeiten, die so vielfältig und nuanciert sind, dass sie sich mit keinem Grundschema erfassen lassen. Ja, das Auge kann Gedanken sichtbar machen. Filmschauspieler wissen, dass ihre Kunst vor allem darauf beruht, mit ihren Augen den Gang ihrer Gedanken wiedergeben zu können. Auch für Cartoonisten sind die Augen ihrer Figuren Schwerpunkte des Ausdrucks. Ihre Position innerhalb des Gesichts legen sie deshalb sehr bewusst fest, entscheidend ist dabei die Relation zu den Augenbrauen.

Die Augen scheinen unendlich viel Verschiedenes ausdrücken zu können, und dies mit größter Finesse. Sie können die ganze Geschichte eines Menschen erzählen. In *Moby Dick* heißt es von Starbuck: »Sah man in seine Augen, so glaubte man dort einen Abglanz der tausendfachen Gefahren zu erblicken, die er im Laufe seines Lebens ruhig und gefasst bestanden hatte.«

Die Augen eines Menschen können sein Gegenüber verspotten, verachten und herausfordern. In H. Leivicks *The Golem* (1921) fürchtet die nur zur Hälfte ausgeformte Lehmgestalt die Blicke der Menschen. Einige Mörder gaben an, ihre Opfer umgebracht zu haben, weil sie es nicht hätten ertragen können, wie diese sie angeschaut hätten. Und bei englischen Fußballfans reicht manchmal ein Blick von einem Anhänger des gegnerischen Vereins, um eine Schlägerei auszulösen, die nicht selten mit der Bemerkung eingeleitet wird: »Der hat mich so komisch angeguckt!«

Die Augen können Amüsement anzeigen. Die Japaner kennen den Ausdruck *mokushoh*, »Augenlachen«. Der *Lachende Kavalier* von Franz Hals (1624) hingegen lacht streng gesehen nicht, ja eigentlich lächelt er noch nicht einmal. Aber sein Schnurrbart biegt sich an beiden Enden nach oben wie ein lachender Mund, seine Augen scheinen lustig zu funkeln, und sein ganzes Gesicht strahlt vor Heiterkeit. Er lacht mit seinen Augen.

Augen können natürlich auch erotische Botschaften aussenden. Als Lady Booby das erste Mal versucht, Joseph Andrews zu verführen, fragt sie ihn, ob er schon einmal verliebt war. Er zögert mit der Antwort, und sie schnurrt: »Sagt mir aufrichtig, wer war das glückliche Mädel, dessen Augen Euch erobert haben?« Malinowski berichtete, dass die Bewohner der Trobriand-Inseln, die splitterfasernackt durch die Gegend liefen, die Augen »Einlasspforten erotischen Verlangens«

nannten und mehr Zeit auf ihre Verschönerung verwandten als auf irgendeinen anderen Teil des Körpers. Für praktizierende Tantristen, die eine der höheren Stufen erreicht haben, ist »eine Begegnung der Augen« reizvoller als irgendein sexueller Kitzel.

Liebe auf den ersten Blick entsteht in der Regel tatsächlich durch Augenkontakt. Der griechische Dichter Meleagros (erstes Jahrhundert vor Christus) wies Eros seinen Platz in den Augen des Menschen zu. Aus ihnen heraus schieße er seine Pfeile ab. In vielen späteren Liebesgedichten, auch in der Lyrik der Araber und in den Liedern der provenzalischen Troubadoure des zwölften Jahrhunderts, kommt das Bild vor, dass die Augen Pfeile verschießen oder feurige Strahlen aus ihnen hervorbrechen, die die Seele verwunden und mit Verlangen infizieren. In *La Vita Nuova* (ca. 1292) heißt es, dass Beatrice die Liebe aus ihren Augen hervorblitzen und so in Dante die Leidenschaft aufflammen lässt. Der Neuplatoniker Marsilio Ficino (1433–1499) glaubte, dass sich Blut mit den Emanationen des Auges vermische und so mit einem Blick zu einer anderen Person hinübertransportiert werde. In seiner *Anatomy of Melancholy* (1621) übernimmt Robert Burton die Vorstellung Ficinos. Dort heißt es, dass die Menschen »Blick gegen Blick richten, Auge mit Auge verbinden und so die Liebe des anderen in sich hineinschlürfen und -saugen«.

Ficinos reizende Idee ist in den Ozeanen der Wissenschaft gekentert und untergegangen, aber verliebte Blicke besitzen so viel Macht wie eh und je. In Zolas *Une Page d'Amour* (1878) tauschen Hélène und Delberte Blicke von einer solchen Intensität und Bedeutungsschwere aus, dass Worte dagegen nur blass wirken würden: »Beide versicherten sich gegenseitig mit einem Blick, sich hier oder dort, oder wo sie auch zusammensein würden, zu lieben.« Welten von ihnen entfernt, auf der regennassen südchilenischen Insel Chiloé, lebt ein Elfenwesen, das man dort den *Trauco* nennt. Er ist zwar von kleinem Wuchs, aber Frauen, die die Felder bestellen, müssen vor ihm auf der Hut sein, da er sie mit seinen Zauberaugen verführen kann.

In streng muslimischen Ländern, wo die Frauen ihren gesamten Körper in Tücher hüllen und nur die Augen unbedeckt lassen, werden die Augen zum Gesicht. Guy de Maupassant meinte, dass Europäer »oft eine Zuneigung zu diesen trägen und eingewickelten Geschöpfen entwickeln, von denen man nur die Augen sehen kann«. Darwin sah in Peru Frauen, deren Schleier ein Auge freiließ, und fand, dass dieses eine Auge ungeheuer ausdrucksvoll sei. Vor nicht allzu langer Zeit sah der Reisende William Langewiesche unter einem Gesichtsschleier ein weibliches Auge von solch einnehmender Schönheit aufblitzen, dass ihn, wie er sagt, »nicht mehr zu sehen verlangte«.

Ein Funkeln im Auge wirkt besonders hinreißend. Porträtfotografen versuchen dementsprechend, eine solches »Schlaglicht« in jedem Auge aufleuchten zu lassen. Henry Fonda ließ bei Nahaufnahmen seines Gesichts immer eine kleine Leuchte vor sich aufstellen. Er schaute genau in sie hinein, was dazu führte, dass seine Augäpfel sanft glänzten.

Die Erforschung des Augenausdrucks ist ein schwankendes Terrain, das bislang nur von wenigen Wissenschaftlern erkundet wurde. Einer von diesen ist Johnmarshall Reeve von der Universität von Wisconsin. Er fand heraus, dass die Augen von entscheidender Bedeutung sind, wenn man mit dem Gesichtsausdruck Interesse signalisieren will. Wer von etwas fasziniert ist, zieht die Lider ganz weit nach oben, um mehr vom Augapfel zu zeigen, und öffnet unter Umständen dabei auch noch ein wenig den Mund. Gleichzeitig macht man nur wenige Lidschläge und wendet den Kopf kaum, sondern hält ihn ruhig. Reeves Versuchspersonen identifizierten solche »interessierten Gesichter« in Videoclips, die ihnen vorgeführt wurden und die für Forschungen dieser Art von essentieller Bedeutung sind.

Wie viele unterschiedliche Arten von Botschaften kann das Auge aussenden? Der Psychologe Simon Baron-Cohen meint, dass sich neben dem Signalisieren von Interesse das ganze Spektrum aus fünfzehn Paaren zusammensetze, und zwar aus Besorgtheit und Ruhe, Zärtlichkeit und Gefühllosigkeit, Sicherheit und Unsicherheit, Nachdenklichkeit und Gedankenlosigkeit, Ernsthaftigkeit und Verspieltheit, Traurigkeit und Fröhlichkeit, Aufmerksamkeit und Unaufmerksamkeit, Dominanz und Unterwürfigkeit, Freundlichkeit und Feindseligkeit, Verlangen und Abscheu, Vertrauen und Misstrauen, Wachheit und Erschöpfung, Verschlagenheit und Aufrichtigkeit, Überraschung und Wissen sowie Wut und Vergebung.

Augen sind sogar so ausdrucksstark, dass in der Literatur Gemütszustände durch sie zum Ausdruck gebracht werden, die sich sonst kaum schildern ließen. Jago weist Othello höflich darauf hin, dass »Eifersucht ein grünäugiges Monster ist, das das Fleisch verspottet, von dem es sich nährt«. In China nennt man die Habsucht die »Rote-Augen-Krankheit«.

Der Lyriker George Herbert (1593–1633) meinte: »Die Augen sprechen überall in der derselben Sprache«, und das Vokabular dieser Sprache lernen wir vielleicht gerade erst genauer kennen. Baron-Cohen glaubt, dass wir mehrere verschiedene Faktoren gefühlsmäßig wahrnehmen. Bewegung kann für sich genommen schon etwas mitteilen. Schräg nach oben gerichtete Augen können Skepsis bedeuten. Auch die Schnelligkeit, mit der solche Bewegungen ausgeführt werden, ist aufschlussreich. Ein langsam zur Seite gewendeter Blick kann auf Langeweile hindeuten, wenn hingegen jemand rasch woanders hinschaut, kann das heißen, dass er etwas zu verbergen wünscht. Aufschlussreich ist weiterhin die Größe der Pupillen, ihre Position in Relation zum »Weißen« des Auges, die Stellung von Augenlidern und Augenbrauen und die Fokussierung der Augen. Baron-Cohen hat die Theorie aufgestellt, dass die Abfolge der einzelnen Bewegungen des Auges den Wörtern eines Satzes ähnelt, dass sich so etwas wie eine Syntax ergibt, mit der sehr nuancierte »Aussagen« getroffen werden können. »Es ist durchaus möglich«, erklärt er, »dass eine Sprache der Augen tatsächlich in einem ganz konkreten Sinn existiert.«

Fragen Sie mal in Ihrem Bekanntenkreis, ob jemand weiß, wozu wir eigentlich Augenbrauen besitzen. In den meisten Fällen werden sie nur einen erstaunten Blick und ein Schulterzucken ernten. Wie jedoch schon Cicero wusste und wie alle Jogger schnell begreifen, verhindern sie, dass uns der Schweiß von der Stirn heiß in die Augen rinnt. Sie haben damit keine besonders auffällige, aber dennoch wichtige Funktion inne, da die Stirn dicht an dicht mit Schweißdrüsen bedeckt ist. Für urzeitliche Jäger, die in heißen Savannenlandschaften unterwegs waren, müssen Augenbrauen ein wahrer Segen gewesen sein. An heißen Sommertagen sind sie heute auch für Nichtsportler noch ein Segen.

Die Brauen dienen aber auch als Schmuckelemente, die die Aufmerksamkeit auf das unter ihnen liegende Auge lenken. Wie die Lider und die Wimpern steigern sie seine Wirkung, so wie diverse Berater und Adjutanten dem Auftritt eines Staatsoberhaupts Wichtigkeit verleihen, obwohl sie diskret im Hintergrund bleiben.

Interessanterweise sind nicht zu allen Zeiten und in allen Kulturen die Augenbrauen als ästhetische Bereicherung angesehen worden. Im England Chaucers zupften Frauen, die als chic gelten wollten, sich die Brauen aus. Einige muslimische Frauen tun dies, zum Teil auch aus religiösen Gründen, heute noch im Dampfbad, im *Hamam*. Viele Amazonasindianer – die Bororo, die Canella, die Mundé – finden Haare oberhalb der Augen abscheulich und zupfen sie sich zusammen mit den Wimpern aus. Die Mbaya entfernen gar alle Haare aus dem Gesicht, einschließlich der Brauen und der Wimpern, Weiße mit buschigen Augenbrauen bezeichnen sie verächtlich als »Straußenbrüder«.

Aber das Auffangen von Schweiß und das Schmücken der Augen sind letztlich nur untergeordnete Funktionen. Wir haben es bereits erfahren, zu welchem Zweck wir die Augenbrauen hauptsächlich verwenden: zur Kommunikation.

Die Augenbraue ist eine wichtige Nebendarstellerin auf der Gesichtsbühne, deren Auftritt aber im allgemeinen der Aufmerksamkeit des Betrachters entgeht. Sie ermöglicht es, Ärger, Überraschung, Belustigung, Furcht, Hilflosigkeit, Aufmerksamkeit und vieles andere mehr zu signalisieren. Und wir begreifen die verschiedenen Botschaften sofort. Ohne Augenbrauen würde der Ausdruck von Überraschung so gut wie gar nicht existieren. Die Brauen sind aktive kleine Signalposten unserer Gemütszustände, und wir setzen sie pausenlos ein.

Wenn wir zum Beispiel einen Freund über eine gewisse Entfernung hinweg grüßen, dann ziehen wir die Augenbrauen in die Höhe und lassen sie anschließend schnell wieder sinken: der so genannte »brow-flash response« (»Brauen-Blitz-Response«). Er dauert nur den sechsten Teil einer Sekunde und bringt Überraschung und Freude zum Ausdruck. Irenäus Eibl-Eibesfeldt entdeckte ihn bei Europäern, Samoanern, den Kung-Buschmännern Südafrikas und den Quechua-Indianern in Peru. Es scheint sich um eine universelle Geste zu handeln, obwohl sich niemand ihrer Existenz wirklich bewusst ist.

Die Brauen vermögen aber noch viel mehr, als Grundstimmungen auszudrücken. Wenn wir sie zum Beispiel nach unten und gleichzeitig zusammenziehen, dann geben wir damit Ratlosigkeit, Konzentration und das Bemühen, ein Problem zu lösen, zu erkennen. Deshalb nannte Darwin auch den *Corrugator*, jenen Muskel, der diesen Ausdruck herbeiführt, den »Muskel der Schwierigkeit«.

»Die Augenbrauen stellen nur einen geringen Teil des Gesichts dar, und doch können sie einem das ganze Leben verfinstern durch den Spott, den sie zum Ausdruck bringen«, meinte der Philosoph und Staatsmann Demetrios (ca. 350 – ca. 283 vor Christus). Ein Emporziehen der Augenbrauen kann auch Skepsis vermitteln, vermutlich weil diese Miene der des Erstaunens ähnelt. Ein Sprecher gibt etwas Absurdes von sich und erntet dafür ein mimisches »Ach, wirklich?«.

Der französische Dichter Maurice Scève (1510–1564) schrieb, dass die Brauen über Liebende die Macht eines Gottes besäßen. Ohne Zweifel sind sie sehr nützlich zum Flirten. Eibl-Eibesfeldt führt dazu aus: »Das flirtende Mädchen lächelt seinen Partner zunächst an und lässt dann seine Augenbrauen mit einer raschen, ruckartigen Bewegung nach oben schnellen, so dass das Auge kurzfristig vergrößert ist.« Danach wendet sie ihre Blicke abrupt ab, um sie schließlich langsam wieder zu dem Partner zurückgleiten zu lassen. Männer benutzen genau dieselbe Geste.

Auch Bewunderung wird durch die Brauen zu erkennen gegeben. Darwin definierte sie als Erstaunen plus Freude und Zustimmung. Wenn diese Kombination von Empfindungen mit größerer Intensität zum Ausdruck gebracht werde, so stellte er fest, gingen die Brauen in die Höhe, der Mund lächele, und »die Augen beginnen zu strahlen, anstatt wie bei normalem Erstaunen einfach ausdruckslos zu bleiben«.

Die Augenbrauen können aber auch Hilflosigkeit signalisieren. Wenn wir mit den Schultern zucken, dann ziehen wir gleichzeitig die Brauen hoch. In der Regel geschieht dies reflexartig, ohne dass es uns überhaupt bewusst wird. Ein Schulterzucken ohne simultanes Heben der Augenbrauen wirkt bedeutungslos. Diese Schulterbewegung ist vielleicht eine dem Menschen angeborene Geste. Sie kommt überall auf der Welt vor. Darwin erwähnt eine von Kindheit an blinde Frau, die sie ausführte.

Buschige Augenbrauen sind immer besonders ausdrucksvoll. Die gewaltigen – angeklebten – Brauen von Groucho Marx steigerten die komische Wirkung seines lebhaften Agierens und seines skurrilen Aussehens. John Belushi ist bekannt dafür, eine einzelne Braue zu einem Bogen formen zu können, so dass ein intensiver und spöttischer durchdringender Blick zustande kommt. Sam Ervin wurde kurzfristig berühmt dafür, wie empört die Büschel über seinen Augen flatterten, wenn er die in die Watergate-Affäre Verwickelten befragte. Uriah Heep hingegen besitzt kaum Brauen und gar keine Wimpern, was zu ihm passt: Sein ganzes Gesicht ist Verstellung.

Faziales Klagen

Was die Quelle unserer Tränen ist, war für die Menschheit lange Zeit ein Rätsel. Die alten Ägypter glaubten, sie entstünden durch ein Überlaufen des Herzens. Hippokrates meinte, dass sie aus dem Zerebrum herausflössen, dass es sich also im wörtlichen Sinne um ein »brain-drain« handele, und Platon glaubte, dass sie eine Mixtur aus der Augenflüssigkeit und »visuellem Feuer« seien. Galen (ca. 130 – ca. 201 nach Christus) war schon der Meinung, Tränen müssten aus in der Nähe der Augen liegenden Drüsen hervorquellen. Der arabische Gelehrte Hunanin verfocht im neunten Jahrhundert hingegen die Ansicht, dass sie aus dem Gehirn liefen, wenn man niesen müsse. Der vielseitig begabte Nicolaus Stensen (1638–1687), genannt Steno, löste das Problem im Jahr 1662. Bei der Sektion von Leichen entdeckte er die Haupttränendrüsen, die sich unmittelbar über den äußeren Augenwinkeln befinden.

Bei den meisten Tieren dient die Tränenflüssigkeit ganz einfach dazu, den Augapfel feucht zu halten. Dem Menschen aber ermöglicht sie es, bestimmten Gefühle auf dramatische Weise zum Ausdruck zu bringen: durch Weinen.

Wir bringen Tränen immer mit Kummer und Schmerz in Zusammenhang, und wie ein trauriges Lied können auch Tränen von einer ergreifenden Schönheit sein. Als Phaethons Schwestern um ihn weinten, verwandelten sich ihre Tränen in Bernstein. In Thomas Pynchons *Die Versteigerung von Nr. 49* stellt Oedipa sich vor, dass ihre Panorama-Sonnenbrille sich mit Tränen füllt, so dass sie die Welt für den Rest ihres Lebens durch den Schmerz jenes Augenblicks hindurch sehen muss. Mandeville beschreibt einen im Hochland von Sri Lanka gelegenen See, dessen Grund mit Edelsteinen übersät ist – er entstand dadurch, dass Adam und Eva nach ihrer Vertreibung aus dem Paradies an jener Stelle einhundert Jahre lang weinten.

Tränen steigen gewöhnlich aufgrund einer emotionellen Irritation in uns auf oder infolge einer »jähen Niedergeschlagenheit«, wie Thomas Hobbes (1588–1679) es nannte. Sie entstünden, so meinte er, durch Akte, die ganz plötzlich »eine tief empfundene Hoffnung oder auch eine Stütze der eigenen Macht entfernen; und jene sind ihnen am ehesten unterworfen, die vor allen anderen auf Hilfe von außen angewiesen sind, wie Frauen und Kinder«. Auch ein plötzlich intensiviertes Verlustgefühl kann einem die Tränen in die Augen schießen lassen. Wenn der Pfarrer bei der Beerdigung beginnt, all die positiven Eigenschaften des Verstorbenen aufzuzählen, dann bricht für gewöhnlich die Trauergemeinde in Schluchzen aus.

Weinen ist sehr stark kulturell konditioniert. Darwin beobachtete, dass die Briten seltener in Tränen ausbrachen als die Angehörigen der Mittelmeervölker. Im neunzehnten Jahrhundert vergossen die Leute heiße Tränen, wenn sie die Romane von Dickens lasen, und die Besucher der Bayreuther Festspiele wussten genau, an welcher Stelle der Oper es sich ein wenig zu schniefen geziemte. In Polen ließen Adelige männlichen Geschlechtes ihren Tränen ganz ungehemmt Lauf, und als König Johann Kasimir von einem militärischen Triumph erfuhr, sollen Tränen so groß wie Erbsen seine Wangen hinuntergekullert sein. Heute gelten Tränen in den Kulturen des Westens als unmännlich, über Stan Laurels kindliches Weinen machen wir uns lustig. Frauen weinen länger und öfter als Männer. Einer Studie zufolge weinten sie 5,3 mal pro Monat, Männer hingegen nur 1,4 mal.

Babys vergießen bereits früh Tränen aufgrund unterschiedlicher Reize. Solche als Folge von Gefühlsbewegungen treten erstmals im Alter von einigen Wochen bis zu drei Monaten auf. Ein einjähriges Kind weint im Schnitt fünfundsechzigmal im Monat. Einige Wissenschaftler meinen, dass solche Tränen anfänglich ein Werkzeug infantiler Tyrannei waren. In der Savanne lockten sie Raubtiere herbei, deswegen beugten sich die Eltern schnell dem Willen des Kindes, damit wieder Ruhe war. Auch heute noch klingt im Weinen ausgesprochene Dringlichkeit mit.

Ella Wheeler Wilcox (1850–1919) schrieb die mittlerweile zu einer Maxime gewordenen Zeilen: »Lache, und die Welt lacht mit dir / Weine, und du weinst allein.« Wörtlich genommen, trifft dies aber ganz und gar nicht zu. Niedergeschlagenheit isoliert die Menschen, Weinen hingegen vereint sie. Wenn ein Kind ein weinerliches Gesicht macht, wird in den Eltern sofort Besorgnis wach. Ein Erwachsener erfährt mit einer solchen Miene Mitleid. Die Wirkung ist unwiderstehlich. Wenn beispielsweise eine Person mitten in einem Supermarkt zu schluchzen beginnt, dann wird sie umgehend von Menschen umgeben sein, die sie zu trösten versuchen. Als sie ein Küken liebkost, bricht Lady Chatterley unversehens in Tränen aus, weil sie »die ganze Qual der Verlassenheit ihrer Generation« empfindet. Der Wildhüter berührt daraufhin sachte ihre Schulter, eine Geste des Trostes, mit der die Affäre der beiden ihren Lauf nimmt. Ovid rät Männern, Tränen zu vergießen, wenn sie um eine Frau werben wollen: »Sie bewegen auch die härtesten Gemüter. Lass sie, wenn möglich, Tränen auf deinen Wangen, in deinen Augen sehen.« Und wenn man nicht auf Kommando Tränen hervorzubringen vermöge, so meint er, dann solle man einen kleinen Flakon mit Wasser bei sich tragen und welche vortäuschen.

Kummer ist aber nicht die einzige Ursache für Tränen. Im *Gilgamesch-Epos* bringt der Sturmgott Dunkelheit und eine große Flut über das Land. Die anderen Götter kauern sich ängstlich zusammen und weinen. Utnapischtim, der mesopotamische Noah, vergießt allerdings auch Tränen, als die Regenflut endlich zu Ende ist. Eine Tragödie macht uns ebenso weinen wie Erleichterung. Wenn man besonders herzhaft lachen muss, dann kann einem das Wasser in die Augen schießen. Dasselbe kann geschehen, wenn man von Dankbarkeit überwältigt wird. In Tschechows *Die Möwe* (1896) füllen sich die Augen des innerlich über die Maßen angespannten jungen Dichters

Treplev mit Tränen, als der Arzt des Ortes sein Stück lobt. Im Pensionat weint Becky Sharp nachts vor Wut. Man kann auch aus Sorge, Furcht oder Schmerz weinen – oder vor Erschöpfung.

Auch ein ruhmreicher Triumph – selbst der eines anderen –, der Erfolg nach einer extremen Anstrengung kann Tränen hervorquellen lassen. Kaiserin Eugénie weinte, als sie die ersten Schiffe durch den Suezkanal segeln sah. Ein jedes Hollywood-Rührstück weiß solche Tränen hervorzurufen. Am Ende von Filmen wie *Rocky* erreicht der Underdog für gewöhnlich nicht nur das, was er sich erträumt und für das er zwei Stunden lang gelitten hat, sondern noch viel mehr. Er gelangt so schnell auf den Gipfel des Ruhms, dass die Zuschauer dies emotional kaum verarbeiten können – Tränen stehen ihnen in den Augen.

Hobbes führte aus, dass manche auch »wegen des jähen Endes, das ihren Rachegedanken durch Versöhnung bereitet wird« in Tränen ausbrechen. Und ebenso können Tränen fließen, wenn Angst vor Vergeltung sich urplötzlich verflüchtigt. Filme, die damit enden, dass die Angehörigen unterschiedlicher Rassen sich angrinsen und umarmen, rühren viele Zuschauer zu Tränen – zumindest weiße.

Und was vielleicht am merkwürdigsten von allem ist: Auch Musik kann Tränen hervorsprudeln lassen. Ein Trick, Druck auf die Tränendrüsen auszuüben, besteht darin, ein musikalisches Thema einen Ton höher oder tiefer, als es beim ersten Mal zu hören war, zu wiederholen, wie es in Albinonis *Adagio für Streicher* geschieht. Noch effektiver ist die Appoggiatura, eine der Hauptnote vorausgeschickte Nebennote, mit der man eine nervöse Anspannung aufbaut, die die Melodie dann auflöst. Am Beginn von »Yesterday« von den Beatles ist eine solche zu finden, und in jeder rührseligen Schnulze wimmelt es nur so von ihnen.

Wir sind die einzigen Primaten, die weinen. Bei Affen hält die Tränenflüssigkeit den Augapfel nur feucht. Elaine Morgan hat jedoch darauf hingewiesen, dass verschiedene Arten von Wassertieren Tränen vergießen, Seevögel sondern sie durch ihre Nasenlöcher ab. Diese Tränen besitzen einen hohen Salzgehalt. Krokodile, die in Küstengewässern leben, vergießen Tränen, Krokodile, die in Binnengewässern und in Flüssen zuhause sind, hingegen nicht. Robbenmütter vergießen Tränen, wenn sie von ihren Jungen getrennt werden, und einige Vögel zeigen manchmal eine ähnliche Reaktion. Ihr Weinen ist eine weitere Stütze für Morgans These, dass es in der menschlichen Evolution eine »aquatische Phase« gab.

Es gibt zwei Arten von menschlichen Tränen: solche, die aufgrund von Gefühlsbewegungen, und solche, die aufgrund von physischen Reizen vergossen werden. Beide Tränenarten unterscheiden sich durch ihre chemische Zusammensetzung. Der Biochemiker William Frey fand heraus, dass »Gefühlstränen« einundzwanzig Prozent mehr Protein aufweisen, und er folgerte daraus, dass solche Tränen chemische Substanzen aus dem Körper herauswaschen, die dieser in Stresssituationen produziert. Das sei der Grund dafür, dass wir uns besser fühlten, wenn wir uns einmal richtig »ausgeweint« hätten.

Diese These steht jedenfalls im Einklang mit den uns vorliegenden Befunden. Der Tränenfluss wird durch das parasympathische Nervensystem ausgelöst, das vor allem den normalen Ablauf der körperlichen Funktionen regelt, während das sympathische Nervensystem in Notsituationen ins Spiel kommt. Man könnte auch sagen, dass das erste im wesentlichen beruhigend oder stabilisierend, das zweite vor allem anregend wirkt. Überdies ist es möglich, dass jedes starke Gefühl – ein freudiges wie auch ein trauriges – eine anschließende rasche Säuberung erfordert, ein schnelles Ausstoßen von chemischen Substanzen, die noch von dem Gefühl herrührend im Körper zurückgeblieben sind.

Daher also auch die Tränen der Kaiserin Eugénie. Der ganze Stress, der mit dem gewagten Unternehmen des Suezkanalbaus verbunden war, war endlich beendet. Ihr Körper befreite sich von den nun plötzlich nicht mehr benötigten Stoffen. Ähnlich verhält es sich bei den Zuschauern von *Rocky*: Wenn sich die ganze Spannung am Schluss löst und sich ein goldener Schleier von Ruhm über den Helden legt, dann braucht der Körper plötzlich keine Stresschemikalien mehr – mit unseren Tränen pressen wir sie aus uns heraus.

Karneval des Lächelns

In *Krieg und Frieden* vermag Natascha mit einem Lächeln beinahe soviel zu sagen wie mit Worten. Als Fürst Andrej sie bittet, mit ihm zu tanzen, da scheint ihr Lächeln zu besagen: »Ich habe seit einer Ewigkeit auf Euch gewartet.« Auf dem Ball, auf dem sie den jungen Adeligen bezaubert, fragt ihr Vater sie, ob sie sich auch vergnügt, und ihr vorwurfsvolles Lächeln scheint zu sagen: »Wie könnt Ihr solch eine Frage stellen.« Als ein anderer Tänzer sie von Andrejs Seite wegholt, lächelt sie ihn an: »›Ich würde lieber ruhen und bei Euch bleiben, ich bin müde‹, sagte dieses Lächeln, ›aber Ihr seht, wie sie mich unablässig auffordern, und ich bin auch froh darüber und glücklich, und ich liebe jedermann, und Ihr und ich, wir verstehen das alles.‹ Das und noch viel mehr schien dieses Lächeln zu sagen.«

Wie der Anatom Charles Bell schon 1806 feststellte, kann ein Lächeln tausend verschiedene Bedeutungen haben. Gleichzeitig ist es aber auch der Gesichtsausdruck, den wir am besten erkennen und verstehen. Wenn man mit einem Tachistoskop die Zeit, in der ein bestimmter Gesichtsausdruck zu sehen ist, auf den Bruchteil einer Sekunde reduziert, dann wird ein Lächeln immer noch öfter erkannt als jeder andere Ausdruck. Wenn Gesichter fünfundvierzig Meter entfernt sind, kann man nur noch feststellen, ob sie lächeln oder ob sie überrascht aussehen. Auf eine Entfernung von neunzig Metern ist nur noch ein Lächeln als solches zu identifizieren.

Unser Lächeln ist uns angeboren. Kleinkinder können fast von Geburt an lächeln. Babys, die blind und stumm geboren werden, lächeln, obwohl sie selbst niemals einen solchen Ausdruck haben sehen können. Das erste Lächeln kann sich bereits nach zwei Stunden im Gesicht eines Neugeborenen abzeichnen, und es scheint inhaltsleer zu sein. Die Kinder geben es einfach von sich. Die emotionale Bindung der Eltern an ihr Kind festigt sich dadurch. Die Eltern reagieren darauf, obwohl die Kinder selbst gar nicht wissen, was sie tun.

Die zweite Phase des Lächelns beginnt zwischen der fünften Lebenswoche und dem vierten Lebensmonat. Es ist das »soziale Lächeln«, bei dem das Kleinkind lächelt, während es seinen Blick auf das Gesicht einer Person richtet. Auch der Klang einer Stimme oder eine Berührung können es hervorlocken. Das »soziale Lächeln« scheint aber immer noch schlecht definiert zu sein, weshalb sich auch nicht genau bestimmen lässt, wann es erstmals in Erscheinung tritt.

Das Lächeln eines Menschen ähnelt einer »Grimasse«, dem so genannten »Gesicht mit schweigend gebleckten Zähnen« der Primaten, bei dem sie die Mundwinkel zurückziehen und ihre Zähne entblößen. Wenn sich zwei Tiere nach einer gewissen Zeit wiederbegegnen, kann man manchmal diese Miene bei dem rangniedrigeren Tier beobachten. Aber auch wenn ein Affe angegriffen oder bedroht wird, verzieht er das Gesicht in der beschriebenen Weise, oder – wenn es sich um ein Männchen handelt – auch bei der Paarung.

Ist das der Ursprung des Lächelns? Hat das Lächeln seinen Anfang in der Furcht, drückt es Unterwürfigkeit aus? Einige Wissenschaftler glauben, dass dies so ist, wohingegen andere darauf hinweisen, dass beim menschlichen Lächeln der *Zygomaticus major* zum Einsatz kommt, bei der Grimasse der Primaten hingegen nicht. Sie sind daher eher der Ansicht, dass sich das menschliche Lächeln vom »Spiel-Gesicht« oder »entspannten Gesicht mit geöffneten Mund« herleitet. Dieser Ausdruck, bei dem sich der Mund weit öffnet und die Mundwinkel nur leicht zurückgezogen werden, ähnelt rein äußerlich dem menschlichen Lächeln nicht so sehr. Aber er kommt in vergleichbaren Zusammenhängen vor, nimmt dieselben Muskeln in Anspruch und sieht bisweilen wenigstens ein bisschen wie das Grinsen eines Menschen aus.

Menschen scheinen ein Lächeln automatisch zu erwidern, selbst wenn sie nur ein Foto anschauen. Wir mögen es, wenn jemand lächelt. Deswegen werden wir auch so oft angelächelt: von Menschen in Werbefilmen, Verkäufern oder sogar uns völlig fremden Personen. Dale Carnegie behauptete, dass ein Lächeln einem Freunde verschaffen und andere Leute beeinflussen könne. Studien haben in der Tat offenbart, dass wir Menschen, die lächeln, als angenehmer, geselliger, attraktiver, tüchtiger und aufrichtiger einstufen als solche, die mit einer sauertöpfischen Miene herumlaufen. Richter befinden zwar Lächler ebenso schuldig wie Nicht-Lächler, sie neigen aber dazu, den Lächlern leichtere Strafen aufzuerlegen.

Oft bekunden Menschen auch ihr Einverständnis, ihre Bereitschaft zur Zusammenarbeit mit einem Lächeln. Das Lächeln ist möglicherweise der Ausdruck, der über die Grenzen verschiedener Kulturen hinweg am problemlosesten erkannt wird, da es am besten dazu geeignet ist, im Gegenüber Kooperationsbereitschaft auszulösen.

Unsere Ausdrucksmöglichkeiten dienen tatsächlich zu einem großen Teil dazu, zu signalisieren, dass wir nichts Böses im Schilde führen. Ohne sie würde Misstrauen um sich greifen. Bei Online-Plaudereien beispielsweise fehlt die Rückversicherung, die wir normalerweise durch Stimme und Gesicht des Partners erhalten, deswegen wittern die Teilnehmer solcher Gespräche oft Sarkasmus in den eigentlich freundlich gemeinten Botschaften des anderen: Es kommt zu Reibereien und Streitigkeiten, weil man sich einbildet, dass der andere einem nicht wohlgesonnen sei. Deshalb wurden auch die »Emoticons« erfunden, Gesichter in Seitenansicht, die sich aus typographischen Zeichen zusammensetzen. Sie geben der Online-Unterhaltung einen freundschaftlichen Ton, steuern sozusagen das Lächeln bei.

8*) % ´`) #: –) >

ist bei weitem das gebräuchlichste Emoticon. Es bedeutet: Ich meine es gut mit dir.

Alles in allem bleibt ein Lächeln aber ein äußerst uneindeutiger Ausdruck. Es gibt sehr viele verschiedene Arten zu lächeln. Man braucht nur hier oder da eine Nuance zu verändern, und schon hat das Lächeln eine ganz andere Bedeutung. Es ist ähnlich wie bei einem Kaleidoskop, das man nur ganz leicht zu drehen braucht, um ein ganz neues Bild zu erhalten. Die Japaner unterscheiden unter anderem zwischen *niko-niko*, einem Lächeln der Ruhe und der Zufriedenheit; *nita-nita*, einem Lächeln, das nicht ganz frei von Verachtung ist; *ni*, einem kurzen Grinsen; *niya-niya*, einem oft unangenehm wirkenden Lächeln, das entsteht, wenn jemand seine Befriedigung unterdrückt; *ninmari*, einem Erfolgslächeln; *chohshoh*, einem höhnischen Lächeln. »Schon das Wort ›Lächeln‹ an sich ist problematisch, weil es uns dazu veranlasst, Dinge, die ganz verschieden sind, in einer Kategorie unterzubringen«, meint Paul Ekman. »Das Lächeln, zu dem man sich zwingt, bevor man eine Wurzelbehandlung über sich ergehen lässt, ist ganz anders als das Lächeln, das sich einstellt, wenn man eine Gehaltserhöhung bekommt.«

Im folgenden einige Arten des Lächelns, die Ekman ermittelt hat:

Das *»gefühlte« Lächeln* oder das vergnügte Lächeln ist die Standardform. Thomas Hardy beschreibt es in *Am grünen Rand der Welt / Far from the Madding Crowd* (1874): »Wenn Farmer Oak lächelte, dann wanderten seine Mundwinkel auseinander, bis sie sich in keiner nennenswerten Entfernung mehr von seinen Ohren befanden, seine Augen waren nur noch schmale Schlitze, und um sie herum erschienen sich auffächernde Falten, die sich über sein ganzes Antlitz zogen wie die Strahlen, die auf einer einfachen Zeichnung von der aufgehenden Sonne ausgehen.«

Aber auch Verachtung äußert sich in einem Lächeln. Dabei werden die Lippen aufeinander gepresst, und in der Regel bewegt sich nur ein Mundwinkel nach oben. Dies ist das Lächeln von vielen Filmbösewichtern. Da Verachtung mit angenehmen Gefühlen verbunden sein kann, vermag ein solches Lächeln mit dem des Vergnügens zu verschmelzen und den Unterschied zwischen diesen beiden Signalen zu verwischen. *Mona Lisa* hat einen Mundwinkel nach oben gezogen, und das erklärt vielleicht, warum viele einen Ausdruck von Bosheit in ihrem Gesicht entdecken.

Auch Angst und Schmerz bringen Unterarten des Lächelns hervor, allerdings sehr merkwürdige. Wenn man Angst hat, dann zieht der *Risorius*-Muskel die Lippen zurück, manchmal gehen die Mundwinkel in die Höhe wie bei einem echten Lächeln. Wenn man einen heftigen Schmerz empfindet, können sich die Mundwinkel ebenfalls nach oben bewegen. Aber weder der eine noch der andere Ausdruck hat etwas mit Vergnügen zu tun.

Dies sind sozusagen die Primärarten des Lächelns. Jenseits von ihnen wird das Lächeln sehr viel komplexer. Wenn jemand seine Freude oder Belustigung über das Unglück eines anderen verbergen will, kann das Ergebnis ein *gedämpftes Lächeln* sein, ein unterdrücktes Grinsen. Die Lippen sind dann fest geschlossen, so als ob sie das Lächeln nicht nach draußen lassen wollten. Die Haut in den Mundwinkeln spannt sich vielleicht, die Unterlippe steigt möglicherweise etwas nach oben und sackt unter Umständen in den Winkeln nach unten – es kann aber auch zu anderen Kombinationen kommen. Die Augen zwinkern jedoch normalerweise vor Vergnügen und verhindern so häufig, dass der Betreffende seine Erheiterung wirklich zu verbergen vermag.

Das *jämmerliche Lächeln* bringt zum Ausdruck, dass man sich erbärmlich fühlt, aber nicht klagen will. Gewöhnlich ist es asymmetrisch und legt sich gewissermaßen über einen negativen Gesichtsausdruck, vermag diesen aber nicht ganz zu verbergen, sondern steigert im Gegenteil seine Wirkung noch. Vom höhnischen Lächeln unterscheidet es sich in erster Linie dadurch, dass die Augenmuskeln sich nicht zusammenziehen. Freude ist bei ihm in keiner Weise im Spiel.

Beim *einschränkenden Lächeln* versucht man die Wirkung einer unangenehmen Nachricht, die man überbringen muss, irgendwie zu dämpfen. Den Empfänger dieser Botschaft bringt man vielleicht sogar dazu zurückzulächeln. Ein solches Lächeln beginnt ganz abrupt. Der Überbringer der schlechten Nachricht strafft seine Mundwinkel und hebt dabei vielleicht auch für kurze Zeit seine Unterlippe. Manchmal nickt er zusätzlich mit dem Kopf und neigt ihn leicht nach unten und zur Seite, so dass er gewissermaßen auf die andere Person hinabschaut.

Beim *einwilligenden Lächeln* ist es der Empfänger der Botschaft, der die Situation erträglicher zu machen versucht. Mit diesem Lächeln bringt er zum Ausdruck, dass er die schlechten Nachrichten ohne zu protestieren oder zu zetern entgegennehmen wird. Merkwürdigerweise sieht es beinahe wie das einschränkende Lächeln aus. Anstatt den Kopf zu bewegen, zieht die betroffene Person die Augenbrauen einen Augenblick lang in die Höhe und lässt dann möglicherweise noch einen resignierten Seufzer oder auch ein Schulterzucken folgen.

Einige Arten von Lächeln können als paralinguale Zeichen angesehen werden. Das *Koordinations-Lächeln* ist ein leichtes, für gewöhnlich asymmetrisches Lächeln, das Zustimmung, Einverständnis oder auch die Absicht, etwas auszuführen, anzeigt. Die Augenmuskeln kommen dabei nicht ins Spiel. Das *Zuhörer-Antwort-Lächeln* besagt soviel wie ein »Hm-hm«, es ist also ein Signal dafür, dass der Zuhörende begriffen hat und sein Gegenüber weitersprechen kann. Dieses Lächeln wird oft von einem Kopfnicken begleitet.

Ein Lächeln verbindet sich oft mit einem bestimmten Blick zu einem komplexeren Signal. Beim *flirtenden Lächeln* beispielsweise zeigt die zum Flirten aufgelegte Person ganz kurz ein Lächeln des Vergnügens, schaut danach weg und dann wieder zurück. Beim *verlegenen Lächeln* lächelt man, senkt dabei aber unter Umständen die Augen oder schaut weg. Ein Lächeln baut meistens beim Gegenüber Aggressionen ab – ein Grund dafür, dass wir lächeln, wenn wir jemanden zum erstenmal treffen. Und ein verlegenes Lächeln dient vielleicht dazu, in einem Moment, in dem man besonders verletzlich ist, nicht angegriffen zu werden.

Natürlich können sich die verschiedenen Arten des Lächelns, vor allem das Lächeln des Vergnügens, mit Ärger, Verachtung, Angst, Trauer und Aufregung verbinden, so dass viele unterschiedliche »Überblendungen« entstehen.

Wie viele verschiedene Arten des Lächelns mag es geben? Ekman hat achtzehn von ihnen genau beschrieben. Diese fächern sich aber durch die Verbindung mit einem anderen Gesichtsausdruck, durch ihre graduellen Abstufungen und durch wechselnde Zusammenhänge in weitere Unterarten auf.

Interessanterweise sind nur wenige umfassende »Theorien des Lächelns« vorgelegt worden. Was das Lachen betrifft, ist das anders.

Eine Geschichte der Theorien des Lachens

Lord Chesterfield war der Überzeugung, dass ein Gentleman niemals lachen dürfe. Es reiche, wenn er huldvoll lächele. Vermutlich war der Lord auch der Meinung, dass ein Gentleman niemals theoretische Überlegungen über das Lachen anstellen solle. Die Suche nach den Gründen dafür, dass wir lachen, wird seit Platon betrieben, und sie ist nicht gerade ein würdevolles Unterfangen gewesen.

Die Anzahl unterschiedlicher Ansichten ist beeindruckend. Lachen habe mit Aggression zu tun, meint der eine, und mit Masochismus, behauptet der andere. Der eine sagt, seine Ursache sei Unglücklichsein, der andere hingegen ist überzeugt, dass es seinen Grund nur in der Freude haben könne. Ein dritter behauptet, dass es entstehe, wenn man sich unglücklich fühle und gleichzeitig fröhlich sei. In Büchern lesen wir, dass ein Kind, das nie gekitzelt wird, aufwächst, ohne jemals zu lachen, und dass Hunde lachen, indem sie mit dem Schwanz wedeln, sogar Mikroben hätten einen Sinn für Scherze.

Berühmte Denker haben sich mit der Erklärung dieses Phänomens abgemüht. Das Rätsel zog Descartes, Rousseau, Priestley, Hegel, Hazlitt, Emerson, Dewey und viele mehr in seinen Bann. Einige – wie Schopenhauer zum Beispiel – haben sich auch zu der Behauptung verstiegen, das Rätsel gelöst zu haben. Sehr viele haben sich ganz oberflächlich mit ihm beschäftigt, ihm nur ein paar Abschnitte oder auch nur wenige Sätze gewidmet. Die Vorsichtigen geben zu, dass sie dieses heikle Terrain nur auf Zehenspitzen zu betreten wagen. John Dewey warnte gleich zu Anfang seiner Abhandlung, dass wohl nur wenige seiner Theorie Glauben schenken würden. Freud näherte sich dem ganzen Gebiet des Humors und des Komischen voller böser Vorahnungen, und Darwin verkündete: »Das Thema ist extrem komplex.« Große Komiker wie W.C. Fields haben zugegeben, dass sie nicht die geringste Ahnung hätten, was die Menschen eigentlich zum Lachen bringe, und Groucho Marx sagte einmal: »Ich zweifle daran, dass irgendein Komiker wirklich erklären könnte, warum er spaßig ist und der Mann von nebenan nicht.«

Es gibt mittlerweile über hundert Theorien des Lachens, doch wenn man sie ein wenig komprimiert, dann passen sie in einige wenige, sich teilweise überschneidende Kategorien hinein. Es scheint zudem, als wären es weniger verschiedene in sich geschlossene Theorien als vielmehr Facetten einer übergeordneten Gesamttheorie. Sie führen das Lachen zurück auf: Überlegenheit, Unvereinbarkeit, Überraschung, Zweideutigkeit, Erleichterung, Konfiguration und Einsparung.

> *Er kam mit einer Stimme wie Blitz und Donner*
> *auf die Welt, und sie hatte die Eigenschaft, Schwachköpfe*
> *zu entflammen.*
>
> H.L. MENCKEN
> über den Politiker William Jennings Bryan

Der Überlegenheits-Theorie zufolge lesen wir diese Zeilen und lachen – wenn wir es denn wirklich tun –, weil sie uns über den, der seine Zielscheibe ist, erheben. Diese Vorstellung wurde schon von Platon vertreten, der bemerkte, dass boshafte Menschen über das Mißgeschick anderer lachen. Und von Aristoteles, der meinte, dass wir das Lächerliche in den harmlosen Defekten anderer suchen. Auch Hobbes machte die Quelle des Lachens in »plötzlicher Größe«, das heißt in einer unerwarteten Erhebung über andere, ausfindig. Wenn sich jemand in Gesellschaft unmöglich macht, dann beglückwünschen wir uns im Stillen dazu, dass es nicht uns widerfahren ist. Und je unsicherer wir selbst sind, desto heftiger lachen wir über den anderen. »Plötzliche Größe« hat auch etwas Schäbiges an sich.

Voltaire war anderer Meinung: »Im Lachen liegt immer eine Art von Freude, die unvereinbar mit Verachtung oder Entrüstung ist.« Doch können die Mißgeschicke anderer tatsächlich Freudentränen in unsere Augen treiben. Es ist bedauerlich für die Theorie, aber erfreulich für unsere Spezies, dass sie es nicht immer tun: Eine plumpe, phantasielose Beleidigung ist selten spaßig, sondern in der Regel einfach nur unerfreulich. Forschungen haben gezeigt, dass ein Witz um so weniger lustig ist, desto größer die Not der Person ist, auf deren Kosten er gemacht wird. Überdies ruft es nicht immer Gelächter hervor, wenn jemand sein eigenes Ego auf diese Weise versucht aufzubauen. Im Gegenteil: Wir lachen oft aus Mitgefühl mit anderen.

> *Er ist ein Schriftsteller, den man zu jeder Zeit lesen wird –*
> *zu jeder Zeit zwischen dem vierten und dem achten*
> *Lebensjahr.*
> DOROTHY PARKER

Diese bissige Bemerkung von Dorothy Parker setzt sich aus zwei Aussagen zusammen: Der Autor ist ewig – der Autor ist infantil. Beide scheinen sich zu verbinden, prallen dann aber heftig aufeinander und verschmelzen nicht zu einer einheitlichen Endaussage: Sie sind unvereinbar. Der Unvereinbarkeits-Theorie zufolge entsteht Lachen dann, wenn zwei oder mehr widersprüchliche Vorstellungen sich miteinander zu vermengen suchen. Vielen großen Denkern ist dieser Umstand aufgefallen. Joseph Priestley schrieb 1777, dass Lachen sich aus dem Wahrnehmen eines Gegensatzes ergebe. In seiner *Kritik der reinen Vernunft* (1781) sagte Immanuel Kant, dass Lachen entstehe, wenn eine hochgesteckte Erwartung sich plötzlich in ein Nichts auflöse. Der Sozialtheoretiker Herbert Spencer (1820–1903) war da moderater: Er sprach lediglich von einem Herabsinken der Unvereinbarkeit: Wir bereiten uns innerlich auf das Große vor und begegnen dem Kleinen. Wenn das Gegenteil der Fall sei, wenn man also mit etwas Kleinem rechne und auf das Große stoße, dann bestehe das Ergebnis in einem Wundern, was aber ebenfalls Lachen auslösen könne.

Witz ist nach Jean Paul (1763–1825) eine Art verkleideter Priester, der alle Paare miteinander verheiratet. Wir würden über das Unbedeutende lachen, da es mit dem von uns tief empfundenen Erhabenen kontrastiere. Ein Scherz auf Kosten anderer gewähre denen zum Ausgleich Einblick in uns, so dass »die poetische Blüte dieser Nessel nicht wirklich brennt«.

Henri Bergson stellte die Theorie auf, dass wir auch lachen, wenn dem Lebenden etwas Mechanisches aufgezwungen wird. Eine Person, die sich wie ein Roboter bewegt, ein Pantomime etwa, wirkt komisch. In der Regel ist eine Situation immer dann komisch, wenn wir ihr zur gleichen Zeit zwei ganz unterschiedliche Bedeutungen zuweisen können.

Obwohl einige dieser Ansätze zur Bestimmung des Komischen zu eng gefasst zu sein scheinen, spielt Unvereinbarkeit mit Sicherheit eine große Rolle. Eine vor kurzem durchgeführte Analyse von zweihundertzweiundvierzig chinesischen Witzen ergab, dass Unvereinbarkeit bei zweihundertzehn von ihnen mit im Spiel war. Immerhin: Zweiunddreißig kamen ohne sie aus.

Having been forsaken by Dame Lame Duck,
he degenerated into a Lame Duck.

(Nachdem er von Fortuna verlassen worden war,
degenerierte er zu einer lahmen Ente.)

ANONYM

Hier wird man durch das unvermutete Wortspiel überrascht. Der »Überraschung« haben viele einen gewissen Anteil am Zustandekommen des Lachens eingeräumt – Hobbes zum Beispiel, der es ja auf »plötzliche« Größe zurückführte. Verfechter der Überraschungs-Theorie glauben aber, dass sie das *alles* entscheidende Moment darstelle. Descartes sagte, dass Lachen aus einer Mischung von Schock und mäßiger Freude aufsteige. 1940 verkündete der Psychologe John Willmann, dass Komisches sich aus Situationen ergebe, die sowohl Überraschung/Bestürzung als auch Ausgelassenheit auslösten. Die Überraschungs-Theorie erklärt jedenfalls, warum Witze nicht mehr komisch sind, wenn sie zum zweiten Mal erzählt werden. Es fällt ihr aber schwer zu erklären, warum ein Film wie *Ein Fisch namens Wanda* uns auch beim zweiten Ansehen noch ausgesprochen komisch vorkommen kann oder warum wir unter Umständen lachen müssen, wenn wir uns an einen amüsanten Ausspruch oder Vorfall erinnern, oder warum ein watschelnder Pinguin uns erheitert, obwohl wir schon Tausende seiner Art gesehen haben. Als der Komiker Andy Kaufmann auf der Bühne erschien und begann, aus *Der Große Gatsby* vorzulesen, begann das Publikum nach einiger Zeit zu lachen, vielleicht weil es begriff, dass es keine witzige Schlußpointe geben würde. Und die Theorie versagt, wenn sie unbehagliches Lachen erklären soll, das kaum jemals auf eine überraschende Wendung zurückgeht.

Man müsste ein Herz aus Stein haben, um nicht beim Tod von Little Nell zu lachen.

OSCAR WILDE
über *Der Raritätenladen* von Charles Dickens

Der Ambivalenz-Theorie zufolge lachen wir, wenn wir zur gleichen Zeit mehrere nicht miteinander im Einklang stehende Gefühle empfinden. Während sich die Unvereinbarkeitstheorie mit jenen Aussagen befasst, die im Witz selbst enthalten sind, konzentriert sich die Ambivalenz-Theorie auf unsere Reaktion. 1560 veröffentlichte der Arzt Laurent Joubert (1529–1582) seine *Abhandlung über das Lachen*, das erste moderne Buch zu diesem Thema. Darin stellte er die Behauptung auf, dass Kummer das Herz zusammenschrumpfen lasse, während Freude es weite. Wenn man beides gleichzeitig empfinde, dann beginne das Herz schnell zu schlagen, wodurch es die Lungen erschüttere und so das Lachen hervorrufe. Eine solch mechanistische Erklärung des Lachens wirkt heute nur noch kurios, aber die übergeordnete Theorie lebt weiter. Baudelaire meinte: »Lachen ist etwas Satanisches und insofern etwas zutiefst Menschliches.« Er fügte hinzu: »Es ist gleichzeitig Beleg für eine unendliche Erhabenheit und für ein unendliches Leiden.« Andere haben die These aufgestellt, dass das Lachen in einem Menschen aufsteigt, wenn Liebe und Hass oder Verspieltheit und Nüchternheit, Sympathie und Animosität, Manie und Depression in ihm aufeinander prallen.

1983 erklärte John Morreall, dass die Ursache des Lachens einfach in einem abrupten, angenehmen psychischen Umschwung auszumachen sei. Wenn man zum Beispiel blitzartig in eine überlegene Position katapultiert werde, dann erfahre man solch einen Umschwung. Wenn wir einem alten Freund wiederbegegneten, dann weiche unsere Gleichgültigkeit einem Gefühl der Freude, und darum würden wir lachen. Und wie steht es mit dem verlegenen Lachen? Morreall vertritt die Ansicht, dass wir es zunächst nur vortäuschten, da aber selbst ein vorgetäuschtes Lachen angenehm sei, brächen wir danach in ein echtes aus. Dieses Beispiel vermag nicht ganz zu überzeugen, und 1994 konterte ein anderer Wissenschaftler auf Morrealls Thesen, indem er sechs Arten von Lachen ins Feld führte, um zu beweisen, dass sein Kollege sich geirrt habe: Es waren dies das freudlose Lachen, das nervöse, das nachahmende oder ansteckende, das hysterische, das taktile (das durch Kitzeln ausgelöst wird) und das pathologische.

Tatsächlich vertreten einige Theoretiker, dass »Gefühle« alles andere als die Quelle des Lachens, ja sogar dessen Antithese seien. Von Horace Walpole (1717–1797) stammte der berühmte Ausspruch: »Das Leben ist eine Komödie für den Mann, der denkt, und eine Tragödie für den, der fühlt.« Auch Bergson war der Ansicht, dass Emotionen für das Lachen eine Art von Nemesis darstellten.

> *A: »Freundlich? Er schickt seiner Familie kein Geld, wenn er für längere Zeit weg ist. Nennen Sie das freundlich?«*
> *B: »Ja, das ist beinahe unschicklich freundlich.«*
> DOUGLAS JERROLD

Hier verdreht B. eine ernste Anschuldigung so, dass eine alberne Bemerkung daraus wird. Die Anschuldigung löst sich dadurch in nichts auf. Dieser Scherz hat eine erlösende Wirkung. Erlösung wird in der Regel von allen Theoretikern als ein Faktor anerkannt, der dazu beiträgt, dass Lachen entsteht. Bei den Verfechtern der Erleichterungs-Theorie rückt er jedoch in den Vordergrund. Für Herbert Spencer war das Lachen eine Entladung von überschüssiger nervöser Energie. Dewey sagte, dass das Lachen den jähen Abschluss einer Periode der Anspannung anzeige. Theoretiker wie J.C. Gregory sind der Ansicht, dass Erleichterung die gemeinsame Wurzel aller verschiedenen Arten des Lachens sei. Tatsächlich lachen wir manchmal aus reiner Nervosität, selbst in Situationen, in denen uns überhaupt nichts lustig vorkommt. Überdies bewirkt Anspannung, dass man leichter in Lachen ausbricht, und zwar in ein viel herzhafteres als gewöhnlich. Darwin war aufgefallen, dass Soldaten, die gerade heil aus Todesgefahr zurückgekehrt waren, bereits bei dem müdesten Witz in schallendes Gelächter ausbrachen. Auch die Zuschauer von spannungsgeladenen Filmen sind leicht zum Lachen zu bewegen. Aber auch mit dieser Theorie allein lässt sich nicht erklären, welches die Quelle des Lachens ist.

> *Der Botanische Garten rühmt sich einer Vielzahl von Kaktusarten, die nirgendwo zu finden sind – noch nicht einmal im Botanischen Garten.*
>
> S. J. PERELMAN

Der Konfigurations-Theorie zufolge lachen wir, wenn scheinbar in keiner Beziehung zueinander stehende Elemente sich für uns auf einmal zu einem Ganzen zusammensetzen. Wir nehmen die Bedeutung des Komischen in einer Beziehungslücke wahr. Es ist so, als ob man durch ein Schlüsselloch schaute und Orchideen sähe. Wir erhalten ganz plötzlich einen Einblick, und dieser als angenehm empfundene Prozess macht uns lachen. Wenn er zweimal erzählt wird, ist der Witz jedoch nicht mehr lustig, weil sich bei der Wiederholung keine Einsicht mehr einstellt. Es kann auch sein, dass ein Witz zu offenkundig und Einsicht daher unnötig ist oder dass er zu abwegig und Einsicht daher unmöglich ist. Diese Theorie erklärt, warum das richtige Timing für Komiker von entscheidender Bedeutung ist: Es wirkt sich auf den Prozess des Schlussfolgerns aus. Diese Theorie erklärt auch, warum die Würze eines Witzes in der Kürze liegt: Die Kürze schafft Lücken. Wenn man einen Witz erklärt, dann füllt man diese Lücken, und das ist bekanntlich fürchterlich langweilig. Diese Theorie erklärt möglicherweise auch, warum Witze ein Band zwischen zwei Personen knüpfen können: Sie zeigen ihnen, dass sie auf dieselbe Art und Weise denken. Wie Goethe sagte, geben die Menschen ihren Charakter durch nichts deutlicher zu erkennen als durch das, worüber sie lachen.

Peccavi.

CATHERINE WINKWORTH (*Peccavi*, lat. »Ich habe gesündigt«, engl. »I have *sinned*«. Wortlaut einer Depesche, die angeblich von Sir Charles Napier nach Großbritannien gesandt wurde, nachdem er 1843 die indische Region *Sind* eingenommen hatte).

Der Einsparungs-Theorie zufolge erspart das Lachen uns mental und psychisch aufwendige Prozesse. Die Leitfigur der Verfechter dieser Theorie ist Sigmund Freud, dessen *Der Witz und seine Beziehung zum Unbewussten* (1905) nach wie vor die mit der größten Eleganz durchgeführte Erkundung dieses Terrains darstellt. Freud ging von konkreten Beispielen, von tatsächlich kursierenden Witzen aus und beschrieb das Problem in einer derart brillanten Klarheit, dass seine Schrift noch immer anregend wirkt, selbst wenn man sich seinen Schlussfolgerungen nicht völlig anschließen kann. Er gliedert das Lachen in ungefähr zwanzig Kategorien auf, von denen jede ihre eigenen Gesetze besitzt. Die drei übergeordneten Kategorien sind: der Witz, das Komische, der Humor. Der Witz, zu dem auch »Unsinn« im Sinne von Blödelei gehört, verlangt einen menschlichen Erfinder. Wir lachen über ihn, weil er unseren *Hemmungsaufwand* gegenüber bestimmten Gedanken, Gefühlen, Vorstellungen oder Triebregungen abbaut, das heißt, das Überego kurzfristig ablenkt, so dass wir unseren unterdrückten Trieben freien Lauf lassen können. Beim Komischen spielt unintentionelles Enthüllen eine Rolle. Komisch sind watschelnde Pinguine, Mißgeschicke und kleine Unfälle, die auf Heimvideos festgehalten sind, wie auch Parodien und Karikaturen, die Menschen komisch darstellen. Freud zufolge werde der Witz gemacht, das Komische hingegen gefunden, wobei er vorübergehend die Parodie außer Acht ließ. Das Komische reduziert unseren *Denk-*

aufwand, da es uns die Anstrengung erspart, andere zu verstehen. Humor reduziert hingegen unseren *Gefühlsaufwand*, indem er ein Ereignis, das uns leiden machen könnte, in eines verwandelt, das uns nicht leiden macht, wie es in den Werken Molières oder Twains geschieht.

Obwohl ich verschiedene Beispiele benutzt habe, um die verschiedenen Theorien vorzustellen, scheint jede dieser Theorien für jedes dieser Beispiele relevant zu sein. Tatsächlich sind alle diese Theorien zutreffend. Doch keine von ihnen reicht zur Erklärung des Phänomens aus. Wie Blitzlichter, die in einem dunklen Raum von allen Seiten auf ein exotisches Kunstwerk abgefeuert werden, erhellt jede von ihnen einen anderen Teil des Rätsels. Die Überlegenheits- und Unvereinbarkeits-Theorie konzentrieren sich auf den Inhalt von Witzen, die Überraschungs- und Zweideutigkeits-Theorie auf unsere Gefühle, die Konfigurations-Theorie auf den Prozess der Einsicht und die Erleichterungs-Theorie auf das Ergebnis dieses Prozesses. Freuds vielschichtiger Ansatz schließt alle anderen in sich ein, verknüpft sie aber mit der Psychoanalyse, deren Methoden und Ergebnisse wissenschaftlich nicht gesichert sind und vielleicht auch nicht gesichert werden können.

Willmann meinte, dass die Vielfältigkeit des Lachens selbst das Haupthindernis für die Entwicklung einer kohärenten Gesamttheorie darstelle. Dann aber fügte er noch die fatalen Worte hinzu: »Es muss jedoch irgendein Grundprinzip geben« – und begab sich wieder energisch auf die Suche nach ihm. Freud vermied diese Jagd nach einer Formel und bot daher ein ganzes Bündel von Erklärungen an. Er wies auch – mit gutem Grund – darauf hin, dass seine Theorien keineswegs erschöpfend seien.

Das Lachen hat viele verschiedene Seiten, und eine Vielzahl von verschiedenen Dingen löst ein Lachen aus. 1902 listete James Sully zwölf davon auf: 1) eine Neuheit, 2) körperliche Missbildung, 3) moralische Schwäche, 4) Unordentlichkeit, 5) ein kleineres Missgeschick,

6) Unanständigkeit, 7) Verstellung, 8) Unwissen oder Ungeschicklichkeit, 9) Inkongruenz oder Absurdität, 10) ein Wortspiel, 11) das Übertreffen eines anderen und 12) pure gute Laune. Dieses Inventar ist ganz offenkundig unvollständig. Zu dem, was uns noch zum Lachen bringt – obwohl es nicht unbedingt lustig ist –, gehört: Gekitzeltwerden, Nervosität, Ausgelassenheit, Erleichterung, ein Triumph, ein Rückschlag, Verwirrung beim Sprechen und – der Vollständigkeit halber sei es erwähnt – Lachgas. Ein verzweifelter Erforscher des Lachens erklärte jedoch, dass alle Listen dieser Art sinnlos seien, da »der Mensch anscheinend über beinahe alles lacht«.

Man hat aber nicht nur versucht, große umfassende Theorien des Lachens aufzustellen, sondern ist im Zusammenhang mit diesem Phänomen auch noch vielen anderen Fragen nachgegangen.

Zum Beispiel: Was stellt sich zuerst ein, das Vergnügen oder das Lachen? Die meisten sind der Ansicht, dass wir Vergnügen empfinden und lachen, um es zum Ausdruck zu bringen. William McDougall hielt aber dagegen, dass wir lachen, weil wir uns unglücklich oder elend fühlen, und der Akt des Lachens bewirkt, dass wir uns besser fühlen. »Der uneingeschränkt glückliche Mensch lacht nicht«, erklärte der Psychologe, »weil er es nicht nötig hat.« Beaumarchais sagte: »Ich lache über alles – aus Angst, weinen zu müssen.« Und Nietzsche meinte, allein der Mensch leide so entsetzlich an dieser Welt, dass er dazu gezwungen gewesen sei, das Lachen zu erfinden. In der Tat kann Unglücklichsein Lachen auslösen. Aber diese Theorie wiederum erklärt nicht ein Phänomen wie das Lachen über die Marx Brothers.

Es gibt noch andere Fragen, und der geschwätzige Joubert warf in seiner pseudo-wissenschaftlichen *Abhandlung* eine ganze Reihe davon auf. Können wir im Schlaf lachen? (Natürlich, sagt Joubert, warum nicht?) Warum bringt der Genuss von Wein einige Leute zum Lachen, während andere in Tränen ausbrechen? (Es hängt von ihrer jeweiligen Natur ab und davon, wie gut der Wein ist.) Wie kommt es, dass wir unser Lachen manchmal einfach nicht unterdrücken können?

(Macht euch keine Sorgen darüber, rät Joubert. »Lachen ist, ob man es nun will oder nicht, immer etwas Freiwilliges.«) Warum werden Menschen, die oft und herzlich lachen, so dick? (Durch Lachen verdampft das Blut, das sich im ganzen Körper verteilt und Fett hervorbringt.) Kann Lachen die Kranken heilen? (Es trägt dazu bei, und Joubert empfiehlt daher allen Siechen, Affen zuzuschauen! Norman Cousins machte die Vorstellung von der heilsamen Wirkung des Lachens 1979 mit seinem *Arzt in uns selbst* populär. Er behauptete, dass zehn Minuten herzhaften Lachens ausreichten, um zwei Stunden schmerzfreien Schlaf zu garantieren. Wissenschaftler haben seitdem bestätigt, dass eine Komödie, welcher Art auch immer, Schmerzen betäubt. Das tut aber auch eine Tragödie.)

Was verursacht das Lachen? Können Sterbliche das überhaupt herausfinden, wird sich weder die Richtigkeit noch die Unrichtigkeit der diesbezüglichen Theorien zwingend beweisen lassen? Ein Professor gab vor kurzem bekannt, dass das Komische sich mit Hilfe der »Chaostheorie« erklären lasse, wobei aber mit »Chaos« im herkömmlichen Sinn eine Komplexität gemeint ist, die wir nicht zu kodifizieren vermögen. Etwas Komisches, so schrieb er, sei Chaos, das wir zu unserer eigenen Unterhaltung schüfen.

Chaos oder kein Chaos, die Erforschung des Komischen treibt üppige Blüten. Die Zahl von wissenschaftlichen Aufsätzen zu diesem Thema verdreifachte sich zwischen 1970 und 1990. 1976 fand in Wales die erste internationale Konferenz statt, die ganz diesem Phänomen gewidmet war, und weitere folgten. 1987 erschien erstmals die wissenschaftliche Zeitschrift *Humor*. Heutzutage versuchen mehr Forscher dem Geheimnis des Komischen – das heißt auch dem des Lachens – auf den Grund zu gehen als jemals zuvor.

Und den meisten von ihnen sind die Fallstricke bekannt. Ihr Forschungsgegenstand ist überall, verflüchtigt sich aber immer wieder, und die existierende Literatur über ihn ist ganz und gar humorlos. Lachen ist ein Kobold, der leben und bei vollem Bewusstsein sein muss, wenn er seziert wird. Weil das so ist, vermag er aber dem Skalpell leicht zu entwischen. Bergson verglich 1911 das Lachen mit dem Schaum auf einer sanften Welle: »Wie Schaum funkelt es. Es ist die Heiterkeit selbst. Aber der Wissenschaftler, der eine Handvoll davon schöpft, um es zu probieren, stellt unter Umständen fest, dass es nahezu keine Substanz hat und sein Nachgeschmack bitter ist.« Bis heute hat das Lachen immer noch zuletzt gelacht.

Der fröhliche Hominide

George Eliot meinte einmal, dass unser Amüsement vermutlich seinen Anfang in »dem grausamen Spott eines Wilden über das Sich-Winden eines verletzten Feindes« nahm, »denn solcherart ist die Tendenz der Dinge zum Besseren und Schöneren«. Aber die Evolution geht sehr wirtschaftlich vor, und es ist kaum anzunehmen, dass sich unser Lachen einer solch unbedeutenden Aufgabe wegen entwickelte. Warum dann? Welches ist der Sinn des Lachens?

Das ist eine ernsthaftere Frage, als den meisten Leuten bewusst ist. Wir neigen dazu, das Lachen als eine frivole Nebensache abzutun, aber es ist überall zu finden und oft von großer Wirkung. Es prägt gesellschaftliche Zusammentreffen, ist bestimmend für unseren Umgang mit Freunden, ja es begleitet häufig auch die Paarung des Menschen. Und es ist etwas zutiefst Angenehmes. Jules Renard (1864–1910) sagte: »Wir sind auf der Welt, um zu lachen.« Und Menschen, denen das Lachen nicht gefalle, seien seltener anzutreffen als Menschen, denen das Leben selbst nicht gefalle.

Das sind Fakten, die darauf verweisen, dass dem Lachen eine größere evolutionäre Rolle zukommt, denn jede Art von fazialem Ausdruck, die einen gewissen Aufwand verlangt, kostet den Menschen etwas. Dieser spezielle verbraucht Energie und kann Raubtiere anziehen – Lachen ist mit besonders viel Lärm verbunden –, er muss sich also aus einem bestimmten Grund lohnen. Normalerweise beeinflusst ein solcher Gesichtsausdruck eine andere Person zugunsten derjenigen, die ihn zeigt. Der Ausdruck von Trauer und von Schmerz beispielsweise vermag andere Menschen zu rühren. Wie steht es also mit dem Lachen?

Wie es schon beim Lächeln der Fall war, bietet die Welt der natürlichen Dinge auch in diesem Fall Anhaltspunkte, die dazu beitragen können, die Frage nach dem Sinn des Lachens zu beantworten. Aristoteles sagte, dass der Mensch das einzige Tier sei, das lacht. Und von einem rein technischen Standpunkt aus hat er recht. Andere Kreaturen lachen nicht, aber mehr oder weniger aus denselben Gründen, aus denen sie auch nicht sprechen: Ihnen fehlt einfach die dazu nötige Ausstattung. Wenn wir lachen, blockieren wir mehrfach hintereinander das Ausströmen der Luft aus den Lungen, und zwar in der Regel durch glottale Verschlusslaute, die durch ein kurzes Verschließen der Stimmritze, der Glottis, entstehen. Oder wir lachen durch glottale Reibelaute. Anders als das Arabische beispielsweise besitzen das Englische wie auch das Deutsche kein eigenes Schriftzeichen für einen glottalen Verschlusslaut, wir geben daher Lachen schriftlich mit einer Reihe von H's wieder, zwischen denen grundsätzlich jeder Vokal erscheinen kann, und zwar auch wechselnd, obwohl wir meistens bei einem und demselben bleiben, also *Hahaha* oder *Hihihi*. Diphtongierte Lachlaute – wie das lüsterne *Hiähhiähhiäh* von Pig Bodine in *V.* oder Renfields unheimliches *haijuuung-haijuung-haijung* in der *Dracula*-Verfilmung von 1931 – sind ungewöhnlich. Ein flüsterndes Lachen ist ebenfalls selten und zumeist darauf zurückzuführen, dass der Betreffende nicht gehört werden will.

Tiere lachen nicht auf dieselbe Weise wie wir. Aber lachen sie überhaupt? Darwin schien davon überzeugt zu sein. Wenn man einen jungen Orang-Utan kitzele, so schrieb er, dann verziehe er den Mund zu einem Grinsen und gebe ein glucksendes Geräusch von sich. Seine Augen fingen an zu glänzen, und wenn man mit dem Kitzeln aufhöre, erhelle ein dem Lächeln ähnlicher Ausdruck sein Gesicht. Im Londoner Zoo beobachtete Darwin, wie ein Berberaffe seinen Unterkiefer nach oben und nach unten bewegte, seine Zähne bleckte und seine Augen zusammenkniff, wobei er einen Laut hervorbrachte, »der kaum hörbarer war als das, was wir manchmal ein stilles Lachen nennen«. Die Tierwärter erzählten ihm, dass dies die Art des Tieres sei, stillvergnügt in sich hineinzulachen. Andere Forscher haben gehört, wie Gorillas, Paviane und Makaken Laute hervorbrachten, die unserem Lachen ähnelten. Und Jane Goodall ist überzeugt davon, dass Affen lachen, wenn sie miteinander balgen oder sich gegenseitig kitzeln.

Auf der Grundlage solcher Beobachtungen hat der Psychologe Glenn Weisfeld von der Wayne State University versuchsweise eine Theorie der Evolution des Lachens vorgelegt. Er meint, dass alles wahrscheinlich mit dem Gekitzeltwerden begonnen habe. Wie Darwin feststellte, sind wir an solchen Stellen des Körpers besonders kitzelig, die andere nur selten berühren – zum Beispiel an den Fußsohlen oder unter den Achseln. Wenn man Kinder kitzelt, dann attackiert man sie in spielerischer Weise, was dazu beiträgt, dass sie Abwehrreflexe entwickeln, um die angegriffenen Zonen zu schützen. Ihr Kichern veranlasst den Erwachsenen weiterzumachen. Wenn wir älter werden und die Abwehrreaktionen immer besser beherrschen, dann empfinden wir das Gekitzeltwerden zunehmend als unangenehm.

Gelacht wird aber auch bei Scheinkämpfen. Primaten, Kinder und Jugendliche lachen oft, wenn sie miteinander im Spaß ringen oder boxen. Durch dieses Lachen wird der Kampf als Spiel ausgewiesen und verhindert, dass man sich gegenseitig Schaden zufügt, weil man die Intentionen des anderen falsch versteht. Solche Scheingefechte sind eine Vorübung und Ertüchtigung für echte Kämpfe.

Von einer Begleiterscheinung von Gekitzeltwerden und spielerischen Kämpfen entwickelte sich das Lachen dann zu einer Reaktion auf gesellschaftliche Spiele, so jedenfalls die Theorie Weisfelds. Natürlich dienen auch solche scherzhaften Spiele der Schulung für den Ernstfall. Neckereien oder Sticheleien zum Beispiel stellen ebenfalls einen Scheinangriff dar und steigern unsere Fähigkeit, auf ernst gemeinte Beleidigungen zu reagieren. Witze verlangen, dass man schlussfolgern lernt, eine Fähigkeit, die stets und überall von entscheidender Bedeutung ist. Ein Spiel mit Unvereinbarem fordert zur Aufschlüsselung von mehreren nicht miteinander übereinstimmenden Botschaften auf. Solche Inkongruenzen könnten, wenn sie bestehen bleiben, im Ernstfall Probleme bereiten. Sogar Wortspiele, meint Weisfeld, wirken auf Erwachsene wahrscheinlich deswegen amüsant, weil sie ihre sprachlichen Fähigkeiten weiter verfeinern.

Weisfeld trägt all dies mit äußerster Zurückhaltung vor. Und das ist auch sehr vernünftig, da »das Lachen« sich in vielfacher Weise verästelt zu haben scheint, ähnlich wie ein Busch, der zahllose Zweige ausgebildet hat und dessen detailliertes Aussehen nur schwer zu beschreiben oder zu zeichnen ist.

So kam zum Beispiel Robert Provine von der University of Maryland zu dem erstaunlichen Untersuchungsergebnis, dass in über achtzig Prozent der Fälle, in denen in einer normalen Unterhaltung gelacht wurde, überhaupt nichts Komisches im Spiel war. Solche Lacher stellten sich ein nach simplen Aussagen wie »Wir seh'n uns dann später, Jungs!« oder »Ist mir klar!« oder nach Fragen wie »Wie geht's?« oder »Ach, du warst das gar nicht?« Provine fand auch heraus, dass die Personen, die sprechen – vor allem weibliche – mehr lachen als die, die nur zuhören. Viele solcher Lacher stellen sich ein, wenn die gesamte Atmosphäre etwas Heiteres hat. Eine heitere Grundstimmung fördert das Lachen mehr als irgendwelche Worte. Der typische »perlende« Klang, der zu hören ist, wenn sich eine Gesellschaft von Menschen amüsiert, entsteht durch diese Art von kontinuierlichem Lachen und nicht durch einzelne Lachausbrüche als Reaktion auf Witze. Es hat eine paralinguale Funktion, das heißt, es ist die Interpunktion der verbalen Kommunikation und bezeugt gleichzeitig, dass man gut gelaunt ist und nichts Böses im Schilde führt.

Die übrigen zwanzig Prozent der Lacher werden oft durch genuin komische Vorfälle oder Aussprüche ausgelöst. Auch dieses Lachen dient als eine Art soziales Bindemittel. Ein solches Lachen wird mit zweierlei belohnt: mit Kooperation und mit Machtzuwachs.

Lachen fördert ganz eindeutig unsere Bereitschaft zur Zusammenarbeit, die ein Segen für unsere Spezies darstellt. Gute Laune schweißt uns zusammen, wir fühlen uns mit den Menschen, mit denen wir gemeinsam lachen, enger verbunden als mit allen anderen. Eine Studie ergab, dass das wechselseitige Sich-Aufziehen bei Ratsversammlungen der Chippewas das Solidaritätsgefühl verstärkte. Auch die Urahnen des Menschen mochten einander wahrscheinlich mehr, wenn sie miteinander lachten, was für die Zusammenarbeit wiederum sicher förderlich war.

Möglicherweise verstanden sie einander auch besser und vertrauten einander mehr. Scherze schlagen Brücken zwischen dem Denken und Fühlen der einzelnen Individuen. Sie verlangen Einsicht und Sozialbewusstsein, ein Gefühl für die Wertvorstellungen des Gegenübers, dafür, was die Zuhörer hochschätzen, mögen, verabscheuen, verachten. Die Verfechter der Konfigurationstheorie weisen darauf hin, dass Witze zwischen fremden Menschen eine Bindung stiftende Wirkung entfalten können, wenn sie auf beiden Seiten den gleichen »Nerv« treffen.

Humor kann aber auch ein Instrument des Taktes sein. Er kann eine drohende Attacke entschärfen, indem man Gutwilligkeit signalisiert und damit das Problem fürs erste diskret aus der Welt schafft. Wenn eine Person eine andere in eine unbehagliche Situation hineinmanövriert, indem sie sie zum Beispiel dazu drängt, etwas zu kaufen, was sie absolut nicht gebrauchen kann, dann kann die bedrängte Person sich mit einem Scherz aus der Affäre ziehen, und beide werden trotz allem Freunde bleiben. Aus der Schlinge ist ein Laufknoten geworden.

Was aber vielleicht noch viel grundlegender ist: Lachen ist der Lohn dafür, dass wir ganz einfach beisammen sind. Das Lachen anderer intensiviert beispielsweise unser eigenes Lachen. Es verwandelt den Anflug eines Lächelns in ein amüsiertes Glucksen und das lauthalse Lachen in ein vergnügtes Brüllen. In einem mit Menschen gefüllten Kinosaal lachen wir herzhafter als in der Einsamkeit unseres Wohnzimmers. Obwohl man bereits einige Anstrengungen unternommen hat, dieses Phänomen zu erklären, wissen wir bis heute nicht, warum ein Lächeln ebenso ansteckend ist wie sich auch Ekel- und Trauergefühle auf andere übertragen.

Die Fähigkeit, sich die Kooperation anderer zu sichern, ist gleichbedeutend mit sozialer Macht. Bei jenem Spiel, das wir Politik nennen, wetteifern die Teilnehmer ja im Grunde darum, dass andere sich mit ihnen verbünden oder ihnen Treue geloben. Herrschaft und Prestige sind der Preis, den die Sieger davontragen. Erfolg auf diesem Gebiet verschafft den Siegern auch in ihrem weniger offenkundigen Wettstreit um die Weitergabe ihrer genetischen Blaupause einen Vorteil. Vor allem Männer profitieren davon. Die meisten menschlichen Gesellschaften sind polygyn gewesen. Männer, die Macht und einen hohen sozialen Status besaßen, paarten sich mit mehr Frauen und zeugten mehr Kinder als andere, konnten sich also erfolgreicher fortpflanzen. Humor kann, auch auf die Evolution bezogen, dazu beitragen, dass man einen solchen wünschenswerten Status erlangt.

Auch in bezug auf die Politik hat er mehr als eine Funktion. So kann man mit Humor unter anderem auch überzeugen. Wie Freud feststellte, kann man sich mit einem Witz seine Zuhörerschaft gewogen stimmen. Das ist auch der Grund dafür, dass Präsidentschaftskandidaten oft einen professionellen Gag-Schreiber für ihre Wahlkampfauftritte engagieren. Humor kann zudem konventionellen Werten Geltung verschaffen, er kann den Zusammenhalt innerhalb von Gruppen festigen, indem er die Mitglieder erhöht und die Rivalen herabsetzt.

Humor determiniert den Status eines Menschen aber auch auf eine direkte Weise: Freunde kann man mit Humor belohnen, Feinde vernichten. Wir beißen einander nicht mehr, wie Schimpansen es tun, aber eine spöttische Bemerkung, die »sitzt«, kann viel verletzender sein als ein Biss, da sie das Opfer zu einem Objekt herabwürdigt, mit dem sich spielen lässt und das gesellschaftlich unbedeutend ist. Grönlandeskimos beendeten Auseinandersetzungen oft mit öffentlichen Wettstreiten, bei denen man sich gegenseitig lächerlich zu machen versuchte. Die Mitglieder von Jugendbanden in den USA verspotten sich oft gegenseitig in dem Versuch, dem Opponenten innerhalb der Gang eine bestimmte Rangstufe zuzuweisen. Eine an Krankenhausangestellten vorgenommene Studie ergab, dass Spott und Hohn in der sozialen Hierarchie von oben bis nach ganz unten sukzessive weitergegeben wurden.

Humor vermag uns aber auch Freiheit zu verschaffen. Witze geben der Aggression oft den Anschein, als ob sie nicht ernst gemeint sei, wodurch sie für den anderen leichter zu akzeptieren ist. Sinn für Humor verleiht einem das Recht, zu sticheln und zu hecheln, weil ja eben alles nur »Spaß« ist. Wie David Letterman so aufheiternd zu sagen pflegte, nachdem er mit tödlicher Zielsicherheit den wunden Punkt eines seiner Gäste getroffen hatte: »Es ist alles nur ein *Witz*!« Humor ermöglicht es auch, über brisante und bis zu einem gewissen Grad tabuisierte Themen zu sprechen, über Sex, Gewalt und andere kontroverse Themen. Indem er an der richtigen Stelle eine Pointe setzt, kann der Spaßvogel seinen Zuhörern einen Zugang zu einem Tabuthema verschaffen. All dies vergrößert die soziale Macht, über die man verfügt.

Wissenschaftler haben darüber hinaus festgestellt, dass humorvolle Menschen besser mit Stress fertig werden. Das Lachen selbst reduziert sowohl physischen als auch psychischen Stress, wie es die Erleichterungs-Theorie von Spencer schon besagt. Psychologen wie Rollo May vermuten, dass die Humorvollen unter uns es besser verstehen, eine Distanz zu ihren Problemen zu gewinnen, wodurch sie diese Probleme aus einer anderen Perspektive, gewissermaßen aus der Ferne, betrachten. Es kann aber auch sein, dass sie einfach über mehr soziale Kontrolle verfügen und Ereignisse, die Stress verursachen können, besser beherrschen. Forscher haben überdies herausgefunden, dass Humor mit einem positiven Selbstbild korrespondiert, und es gibt viele Gründe dafür, dass dem so ist.

Es überrascht eigentlich nicht, dass Humor und Lachen Faktoren sind, die auch bei der Wahl eines Lebens- oder Ehepartners eine Rolle spielen. Die Auswertung von Gesprächen zwischen jungen Deutschen, die sich vorher nicht kannten, führte zu dem äußerst interessanten Ergebnis, dass eine Frau sich umso mehr wünschte, einen Mann wiederzusehen, je mehr dieser sie zum Lachen gebracht hatte. Wenn umgekehrt aber eine Frau humorvoll oder witzig war, hatte dies keinesfalls die gleiche Wirkung auf Männer. Diese verlangte es umso mehr danach, eine Frau wiederzutreffen, je mehr sie über die Scherze der Männer gelacht hatte. Wie erweiterte Pupillen signalisiert auch das Lachen einer Frau Interesse, und den meisten Frauen ist die strategische Bedeutung eines herzlichen Lachens über die Witze, die Männer reißen, wohlbekannt. Männer wiederum wissen, wie wichtig es ist, einen Annäherungsversuch humorvoll zu gestalten – wenn er denn von Erfolg gekrönt sein soll.

Diese Taktiken machen genetisch gesehen Sinn, weil die Menschen Partner bevorzugen, die kooperationsbereit sind und aufgrund dessen auch mehr Freunde und ein größeres soziales Gewicht haben. Mit einem solchen Partner wird man sich vermutlich besser verstehen und länger zusammenbleiben, so dass man gemeinsam Kinder großziehen kann. Der Mann wird eher dazu bereit sein, seine Familie zu beschützen und für sie zu sorgen, und die Frau wird vermutlich liebevoller zu den Kindern sein. Es ist aber nicht auszuschließen, dass ein solcher Mann seine Gene durch die Verbindung mit mehr als einer Frau weiterzugeben bemüht sein wird.

Der Wissenschaftler Geoffrey Miller geht noch weiter. Er meint, dass Humor und verwandte Eigenschaften sogar das starke Wachstum des Gehirns der Hominiden verursachten. Er verweist auf Erhebungen, die zeigen, dass wir für gewöhnlich Kreativität und Sinn für Humor als begehrenswertere Eigenschaften bei einem andersgeschlechtlichen Partner ansehen als sogar Reichtum und Schönheit. Er kommt daher zu dem Schluss, dass das Gehirn vor allem dazu dient, einen Partner auf sich aufmerksam zu machen und ihn an sich zu binden – das heißt, es hat eine ganz ähnliche Funktion wie die Schwanzfedern des Pfauenhahns. Die Vorfahren des Menschen suchten nach »psychologisch brillanten, faszinierenden, ausdrucksfähigen, unterhaltsamen Gefährten« und wählten sie nach ihrem Humor, ihrem musikalischen und künstlerischen Talent und ihrer allgemeinen Kreativität aus. Wenn das stimmt, dann hat Renard in einem ganz konkreten Sinne recht: Wir sind auf der Welt, um zu lachen.

Das Erröten

Warum erröten wir? »Es macht den, der errötet, leiden, und bewirkt, dass der, der es sieht, sich unbehaglich fühlt«, meinte Darwin, »ohne dass es einem von beiden im geringsten dient.« Erröten ist unerwünscht, und es kann schlimmer werden, wenn wir merken, dass es sich gegen unseren Willen eingestellt hat. Erröten hat nichts mit den Gesichtsmuskeln zu tun – wie fast jeder andere Gesichtsausdruck –, sondern mit den Adern: Es ist ein Signal, das das Blut aussendet. Die dazu notwendige körperliche Ausstattung besitzen auch andere Tiere, und so können auch Affen vor Leidenschaft tiefrot werden, aber wie Mark Twain sagte: »Der Mensch ist das einzige Tier, das errötet. Oder es nötig hat.«

Obwohl bereits Darwin das Phänomen in allen Einzelheiten beschrieb, haben sich seitdem überraschend wenige Wissenschaftler seiner Untersuchung gewidmet. Die Psychoanalytiker legten eine Erklärung für sein Zustandekommen vor, die einen verblüfft und erröten lässt: Es handele sich um eine exhibitionistische Ersatzhandlung. Der Errötende verlange in Wirklichkeit danach, seine Geschlechtsteile zu entblößen, und setze sein Gesicht nur ersatzweise ein. Existentialisten wie Sartre meinten, ein solches Rotwerden im Gesicht zeige, dass man sich des eigenen Körpers im Auge des Gegenübers bewusst werde. Der Psychologe Ludwig Binswanger (1881–1966) sagte, das Erröten komme durch ein Anstoßen an die »innere Grenze der Sünde« zustande, wodurch es unfreiwillig enthülle, wo diese liege.

Ärgerlicherweise errötet man besonders gern vor Publikum. Darwin errötete allerdings auch, wenn er allein war. Einige Menschen verfärben sich auch am Telefon tiefrot, vor allem nach obszönen Anrufen. Aber das sind Ausnahmen. Für die meisten Betroffenen ist die Reaktion der Betrachter viel schlimmer als das glühende Gefühl im eigenen Gesicht. Über einundachtzig Prozent geben an, dass es kommentiert werde, wenn man erröte. Vor allem Heranwachsende leiden darunter, dass andere sie darauf aufmerksam machen, wenn sie rot anlaufen.

Selbst der Verlauf des Errötens spielt uns einen bösen Streich. Es stellt sich in der Regel nicht später als zwei Sekunden nach dem auslösenden Vorfall ein. Doch die Wangen röten sich, bevor wir ihr Glühen verspüren, was zur Folge hat, dass andere vor uns wissen, dass wir rot angelaufen sind. Manchmal merken wir selbst nicht, dass wir erröten. Bei einer Studie gab über die Hälfte der Versuchspersonen an, von anderen auf ihr Erröten aufmerksam gemacht worden zu sein, während sie selbst es überhaupt nicht mitbekommen hätten.

Erröten geht mit einem kurzfristigen Verwirrtsein einher, das sich in Stammeln, ausweichenden Blicken und ungelenken Bewegungen äußert und sich zum Teil deswegen einstellt, weil das Rotwerden ein Fenster aufstößt, durch das geheime Regionen des Geistes sichtbar werden. Es eröffnet einen Zugang in unsere Intimsphäre, und zwar dann, wenn wir es am wenigsten wünschen. In dem Roman der Marquise de Lafayette *Die Prinzessin von Clèves* (1678) legt sich über das Antlitz der Prinzessin oft eine Röte, die dem nach ihr schmachtenden Liebhaber von ihrer eigenen Leidenschaft kündet, aber auch von den Schuldgefühlen, die sie gegenüber ihrem Gatten empfindet. Bei einem Experiment erzählte eine dreißigjährige männliche Versuchsperson: »Vor fünf Monaten war ich mit drei Personen zusammen, eine davon war meine Ex-Freundin. Eine der beiden anderen fragte mich, ob ich den Sommer über eine Liebesaffäre gehabt hätte, und ich antwortete auf diese Frage mit ›nein‹, während ich wahrheitsgemäß mit ›ja‹ hätte antworten müssen. Als die anderen sahen, dass ich rot anlief, wechselten sie rasch das Thema.«

Bei einer anderen Untersuchung gaben die Befragten an, dass es vor allem drei Auslöser gebe: 1) die Bemerkung oder Handlung eines anderen – Beispiel: »Ich war bei meinem Freund eingeladen, und da kam doch sein Vetter und fragte mich, ob wir heiraten wollten – vor all den anderen Leuten« (fünfundfünfzig Prozent aller Fälle); 2) eigene Gedanken oder ein Faux-pas, den man selbst begangen hat – Beispiel: »Ich habe aus Versehen eine Frau bekleckert, als ich das Essen servierte« (fünfzehn Prozent); 3) Situationen, durch die man in Gesellschaft die Aufmerksamkeit anderer erregt – Beispiel: »Ich wurde von einem großartig aussehenden Burschen, von dem ich dachte, dass er meinen Freund mochte, aufgefordert, mit ihm auszugehen – ich war richtig schockiert und schlug die Augen nieder, als ich fühlte, wie ich rot anlief« (vierundzwanzig Prozent).

Vor Angehörigen des anderen Geschlechts erröten wir leichter. Darwin war der Meinung, dass Frauen öfter erröteten als Männer, und das mag zu seiner Zeit tatsächlich so gewesen sein. Untersuchungen zeigen, dass es heute in dieser Hinsicht kaum einen Unterschied zwischen den Geschlechtern gibt, obwohl Frauen insgesamt gesehen stärkere emotionale Reaktionen zeigen als Männer – und dies vor allem im Gesicht.

Einige Menschen erröten mindestens einmal am Tag. Chronische Erröter haben bisweilen sogar Angst, Orte aufzusuchen, an denen sie auf andere Menschen treffen. Darwin schrieb: »Einige Personen jedoch sind so sensibel, dass man sie allein dadurch, dass man das Wort an sie richtet, in Verlegenheit bringen kann, ein leichtes Erröten ist die Folge.«

Die Entwicklung dieses Phänomens geht in mehreren klar unterscheidbaren Phasen vonstatten: Es stellt sich erstmals ein, wenn wir nicht älter als drei Jahre sind, tritt in der Zeit der Adoleszenz häufiger und intensiver auf, wird dann aber – vor allem nach dem fünfunddreißigsten Lebensjahr – wieder seltener und schwächer. Fachwissenschaftler haben viele Erklärungen dafür vorgetragen, dass es während der Adoleszenz seinen Höhepunkt erreicht, wie »Befangenheit und Verlegenheit in Folge von raschen physischen Veränderungen, hormonelle Veränderungen, eine nicht gefestigte Identität – vor allem in sexueller Hinsicht –, neue Arten von gesellschaftlichen Begegnungen, die die Grundlage für interpersonelle Beurteilungen bilden«. Erwachsene hätten im Gegensatz zu Heranwachsenden generell einen höheren Status und würden »genau definierte und gut einstudierte« Rollen kompetent ausfüllen.

Das Erröten ist ein universelles Signal. Auch Schwarze laufen rot an, doch dabei wird lediglich ihre schwarze Gesichtsfarbe ein wenig dunkler, weshalb es schwer zu erkennen ist. Eine Untersuchung von 1990 ergab, dass zwei Drittel der Menschen ein Erröten vor allem auf ihren Wangen verspüren, während ein Viertel fühlt, wie sich die Röte über ihr ganzes Gesicht verteilt. Sechsundzwanzig Prozent sagten, dass sie überdies auch rote Ohren bekämen, einundzwanzig Prozent gaben an, dass auch ihr Nacken und ihre Brust rot anliefen, und sechs Prozent bekannten sich auch zu einer geröteten Kopfhaut, dem klassischen Rotwerden »bis zu den Haarwurzeln«. Darwin fragte sich, warum die Röte sich nicht über den ganzen Körper ausbreitet, und äußerte die Vermutung, es liege wohl daran, dass wir unsere Aufmerksamkeit vor allem auf das Gesicht unseres Gegenübers richteten. Erröten ist ein Signal, und das Gesicht ist einfach eine optimale Sendestation des menschlichen Körpers.

Was für eine Botschaft übermittelt das Erröten? Es kann sich nicht um Angst oder Furcht handeln. Angst lässt das Gesicht sogar bleich werden. Es wurde vermutet, dass es Scham- oder Schuldgefühle offenkundig werden lasse. Macrobius (fünftes Jahrhundert) sagte: »Die von Scham aufgewühlte Natur breitet das Blut wie einen Schleier vor sich aus.« Hobbes konstatierte, dass Scham »sich durch Erröten selbst aufdeckt«, und Rousseau zufolge ist der, »der rot wird, bereits schuldig; wahre Unschuld schämt sich wegen nichts«. 1839 erklärte Thomas Burgess, das Erröten zeige, dass der Mensch unter einem angeborenen Schuldgefühl leide, weil er vom Wege Gottes abgewichen sei.

Verlegenheit scheint jedoch eine wahrscheinlichere Erklärung für das Phänomen des Errötens zu sein. Wenn man Teile des eigenen Körpers gegen seinen Willen entblößen muss, wenn man unfreiwillig seine sexuellen Gelüste verrät oder gegen die Etikette verstößt, dann errötet man. Wenn man zu sehr gelobt wird, kann dies ebenfalls Verlegenheit und Gesichtsröte auslösen, zumindest wenn man das Gefühl hat, solchem Lob nie gerecht werden zu können. Und da ein rotes Gesicht zumeist per se peinlich ist, kann es zu einer weiteren, intensiveren Verfärbung führen.

Und doch ist ein solches Erröten nicht die alleinige Insignie von Verlegenheit. Bestimmte Arten von Verlegenheit – wie man sie beispielsweise empfindet, wenn man bei einer Prüfung versagt hat –, treiben einem keinesfalls die Schamröte ins Gesicht. Andererseits gibt es Erfahrungen, die einen nicht verlegen machen, aber dennoch erröten lassen. Es gibt Menschen, die rot werden, wenn sie irgendeine Belohnung in Empfang nehmen oder wenn sie vor einer größeren Schar von Menschen reden müssen. Der Mittelpunkt der allgemeinen Aufmerksamkeit bekommt oft einen knallroten Kopf, wenn die anderen ihm ein Geburtstagsständchen bringen. In *Krieg und Frieden* erzählt

Fürst Andrej Natascha, dass er sie, ohne es zu wollen, in einer mondhellen Nacht einmal belauscht habe: »Natascha errötete, als sie sich daran erinnerte, als ob sie sich dessen, was Fürst Andrej versehentlich mitangehört hatte, in irgendeiner Weise schämen müsse.« Sie empfindet keine Verlegenheit, sondern sie fühlt sich bloßgestellt. Die Bemerkung des Fürsten macht sie befangen.

Sich in der Öffentlichkeit seiner selbst bewusst zu werden kann ein kritischer Moment sein. Darwin meinte, dass die Zustände, die Erröten auslösten, Schüchternheit, Scham und Bescheidenheit seien, Zustände, die allesamt dadurch charakterisiert sind, dass man dem eigenen Selbst Beachtung schenkt. Es sei »das Denken daran, was andere von einem denken, was einem die Röte ins Gesicht treibt«. Deswegen würden einige Leute erröten, wenn sie gelobt würden. Wir würden nicht rot, wenn uns eine Schuld in Erinnerung käme, die wir auf uns geladen hätten, sondern wenn wir dächten, »dass andere glauben oder wissen, dass wir schuldig sind«.

Doch welchen Sinn soll es haben, dass wir anderen gegenüber unsere Befangenheit und Verlegenheit an den Tag legen? Warum hat sich das Errötungs-Gen verbreitet? Darwin war der Ansicht, dass uns dieses Phänomen in keiner Weise nutze. Er hielt es für ein mittlerweile funktionslos gewordenes Relikt.

Dabei hat das Erröten durchaus einen Sinn. Es setzt eine gewisse Sensibilität gegenüber anderen Menschen voraus, die es aus diesem Grund ganz reizend finden können. Nachdem sie sich mit Fürst Andrej verlobt hat, erkundigt sich Natascha nach dessen Sohn: »Fürst Andrej errötete, wie er es jetzt oft tat – es war etwas, was Natascha ganz besonders an ihm gefiel –, und antwortete, dass sein Sohn nicht mit ihnen zusammenleben werde.« Ein solches Erröten zeigt an, dass einem an der Meinung des Gegenübers gelegen ist, was wiederum erklären mag, dass es diesem Gegenüber Spaß macht, auf das Erröten hinzuweisen.

Darwin behauptete, Erröten sei keine »sexuelle Zierde«. Möglicherweise hat er sich da geirrt. So ein Erröten kann durchaus Amor zu Hilfe kommen, indem es Zuneigung und Verlangen offenbart. Indem es zeigt, wie wichtig jemandem die Meinung eines anderen ist, kann es dazu beitragen, dass zarte Liebesbande geknüpft werden. Dieser Umstand erklärt vielleicht auch zum Teil, warum es vor allem in der Zeit der Adoleszenz vorkommt.

Es ist eine Volksweisheit, dass ein Erröten ein Garant für die Aufrichtigkeit eines Menschen ist. Angehörige des Hagen-Cargo-Kultes in Papua-Neuguinea sprechen davon, dass jemand »Scham auf der Haut« hat, was bedeutet, dass er eine Seele, eine gute soziale Einstellung besitzt. Wenn jemand nicht errötet, dann hat ein böser Geist, der an den Ufern von Flüssen haust, seine Seele weggelockt und wird ihn langsam in den Wahnsinn treiben. Diogenes der Kyniker (viertes Jahrhundert vor Christus) sagte: »Erröten ist die Farbe der Tugend.« »Besser ein rotes Gesicht als eine schwarze Seele«, lautet ein portugiesisches Sprichwort, und der Dichter Edward Young (1683–1765) meinte: »Ein Mann, der errötet, kann kein vollkommenes Scheusal sein.«

In der Regel belastet uns das Bewusstsein, in bestimmten Situationen zu erröten. Weil das Erröten jedoch unsere Verwirrung oder Verlegenheit signalisiert, kann es auch einer Kooperation den Weg ebnen. Der Primatologe Frans de Waal meint, unser Erröten könnte anzeigen, dass wir moralische Vorschriften internalisiert haben und mithin vertrauenswürdig sind, was unsere Überlebenschancen wachsen lässt. Die Tatsache, dass es sich einstellt, ohne dass wir es wollen, macht dieses Signal so uneingeschränkt aufrichtig, denn die wenigsten können es gezielt einsetzen.

Die meisten Erklärungsversuche lassen jedoch die Rolle des Errötens bei Menschen schwarzer Hautfarbe außer Acht, obwohl es sich mit größter Gewissheit in Afrika entwickelt hat, als unsere Vorfahren noch allesamt schwarz waren. Bei einer Befragung von Schwarzen gaben dreißig Prozent von ihnen an: »Niemand bemerkt jemals mein errötetes Gesicht.« Nur zweiundzwanzig Prozent sagten, dass andere eine Veränderung ihrer Hautfarbe erkennen würden. Gleichzeitig sagten neunundfünfzig Prozent von Menschen schwarzer Hautfarbe aus, dass andere auf ihr Erröten aufmerksam würden, weil sie sich »verlegen verhielten«, während dies nur bei fünfundzwanzig Prozent der Menschen weißer Hautfarbe der Fall war. Das heißt also, dass bei Schwarzen das, was wir als »Erröten« bezeichnen, gar nicht in erster Linie aus einem farblichen Aufflammen im Gesicht besteht, sondern vielmehr aus einem verwirrtem Verhalten. Darwin hatte also vielleicht recht: Das knallrote Gesicht könnte ein Relikt sein, die Übertreibung eines Signals, das eigentlich verhaltener sein sollte.

Das Phänomen Erröten entzieht sich auf merkwürdige Weise immer wieder einer genauen Erforschung und ist immer noch von vielen Rätseln umgeben. Warum zum Beispiel errötet man nach Verstößen gegen die Etikette besonders intensiv? Trotz neuerer Untersuchungen gilt es bei vielen Wissenschaftlern immer noch als eine Art von Van-Diemens-Land, nur zur Hälfte kartografiert und immer noch auf seinen Entdecker wartend.

Die Macht des Starrens

Bei Tel Brak, einer Ausgrabungsstätte im Osten Syriens, haben Archäologen einen Tempel freigelegt, in dessen Innerem sich Tausende von Alabasterfigurinen befanden. Sie weisen alle dieselbe Gestalt auf: Zwei vorquellende Augen, ähnlich denen eines Alligators, sitzen oberhalb eines kurzen Halses, der in einen Torso übergeht. Der Archäologe M.E.L. Mallowan hat sie auf 3000 vor Christus datiert. Sie sind das personifizierte Starren.

Das Starren ist etwas ganz Besonderes. Unser mentales Blick-Radar fängt es rasch ein, und selbst wenn wir uns in vollkommener Sicherheit befinden, löst es irgendwo ganz tief in unserem Inneren ein merkwürdig beunruhigendes Gefühl aus. Und es handelt sich dabei nicht nur um eine psychische Reaktion. Wenn man angestarrt wird, gerät man in Erregung, der Herzschlag beschleunigt sich, und die galvanische Reaktion der Haut verändert sich, vor allem dann, wenn man sich nicht wehren oder nicht entkommen kann.

Diese unwillkürliche Reaktion zwingt uns dazu, uns mit dem, der uns anstarrt, auseinander zu setzen. Aus Blicken wird ein soziales Band geschmiedet. Deshalb starren Bettler einen flehend an. Manet schockierte die Kunstwelt mit *Olympia* (1863) und *Das Frühstück im Freien* (1863): Auf beiden Bildern sind unbekleidete Frauen zu sehen, die dem Betrachter direkt in die Augen schauen. Bis dahin hatten Nackte immer diskret zur Seite geschaut und es zugelassen, dass man ihre Körper ungestört studieren konnte. Das Starren der Manetschen Frauen verwandelte den Beobachter von einem Voyeur in jemanden, der aktiv an dem Dargestellten beteiligt war – das war für viele Viktorianer einfach zu viel des Guten.

Wenn wir einem durchdringenden Blick nicht standhalten können, ergreifen wir gerne die Flucht. Bei einer Studie stellten sich die Forscher an einer Straßenecke auf und starrten ganz unverwandt Autofahrer an, die an der roten Ampel angehalten hatten. Es dauerte jeweils nur wenige Sekunden, bis die Fahrer die Blicke bemerkten. Wenn die Ampel auf grün schaltete, gaben sie wesentlich schneller Gas als andere Fahrer. Wenn man Fußgänger anstarrt, beginnen sie schneller zu gehen, und Studenten, die in einer Universitätsbibliothek angestarrt werden, verlassen diese früher als ihre unbehelligten Kommilitonen.

Eine solche Empfindlichkeit gegenüber dem Angestarrtwerden ist genetisch gesehen uralt. Man findet sie auch bei Reptilien und Insekten. Bestimmte Schlangenarten stellen sich tot, wenn einer ihrer natürlichen Feinde sie anstarrt. Auch Eidechsen verharren längere Zeit regungslos, wenn sie mit Blicken fixiert werden. Brütende Regenpfeifer entfernen sich zur Täuschung menschlicher Beobachter für längere Zeit von ihren Nestern. Das alles sind Belege dafür, dass das Starren wohl der älteste Gesichtsausdruck ist, den es überhaupt gibt. Und es ist der, der am längsten unverändert überdauert hat.

Die Reaktion auf diesen Ausdruck scheint vielen Lebewesen angeboren zu sein. Affen, die in völliger Abgeschiedenheit aufgezogen wurden, machten vor dem Bild eines ihnen zugewandten Gesichts mit starrenden Augen viel öfter beschwichtigende Gesten als vor einem Bild, auf dem dieses Gesicht im Profil zu sehen war. Eine bemerkenswerte Studie ergab, dass Hühnerküken mehr Angst vor einem dunklen Kreis als vor einem dunklen Rechteck hatten. Vor einem Paar dieser Kreise schienen sie sich noch mehr zu fürchten als vor einem einzelnen, besonders wenn diese ihnen zu folgen schienen.

Selbst wenn er relativ unaufdringlich ist, fassen wir einen solchen Blick wohl als ein Eindringen in unser Selbst auf. Für Sartre symbolisierte er die störende Präsenz einer anderer Person. Wenn wir uns allein in einem Park befänden, meinte er, dann würden wir die Rasenflächen, die Bäume und die Bäche betrachten und seien selbst das Zentrum der Welt, das die Welt beherrschende Bewusstsein. Wenn aber eine andere Person hinzukäme, dann würde sich scheinbar der ganze Charakter des Parks ändern. Ein zweites Kräftefeld trete in Erscheinung, und wir würden gegen unseren Willen vom Beobachter zum Beobachteten herabsinken und uns vom Herrscher über die Umgebung zu einem Teil von ihr entwickeln.

Starren externalisiert sogar unsere Gedanken. Die Augen eines anderen dringen in uns ein und erblicken unsere schrecklichen Geheimnisse. Man Ray (Emanuel Rabinovich, 1890–1976) setzte ein Auge mitten in ein Metronom. In *Der große Gatsby* starren Fahrern, die sich etwas haben zuschulden kommen lassen, von einer Plakatwand die Riesenaugen von Dr. T.J. Eckleberg entgegen und bringen sie völlig aus der Fassung. In Edith Whartons Kurzgeschichte »Die Augen« sieht der Erzähler zweimal in seinem Leben ein Paar abscheulicher Augen vor sich, das erste Mal, als er sich gerade anschickt, einer Frau, die er nicht liebt, einen Heiratsantrag zu machen, das zweite Mal, als er aus Freundschaft einem unfähigen jungen Romancier Mut zuspricht. Diese Augen erscheinen mitten in der Nacht am Fußende seines Bettes und bringen die moralische Verworfenheit zum Ausdruck, die sich über Jahrzehnte hinweg langsam aus kleinen Schandtaten aufgebaut hat, so wie Korallen ein Riff bauen. Im Alter begreift er, dass diese Augen seine eigenen waren, die derart gewachsen waren, um der Größe seiner Verworfenheit gerecht zu werden.

Ein durchdringender Blick war der Karriere von manch einem Schauspieler durchaus zuträglich. In *The Honeymooners* war ein kühler Blick die letzte Waffe, zu der Audrey Meadows bei allen Kabbeleien griff. Paul Newman ist ebenfalls für den direkten Blick mit seinen kühl anmutenden Augen berühmt. George M. Cohan sagte, dass Spencer Tracy andere Schauspieler »anstarren, anfunkeln und schließlich in Angst und Schrecken versetzen« konnte – eine Fertigkeit, die ihm in den vielen Filmen entgegenkam, in denen er den Part des wandelnden Gewissens spielte.

Wenn wir angestarrt werden, haben wir das Empfinden, dass der andere sich in unser Denken und Fühlen hineinbohrt – und manchmal genießen wir das sogar. Liebende blicken in dem Gefühl, sich miteinander zu verbinden, einander tief in die Augen. In *Antonius und Kleopatra* sagt die verführerische Königin: »Ewigkeit war auf unseren Lippen und in unseren Augen.« Der flirtende Blick, den beide Partner als angenehm empfinden, stellt eine visuelle Intimität dar und lädt dazu sein, sich körperlich und emotional zu nähern.

Für gewöhnlich ist das Anstarren eines anderen Menschen jedoch etwas äußerst Ungehöriges. Man dringt damit – psychisch wie physisch – in ihn hinein. Der klassische starre Blick ist aufdringlich und hartnäckig, oft auch leer, und völlig unempfindlich gegenüber den Handlungen seines Ziels. Der flirtende Blick ist vorsichtig und zaghaft, das lüsterne Starren jedoch das genaue Gegenteil: ein brennendes Hineinbohren in sein Gegenüber.

Um nicht unhöflich zu sein, schauen wir normalerweise anderen Menschen nicht direkt in die Augen, wenn wir mit ihnen sprechen. Wir lassen unsere Blicke vielmehr über ihr Gesicht tanzen oder wenden sie sogar zur Seite. Männer schauen weniger oft in das Gesicht ihres Gegenübers als Frauen. Wenn wir jedoch ermüden, kann es geschehen, dass wir unser Gegenüber anzustarren beginnen, ein Zeichen dafür, dass unsere sozialen Kontrollsysteme zu versagen beginnen. Ein solches Starren kann aber auch auf eine andere Form der Störung hinweisen. So starren beispielsweise Schizophrene – womöglich verwundert – in eine sinnentleerte Welt.

Wir starren andererseits auch alles an, was uns in besonderem Maße interessiert: zum Beispiel Filmstars. Dennis Hopper erzählt, dass er, wenn die Leute ihn in einem Schuhgeschäft durchdringend mustern, immer erst das Gefühl hat, sie hielten ihn für einen Ladendieb. Dann sagt er zu sich selbst: »Halt, sie gucken so, weil du Dennis Hopper bist.« Anderen Berühmtheiten wie Winona Ryder geht das ewige Angegafftwerden weitaus mehr auf die Nerven.

Wir starren auch alle Arten von physischen Abnormalitäten an, wie Körperbehinderte nur zu gut wissen. Der Impuls dazu kommt uns jedoch irgendwie gemein vor, und wir fühlen uns ausgesprochen unbehaglich, wenn wir ihm nachgeben. Schwangere Frauen mustern wir in ähnlicher Weise. In beiden Fällen bemühen wir uns, unser Interesse zu verbergen, indem wir unsere Augen nur dann zu der betreffenden Person hinüberschweifen lassen, wenn man uns nicht sehen kann oder wir uns in einem Gespräch befinden. Ein Team von Wissenschaftlern hat die These aufgestellt, dass wir starren, um das Neue oder Ungewöhnliche zu studieren und zu verarbeiten. Im Wartezimmer eines Gynäkologen, wo Schwangere nichts Ungewöhnliches sind, würden wir Schwangere nicht anstarren.

Das Starren kann aber noch mehr sein als ein bloßer Akt der Unhöflichkeit: Es kann zu einem primitiven Machtmittel werden. Bei Schimpansen, Gorillas und vielen anderen Affen setzen die Männchen es ein, um im Rang tieferstehende Affen in Schach zu halten. So schaut ein Makake einen rangniedrigeren Artgenossen zunächst einmal durchdringend an. Wenn sein Gegenüber dieses Signal ignoriert, intensiviert das ranghöhere Männchen zumeist die Drohung, indem es zusätzlich noch die Zähne bleckt. Der Empfänger dieser Botschaft wendet sich dann entweder ab und unterwirft sich damit, oder er trotzt dem anderen, indem er zurückstarrt, worauf das Alpha-Männchen zum körperlichen Angriff übergeht.

Auch bei uns Menschen geht ein solches Duell mit Blicken oft einer körperlichen Auseinandersetzung voraus, und auch für uns haftet dem Starren etwas von einer Drohung an. Der bohrende Blick symbolisiert Macht. Der göttergleiche Marduk aus dem mesopotamischen *Schöpfungsepos* nennt eine noble Gestalt und einen durchdringenden Blick sein eigen. Rasputin und Ayatollah Khomeini besaßen Augen, aus denen sie Blicke wie Dolche abschießen konnten, und der Mystiker und Hochstapler George Gurdjieff setzte seine Augen ebenfalls auf denkwürdige Art und Weise ein: 1921 überredete er zwei Hausbesitzer dazu, ihre Mietverträge auf ihn zu übertragen. Als die Mieter sich beschwerten, behaupteten sie, durch Gurdjieff hypnotisiert worden zu sein – eine Anschuldigung, mit der er im Lauf seiner Karriere immer wieder konfrontiert wurde.

Ein Kunstwissenschaftler zog zur Interpretation von Picassos Porträts den andalusischen Begriff *mirada fuerte*, den »starken Blick«, hinzu. *Mirada fuerte* ist ein Mittel, Menschen in Schranken zu bannen. Picasso, der dafür berüchtigt war, andere Menschen beherrschen zu wollen, fertigte in der Tat en-face-Konterfeis fast nur von sich selbst an. Die wenigen anderen Menschen, die er porträtierte, wenden ihre Blicke fast immer zur Seite, als ob sie den »starken Blick« des Malers nicht zu ertragen vermöchten.

Wendet man den Blick von der Person, die gerade spricht, ab, kann dies bedeuten, dass man sich gelangweilt fühlt oder verlegen. Wenn es in Reaktion auf einen durchdringenden Blick geschieht, kann es aber auch Schüchternheit oder Gefühle von Schuld oder Schwäche zu erkennen geben. Wölfe suchen dem Blick eines ranghöheren Tieres im Rudel auszuweichen, und bei einer Studie, in deren Verlauf ein Interviewer den Versuchspersonen mit einer negativen Haltung begegnete, vermieden diese es, ihn anzuschauen. Ein gegenseitiges Sich-Anstarren hat immer etwas von einem Kräftemessen an sich.

Auch dem Blick einer nur bildlich dargestellten Person kann eine überraschende Kraft innewohnen. Als Bestandteil einer interessanten Untersuchung drehten Forscher in der Cafeteria eines College eine weibliche Büste so, dass deren Augen auf übergewichtige Frauen zielten. Diese verließen daraufhin den Raum schneller als übergewichtige Frauen, die man unbehelligt ließ. Selbst schematisch gezeichnete Augen erregen unsere Aufmerksamkeit. Auf den Marquesas-Inseln pflegten Krieger konzentrische Kreise, die sie *ipu* nannten, auf die Unterseite ihrer Arme zu tätowieren. Wenn sie dann im Kampf ihre Keulen schwangen, blitzte das *ipu* auf und erschreckte den Gegner.

Aus all dem erklärt sich, warum Plakate, von denen sie auf ihre Untertanen herabstarren, für alle Tyrannen dieser Welt von so großem Wert sind. Hussein gewinnt Macht aus ihrem Blick, dem keiner zu entkommen vermag. Ihre Augen gemahnen die Bürger daran, dass der Herrscher überall ist und sogar in ihre Seelen spähen kann, um festzustellen, ob sie auch wirklich loyal sind. Das Symbol der Geheimpolizei Husseins ist tatsächlich eine Landkarte des Iraks mit einem Auge darüber. Auch fiktive Ikonen der Macht sind solche ubiquitären Starrer. In Orwells *1984* ist Winston verzweifelt darum bemüht, eine Privatsphäre zu finden, in der er vor den vielen Augen, die ihn wie in einem Alptraum verfolgen, sicher ist.

Nicht zuletzt kann ein durchdringender Blick auch töten – so will es jedenfalls der Volksglaube. Der irische Riese Balor vermochte mit seinem Blick Männer niederzustrecken. Das träge serbische Monster Vy rekelte sich den ganzen Tag lang auf einer eisernen Liegestatt, aber wenn sich irgendeine Gefahr auftat, rief es zwanzig Helden herbei, die seine Lider hochschoben, so dass es seinen tödlichen Blick auf die Welt fallen lassen konnte. Als man ihm verboten hatte zu lehren, versengte Rabbi Elieser Ben Hyrcanus mit seinem Blick den Erdboden und ließ die Säulen der Versammlungshalle der Gelehrten erzittern. Wir wissen jedoch leider nicht, ob sie ihn daraufhin wieder in seine angestammten Ämter einsetzten. Mandeville erzählt von einer Insel im Indischen Ozean, die von »grausamen und verworfenen« Frauen bewohnt sei, in deren Augenhöhlen Edelsteine wüchsen. Wenn sie einen Mann böse anschauen, dann falle er tot um. Im *Gilgamesch-Epos* behüten Skorpionmenschen, deren Blick ebenfalls zu töten vermag, in der Morgen- und der Abenddämmerung die Sonne. Ihre leuchtenden Umhänge sind dann über Berge und Hügel gebreitet.

Ein Blick der Medusa verwandelte Menschen in Stein. Es gibt viele Versionen von dieser Legende, in der kanonischen jedoch sendet ein König Perseus aus, damit er ihm den Kopf der Medusa bringe, die als einzige der drei Gorgonen sterblich ist. Athene und Hermes statten Perseus mit einem Helm aus, der unsichtbar macht, mit einer Zaubertasche, in der er das Haupt der Medusa verbergen kann, und mit Flügelschuhen, mit deren Hilfe er den Schwestern der Getöteten entkommen soll. Als Perseus an den Ufern des Okeanos ankommt, findet er das Gorgonen-Trio schlafend vor. Indem er einen Spiegel auf dem Schild der Athene benutzt, um sie anzuschauen, enthauptet er Medusa und wirft ihren Kopf in seinen Beutel. Die beiden anderen Gorgonen verfolgen ihn wild kreischend, aber er setzt den unsichtbar machenden Helm auf und vermag ihnen zu entkommen.

Sogar nach dem Tod der Medusa vermochte ihr Haupt noch jedes Lebewesen in Stein zu verwandeln, was seinen Besitzer zu einer Art antikem Supermann machte. Mit seiner Hilfe errettete Perseus Andromeda vor dem Seeungeheuer Ketos. Später benutzte er es, um jenen König zu Stein erstarren zu lassen, der ihn auf die gefährliche Mission geschickt hatte. Schließlich überreichte er das Medusenhaupt der Athene, die es auf ihrem Schild befestigte.

Darstellungen der Medusa waren im griechischen Kulturbereich äußerst populär. Sie wurden überall angefertigt, in Sizilien ebenso wie in Südrußland. Die Medusa besitzt einen ganz besonderen Reiz, mit ihrem runden Gesicht, der platten Nase, den Stoß- oder Fangzähnen und der Zunge, die so weit aus dem Mund hängt, dass sie die Spitze des Kinns berührt. Der todbringende Kopf schmückte Stadtmauern sowie die Brustpanzer von Soldaten, damit der Gegner in Angst und Schrecken versetzt wurde.

Der Basilisk hingegen war eine Art Medusa der Tierwelt. Plinius zufolge mussten Menschen, die diese ellenlange Schlange anschauten, auf der Stelle sterben. Sein Atem konnte Felsen zum Bersten bringen, und als ein Reiter einmal einen Basilisken mit einem Speer tötete, rafften die aus dem Kadaver aufsteigenden Dünste den Mann und seine Stute dahin. Der real existierende Basilisk (*Basiliscus basiliscus*) ist eine in Mittelamerika vorkommende Echse und völlig harmlos. Allerdings scheint sie magische Fähigkeiten einer eigenen Art zu besitzen: Sie kann auf den Hinterbeinen über Wasserflächen laufen. Kleine mit Luft gefüllte Hauttaschen zwischen den Zehen verhindern, dass sie untergeht.

Um den letalen Blick ranken sich interessante Legenden, aber wer kann sagen, jemals einen solchen Blick gesehen zu haben? Seine tödliche Macht verhindert, dass sich seine Existenz wirklich nachweisen lässt, und damit sind seinem listigeren Vetter Tür und Tor geöffnet, die menschliche Vorstellung heimzusuchen.

Der böse Blick

In *Anna und der König von Siam*, der wahren Geschichte von Anna Leonowens, der Hauptquelle für das Musical *Der König und ich*, wird erzählt, wie ein britischer Diplomat sich in wichtiger Mission an den thailändischen Königshof begibt. Er wird von Haremsdamen begrüßt, die sich ihm zu Ehren europäische Reifröcke angelegt haben. Zunächst ist es sein Vollbart, der die Damen schockiert, als er sich dann aber auch noch ein Monokel ins Auge klemmt, sind sie überzeugt davon, dass der Fremde den bösen Blick hat, und ziehen sich ihre Röcke entsetzt vor ihre Gesichter.

Dass es Menschen gibt, die mit ihren Blicken schaden können, ist vermutlich der älteste und verbreitetste Aberglaube auf der ganzen Welt. Er ist vor allem für die Mittelmeervölker typisch, er kommt aber auch in Kulturen des Nahen Ostens, Südasiens und des Fernen Ostens, ja eigentlich überall auf der Erde vor. Er wird in den kanonischen Büchern der Bibel und in den Apokryphen wie auch im Koran erwähnt, der Talmud widmet sich ihm sogar ganz ausführlich. Das amerikanische Verteidigungsministerium warnte während des Golfkrieges im Nahen Osten stationierte Soldaten davor, ihr gewohntes »Alles OK«-Zeichen zu machen, bei dem die Spitzen des Daumens und des Zeigefingers zusammengedrückt werden: Die Einheimischen würden das womöglich als Zeichen für den bösen Blick deuten.

Natürlich sind es in erster Linie die Menschen, die anderen mit dem bösen Blick Schaden zufügen. Die Araber vom Stamm der Benu-Asad glauben, dass man diese unheilvolle Fähigkeit erwerben kann, indem man drei Tage lang fastet. Aber auch ein Tier kann im Besitz des bösen Blicks sein: Ein Mann kann die Sprache verlieren, wenn ein Löwe ihn anschaut. Bei den Hindus reihen sich neben Göttern auch Schakale und Schlangen in die Parade der Wesen ein, die über die teuflische Macht verfügen, andere mit ihren Blicken verhexen zu können.

Vom bösen Blick geht eine »Faszination« aus, die der Philosoph Nicolas Oresme (ca. 1320–1382) folgendermaßen definierte: »Es ist das Auferlegen von Leiden oder einer Infektion auf einen Menschen oder ein Tier durch den Blick eines anderen Menschen oder eines anderen Tieres.« Diese Vorstellung hat ihren Ursprung mit größter Sicherheit im Starren und in dem mit ihm einhergehenden Glauben, dass ein Blick voller Lust, Neid oder Hass der Person, auf die er gerichtet ist, Schaden zufügen kann.

Die vernichtende Wirkung eines solchen Blicks ist unumstritten. Rab, ein Talmudgelehrter des dritten Jahrhunderts aus Babylon, versenkte sich einmal auf einem Friedhof in ein Gespräch mit den Toten; als er wieder in das diesseitige Leben zurückkehrte, verkündete er, dass der böse Blick neunundneunzig Prozent aller Todesfälle verursache. Im Avesta, den heiligen Schriften der Perser, heißt es, dass der Gott des Bösen, Anra-Mainyus oder Ahriman, mit seinem bösen Blick 99 999 verschiedene Krankheiten hervorbringen könne.

Tatsächlich werden viele Krankheiten durch den bösen Blick verursacht, viele Leiden und Unfälle der verschiedensten Art. In Poes »Lenore« wird die Jungfrau vom bösen Blick dahingerafft. In Kiplings »Without Benefit of Clergy« macht die Mutter den bösen Blick für den Tod der kleinen Tota verantwortlich, und wahrscheinlich verursachte er manchen frühen Kindstod. In Schottland glaubt man, dass jemand, der den bösen Blick besitzt, die Milch in den Eutern der Kühe verhexen kann. In Rumänien fallen ihm Haustiere, Pflanzen, ja sogar Gegenstände zum Opfer. Von ihm getroffene Schafe siechen langsam dahin, Bienen flüchten aus ihren Stöcken. Obstbäume verdorren. Häuser zerfallen, und das Geld, das man sich mühsam erspart hat, löst sich in Luft auf.

Die Angehörigen vieler Kulturen glauben, dass der böse Blick vor allem in entscheidenden Augenblicken und Phasen des Lebens eines Menschen fürchterlichen Schaden anrichten kann: bei der Geburt, in der Pubertät, wenn man heiratet. Im Libanon trifft der böse (oder »leere«) Blick einer neidischen Frau eine junge Mutter wie eine Kugel. Er bewirkt, dass die Muttermilch versiegt, so dass der Säugling krank wird oder gar stirbt. Wissenschaftler haben daher die These aufgestellt, die Sitte, dass eine Braut ihr Gesicht verschleiere, oder auch das strenge Absondern der Frauen vom Rest der Gemeinschaft, das *purda*, gehe auf die Angst vor dem Bösen Blick zurück.

Lobende Worte können die Wirkung des bösen Blicks verstärken, da sie Neid kaschieren und die Selbstgefälligkeit des Adressaten in fataler Weise nähren können. In Griechenland glaubte man daran, dass der böse Blick in Verbindung mit lobenden Worten beim Zubereiten einer Pastete dafür sorgte, dass sie misslang. In Schottland hieß es, ein Pflug breche entzwei, wenn man ihn preise. Kinder zu loben verursacht großes Leid, und wenn ihre Angehörigen sie wirklich lieben, beschimpfen sie die Kinder und bezeichnen sie als dumm und hässlich, um sie vor dem bösen Blick zu schützen. Türken, Griechen, Slawen, Schotten, Wallonen, Ägypter, Palästinenser, Russen und die Angehörigen vieler anderer Völker haben sich wegen dieser Gefahr um das Wohlergehen ihrer Kinder Sorgen gemacht. Die Hindus sind überzeugt, dass auch Gebäude, Gärten und Feldfrüchte durch den bösen Blick zu Schaden kommen können, vor allem wenn sich jemand anerkennend über sie äußert, weswegen Handwerker manchmal absichtlich Fehler machen, wenn sie eine Mauer hochziehen oder einen Stoff weben.

Es gibt zwei Arten des bösen Blicks: den gezielten und den miasmischen. Der erste wird vorsätzlich ausgeschickt und ist bösartig. Der zweite entfaltet seine schreckliche Wirkung, ohne dass sein Besitzer es will, und eigentlich kann der auch kaum etwas dagegen unternehmen. In Mazedonien gilt daher der böse Blick als »unheilvolle Gabe«, und man führt ihn selten auf Bösartigkeit zurück. Der arabische Historiker Ibn Khaldun (1333–1406) meinte, dass man mit dem bösen Blick jemandem unfreiwillig schade, während man im Unterschied dazu die Schwarze Magie ganz bewusst einsetze. Daher verdiene es eine Person, die mit Hilfe von Hexerei töte, hingerichtet zu werden, eine Person, die mit Blicken töte, hingegen nicht, da sie einfach nichts dagegen tun könne. Einige spätere Gelehrte waren der Meinung, dass der Besitzer des bösen Blicks zumindest eine bösartige Veranlagung haben müsse.

In Théophile Gautiers Novelle *Iettatura* (1857) besitzt der junge französische Aristokrat Paul d'Aspremont den bösen Blick, der sich in seiner Familie weiter vererbt. Als er seiner Verlobten in Neapel einen Besuch abstattet, murmeln die Leute: »*Iettatore! Iettatore!*«[13], als er an ihnen vorbeigeht. Ladenbesitzer halten ihm die Hand mit ausgestrecktem kleinen Finger und Zeigefinger entgegen, und Frauen fuchteln ihm mit den Fäusten vor dem Gesicht herum. »Was ist nur Seltsames, Eigentümliches oder Lächerliches an mir, das solch unangenehme Aufmerksamkeit erregt?« fragt er sich. Ein Mißgeschick reiht sich für ihn ans andere. Am Ende stirbt seine Verlobte, und er stürzt sich von einem Felsen in den Tod.

König Alfons XIII. von Spanien (1886–1941) geriet anlässlich eines Staatsbesuchs, den er 1923 Italien abstattete, in den Ruf, ein *Iettatore* zu sein. Als das Schiff mit Seiner Majestät an Bord sich Genua näherte, war der Himmel wolkenlos, doch urplötzlich erhob sich ein gewaltiger Sturm, der vier Matrosen in ein nasses Grab riss. Ein Kompressor in einem in der Nähe vor Anker liegenden italienischen Unterseeboot flog in die Luft, wodurch ein Besatzungsmitglied ums Leben kam. Wenn er danach in der Öffentlichkeit auftrat, hörte Alfons immer ein prophylaktisches Geklingel von Hufeisen oder Schlüsseln. Die Serie der Unglücksfälle setzte sich aber fort. Als der König in die Bucht von Neapel einfuhr, wurde aus einer alten Bronzekanone Salut gefeuert. Das Geschütz explodierte und tötete alle Männer, die es bedienten. Ein Marineoffizier, der sich mit anderen zur Begrüßung des spanischen Besuchers aufgereiht hatte, brach zusammen, nachdem er Alfons die Hand geschüttelt hatte, und starb später im Krankenhaus. Gegen Ende der Staatsvisite kam der König auch an dem Deich vorbei, der den Lago di Gleno einfasste. Am Tag darauf brach dieser Deich, fünfzig Menschen verloren ihr Leben, fünfhundert wurden obdachlos.

13 Das »j« ist aus dem heutigen Italienisch fast vollkommen verschwunden, »iettatura« ist daher der »böse Blick« und »iettatore« ist die Person, die ihn besitzt.

Als Alfons 1931 ins Exil geschickt wurde, ging er nach Italien. Mussolini weigerte sich, ihn zu empfangen, und nervöse Bedienstete klingelten mit Eisenschlüsseln in ihren Taschen, während sie ihm aufwarteten. Elsa Maxwell veranstaltete ihm zu Ehren eine Party, zu der nur der König selbst erschien. Zwanzig Italiener hatten die Einladung mit Bedauern abgelehnt: Sie hätten leider schon etwas anderes vorgehabt. Im Laufe der Zeit gewöhnte Alfons es sich an, Kinosäle erst dann zu betreten, wenn das Licht schon erloschen war, um kein Aufsehen zu erregen.

Auch Papst Pius IX. (1792–1878) hatte den bösen Blick, was den Italienern erstmals klar wurde, nachdem er zu einem Fenster hinübergeblickt hatte, an dem ein Kindermädchen mit einem Säugling in den Armen stand, und das Kind wenige Augenblicke später hinuntergestürzt und gestorben war. Der amerikanische Bildhauer und Schriftsteller William Story berichtete, dass ein Römer über den Papst gesagt habe: »Wenn er nicht die *iettatura* besitzt, dann ist es sehr merkwürdig, dass alles, dem er seinen Segen erteilt, schief geht. In dem Feldzug von '48 gegen die Österreicher lief alles sehr gut für uns. Wir hatten eine Schlacht nach der anderen gewonnen und waren voller Freude und Hoffnung, als er plötzlich das Unternehmen segnete und uns alles sofort missglückte.« Leo XIII., der Nachfolger von Pius IX., geriet ebenfalls in den Ruf, den bösen Blick zu haben, da während seines Pontifikats eine ungewöhnlich große Zahl von Kardinälen verstarb.

Interessanterweise kann man sich auch selbst verhexen. Rumänische Kinder, die noch nicht das erste Lebensjahr vollendet haben, können sich selbst in den Besitz des bösen Blicks bringen, weshalb die Eltern darauf achten, dass ihre Kinder in keinen Spiegel blicken. Ein besonders tückischer *Iettatore* aus Messina brachte sich, so will es die Legende, 1883 aus Versehen selbst ums Leben, indem er sich, als er über den Corso Garibaldi schlenderte, in einem Spiegel anschaute. In den *Idyllen* des Theokrit (ca. 270 vor Christus) bewundert der Hirte Damoitas sein Gesicht, das sich in der Oberfläche der See spiegelt.

Dann sorgt er sich, dass er dasselbe Schicksal erleiden könnte wie der Mann aus Messina, und spuckt sich daher dreimal auf die Brust, eine Abwehrmaßnahme, die ihm ein altes Weib beigebracht hat.

Prophylaktische Maßnahmen gegen den bösen Blick sind überall auf der Welt bekannt und äußerst vielfältig. Ein bekanntes Gegenmittel besteht darin, etwas Rotes am Körper zu tragen. In Rumänien ist es daher auch üblich, Streifen roten Tuchs an den Haustieren zu befestigen. Dem U.S.-Verteidigungsministerium zufolge trug Manuel Noriega zu dem gleichen Zweck rote Unterwäsche. Die Türken vertrauen mehr auf blaue Stoffe. In Indien benutzen einige Leute schwarze Schminke, um bei Hochzeiten und bei Begräbnissen den bösen Blick von sich fernzuhalten. In Südindien schwärzen manche Frauen ihre Augen mit Lampenruß, um selbst keinen bösen Blick zu werfen und um ihm nicht zum Opfer zu fallen.

Die Italiener schützen sich vor dem »malocchio«, dem »bösen Auge«, mit Amuletten in Gestalt eines Horns, mit Knoblauchzehen, ausgestreckten Fingern, einem Korallenstämmchen, das sich gabelt, Schweinezähnen oder auch damit, dass sie hinter dem *Iettatore* ausspucken und Zauberformeln murmeln wie: »Fort, fort, fort! Thunfischrogen nach Frankreich, lass das Pech in See stechen!« Die wirksamste Verteidigung stellt aber Metall in den verschiedensten Formen dar. Vorsichtige Menschen nageln Hufeisen an die Wände ihres Heims, und wenn sie auf der Straße einem *Iettatore* begegnen, dann berühren sie rasch die Schlüssel in ihrer Tasche. In *Das Phantom der Oper* berühren die Balletttänzer und -tänzerinnen nach der Ermordung des Joseph Buquet eiserne Gegenstände, um den bösen Blick zu bannen.

Wenn eine Person vom bösen Blick getroffen worden ist, muss dies auch diagnostiziert werden. In New Mexico stellt man eine Schüssel mit einem aufgeschlagenen Ei neben das Bett eines Kindes, von dem man befürchtet, dass es dem bösen Zauber zum Opfer gefallen sein könnte. Wenn in dem Dotter ein Auge sichtbar wird oder der Dotter auf übernatürliche Weise über Nacht »gekocht« wird, dann ist das Kind tatsächlich verhext. 1994 nahm die American Psychiatric Association den »bösen Blick« in ihr *Diagnostic and Statistical Manual of Mental Disorders* (DSM) auf, die Bibel all derer, die etwas mit Psychiatrie zu tun haben. Mit traditionellen Methoden hat man dieses wie auch andere kulturimmanente Leiden nicht richtig zu diagnostizieren vermocht. Zu solchen Leiden gehören zum Beispiel auch *Piblotoq*, das Inuit in Raserei versetzt und danach oft in ein kurzes Koma fallen lässt, oder auch das unter Afrikanern vorkommende *Zar*, ein Besessensein von einem bösen Geist, das sich darin äußert, dass das Opfer wie verrückt lacht, weint und seinen Kopf gegen die Wand hämmert.

Wenn es einmal verhext ist, braucht das Opfer Hilfe. Ärzte sind machtlos. Verbreitete Heilmittel sind Anrufungen, Riten, Verbrennen von Weihrauch, Gegenzauber und spezielle Tränke. Die Hindus glauben, dass Speichel die meisten durch Lob ausgelösten Erkrankungen heilen könne. Die Schilluk, ein nilotischer Volksstamm im Sudan, sind bereit, dem Besitzer eines bösen Blicks ein ganzes Rind zu zahlen, wenn er den Fluch von ihnen nimmt. Sie bestrafen ihn aber auch, wenn er sich rühmt, jemanden damit belegt zu haben. Die Tamilen in Südindien verbrennen zehn bis zwanzig Besen. Die Malayali rufen den Junggesellen-Dämon Vudikandan an, damit er sie heile, und niemand verrät einem Außenseiter seine Geheimnisse. In Südindien kann eine Katze Menschen mit dem bösen Blick belegen. Um die Auswirkungen zu beseitigen, braten die Bauern einen Fisch über dem Kopf des Leidenden und geben ihn dann der Katze zu fressen.

Neben dem zumeist unbewusst agierenden bösen Blick gibt es jedoch noch andere Ausdrucksformen, die wir ganz bewusst einzusetzen verstehen, und auch sie sind wesentlich für die Erfahrungen mit unserem Gesicht.

5 Die Lüge und der Schleier

Bill Clinton spricht mit mehr als nur mit seinen Stimmbändern. Wenn er vor den Fernsehkameras steht, dann reckt er sein Kinn nach vorne, um Entschlossenheit zu signalisieren. Er stülpt seine Unterlippe vor, was auf Trotz hinweisen soll und darauf, dass er wirklich das Zeug zum Präsidenten hat. Er kneift die Augen zusammen, um zu zeigen, dass er ganz konzentriert ist. Und er lächelt viel, womit er beruhigend und vertrauenerweckend wirken will.

Alle Präsidenten verstehen es meisterlich, ihr Gesicht sprechen zu lassen, solange sie im Amt sind. Wenn man ihm bei Pressekonferenzen heikle Fragen stellte, dann pflegte Ronald Reagan jungenhaft zu grinsen und den Kopf etwas schräg zu halten, was soviel bedeutete wie: »Kann das denn so wichtig sein?« Wenn er andere zurechtwies, dann senkten sich seine Augenbrauen drohend. Und auch er lächelte, so oft es nur ging. Auch ein Diktator wie Mussolini ließ bei seinen Ansprachen ganz bewusst seine Züge einen kraftvollen oder sogar aggressiven Ausdruck annehmen, damit seine Untertanen erkannten, aus welch hartem Holz er geschnitzt war.

Das Gesicht schafft Präsenz. In gewisser Weise reagieren wir auf die Gesichter von Clinton und Reagan sogar intensiver als auf ihre Worte.

Ihre Gesichter aktivieren nämlich ältere Schaltkreise in unserem Gehirn.

Die meisten Menschen können weder den einen noch den anderen Grundausdruck bewusst nachahmen, doch jeder hat einen spezifischen Gesichtsausdruck. Auch die Kultur, in der man lebt, kann den Ausdruck, den man seinem Gesicht gibt, prägen. Darüber hinaus setzt man ein Gesicht auf, das zu seinem Geschlecht, seinem Status wie auch zu der jeweiligen Situation passt. Natürlich lügen Menschen auch mit dem Gesicht. Wir verlassen uns so sehr auf diese Fähigkeit, dass das Gesicht zum naturgegebenen Werkzeug der Täuschung wird. Tatsächlich gibt es bestimmte Muster des Lügens, die in unseren Genen verankert und daher auch familientypisch sind. Schauspieler sind natürlich die besten Lügner. Sie sind Herrscher über ihre Gesichtsnerven, und wir belohnen sie fürstlich dafür.

Zumeist fügen wir dem Gesicht Signale hinzu, wenn wir eine bestimmte Wirkung erreichen wollen, manchmal unterdrücken wir aber auch welche. Wir spiegeln Gleichgültigkeit vor, um unsere Erregung oder unseren Kummer zu verbergen. Bei traditionellen Theateraufführungen vieler Kulturen bedeckt sogar eine Maske das Gesicht des Schauspielers. Und eine Tradition, die mit Theater nichts zu tun hat, will es, dass die Frauen Tag für Tag ihr Gesicht hinter einem Schleier verbergen. Ihre Gesichter schwinden dahin, bis sie fast jede Bedeutung verlieren.

Das Schweigen des Sultans und das Lächeln des Japaners

Die Deutung des Gesichts ist für uns von größter Wichtigkeit. Sie hilft uns dabei, beispielsweise eine gefühlskalte Person von einer bloß schüchternen zu unterscheiden. Montaigne meinte: »Ich glaube, mit einer gewissen Kunstfertigkeit lassen sich die freundlichen Gesichter von den einfältigen unterscheiden, die strengen von den groben, die bösartigen von den düsteren, die verächtlichen von den schwermütigen.« Wir müssen wissen, wer es gut mit uns meint und wer nicht.

Erschwert wird uns dies aber durch die Täuschung. Menschen – und in der Regel auch Tiere – kennen drei Arten von Täuschung: Verdunkelung, Tarnung und aktives Lügen.

»Lass deinen Feind nicht deinen Geist sehen«, warnte der Zen-Samurai Miyamoto Musashi (1584–1645) in seinem *Buch der fünf Ringe*. Mit einem ausdruckslosen Gesicht vermag man zu verbergen, was man denkt oder fühlt. Chinesische Richter waren die ersten, die Brillen mit geschwärzten Gläsern, Sonnenbrillen, aufsetzten, so dass nicht zu erkennen war, was für einen Ausdruck ihr Gesicht während eines Prozesses annahm. Die Indianer wirkten auf weiße Reisende des neunzehnten Jahrhunderts wie Francis Parkman überaus stoisch. In Wirklichkeit enthielten sie den Invasoren nur Informationen vor, während sie unter sich sehr viel expressiver agierten.

In einem hierarchischen System halten die, die ganz oben stehen, für gewöhnlich ihr Gesicht und die Informationen, die von ihm ausgehen, unter strengster Kontrolle, während die Rangniedrigeren sich in dieser Beziehung keinen Zwang auferlegen. Die ottomanischen Sultane hielten sich konsequent an das doppelte Schweigegebot. Wenn ausländische Botschafter das Wort an sie richteten, dann antworteten sie kaum jemals, weder mit Worten noch durch ein Verziehen ihrer Miene – es sei so, als ob man mit einem Bild spreche, meinte einmal ein Gesandter –, und wenn sie doch einmal den Mund öffneten, dann brachten ihre Wesire sie schnell wieder zum Verstummen.

Ein kühles Gesicht ist undurchdringlich. Die Yoruba schätzen bei Skulpturen *tutu*, einen Ausdruck kühler Gelassenheit, wie ihn ähnlich auch die Griechen kannten. Ein Anthropologe berichtete, dass man bei den Gola in Liberia »den Gipfel des Erfolges erreicht, … wenn man die Fähigkeit besitzt, sich im richtigen Moment nonchalant zu verhalten, … und in Situationen, in denen Erregtheit oder Sentimentalität eigentlich entschuldbar wäre, keine Gefühlsregung zeigt«.

Verschlossenheit bedeutet, dass man Informationen über sich selbst zurückhält. Das kann Macht verleihen. Beim Poker setzen gute Spieler nichts sagende oder gekünstelte Gesichter auf, um ihre inneren Reaktionen zu verbergen. Diktatoren wie Stalin wachen nicht nur genauestens darüber, welche Informationen über sie selbst in Umlauf geraten, sie setzen auch Spione ein, um anderen eine solche Möglichkeit der Kontrolle zu nehmen. In Samjatins *Wir* leben alle Bürger in Wohnungen mit gläsernen Wänden. Alles, was sie tun, ist für jedermann sichtbar, außer in den Stunden, die für den Sex bestimmt sind. Es ist alles andere als ein Paradies.

Georg Simmel meinte, dass sogar in den intimsten Beziehungen ein gewisser Grad von Verschleierung notwendig sei. Die Anziehungskraft des Partners ende, so stellte er fest, wenn die vertraute Nähe nicht auch gleichzeitig Distanz beinhalte. Kleine Geheimnisse geben einem intimen Verhältnis einen prickelnden Reiz.

Tarnung ist eine der großen Strategien der Natur. Schneehühner, Wüstenechsen und gesprenkelte Falter verschmelzen mit ihrem Hinter- oder Untergrund, um Räubern zu entkommen. Beinahe jedes Element der natürlichen Umgebung wird von Tieren nachgeahmt: Zweige, Blätter, Algen, Felsen und Exkremente von Vögeln. Aber auch Fleischfresser setzen diese Taktik ein. Krokodile sehen nicht umsonst einem im Wasser treibenden Baumstamm ähnlich. Und das weiße Fell von Eisbären ermöglicht es ihnen, sich an Robben heranzupirschen.

Viele Tiere vermögen sich schnell an die Farbe des Hintergrunds anzupassen. Das Chamäleon ist allgemein dafür bekannt, aber auch andere Echsen sowie Fische, Frösche, Tintenfische, Krabben und Insekten beherrschen diesen Trick. Die tropische Flunder und der Oktopus können selbst Muster, die sich durch wechselnde Farben oder Texturen ergeben, nachbilden, sie trauen sich sogar an die Nachahmung eines Schachbretts heran. Zumeist beruht das Geheimnis dieser Verwandlungskünstler auf einem ganz simplen Erweitern oder Zusammenziehen von Zellen, die Melanin enthalten.

Die Menschen hingegen tarnen ihre Gedanken und Gefühle. Wir lernen es, uns auf die Erwartungen der Gesellschaft einzustellen. Höflinge, wie die in *Cymbeline*, die »ihr Antlitz stimmen nach des Königs Blick«, und »Prufrockier« »bereiten ein Gesicht vor, um den Gesichtern entgegenzukommen, die ihnen entgegenkommen«. Kultur, Geschlecht, Status, Lebensalter und viele andere Faktoren sind ausschlaggebend dafür, wie diese Erwartungen aussehen.

Alle Kulturen kennen bestimmte Regeln, die festlegen, wie man mit dem Gesicht etwas deutlich macht; Ekman nennt sie »Normen hinsichtlich der zu erwartenden Einrichtung der fazialen Erscheinung«. Diese Regeln legen fest, welche »Miene« man in einer bestimmten Situation macht, aber auch, in welchem Grad man mimisch etwas zu erkennen gibt. Das erklärt, warum die polnischen Adeligen so ungehemmt ihre Tränen verströmten und die Menschen aus den Mittelmeerländern emotionaler zu sein scheinen als Skandinavier. Wir haben solche Regeln tief verinnerlicht. Kinder lernen einige von ihnen bereits vor dem zweiten oder dritten Lebensjahr. Einer Untersuchung zufolge lernen einige Kinder sie sogar schon vor ihrem ersten Geburtstag.

Das prägnanteste Beispiel für eine Regel dieser Art ist vielleicht das Lächeln der Japaner, das Lafcadio Hearn eine »ausgefeilte und über lange Zeit hinweg kultivierte Form von Etikette« nannte. Die Japaner leben auf kleinen, menschenüberfüllten Inseln, und sie schätzen Höflichkeit als ein Mittel, welches das gesellschaftliche Zusammenleben reibungsloser funktionieren lässt. Wissenschaftler haben herausgefunden, dass Japaner, wenn sie allein sind, Furcht, Ekel und Kummer auf dieselbe Weise zum Ausdruck bringen wie Amerikaner. In Gesellschaft aber verstecken Japaner negative Gefühle hinter einem Lächeln. Sie lächeln nicht nur, wenn sie erfreut oder verlegen sind, wie Angehörige westlicher Kulturen, sondern auch, wenn sie deprimiert sind oder jemandem eine schmerzliche oder schockierende Mitteilung machen. Sie versuchen auf diese Weise zu vermeiden, andere zu beunruhigen oder zu stören. Europäer und Amerikaner finden ein solches Lächeln ebenso erstaunlich wie abstoßend. Bezeichnenderweise messen die Japaner dem Lächeln allgemein nicht einen so großen positiven Wert bei: Sie wissen eben, dass es in vielen Fällen ein falsches Lächeln ist. Aus diesem Grund lächeln Europäer und Amerikaner auf Fotos zumeist, während Japaner eher ein teilnahmsloses oder ernstes Gesicht machen.

Japaner neigen auch dazu, Wut zu unterdrücken. Chinesen fielen bei dem Versuch, Wut zu unterdrücken, bisweilen in Ohnmacht oder starben gar. In dem chinesischen Roman *Alle Menschen sind Brüder* sagt jemand: »Heute sterbe ich vor Wut.« Kurze Zeit später sinkt er tatsächlich tot zu Boden. Der Anthropologe Otto Klineberg hatte in einem Krankenhaus in Beijing jemanden kennen gelernt, dessen Vater angeblich vor Wut gestorben war, nachdem er einen Rechtsstreit verloren hatte. Das Sterben zieht sich in solchen Fällen über längere Zeit hin. Die betreffende Person wendet ihre Wut nach innen, sie erkrankt, wird bettlägerig und haucht dann nach mehreren Tagen oder Wochen ihr Leben aus.

Einige das Mienenspiel betreffende Regeln sind auch geschlechtsspezifisch. So hat man zum Beispiel in verschiedenen Kulturen versucht, Frauen das dröhnende, herzhafte Lachen abzugewöhnen. Einer der Ratschläge Ovids an Frauen, die einen Mann für sich gewinnen wollen, lautet: »Öffnet euren Mund nicht zu weit, wie eine schreiende Eselin es tut. Zeigt eure Grübchen und Zähne, lasst kaum mehr als ein leichtes Lächeln sehen.« Ähnliche Zurückhaltung empfiehlt er bei vorgetäuschtem Weinen.

Im Japanischen gibt es spezifische Begriffe für die Arten des Lachens, die den Frauen im wahrsten Sinne des Wortes gut zu Gesicht stehen. Das *Hohoho* wird mit einem gerundeten Mündchen hervorgebracht. Es sei jedoch kaum noch anzutreffen, klagt ein japanischer

Gelehrter, weil heutzutage »die japanischen Frauen weder anmutig sind noch demütig genug, um auf die Art und Weise zu achten, in der sie lachen«. *Ohoho* bezeichnet ein zurückhaltenderes Lachen, bei dem sich die Frau meist die Hand vor den Mund hält. Ältere Männer meinen, dass auch dieses Lachen in der frechen Welt der Moderne zu einer Seltenheit geworden sei.

Was die Männer betrifft, so sollen Regeln der beschriebenen Art oft verhindern, dass sie ihre eigene Verwundbarkeit zu offen zeigen. So werden Männer dafür gelobt, dass sie alle Anzeichen von Schmerz unterdrücken, wobei sie aber meistens nicht verhindern können, dass ihre Augen sich zusammenziehen. Darüber hinaus sollten sie seltener in Tränen ausbrechen als Frauen, obwohl diese Vorschrift in den letzten zwanzig Jahren etwas an Strenge verloren hat.

Zu bestimmten Gelegenheiten gelten ganz spezifische Regeln. Eine Beerdigung zum Beispiel verlangt Trauer – und zwar im richtigen Maß. Würde zum Beispiel die Sekretärin eines Verstorbenen mehr trauern als seine Witwe, dann würde sie die anderen Teilnehmer der Zeremonie schockieren und möglicherweise bewirken, dass – gar nicht zutreffende – Gerüchte aufkämen.

Auch unser Status wirkt sich auf unseren Gesichtsausdruck und unser Mienenspiel aus. Wir neigen dazu, in Anwesenheit von Vorgesetzten und Älteren zurückhaltender zu lachen, und obwohl wir mehr über uns preisgeben, verhalten wir uns vorsichtiger. Wir wollen jeden Fauxpas vermeiden. Aber auch Chefs haben ihre eigenen protokollarischen Vorschriften. In Japan setzen sie nur selten einmal ein fröhliches Gesicht auf. Es kann durchaus vorkommen, dass der Trainer einer Sportmannschaft keine Miene verzieht, auch wenn sein Team gerade einen großen Erfolg errungen hat.

Eine Person, die einen gewissen Status besitzt, hat ein »Gesicht«, das sie wahren oder verlieren kann. Die Ausdrücke »das Gesicht wahren« und »das Gesicht verlieren« stammen aus Ostasien, wo sie sich unmittelbar auf die Würde eines Menschen bezogen. In China war »Gesicht« oder *mien-tzu* schon im vierten Jahrhundert vor Christus gleichbedeutend mit Ehre und Ansehen. Im Japanischen bedeutet *kao* sowohl »Gesicht« wie auch »Ehre« oder »Rang«. *Kao ga tsubureru* bedeutet »das Gesicht verlieren«, wörtlich übersetzt heißt es aber »das Gesicht zerstören oder verderben«, und *kao ga tatsu* bedeutet sinngemäß »das Gesicht wahren«, obwohl es wörtlich übersetzt »ein Gesicht aufbauen« heißt. Der Terminus »Gesicht« beinhaltet in diesem Kontext so vieles, dass Wissenschaftler bei der Untersuchung des Phänomens lieber bei diesem Terminus bleiben, anstatt einen noch abstrakteren einzuführen.

Verdunkelung und Tarnung mögen die verbreitetsten Formen der Täuschung sein, das »aktive« Lügen ist aber die interessanteste. Und wir sind bei weitem nicht die einzigen, die zu diesem Mittel greifen. Schimpansen sind überaus geschickte Lügner. Im Zoo gehaltene Schimpansen füllen gern ihren Mund mit Wasser, schlendern dann mit betont harmlosem Gesichtsausdruck auf ihr Opfer zu und spritzen es nass, wenn sie nah genug sind. Sogar Menschen, die im Umgang mit ihnen Erfahrung haben, fallen auf solche Tricks herein. Als Frans de Waal, nachdem er sich jahrelang mit anderen Affenarten beschäftigt hatte, begann mit Schimpansen zu arbeiten, war er, wie er selbst zugab, »völlig unvorbereitet auf die Finesse, mit der diese Affen einander täuschen. Ich sah, wie sie einen unerwünschten Ausdruck von ihrem Gesicht entfernten, wie sie kompromittierende Körperteile hinter ihren Händen verbargen, wie sie so taten, als ob sie völlig blind und taub wären, wenn ein anderer mit lautem Imponiergehabe testete, wie stark ihre Nerven waren«.

Auch andere Tiere verwenden falsche Signale. Meerkatzen kennen sieben verschiedene Alarmrufe, von denen einige vor einem ganz bestimmten Feind warnen, wie dem Leoparden oder dem Adler. Einer der Affen stößt einen solchen Ruf aus, und die ganze Horde stiebt davon, wobei sie oft auch Futter zurücklässt. Gelegentlich kommt es vor, dass ein Affe ohne tatsächlichen Anlass warnt, weil er hofft, so das Futter der anderen an sich bringen zu können. Wenn er das allerdings zu oft macht, ignoriert die ganze Schar nach einiger Zeit seinen Warnruf – aber nur den, mit dem er sie hereingelegt hat.

Um sich einem weiblichen *Photuris*-Leuchtkäfer anzunähern, lässt das Männchen das Signal »ihres« Beutetiers aufleuchten. Das Weibchen antwortet mit einer Gegenlüge: dem verlockenden Leuchtsignal des Weibchens des Beutetiers. Wenn sich die beiden Leuchtkäfer näher kommen, erkennt das Weibchen zwar irgendwann, dass es getäuscht worden ist, aber das Männchen hat nun wenigstens eine Chance, es zu begatten. Die genetische Veranlagung zum Lügen spielt eine entscheidende Rolle bei der Verbreitung dieser Spezies.

Nicht nur Leuchtkäfer, sondern auch Menschen besitzen eine solche genetische Veranlagung. Eine an 1819 Hawaiianern durchgeführte Untersuchung, mit der man ermitteln wollte, welche von insgesamt vierundfünfzig verschiedenen Persönlichkeitszügen Mitgliedern einer und derselben Familie gemeinsam waren, ergab, dass Blutsverwandte sich vor allem von der Tendenz zum Lügen her ähneln. Dieses Ergebnis ist durch andere Studien bestätigt worden, so dass man davon ausgehen kann, dass die DNA dafür ausschlaggebend ist. Aufgrund der gemeinsamen Gene ist auch die Art des Täuschens bei Verwandten sehr ähnlich.

Einige Menschen sind wahre Meister der Unwahrheit. Diese geborenen Lügner sind sich normalerweise ihres Talentes gar nicht bewusst, da sie es schon seit frühester Jugend eingesetzt haben, um einer Bestrafung durch Eltern oder Lehrer zu entgehen. Sie sind voller Selbstbewusstsein, empfinden nicht die geringste Schuld und haben keine Angst davor, ertappt zu werden. Dennoch sind sie keine Soziopathen; sie setzen ihre Fähigkeiten nicht ein, um anderen Menschen Schaden zuzufügen. Tatsächlich ähneln sie von ihren psychologischen Profilen her den meisten anderen Menschen. Sie scheinen aber in bestimmten Berufen mehr Erfolg zu haben, die geschickteren

Verkäufer, Diplomaten, Politiker, Schauspieler und Unterhändler zu sein.

Andere Menschen sind wahre Pinocchios, das heißt, sie sind unfähig, eine Lüge zu verbergen. Es ist ihre übergroße Sorge, entdeckt zu werden, die sie entlarvt und so nervös macht, wenn sie lügen. Ihnen selbst und den meisten ihrer Freunde ist normalerweise bewusst, dass sie diese Eigenschaft besitzen, die zu einem echten sozialen Handicap werden kann. Aber auch diese Menschen schneiden bei Persönlichkeitstests genauso gut ab wie andere.

Was die meisten Menschen betrifft, erfordert es jedoch eine gewisse Fertigkeit, sie einer Lüge zu überführen – man kann sich aber auch ein wenig von der Wissenschaft helfen lassen.

Wie man eine Lüge aufdeckt

»Ich denke, niemand in der Christenheit / Kann minder bergen Lieb' und Hass wie er; / Denn sein Gesicht verrät Euch gleich sein Herz«, meint Hastings mit Bezug auf Richard III. und gibt sich damit als einen der großen Naiven der Weltliteratur zu erkennen, denn wenige Augenblicke später befiehlt der König, ihn zu töten.

Shakespeare war vom Thema des Betrugs geradezu besessen. Lug und Trug treiben in *Othello* wie in *König Lear* die Handlung voran, *Richard III.* durchziehen sie vom Anfang bis zum Ende, dem Geschehen von *Hamlet* liegen sie ebenfalls zugrunde, und auf harmlosere Weise treiben sie auch in den romantischen Komödien ihr Unwesen. Wenn die Gestalten des Barden gewusst hätten, wie man eine Lüge aufdeckt, dann wäre so mancher Plot in sich zusammengebrochen – ähnlich wie eine chirurgische Korrektur der Nase *Cyrano de Bergerac* unmöglich gemacht hätte.

Jemanden einer Lüge zu überführen fällt uns aber überraschend schwer. Walter Mosleys Detektiv Easy Rawlins hat vollkommen recht, wenn er verkündet: »Einige Leute sagen, dass sie es sofort merken, wenn jemand lügt. Diese Leute sind Narren. Man kann niemals darauf vertrauen, dass das, was jemand erzählt, wahr ist.« Eine Vielzahl von Untersuchungen hat ergeben, dass die Trefferquote beim Aufdecken von Unwahrheiten bei fünfundvierzig bis sechzig Prozent liegt – also ganz in der Nähe der Zufallsquote von fünfzig Prozent. Bei einer typischen Untersuchung erkannten nur drei von einhundertneun Probanden in über siebzig Prozent der Fälle, dass ihnen etwas vorgeflunkert wurde.

Trotzdem bilden wir uns ein, in dieser Beziehung besonders scharfsinnig zu sein. Bei einem Experiment schnitten Kriminalbeamte übrigens nicht besser als andere Probanden ab, zur Überraschung der Forscher waren sie aber felsenfest davon überzeugt, dass sie das getan hätten. Bei einer anderen Untersuchung, bei der in der Hälfte aller Fälle Lügen erzählt wurden, erzielten Angehörige verschiedener Gruppen, in Prozenten ausgedrückt, folgende Durchschnittsresultate, was deren richtiges Erkennen anbelangte:

Geheimdienstagenten	64,12
Psychiater	57,61
Richter	56,73
Polizeibeamte, die für Raub zuständig sind	55,79
Bundesbeamte, die Lügendetektoren bedienen	55,67
Collegestudenten	52,82

Nur die Trefferquote der Geheimdienstagenten lag also wirklich nennenswert über der Quote, die sich auch rein zufällig hätte ergeben können, und dies wohl deswegen, so vermuteten die Forscher, weil diese Agenten Übung darin hatten, verdächtige Gesichter zu überprüfen. Die Angehörigen jeder Gruppe schätzten ihre Fähigkeit, Lügen aufzudecken, viel höher ein, als sie in Wirklichkeit war.

Bei einer vor kurzem in Holland durchgeführten Untersuchung

wurden Strafgefangene, Kriminalbeamte, Streifenpolizisten, Gefängnisaufseher, Zollbeamte und Studenten aufgefordert, die Faktoren aufzuführen, die darauf hinweisen, dass eine Person lügt. Es zeigte sich, dass die Strafgefangenen in dieser Hinsicht viel scharfsinniger waren als die Angehörigen aller anderen Gruppen, vielleicht deswegen, so meinten jedenfalls die Untersuchungsleiter, weil sie inmitten einer Kultur der Täuschung leben und ständig mit Verstellungen, Bluffs und Schwindeleien konfrontiert sind. Sie besitzen einfach mehr Anschauungsmaterial.

Mit allen Mitteln nach der Wahrheit zu forschen kann uns sogar noch blinder gegenüber der Lüge machen. Bei einer Untersuchung zeigte sich, dass weder argwöhnische noch anscheinend einfühlsame Fragen dazu beitrugen, den Lügnern auf die Schliche zu kommen. Eine andere Untersuchung ergab, dass man mit einem solchen Bohren nach der Wahrheit eher das Gegenteil erreichte. Wenn man sie nämlich unter Druck setzte, nahmen die Lügner öfter Augenkontakt mit der Person auf, die sie ausfragte. Ihre Mimik wurde viel lebendiger, wodurch sie ihr Gegenüber von ihrer Aufrichtigkeit offensichtlich überzeugten.

Die Gesichtsausdruck-Regeln, die in einer bestimmten Kultur gelten, machen es für den Angehörigen einer fremden Kultur noch schwieriger, eine Lüge zu erkennen. Eine Studie zeigte, dass Amerikaner und Jordanier überhaupt nicht in der Lage waren, sich gegenseitig einer Lüge zu überführen. Wenn Japaner und Amerikaner zu Wirtschaftsverhandlungen zusammentreffen, dann schauen die Japaner den Amerikanern seltener in die Augen und schweigen oft über längere Zeiträume. Amerikaner assoziieren aber einen ausweichenden Blick und zögerliches Sprechen mit Täuschung. Dieser Umstand könnte, wie ein Forscher meinte, möglicherweise tatsächlich den Handel zwischen den beiden Ländern erschweren.

Meistens widmen wir den unsichersten Anhaltspunkten die größte Aufmerksamkeit und achten oft nicht auf die zuverlässigsten. Konkret: Wir bewerten den verbalen Inhalt einer Aussage zu hoch. Er kann zwar tatsächlich den unumstößlichen Beweis dafür liefern, dass man uns die Unwahrheit erzählt, aber Lügner verstehen ihn mit größter Leichtigkeit so zu gestalten, dass er überzeugend wirkt. Wir meinen, Nervosität deute darauf hin, dass man uns zu täuschen versucht. Manchmal ist das so, aber einige Menschen sind von Natur aus nervös, andere, weil sie Angst haben, dass man ihnen nicht glauben könnte, selbst wenn sie die Wahrheit sagen. Wieder andere lügen einem etwas vor und wirken dabei völlig ruhig und selbstsicher. Wir meinen, ein zur Seite gewandter Blick sei ein Zeichen von Unaufrichtigkeit. Tatsächlich ist es so, dass wir dazu neigen, den Blick nach unten zu richten oder von unserem Gegenüber abzuwenden, wenn wir uns schuldig fühlen oder uns schämen, aber wir senken unseren Blick auch aus Trauer und wenden ihn auch aus Ekel zur Seite. Die Blickrichtung der Augen gibt daher keinen zuverlässigen Hinweis. Lügner wissen um die Wirkung von Nervosität wie von einem abgewandten Blick und vermeiden beides. Bei dem Prozess gegen den wegen Bigamie angeklagten Giovanni Vigliotto, der vielleicht nicht weniger als einhundert Ehefrauen hatte, gab eine von ihnen zu Protokoll, dass seine »aufrichtige Art«, ihr direkt in die Augen zu schauen, sie zu ihm hingezogen habe.

Leibniz war der Ansicht, dass eine eingehende Überprüfung des Gesichts und der Stimme eines Menschen dazu beitragen könne, ihn einer Lüge zu überführen. In seinem Buch *Weshalb Lügen kurze Beine haben* berichtet Paul Ekman, dass einige wenige Menschen eine Aufdeckungsrate von achtzig bis neunzig Prozent erreichen und dass sie sich dabei in der Tat vor allem von Signalen leiten lassen, die vom Gesicht oder von der Stimme ausgehen.

Was sind das für Signale? Für sich genommen, entlarvt kein einziges zuverlässig einen Lügner. »Faustregeln funktionieren nicht«, erläutert Ekman. »Jeder, der sagt: ›Ich weiß, worauf ich achten muss‹, wird sich in der Mehrzahl der Fälle irren.« Aber eine heller werdende

Stimme ist ein sehr guter erster Hinweis. Beim Lügen klettert die Stimme in die Höhe, aus Gründen, die nicht ganz klar sind. Schwindler neigen zudem dazu, sich selbst öfter zu berühren, ähnlich wie Schimpansen unter Stress intensivere Körperpflege betreiben. Andere Hinweise darauf, dass einem etwas vorgegaukelt wird, sind: längere Pausen, bevor man eine Antwort erhält, kürzere Antworten, mehr »*Ähs*« oder »*Hms*«, langsameres Sprechen und weniger mit den Händen oder den Armen ausgeführte Gesten zur Unterstreichung dessen, was gesagt wird.

Was das Gesicht betrifft, sind die Zusammenhänge noch komplexer und deshalb auch faszinierender. Wir alle sind »doppelgesichtig« in dem Sinn, dass wir mit einem Nervensystem ausgestattet sind, das unser Gesicht einen bestimmten Ausdruck annehmen lässt, ohne dass wir es wollen, und mit einem zweiten, welches es uns ermöglicht, unserem Gesicht willentlich einen ganz bestimmten Ausdruck zu geben. Es gibt Verletzungen, die einem Menschen die Fähigkeit nehmen, etwas bewusst mimisch auszudrücken, das natürliche Mienenspiel jedoch nicht beeinträchtigen. Das Gesicht eines solchen Menschen ist wirklich »offen«, jeder Ausdruck ist ganz aufrichtig. Bei anderen verhält es sich jedoch genau umgekehrt: Sie können nur ganz bewusst eine bestimmte Miene aufsetzen. Beide Nervensysteme scheinen sich unabhängig voneinander zu entwickeln. Ihre Interaktion ist sehr komplex und kann Anhaltspunkte dafür liefern, ob jemand lügt.

Wir vermögen die Muskeln im unteren Teil des Gesichts in viel stärkerem Maß zu kontrollieren als die im oberen Teil. Wahrscheinlich ist das so, weil wir erstere zum Essen und zum Sprechen benötigen. Die untere Gesichtshälfte ist aus diesem Grund zur Täuschung wesentlich geeigneter.

Einen entscheidenden Anhaltspunkt, ob jemand die Unwahrheit sagt, kann sein Lächeln geben. Ein Lügner lächelt seltener aufgrund einer echten Empfindung und setzt öfter ein falsches Lächeln auf, mit dem er etwas verbergen will. Untersuchungen haben gezeigt, dass dies im Verein mit der höheren Stimmlage der zuverlässigste Beweis dafür ist, dass man getäuscht wird.

Ein »falsches« Lächeln ergibt sich durch einen Mangel an Gefühl. In seiner ganz unverblümten Form dient es eigentlich nicht der Täuschung: Während der Blick leer bleibt, ziehen sich die Mundwinkel in einer müden Nachahmung eines freudigen Ausdrucks nach oben. Es zeigt das, was man gerade *nicht* fühlt.

Ein falsches Lächeln kann aber auch weniger unverhüllt sein. Es ist dann schwerer zu entdecken, doch sechs verräterische Zeichen entlarven es.

Erstens: Der Muskel *Zygomaticus major* kommt dabei zum Einsatz, was bedeutet, dass nur der Mund in Bewegung gerät. Der *Orbicularis oculi*, der die Wangen nach oben zieht, rührt sich nicht, so dass die Wangen sich nicht wölben und die Augen sich nicht verengen. Ganz geschickte Lügner gleichen dies dadurch aus, dass sie den *Zygomaticus major* besonders heftig kontrahieren. Das wirkt auf den *Orbicularis oculi* ein, lässt die Wangen anschwellen und die Augen schmaler werden, so dass das falsche Lächeln glaubwürdiger aussieht.

Zweitens: Ein solches Lächeln kann zu lange dauern. Ein echtes Lächeln dauert ungefähr zwischen zwei Dritteln einer Sekunde und vier Sekunden – je nach Intensität. Ein falsches Lächeln lungert oft zu lange im Gesicht herum, wie Gäste, die sich einfach nicht verabschieden wollen, obwohl die Party schon zu Ende ist. Da wir keine authentische innere Motivation für ein solches Lächeln haben, wissen wir auch nicht, wann es Zeit ist, es wieder zu beenden. In der Tat verhält es sich so, dass *jeder* Ausdruck, den wir länger als zehn, und *fast jeder*, den wir länger als fünf Sekunden annehmen, wahrscheinlich nur vorgespielt ist. Das Zurschaustellen von besonders intensiven Gefühlen wie Wut, Ekstase oder Niedergeschlagenheit bildet eine Ausnahme, aber auch bei diesen Gefühlsäußerungen verhält es sich eher so, dass sie mehrfach hintereinander jeweils nur für eine relativ kurze Zeitspanne erfolgen.

Drittens: Während ein Lächeln, das auf einem echten Gefühl beruht, auf natürliche Weise allmählich wieder aus unserem Gesicht schwindet, wirkt ein falsches Lächeln oft wie abrupt gekappt. Tatsächlich ist es so, dass ein abruptes Einsetzen und ein abruptes Beenden eines Gesichtsausdrucks in den meisten Fällen darauf hindeuten, dass wir einen bewussten Befehl ausgegeben haben. Überraschung bildet in dieser Beziehung die Ausnahme, sie zuckt wie ein Blitz über unsere Gesichtszüge. Dieser Ausdruck dauert vom Anfang bis zum Ende weniger als eine Sekunde. Wenn er von längerer Dauer ist, dann ist er vorgetäuscht. Viele Menschen können ein überraschtes Aussehen nachahmen – die in die Höhe gezogenen Augenbrauen und den offenen Mund –, aber wenigen gelingt es, das rasche Einsetzen und ebenso rasche Abbrechen dieses Ausdrucks nachzumachen.

Viertens: Ein gefälschtes Lächeln ist häufig leicht asymmetrisch. Bei einem Rechtshänder steigt der linke Mundwinkel etwas höher als der rechte, bei einem Linkshänder ist es umgekehrt. Beinahe jeder Ausdruck, den wir unser Gesicht vorsätzlich annehmen lassen, ist durch eine solche Asymmetrie gekennzeichnet. Bei vorgespielter Wut beispielsweise sinkt die linke Augenbraue weiter herab, bei vorgetäuschtem Abscheu kräuselt sich die Nase stärker auf der linken Seite, und die Lippen werden auf derselben Seite weiter zurückgezogen. Zu dieser merkwürdigen »Schlagseite« des Gesichts kommt es dadurch, dass ein beabsichtigter Ausdruck von beiden Hirnhälften kontrolliert wird und die dominantere Hälfte ein stärkeres Signal aussendet. Ein unbeabsichtigter Ausdruck hat im Gegensatz dazu seinen Ursprung im unteren – einheitlichen – Teil des Gehirns und wirkt auf beide Gesichtshälften gleich stark ein. Die Asymmetrie ist nur sehr gering, aber wenn man Studienteilnehmer im Forschungslabor explizit auffordert, auf sie zu achten, dann entdecken sie sie recht häufig. Wie alle anderen Hinweise darauf, dass jemand die Unwahrheit sagt, ist aber auch dieser nicht hundertprozentig zuverlässig. Das eine oder andere Aussehen, das man sich absichtlich gibt, ist völlig symmetrisch, während mancher sich unwillkürlich einstellende Ausdruck zu einer leichten Asymmetrie des Gesichts führt.

Fünftens: Ein Lächeln, das zu früh oder zu spät einsetzt, ist vermutlich geheuchelt. Die inneren »Stichwörter« fehlen, deswegen können Schwindler Probleme mit dem richtigen Timing bekommen. Wenn zum Beispiel jemand sagt: »Ich bin fertig mit dir!« und erst hinterher Wut zeigt, dann ist diese vermutlich gekünstelt. Auch sollte der mimische Ausdruck gleichzeitig mit dem entsprechenden gestischen erfolgen und nicht nach ihm. Jemand, der mit der Faust auf den Tisch haut und erst danach eine wütende Miene macht, spielt etwas vor.

Sechstens und letztens: Ein geheucheltes Lächeln soll finstere Gefühle verbergen. Als Graf Dracula sagt, dass er in London nichts anderes als Einsamkeit suche, lächelt er, und Jonathan Harker spürt, dass sein Gegenüber etwas verbirgt: »Irgendwie standen sein Gesichtsausdruck und seine Worte nicht im Einklang miteinander, oder es war so, dass seine Gesichtszüge sein Lächeln bösartig und finster wirken ließen.«

Das so sorgfältig verborgene Gefühl tritt aber ungewollt oft in der oberen Hälfte des Gesichts zutage. »Das Auge verrät, was wir im Herzen fühlen«, meinte der Lyriker Thomas Wyatt (1503–1543). In der Region von Augen, Augenbrauen und Stirn wimmelt es nur so von äußerst verlässlichen Muskeln. Hier befindet sich die wahre Nase des Pinocchio. Wer seinen Kummer hinter einem Lächeln zu verbergen sucht, wird sich in der Regel durch den Ausdruck seiner Augen verraten, aus denen Schmerz spricht. Eine vor kurzem vorgenommene Untersuchung ergab, dass man dem Ausdruck der Augen mehr Gewicht beimisst, wenn die Botschaft der Lippen und der Ausdruck der Augen einander widersprechen.

Die Stirn ist die Kapitale dieser verräterischen Muskeln. Wenn wir Trauer, Sorge, Kummer oder Schuld empfinden, dann steigen die Augenbrauen oberhalb der Nasenwurzel in die Höhe und verursachen Falten auf der Stirn. Weniger als fünfzehn Prozent aller Menschen verstehen es, diese Miene künstlich aufzusetzen. Noch schwerer ist es, das Zeichen von Angst oder Besorgnis vorzutäuschen, das Heben und Zusammenziehen der Augenbrauen. Weniger als zehn Prozent schaffen dies.

Auch in anderen Regionen des Gesichts gibt es Muskeln, die ohne unser Dazutun aktiv werden und damit wertvolle Hinweise auf unseren Gemütszustand geben. So ziehen beispielsweise Kummer und Sorge die Mundwinkel nach unten, ohne dass der Kinnmuskel dabei bewegt wird. Weniger als zehn Prozent können dies absichtlich herbeiführen. Schmale Lippen sind ein zuverlässiges Anzeichen von Wut. Es kündigt oft einen heftigen Gefühlsausbruch an und ist als solches eine Warnung. Die Lippen werden dabei nicht nach innen gezogen und auch nicht deutlich erkennbar zusammengepresst, sondern gleiten gewissermaßen in einen Ausdruck von Härte. Man kann es lernen, einen solchen Ausdruck nachzuahmen, aber man braucht sehr lange dafür.

Um Angst oder Schuldgefühle zu verbergen, erheucheln geschickte Lügner oft ein anderes starkes Gefühl – wie zum Beispiel Empörung. Die israelischen Beamten, die 1960 Adolf Eichmann verhörten, merkten schnell, dass der Gefangene log, wenn er voller Entrüstung rief: »Niemals! Niemals! Niemals, Herr Hauptmann!« oder: »Zu keiner Zeit! Zu keiner Zeit!« Bei den Anhörungen im Prozess Thomas gegen Hill teilte sich Anita Hill leise und deutlich mit, während Thomas vor Wut schnaubte. Seine Empörung mag dazu gedient haben, Lügen zu verschleiern, wenngleich dieses Verhaltensmuster für sich genommen nicht ausreicht, dies eindeutig zu diagnostizieren.

Ein Schlüssel zur Wahrheit, den aber kaum jemand kennt, ist der Mikro-Ausdruck. Für ein, zwei Augenblicke gibt das Gesicht genau die Gefühle zu erkennen, die es eigentlich verbergen soll. Eine Analyse der Videoaufzeichnungen der Anhörungen im Zusammenhang mit der Iran-Contra-Affäre ergab, dass John Poindexter, als er zu einem Zusammentreffen mit dem Chef des CIA, William Casey, vernommen wurde, eine Viertelsekunde lang eine wütende Miene wie aus dem Bilderbuch machte. Möglicherweise verschwieg der anscheinend durch nichts zu erschütternde Poindexter, was diese Unterredung betraf, etwas Entscheidendes. Den Untersuchungsbeamten entging dies jedoch, weshalb sie auch nicht weiter nachhakten.

Wer nicht darin geübt ist, bemerkt Mikros normalerweise nicht. Beim Betrachten von Videobändern in Zeitlupe fallen sie aber in der Regel auf. Man kann es auch binnen kurzer Zeit lernen, sie zu entdecken, indem man sich beispielsweise Fotos, die einen bestimmten Gesichtsausdruck zeigen, nur kurz vor die Augen hält und dann zu erraten versucht, um welchen Gesichtsausdruck es sich handelt.

Der wie ein Edelstein aufblitzende Mikro-Ausdruck kommt relativ selten vor. Ein anderes Phänomen ist viel verbreiteter: der unterdrückte Ausdruck. Das Gesicht beginnt sich zu einer bestimmten Miene zu verziehen, die den Betreffenden verraten würde. Er merkt es und verbirgt diese Miene – und zwar für gewöhnlich mit einem Lächeln. Ein solches Unterdrücken kann sich schnell genug vollziehen, um das wahre Gefühl nicht sichtbar werden zu lassen, normalerweise dauert es aber länger als ein Mikro-Ausdruck. Und selbst wenn wir nicht erkennen, was die betreffende Person wirklich empfindet, bemerken wir doch häufig die Unterdrückung selbst.

Und wie steht's mit raschem, nervösem Augenblinzeln und erweiterten Pupillen? Beides sind Symptome, die man bei Lügnern oft feststellen kann. Beides sind aber auch allgemeine Anzeichen für Erregung. Sie weisen nicht zwangsläufig auf Heuchelei hin, sondern können Aufregung, Angst, Furcht, Wut oder eine andere heftige Gefühlsaufwallung signalisieren. Trotzdem kann ein nervöses Blinzeln aufschlussreich sein und auf eine Lüge hindeuten, und zwar dann, wenn es unangebracht zu sein scheint, wenn nicht nachvollziehbar ist, warum der Sprecher in irgendeiner Weise erregt sein sollte.

Wenn es eine so große Zahl verräterischer Zeichen gibt, warum fällt es uns dann weiterhin so schwer, Lügen aufzudecken? Und: Wenn es uns so schwer fällt, warum wird dann nicht weit mehr gelogen? Kleinere Lügen werden in der Tat sehr häufig eingesetzt – und das zu unserem Vorteil. Sie können wie eine Art sozialer Kitt fungieren. Ein falsches Lächeln lässt Freundschaften gedeihen, schwächt Angriffe ab, gleicht Differenzen aus. Ein höfliches »Ich habe mich sehr amüsiert« von einem Gast, der sich voller Erleichterung davonmacht, kann sowohl für den, der täuscht, wie auch für den, der getäuscht wird, von Nutzen sein.

Auch Schmeichelei ist per definitionem eine Lüge. Sie vermag uns mit größter Leichtigkeit an der Nase herumzuführen. Ein Lob steht meist mit unserem Bild von uns selbst in Einklang, wir halten es daher intuitiv für zutreffend oder sehen zumindest keinen Anlass, daran zu zweifeln, dass es nicht aufrichtig gemeint sein könnte. Untergebene sind häufig besonders geflissentliche Schmeichler. Rameaus Neffe, ein professioneller Speichellecker, rühmt sich vor einem angewiderten, aber fasziniertem Diderot seiner diesbezüglichen Kunstfertigkeit und behauptet, »eine unendliche Vielfalt von zustimmenden Gesichtern« zu beherrschen, »bei denen alles, Nase, Mund, Augen und Stirn, ins Spiel gebracht wird«. Diderot nennt ihn »eine der wunderlichsten Personen ... die nur jemals dieses Land hervorbrachte, wo es doch Gott an dergleichen nicht fehlen ließ«. Mit einer Schmeichelei bedacht zu werden etabliert unsere Überlegenheit und nutzt uns. Allerdings kann sie auch bis zu dem Punkt getrieben werden, wo mit ihr, wie in *König Lear* und in vielen römischen Komödien, ein Verrat vertuscht werden soll.

Es gibt noch viele andere Formen nützlicher Lügen. Ein Placebo-Medikament ist eine Lüge. Psychologen glauben, dass es wirkt, indem es Stress abbaut. Auch ein Epitaph ist oft eine Lüge. Wissenschaftler wie Ekman, die erforschen wollen, wie wir andere täuschen, tischen ihren Versuchspersonen oft selbst Lügen auf, teilen ihnen zum Beispiel nicht mit, dass sie beobachtet werden, oder weihen sie nicht in die tatsächlichen Ziele des Experiments ein. Lügen machen viele soziologische Untersuchungen dieser und ähnlicher Art tatsächlich überhaupt erst möglich.

Die meisten wissenschaftlichen Studien haben sich mit kleineren Lügen beschäftigt. Je mehr aber auf dem Spiel steht, desto schneller und öfter geraten Lügner ins Straucheln – der so genannte Effekt der »Beeinträchtigung durch Motiviertheit«. Dieser Effekt tritt besonders bei Menschen mit wenig Selbstvertrauen und Selbstsicherheit zutage, zum Beispiel bei solchen, die darauf angewiesen sind, einen bestimmten Job zu bekommen, und deswegen beim Einstellungsgespräch Lügen erzählen. Diese Menschen versuchen, die Botschaft, also den Eindruck, den sie vermitteln, ihre Mimik, ihre Worte, ihre Stimme und ihre Gesten bis ins letzte Detail zu kontrollieren. Es ist so, als ob man darüber nachdenken würde, wie man eigentlich geht – und es ist ähnlich hilfreich. Solche Menschen wirken sogar dann, wenn sie die Wahrheit sagen, verlegen und unaufrichtig. Vor allem die Mimik und die Handbewegungen entlarven, dass sie etwas vormachen: Auf Videobändern erkennt man Lügner dieser Art besonders gut, wenn man den Ton abschaltet und sich nur auf das Bild konzentriert. Der Effekt der Beeinträchtigung durch Motiviertheit macht in evolutionärer Hinsicht Sinn, da gewichtige Lügen mehr Schaden anrichten können als kleinere Lügen.

Letztlich entscheiden wir im Zweifelsfalle zu Gunsten unserer Mitmenschen, da sie gewöhnlich die Wahrheit sagen. Die Angehörigen unserer Spezies lebten ursprünglich wohl in Horden zusammen, die nicht mehr als dreißig Köpfe zählten und nur locker zu größeren Stammesverbänden zusammengeschlossen waren. Innerhalb so kleiner Gruppen muss es riskant gewesen sein zu lügen, da der überführte Lügner mit einem Stigma leben musste. Überdies konnte man Lügner durch den Informationsaustausch mit anderen Gruppenmitgliedern leicht überführen. Richard Wrangham stellte bei seinen Untersuchungen bei den Pygmäen Afrikas fest, dass ein Ehemann es am besten zu verhindern vermochte, dass seine Frau ihm untreu wurde, indem er klarstellte, dass ihm der Klatsch, den ihre Freundinnen über sie verbreiteten, sehr wohl bekannt war.

Auch heute schützen wir uns davor, durch Unwahrheiten geschädigt zu werden, indem wir grundlegende Fakten überprüfen. Wir nehmen Kontakt mit früheren Arbeitgebern auf, überprüfen das Limit von Kreditkarten, halten Banknoten gegen das Licht. Und wir bestrafen die, die uns zu betrügen versuchen. Wir verlieren das Vertrauen in Menschen, die wir ein paarmal beim Lügen ertappt haben, und unter Umständen brechen wir den Kontakt zu ihnen ab. Darüber hinaus erzählen wir es weiter, dass sie Lügner sind, was zur Folge hat, dass die Betreffenden allenthalben auf Argwohn treffen. Mit Hilfe von Steckbriefen und Computern schließlich verfolgen wir Betrüger und andere Rechtsbrecher. Die letzte und höchste Strafe dafür, dass man lügt, ist die gesellschaftliche Ächtung.

Letztlich sind alle wissenschaftlichen Experimente zum Thema Lügen jedoch nur von beschränkter Aussagekraft, wie die Forscher selbst zugeben. So vermögen wir beispielsweise Menschen, die wir kennen, besser einer Lüge zu überführen als Fremde. Bei den meisten Experimenten treffen aber Fremde aufeinander. Tatsächlich verhält es sich so, dass eine Versuchsperson, wenn sie nur ein einziges Mal Zeuge gewesen ist, wie eine andere Person die Wahrheit gesagt hat, deren Lügen leichter durchschaut. Im alltäglichen Leben durchschauen wir Lügen möglicherweise leichter, als die Forschungsergebnisse vermuten lassen.

Wirklich gut sind wir im Entlarven von Lügen jedoch keineswegs. Lügen haben schon so manchem zur Macht verholfen. Machiavelli riet dem Fürsten, sich darum zu bemühen, ein »guter Simulant und Heuchler« zu sein, und Simmel meinte 1908: »Die Lüge, die sich durchsetzt, das heißt nicht durchschaut wird, ist zweifellos ein Mittel, geistige Überlegenheit zur Wirkung zu bringen und zur Lenkung und Unterdrückung der weniger Schlauen zu verwenden.« Auch Überredung hat oft mit Täuschung zu tun, und jemand, der diese

Kunst beherrscht, vermag sich Macht, Wohlstand und Status zu verschaffen. Wie Swift meinte: »Wenn jemand die Gabe des zweiten Gesichts besitzt, um damit Lügen zu erkennen, so wie sie damit in Schottland Geister erkennen, wie wunderbar vermöchte er sich dann in dieser Stadt zu unterhalten.« Und nicht nur Swifts London würde in diesem Sinne reichhaltige Unterhaltung bieten.

Universelle Gesichter

Thomas Gainsborough empfand die Gesichter des Schauspielers David Garrick und seines Rivalen Samuel Foote als zu trügerisch, um sie zu malen. Kein Gesichtsausdruck hielt sich lang genug, keiner offenbarte ihre Persönlichkeit wirklich. »Die Pest über dieses Paar von Halunken«, grummelte er. »Sie besitzen das Gesicht von jedermann – mit Ausnahme ihres eigenen!«

Genau darin besteht aber die Kunst des Schauspielers. Sie zähmen das unwillkürliche Mienenspiel und geben dem Gesicht auf ein Stichwort hin ein bestimmtes Aussehen. Janus hatte zwei Gesichter, ein Schauspieler hat Hunderte. Ein stummes Agieren wie das Holly Hunters in *The Piano* stellt einen Triumph des Gesichts und seiner Ausdrucksfähigkeit dar.

Diese Fähigkeit erscheint geradezu übernatürlich, Schauspieler erheben wir deshalb immer wieder zu Halbgöttern. Die Römer nannten einen Meister dieser Kunst nach dem berühmtesten Schauspieler der Zeit einen »Roscius«. Gainsboroughs Urteil zum Trotz wurde David Garrick öfter gemalt als irgendein anderer seiner Zeitgenossen, und moderne Theater- oder Filmstars halten Heerscharen von Paparazzi auf Trab und versorgen die Klatschpresse mit Stoff. Das alles ist nur zu verständlich, denn keine Kunst ist unmittelbarer. Schauspieler benutzen sich selbst in einer Art und Weise als Medium, wie es selbst Bildhauer oder Musiker nicht vermögen.

Die Schauspielerei ist von einer Aura des Rätselhaften umgeben. In erster Linie ist es natürlich die Fähigkeit zur Mimesis, die uns Wunder nimmt. Wie kann ein Mensch auf Befehl Wut, Tränen oder Heiterkeit in sich aufsteigen lassen? (»Und alles für nichts!« ruft ein angewiderter Hamlet. »Für Hekuba!«) Und hinter diesem Rätsel verbergen sich noch andere, mit denen sich Denis Diderot 1773 in *Das Paradox des Schauspielers* befasste. Wie schaffen Schauspieler es, auch die tausendste Aufführung eines und desselben Stücks noch »frisch« wirken zu lassen? Wie vermögen sie die »vorbereitete Spontaneität« zu erzielen, jenes Oxymoron, das das Zentrum ihrer Kunst bildet? Wie verstehen sie es, unabhängig von der Stimmung, in der sie selbst sich befinden, überzeugend zu spielen? Wie können sie Kummer oder Entsetzen simulieren, ohne eins dieser Gefühle wirklich zu verspüren?

Oder verspüren sie sie doch? Einige frühe Theoretiker glaubten, dass der Schauspieler randvoll mit Emotionen gefüllt sei, von denen einige in die Rolle hineinfließen würden. Horaz sagte: »Wir lachen und weinen, wie wir es andere tun sehen, / Nur der macht mich traurig, der mir den Weg weist / Und zunächst selbst traurig ist.« Der Dramatiker Robert Lloyd (1733–1764) konstatierte: »Kein Schauspieler vermag zu gefallen, der nicht zunächst besessen ist.« Ein Schauspieler lässt von sich selbst etwas in die Figur des Hamlet einfließen, füllt ein Gesicht mit seinem Herzen aus.

Diderot jedoch meinte, dass Schauspieler auf der Bühne gar nichts empfänden. Genau aus diesem Grunde könnten sie alle möglichen Gefühle vortäuschen. Wenn David Garrick innerhalb von fünf bis sechs Sekunden eine ganze Skala verschiedener Gefühle zeigen könne, dann deswegen, weil er eigentlich völlig abgekoppelt von ihnen sei. Ein wahrhaft empfundenes Gefühl wäre nur ein Hindernis, denn ein solches Gefühl übermanne uns und behindere uns bis zu einem gewissen Grad bei dem, was wir täten. Schauspieler, so Diderot, stellten sich aber darauf ein und behielten wie jeder Künstler zu jeder Zeit die Kontrolle über sich.

Diderot wies darüber hinaus darauf hin, dass ein Schauspieler, der auf der Bühne aus Leidenschaft heraus agiere, im Laufe der Zeit schwächer würde, wenn nämlich auch das Gefühl nachlasse. Folglich könnte er dann nicht mehr so überzeugend wirken. Tatsächlich jedoch würden Schauspieler von Aufführung zu Aufführung besser. Nach einer Tragödie seien die Zuschauer in trauriger Stimmung, der Schauspieler hingegen einfach nur erschöpft. Ein an seine Emotionen gebundener Schauspieler müsse versagen, wenn er persönlichen Kummer habe, man wisse jedoch, dass ein wahrer Schauspieler unbeirrt weiterspiele. Zudem: Bei Liebesszenen würden Schauspieler manchmal zwischen den Liebesseufzern und Treueschwüren *sotto voce* mit ihren Partnern zanken – von echter Leidenschaft ergriffen, würden sie eine gespenstische Atmosphäre heraufbeschwören.

Natürlich spiegelten Diderots Überlegungen bis zu einem gewissen Grad den von Regeln eingeengten Charakter des französischen Theaters wider, mit seinen im Singsang vorgenommenen Deklamationen und seinen strengen mimischen Konventionen. Letztere waren von Charles Le Brun (1619–1690) begründet worden, dem Hofmaler von Ludwig XIV., dessen *Methode, die Leidenschaften zeichnen zu lernen* 1702 erschienen war. Le Brun übernahm Descartes' Unterscheidung von sechs grundlegenden Leidenschaften – Liebe und Hass, Freude und Trauer, Bewunderung und Verachtung – und beschrieb, wie sich diese auf dem Gesicht eines Menschen abzeichneten, beziehungsweise wie man sie nachahmen konnte. Das Rezept für Verachtung beispielsweise lautete: Augenbrauen zusammenziehen und über der Nasenwurzel senken, Augen weit öffnen, wobei die Pupillen genau in der Mitte sein müssen, Nasenflügel spreizen, Mund schließen, Mundwinkel leicht nach unten ziehen, Unterlippe nach vorne schieben.

Ganz ähnlich legte der Dramatiker Aaron Hill (1685–1750) in *Die Kunst der Schauspielerei* von 1746 dar, welche zehn Primärgefühle das Gesicht ausdrücken könne. Es seien: Freude, Verwunderung, Liebe,

Mitleid, Eifersucht, Furcht, Kummer, Wut, Verachtung und Hass. Hill beschrieb genau, wie der entsprechende Gesichtsausdruck aussah. Er meinte, dass ein Schauspieler keine einzige Silbe von sich geben solle, bis er die genannten Gefühle nicht mit Hilfe seiner Mimik wiedergeben könne. Wut hatte nur ein einziges Gesicht statt vieler, und die Schauspieler rühmten sich ihrer Fähigkeit, es nach Belieben aufsetzen zu können.

Diese platonischen Grundformen von Gesichtern erwiesen sich jedoch als viel zu einengend. Charles Macklin und David Garrick bedienten sich der ganzen Fülle von Ausdrucksmöglichkeiten, faszinierten damit ihre Zuschauer und bereiteten den Spielereien von Le Brun, Hill und anderen ein Ende. Sie füllten die Personen eines Dramas wirklich mit Leben.

Diderots Fragen bleiben aber weiter bestehen.

Bringen Schauspieler Gefühle zum Ausdruck, ohne diese wirklich zu verspüren? Der Schauspieler Simon Callow beschreibt, was in einem Akteur vorgeht, wenn er auf der Bühne Gefühle ausdrückt: »Gleichgültig, wie intensiv oder schmerzhaft die Gefühle sind, ... je mehr man sich bei einer guten Darbietung in sie hineinsteigert, desto weniger wird man von ihnen berührt. Diese Gefühle werden aktiviert – aber sonst nichts. Das Gefühl geht quasi durch einen hindurch.« Möglicherweise ist die Frage nicht, ob Schauspieler etwas fühlen, sondern ob die Gefühle in ihre Seele eindringen. Normale Emotionen tun dies, sie stoßen bis dorthin vor. Aber: Die Qualen einer Blanche Dubois oder eines Willy Loman sind nicht die Qualen der Schauspielerin oder des Schauspielers.

Wenn das so ist, was geht dann vor? Wie können Schauspieler uns mit zur Schau gestellten Gefühlen an der Nase herumführen?

Eines ihrer Geheimnisse besteht darin, zu denken wie die Person, die sie spielen. »Vollziehe die Gedankenprozesse der Person nach, die du verkörperst, und dein Gesicht wird sich ganz normal verhalten«, rät Michael Caine. Ein Schauspieler, der die Gedanken einer fiktiven

Gestalt denkt, wird den Eindruck erwecken, als ob er jeden Satz gerade erst neu formuliere. Er wird nicht nur das Äußere einer solchen Gestalt nachahmen, sondern auch das, was in ihr vorgeht – und dieser Prozess wird das richtige Gesicht entstehen lassen, wie auch die richtige Stimme, die passenden Gesten und Bewegungen.

Diesen Gedankenstrom zu beherrschen erfordert große Gewissenhaftigkeit. Eine Rolle überzeugend zu verkörpern, verlangt eine sorgfältige Analyse des Textes und viele Proben. Zu Beginn liest der Schauspieler einfach Zeile für Zeile vor und liefert damit nur eine ganz oberflächliche Darbietung. Es ist einfach unmöglich, einen Part zu lesen und ihn gleichzeitig zu denken. Wenn er den Text jedoch auswendig gelernt hat, wird geistiges Terrain für das Schauspielern frei, die Darbietung schwingt sich empor.

Einfaches Auswendiglernen des Textes reicht aber nicht aus. Alle Zeilen müssen tief in die Cortex hineinsinken, um wie von selbst wieder abgespult werden zu können. Paul Muni lernte seinen Text, bis jede Zeile rein reflexiv aus seinem Mund kam. Dann schenkte er dem Text keine weitere Bedeutung und *dachte* nur noch den Inhalt der Zeilen, die er zu sprechen hatte, wobei er sich oft vom Skript entfernte. Dann ließ er den Text wieder zurückkehren. Im wirklichen Leben legen sich die wenigsten Menschen erst die Worte im Kopf zurecht, bevor sie sie aussprechen. Wir sprechen spontan, und die Worte fließen auf natürliche Weise. Schauspieler versuchen denselben Effekt zu erzielen.

Natürlich erklärt das Hineinschlüpfen in das Denken der von ihnen verkörperten Gestalten nicht allein, wie Schauspieler es schaffen, sich eine ganz neue Persönlichkeit zuzulegen oder Wut und Kummer in sich aufsteigen zu lassen. Eine Methode, heftige Gefühle herbeizurufen, wurde im Zusammenhang mit der ersten formalisierten Ausbildung von Schauspielern entwickelt.

Im Sommer 1906 hielt sich der berühmte russische Schauspieler und Regisseur Konstantin Stanislawskij (1863–1938) in Finnland auf. Eines Tages wanderte er zu einer Klippe am Ufer der Ostsee, setzte sich nieder und ließ in Gedanken seine ganze Karriere Revue passieren. Im Zusammenhang mit einigen Rollen konnte er sich daran erinnern, gewisse Probleme nicht in den Griff bekommen zu haben. Jetzt fragte er sich nach dem Warum. Er begann sich Sorgen darüber zu machen, träge zu werden und in eine routinemäßige Wiederholung von schon Einstudiertem zu verfallen. Diese Zweifel führten zu einer Jahre währenden Selbstüberprüfung und schließlich zu der Ausarbeitung jener Unterrichtstechnik, die als »System« bekannt wurde.

Stanislawskij schrieb sehr viel – und sehr Verschiedenartiges. Und letztlich entzieht sich sein »System« deshalb einer systematischen Darstellung. Doch immer wieder kommt er auf drei, ihm besonders wichtige Punkte zurück: Entspannung, Konzentration und emotionales Erinnern.

John Gielgud nannte die Fähigkeit, sich zu entspannen, »das Geheimnis aller guten Schauspieler«. Normalerweise verspüren Schauspieler eine gewisse Anspannung in sich, doch die kann ihre Darbietung leblos, geradezu »steinern« werden lassen, indem sie die Verbindung zwischen den Gedanken und den entsprechenden Reaktionen des Gesichts unterbricht. Entspannung ist also das auf der Hand liegende Gegenmittel. Eine ruhige Schauspielerin wird physisch beweglicher und freier, was ihre Mimik und Gestik betrifft. Marilyn Monroes Bewegungen vor der Kamera waren hölzern, bis sie berühmt wurde. Von da an lernte sie, sich vor dem Kameraobjektiv zu entspannen, sich geradezu an das Objektiv heranzukuscheln. Fortan wirkte sie auf der Leinwand viel präsenter, viel lebendiger. Im Leben wie in der Kunst verleiht Entspannung Anmut.

Von entscheidender Bedeutung ist aber auch Konzentration. Stanislawskij zufolge ist jemand, der auf der Bühne steht, »in der Öffentlichkeit für sich allein«, was verlangt, dass er sich auf sich selbst konzentriert. Ein Schauspieler, der sich seines Publikums ganz offenkundig bewusst ist, verspielt sich im wahrsten Sinne des Wortes dessen Aufmerksamkeit, während ein Schauspieler, der sich ruhig und wenig Aufsehen erregend verhält, aber äußerst konzentriert ist, die Zuschauer ganz in seinen Bann ziehen kann. Schauspieler schulen demzufolge ihr Konzentrationsvermögen.

Emotionales Erinnern ist die berühmteste und interessanteste Teilmethode des Systems. 1958 stellte der Arzt Wilder Penfield mit Hilfe von Elektroden, die an das Gehirn von Patienten angeschlossen wurden, fest, dass man lebhafte Erinnerungen an sich selbst in früheren Situationen wieder heraufbeschwören kann. Eine Frau zum Beispiel sah sich selbst in ihrer Küche sitzen, wie sie sich Sorgen um ihr Kind machte, das draußen auf einer viel befahrenen Straße spielte. Sie erinnerte sich nicht nur genau an den Raum, sondern auch daran, wie sie sich damals gefühlt hatte. Wiedererfahren der Vergangenheit bedeutet, dass das Geschehen von damals wieder lebendig wird, aber auch das Gefühl, das man dabei empfunden hat.

Das heißt, man kann über sein Gedächtnis Gefühle freisetzen. Diese Koppelung macht sich das Stanislawskij-System zunutze. Indem er sich beispielsweise den Tod eines Elternteils wieder vergegenwärtigt, kann ein Schauspieler erreichen, dass sich entsetzlicher Kummer auf seinem Gesicht abzeichnet. James Earl Jones meinte, es sei ungefähr so, als ob man eine Bahn für seine Gefühle anlege, die parallel zu der verlaufe, in der sich die Gefühle der Bühnenfigur bewegten. Er könne die tödliche Gefühlsspirale, in die Othello von seiner Eifersucht getrieben werde, nicht unmittelbar nachschaffen, da er nie ähnliches erlebt habe, aber er könne, indem er seine eigenen Erinnerungen heranziehe, seine Gefühle in eine vergleichbare Bahn lenken.

Paul Ekman lieferte von wissenschaftlicher Seite aus die Bestätigung dafür, dass dies funktioniert. Er forderte Versuchspersonen auf, ihr Gesicht einen Ausdruck annehmen zu lassen, der sich normalerweise nur unwillkürlich einstellt. Als ihnen das nicht gelang, riet er ihnen, eine emotionale Erinnerung wachzurufen. Häufig waren die Probanden über diesen Weg dann tatsächlich erfolgreich. Stanislawskijs Schüler wussten dies schon vor langer Zeit, nach ihren Übungen waren sie bisweilen in Tränen aufgelöst, von tiefster Wut erfüllt oder konnten nicht mehr aufhören, lauthals zu lachen.

Lee Strasberg (1901–1982) verfeinerte das System, das bei ihm zur »Methode« wurde. Er unterrichtete Schauspieler und Schauspielerinnen wie Robert de Niro, Dustin Hoffman, Paul Newman, Joanne Woodward, Al Pacino, Marilyn Monroe und Marlon Brando. Strasberg glaubte, dass ein Schauspieler zwar denken müsse, wenn er seinen Text von sich gibt, dass es aber keine große Rolle spiele, woran er denke. So könne er beispielsweise bedenkenlos überlegen, ob er nach der Vorstellung bei Sardi oder bei Pizza Hut zu Abend isst: Sein Gesicht werde in jedem Fall lebendig wirken, weil sein Gehirn arbeite.

Die »Methode« gefällt aber nicht jedem Schauspieler, manch einer hält sie nur für ein Werkzeug von vielen. Laurence Olivier meinte, sie sei es wert, sie kennen zu lernen, sie verlängere aber Proben unnötig und verschütte die natürlichen Gaben einer Marilyn Monroe. James Earl Jones sagte, er halte sie für nützlich, aber für mehr nicht. Es gibt niemanden, der für die Schauspielkunst das ist, was Euklid für die Mathematik war.

Vom Filmschauspieler wird noch anderes verlangt als vom Bühnenschauspieler, da dem Gesicht im Film größere Bedeutung zukommt. George Cukor hatte Katherine Hepburn einst darauf hingewiesen, dass die Kamera dem Schauspieler quasi auf der Schulter hockt. »Die Kamera muss man nicht umwerben; die Kamera liebt einen bereits«, meint Michael Caine. »Wie eine aufmerksame Geliebte schenkt die Kamera jedem deiner Worte Beachtung, jedem deiner Blicke; sie kann ihr Auge einfach nicht von dir abwenden.«

Tatsächlich ist sie ein gnadenloser Beobachter. Sie mustert das Gehirn dessen, der vor ihr steht, fängt auch das schwächste Aufflackern von Anstrengung und Zögern ein und vergrößert unbarmherzig die Leere einer unausgefüllten Rolle. Vor allem bei Naheinstellungen wird ihre Macht, alles zu erkennen, brisant, zeigen die Augen eines Schauspielers doch deutlich, was ihm durch den Kopf geht.

Sich auf die Partner einzustellen ist ebenfalls eine unerlässliche Voraussetzung für die Filmschauspielerei. Spencer Tracy erteilte jungen Kollegen den Rat: »Nehmt eure Hände aus den Taschen und hört den anderen Schauspielern zu.« Die Zuschauer spüren es, wenn die Filmpartner sich wirklich zuhören, es verleiht jedem Gespräch Leben. Ein geschulter Schauspieler studiert rechtzeitig den Text eines Partners oder einer Partnerin, um jenen Zeitpunkt ausfindig zu machen, an dem die eigenen Gedanken einsetzen. Ein einziges Wort irgendwo in der Mitte des Textes kann eine Antwort auslösen. Wenn diese auch erst formuliert werden kann, nachdem der Filmpartner ausgeredet hat, so wird die Antwort doch schon zuvor angedacht – und die Kamera wird zeigen, wie sich diese Gedanken im Gesicht abzeichnen.

Ein wirklich guter Schauspieler ist jedoch darüber hinaus in der Lage, auch all das zu transportieren, was seine Figur denkt, aber nicht sagt. Und die Kamera wird es sehen – wie später auch die Zuschauer des Films. Das denkende Gesicht von Ben Kingsley vermag die Zuschauer geradezu zu hypnotisieren. Auch Emma Thompson versteht sich darauf, ihr Gesicht in dieser Weise einzusetzen. Viele der Charaktere, die sie spielt, erhalten auf diese Weise ein schrullig-humoriges Innenleben. »Vorzuspielen, dass man denkt, ist schwierig, ja eigentlich unmöglich«, meint Callow. »Man muss *denken* – das ist das ganze Geheimnis.«

Auf der Bühne oder im Filmstudio, immer braucht es seine Zeit, bis ein Schauspieler eine Rolle perfekt spielen kann. »Ein Filmschauspieler muss in der Lage sein, die Träume einer anderen Person zu träumen, bevor er behaupten kann, deren Charakter verinnerlicht zu haben«, meint Michael Caine. John Gielgud braucht nach eigener Aussage sechs Wochen auf der Bühne, bis er eine Rolle wirklich beherrscht.

Ekman stellte fest, dass man es lernen kann, sein Gesicht einen Ausdruck bewusst annehmen zu lassen, der sich normalerweise unwillkürlich einstellt: Man braucht aber Hunderte von Stunden dazu. Die Lehrzeit von Schauspielern ist noch um ein Vielfaches länger. Gielgud meinte, dass es mindestens fünfzehn Jahre dauere, bevor man ein guter Schauspieler sei – die meisten üben ihr ganzes Leben lang.

Vielleicht muss man auch eine bestimmte genetische Veranlagung oder einen ganz besonderen Charakter haben. Diderot stellte eine Chamäleon-Theorie auf: Schauspieler besäßen überhaupt keinen eigenen Charakter, nur deshalb könnten sie jeden Charakter annehmen. Der Regisseur Peter Brook meinte, dass die meisten Schauspieler bereits im Alter von zehn Jahren ihr elementares Naturell gerne abstreifen würden. Die Schauspielerei würden sie benutzen, um in Gestalten ihrer Phantasie zu schlüpfen, die ihnen charakterlich lieber seien als die eigene Person. Leo McKern sagte, eine andere Person zu spielen bedeute nichts anderes, als die eigene zu verstecken. Und John Gielgud schrieb: »Für mich ist das Theater immer etwas gewesen, in das man sich flüchten konnte, eine Scheinwelt voller Farbigkeit und Aufregung.«

Viele Schauspieler scheinen mit mehr als nur einem Selbst ausgefüllt zu sein. Callow und Dame Edith Evans haben beide bestätigt, dass sich viele Persönlichkeiten in ihrem Inneren drängten, was einem Schauspieler ganz offenkundig dabei behilflich sein kann, unterschiedliche Charaktere zu verkörpern. Wenn sie es ernst mit ihrer Kunst meinen, tun sie aber ein Übriges, studieren Fremde, die ihnen auf der Straße begegnen, schauen Berufskollegen zu und beobachten sie genauestens.

Und wie schauspielern Schauspieler? Eine Anekdote offenbart die Schwierigkeit einer Antwort: Laurence Olivier spielte den Othello und hatte das Publikum ganz in seinen Bann gezogen. Als der Schlußvorhang fiel, applaudierten ihm sogar die anderen Schauspieler. Er aber marschierte in seine Garderobe und knallte die Tür ärgerlich hinter sich zu. Einer seiner Kollegen schlich schließlich herbei, pochte zaghaft an die Tür und fragte: »Was ist los? Sie waren großartig!«

»Ich weiß«, bellte Olivier zurück. »Und ich hab' nicht die blasseste Ahnung, warum!«

Der gefesselte Proteus

Das Gesicht von Gwynplaine, der Titelfigur von Victor Hugos *Der lachende Mann* (1869), sieht so aus, als ob es mitten in einem Gelächter erstarrt sei. »Seine Züge lachten, sein Herz nicht«, sagt der Erzähler und stellt Vermutungen darüber an, ob man Gwynplaine nicht als Kind operiert habe, um ihn gewinnbringend in einem Panoptikum ausstellen zu können. »Man hätte beinahe sagen können«, so heißt es, »dass Gwynplaine die dunkle, tote Maske aus der antiken Komödie sei.«

Ein wirklich erstarrtes Gesicht wie das Gwynplaines jagt einem Betrachter Schauer über den Rücken. Ein artifizielles, das bei einer Theateraufführung eingesetzt wird, interessanterweise nicht. Man sollte meinen, dass ein Schauspieler, der nur ein einziges Gesicht aufweist, eigentlich gar kein Schauspieler sein kann. Dramatiker haben es jedoch mittels verschiedener Kunstgriffe fertig gebracht, auch eine Maske Ausdruck vermitteln zu lassen. Allerdings erfordern Masken eine besondere Gestaltung des Dramas.

Masken haben bei Theateraufführungen überraschenderweise eine große Bedeutung gehabt, die sie möglicherweise über das Ritual erhielten. So trugen Afrikaner bei ihren Ritualen gewöhnlich Masken, die voller Leben waren, wenn man sie aufsetzte – ähnlich der Puppe eines Bauchredners. In Chinua Achebes Roman *Der Pfeil Gottes*

(1964) macht sich der Holzschnitzer Edogo Sorgen wegen der letzten Maske, die er angefertigt hat. Seine Kunden loben sie, aber er weiß, dass er sie erst in Aktion sehen muss, um einschätzen zu können, was sie wirklich wert ist. Als die Zeremonie beginnt, »schien die Schwäche zu weichen«, und die Maske erwacht schlagartig zum Leben. Findet die Zeremonie am Abend beim Schein eines Feuers statt, verhelfen besonders die unregelmäßig aufzuckenden Flammen der Maske auf gespenstische Weise zum Leben.

Vom Annehmen – oder besser: Anlegen – der Identität eines Geistes ist es nur ein kurzer Schritt zur Darstellung seiner Taten. Masken machen ein Drama gesichtslos, gleichwohl sind sie überall auf der Welt immer wieder in Aufführungen der verschiedensten Art zum Einsatz gekommen. Vor allem in Südostasien waren sie gebräuchlich, aber auch bei den Hopi und den Pueblo-Indianern. Bei Aufführungen der Azteken benutzten die Akteure Masken von mythischen Figuren, aber auch von Kröten, Vögeln, Käfern oder Schmetterlingen.

Für das chinesische mythologische Liebesdrama *Fung shen yen i* waren einundzwanzig Masken erforderlich. Einige stellten Gottheiten dar, wie Yün Siao, dessen mächtige Scheren Menschen wie Götter entzweischnitten, oder den mythischen Kiang Tse-ya, der solches Mitleid mit aller Kreatur hatte, dass er mit einem geraden Haken angelte. In buddhistischen Schauspielen der Chinesen wurde dem Publikum gezeigt, welche Qualen den Menschen in der Hölle erwarten. Das chinesische Inferno besteht aus einer Myriade von Höllen, die sich auf zehn verschiedenen Ebenen befinden und durch die die Seele auf ihrem Weg zur Reinkarnation hindurchwandern muss. Es gibt Höllen, die voll glühendheißem Dampf sind, während in anderen Eiseskälte oder schreckliche Düsterheit herrscht. In einigen Höllen müssen die Unglücklichen, die in ihr gelandet sind, widerliche Tränke schlucken, in anderen sitzen sie auf spitzen Stacheln oder gleiten endlos auf einem Pfad von schmierigen Bohnen aus. Masken trugen dazu bei, diese verschiedenen Qualen sichtbar werden zu lassen.

Ihren Höhepunkt erreichte die Kunst der Masken aber in Japan und im antiken Griechenland.

Das japanische No kam im vierzehnten Jahrhundert auf. Diese besondere Dramenform wurde vor allem von Kanami Kiyotsugu und dessen Sohn Zeami Motokiyu (1363–1444) aus älteren Formen heraus entwickelt. 1374 besuchte der Shogun und Ästhet Ashikaga Yoshimatsu eine Aufführung. Ihm gefiel das No-Theater so gut, dass er sich zu seinem Schirmherrn erklärte und ihm damit zum Durchbruch verhalf. Später, unter dem Tokugawa-Shogunat, wurden Aufführungen von No-Stücken vom Staat finanziert und dienten zur Unterhaltung der Elite. In einem typischen No-Stück werden Geschehnisse aus dem Japan der Feudalzeit dargestellt, und zwar in einer formalistischen und anti-realistischen, oft aber auch in atemraubend eleganter Manier.

»Eine Maske verrät uns mehr als ein Gesicht«, lautet eine Formulierung Oscar Wildes, in der wohl ein etwas subversiver Humor zum Ausdruck kam. Einige No-Schauspieler würden ihm aber durchaus zustimmen. Es gibt über fünfhundert Masken für die verschiedenen Rollen. Sie stellen Männer, Frauen, Götter, Dämonen und Verrückte dar. Diese fünf Grundtypen sind aber ihrerseits wieder in eine große Schar von Untertypen unterteilt. Wie die Afrikaner bemühen sich auch die No-Schauspieler darum, ihre kleinen, sehr leichten Masken lebendig werden zu lassen. Und wenn dies einem der Akteure wirklich gelingt, dann scheint die Maske mit seinem Gesicht eins zu werden.

Die feinausgeführten Züge tragen dazu bei, dass dies möglich wird. Die Maske solle ein inneres Wesen einfangen, sagte Zeami, und »den Charakter, den sie repräsentiert, stilisieren und in einem wahreren Licht zeigen, als die Realität dies jemals könnte«. Die besten von ihnen fangen einen Ausdruck ein, der mehrere verschiedene Bedeutungen haben kann. Sie sind so ausdrucksstark, dass viele Schauspieler vor den Aufführungen sie anstarren, um ihren Geist in sich aufzunehmen.

Die Künstler, die die No-Masken schnitzten, kalkulierten die Wirkung der Beleuchtung ein – ein weiteres Geheimnis der Aussagekraft dieser Masken. Eine Dame, die sich nach ihrem in der Ferne weilenden Verehrer sehnt, senkt ihr Maskenantlitz. Der Winkel, in dem das Licht dann auf das Antlitz fällt, vertieft die auf ihm liegenden Schatten, so dass es besonders bekümmert wirkt. Ein Krieger, der gerade einer Gefahr entgangen ist, reckt sein Haupt dem Licht entgegen. Ein Ausdruck des Triumphes legt sich auf die Maske. Manchmal reicht es, den Kopf nur leicht zur Seite zu wenden, damit der Mund sich zu einem Ausdruck von Grausamkeit verzieht.

Und doch sind diese Masken immer noch Masken, denen das Vokabular eines Gesichts fehlt. Das No-Theater gleicht dies mit einem Zeichencode aus. Da eine Maske nicht weinen kann, deutet ihr Träger Tränen an, indem er die rechte Hand erst über dem einen, dann über dem anderen Auge leicht von oben nach unten bewegt. Um große Freude oder auch Wut auszudrücken, stampft er, von Trommelschlägen begleitet, mit den Füßen auf den Boden. Wie in der antiken griechischen Tragödie setzt überdies ein Chor die Zuschauer darüber in Kenntnis, was eine Person empfindet.

Das No-Theater ist überaus stilisiert. Außer Masken tragen die Akteure unbequeme, aus mehreren übereinander liegenden Schichten bestehende Kostüme. Strenge Regeln schreiben ihnen vor, wie sie über die Bühne zu schreiten haben, bestimmen auch ihre Gesten bis ins einzelne. Masken legen vielleicht jeder Art von Drama eine solche Stilisierung auf, aber im No-Theater wurde sie bis zu einem sublimen Extrem getrieben, an dem keine weitere Steigerung mehr denkbar und Fortschritt nur noch dadurch möglich war, dass man wieder von ihr abrückte.

Aristoteles behauptet, dass sich die griechische Tragödie allmählich aus »Dithyramben« entwickelt habe, aus Gesängen, die eine religiösrituelle Funktion hatten. Die Masken der Griechen unterschieden sich stark von den zarten Gebilden, die in No-Theaterstücken zum

Einsatz kamen. Es handelte sich um zylindrische Gebilde, die so groß waren, dass die Zuschauer das Masken-Antlitz von den hinteren Rängen eines Amphitheaters, also aus einer Entfernung von rund einhundert Metern, erkennen konnten, und sie besaßen metallene Mundstücke, die dafür sorgten, dass die Stimme weit genug trug. Die No-Masken dienten der Verfeinerung der Kunst, die griechischen standen im Dienst der Demokratie.

Die Griechen versuchten nicht, ihre Masken zum Leben zu erwecken, statt dessen bemühten sie sich, deren Leblosigkeit durch verschiedene Mittel auszugleichen. In ihren Theaterstücken sind Klageschreie ein Ersatz für Tränen. Die handelnden Personen merkten ausdrücklich an, dass sie erröten, bleich werden oder dass ihnen die Haare zu Berge stehen, so dass die Zuschauer nachvollziehen konnten, was sie nicht sahen. Das gesprochene Wort wurde von »theatralischen« Gesten unterstrichen. Um ihren Kummer erkennbar werden zu lassen, rauften sich die Mimen die Haare aus, zerkratzten sich das »Antlitz« mit den Fingernägeln, trommelten mit den Fäusten auf ihren Leib, zerfetzten sich die Kleider, oder – und das ist besonders interessant – sie verbargen ihre Masken-Gesichter hinter einem Schleier. Sie spien vor Ekel und hüpften vor Freude wie junge Zicklein umher.

Wie die Masken des No-Theaters waren auch die griechischen in mehr als einer Hinsicht von Nutzen. Sie konnten den Charakter einer Person verdeutlichen. Ein merkwürdiger Zauber konnte von ihnen ausgehen. Worte, die aus einem Mund hervordrangen, der sich in keiner Weise bewegte, verliehen der Aufführung einen Hauch des Übernatürlichen. Überdies machten Masken eine Aufführung viel billiger, da ein- und derselbe Schauspieler mehrere Rollen übernehmen konnte. So weist zum Beispiel der *Agamemnon* des Aischylos sechs Sprechrollen auf, die aber von nur zwei Akteuren gespielt werden können. Masken sorgten schließlich auch dafür, dass die Schauspieler anonym und folglich auch fügsam blieben, obwohl einige von ihnen aufgrund ihrer unverkennbaren Stimme oder ihrer charakteristischen Gesten Berühmtheit erlangten.

Die griechische Theatertradition bestand viele Jahrhunderte fort. Doch auch für mittelalterliche Mysterienspiele brauchte man Masken, ebenso wie für die *Commedia dell'arte* – für eine Gesellschaft, die sogar maskenhafte Porträts chic fand, war das natürlich kein Problem. Als man dann zunehmend die Lebensähnlichkeit wieder zu schätzen lernte, begann peu à peu auf dem Gesicht aufgetragene Schminke die Masken zu ersetzen. Zur Zeit Shakespeares gehörten sie bereits der Vergangenheit an.

Gelegentlich erlebten sie im abendländischen Theater ein Comeback – so in Eugene O'Neills *Der große Gott Brown*. O'Neill hatte Fotos von afrikanischen und asiatischen Masken zu Gesicht bekommen. O'Neill erkannte, dass Masken den Bruch zwischen dem komplexen inneren Leben eines Menschen und der Emoticon-Persönlichkeit, welche die Welt wahrnimmt, zum Ausdruck bringen könnten. Er war sich auch bewusst, dass man mit ihnen die Evolution eines Charakters deutlich werden lassen, ja sogar den Transfer einer Persönlichkeit zeigen könnte: Als der extravagante Dion Anthony stirbt, stiehlt ihm der bis dahin maskenlose Brown die Gesichtsbedeckung. O'Neill selbst hatte die Persönlichkeit seines älteren Bruders Jamie angenommen. So hatte sich der schüchterne junge Mann die äußere Erscheinung eines rebellischen Skeptikers und Trinkers zugelegt und gleichzeitig seine Seele entzweigerissen. Er sagte später: »Das äußere Leben eines Menschen verläuft in einer Einsamkeit, die von den Masken anderer heimgesucht wird. Das innere Leben verläuft in einer Einsamkeit, in der man von den Masken des eigenen Selbst gehetzt wird.«

Die Uraufführung von der *Der große Gott Brown* fand am 23. Januar 1926 statt. Man hatte zu wenig Zeit für die Vorbereitung gehabt, und die Masken waren unförmig und klobig. O'Neill hatte das Gefühl, dass sie allein Hypokrisie und defensive Persönlichkeiten vermittelten, und war außer sich vor Wut. Das Premierenpublikum war von dem Dargebotenen verwirrt, dennoch hielt sich das Stück acht Monate lang. Später empfahl O'Neill, Schauspieler sollten auch bei einer *Hamlet*-Aufführung Masken tragen, und meinte, dass auch andere von ihm verfasste Stücke wie *Emperor Jones* davon profitieren würden. »Wenn sie wirklich perfekt ist«, sagte er, »kann eine Maske auf viel subtilere, imaginativere und suggestivere Weise dramatisch wirken, als es das Gesicht eines Schauspielers jemals zu tun vermag.« Das war schon damals eine recht bizarre Ansicht, und im Zeitalter des Films vermag man sie kaum noch zu verstehen.

Wenngleich auch der Film Masken kennt. Sie dienen aber nicht der Stilisierung, sondern sind ein rein mimisches Hilfsmittel. Lon Chaney spielte den Wolfsmann, indem er sich in ein Yakfell hüllte und eine Gummischnauze über Mund und Nase stülpte. Schon in den Dreißigerjahren entwickelten aber Make-up-Spezialisten für Filme wie *Der Zauberer von Oz* Masken aus Latexschaum, die man »Appliances« nennt. Solche Hilfsmittel verändern das Aussehen, liegen aber dem Gesicht eng an und bewahren daher dessen Ausdruck. Der Make-up-Spezialist nimmt vom Gesicht des Schauspielers einen Abdruck und formt nach diesem die Latexmaske. An ihren Rändern geht sie sanft in das Gesicht oder den Nacken ihres Trägers über. Mit Hilfe von Schminke kann man eventuell noch sichtbare Ansätze unkenntlich machen.

Mit Latexmasken kann man eine Person auch weit in ihre eigene Zukunft hineinversetzen. Latex ließ F. Murray Abraham in *Amadeus* altern und verwandelte Dustin Hoffman in *Little Big Man* in den einhundertelf Jahre alten Jack Crabb. Die Latexmaske, die Marlon Brando in *Der Pate* trug, verlieh seinen Kiefern ihre beeindruckende Präsenz, und Max von Sydow wurde mit Hilfe dieser Maskentechnik in seiner Rolle als Pater Merrin in *Der Exorzist* um Dekaden älter.

Einige dieser Masken verleihen ihrem Träger auch eine neue Identität. In *Frankenstein* machten sie Robert de Niro zu einem Semi-Androiden, und Jeff Goldblum verwandelten sie in *Die Fliege* in einen

Arthropoden. Diese Kreationen sind bisweilen mit sehr viel Aufwand verbunden. Goldblum musste jeden Tag zehn Stunden lang unbeweglich verharren, bis seine Verwandlung vollzogen war. Auch diese neuartigen Masken erzielen, was schon die No-Masken erzielen sollten: Sie machen den Schauspieler unsichtbar. Sie verbergen das Gesicht, nicht aber den Geist.

Es gibt jedoch Regionen auf dieser Welt, in denen Menschen nicht nur ihr Gesicht verbergen müssen, sondern auch ihren Geist, und das Tag für Tag, sobald sie sich auf die Straße hinauswagen.

Angst vor dem Beäugen

In Algerien sterben Frauen wegen ihrer Gesichter. Religiöse Eiferer metzelten zwei Frauen nieder, die unverschleiert an einer Haltestelle auf den Bus warteten. Fünfzehn militante Moslems entführten und vergewaltigten eine Mutter und deren zwei Töchter und verhalfen ihnen anschließend zum berüchtigten »Lächeln der Kabylen«, das heißt sie schlitzten ihre Kehlen auf, weil sie eine Schule besuchten, in der Frauen keinen Schleier anzulegen brauchten. Ironischerweise waren diese Frauen selbst sehr fromm und hielten sich an das Purdah-Gebot.

Purdah ist der strengste Bekleidungskodex der Welt, der genau festlegt, was nicht gezeigt werden darf. Die Unerbittlichkeit, mit der man in vielen mohammedanischen Ländern über die Einhaltung dieser Regeln wacht, ist für einen Angehörigen der westlichen Wertegemeinschaft schockierend. Zur Zeit der iranischen Revolution verhaftete die Polizei Frauen, die es wagten, auch nur eine Locke oder Strähne ihres Haares sehen zu lassen. Frauen, die den Kodex völlig missachteten – auch Ausländerinnen –, handelten sich damit achtzig Hiebe ein. In Saudi-Arabien fielen selbst ernannte Purdah-Wächter über eine Prinzessin aus dem einheimischen Königshaus her, weil diese in Begleitung einer Dienerin unterwegs war, die keinen Schleier trug. Im Nahen Osten bekommen die schleiertragenden Frauen die Sonne so selten zu Gesicht, dass sie an Rachitis erkranken.

Die Mohammedaner nennen diese den Frauen vorgeschriebene Bekleidung *Hijah*, was wörtlich übersetzt »Vorhang« bedeutet. Diese Bekleidungsvorschriften sind tief im Denken der Menschen verankert. Als Schah Reza 1935 im Zusammenhang mit seinem Bemühen, den Iran zu modernisieren, den *Chador* verbot, weigerten sich viele fromme ältere Frauen, überhaupt noch auf die Straße zu gehen. Einige Väter untersagten es ihren Töchtern, weiterhin die Schule zu besuchen. Für tiefreligiöse Mohammedaner ist ein Nichtverhüllen des Gesichts gleichbedeutend mit schamloser Nacktheit. »Um sich anständig und achtbar zu fühlen, bedeckt eine Abendländerin einen großen Teil ihres Körpers, bevor sie sich in die Öffentlichkeit begibt. Die Sohari-Frau bedeckt Körper *und* Gesicht.« Dies schreibt Unni Wikan, eine Frau. »Eine Abendländerin braucht sich nicht zu schämen, sich ihrem Gatten nackt zu zeigen; eine Sohari-Frau braucht sich nicht zu schämen, in seiner Gegenwart ihr Gesicht zu entblößen.«

Purdah ist ungefähr gleichbedeutend mit »Schleier«. Es sind in erster Linie die besonders strenggläubigen Frauen und die Bewohnerinnen von puristischen Staaten wie Saudi-Arabien, die einen solchen anlegen. Normalerweise verhüllen die moslemischen Frauen ihren Körper mit Ausnahme des Gesichts und der Hände. Manchmal lassen sie auch nur die Augen und die Partie um sie herum unbedeckt.

Die Purdah-Vorschriften haben in den einzelnen mohammedanischen Nationen unterschiedliche Ausprägung. In den ehemaligen Sowjetrepubliken in Zentralasien sind sie selten. In Malaysia ziehen sich viele Frauen an, wie es ihnen gefällt, und sie tragen sogar Sarongs, die zwar der Vorschrift entsprechend bis zu den Knöcheln herabreichen, sich aber so eng an den Körper anschmiegen und dessen Kurven betonen, dass sie sich mit einer solchen Kleidung eigentlich über die puritanische *Hijah*-Tracht lustig machen.

Bei den Tuareg, diesem unter anderem im südlichen Algerien lebenden Nomadenvolk, verhüllen nicht die Frauen ihr Gesicht, sondern die Männer. Sie tragen den *Chèche*, einen Stoffstreifen, der turbanähnlich um Kopf und Gesicht gewickelt wird, so dass nur noch die Augen frei bleiben. Die Tuareg erkennen sich gegenseitig an dem Muster, das die Falten ihres *Chèche* bilden. Sie tragen blaue Gewänder, die früher einmal so wenig farbecht waren, dass sich ihre Haut blau färbte. Mit dieser Tracht – die Körper und Gesicht verhüllte – schützten sie sich vor den intensiven Sonnenstrahlen und vor dem Sandstaub. Die Tuareg-Männer behaupteten aber auch, es verleihe ihnen zusätzliche Kraft, wenn sie ihr Gesicht so bedeckten, dass man dessen Ausdruck nicht erkennen konnte. Frauen, so meinten sie höhnisch, hätten nichts zu verbergen. Andere Mohammedaner stehen diesen Wüstenbewohnern voller Misstrauen gegenüber. Das arabische »Tuareg« bedeutet wörtlich »der von Gott Verlassene«.

So wie die Strenge variiert, mit der auf die Einhaltung von Purdah geachtet wird, variiert auch die Kleidung selbst. Es gibt zwei Grundbestandteile: das Körperzelt und den Gesichtsschleier.

Das bekannteste Körperzelt ist der *Chador*, in dem eine Frau Maupassant zufolge aussieht »wie der Tod, der einen Spaziergang unternimmt«. Der *Chador* ist eine wallende schwarze Stoffbahn, die vom Scheitel bis zu den Knöcheln reicht. Normalerweise tragen die Frauen ihn über langen Hosen, einem wadenlangen Hemd und einer Kapuze – in diesem Outfit kann es wirklich erstickend heiß werden. Man bekommt diese Kleidung vor allem im Iran zu Gesicht und in den Reihen der schiitischen Einwohner des Libanon. Die arabische Variante des *Chador* ist die *Abayya*, ein schwarzer Umhang mit Schlitzen für die Arme. Die afghanische Version heißt *Chadris*; es handelt sich um ein buntes zeltartiges Gewand mit einer Art von ovalem Gitter vor dem Gesicht. Die in Libyen übliche weiße *Farshiyah* bedeckt den ganzen Körper sowie das Gesicht und lässt nur ein einziges Auge frei.

Der gewöhnliche Gesichtsschleier, der das ganze Antlitz einer Frau verhüllt, heißt *Niquah*. Der *Burquah* ist eine kunstvollere Version aus den Regionen um den Persischen Golf, eine schwarz-goldene Maske, die normalerweise nur die Augen unbedeckt lässt und aus Leder, Leinwand oder einem anderen steifen Tuch gefertigt ist.

Angesichts der Rigorosität, mit der man auf die Einhaltung der Purdah-Vorschriften achtet, ist es merkwürdig, dass der Koran keinerlei derartige Gebote enthält. *Hijah* wird an einer Stelle erwähnt: »Wenn ihr die Frauen [des Propheten] um etwas bittet, sprecht mit ihnen durch einen Vorhang [*Hijah*] hindurch. Das ist reiner für eure Herzen wie für die ihren.« Warum sollten die Gläubigen sich hinter einen Vorhang stellen, wenn sie das Wort an die Frauen Mohammeds richten?

Die Vorschrift geht auf eine Offenbarung zurück, die dem Propheten bald nach seiner – umstrittenen – Heirat mit der wunderschönen Zeinab zuteil wurde. Umstritten war die Ehe deswegen, weil Zeinab zuvor den Adoptivsohn Mohammeds geheiratet hatte. Eines Tages bekam der Prophet ihren halbentblößten Körper zu sehen. Er wandte sich rasch ab und schritt davon, aber der von ihm an Sohnes Statt angenommene junge Mann glaubte, dass er Zeinab begehrte, und ließ sich von ihr scheiden. Mohammed heiratete sie daraufhin, was einen allgemeinen Skandal verursachte. Bald danach hatte er eine weitere Offenbarung: Adoptionen besäßen keine Gültigkeit! Demzufolge hatte er nicht wirklich die Gattin eines seiner Söhne geehelicht. Zur gleichen Zeit machte er es sich zur Gewohnheit, seine eigenen Ehefrauen hinter einem Vorhang zu verbergen, weil er meinte, dass das für alle sicherer sei.

Wie auch immer: Diese Stelle im Koran bezieht sich nur auf die Frauen des Propheten. Was die Frauen im allgemeinen betrifft, so heißt es in dieser heiligen Schrift: »Und sprich zu den gläubigen Frauen, dass sie ihre Blicke niederschlagen und ihre Scham hüten und dass sie nicht ihre Reize zur Schau tragen, es sei denn, was außen ist, und dass sie ihren Schleier über ihren Busen schlagen ...«

Mit diesen Worten wird man wohl kaum eine drakonische Bekleidungsvorschrift rechtfertigen können. Andererseits schleicht sich durch die Formulierung »es sei denn, was außen ist« eine gewisse Uneindeutigkeit ein. Die Mohammedaner sind überzeugt, dass damit das Gesicht und die Hände einer Frau gemeint sind, die demnach als einziges sichtbar sein dürften. Den Rest ihres Körpers müssten die Frauen folglich verbergen, es sei denn vor anderen Frauen, eng mit ihnen verwandten Männern, Knaben und männlichen »Dienern, die keinen Trieb haben«. Wirklich fromme Mohammedanerinnen geben sich aber nicht mit einem Verhüllen des Körpers zufrieden, sondern legen auch noch Handschuhe und einen Gesichtsschleier an, Maßnahmen, die ihrer heiligen Schrift zuwiderzulaufen scheinen, die doch offenbar nahe legt, dass man durchaus etwas von sich selbst, von seinen »Reizen« zeigen soll.

Die Befürworter und Befürworterinnen von Purdah berufen sich aber nicht nur auf die Vorschriften des Korans, sondern führen eine große Zahl anderer Argumente ins Feld. Viele Männer stellen es so dar, als ob Purdah ein Segen für die Frauen sei. Es erlöse sie von den lüsternen Blicken der Männerwelt und auch von den Launen der Mode, und indem es ihr äußeres Aussehen verberge, bringe es ihren Charakter zur Geltung (demzufolge gäbe es eine Gemeinsamkeit zwischen Purdah und Cyberchat). Einige moderne Purdah-Verfechter meinen auch, dass man mit dem Schleier seinen Stolz auf die eigene Kultur kundtue, dass er Symbol des Widerstands gegen den Westen sei.

Aber natürlich schlummert an der Wurzel aller Purdah-Vorschriften nur das eine: Sex. Ibrahim Amini, einem iranischen Geistlichen, zufolge bedeutet der *Chador*, dass Frauen »sicher sein könnten, dass ihr Mann, wenn er nicht daheim sei, keiner lüsternen Frau begegnen würde, die seine Aufmerksamkeit auf sich ziehen könnte«. Von Verlockungen solcher Art scheint ein Mann jederzeit und überall bedroht zu sein, und je tiefer seine Frömmigkeit ist, desto größer ist offenbar die Versuchung. Einige Ayatollahs halten die weibliche Stimme für so erregend, dass sie es den Frauen verbieten, in gemischter Gesellschaft zu sprechen. Der Titel von Geraldine Brooks' *Nine Parts of Desire* (1995) geht auf eine Bemerkung von Ali ibn Abi Talib, dem Begründer der schiitischen Religionsgemeinschaft, zurück: »Der allmächtige Gott erschuf sexuelles Verlangen in zehn Teilen; dann gab er den Frauen neun Teile davon und den Männern einen.«

Letztlich sind alle diese Argumente nicht stichhaltig. Bekleidungs-Codes beinhalten, Modedesigner wissen das, keinerlei Logik, sondern sie werden durch bestimmte Sitten und Gebräuche geprägt. Und Purdah steht ganz klar mit einem umfassenderen System von sexueller Ausgrenzung im Einklang.

Diese Ausgrenzung kann unterschiedlich strikt ausfallen. In Städten wie Kairo arbeiten Frauen wie viele andere moderne Frauen auf der ganzen Welt in Büros, ohne dass das in irgendeiner Form Aufsehen erregen würde. Sogar im Iran der Ayatollahs wurde von Khomeini verfügt, dass Frauen arbeiten könnten, weil der Koran lediglich die Bestimmung enthielt, dass die Gattinnen des Propheten zu Hause bleiben sollten. Frauen hatten jedoch die *Hijah*-Tracht anzulegen, und die Angehörigen beider Geschlechter mussten bei der Arbeit voneinander getrennt bleiben. Infolge dieses Erlasses ergab sich plötzlich eine große Nachfrage nach Friseusen, Ärztinnen, Reporterinnen (die zum Beispiel über Frauensport berichten sollten) und Professorinnen. Frauen eroberten sogar Sitze im iranischen Parlament, dessen Abgeordnete durch Wahlen bestimmt werden, die aber von der religiösen Elite erst für würdig befunden werden müssen, überhaupt kandidieren zu dürfen.

In Afghanistan verhielten sich die Taliban in dieser Hinsicht strenger. Als sie im September 1996 Kabul eingenommen hatten, untersagten sie es den Frauen, weiterhin einer Arbeit nachzugehen – und dies in einer Stadt, in der es mindestens fünfzigtausend Kriegerwitwen gab. Ein paar Fanatiker drohten sogar damit, jede weibliche Angestellte des afghanischen Roten Halbmonds aufzuknüpfen, die es wagte, sich in den Straßen sehen zu lassen. Außerdem ordneten die Taliban *Hijah* von Kopf bis Fuß an und ließen Zuwiderhandelnde öffentlich auspeitschen.

Am brutalsten wird diese Art von Apartheid aber in Saudi-Arabien betrieben. In den meisten Häusern dort gibt es einen Eingang für Männer und einen für Frauen. In Riad müssen die Frauen im Bus hinten Platz nehmen, nachdem sie durch eine besondere Tür eingestiegen sind. Bis 1981 durfte sich eine Braut dem Bräutigam vor der Hochzeit nicht unverschleiert zeigen. Töchter erben nur die Hälfte von dem, was die Söhne bekommen. Vergnügungsparks, Eisbahnen und andere Unterhaltungsstätten sind zu bestimmten Stunden nur für Männer geöffnet, zu anderen nur für Frauen, was bedeutet, dass sie nie von einer Familie gemeinsam besucht werden können. In den Banken überprüfen und verwalten ausschließlich weibliche Angestellte die Konten von Frauen. Nur im Bereich des Gesundheitswesens kommen die Angehörigen beider Geschlechter außerhalb der eigenen Familie in Kontakt miteinander. Zwar sind die Fundamentalisten strikt dagegen, dass Ärztinnen männliche Patienten berühren, es gibt aber einfach nicht genug Mediziner männlichen Geschlechts, um eine ausreichende ärztliche Versorgung der Bevölkerung zu gewährleisten.

Diese Trennung der Geschlechter ist jedoch keineswegs eine Erfindung des Islams. Schon lange vor dem Koran gab es sie in Asien und im Mittelmeerraum. Einige Historiker glauben, dass der Schleier auf den Perserkönig Kyros II. (ca. 600–529 vor Christus) zurückgehe. Die Wandreliefs des antiken Persepolis zeigen in auffallender Weise keinerlei Frauendarstellungen. Im perikleischen Athen hielten sich die Frauen zumeist im rückwärtigen Teil des Hauses auf und bekamen kaum jemals einen Besucher zu Gesicht. Sie konnten keine Verträge schließen, nicht den Besitz ihres Mannes erben und nicht vor Gericht

Klage erheben. Die Frauen der Karthager und der Parther trugen ebenfalls Schleier und führten ein Leben in völliger Isolation. Die frühen Christen fürchteten, dass der Reiz, der von den Haaren einer Frau ausging, sogar Engel in Verwirrung bringen könnte, und forderten daher Frauen auf, während des Gottesdienstes ihr Haupt und ihr Antlitz zu bedecken. Der heilige Paulus meinte, es sei besser, wenn sie sich den Kopf scheren würden, als ihr Haar in einer Kirche den Blicken anderer preiszugeben.

Purdah scheint im Grunde dazu ersonnen worden zu sein, die Frauen vor der Eheschließung keusch und nach ihr treu zu halten. Eigentlich handelt es sich um institutionalisierte Gynäkophobie. Purdah löscht das Gesicht aus und vernichtet damit nicht nur eine der wichtigsten Ausdrucksmöglichkeiten, sondern auch Schönheit.

IV Die Sirene

Schönheit ist eine Erregung; sie ist so etwas Elementares wie Hunger. Mehr braucht man nicht über sie zu sagen.

W. SOMERSET MAUGHAM

6 Konstellation des Verlangens

Um 500 nach Christus wurde in Konstantinopel einem Bärenbändiger und seiner Frau eine Tochter namens Theodora geboren. Sie wuchs in der Nähe des Hippodroms auf, wo Wagenrennen und Gladiatorenkämpfe stattfanden und das in einem rauen Viertel der Stadt lag, in dem die Besitzer kleiner Schaubuden, Stallburschen und viele Strolche zu Hause waren. Theodora war nicht nur sehr schön, sondern auch sehr aufgeweckt, und mit fünfzehn oder sechzehn hatte sie sich schon den Ruf erworben, eine ebenso erotische wie auch einfallsreiche Nackttänzerin zu sein. Sie nahm sich einen reichen Mann als Liebhaber und zog mit ihm nach Tyrus, wo der Mann sie aber verließ. Da sie völlig mittellos war, machte sie sich nach Alexandria auf, wo sie zum Christentum konvertierte. Von dort kehrte sie schließlich nach Konstantinopel zurück.

In ihrer Heimatstadt begegnete sie dem zukünftigen Kaiser Justinian. Er war achtzehn Jahre älter als sie, verliebte sich aber heftigst in das Mädchen. 523 heirateten die beiden, vier Jahre später wurde Justinian Kaiser – oder vielmehr Mitregent –, denn er verließ sich maßgeblich auf Theodoras Durchsetzungskraft und ihr politisches Gespür. Zumindest teilweise hatte sie es ihrem Gesicht zu verdanken, aus einem obskuren Slumviertel heraus den Weg auf den byzantinischen Thron gefunden zu haben.

Schönheit vermag den Lauf der Geschichte zu verändern. Das haben vor allem die Mätressen und Gattinnen von Herrschern offenkundig gemacht – Frauen wie Madame de Montespan, Madame de Pompadour oder Evita Perón – oder auch, allerdings weniger häufig, die Favoriten von Herrscherinnen, Männer wie der Earl of Essex, Graf Potemkin und Manuel de Godoy. Solche Menschen haben vielleicht den größtmöglichen Gewinn aus ihrem Aussehen gezogen. Von beträchtlichem sozialen Nutzen ist Schönheit aber auch für viele andere, vor allem für viele Frauen, gewesen – von Phryne bis hin zu Pamela Harriman. Sie ist aber nicht nur den Status betreffend von Vorteil. Attraktive Menschen sind auch in Liebesdingen erfolgreicher, und wir erachten sie in mehr als einer Hinsicht für überlegene Wesen.

Deshalb achten die meisten Menschen sorgfältig auf ihr Aussehen. Bei einer Befragung von dreißigtausend Personen gaben nur achtzehn Prozent der Männer und sieben Prozent der Frauen an, dass ihr Aussehen ihnen gleichgültig sei und sie auch nicht versuchten, es zu verbessern. Dabei stellen Menschen überall auf der Erde alles Mögliche an, um ihr Äußeres zu verschönern – mit Hilfe von Kosmetika, Tätowierungen, Nasenringen, Schönheitspflästerchen und Hautpflegemitteln. Manchmal – wie beim Sonnenbaden und bei der Verwendung von bestimmten Kosmetika – haben diese Bemühungen langfristig gesehen verheerende Auswirkungen.

Wenn Maugham recht hat und man wirklich sonst nichts mehr über Schönheit zu sagen braucht, dann sollte man dies schnellstens den Forschern, die sich in ihren jeweiligen Fachgebieten mit Schönheit beschäftigen, mitteilen. 1974 wurden in einer Übersicht an die fünfzig Publikationen zum Thema aufgelistet, 1986 waren es schon über eintausend. 1997 konnte man bei einer computergestützten Suche nach wissenschaftlichen Artikeln, in deren Titel das Wort »Attraktivität« vorkam, ebenfalls über eintausend Male fündig werden. Tatsächlich gibt es also über Schönheit sehr viel zu sagen. Sie ist schon immer eines der großartigsten Mysterien des Lebens gewesen, aber es könnte sein, dass man nun ihre Geheimnisse endgültig aufdeckt.

Platons Schwingen

Wenn Roberta Flack »The First Time Ever I Saw Your Face« singt, dann rekapituliert sie mit diesem Song etwas, was schon Platon formuliert hatte. Beide verherrlichen die Liebe auf den ersten Blick, das köstliche, die Welt erschütternde Sich-Verlieben in ein Gesicht, gleichgültig, wie der Geist aussieht, der sich hinter diesem Gesicht verbirgt. Dass man sich in eine schöne Form verliebt, kommt seit uralten Zeiten vor.

In der zweiten Rede des Sokrates im *Phaidros* erklärt Platon, wieso man sich in ein schönes Äußeres verlieben kann. Als wir hoch oben bei den Göttern weilten, lässt er Sokrates sagen, sahen wir alle die Realität der perfekten Formen – so auch die der Schönheit. Die Seele hat die Erinnerung daran bewahrt. Aber die Gesichter der Irdischen rufen nicht bei allen Menschen in gleicher Weise die Erinnerung an diese Wunder zurück. Daher sind einige in ihrer Entwicklung zurückgebliebene Menschen einfach nur gierig nach fleischlicher Liebe und geben ihrer Verlockung nach.

Wer aber gerade eben erst aus dem Himmel zurückgekehrt ist, trägt noch ein frisches Bild der Schönheit in sich, und die irdischen Abbilder der Schönheit fesseln ihn mit Macht. Wenn er ein schönes Gesicht erblickt, dann erschauert er, und er fröstelt vor Angst, wie er es auch oben tat. Er muss die schöne Person unverwandt und verzückt anschauen. Der Schweiß tritt ihm auf die Stirn, er wird von Fieber ergriffen. Die Schönheit ergießt sich durch die Augen in sein Inneres und wärmt und wässert die Stellen, wo einst die Schwingen der

Seele wuchsen. Ein harter Grind hatte diese Stellen versiegelt, hatte das Wachsen der Flügel verhindert. Doch jetzt beginnt es in dem Betrachter der Schönheit zu brodeln und zu brennen, während die Schwingen sich zu entfalten suchen. Dann schwindet der Schmerz, und Freude erfüllt seine Seele.

Wenn das schöne Gesicht sich aber wieder entfernt, dann ziehen sich die Flügel wieder zurück, und die Öffnungen schließen sich wieder. Die Federkiele pochen nun heftig wie eine Arterie und stoßen gegen den Wundschorf, womit sie der ganzen Seele Schmerz bereiten. Der Schmerz bringt diese schließlich zur Raserei. Bei Nacht findet die Seele des Liebenden keinen Schlaf. Sie verzehrt sich vor Sehnsucht und stürmt überall dorthin, wo sie die schöne Person vielleicht finden könnte.

In *Das Bildnis des Dorian Gray* stimmt Oscar Wilde eine andere Arie auf die Schönheit an, das heißt, er lässt Lord Henry Wotton ein Axiom formulieren. Wotton verkündet: »[…] Schönheit ist eine Form des Genies – steht in Wahrheit noch höher als Genie, weil sie keinerlei Erläuterung bedarf. Sie ist eine der größten Wirklichkeiten der Welt, wie der Sonnenschein oder der Frühling oder der Abglanz jener albernen Scheibe, die wir den Mond nennen, in dunklen Wassern. Man kann sie nicht bestreiten. Sie hat ein göttliches, über alles erhabenes Recht. Wer sie hat, ist ein Fürst. Sie lächeln? Ach, wenn Sie sie verloren haben, werden Sie nicht mehr lächeln …«

Beide Reden, die des Sokrates und die des Lord Henry Wotton, sind zugleich absurd und großartig, und beide Autoren scheinen selbst zu spüren, dass sie übertreiben. Gelehrte, die nicht zu glauben vermögen, dass Sokrates das, was er sagte, aufrichtig meinte, vermuten, dass er ein Beispiel für Überredungskunst liefern wollte, dafür, wie man zu überzeugen vermag, indem man an die Vorurteile des Zuhörers appelliert. Und Wilde antizipiert schon den Spott: »Sie lächeln?« Doch es scheint, als ob man übertreiben *muss*, wenn man über Schönheit spricht. Freud bot eine präzisere und objektivere Beschreibung: Sie besitze eine besondere, »leicht berauschende« Eigenschaft – doch mit dieser Charakterisierung fing er ihre Seele ganz und gar nicht ein.

Schönheit ist ein visuelles Pheromon, und nichts rührt uns so sehr an und beeinflusst unser Verhalten so sehr wie ein schönes Gesicht. In der Literatur lässt ein solches Gesicht immer wieder in urplötzlicher Leidenschaft auflodern. In dem von Shakespeare gemeinsam mit John Fletcher verfassten Drama *Die beiden edlen Vettern* erspähen Palamon und Arcite von einem Fenster im Obergeschoss aus eine Frau, verlieben sich auf der Stelle in sie und beginnen darüber zu streiten, wer ein größeres Anrecht auf sie besitzt, ohne auch nur einen Gedanken daran zu verschwenden, was diese Frau wohl für einen Charakter hat oder was für Wünsche sie wohl empfinden könnte.

Man kann auch das Bild eines völlig fremden Menschen anschmachten. In *Tausendundeiner Nacht* wird erzählt, wie Ibrahim in einem Buch die Miniatur einer wunderschönen Frau entdeckt und sich so heftig in sie verliebt, dass er bei Tag und Nacht bittere Tränen vergießt, weil sie nicht bei ihm ist, und schließlich aufbricht, um sie zu suchen. Als er sie dann findet, stellt sich heraus, dass sie eine »Virago unter den Viragos« ist. Frauen sind in gleicher Weise für die Reize eines Bildes empfänglich. Im *Khamseh* des persischen Dichters Nizami aus dem zwölften Jahrhundert wird erzählt, wie Shirin ein Porträt des Prinzen Khosrow erblickt, das an einem Baum befestigt ist, der auf einer Wiese steht. Sie beginnt zu zittern, umarmt das Gemälde und entbrennt in Liebe zu dem jungen Mann. In Kate Chopins *Das Erwachen* (1899) stellt die heranwachsende Edna ein Foto von einem Edwin Booth ähnelnden Schauspieler auf ihrem Schreibpult auf und küsst es heimlich. Ähnliche Beispiele findet man in der Literatur jedes Kontinents – aber auch im wirklichen Leben.

Als junges Mädchen befestigte Marilyn Monroe ein Foto von Clark Gable an der Wand ihres Schlafzimmers. Unzählige Mädchen schmückten die Wände ihrer Zimmer später mit Postern der Beatles oder der New Kids on the Block. Als er 1904 allein in Boston lebte, verliebte sich der Filmmogul Louis B. Mayer in eine Frau, die er auf einem Foto zu Gesicht bekommen hatte, und begann der wirklichen Person tatsächlich den Hof zu machen. Seine Ehe mit Margaret Shenberg sollte glücklich werden und lange währen.

Fotos erwiesen sich sogar als Konjunkturmotor der Heiratsindustrie. Zwischen 1900 und 1924 siedelten an die zweiundzwanzigtausend »Fotobräute« von Japan und Korea in die Vereinigten Staaten über, vor allem nach Hawaii. Zu ihrem Entsetzen stellten sie dort oft fest, dass ihre Gatten viel älter waren, als sie auf den Fotos ausgesehen hatten, und überdies in elenden Verhältnissen lebten. Heutzutage werden mit »Versandkatalogen«, aus denen man sich eine Braut bestellen kann, jedes Jahr viele Millionen Dollar Umsatz erzielt. *The Glasnost Girls* enthält die Bilder von mehr als vierhundert russischen Frauen, und auf Hawaii beziehen über tausend Männer regelmäßig die Broschüre *Cherry Blossoms*, die erstmals 1974 veröffentlicht wurde und damit zu einer der ersten ihrer Art gehörte. Natürlich ist das Internet ideal für diese Art von Geschäft, Websites wie »Latin Hearts« oder »Pearls of the Orient« schießen wie Pilze aus dem Boden.

Wenn durch solche Fotokataloge erfolgreich Ehen gestiftet werden – und die Herausgeber von *The Glasnost Girls* behaupten, dass immerhin zehn Prozent der Frauen, die sie in ihren Katalog aufnehmen, tatsächlich einen Mann finden –, dann ist dies auf die Macht der Schönheit zurückzuführen. Wissenschaftler übergaben Männern Fotos von Frauen, die zu einem Rendezvous bereit waren, mit einer Kurzcharakterisierung der betreffenden Damen: Sie beschrieben sie willkürlich als ruhig oder hektisch, zuverlässig oder unzuverlässig, selbstständig oder unselbstständig, bescheiden oder großspurig. Es zeigte sich, dass die überwältigende Mehrheit der Männer die gut aussehenden Frauen für ein mögliches Treffen auswählte. Was sie für einen Charakter hatten, interessierte sie im Grunde nicht.

Das Aussehen ist vor allem zu Beginn einer Beziehung von Bedeutung. Die äußere Erscheinung ist, natürlich, immer das erste, was wir von einer Person wahrnehmen. Attraktive Männer und Frauen sind grundsätzlich beliebter beim jeweils anderen Geschlecht, und haben in der Regel weit mehr amouröse Verabredungen.

Man hat Forschungen darüber angestellt, ob gut aussehende Menschen dazu neigen, sich mit ihresgleichen zusammenzuschließen, und hat dazu Paare in Kinos und Bars und bei gesellschaftlichen Ereignissen verschiedener Art diskret beobachtet. Das Ergebnis war, dass die Partner sich gewöhnlich von ihrer Attraktivität her entsprechen. Tendenziell neigen gut aussehende Männer und Frauen dazu, ihresgleichen zu suchen und zu finden, während die weniger attraktiven ebenfalls unter sich bleiben. Überdies scheinen die Beziehungen aber auch enger zu sein, wenn die Partner sich von ihrem Aussehen her entsprechen. Einer Studie zufolge berührten sich sechzig Prozent der äußerlich gut zueinander passenden Partner auf sehr vertraute Weise, hingegen nur zweiundzwanzig Prozent derer, die von ihrem Äußeren her nicht so gut miteinander harmonierten. Untersuchungen in den USA, in Japan, Deutschland und Kanada zufolge ist bei ersteren auch die Wahrscheinlichkeit höher, dass sie für eine längere Zeitspanne zusammenbleiben, heiraten und auch verheiratet bleiben.

Wenn sich zwei Menschen finden, die nicht so gut zueinander passen, dann bringt der weniger attraktive Partner für gewöhnlich irgend etwas anderes Vorteilhaftes in die Beziehung ein. Er oder sie ist reicher oder liebevoller oder besitzt ein größeres Prestige. Es scheint eine Art von Ausgleichsmöglichkeit zu geben: Derjenige, der in punkto Aussehen nicht besonders viel aufzuweisen hat, kann irgend etwas anderes in die Waagschale werfen.

Gut aussehende Frauen heiraten gesellschaftlich gesehen oft in obere Schichten ein – wie schon Theodora. Bei einer 1973 angestellten Studie fand man heraus, dass sie in diesem Fall erwarten konnten, nach ihrer Eheschließung mehr Urlaub zu haben und weniger Stunden außer Haus arbeiten zu müssen. Eine Studie von 1979 ergab, dass die attraktiveren Frauen in ihrer Beziehung mehr zu sagen hatten.

Männer gewinnen in den Augen anderer an Prestige, wenn sie in Begleitung schöner Frauen gesehen werden. Versuchspersonen zeigte man Fotos von einem Mann ohne Begleiterin, einem Mann mit einer attraktiven und einem Mann mit einer eher reizlosen Frau an seiner Seite. Den Mann mit der Schönheit an seiner Seite stufte man am höchsten ein, gefolgt von jenem Mann, der allein war. Schlusslicht war jener Mann, der nur eine eher unscheinbare Frau an seiner Seite hatte. Man scheint also den Erfolg eines Mannes am Aussehen seiner Frau abmessen zu können. Interessanterweise profitieren umgekehrt Frauen nicht davon, zusammen mit einem hübschen Mann gesehen zu werden.

Das Herz der Schönheit ist ihre Anziehungskraft. Wie bei einer in der Dunkelheit leuchtenden Metropole reicht ihr Einfluss weit ins Umfeld hinaus.

Die Aura

In *Hippias Major* verwirrt Sokrates einen Normalsterblichen dadurch, dass er ihn auffordert, *kalos* zu definieren, ein Wort, das sowohl »schön« als auch »gut« bedeutet. Diese Aufgabe lässt sich aufgrund der verschwommenen und vieldimensionalen Bedeutung des Wortes unmöglich erfüllen, aber es kommt häufig vor, dass »schön« und »gut« in ein Wort verschmolzen werden. Beispiele dafür finden wir natürlich im Englischen *(fine)* und im Deutschen *(schön)*, aber auch im Spanischen *(bonita)*, in der Zulusprache *(-hle)*, im Ungarischen *(szép)*, im Kisuaheli *(zuri)*, im Amharischen *(mälkam)* und in vielen anderen Sprachen.

Es handelt sich dabei nicht um eine rein linguistische Verbindung. »Das Schöne und das Gute sind untrennbar voneinander«, erklärte Thomas von Aquin (1225–1274), und tatsächlich ist es so, dass es den Menschen Mühe bereitet, beides auseinander zu halten: Sie sprechen dem Schönen eine ganze Reihe von Tugenden zu. Gut aussehende Menschen scheinen ihnen tüchtiger, sympathischer und glücklicher zu sein und einfach einen anständigeren Charakter zu besitzen. Außerdem sind viele davon überzeugt, dass sie ein angenehmeres – eben ein »schöneres« – Leben führen. Bei einer Studie sagten die Testpersonen ihnen ein glücklicheres Ehe- und Berufsleben voraus. Allein in einer Hinsicht wurden sie niedriger eingestuft: Man glaubte nicht, dass sie besonders gut für die Elternrolle geeignet seien. Ein weiterer Versuch ergab, dass man attraktive Menschen für liebenswürdiger, glücklicher, flexibler, ernsthafter, aufrichtiger, offener, scharfsinniger, selbstbewusster, wissbegieriger, positiver und aktiver hielt. Darüber hinaus meinte man, dass sie mehr ihrem Vergnügen nachgingen und dass sie ihr Leben in größerem Maße in die eigene Hand nähmen als unscheinbare Menschen, von denen man annahm, dass sie sich eher damit begnügen würden, die Launen des Schicksals passiv zu ertragen.

Und obwohl viele dieser Forschungsergebnisse in wissenschaftlichen Labors erzielt wurden, gelten sie auch für das wirkliche Leben.

So gehen Lehrer beispielsweise davon aus, dass die gut aussehenden Schüler auch die intelligenteren sind. Bei einem Experiment legte man vierhundert Lehrern die Unterlagen eines imaginäres Kindes vor. Die Zeugnisse waren immer identisch, die Fotos »des« Schülers hingegen unterschieden sich voneinander. Die Lehrer hielten die niedlichen Kinder für klüger und beliebter, glaubten, dass ihre Eltern sich mehr um ihre Erziehung kümmerten, und gaben ihnen eine größere Chance, einen höheren Schulabschluss zu erreichen. Mit einem vergleichbaren Vorurteil begegnen aber auch die Auszubildenden – von Grundschülern bis hin zu Gymnasiasten – ihren Lehrern. Sie halten die attraktiveren von ihnen für ordentlicher, freundlicher und ganz allgemein für besser – bei denen, die weniger vorteilhaft aussehen, hegen sie die Befürchtung, dass sie ihnen mehr Hausaufgaben aufbrummen.

Schönheit kann auch blind machen. Männer benoten einen unbeholfen geschriebenen Aufsatz viel besser, wenn sie glauben, dass er von einem hübschen Mädchen verfasst worden sei, und Männer wie Frauen sind von einem Bild viel mehr angetan, wenn es von der Hand einer schönen Malerin stammt. Eine Untersuchung ergab jedoch, dass Frauen einen schlechten Aufsatz als noch schlechter einstuften, wenn er von einer nicht sehr hübschen Frau geschrieben worden war, ihn aber auch nicht höher bewerteten, wenn der Verfasser ein attraktiver Mann war.

Wir scheinen für zwei unterschiedliche Arten von Schönheit empfänglich zu sein. Die Psychologin Diane Betty hat festgestellt, dass wir auf ein hübsches »Babygesicht« anders reagieren als auf ein wegen seiner Reife anziehend wirkendes Gesicht. Das kindliche Gesicht wirkt auf uns naiver, ehrlicher, wärmer, gehorsamer, freundlicher, schwächer und aufrichtiger. Was Männer betrifft, so scheint uns der Typ »hübscher Bursche« freundlicher und kreativer zu sein, während der Marlboro-Cowboy mit seinem faszinierend zerklüfteten Gesicht stärker und maskuliner auf uns wirkt. In dem einen Fall assoziieren wir die äußere Schönheit mit Schwäche, in dem anderen mit Stärke. Diese von uns getroffene Unterscheidung zwischen zwei Grundtypen von Schönheit wurde aber bislang bei der Auswertung von Untersuchungsergebnissen nicht berücksichtigt.

Physische Anziehungskraft kann aber auch eine negative Beurteilung zur Folge haben. Viele Leute glauben, dass schöne Menschen mehr als andere dazu neigen, Affären zu haben und sich scheiden zu lassen. Gelegentlich kann auch allein die Tatsache, dass es den Schönen irgendwie »besser zu gehen« scheint, zu einem Image-Nachteil gereichen. So glauben zum Beispiel Ärzte häufig nicht, dass die Schmerzen, die ein gut aussehender Patient leidet, wirklich so heftig sein können, wie es den Anschein hat. Sie sind häufig der Meinung, dass ein solcher Patient keine besonders intensive Pflege braucht.

Wie weit reicht die Aura? 1991 führte man eine Metaanalyse früherer Untersuchungen durch, um genau dies herauszufinden. Dabei stellte man fest, dass schöne Menschen als in gesellschaftlicher Hinsicht gewandter und angepasster, als bedeutend klüger und mächtiger eingeschätzt werden. Was aber Integrität und Sozialbewusstsein anbelangte, so schrieb man den Schönen davon nur geringfügig mehr zu als normalen Menschen. Das heißt also, dass die moralische Beurteilung eines Menschen relativ wenig durch den Zauber, der von seinem guten Aussehen ausgeht, beeinflusst wird. Als unterlegen schätzte man die Schönen nur in einer Hinsicht ein: Sie gelten als eitler. Wir lesen den Charakter eines Menschen von seinem Gesicht ab, und Schönheit überzieht die Persönlichkeit mit einem funkelnden Glanz.

Dieses Phänomen verändert das Leben der Schönen. Es beginnt bereits auf der Wöchnerinnenstation: Mütter knuddeln ein Neugeborenes viel öfter und machen viel mehr Aufhebens um es, wenn es niedlich aussieht. Zuhause werden solche Babys von ihren Eltern viel seltener bestraft. Bei Mädchen erhöht ein gutes Aussehen die Beliebtheit auf dem Schulhof. Gesellschaftliche Gewandtheit ist eigentlich viel effektiver, aber wenn die anderen Schüler herausgefunden haben, dass Schönheit ihrer Besitzerin Prestige einbringt, glauben sie, dass es ihnen nutzen wird, wenn sie sich mit einem solchen Menschen anfreunden.

Es gibt Beweismaterial dafür, dass Lehrer den gut aussehenden Schülern bessere Noten geben. Wie den Eltern widerstrebt es auch ihnen im allgemeinen mehr, die Attraktiven zu strafen. Einige Lehrer allerdings sind ihnen gegenüber besonders streng und unnachgiebig, da sie gerade von ihnen mehr erwarten.

Keine Berufsgruppe ist sich dieser Voreingenommenheit gegenüber dem Schönen oder den Schönen bewusster als die der Psychologen. Trotzdem kümmern sich, wie Untersuchungen gezeigt haben, auch Psychotherapeuten intensiver um gut aussehende Patienten. Die

Patienten wiederum bringen attraktiven Therapeuten größeres Vertrauen entgegen.

1987 wurde in einem kurzen Artikel in der *Harvard Law Review* eindringlich gefordert, Richter sollten den Rehabilitation Act von 1973 so auslegen, dass jede Diskriminierung aufgrund »weitgehend unveränderbarer Aspekte des Aussehens von Körper oder Gesicht« unter Strafe gestellt würde. Schönheit ist auch ein solcher »weitgehend unveränderbarer Aspekt«. Es ist jedoch unwahrscheinlich, dass es zu der geforderten Interpretation des Gesetzes kommt, da dies zu spektakulären Streitereien führen würde. Dabei ist nicht zu leugnen, dass schöne Menschen bei vielen Entscheidungen – bei Einstellungen beispielsweise – deutlich bevorzugt werden.

Die Gutaussehenden verdienen mehr Geld und bekleiden angesehenere Positionen als die durchschnittlich Aussehenden, die durchschnittlich Aussehenden wiederum sind noch besser dran als die wirklich Hässlichen – das jedenfalls sind die Ergebnisse einer Studie von 1978. Tatsächlich ergab eine solche in Kanada angestellte Untersuchung, dass die Gutaussehenden fünfundsiebzig Prozent mehr verdienten als die Hässlichen. Attraktive Bewerber für Stellen im Management werden besser beurteilt als eher unscheinbar aussehende Mitbewerber, die hinsichtlich Ausbildung und Berufserfahrung identische Voraussetzungen mitbringen. Auch gut aussehende Kadetten der Militärakademie von West Point erreichten bis zum Abschluss ihrer Ausbildung einen höheren militärischen Rang als die Mitbewerber.

In Berufssparten ohne Publikumsverkehr ließ sich eine solche positive Voreingenommenheit gegenüber Menschen mit einem schönen Äußeren nicht nachweisen. Es ist auch möglich, dass Arbeitgeber jene Stellen, die eine gewisse Scharfsinnigkeit oder Durchsetzungsvermögen verlangen, wie beispielsweise die des Leiters einer Kreditabteilung, sogar vorzugsweise *nicht* mit einem gut anzuschauenden Menschen besetzen. Das Aussehen spielt letztlich bei Einstellungen vermutlich dann die ausschlaggebende Rolle, wenn der jeweilige Arbeitgeber aus einem Pool von gleichermaßen qualifizierten Bewerbern auswählen kann. Wenn alle Kandidaten in der Lage sind, das, was von ihnen erwartet wird, zu leisten, kommen andere Kriterien ins Spiel.

Die Gutaussehenden sind auch die erfolgreicheren Gesetzesbrecher. In einem Märchen aus *Tausendundeiner Nacht* wird erzählt, wie ein Dieb einem Reiter seinen Geldbeutel stiehlt. Der Bestohlene bezichtigt vor der versammelten Menge den Dieb dieses Verbrechens, doch die Leute rufen: »Aber nein, er ist doch so ein hübscher Kerl. Der kann kein Dieb sein!« Diese Geschichte erinnert an das Ergebnis einer Studie, bei der man den Versuchspersonen erzählte, dass ein Kind etwas angestellt habe, und ihnen dann ein Foto des angeblichen Tunichtguts zeigte. War ein weniger attraktives Kind abgebildet, neigten die Versuchspersonen dazu, es tatsächlich für von Natur aus »böse« zu halten. Wurden sie hingegen mit einem hübschen Kindergesicht konfrontiert, meinten sie, dass das Kind sicherlich grundsätzlich »gut« sei und sich nur an jenem Tag aus irgendeinem Grund danebenbenommen habe. Ein Erwachsener mit einem attraktiven Äußeren kann mit wesentlich geringerem Risiko einen Ladendiebstahl begehen, weil Augenzeugen ihn nicht so schnell anzeigen werden wie jemanden, der weniger attraktiv aussieht. Sollte er aber doch vor einen Richter treten müssen, wäre sein attraktives Äußeres erneut von Vorteil.

Für die meisten Studien zum Verhalten von Menschen im Gerichtssaal wurden Jurys aus Collegestudenten zusammengestellt. Bei einer solchen Studie neigten die »Geschworenen« dazu, gut aussehende Angeklagte nur dann freizusprechen, wenn die Beweise nicht eindeutig waren. Bei einer anderen begünstigten die Mitglieder der Jury die Gutaussehenden, wenn diese ihr vorteilhaftes Aussehen bei der Durchführung ihres Verbrechens nicht eingesetzt hatten wie zum Beispiel bei Hochstapelei oder Heiratsschwindel. Auch bei simulierten Fällen von Vergewaltigung oder sexueller Belästigung beeinflusste das gute Aussehen der Angeklagten die Entscheidung der Jury zu deren Gunsten.

Studien bei wirklichen Prozessen »vor Ort« sind seltener, weil sie schwieriger zu realisieren sind. Aber an wirklichen Prozessen sind Experten beteiligt, die realistisch agieren und nicht spielen. Eine Analyse von Verfahren gegen Schwerverbrecher ergab, dass das Aussehen der Angeklagten keinerlei Einfluss darauf hatte, ob diese freigesprochen oder für schuldig befunden wurden, wohl aber auf das Strafmaß einwirkte: Die besser aussehenden Verbrecher kamen mit einer geringeren Strafe davon. Eine vergleichbare Untersuchung aus dem Jahr 1991, die sich auf 2235 Verfahren wegen minderer Delikte stützte, führte ebenfalls zu dem Ergebnis, dass die Richter die attraktiveren Angeklagten milder bestraften beziehungsweise geringere Kautionen verhängten. Die Wissenschaftler waren jedoch der Meinung, dass auch in diesen Fällen das Aussehen keinerlei Einfluss darauf hatte, ob jemand verurteilt oder freigesprochen wurde.

Warum nicht? Wahrscheinlich liegt es am Unterschied der Entscheidungen, die ein Richter qualitativ zu fällen hat. Darüber zu befinden, ob jemand schuldig ist, verlangt eine objektive Überprüfung von Fakten – hat er es getan oder nicht? Die Festsetzung des Strafmaßes verlangt eine subjektive Bewertung – wie schlimm war das, was der Angeklagte getan hat, wie »böse« war er? Da wir dazu neigen, gut aussehende Menschen generell als »netter« einzustufen, kann das Aussehen eines für schuldig befundenen Menschen Einfluss darauf haben, wie hoch seine Strafe ausfällt. Es erinnert ein bisschen an den Effekt, der sich durch ein Lächeln einstellt: Auch einem freundlich lächelnden Menschen begegnet man unter Umständen etwas nachsichtiger.

Wie zutreffend sind eigentlich all diese Vorurteile und Klischees? Sind schöne Menschen einfach Profiteure einer grundlosen Großzügigkeit, oder sind sie wirklich die »besseren« Menschen? Tatsächlich sind sie anderen Menschen in mancher Hinsicht überlegen. Wissenschaftliche Studien haben gezeigt, dass sie gesellschaftlich gewandter sind, angepasster, weniger schüchtern, nicht so ängstlich. Sie sind auch weniger einsam und verfügen über größere sexuelle Erfahrungen.

Gut aussehende Menschen sind aber möglicherweise auch eitler – wenn man den Grad von Eitelkeit durch die Zeit bestimmt, die jemand vor dem Spiegel verbringt. Schöne Menschen mustern ihre Gesichtszüge viel eingehender und ausführlicher. In Max Beerbohms *Zuleika Dobson* geht die schöne Titelheldin Zuleika mit einem großen Drehspiegel auf Reisen, der überall »bereitstand, um sie zu reflektieren«. In den Gemächern des Phantoms der Oper hingegen hängt nirgendwo ein Spiegel.

Gut aussehende Zeitgenossen scheinen sich zudem ihrer äußeren Erscheinung bewusst zu sein. Der Einsatz positiver Gesichtssignale wie eines Lächelns zum Beispiel gelingt ihnen im Vergleich zu negativen besser. Psychologen meinen, dass sie ihren Gesichtern vermutlich mehr Aufmerksamkeit widmen und daher auch bemüht sind, sie in der Konversation effektiver einzusetzen. Interessanterweise ergab eine Studie, dass gut aussehende Menschen seltener eine Beeinträchtigung durch Motiviertheit zu erkennen geben, wenn sie lügen.

Doch Klischeevorstellungen entsprechen ihrem Wesen nach natürlich nicht der Realität und sind auch in diesem Fall in vielfacher Hinsicht nicht zutreffend.

So neigen wir beispielsweise dazu, einem schönen Menschen eine höhere intellektuelle Kompetenz zuzubilligen als einem unattraktiven, und dies vor allem dann, wenn wir keine anderweitigen Informationen über ihn besitzen. Eine 1995 durchgeführte Metaanalyse von dreißig älteren wissenschaftlichen Studien führte jedoch zu dem Ergebnis, dass Aussehen in keinerlei Relation zu Intelligenz steht. Es ist ein Märchen, dass Gutaussehende einen höheren IQ haben.

Wirkt sich das Aussehen auf das Selbstwertgefühl eines Menschen aus? Die überraschende Antwort lautet: Ja, aber in keinem großen

Ausmaß. Bei einer vor kurzem vorgenommenen Metaanalyse stellte man fest, dass nur eine schwache Korrelation zwischen Schönheit und Selbstachtung besteht. Eine andere Studie ergab, dass Selbstachtung lediglich von zwei Variablen abhängt: von einer menschlich wertvollen Beziehung und von einer befriedigenden Beschäftigung – was an Freud erinnert, der »Lieben« und »Arbeiten« als entscheidende Werte erkannte.

Es kann unter Umständen sogar sein, dass sich schönen Menschen Hindernisse sehr subtiler Art in den Weg stellen, Selbstachtung zu entwickeln. Die Psychologen Harold Sigall und John Michaela haben die Theorie aufgestellt, dass es gut aussehenden Menschen, vor allem Frauen, schwerer fällt, Komplimente wirklich ernst zu nehmen. Sie gewöhnen sich im Laufe der Zeit so sehr daran, hofiert zu werden, dass sie auch ein echtes Lob als bloße Schmeichelei abtun.

Die letzte und wichtigste Frage lautet natürlich: Schenkt Schönheit auch Glück? 1995 versuchte ein Team von Wissenschaftlern, diese Frage zu beantworten. Sie erforschten das »subjektive Wohlbefinden« von attraktiven und von unattraktiven Collegestudenten, wobei sie dieses Wohlgefühl als ein Kompositum aus allgemeiner Zufriedenheit, positiver Grundstimmung und Absenz von negativer Grundstimmung definierten. Sie stellten fest, dass gutes Aussehen nur in schwacher Korrelation zum Wohlbefinden und, wie schon zuvor ermittelt, zur Selbstachtung steht. Zukünftige Untersuchungen, denen vielleicht andere Definitionen von »Wohlbefinden« zugrunde liegen werden, mögen zu anderen Ergebnissen führen, aber so weit wir heute wissen, ist Schönheit nicht gleichbedeutend mit Glückseligkeit.

Die Annahme, dass »schön« auch »gut« sei, hält sich jedoch äußerst hartnäckig, sie ist nicht nur sehr verbreitet, sondern scheint auch nahezu über jeden Zweifel erhaben. Die meisten der wissenschaftlichen Studien zu diesem Phänomen sind aber, wie wir später noch sehen werden, in einer sehr interessanten Hinsicht limitiert.

Das Pendant zum Schön-ist-gut-Syndrom ist das Hässlich-istschlecht-Syndrom. Die Literatur liefert unzählige Beispiele dafür. Über das Phantom der Oper sagt der persische Detektiv: »Seine schreckliche, unvergleichliche und abstoßende Hässlichkeit stieß ihn aus dem Bereich des Menschlichen aus.« Auch Frankensteins Monster sieht abscheulich aus, und beide werden zu Verbrechern, weil man sie ihres Aussehens wegen zurückweist. Als Dorian Gray immer bösartiger wird, wird auch sein Porträt immer abstoßender.

Auch heute noch sehen die Helden oder Heldinnen eines Films besser aus als die Schurken, mit denen sie zu kämpfen haben. Und Studien zufolge glauben viele Leute, dass hässliche Menschen eher bereit seien, sich bestechen zu lassen, häufiger zu Epilepsie neigten und in politischer Hinsicht radikaler seien – ein unangenehmes Vorurteil, das sich verheerend auswirken kann.

Hässliche Selbsttäuschungen

Auf Picassos Gemälde *Mädchen vor einem Spiegel* (1932) ist ein blondes Mädchen zu sehen, das in einen Spiegel starrt. In dem Spiegel erkennt man ihr Gesicht, es ist dort aber dunkler, die Stirn besteht aus einem scharlachroten Fleck, und das Haar ist grün. Sie starrt eine Schimäre an: Ihr eigenes Denken und Fühlen haben ihr Gesicht entstellt.

Studien zeigen, dass beinahe jeder von uns irgend etwas an seinem Aussehen nicht mag. Pearl Buck zum Beispiel meinte immer, dass sie eine Habichtsnase habe, obwohl sie so ziemlich die einzige war, die das so sah. Bei einer 1972 durchgeführten Umfrage äußerten sich dreiundzwanzig Prozent der Frauen und fünfzehn Prozent der Männer unzufrieden mit ihrem Aussehen im allgemeinen. 1986, also vierzehn Jahre später, waren die Zahlen angestiegen: Achtunddreißig Prozent der Frauen und vierunddreißig Prozent der Männer hatten etwas an ihrem Äußeren auszusetzen. Wir werden immer kritischer gegenüber unserem eigenen Gesicht!

Einige Menschen gehen aber sehr viel weiter. Wie Picassos Mädchen vor dem Spiegel bilden sie sich ein, dass sie auf irgendeine schreckliche Weise verunstaltet sind: Ihre reine Haut ist mit Flecken übersät, ihre Stupsnase ein schrecklicher Knubbel, ihr dickes, glänzendes Haar ist dünn, stumpf und fällt aus. Sie versuchen zwar oft die Sorgen über ihr Aussehen zu verbergen, doch ihr Verhalten kann Freunde und Verwandte bisweilen vor Rätsel stellen. Nicht selten meiden sie jegliche Gesellschaft, trauen sich nicht mehr zu arbeiten oder schließen sich gar in ihren eigenen vier Wänden ein. Ihr Gebaren ähnelt in der Tat dem der wirklich Entstellten.

Solche Menschen leiden an einer Krankheit, die man BDD, Body Dysmorphic Disorder, nennt, einer Zwangsvorstellung, physisch »dysmorph«, also missgestaltet zu sein. Obwohl solche Fälle seit mindestens einem Jahrhundert klinisch untersucht und beschrieben worden sind und in ähnlicher Form in allen Kulturen vorkommen, haben die Mediziner BDD erst vor kurzem als eine eigenständige Krankheit anerkannt. Möglicherweise leiden zwei Prozent der amerikanischen Bevölkerung, also fünf Millionen Menschen, an ihr.

Die Opfer von BDD glauben nicht nur, dass sie hässlich sind, sie sind von diesem Gedanken geradezu besessen. So können sie beispielsweise nicht mehr aufhören, über ihre Haare nachzudenken, haben permanent ihr Äußeres vor Augen und verbringen viele Stunden damit, sich in Kummer über ihre unansehnliche Erscheinung zu verzehren.

Von dieser Störung werden attraktive und unattraktive Menschen in nahezu gleichem Maße heimgesucht, und zwar in allen möglichen Heftigkeitsgraden, von »leicht« bis »lähmend«. Einige erkennen, dass ihre Sorgen unbegründet sind, kommen aber dennoch nicht gegen die quälenden Gedanken an. Andere sind auch trotz gegenteiliger Beweise unerschütterlich davon überzeugt, dass sie bestimmte körperliche Defekte aufweisen. So war eine Frau beispielsweise fest davon überzeugt, dass ihre prächtige Mähne »krisselig und hässlich« sei, obwohl ihre Freundinnen sie oft fragten, zu welchem Haarstylisten sie gehe, um sich eine ähnliche Frisur schneiden zu lassen. Eine andere Frau hielt sich für hässlich, obwohl sie Angebote bekommen hatte, als Model zu arbeiten.

Wenn sie aufgefordert werden, ein Selbstporträt zu zeichnen, schließen diese Menschen ihre imaginären Mißbildungen in die Darstellung oft mit ein. So malte eine Frau einen wahren Dschungel von Haaren über ihr Gesicht und behauptete, dass das Bild ihr Gesicht im Spiegel wiedergebe. Ein Mann, der sich wegen seiner Nase quälte, zeichnete drei zucchiniförmige Nasen, auf die er dann große Kreise malte, die die Poren darstellen sollten. In solch gravierenden Fällen scheint BDD mit Halluzinationen einherzugehen.

Die an BDD leidenden Menschen quälen sich in der Regel wegen eines einzelnen äußeren Merkmals, das sich jedoch nicht immer im Gesicht befinden muss, es können auch die Beine, Hände, Brüste oder Genitalien sein, die ihnen nicht der Norm zu entsprechen scheinen. Am häufigsten – in fast fünfundvierzig Prozent aller Fälle – fixieren sie sich jedoch auf die Nase. In Japan machen sich viele Menschen Sorgen wegen ihrer Augenlider, was bei Nicht-Asiaten nur sehr selten vorkommt. Was die BDD-Patienten an dem bestimmten Teil des Körpers oder des Gesichts, mit dem sie unzufrieden sind, konkret auszusetzen haben, kann ganz unterschiedlich sein. Das Haar zum Beispiel kann zu flach am Schädel anliegen oder zu stark von ihm abstehen, es kann zu dunkel oder zu hell sein, zu dick oder zu dünn. Wenn sie aufgefordert werden, ihr Aussehen unter Nichtbeachtung des »Defektes« zu beurteilen, dann vermögen die BDD-Patienten dies recht zutreffend zu tun. Ein einzelnes – scheinbar – von der Norm abweichendes Merkmal verdirbt in ihren Augen jedoch den Gesamteindruck.

Der Spiegel fasziniert die meisten von ihnen. In ihm liegt ihr Schicksal, die Meinung über sich selbst. Über achtzig Prozent von ihnen überprüfen ihr Äußeres zwanghaft häufig in einem Spiegel. Ihr

Spiegelbild kann ihnen Auftrieb geben oder sie zu Boden ziehen, je nachdem. Das Ergebnis der morgendlichen Überprüfung im Badezimmerspiegel kann den Tag zu einem einzigen Albtraum machen. Es kommt sogar vor, dass Verkehrsunfälle verursacht werden, weil sich die betreffenden Autofahrer zu sehr darauf konzentrieren, sich im Rückspiegel zu betrachten. Einige der Betroffenen fürchten sich auch vor Spiegeln und weigern sich, Räume zu betreten, in denen Spiegel angebracht sind, wie zum Beispiel in einem Friseursalon.

Die Opfer von BDD versuchen auf vielfältige Weise, sich selbst zu »heilen« – indem sie sich bemühen, den vermeintlichen Makel unsichtbar zu machen. Bisweilen betreiben sie exzessive Körperpflege, bürsten zum Beispiel stundenlang ihr Haar. Oft versuchen sie auch den Defekt mit den verschiedensten Mitteln zu kaschieren: mit Perücken, Hüten, Schminke, Bräunungscremes, Sonnenbrillen, ja sogar mit Masken. Unter Umständen bearbeiten sie endlos lange ihre Haut, um sie von »weißen Flecken«, »kleinen schwarzen Punkten«, »hässlichen Wucherungen« zu befreien. Der eine oder andere hat auf diese Weise schon Löcher in seine Wangen geschabt. Manche suchen Zuflucht in einer Schönheitsoperation, doch wenn sie dann einen Chirurgen finden, der bereit ist, den Eingriff vorzunehmen, sind sie mit dem Ergebnis zumeist nicht zufrieden. Manchmal operieren sie sich auch selbst. Ein Mann, der meinte, seine Finger seien zu lang, kürzte sie einfach mit einem Messer. Ein anderer, den seine Nase zur Verzweiflung brachte, schlitzte sie auf und versuchte sie mit einem Hühnerknorpel neu zu modellieren.

In besonders schlimmen Fällen kann BDD sogar zum Tod führen. So hatte sich eine hübsche Frau angewöhnt, grundsätzlich bei Rot über die Kreuzung zu fahren, weil sie es nicht ertragen konnte, dass die Leute sie wegen ihrer »Hässlichkeit« angafften, wenn sie anhielt. Viel häufiger jedoch löst BDD suizidale Gedanken aus, die manchmal auch in die Tat umgesetzt werden.

Was verursacht dieses merkwürdige Leiden? Niemand weiß es

wirklich. Es gibt viele sich zum Teil überschneidende Erklärungen. Seelischer Druck, dem man in der Vergangenheit ausgesetzt war, mag eine Rolle spielen. Katharine Phillips von der Brown University, zur Zeit die größte Expertin in Sachen BDD in den USA, fand heraus, dass sechzig Prozent ihrer Patienten in ihrer Jugend wegen ihres Aussehens aufgezogen worden waren. Wie signifikant dieser Umstand ist, bleibt aber unklar, da wir nicht wissen, wie viele Menschen, die nicht an BDD leiden, in ihrer Jugend ebenfalls wegen ihres Äußeren gehänselt worden sind. Generell mussten jedoch Menschen, denen das Bild, das sie von ihrem eigenen Körper haben, Probleme bereitet, als Kinder und Heranwachsende mehr Spott über sich ergehen lassen als andere. Es scheint auch ein – wenn auch nur schwacher – Zusammenhang zwischen BDD und traumatischen Erfahrungen, vor allem sexueller Natur, zu bestehen.

Persönliche Eigenarten mögen das ihre beitragen. Ein großer Teil von BDD-Patienten leidet gleichzeitig an Depressionen und mangelnder Selbstachtung. Beides ist auch für Menschen charakteristisch, die an verwandten Störungen leiden, also ebenfalls ein verzerrtes Bild vom eigenen Körper haben.[14] Es ist jedoch nicht klar, ob Depressionen und geringe Selbstachtung BDD auslösen oder umgekehrt oder ob nicht ein dritter Faktor das eine wie das andere hervorruft. Es gibt noch ein ganzes Bündel weiterer psychischer Eigenheiten – wie Schüchternheit, Perfektionismus und Überempfindlichkeit gegen Ablehnung –, die des öfteren mit BDD einhergehen.

Natürlich wird unser Verhalten letzten Endes vom Gehirn gesteuert, deshalb haben biochemische Behandlungsmethoden bislang den größten Erfolg gehabt. Vor allem die Präparate, die als Serotonin-Wiederaufnahme-Hemmer bekannt sind, haben sich als effektiv erwiesen.

---

14 Den Psychologen Laura Longo und Richard Ashmore zufolge neigen auf der anderen Seite »Menschen, die ein hohes Selbstwertgefühl haben, im allgemeinen dazu, sich für gut aussehend zu halten«.

Serotonin ist ein Neurotransmitter, einer jener chemischen Stoffe, die eine Botschaft von einer Nervenzelle zur nächsten weitertransportieren, indem sie den synaptischen Spalt zwischen ihnen überspringen. Das Eintreffen eines elektrischen Impulses löst seinen Sprung aus. Auf der anderen Seite dringt es in einen Rezeptor ein wie ein Schlüssel in ein Schlüsselloch und ruft in der neuen Nervenzelle eine Reaktion hervor. Auf diese Weise kann ein elektrischer Reiz auf einer der unzählig vielen, auf wunderbare Weise miteinander verflochtenen Routen durch das Gehirn weitergeleitet werden.

Serotonin wirkt auf eine verblüffende Vielfalt von Funktionen ein, auf den Schlaf, den Appetit, den Sexualtrieb, die Stimmung, das Empfinden von Schmerz, das Erkennungsvermögen. Es spielt auch bei Depressionen eine Rolle sowie bei OCD (obsessive-compulsive disorder), einer Zwangsneurose, die BDD in gewisser Hinsicht ähnelt. Wir wissen nicht genau, wie es so vielseitig wirksam sein kann, möglicherweise liegt es aber an der großen Menge von Serotonin-Rezeptoren – der letzten Zählung zufolge sind es mindestens fünfzehn.

Bei einigen BDD-Patienten haben Medikamente, die den Serotoninspiegel senken, Wahnvorstellungen zur Folge, was ihr Leiden natürlich nur noch verschlimmert. Auch LSD wirkt dem Serotonin entgegen und löst Halluzinationen aus, die auch den eigenen Körper, sein vermeintliches Entstelltsein, betreffen können.

Serotonin-Wiederaufnahme-Hemmer wie Prozac lassen den Serotoninspiegel im Gehirn ansteigen. Nachdem sie solche Mittel eingenommen hatten, fühlten sich einige Patienten von ihren BDD-Dämonen befreit. Eine Frau sagte aus, dass sich ihre starke Gesichtsbehaarung einige Tage, nachdem sie mit der Einnahme von Prozac begonnen habe, in nichts aufgelöst habe. Sie sah diese Haare einfach nicht mehr, hatte allerdings keine Erklärung für ihr plötzliches Verschwinden. Als sie später die Dosis des Medikaments reduzierte, seien die Haare wieder zurückgekehrt. Ein Mann erklärte, dass die Löcher in seinen Zähnen kleiner geworden und schließlich verschwunden seien, nachdem er mit der Einnahme von Clomipramin (Anafril) begonnen habe. Sie hätten sich aber wieder aufgetan, nachdem er die tägliche Dosis verringert habe.

Der Neurotransmitter Dopamin, der bei Wahnvorstellungen eine Rolle spielt, mag auch am Entstehen von BDD nicht unbeteiligt sein. Vielleicht wirkt er im Zusammenspiel mit Serotonin. Jedenfalls sind beide Stoffe bei Störungen vom Typ OCD im Spiel. Medikamente, die dem Dopamin entgegenwirken, vermögen die Symptome von OCD einzudämmen.

BDD ist vor allem deswegen so lähmend, weil es die Vorstellung eines Menschen von seinem Aussehen tiefgehend beeinträchtigt. Und in diesem Punkt ist jeder verwundbar – deswegen haben die Menschen zu jeder Zeit versucht, ihre Gesichter schöner zu machen.

Make-up Babylon

Marilyn Monroe beschäftigte sich obsessiv mit ihrem Gesicht. Als Heranwachsende wusch sie es bis zu fünfzehnmal am Tag, später war sie verschrien dafür, Ewigkeiten vor dem Spiegel zu verbringen, um sich Augen und Mund zu schminken. Einige Zeitgenossen meinten, dass sie ihrer eigenen Schönheit verfallen sei. Der Geschäftsführer einer Filmgesellschaft fauchte eines Tages wütend: »Ist das Mistweib denn immer noch nicht aus seiner Garderobe rausgekommen?« Tatsächlich stellte sie dort aber ihre Schönheit erst her.

Mit Make-up kann man große Wirkung erzielen, wie die Karriere von Marilyn Monroe zeigt. Einige Anthropologen meinen, dass es sich aus Abwehrmitteln gegen Insekten entwickelte, Salben, die sich die Angehörigen einiger Völker – wie die Indianer im Nordwesten Amerikas – auf die Haut strichen, um Mücken und Bremsen fernzuhalten. Vielleicht diente das erste Make-up aber auch dazu, gegen Wind oder gegen Sonne zu schützen.

Denn auch, was eigentlich profanen Zwecken dient, kann gleichzeitig noch ästhetische Ansprüche befriedigen. Die afrikanischen Tiv bedecken ihren Körper mit allem, was ihn glänzen lässt: mit Vaseline, Rizinusöl, Palmöl, Erdnussöl oder mit einer Paste, die sie aus Kamholz herstellen. Eine glänzende Haut ist für die Tiv der Inbegriff von Schönheit.

Vom Überziehen der Haut mit einer glänzenden Schicht bis zu ihrem Verzieren mit Mustern war es nur ein kleiner Schritt. Als europäische Forschungsreisende in See stachen, um die Welt zu erkunden, trafen sie allerorts auf die Angehörigen von Naturvölkern, die ihre Gesichter geschmückt hatten. Ein bemaltes Gesicht wurde in Europa bald zum Sinnbild für Wildheit im Sinne von Unzivilisiertheit. Die brasilianischen Eyiguayegui-Indianer interpretierten es als Beweis für die Dummheit der Missionare, dass sie keinerlei Bemalung am Körper trugen. Erst die Bemalung mache den Menschen zum Menschen, ohne sie sei man nicht mehr als ein Tier ohne Verstand.

Die Angehörigen der meisten Eingeborenenstämme verzierten ihre Gesichter mit abstrakten Ornamenten. In *Traurige Tropen* beschreibt Claude Lévi-Strauss die Frauen der brasilianischen Caduevo, die sich komplizierte Arabesken auf das Gesicht malten, die ihn an das schmiedeeiserne Gitterwerk und die Stuckverzierungen einer spanischen Barockvilla erinnerten und ganz und gar bezauberten.

Die Caduevo-Mädchen schminken sich, um ihre Würde als Menschen zu betonen, aber auch um ihren sozialen Status hervorzuheben – und um erotisch anziehend zu wirken. Lévi-Strauss glaubte aber, dass diese Zeichnungen letztlich einen ungewöhnlichen »Kollektivtraum« zum Ausdruck brächten. Die Muster im Gesicht seien »Hieroglyphen, die ein unzugängliches Goldenes Zeitalter schildern, das sie mit Hilfe dieser Ornamente preisen, da sie keinen anderen Code besitzen, mit dem sie es tun könnten«. Lévi-Strauss war der führende Vertreter des Strukturalismus – der Lehre, dass psychologische Universalien in kulturellen Strukturen sichtbar werden –, und in dieser bemerkenswerten Passage äußert er die Vermutung, dass im Make-up der Indianerfrauen verborgene soziopolitische Sehnsüchte an die Oberfläche stiegen.

Im Westen hat Schminken immer ein bisschen von Vorgaukelei an sich gehabt. Wie die Modefotografie erzeugt es Schönheit, indem es ein Muster aus Licht und Schatten auf das Gesicht zeichnet. Die Ägypter und Ägypterinnen verwendeten zunächst Hautcremes, um sich vor der sengenden Sonne der Sahara zu schützen, bald lernten sie sie aber auch wegen des Reizes schätzen, den sie ihren Gesichtern verliehen. Frauen bevorzugten grünen Malachit als Lidschatten sowie schwarzes Antimon und Kajal. Auch Männer schminkten sich, im Grab des Tutanchamun fand man eine Fülle von Tiegelchen und Töpfchen für Salben und andere Schönheitsmittel. Priester schminkten sich für alle möglichen magischen Zeremonien. Mit den richtigen Farbmalen auf dem Körper ließen sich die Götter anrufen, und um eine Gottheit gnädig zu stimmen, malte sich ein Bittsteller mit einer bestimmten Farbe ein bestimmtes Zeichen auf die Haut, wobei er oft ein geheiligtes Ritual ausführte.

Als Kleopatra in ihrer goldenen, von wohlriechenden Düften umflorten Barke den Kydnos hinauffuhr, um Antonius zu begegnen, hatte sie mit Sicherheit ein exotisches Make-up aufgelegt. Normalerweise tupfte sie blauen Puder auf ihr oberes Lid und grünen Malachitstaub auf das untere, eine Farbkombination ähnlich wie bei einem Pfau. Sie zog ihre Lider nach und färbte ihre Brauen mit schwarzem Kajal dunkler. Auf ihr Gesicht, ihren Nacken und ihre Brüste trug sie weißes Bleierz auf, während sie ihre Wangen mit Ocker und ihre Lippen mit einem karmesinroten Pigment färbte. Der Überlieferung zufolge soll sie sogar eine Abhandlung über Schönheitsmittel verfasst haben.

Römische Frauen lernten die Kunst des Schminkens von den Ägyptern. Auch einige römische Männer schmückten sich gerne auf diese Weise. Nero beispielsweise trug Zerussit und zerstoßene Kreide auf sein Gesicht auf, um es heller aussehen zu lassen, während er Kajal verwendete, um seine Augen und seine Brauen dunkler erscheinen zu lassen, und Zinnober, um die Wangen und die Lippen leuchtender zu machen. In seinen *Medicamina faciei femineae* teilt Ovid mehrere Rezepte zur Herstellung von Kosmetika mit, die man im Augusteischen England, also zu Beginn des achtzehnten Jahrhunderts, nachzuempfinden versuchte.

Im Mittelalter wetterten die Priester gegen die Verwendung jeder Art von Schönheitsmitteln. Die meisten Gesichter blieben daher nackt und bloß. Die Kreuzfahrer brachten jedoch wohlriechende Öle, Tinkturen und Salben zum Bleichen der Haut und zum Färben der Haare und der Lippen aus dem Nahen Osten nach Europa und belebten damit die Kunst des Schminkens neu. Zunächst waren es die leichten Mädchen, die sich der verschiedenen Mittel zur Verschönerung bedienten, aber bald wussten auch die Damen der Gesellschaft sie geschickt einzusetzen. Der Glasspiegel machte es möglich, sich sorgfältig zurechtzumachen. Das Aufkommen der Porträtkunst in der Renaissance trug weiter zur Popularität kosmetischer Mittel bei.

Zur Zeit von Elisabeth I. war Bleiweiß die beliebteste Substanz zum Aufhellen der Haut. Man mischte es auf einer Palette mit Essig und Eiweiß und trug die entstandene Paste mit einem feuchten Tuch auf die Haut auf. Das Gesicht wurde dadurch nahezu geisterhaft bleich.

Noch in den fünfziger Jahren des zwanzigsten Jahrhunderts waren einige Dermatologen überzeugt, dass die Haut ein undurchdringlicher Schutzschild sei. In Wirklichkeit ist sie eine dreidimensionale Landschaft, von kleinen Riffen überzogen und von Poren übersät. Einige chemische Substanzen dringen ohne Probleme durch sie hindurch, weshalb wir unter Umständen auch sterben müssen, wenn wir bestimmte tropische Baumfrösche berühren oder mit Sarin, einem

Nervengas, in Kontakt kommen. Andere Substanzen schädigen langfristig. Das Pestizid DBCP sickert langsam durch die Haut hindurch und verursacht bei Männern Unfruchtbarkeit, während Benzol Leukämie auslöst.

Auch viele der alten Kosmetika waren langsame Killer. Weißes Bleierz war giftig, es enthielt Bleioxid, Bleicarbonat und Bleihydroxid. All diese Stoffe sickerten in die Haut ein und akkumulierten dort. Das Gesicht von Elisabeth war gegen Ende ihres Lebens regelrecht verwüstet. Sie ließ alle Spiegel aus ihrem Palast entfernen, was Ben Jonson zufolge einige zu einem Streich aufgelegte Hofdamen nutzten, um ihr unbemerkt etwas Rouge auf die Nasenspitze zu tupfen. Im frühen siebzehnten Jahrhundert trugen die Spuren der Zerstörung, die die Schminke in den Gesichtern der vornehmen Damen zurückgelassen hatte, dazu bei, dass Masken groß in Mode kamen. Bleiweiß war anscheinend auch für den Tod der schönen Lebedame Maria Gunning im Jahr 1760 und sieben Jahre später für den der Schauspielerin und Kurtisane Kitty Fisher verantwortlich.

Das aus Arabien stammende Khol oder Kajal, dem Kleopatra ihren berühmten Lidschatten verdankte, besteht vor allem aus Ruß und Antimon – eine weitere brisante Mischung. Modebewusste Frauen färbten ihre Lippen mit Zinnober, das Quecksilber(II)-sulfid enthält und viele von ihnen ins Grab schickte. Sie färbten ihre Haare mit Arsen golden und bearbeiteten es mit Kämmen aus Blei, damit es dunkler wurde – beide Substanzen sind giftig. Um Sommersprossen zu entfernen, benutzten sie gewöhnlich eine Tinktur mit Namen »Soliman's Water«. Deren Hauptbestandteil, Quecksilbersublimat, ätzte nicht nur die Sommersprossen weg, sondern auch die obere Hautschicht, brannte sich regelrecht ins Fleisch ein und vergiftete im Laufe der Zeit seine Opfer.

Auch andere Schönheitsmittel hatten unschöne Wirkungen. Im siebzehnten Jahrhundert tröpfelten sich die Frauen Belladonna-Tinktur in die Augen, um die Pupillen zu weiten und so einen die

Männer betörenden dunklen Glanz in sie zu zaubern. Diese Behandlung hinderte jedoch die Pupille daran, sich zusammenzuziehen, um das Augeninnere vor blendendem Licht zu schützen – die Folge waren oft Glaukome. Um ihre Haare zu verschönern, spülten einige Frauen sie mit einer Mixtur aus Schwefelsäure, Alaunwasser und Kleesäure, Substanzen, die die Haare bei regelmäßiger Anwendung ausfallen ließen. Oft putzte man sich die Zähne mit gemahlenem Bimsstein, der den Zahnschmelz zerstörte. Das Verlangen nach Schönheit konnte dazu führen, dass man mit dreißig ein wie zerfressen aussehendes Gesicht hatte.

Einige Frauen spürten diese Gefahr instinktiv. In Agnolo Firenzuolas *Über die Schönheit der Frauen* (1548) sagt Mona Lampiada, dass Schönheitsmittel die Haut zerstören, die Zähne ruinieren und Frauen »das ganze Jahr über wie Karnevalsnarren« aussehen lassen. Man solle an Mona Betola Gagliana denken, die »wie ein Golddukat« anzuschauen sei, »den man in Säure getaucht hat«. Im späten achtzehnten Jahrhundert hatten solche schädlichen oder gar tödlichen Mittel dazu geführt, dass sich immer weniger britische Frauen schminkten, und als Victoria 1837 den Thron bestieg, war es fast ganz aus der Mode gekommen.

Die Voreingenommenheit gegenüber Kosmetika war gegen Ende von Victorias Herrschaft so stark, dass Unternehmerinnen wie Helena Rubinstein (1870–1965) ihre Produkte als gesundheitsfördernde Mittel auf den Markt bringen mussten, um sie verkaufen zu können. Helena Rubinstein, die in den neunziger Jahren des neunzehnten Jahrhunderts mit zwölf Tiegeln, die sie mit der Schönheitslotion ihrer Mutter gefüllt hatte, aus Polen in die USA eingewandert war, bezeichnete ihre erste »Valaze«-Creme als Hautreinigungsmittel. Elizabeth Arden (Florence Nightingale Graham, 1878–1966), die Tochter eines kanadischen Farmers, die sich ihren Namen aus Verehrung für Tennysons Versroman *Enoch Arden* (1864) zugelegt hatte, eröffnete ihren ersten Salon im Jahr 1909 und bot Produkte wie »Venezianische Reinigungscreme« und »Venezianische Porencreme« gegen Mitesser feil. Mit diesem geschickten Schachzug gründeten beide Frauen Imperien.

Kosmetika sind zumindest in einer Beziehung tatsächlich gesundheitsfördernd: Sie schützen vor direkter Sonnenbestrahlung und damit vor Hautkrebs. Lippenstift schützt vor Karzinomen an den Lippen, an denen Männer siebenmal häufiger erkranken als Frauen. Einige Dermatologen empfehlen Männern, grundsätzlich einen Sonnenblocker auf ihre Lippen aufzutragen.

Die Bestrebungen, sich zu verschönern, konnten die Schönheit nicht nur ein für allemal zerstören. Ironischerweise fühlten sich gerade die Männer oft beleidigt, hatten das Gefühl, Opfer von Lug und Trug zu sein. Beschwerden wurden schon im Römischen Reich laut, waren aber ohne Zweifel schon viel früher vorgebracht worden. Properz sagt zu seiner Cynthia:»Glaub mir, es gibt keine Medizin für dein Äußeres. / Der nackte Amor liebt nicht die Schöpferin von Schönheit.« Und Hamlet schimpft:»Gott hat dir ein Gesicht gegeben, und du machst dir selbst ein neues.« Die Kritiker waren Legion. Zu ihnen gehörten Lukrez, Martial, Juvenal, Robert Burton, Samuel Butler (der erste von den beiden Männern dieses Namens), John Evelyn, Jonathan Swift und viele, viele andere. 1770 verabschiedete das englische Parlament ein Gesetz, mit dem Ehen, in die Männer von Frauen mit Hilfe von Kosmetika gelockt worden waren, für ungültig erklärt wurden. Es kam allerdings nicht zur Anwendung.

Männliche Berater drängten Frauen in der Regel jedoch dazu, ihr Gesicht mit allen möglichen Mittelchen hübscher zu machen. Im *Kamasutra* (zweites Jahrhundert vor Christus) wird Frauen empfohlen, ihre Männer mit Kosmetika zu reizen, außerdem wird ihnen nahegelegt, sich tätowieren zu lassen und Zähne und Haare zu färben. »Es kann nichts schaden, die Augen mit Maskara dunkel zu färben«, sagte Ovid. »Wenn sie sich genügend vernachlässigte, würde sogar Venus wie eine alte Vettel aussehen.« Er warnte aber auch davor, es zu übertreiben: »Wem gefiele es schon, ein Gesicht anzuschauen, das so dick mit Farbe beschmiert ist, dass diese schon von ihm herabtropft / und träge auf den Kragen des Gewandes rinnt?« Natürlich erhoben Männer nur selten Einwand gegen etwas, das sie gar nicht sahen. Schon John Donne schrieb: »Was du an ihrem Gesicht so liebst, ist Farbe, und Bemalung verleiht diese; aber du hasst solche, nicht weil sie da ist, sondern weil du weißt, dass sie da ist.«

So weit die Literaten. Aber mögen die Männer es generell nicht, wenn eine Frau sich schminkt? Der Psychologe Don Osborn vom Bellarmine College versuchte dieser Frage auf den Grund zu gehen. Er legte fünfzig männlichen und fünfzig weiblichen Versuchspersonen Fotos von Frauen mit und ohne Make-up zur Beurteilung vor. Gleichgültig wie attraktiv eine Frau schon von Natur aus aussah, wenn sie Make-up aufgetragen hatte, wurde sie als noch attraktiver eingestuft. Das sprunghafte Ansteigen der »Benotung« ihres Aussehens veranlasste Osborn dazu, allen Frauen zu empfehlen, sich von einer professionellen Visagistin hinsichtlich des am besten zu ihnen passenden Make-ups beraten zu lassen. Ein gutes Make-up brachte seiner Trägerin sogar dann eine höhere Punktzahl ein, wenn die Betrachter sich bewusst waren, dass sie zu einem solchen Hilfsmittel gegriffen hatte. Osborn meinte, dass Kosmetika auch eine Signalfunktion haben, dass sie als Hinweis darauf interpretiert werden, dass eine Frau für Kontakte aufgeschlossen sei. Gleichwohl: Immerhin über zwanzig Prozent der Versuchspersonen bevorzugten die Frauen mit ungeschminkten Gesichtern.

Über die Caduevo sagte Claude Lévi-Strauss: »Die erotische Wirkung von kosmetischen Verschönerungen des Gesichts ist nie systematischer und bewusster genutzt worden.« Das lässt vermuten, dass der Anthropologe noch nie etwas von Hollywood gehört hatte. Die Amerikaner geben jährlich dreißig Milliarden Dollar für Kosmetika

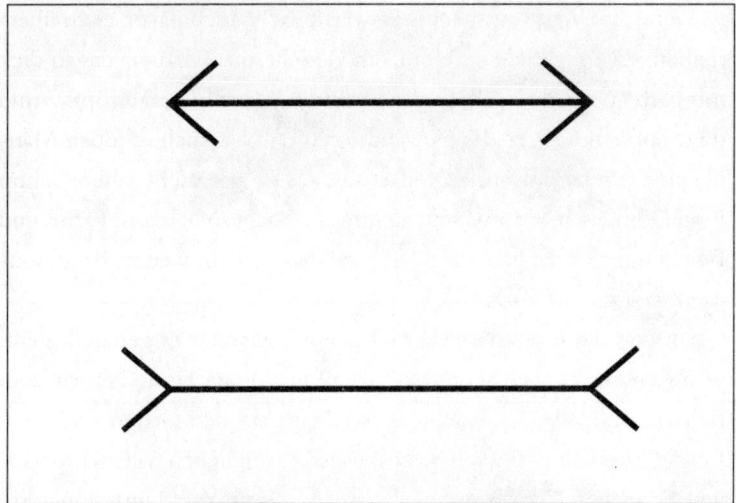

Die Müller-Lyer-Täuschung

aus. Die Kunst der Anwendung dieser Mittel erreicht ihren absoluten Höhepunkt in den Filmstudios. Dort sind absolute Spitzenkräfte am Werk, denn das Make-up für eine Filmproduktion fällt in der Regel wesentlich kühner aus als für den Gebrauch draußen auf der Straße.

Bei der bekannten Müller-Lyer-Täuschung wirkt eine gerade Linie mit jeweils zwei kürzeren Linien, die an ihren beiden Enden schräg von ihr wegstreben, länger als eine solche, bei der die kürzeren Linien nach innen gekehrt sind. Im ersten Fall leiten die kürzeren Linien die Aufmerksamkeit des Betrachters in den Bereich jenseits der Hauptlinie weiter und verlängern diese damit, im zweiten lenken sie die Aufmerksamkeit zur Mitte der Hauptlinie hin und lassen sie so kürzer erscheinen. Maskenbildner und Visagisten machen sich diesen Effekt zunutze. Indem sie zum Beispiel einen Schatten über die äußeren Augenwinkel setzen, lassen sie die Augen selbst optisch weiter auseinander rücken. Wenn sie die inneren Augenwinkel auf diese Weise stärker betonen, dann scheinen die Augen näher zusammenzurücken. Die Augenbrauen können die Zone zwischen den Augen

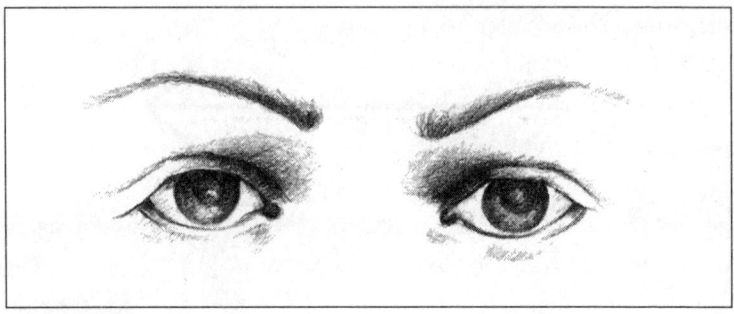

Verringerung des Augenabstands mit Hilfe von Lidschatten

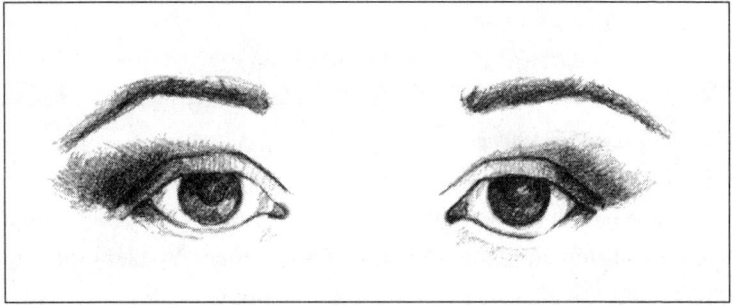

Vergrößerung des Augenabstands mit Hilfe von Lidschatten

ebenfalls breiter oder enger werden lassen. Wenn sie sich nach oben heben wie Vögel, die zum Flug aufsteigen, dann scheinen die Augen weiter auseinander zu stehen. Wenn sie sich über der Nasenwurzel nach unten senken und dabei eng zusammenrücken, dann scheinen sich auch die Augen einander anzunähern.

Jeder Schatten nimmt etwas weg. Er suggeriert eine Höhlung, eine Absenz, wo doch in Wirklichkeit Fleisch ist. Man kann daher mit seiner Hilfe quasi Teile aus dem Gesicht herausschneiden. Man kann zum Beispiel eine Nase schmaler aussehen lassen, indem man sie auf beiden Seiten dunkler macht, und kürzer, indem man ihre Unterseite dunkler färbt und zur Nasenspitze allmählich in die natürliche Farbe übergehen lässt. Ein langes Kinn machen Maskenbildner kleiner, indem sie einen Schatten daraufsetzen, auf ähnliche Weise lassen sie auch ein Doppelkinn verschwinden.

Früher hat man zur Hervorhebung einer Partie des Gesichts weiße oder gelbe Fettschminke genommen, heute verwendet man verschiedene Mittel, und zwar von jeder Farbe, die der des Schattens entgegengesetzt ist. Solche Mittel betonen, können einen bestimmten Teil des Gesichts geradezu wachsen lassen. Wenn man sie auf die Nasenspitze aufträgt, scheint die Nase länger zu werden, ein Tupfer davon auf einem schwach ausgeprägten Kinn, und dieses wird energischer wirken. Und ein Streifen davon, von oben nach unten auf die Nase aufgetragen, lässt diese breiter aussehen.

Wie die meisten Frauen wissen, ist das Aussehen der Augen entscheidend für die Wirkung des gesamten Make-ups. Lidschatten trägt dazu bei, das Auge insgesamt größer erscheinen zu lassen; er wird nur für das Oberlid benutzt, denn unter dem Auge aufgetragen, würde er den Eindruck vermitteln, Tränensäcke zu haben. Einige Make-up-Spezialisten tupfen ein ganz klein wenig Rouge unter das äußere Ende der Augenbrauen, um dem Auge Feuer zu verleihen.

Mit Eyeliner, der entweder mit einem Pinsel oder einem spitzen Augenbrauenstift aufgetragen wird, zieht man oberhalb der Wimpern einen schmalen, etwas verschwommenen Strich über die Lider. Auf dem Oberlid beginnt dieser gewöhnlich schon in dem Bereich zwischen Nase und innerem Augenwinkel, und auch auf der anderen Seite läuft er noch etwas über das Auge selbst hinaus und endet dann in einem leichten Bogen. Ein ähnlicher Strich auf dem Unterlid beginnt etwas weiter von der Nase entfernt. Professionelle Visagisten betonen immer wieder, dass diese Striche graduell blasser werden sollten, anstatt abrupt aufzuhören, und beide sollten sich unter keinen Umständen treffen.

Rouge ist auffällig, und die meisten Frauen benutzen es, um ihre Wangenknochen zu betonen. Richard Corson, der als Maskenbildner in Hollywood tätig ist, weist darauf hin, dass man es nie zu dicht an der Nase auftragen darf, man solle immer an einer imaginären Linie, die von der Mitte des Auges senkrecht nach unten verläuft, Halt machen. Eine Frau mit schmalem Gesicht solle sogar noch davor innehalten, um sich den Müller-Lyer-Effekt zunutze zu machen. Eine Frau mit breitem Gesicht solle darauf achten, dass sie mit dem Rouge nicht zu nahe an die Ohren herankomme, sie solle es lieber in Form eines von oben nach unten verlaufenden länglichen Ovals auftragen.

Mit Farbe kann man auch die Form der Lippen verändern, da sie auffallender ist als diese selbst. So kann man beispielsweise mit Lippenstift, den man oberhalb und unterhalb der Lippen aufträgt, zu schmale Lippen voller erscheinen lassen. Wenn die Lippen zu dick sind, ist es allerdings schwieriger, sie schmaler wirken zu lassen. Professionelle Visagisten versuchen es, indem sie nur die innere Partie der Lippen schminken. Mit Lippenstift kann man jedoch auch einen zu breiten oder einen zu schmalen Mund korrigieren.

Make-up ist vergänglich. Es soll helfen, bei einer bestimmten Gelegenheit schöner zu sein. Andere Veränderungen des Gesichts sollen sich ein Leben lang, bei jeder Gelegenheit, bewähren.

Das Fresco-Gesicht

Das Gesicht scheint heilig zu sein. Wir verzieren es nicht mit Mustern, die sich nicht wieder auslöschen lassen. Sogar die Hell's Angels und die *Yakuza*, Männer, die sich blutüberströmte Leichname auf ihren Bizeps tätowieren lassen, haben Ehrfurcht vor dem Gesicht. Es scheint also, dass wir davor zurückschrecken, an ihm herumzuspielen oder es mit unauslöschlichen farbigen Mustern zu bedecken – ebenso wenig wie es uns einfallen würde, die Mattscheibe eines Fernsehapparats mit Farbe zu beschmieren.

Doch das täuscht. Gesichtstätowierungen gibt es schon seit Urzeiten und waren einmal sehr verbreitet. Es gibt sie zumindest seit dem

Neolithikum, als die Ackerbauern ihr Gesicht mit einem blauen Dreizack schmückten. Die alten Thraker, Assyrer und Briten, sie alle tätowierten ihre Gesichter.

Im dritten Buch Mose (19, 28) wurde es jedoch ausdrücklich verboten, das Gesicht durch Narben oder Tätowierungen zu schmücken: »Ihr sollt um eines Toten willen an eurem Leib keine Einschnitte machen noch euch Zeichen einätzen.« Kaiser Konstantin verfügte, dass niemand sich am Kopf tätowieren lassen dürfe, da Gott uns alle nach seinem Ebenbild geschaffen habe, und beim zweiten Konzil von Nicäa wurde 787 ein generelles Verbot von Tätowierungen erlassen. Derlei Maßnahmen und Verfügungen ließen sie in Europa zu einer Seltenheit werden, abgesehen von einigen wilden Randgebieten wie den britischen Inseln. Der Legende zufolge wanderte nach der Schlacht von Hastings die Gemahlin von König Harold über das leichenübersäte Schlachtfeld, bis sie auf den verstümmelten Körper ihres Gatten stieß, den sie an seinen Tätowierungen erkannte. Unter anderem hatte er sich ihren Namen über seinem Herzen einritzen lassen.

In anderen Teilen der Welt waren Gesichtstätowierungen alles andere als selten. Sie kamen bei den Einwohnern Nordafrikas, des Nahen Ostens und Indiens ebenso vor wie bei den Eingeborenen Nord- und Südamerikas. Die Weißen, die 1606 die Siedlung Jamestown gründeten, stießen auf Indianer, die sich Schlangen und andere Tiere in die Gesichtshaut tätowiert hatten.

Tätowierungen sind Signale und übermitteln eine Vielzahl von Botschaften. Was die Männer anbelangt, so ist solch ein Zeichen zumeist eine Warnung: »Mit mir ist nicht zu scherzen!« Frauen tragen sie vor allem aus Schönheitsgründen, allerdings haben auch Männer um ihren ästhetischen Reiz gewusst. Die Angehörigen beider Geschlechter haben sie verwendet, um ihre Abstammung anzuzeigen, ihre Zugehörigkeit zu einer bestimmten Gruppe sowie ihren Status.

Ein auf die Gesichtshaut tätowiertes Zeichen konnte sowohl Stigma als auch Trophäe sein. In alten Zeiten kennzeichnete man auf diese Weise oft den aus der Gemeinschaft Ausgestoßenen. Die Römer tätowierten ihren Sklaven ein Zeichen zwischen die Augen, die alten Herrscher Burmas ließen einen Kreis in die Wangen von Gewohnheitsverbrechern stechen, und die Hawaiianer kennzeichneten *Kaaunwa*, Parias, indem sie deren Gesicht tätowierten. Im alten Japan dienten Gesichtstätowierungen zur Bestrafung von Verbrechern. In den *Nihon Shoki* (ca. 720 nach Christus) jener halbmythischen altjapanischen Sage wird von einem Rebellen erzählt, dem der Kaiser das Leben schenkte, aber ein Zeichen in der Nähe der Augenwinkel eintätowieren ließ.

In – zumindest – männlichen Gesichtern haben solche Tätowierungen aber auch von Triumphen, von großen Siegen gekündet, ähnlich wie die Kerben in einem Gewehrkolben. Bei den Inuit auf Victoria Island wurde ein Mann, der einen Wal getötet hatte, mit einer Linie, die von den Mundwinkeln bis zu seinen Ohrläppchen reichte, im wahrsten Sinne des Wortes »ausgezeichnet«, und wer einen feindlichen Krieger erschlagen hatte, durfte sich mit zwei Linien, die von der Nase bis zu den Ohren liefen, schmücken. Die Inuit waren sich nicht ganz einig darüber, welche dieser beiden Taten eigentlich die größere war. Die Angehörigen einiger Stämme tätowierten sich für jeden Menschen, dessen Haupt sie erbeutet hatten, ein bestimmtes Mal auf die Stirn. Ein europäischer Reisender sah in Indonesien einen Eingeborenen mit neunundzwanzig solcher Zeichen, und ein alter melanesischer Häuptling soll nicht weniger als fünfundneunzig davon im Gesicht gehabt haben. Solche Menschen wollten es geradezu, dass man ihnen die Morde, die sie begangen hatten, vom Gesicht ablas.

Frauen tätowierten sich vornehmlich das Gesicht – und zwar vor allem das Kinn –, um sich zu schmücken. In Dangs, einer der ärmsten Regionen Indiens, tätowieren sich die Frauen der Kumbi und der Warli Punkte oder auch Lotussymbole auf die Gesichter – zum einen, weil sie es schön finden, zum anderen, weil diese Zeichen ihnen später einmal den Himmel aufschließen werden. Ainu-Frauen stachen sich Zeichen in die Haut um die Lippen, wodurch diese oft übergroß und geschwollen aussahen.

Bei den Eingeborenen Alaskas tätowierte man den weiblichen Stammesangehörigen, wenn sie in die Pubertät gekommen waren, ein Zeichen auf das Kinn. In der Regel bestand dieses Zeichen aus einer bis fünf vertikalen Linien. Wenn ein jüngeres Mädchen darum bettelte, auch auf diese Weise geschmückt zu werden, warnte man, dass die Männer es möglicherweise vergewaltigen könnten, falls sie das Zeichen trüge. Auf der Kodiak-Insel tätowierten sich die Frauen ebenfalls das Kinn, und *schopans*, Jungen, die aufgezogen wurden, um den Männern als »Frauen« und Lustknaben zu dienen, wurden ebenfalls derart gekennzeichnet. Einem Missionar zufolge tätowierten die Inuit ihre Mädchen, um die bösen Geister aus dem Jenseits daran zu hindern, sie in Behälter zu verwandeln, aus denen Robbentran in die Lampen nachtröpfelte.

★ ★ ★

»Tätowierung« kommt von »Tatauierung«, einem Wort, das sich vom samoanischen und tahitianischen *tatau*, »Zeichen«, ableitet. Im Südpazifik waren Gesichtstätowierungen am verbreitetsten, und zwar vor allem bei den Angehörigen der beiden kriegerischsten Völker: bei den Maori im Südwesten Polynesiens und bei den Einwohnern der Marquesas-Inseln im Nordosten.

Als Kapitän Cook auf seiner ersten Reise im Jahr 1769 Neuseeland erreichte, traf er dort auf Maori mit einer farbenfrohen Gesichtstätowierung, die sie *Moko* nannten. Die Moko bestanden aus gekrümmten Linien, die oft spiralförmige Muster oder regelrechte Wirbel bildeten, die einen schwindeln machten, wenn man sie anschaute. Die Männer verzierten gewöhnlich ihr ganzes Gesicht damit, vom Haaransatz bis zum Hals. In der Mitte des Gesichts blieb ein von oben nach unten verlaufender, ungefähr ein Zentimeter breiter Streifen, der *waiora*, untätowiert.

Ein Moko machte ein Gesicht furchterregend. Tätowierungen um die Augenbrauen und den Mund herum machten die Grimassen, die die Maori im Kampf schnitten, noch ausdrucksvoller und jagten dem Feind wohl oft einen Schrecken ein. Sie mögen aber auch den Gesichtserkennungs-Mechanismus blockiert haben, so dass die Krieger kaum noch menschlich wirkten. Ein Moko ist auch von den Farben her ausgesprochen wild und verändert das Gesicht so stark wie kaum eine andere Verzierung.

Die Maori-Frauen schmückten gewöhnlich nur ihr Kinn und die Oberlippe. In das Kinn ritzten sie gekrümmte vertikale Linien und Halbkreise ein, in die Oberlippe schwarze horizontale Streifen, offenbar deswegen, weil die Maori-Männer rote Lippen abstoßend fanden. Hin und wieder ritzten die Frauen auch Muster in die Nase und in die Stirnpartie über der Nase. Diese Farbflecken waren für das Leben der Frauen von zentraler Bedeutung. Wenn die erstgeborene Tochter eines bedeutenden Häuptlings ihre Tätowierung erhielt, feierten die Stammesmitglieder dies oft mit einem Menschenopfer.

Sowohl die Maori-Männer als auch die Maori-Frauen empfanden die »tataus« als chic und als erotisierend. Die Kinntätowierung der Frauen hieß *whakatehe*, was sich vom Wort für »Erektion«, *tehe*, ableitet. Der Fachwissenschaftler Alfred Gell hat diese Tätowierung als »Darstellung eines Phallus« gedeutet, »der sich auf die ihm bestimmte (aufnahmebereite) Körperöffnung zubewegt«. Das erklärt auch, warum die Maori-Künstler, die die Tätowierungen ausführten, sich weigerten, die *puhi* zu berühren, die ranghohen jungfräulichen Priesterinnen.

Jedes Moko war einzigartig und unverwechselbar. 1815 überreichten die Briten auf der Brigg *Active* dem Häuptling Themoranga die erste Schreibfeder, die der jemals in seinem Leben zu Gesicht bekommen hatte. Sofort zeichnete er aus dem Gedächtnis sein Moko auf. Wenn Maoris Land an Europäer verkauften, dann unterzeichneten sie den entsprechenden Vertrag mit ihrem persönlichen Moko. Auch das Abkommen von Waitangi von 1840, mit dem Neuseeland an das Commonwealth angeschlossen wurde, unterschrieben die Häuptlinge, indem sie ihre Gesichtstätowierung unter den Text malten.

Wie die meisten primitiven Methoden des Tätowierens war auch die, welche die Maoris praktizierten, äußerst schmerzhaft. Der Künstler tauchte ein kammähnliches, aus Knochen gefertigtes Instrument in einen flüssigen Farbstoff und hämmerte es dann in das Fleisch seines Klienten hinein, wodurch eine punktierte Linie entstand. Dann setzte er dieses Instrument an anderer Stelle neu an und trieb es wieder durch die Haut bis ins Fleisch hinein. Weil der Prozess so ungemein schmerzhaft war, wurden großflächige Tätowierungen nach und nach in vielen Sitzungen fertig gestellt. Einige Menschen ließen sich trotz der Qualen, die sie durchstehen mussten, auch äußerst empfindliche Stellen des Körpers auf diese Weise verzieren – die Augenlider, die Zunge, den Penis, die Schamlippen – und gewannen dadurch natürlich an Ansehen.

Die Prozedur war durch mächtige Tabus geschützt, das heißt, sie wurde, auch weil Blut floss, unter Ausschluss der Öffentlichkeit vorgenommen. Die Hütte, in der sie stattgefunden hatte, wurde später zerstört. Mehrere Wochen lang pochte es heftig im entzündeten Fleisch um die tätowierte Stelle herum, oft trat auch Eiter aus. Infektionen stellten eine ständige Bedrohung dar und kosteten den Tätowierten manchmal auch das Leben.

Ein Moko überlebte den Tod dessen, der es getragen hatte. Die Maoris hoben die tätowierten Häupter männlicher Verwandter und Feinde, die so genannten *moko makai*, auf und räucherten sie, um sie haltbar zu machen. Sie zwängten die Lippen erschlagener Feinde auseinander, fixierten sie so, dass es aussah, als ob der Mund vor Erstaunen geöffnet sei, und machten sich über den Toten lustig. Sie tauschten die *moko makai* ihrer Feinde aber auch gegen die ihrer eigenen Angehörigen ein, deren Lippen sie dann als erstes zunähten. Die Köpfe ihrer Verwandten waren in ganz besonderer Weise tabu und wurden von ihnen aufmerksam gehütet.

Europäischer Reichtum bewirkte, dass all diese Sitten und Gebräuche binnen kürzester Zeit in Vergessenheit gerieten. Bei Cooks erstem Aufenthalt auf Neuseeland erwarb der ihn begleitende Naturkundler Joseph Banks einen Kopf für ein europäisches Museum. Und bald entwickelte sich ein lebhafter Handel mit *moko makai*.[15] Die Mannschaften von Walfangschiffen erwarben solche Köpfe – oft tauschten sie sie gegen Gewehre ein. In den Büchern des Zollamtes von Sidney wurden in der Rubrik der ausgeführten Waren immer wieder »Gebackene Köpfe« verzeichnet. Dieser Handel ging lustig weiter, bis die australische Regierung dem Treiben im Jahr 1831 einen Riegel vorschob. Als gegen Ende des Booms den Maori die *moko makai* ausgingen, sie aber dringend noch mehr Gewehre wollten, tätowierten sie bisweilen einfach das Gesicht eines Sklaven und schlugen ihm dann den Kopf ab. Sie tätowierten auch die Gesichter

---

15 Die Jivaro-Indianer in Ecuador waren Spezialisten in der Herstellung von Schrumpfköpfen. Diese kleinen Trophäen – oder *tsantsas* – wurden ebenfalls zu Handelsobjekten. Um den Originalkopf schrumpfen zu lassen, entfernte man zunächst alle Knochen und warf sie als Geschenk für die Anakonda in den Fluss. Das verbliebene Fleisch und die Haut kochte man, wodurch sich der Kopf um die Hälfte reduzierte. Über die nächsten sechs Tage hinweg füllte man dann immer wieder erhitzte Kieselsteine in die leere Höhlung und ließ sie darin, bis sie wieder abgekühlt waren. Gelegentlich massierte man auch das Gebilde, das immer lederartiger wurde, um den Austrocknungsprozess zu beschleunigen und gleichzeitig die ursprüngliche Form zu erhalten. Wenn der Kopf auf Faustgröße zusammengeschrumpft war, nähte man den Mund zu, damit der Geist nicht aus ihm entweichen konnte. Im Anschluss daran feierte man mit Unmengen von Maniokbier ein fünf Tage währendes wildes Fest, das seine zusätzliche Würze dadurch erhielt, dass man sich immer wieder zu einem kleinen amourösen Abenteuer in den nahegelegenen Urwald zurückziehen konnte. Einer der Eingeborenen teilte dem Anthropologen Michael Harmer mit: »Das Verlangen der Jivaro nach Köpfen ist wie das Verlangen der Weißen nach Gold.« Touristen sind ganz gierig nach diesen Schrumpfköpfen; die meisten, die heute angeboten werden, sind aber Fälschungen: Sie stammen von Affen.

schon Verstorbener, eine Praxis, durch die die Qualität des Endprodukts stark absank, da bei einem Toten kein Farbstoff mehr in die unteren Hautschichten eindringen konnte. Den Europäern schien das jedoch nicht aufzufallen. Heute bedrängen die Maori europäische Museen, ihnen die Köpfe zurückzugeben. Häufig können sie einen solchen Kopf anhand des Moko als den eines Ahnen identifizieren, der vor über zweihundert Jahren im Kampf getötet wurde.

In Neuseeland wurden Gesichtstätowierungen immer seltener, woran zum einen der Eifer der christlichen Missionare, zum anderen einfach ein Wechsel der Mode schuld war. Bei Ausbruch der Kriege in den sechziger Jahren des neunzehnten Jahrhunderts waren Mokos so gut wie verschwunden. 1921 klagte ein an der Kultur der Eingeborenen interessierter Europäer, dass nur noch sieben Maori-Männer ein Moko trügen. Allerdings gebe es noch Hunderte von Frauen, die im Gesicht tätowiert seien. Heute erlebt die Praxis bei den Gangs von Maori-Jugendlichen in den Städten eine Renaissance. In Lee Tamahoris Film *Once Were Warriors* (1994) tritt der Sohn von Hekes, Nig, ein zorniger junger Mann, einer Bande bei und erhält als erstes ein Wappen in Form einer Flamme auf eine Gesichtshälfte tätowiert. Oft finden solche Prozeduren nachts in den Gefängnissen statt, wenn die Jugendlichen nicht von den Wärtern beobachtet werden. Meistens werden dabei in die Zelle geschmuggelte Werkzeuge benutzt oder Nadeln, die reihum gehen und oft infiziert sind, so dass der Tätowierte es riskiert, sich eine Blutvergiftung zuzuziehen oder an Aids, Hepatitis oder Tuberkulose zu erkranken.

Herman Melvilles Queequeg stammt mit an Sicherheit grenzender Wahrscheinlichkeit von den Marquesas-Inseln. Jedenfalls deuten die geometrischen Muster darauf hin, die in sein Gesicht eintätowiert sind und die Ishmael so in Erstaunen versetzen, als er dem Harpunier im Gasthof »Zum blasenden Wal« zum ersten Mal begegnet. »Allmächtiger, was für ein Anblick!« durchzuckt es ihn schaudernd, als er die großen schwärzlichen Vierecke erblickt, mit denen Queequegs

Gesicht »bepflastert« ist. Während die Maori-Männer sich vor allem das Gesicht, die Schenkel und das Gesäß verzierten, neigten die Bewohner der Marquesas-Inseln dazu, sich am ganzen Körper zu tätowieren, was sie *pahu tiki*, »sich in Bilder einwickeln«, nannten.

Für die männlichen Bewohner der Inseln waren Tätowierungen so etwas wie eine Rüstung, eine Schutzhaut. Das verbreitetste Muster, mit dem das Gesicht geschmückt wurde, bestand einfach aus drei farbigen horizontalen Balken. Sie bildeten eine Art dunklen Hintergrund für Augen und Mund und ließen einen Krieger im Kampf noch grimmiger aussehen. Die Augen waren manchmal mit spiralförmigen *tataus* umgeben, die den Feind ebenfalls verwirren und in Schrecken versetzen sollten.

Die Angehörigen der westlichen Zivilisation neigen dazu, es als eine Art von Selbstverstümmelung anzusehen, wenn man sich tätowieren lässt. Ist das nur kulturelle Voreingenommenheit? Die Frage lässt sich nicht genau beantworten, aber auch in Polynesien war ein *tatau* so etwas wie ein Schandfleck, etwas, mit dem man den Körper absichtlich verunstaltete. In einem großen Teil des Gebiets glaubte man, dass die Neugeborenen aus *po*, dem Land der Götter und der Heiligkeit, auf die Erde gekommen seien. Diese Kinder strahlten ein mächtiges *tapu* aus, das eine Bedrohung für die Körper der anderen Menschen darstellte. Die Gesellschaft musste sie daher »entweihen«. Um dies zu tun, reichte eine Tätowierung aus. Einige hochstehende Häuptlinge trugen keine Tätowierungen, um sich ihre Heiligkeit auch auf Erden zu bewahren.

Auf den Marquesas-Inseln glaubte man an ein Leben nach dem Tod in einem Elysium, über das die Göttin Oupu regierte. Oupu verabscheute alle *tataus* und hatte deswegen an den Pforten des Paradieses wilde Untergötter postiert, die jeden Neuankömmling, der auch nur die Spur einer Tätowierung an sich hatte, zerfetzten. Deswegen schrubbten die Frau und andere Verwandte eines Verstorbenen seinen Leichnam monatelang, um alle Farbe aus seiner Haut zu entfernen. Während dieser Zeit wurde der Körper in geweihten Grund gebettet. Danach wurde er in ein Kanu gelegt, um die Reise zu Oupu anzutreten.

Die Polynesier tätowierten sich nicht nur das Gesicht, sie ließen sich oft auch zusätzliche Gesichter auf den Rest des Körpers tätowieren. Gesichter besitzen Augen, und Augen schützten einen vor dem *tapu*, der von den Körpern anderer ausging. Auf Tahiti beseitigte man Feinde gerne durch einen Keulenhieb auf den Hinterkopf. Wenn dort aber ein zusätzliches Paar Augen funkelte, vermochte das den Angreifer vielleicht abzuschrecken.

Im neunzehnten Jahrhundert sorgten christliche Priester dafür, dass die Polynesier von der »barbarischen« Sitte des Tätowierens Abstand nahmen. Zunächst ließen die Eingeborenen das Gesicht und die Hände, also die sichtbarsten Teile des Körpers, untätowiert. Auf vielen Inseln wurde der Brauch für ungesetzlich erklärt – wie zum Beispiel um 1830 auf Hawaii. Immer wieder aufflackernde Rebellionen gegen die Eindringlinge ließen ihn von Zeit zu Zeit erneut aufleben, und während der Maorikriege in den Sechzigerjahren des neunzehnten Jahrhunderts wurden die Mokos wieder populär, weil man mit ihnen seine nationale Identität nachdrücklich bekunden konnte. Doch bereits in den neunziger Jahren gab es – mit Ausnahme von Samoa – auf den meisten polynesischen Inseln kaum noch Tätowierungen.

Gleichzeitig verbreiteten sie sich immer mehr in der Bevölkerung der westlichen Unterschichten. Britische Matrosen hatten Tätowierungen in Polynesien kennen gelernt und überdies zu ihrem Leidwesen erfahren, dass – vor allem auf Samoa, Tonga und den Marquesas-Inseln – die einheimischen Frauen sich über Männer mit reiner Haut lustig machten und sich weigerten, mit ihnen zu schlafen, weshalb sich auch die meisten Meuterer von der *Bounty* tätowieren ließen. Die Seeleute brachten diese exotischen Verzierungen mit nach Hause, und bald wurde in den Vergnügungsvierteln europäischer Hafenstädte eine Tätowierstube nach der anderen eröffnet. Hin und wieder ließen sich auch prominentere Menschen irgend etwas in die Haut ritzen: König Eduard VII. gehörte zu ihnen, aber auch Zar Nikolaus II. und Lady Randolph Churchill (Roseanne und Johnny Depp sind berühmte »Tattoo«-Träger von heute). Auf Lenins Brust soll angeblich ein Totenschädel eintätowiert gewesen sein, auf der Stalins ein roter Stern. Churchill trug das Wappen seiner Familie auf seiner Haut mit sich herum. In den achtziger Jahren des zwanzigsten Jahrhunderts ließen sich Punks Totenköpfe und andere Nettigkeiten auf Köpfe, Arme und Beine tätowieren.

Früher verzierten Hawaiianer oft ihre Zungen mit *tataus*, um die Erinnerung an ihre Toten wachzuhalten. Es war eine besonders schmerzhafte und blutige Operation, aber sie standen sie durch, weil nach eigenem Bekunden dieses Zeichen ihrer Ehrerbietung für immer Bestand haben werde. Heute strömen Europäer und Amerikaner in dem Bewusstsein in die Tätowierungsstudios, dass Chirurgen mit Hilfe von Laserstrahlen das langweilig gewordene Bild, das nicht mehr aktuelle Symbol, den feurigen Liebesschwur, der nicht mehr gilt, auslöschen können. Tätowieren ist dadurch zu einem florierenden Gewerbe geworden, das im Jahr mehrere Millionen Dollar Umsatz vorzuweisen hat und an dem Künstler, die Hersteller der diversen Utensilien und Ärzte beteiligt sind, aber auch Journalisten, die für Fachzeitschriften wie *Tattoo* schreiben. Unsere Zeit verlangt nach *tataus*. In der Vergangenheit signalisierten sie, dass ihr Träger ein kühner, verwegener Mensch war, und etwas von dieser Aura mag auch heute den tätowierten Zeitgenossen umgeben.

Im Westen hat man Tätowierungen gelegentlich auch zu Make-up-Zwecken eingesetzt. Im frühen zwanzigsten Jahrhundert spezialisierte sich der berühmte George Burchett darauf, mit der Tätowiernadel den Wangen der Damen einen rosigen Hauch zu verleihen, ihre Lippen rot und die Augenbrauen dunkel zu färben. Nach dem Ersten

Weltkrieg tätowierte er die vernarbte Haut von Veteranen so, dass sie einen normalen Farbton hatte. Es gab jedoch nur wenige Tätowierer, die seine Geschicklichkeit besaßen, und eine verpfuschte Operation dieser Art war ein optischer Albtraum.

Der Laserstrahl hat auch für einen Mini-Boom auf dem Gebiet des kosmetischen Tätowierens gesorgt. Tätowierungen verlaufen nicht, wenn man im Licht von Scheinwerfern ins Schwitzen gerät. Aus diesem Grund haben sich Rockstars tätowieren lassen, und Schauspielerinnen, die in Soap-Operas mitspielen, haben sich die Lippen tätowieren lassen, damit sie nicht nach jeder Aufnahme einer Kussszene den Lippenstift hervorholen müssen. Solche Tätowierungen werden aber zunehmend auch bei ganz normalen Menschen beliebt, ersparen sie es der betreffenden Person doch, Eyeliner, Augenbrauenfarbe und Lippenstift immer wieder aufzutragen und zu entfernen.

Auch das Tätowieren aus kosmetischen Gründen ist eine Kunst. Solche »Operationen« müssen besonders präzise und nuanciert ausgeführt werden, weil sonst die Wirkung zu auffällig ist. Ungeschickte Eingriffe haben die Auftragsbücher derer, die sie wieder rückgängig zu machen wissen, anschwellen lassen.

Obwohl das Entfernen von Tätowierungen vom chirurgischen Standpunkt aus relativ simpel ist, kann das Ergebnis allzu häufig nicht wirklich überzeugen. Zum einen braucht das Entfernen Zeit. Gewöhnlich sind vier bis zwölf Sitzungen erforderlich, zwischen denen jeweils sechs Wochen liegen. Überdies können, wenn die Farbe verschwunden ist, Narben, die durch die Tätowiernadel entstanden sind, sichtbar bleiben. Zudem können auch die Laserstrahlen ihrerseits Wundmale zurücklassen, allerdings ist das Risiko heutzutage nicht mehr sehr hoch. In einigen Fällen färbt sich die Haut an der Stelle, wo die Tätowierung gesessen hat, heller oder dunkler. Einige Zeichnungen, vor allem solche, die vielfarbig waren, bleiben schemenhaft sichtbar. *Tataus* sind auch heute noch keine Abziehbilder, die man nach Belieben aufkleben und wieder entfernen kann.

Die Scheibe und der Ring

»Ich hätte es wohl kaum zu glauben vermocht, wenn ich es nicht selbst gesehen hätte«, schrieb der Forscher Jean-François de la Pérouse, nachdem er 1786 in British Columbia gelandet war. Er hatte gerade Tlingit-Frauen erblickt, die eines der merkwürdigsten Schmuckstücke im Gesicht trugen, die es überhaupt auf der Welt gibt: die Lippenscheibe, auch Labret genannt.

Die Frauen dieses Indianerstamms schlitzten ihre Unterlippen auf und schoben tellerförmige Scheiben aus Holz, Stein, Knochen oder Elfenbein hinein, die die Lippe acht bis zehn Zentimeter vorstehen ließen. Manchmal wurde sie noch weiter gedehnt. Ein Händler bekam einige Zeit nach La Pérouse eine alte Frau zu Gesicht, deren Labret so groß war, dass sie beinahe ihr Gesicht dahinter verbergen konnte, wenn sie es nach oben klappte. Die Sitte, sich auf diese Weise zu »schmücken«, war, wie La Pérouse meinte, »vielleicht die widerwärtigste, die auf dieser Erde existiert«.

Er bedrängte die Eingeborenenfrauen, sich von ihrem Schmuck zu befreien. »Sie erklärten sich widerstrebend bereit dazu«, berichtete er. »Sie machten dieselben Gesten und geben dieselbe Verlegenheit zu erkennen, wie eine europäische Frau es tun würde, wenn sie ihre Brüste entblößen müsste.« Nachdem sie die Scheiben aus ihnen herausgezogen hatten, hingen ihre Lippen bis zum Kinn herunter, und wie La Pérouse bekannte, war »dieser neue Anblick kaum schöner als der erste«.

Es waren nicht nur die Labrets, die die Frauen für einen Europäer abstoßend aussehen ließen. Wer ein Labret in den Lippen trug, konnte den Mund nicht vollständig schließen. Brauner Kautabaksaft floss den so »Geschmückten« daher ständig auf das Kinn hinunter. Manchmal fiel das Labret auch heraus, wenn sie aßen oder tranken, oft entfernten die Frauen es auch, wenn sie sich den Mund zu voll gestopft hatten, und deponierten einen Klumpen halbzerkauter Nahrung auf ihm – eine Angewohnheit, die sogar hartgesottenen Schiffskapitänen auf den Magen schlug.

Für die Tlingit war ein Labret jedoch ein Würdezeichen. Nur Freie durften eines tragen, Sklaven war es untersagt. Frauen von besonders hohem Rang trugen die größten Labrets – außerdem durften sie eigenhändig ein Kanu steuern.

Eine solche Lippenskulptur zu schaffen nahm beinahe ein ganzes Leben in Anspruch. Bereits im Alter von nur drei Monaten schnitt man den Mädchen die Lippen auf und schob eine kupferne Scheibe hinein. Die so entstehende Tasche weitete sich dann allmählich. Das Einsetzen des Labrets erfolgte, wenn ein Mädchen erstmals seine Monatsblutung bekommen hatte. Es war ein Ritual, bei dem fröhlich gefeiert wurde, da es auch bedeutete, dass das Mädchen nun »mannbar« war. Ihr gesamtes Erwachsenenleben hindurch dehnten die Frauen ihre Unterlippe immer weiter, indem sie immer größere Labrets einsetzten.

Mit der Ankunft der Europäer wurden Labrets zunehmend unüblich, und als der deutsche Geologe Aurel Krause 1881 das Siedlungsgebiet der Tlingit erreichte, vermochte er nur noch eine alte Eingeborene ausfindig zu machen, die auf solche Weise geschmückt war. Und Krause bestätigte, dass ihr Anblick alle früheren Schilderungen voll und ganz rechtfertigte. Krause bemerkte aber auch, dass viele Frauen den alten Brauch in abgewandelter Form fortführten: Sie setzten Silbernadeln beziehungsweise Knochen- oder Elfenbeinsplitter in ihre Unterlippe. Bei den Aleuten und Chugachen war noch 1889 dieser Körperschmuck in Mode, der hier aus Kohle oder aus Verschlüssen von Glasflaschen bestand.

Bei vielen Stämmen schmückten sich nur die Männer mit Labrets, wie bei den Inuit, die nördlich des Yukon lebten. Die schweren Labrets bewirkten, dass Zähne und Gaumen freilagen, und die Inuit mussten sie bei Temperaturen unter Null entfernen, um sich vor Erfrierungen im Mundraum zu schützen. Die Azteken kannten Labrets aus Gold. Die Priester, die einem Menschen bei lebendigem Leib das Herz aus der Brust schnitten, um es den Göttern darzubringen, trugen azurblaue Exemplare. Ein Missionar berichtete im siebzehnten Jahrhundert aus Mexiko, dass die »Acaxee«-Indianer die Unterlippe eines Mörders aufzuschlitzen und einen Knochen des Opfers als Labret in sie einzupflanzen pflegten.

Die Männer des brasilianischen Indianerstammes der Botokuden trugen Labrets, die so schwer waren, dass sie bis auf die Brust hinabhingen. Ein Mann, der sich die Scheibe aus den Lippen nahm, schien zwei Münder zu haben, einen über dem anderen, ein Anblick, der Europäer in Erstaunen versetzte. (Die Botokuden wurden von den Europäern nach dem portugiesischen Wort für »Holzpflock«, *botoque*, genannt.) Die Suya, ein anderer brasilianischer Stamm, glaubten, dass sie sich durch ihre roten Lippenscheiben von allen anderen Völkern auf der Erde abhöben und dass die Angehörigen aller anderen Völker nicht ganz menschlich seien.

Außer in der Neuen Welt waren Labrets vor allem in Zentralafrika in Mode. Bei den Fali, einer afrikanischen Gesellschaft, in der die Frauen Labrets tragen, geben die Mütter uralte Weisheiten an ihre Töchter weiter, in die ihre eigenen Vorfahren in grauer Vorzeit von einem Frosch eingeweiht worden waren. Labrets geben dem, was sie die jungen Mädchen lehren, zusätzliches Gewicht, weil sie ihre Münder wie ein Froschmaul aussehen lassen.

Labrets zeigen, wie schwierig es ist, Ansehnlichkeit von Ansehen zu unterscheiden: Beides steigert den Reiz eines Menschen. Wollten die Tlingit-Maiden sich mit ihren Lippenscheiben in physischer oder in sozialer Hinsicht attraktiver machen? Dass Labrets nach dem Kontakt mit Europäern so rasch verschwanden, weist darauf hin, dass letzteres der Fall war.

Hänge dir ein Juwel an das Ohrläppchen, meint Agnolo Firenzuola, und das Ohr wird nicht nur nicht an Attraktivität verlieren, »sondern es gewinnt im Gegenteil dadurch, und das Juwel erleidet den Verlust«. Ohrringe gibt es schon seit Urzeiten, und sie sind nur selten der Gegenstand von Kontroversen gewesen. In dem mesopotamischen Mythos *Der Abstieg Ischtars* wird erzählt, dass die Göttin der Liebe auf ihrer Fahrt in die Unterwelt Ohrringe trug und ihr der Türhüter, als sie unten angekommen war, befahl, sie abzulegen, weil das Protokoll es so verlange. Die Hölle ist nicht der rechte Ort für Ohrringe.

Ohrringe erfreuen sich im Altertum großer Beliebtheit, zum Teil auch deswegen, weil die Frauen, die welche trugen, die Haare hochsteckten, damit die Schmuckstücke auch sichtbar wurden. Etruskische Frauen schmückten sich mit einem röhrenartigen Ring, auf dem das Haupt einer Dame, eines Flußgottes, Löwen oder Widders prangte, während die Griechinnen Metallscheiben oder winzige Erosstatuetten an ihren Ohrläppchen befestigten. Zwischen dem elften und dem späten sechzehnten Jahrhundert waren in Europa raffinierte Frisuren in Mode, die die Ohren bedeckten. Zu dieser Zeit gab es kaum noch Ohrringe. Im siebzehnten Jahrhundert aber kehrten sie mit Macht zurück. Um 1660 wurde die bekannteste Ohrring-Form kreiert: die »Girandole«. Es handelt sich um ein oft bogenförmiges, edelsteinbesetztes Gebilde, von dem drei birnenförmige »Tropfen« – Perlen beispielsweise oder entsprechend geschliffene Steine – herunterhängen. Anna von Österreich besaß viele solcher Ohrgehänge, von denen einige mit riesigen Diamanten besetzt waren. Die Form der Girandole ist bis heute eine Standardform geblieben.

Durch die Jahrhunderte hindurch haben sich die Menschen die Ohrläppchen durchstechen lassen, um Ohrschmuck daran anbringen zu können. Die Befestigung mit Hilfe einer gegen Ende des neunzehnten Jahrhunderts erfundenen kleinen Schraube wurde erst in den Zwanzigerjahren des darauf folgenden Jahrhunderts immer populärer. Das Durchstechen der Ohrläppchen lehnte man fortan als Barbarei ab. Eine Schraube vermochte jedoch keine schweren Ohrgehänge zu halten, der Clip hingegen, der in den dreißiger Jahren eingeführt wurde, war dazu in der Lage und dominierte in den folgenden vier Jahrzehnten. In den späten Siebzigern wurde das Piercing, das Durchstechen, wieder populär – das Barbarische daran hatte jetzt plötzlich einen exotischen Reiz, weil durchstochene Ohrläppchen vor allem schwereren Gehängen einen sichereren Halt geben und diese Art der Befestigung letztlich bequemer ist.

Und so wurde es dann in den Siebzigern Mode, sich riesige Reifen an die Ohren zu hängen. Wie groß darf eigentlich ein solcher Ohrschmuck sein? Ovid warnte Frauen vor allzu schwergewichtigem Zierrat an den Ohren: »Belastet nicht eure Ohren mit edlen Steinen aus Indien, / Die von dunkelhäutigen Menschen geklaubt aus grünem Gewässer.« Aber damals wie heute begehrten die meisten Frauen solche Art von Last sehnsüchtig. Und Daggoo, der 1,90 Meter große Afrikaner, der zusammen mit Ishmael auf der *Pequod* angeheuert hatte, trug in seinen Ohren »zwei goldene Reifen, so groß, dass die Matrosen sie Ringbolzen nannten und davon sprachen, die Falleinen der Topsegel an ihnen zu befestigen«.

In den Sechziger- und Siebzigerjahren des neunzehnten Jahrhunderts befestigten die Frauen gerne allerlei Kinkerlitzchen an ihren Ohren: Miniaturhämmer, -schaufeln oder -eimer, winzige Nachbildungen von Kolibris oder Käfern und andere lustige Gegenstände. Es gab auch Verzierungen aus organischer Materie: Die Indianer in Florida durchstachen ihre Ohren und befestigten in den Löchern kleine rotgefärbte Fischblasen, die leuchteten, wenn man sie aufblies. Die Powhatan in Virginia bohrten zwei oder drei große Löcher in ihre Ohren und zogen Truthahnbeine oder Eichhörnchenpfoten hindurch. Einige ließen auch tote Ratten an ihren Schwänzen von den Ohren herabbaumeln. Andere zogen sich lebendige Schlangen durch die Löcher. Die grüngelben Reptilien wanden und krümmten sich und küssten ihre Peiniger gelegentlich auf die Lippen. Amerikaner, die glauben, dass Dennis Rodman sich in extremer Weise aufmache, haben nicht begriffen, was für Möglichkeiten es noch gibt.

Für gewöhnlich sind Ohrringe jedoch aus Metall oder Edelsteinen angefertigt, aus Objekten, die glitzern. Georg Simmel meinte, dass man sich mit Schmuck eine Art von »Ausstrahlung« verschaffe und die eigene Persönlichkeit ausdehne. Das funkelnde Juwel ziehe das Auge des Betrachters auf sich, ähnele seinerseits wiederum einer Pupille. In einem gewissen Sinne sei es ein zusätzliches Auge.

Simmel glaubte auch, dass das wahrhaft Elegante immer eine Sphäre von »Allgemeinem, sozusagen Abstraktem« um den Menschen lege. Vor allem das »auf keine Individualität Hinweisende … des Steins und des Metalls« vermöge eine solche Sphäre zu schaffen. Solcher Schmuck verleihe einen Hauch des »Unindividuellen«, da ihn – anders als Körperschmuck – jeder anlegen könne. Und Metallschmuck stehe »in kühler Unberührtheit über der Singularität und über dem Schicksale seines Trägers«. Er überdauert seinen individuellen Träger, er ist ein dienstbarer Geist, den wir Sterbliche uns für eine kurze Zeitspanne ausborgen.

Die Erweiterung der Ohrläppchen ist ein vergleichsweise seltener Brauch. Die Ägypter pflegten sich auf diese Weise zur Zeit des Neuen Reiches (1559–1085 vor Christus) zu verschönern. Und wie die *moai* zeigen, taten dies auch die Bewohner der Osterinsel sowie später die Cherokee, die Creeks und die Chickasaw, die im Südosten der Vereinigten Staaten zu Hause waren. In Melanesien, vor allem im Gebiet von New Britain, weiteten nur die Frauen ihre Ohren. Die Grundmethode bestand darin, einen Schlitz in die Ohrläppchen zu machen und dann nach und nach immer größere Pflöcke in ihnen zu befestigen, bis sie zu den Schultern herabbaumelten. So wie die Cherokee ihn durchführten, war der Eingriff sehr schmerzhaft. Der Patient konnte vierzig Tage lang nicht auf der einen Gesichtshälfte liegen, weswegen man sich erst das eine und dann das andere Ohr vornahm. Bei Saufwettbewerben der Cherokee konnte es schon mal geschehen, dass ein Mann in die Schlaufe hineinfasste, die das Ohrläppchen eines anderen bildete, und sie zerriss. Die Einwohner der Osterinsel legten vor einer Schlacht diese Ohrläppchen-Schlaufen über die Ohrenspitzen, um ein ähnliches Malheur zu vermeiden.

Der »Lippenteller« ist eine Kuriosität, der Ohrring hingegen kann wirklich eine reine Freude sein. Wie steht's aber mit anderen Gegenständen, die am oder im Körper befestigt werden – wie zum Beispiel Nasenringen? Stehen auch sie in »kühler Unberührtheit« über dem Individuum, das sie trägt?

Mit Sicherheit gibt es sie schon seit Urzeiten. Eine olmekische Höhlenmalerei, die vermutlich aus der Zeit um 1500 vor Christus stammt, zeigt einen Fürsten mit einem Nasenring aus Jade. Die Creek und die Cherokee durchbohrten die Nasenscheidewand und befestigten silberne Ringe in ihr, und auch die Tlingit trugen Ringe in der Nasenscheidewand, die so groß waren, dass sie die Nase nicht mehr zu säubern vermochten, und manchmal sogar den Mund verdeckten.

Wie Tätowierungen konnten auch »Piercings« die Erinnerung an große Taten festhalten. Dem Bericht Peter Carders zufolge, der unter Francis Drake gesegelt war, bis er am Nordufer des Rio de la Plata von Indianern gefangen genommen worden war, stanzte ein Eingeborenenkrieger jedes Mal, wenn er einen Feind getötet hatte, ein Loch in sein Gesicht. Er begann an der Unterlippe und arbeitete sich langsam über die Wangen nach oben bis zu den Augenbrauen und den Ohren vor. Ganz ähnlich perforierten sich auch die Tlingit nach einem großen Sieg den Rand der Ohren.

In der Erzählung »Achates McNeil« von T. Coraghessan Boyle trägt die College-Studentin Victoria einen Nasenring. »Er geht einem wirklich auf den Keks«, sagt sie. »Ich erleide das alles, um schön zu sein.«

Body Piercing ist in den Neunzigerjahren des zwanzigsten Jahrhunderts vor allem bei Jugendlichen ungemein populär geworden. Es wimmelt nur so von mit Ringen bestückten Berühmtheiten. Die Schauspielerin Lisa Bonet ebenso wie Slash, der Gitarrist der Guns

N'Roses, tragen Nasenringe. Die Dreikämpferin Paula Newby-Frazier lässt gleich mehrere Ringe am Rand eines jeden Ohres klingeln, und der Sprinter und Olympiateilnehmer Dennis Mitchell hat sich einen Ring durch eine Augenbraue ziehen lassen. Tommy Lee, der Drummer von Motley Crue, scheint einen großen Teil seines Körpers mit Metallgegenständen behängt zu haben. Junge Erwachsene und Studenten lassen sich die Nase und die Lippen, die Zunge und den Nabel, die Brustwarzen und die Genitalien piercen.

Natürlich hat das eine gesellschaftliche Bedeutung. Es zeigt, dass man in der Lage ist, Schmerzen auszuhalten. Insofern warnt man die anderen, wenn man sich piercen lässt. Auf der anderen Seite verbindet man sich dadurch aber auch mit anderen. Menschen, die sich piercen lassen, rechtfertigen das mit einer Vielzahl von Gründen: Sie wollen sich schmücken, sind einfach neugierig, vollziehen damit einen Übergangsritus oder unterwerfen sich damit dem Willen des Sexualpartners.

Wie das Tätowieren und alle anderen Eingriffe am Körper birgt Piercen Gesundheitsrisiken. Wenn es nicht sachgemäß durchgeführt wird, können Keloide entstehen, Wulstnarben, die immer dicker werden. Darüber hinaus kann es zu Infektionen kommen. Der Außenrand des Ohres besteht ebenso wie die Nasenspitze aus Knorpelmasse. Erfahrene Piercer durchstechen nur weiches Gewebe, einem Amateur kann es aber passieren, dass er solche Knorpelmasse durchstößt. Wenn es dann zu einer Infektion kommt, ersetzt unter Umständen Narbengewebe den Knorpel, wodurch so wenig schmucke Gebilde wie »Blumenkohlohren« entstehen können.

Aber schon das bloße Vorhandensein von Metall im Fleisch kann Probleme verursachen. Manchmal wuchert das Fleisch so um einen eingesetzten Metallstift herum, dass dieser nur noch operativ wieder entfernt werden kann. Zähne können splittern, wenn sie auf Lippen- oder Zungenringe treffen. Manchmal verursacht solcher Zierrat im Mund auch Sprechstörungen, Blutgerinnsel, ein taubes Gefühl im

Mund-Rachen-Raum und Essstörungen. Zum Kummer von Profis, die fürchten, dass Pfuscher dem ganzen Gewerbe schaden könnten, ist eigentlich so gut wie gar nicht geregelt, wer sich als Piercer am Körper eines anderen versuchen darf.

Schmuck kann außergewöhnlich oder peinigend sein, das größte Juwel jedoch ist sanft und natürlich: die Haut.

Die Suche nach dem perfekten Teint

Wir werden mit unvollständig ausgebildetem Gehirn, Schädel und einer noch unfertigen Muskulatur geboren, doch unsere Haut ist schon zu Beginn unseres Lebens vollkommen. Babys produzieren alle sieben Tage eine neue Haut, die deswegen so übernatürlich zart und rein aussieht. Bei einem Siebzigjährigen dauert dieser Erneuerungsprozess vier bis sechs Wochen. Kaum jemandem gefällt diese Geschwindigkeitsbegrenzung, und die meisten versuchen, dagegen etwas zu unternehmen. Die lange Reise des »Teints« von der Baby- zur Altershaut vollzieht sich in vielen Etappen, von denen gewöhnlich jede heiß umkämpft ist.

Hautmale treten schon sehr früh in Erscheinung. Für gewöhnlich sind es kleine, dunkle Kreise, flach oder etwas erhaben. Medizinisch gesehen handelt es sich einfach um Zusammenballungen ähnlicher Zellen auf der Haut. Solche Male können durch Fettzellen entstehen, durch Blutkapillaren, ja sogar durch Haare. Hämangiome, so genannte Blutschwämme, können sich bilden, wenn wir älter werden. Diese Male sehen wie Kirschen aus, und einige Ärzte finden sie schön.

Gewöhnlich verstehen wir unter einem »Mal« aber eine Anhäufung von Pigmenten. Wir nennen solche Flecken auch »Muttermale«, wenn wir mit ihnen auf die Welt gekommen sind. Echte Muttermale sind aber selten, die meisten entwickeln sich erst später, vermutlich aufgrund einer genetischen Veranlagung, da in manchen Familien jedes Mitglied ein solches Mal aufweist. Im Alter von zwanzig Jahren sind die meisten unserer Male bereits vorhanden. Wenn wir vierzig sind, haben sich für gewöhnlich alle ausgebildet. Im Durchschnitt hat man an die vierzig davon, die meisten auf dem Oberkörper, den Oberarmen und den Schenkeln. Ein solcher Fleck bleibt ungefähr ein halbes Jahrhundert lang erhalten, die meisten Menschen überleben also ihre Muttermale, Neunzigjährige weisen kaum noch welche auf.

Ein Mal zieht die Aufmerksamkeit auf sich. Insofern ist es von Bedeutung, wo es sich befindet. Wenn man eines auf der Nasenspitze hat, kann dies eher ärgerlich sein, wenn aber eines die Wange schmückt, kann dies unter Umständen hinreißend aussehen. Im Römischen Reich und dann von 1600 an in vielen europäischen Ländern malten oder klebten die Frauen sich »Schönheitsflecken« auf die Haut. Diese kleinen nachgemachten Hautmale steigerten die reizvolle Wirkung von vornehm bleicher Haut. Samuel Pepys (1633–1703) fand seine Frau mit ihren schwarzen Pflästerchen im Gesicht ganz hinreißend. Man konnte mit ihnen aber auch Narben verbergen, die von den Blattern zurückgeblieben waren, oder andere kleine Unreinheiten kaschieren. Bald wurde dieser Hautschmuck ungeheuer populär, und zwar bei Angehörigen beider Geschlechter. Stutzer tuschten sich Halbmonde oder Sterne ins Gesicht. Zur Zeit Königin Annas nahm der Marquis de Zenobia einst mit nicht weniger als sechzehn Schönheitspflästerchen beklebt, von denen eines wie ein Baum mit in den Zweigen sitzenden Turteltauben aussah, an einer Gesellschaft teil.

Ähnlich wie mit Fächern ließ sich auch mit diesen kleinen Zeichen etwas mitteilen. Auf der Stirn angebracht, signalisierte es Majestät, auf der Nasenspitze Keckheit, in der Mitte der Wange Fröhlichkeit und in einem Augenwinkel Leidenschaftlichkeit. Ein kleiner Fleck auf den Lippen lud dazu ein, diese zu küssen. Im achtzehnten Jahrhundert benutzte man dieses Signalsystem auch, um seine politische Einstellung kundzutun. Ein Whig kennzeichnete seine rechte

Wange, ein Tory seine linke, während jemand, der neutral war, sich links wie rechts bepflasterte. Aus dem Hautmal war ein »Sticker« geworden.

Ein Mal oder ein Leberfleckchen kann niedlich sein, unverwechselbar und anziehend. Niemand hat das jemals von Akne behauptet. Akne ist die klassische Plage der Heranwachsenden. Ausgerechnet in der Pubertät, wenn man beginnt, Wert auf sein Aussehen zu legen, tun sich überall im Gesicht Krater auf und entstellen es völlig. Mit Akne spielt das Schicksal den betroffenen Jugendlichen einen besonders perfiden und hintergründigen Streich: Es sind die Sexualhormone, die diese Erkrankung der Haut verursachen.

Akne kann zu einem gewaltigen Problem werden und einen Teenager dazu veranlassen, sich aus Scham völlig in sich selbst zurückzuziehen. Ein bestimmter Typ von Akne ist unter Jugendlichen beinahe universell verbreitet, normalerweise schlägt er sich aber nur in ein, zwei Pusteln nieder. Einer Untersuchung zufolge erinnerten sich nur zehn Prozent der Erwachsenen daran, früher einmal Akne gehabt zu haben, obwohl sie erwiesenermaßen beinahe jeden Heranwachsenden heimsucht.

Wie Hautmale ist auch Akne in hohem Grad erblich. Wenn beide Elternteile schwer davon befallen waren, dann leiden für gewöhnlich auch ihre Kinder daran. Eineiige Zwillinge werden in beinahe identischer Weise befallen. Akne ist nicht ansteckend und hat nichts mit einem Vitaminmangel zu tun, einige Dermatologen empfehlen aber, auf den Genuss von Schweinefleisch und Molkereiprodukten zu verzichten. Manchmal scheint sich das Akne-Leiden bei Stress zu verschlimmern, die Mediziner sind sich aber nicht ganz sicher, was die Ursache dafür sein könnte. Wenn man es unterlässt, sich das Gesicht zu reinigen, ruft dies ebenso wenig Akne hervor, wie eine intensive Reinigung sie heilt – das Problem hat tiefere Ursachen.

Akne entsteht, wenn jene Röhrchen verstopft sind, die von den

Talgdrüsen an die Hautoberfläche führen. Hier kann sich sodann ein Mikroorganismus namens *Propionibacterium acnes* festsetzen, der sich in dem von der Drüse produzierten Talg und von ihr abgesonderten Enzymen vermehrt, die man Lipasen nennt und die den Talg zu Fettsäuren spalten. Die Fettsäuren reizen die Drüse und lassen sie schließlich anschwellen, wodurch eine Pustel entsteht. Der gesamte Prozeß nimmt zwei bis drei Wochen in Anspruch.

Akne ist vor allem ein menschliches Leiden, da wir weit mehr Talgdrüsen besitzen als alle anderen Lebewesen. Wenn wir in die Pubertät kommen, beginnen diese winzigen Organe damit, eine wächserne Substanz, die die Mediziner Sebum nennen, herzustellen und abzusondern. Möglicherweise dient es dazu, uns »wasserdicht« zu machen. Der Paläoanthropologe M.W. Porter ist der Ansicht, dass die Talgdrüsen uns vor Regen schützen sollen, da sie vor allem auf dem Kopf und – in geringerer Anzahl – auf dem oberen Teil des Körpers vorkommen. Auch er räumt aber ein, dass nicht ganz klar ist, welche Rolle sie tatsächlich spielen. Akne entsteht durch eine Funktionsstörung dieser mysteriösen Gebilde.

Auch physischer Druck kann Akne verursachen. Handelsvertreter bekamen Aknepusteln auf dem Rücken, weil sie sich ständig gegen Sitzbezüge aus Vinyl gelehnt haben, was die Haut auf dem Rücken aufheizt und die Schweißabsonderung anregt. Andere bekommen Akne auf einer Seite des Gesichts, weil sie diese beim Schlafen auf eine Hand betten. Auch Football-Helme verursachen Akne auf der Stirn oder am Kinn.

Auch Kosmetika können die Talgdrüsen verstopfen und so Akne hervorrufen – ein Grund, warum auch ältere Frauen daran erkranken können. Viele Dermatologen sind der Ansicht, dass *Acne cosmetica* ein ernst zu nehmendes und schon weit verbreitetes Leiden ist.

Welche Heilmittel gegen Akne gibt es? Der immer hilfsbereite Ovid empfiehlt, »Alcyonea« aus den Nestern von Seevögeln zu sammeln (»Sie werden natürlich protestieren«) und mit Honig zu einer Salbe zu verrühren. Im Ebers-Papyrus von 1500 vor Christus findet sich der Rat, die Gesichtshaut mit einer Mischung aus Alabaster und Getreidekörnern zu scheuern. Ernst Kromayer (1862–1935), Professor für Dermatologie, legte seinen Patienten ein schmerzhafteres »Schrubben« nahe, bei dem auch Zahnbohrer und Feilen zum Einsatz kamen. Dieses Abkratzen oder Abrasieren der Pusteln ist ungefähr genauso wirksam wie das Heilen mit Kristallen: Es führt zu einer Verschlimmerung der Symptome, ohne dem Übel an die Wurzel zu gehen. Wenn man Pusteln ausdrückt, riskiert man eine Infektion, und es können Narben zurückbleiben, da organische Materie, die schon dabei ist, sich zu zersetzen, auf diese Weise in das Fleisch zurückgepreßt wird.

Glücklicherweise gibt es eine wirksame Behandlung, die noch nicht einmal schmerzhaft ist. Seit Jahrzehnten haben Antibiotika die verantwortlichen Bakterien erfolgreich vernichtet. Da aber viele Stämme resistent geworden sind, treten heute einige Mediziner für die Verabreichung von Medikamentencocktails oder für Direktbehandlungen der Haut mit Mitteln wie Benzoyl-Peroxid ein. Das beste Mittel, das gegenwärtig auf dem Markt ist, ist wahrscheinlich Isotretinoin. Sieben Millionen an Akne Leidende haben es seit seiner Einführung im Jahr 1982 angewendet, und ein Fachwissenschaftler hat es als »bedeutendsten Fortschritt auf dem Gebiet der Aknetherapie« gewürdigt.

Im vierzehnten Jahrhundert badete Isabeau von Bayern, die spätere Königin von Frankreich, während alte Weiber geheime Formeln herunterleierten, ihr Gesicht in einem Gebräu, das aus dem Blut von Wölfen, dem Gehirn von wilden Ebern und den Drüsen von Krokodilen bestand. Die Zutaten mögen sich im Lauf der Zeit verändert haben, aber ein Hauch von Magie umgibt die Suche nach reiner Gesichtshaut noch immer.

Viele Frauen widmen ihr gesamtes Leben lang ihrer Gesichtshaut allergrößte Aufmerksamkeit. Eigentlich bedarf es zu ihrer Pflege nur milder Seife und Wasser, einer Feuchtigkeitscreme und, bei Gelegenheit, eines Sonnenschutzmittels. Doch viele Frauen lassen sich von den Versprechungen der Kosmetikindustrie immer wieder zum Kauf von völlig überflüssigen Produkten verführen. Und in der Regel geben sie viel zu viel für solche Produkte aus. Verbraucherzeitschriften weisen immer wieder darauf hin, dass preisgünstige Mittel häufig genauso effektiv, wenn nicht sogar effektiver sind als die teuren Produkte.

Schon vor dreitausend Jahren benutzten Frauen Feuchtigkeitscremes. Vornehme ägyptische Damen rieben ihre Haut nach dem Bad mit wohlriechenden Ölen ein. Manchmal trugen sie auch etwas Nilpferdfett und eine Salbe aus Honig und pulverisierten Eselszähnen auf. Die Syrerinnen des Altertums bearbeiteten ihre Haut mit Kamellungen. In den vierziger Jahren des letzten Jahrhunderts hatten Wissenschaftler bereits Emulsionen erfunden, die sowohl Wasser als auch Öl enthielten: Nachdem die Haut das Wasser absorbiert hatte, versiegelte das Öl sie. In den siebziger Jahren fügten Forscher der Mischung Urea, Harnstoff, hinzu. Harnstoff ist hygroskopisch, was bedeutet, dass er Wasser in die Haut zieht und dort bindet. Neuere Mittel enthalten Hydroxycarbonsäuren – wie Milchsäure –, die abgestorbene Zellen entfernen. Diese Säuren können auch Falten ein wenig einebnen, die meisten Produkte enthalten aber zu wenig von ihnen, um eine deutlich erkennbare Wirkung zu erzielen.

Die »Gesichtspackung« ist ein sehr altes Mittel zur Schönheitspflege. Die Römerinnen benutzten Krokodilkot dafür, womit sie wirklich ein Opfer für ihre Schönheit brachten. Heute benutzt man meistens Heilerde, die oft aus Orten stammt, die im Ruf stehen, der Gesundheit zuträglich zu sein. Manchmal können diese Substanzen tatsächlich etwas bewirken. An Krätze leidende Patienten heilten ihre nässenden Wunden in der Schwefelquelle von Lourdes. Schlammbäder töten Parasiten, und wir benutzen noch immer Schwefelpuder oder Petrolat (Rohvaseline), um Milben und Kopf- oder Filzläuse auszurotten.

Kieselgur und verschiedene Mineralien können die Haut feucht und geschmeidig machen. Patienten mit einer sehr trockenen Epidermis, mit faltiger, aufgesprungener und schuppiger Haut vermögen einem entsprechenden Bad mit einem gänzlich neuen Hautgefühl zu entsteigen. Alte Haut sieht oft wegen der Akkumulation von abgestorbenen Zellen fleckig aus. Eine Packung kann dazu beitragen, dass diese Zellen sich lösen, wodurch die Blutgefäße dichter unter die Oberfläche der Haut zu liegen kommen und diese rosiger, frischer und jünger aussehen lassen. Die Wirkung hält aber nur einige Zeit an, und der Prozess muss immer aufs neue wiederholt werden.

Viele Menschen fühlen sich von »Tränensäcken« oder von Ringen um die Augen heimgesucht. In der Tat verleiht ein solcher »Waschbären-Look« ein erschöpftes Aussehen. Was verursacht diese merkwürdigen Erscheinungen?

Es gibt viele Auslöser. Einer ist Müdigkeit. Wenn wir unsere Augen sehr stark anstrengen, dann pumpt der Körper zusätzliches Blut in sie hinein, um Fremdkörperchen wegzuspülen. Sie sind dann »blutunterlaufen«. Das Auge ist von einem Netzwerk feiner Äderchen umgeben, die ganz dicht unter der Hautoberfläche liegen. Bei Erschöpfung kann Blut in diese Äderchen strömen und das Gewebe dunkel färben. Die so genannten Tränensäcke sind also manchmal nichts anderes als durch stärkere Durchblutung angeschwollene Haut.

Allergien können eine weitere Ursache sein. Menschen, die an Sinusitis oder Heuschnupfen erkrankt sind, reiben sich häufig die Augen, wodurch die Lederhaut sich rötet und die Falten unter den Lidern manchmal dunkel werden. Bisweilen bekommen sie auch eine Falte auf der Nase, genau da, wo der Knorpel beginnt. Man nennt sie auch die »Salut-Falte«, da die Hand einem Salutieren gleich nach oben über die Nase geführt wird. Kinder mit Allergien zeigen oft eine solche Veränderung der Haut.

Eine Hand voll weiterer Faktoren trägt zum Entstehen von Tränensäcken bei. So spiegelt sich beispielsweise in unseren Gesichtern wider, dass unser ganzer Körper ein Leben lang der Schwerkraft ausgesetzt ist, die unter anderem die Wangen in die Länge zieht und die »Taschen« unter den Augen tiefer sinken lässt. Überdies entwickeln sich bei einigen Menschen Fettpolster unter den Augen, was oft auf Cholesterin oder Triglyceride zurückzuführen ist. Und die Kontur des Gesichts verschlimmert das Problem noch. Das obere und das untere Augenlid werden unterschiedlich beschattet. Das obere Lid ist gewölbt, so dass hier kein Schatten auftreten kann. Die flache Partie unter dem unteren Lid ist hingegen ein ausgesprochener Schattenfänger.

Falten sind für uns ein Zeichen für Hinfälligkeit und Verfall. Sie stehen für das Alter, es sind jene Spuren, die die Klauen zurücklassen, welche aus dem Grab nach uns greifen, um uns langsam hineinzuziehen. Wie Baudelaire es so maliziös formulierte:

Engel der Schönheit, kennst du Falten?
Kennst du Furcht vor dem Alter, die schreckliche Qual,
Geheimes Entsetzen zu sehen in dem Lächeln der Augen,
Die du seit langem geliebt?

Falten werden aber nicht durch das Altern verursacht. Sie werden durch die Sonne verursacht, die für neunzig Prozent aller »Alterungsprozesse«, die wir in unserem Gesicht entdecken, verantwortlich ist. Alte Haut ist bemerkenswert glatt, wenn sie auch einiges von ihrer Geschmeidigkeit eingebüßt hat. Aber das Sonnenlicht verunstaltet im Lauf unseres Lebens ganz allmählich unser Gesicht, es bringt feine oder auch tiefe Falten hervor und Flecken. Es lässt die Haut aber auch dicker werden. Die Aymara-Indianer in der an die viertausend Meter hoch gelegenen bolivianischen Region La Paz haben eine Gesichtshaut wie hochglanzpoliertes Rindsleder. Da die Sonne nur auf Körperpartien einwirken kann, die ihr direkt ausgesetzt sind, werden unsere Gesichter faltig, unsere Körper hingegen nicht.

Schuld daran sind die ultravioletten Strahlen, die aufgrund ihrer kurzen Wellenlänge für uns unsichtbar sind. Die Wellenlängen von ultravioletten Strahlen liegen im Bereich von zweihundert bis vierhundert Nanometern, die von sichtbarem Licht, das für die Haut so gut wie unschädlich ist, im Bereich von vierhundert bis siebenhundert Nanometern. Wenn die Wellenlängen kurz sind, treffen mehr Strahlen pro Sekunde auf die Haut auf. Sie besitzen größere Energie und sind gefährlicher. Die Wissenschaft weist den UV-Strahlen drei verschiedene Kategorien zu: C, B und A. Die tödlichsten sind die UVC-Strahlen mit Wellenlängen zwischen zweihundert und zweihundertneunzig Nanometern. Die Ozonschicht in der Erdatmosphäre schluckt diese bedrohlichen Strahlen jedoch, bevor sie die Erde erreichen können. Die UVB-Strahlen mit Wellenlängen zwischen zweihundertneunzig und dreihundertzwanzig Nanometern sind die gefährlichsten UV-Strahlen, die uns erreichen, allerdings schützt die Ozonschicht uns auch vor neunzig Prozent dieser Bestrahlung. UVA-Strahlen mit Wellenlängen zwischen dreihundertzwanzig und vierhundert Nanometern sind eintausend Mal schwächer als UVB-Strahlen, aber auch einhundertmal häufiger als diese, da das Ozon sie nicht von uns abhält. Man könnte sagen, dass die UVB-Strahlen spärlich auf uns niedertröpfeln, die der Kategorie A hingegen wie ein Regenschauer auf uns herunterprasseln.

Es ist aber nicht nur das Sonnenlicht, das Falten verursacht. Auch Rauchen kann Falten erzeugen. Eine Studie von 1995 ergab, dass Raucher zwei- bis dreimal häufiger leichte oder auch starke Falten im Gesicht hatten als Nichtraucher. Es ist nicht klar, welcher Mechanismus dafür verantwortlich ist. Es ist möglich, dass irgendeine im Tabakrauch enthaltene Chemikalie den Schaden direkt verursacht, denn wir wissen, dass Rauch das Kollagen wie auch das Elastin in den Lungen angreift. Vielleicht verstärkt diese Chemikalie auch die Einwirkung des Sonnenlichts. Es kann aber auch sein, dass sie die kleinen Arterien, die zur Haut führen, verengt oder dass sie die Menge von Vitamin A reduziert, die der Körper aufnimmt.

Falten haben noch andere Ursachen. Die Schwerkraft zieht im Laufe der Jahre die Haut nach unten. Auch ein Gesichtsausdruck, den man gewohnheitsmäßig annimmt, kann die Gesichtshaut formen. Wenn man sich oft sorgt oder ärgert, kann dies dazu führen, dass sich tiefe vertikale Furchen zwischen den Augenbrauen bilden. Wenn man die Augen oft zusammenkneift, dann entstehen um sie herum viele kleine Fältchen. Menschen, denen die Zähne ausfallen, bekommen Runzeln um den Mund herum.

Wenn Erwachsene gewohnheitsmäßig auf derselben Körperseite schlafen, können der Dermatologin Terry Brazell zufolge Ärzte oft feststellen, welche das ist: »Man legt seinen Kopf auf ein Kissen, und es zerknittert dort das Gesicht.« Oft entsteht eine Furche, die sich von der Augenbraue nach außen bis zum Haaransatz zieht. Wenn man beim Schlafen sein Kinn auf die Brust presst, kann sich eine ähnliche Falte bilden, die vom Mundwinkel bis zum Ohr reicht.

Den meisten Menschen ist es jedoch ganz gleichgültig, welches die Ursache ihrer Falten ist. Ihnen kommt es nur darauf an, diese loszuwerden. Für eine erfolgreiche Behandlung gilt es, die Neubildung von Haut anzuregen. Das Abtragen der alten, abgestorbenen Oberfläche hat ein frischeres und jüngeres Aussehen zur Folge. Retin-A (Tretinoin), die Antifaltencreme, die sich als wirklich bahnbrechend erwiesen hat, bewirkt, dass die äußere Epidermis sich schält, und lässt neue Blutgefäße und neues Kollagen entstehen. Sie macht die Hautoberfläche gewissermaßen wieder »flauschig«. Laserstrahlen funktionieren ganz ähnlich, auch sie entfernen die oberste Schicht und aktivieren die Schicht, die direkt darunter liegt.

Aber alle Behandlungen dieser Art dürfen nicht abgebrochen werden. Ein Patient, der aufhört, Retin-A aufzutragen, macht sofort wieder Rückschritte. Und eine Laser-Therapie ist im Grunde nichts anderes als ein unaufhörliches Neubearbeiten der Hautoberfläche. Wir können mit diesen Mitteln und Methoden die Patina des Alters abtragen, wie wir aber jede Woche eine neue Haut hervorbringen können, das wissen wir immer noch nicht – und wir werden es vielleicht auch nie wissen.

Von den Flatheads zur Change Alley

1982 fing der Wissenschaftler Malte Andersson sechsunddreißig Männchen des afrikanischen Witwenvogels ein, die sich durch ihre langen schwarzen Schwänze auszeichnen. Er schnitt die Schwanzfedern einiger Männchen ab und klebte sie dafür anderen Männchen zusätzlich an. Andersson stellte fest, dass die Vögel mit den künstlich verlängerten Schwänzen mehr Partnerinnen hatten als die anderen. Der Schwanz des Witwenvogels ist sein wichtigster Schmuck, der darüber entscheidet, wie erfolgreich sein Besitzer sich fortzupflanzen vermag.

Jeden Tag versuchen die Menschen mit einem Trick ähnlich erfolgreich zu sein: Sie lassen sich das Gesicht operieren.

Designer-Gesichter haben eine lange Tradition: Schon die Angehörigen primitiver Stämme brachten die Köpfe ihrer Kinder in Form. Die Mangbetu im nordöstlichen Zaire modellierten ihre Schädel ebenso wie die Indianer des amerikanischen Westens. Die »Flatheads«, die Flachköpfe, im Gebiet des heutigen Washington und Oregon erhielten diesen Namen von den Engländern aufgrund ihrer spezifischen, auf menschlichen Gestaltungswillen zurückzuführenden Kopfform. Diese besondere Art kosmetischer Chirurgie war aber auch bei den Eingeborenen der Karibik, der Küstenregionen und des Hochlands Ecuadors, Perus und Nordchiles bekannt, wie auch in den kalten Flusstälern Patagoniens.

Die Indianer, die am Unterlauf des Columbia River und weiter nördlich siedelten, flachten die Köpfe ihrer Kinder ab, indem sie ein gepolstertes Brett in einem bestimmten Winkel gegen die Stirn drückten. Diese Technik brachte den breiten und platten »Chinook«-Kopf hervor. Die Nootka und Kwakiutl-Indianer hingegen schufen einen äußerst in die Länge gezogenen Kopf, den man manchmal »Koskimo«-Kopf nach jenem Stamm nennt, der die extremste Version davon erfand.

Dem spanischen Autor Garcilaso de la Vega (ca. 1540 – ca. 1616) zufolge modellierten die Indianer im Gebiet des südlichen Arkansas Köpfe, die »unglaublich lang und oben spitzzulaufend« waren, indem sie schon die Köpfe eines Neugeborenen entsprechend umwickelten und mit dieser Praxis fortfuhren, bis das Kind neun oder zehn war. Die Natchez legten sich Köpfe in der Form von Bischofsmitren zu, während die Indianer des Südostens der USA im allgemeinen ihre Schädel abflachten und die Weißen als »Langköpfe« verspotteten. Die Choctaws schufen beinahe ebene Stirnen, indem sie schon ihren Babys Säcke mit Sand darauflegten. Manchmal flachten sie auch den Hinterkopf ab, wodurch ihre Schädel nahezu ziegelsteinförmig aussahen und ihre Augen hervorquollen.

Ein namentlich unbekannter Reisender, der sich in seinem Bericht wahrscheinlich auf die Natchez bezieht, meinte, dass das, was eine Mutter tat, um den Schädel ihres Kindes in die gewünschte Form zu bringen, »beinahe nicht zu glauben« sei. Sie bettete das Kind verkehrt herum in einen Korb. Dann drückte sie Lehm auf die Ober- und die Unterseite des Schädels, legte Brettchen auf den Lehm und presste diese dann so fest wie möglich gegeneinander. Das Kind schrie, wurde blau im Gesicht, und eine weiße Flüssigkeit quoll aus seiner Nase und seinen Ohren. Die Mutter ließ ihr Kind jede Nacht so liegen, bis sie seinen Schädel entsprechend gestaltet hatte.

Nofretete (vierzehntes Jahrhundert vor Christus), die Gattin des Pharaos Echnaton, hatte einen künstlich lang gezogenen Schädel. Die Hunnen zogen erwiesenermaßen das Schädelskelett in die Höhe und ein wenig nach hinten. Sie gaben diese Sitte an die Ostalanen weiter, deren auf der Krim lebende Nachfahren ihr um 1600 nach Christus – also rund eintausenddreihundert Jahre später – immer noch huldigten. In *Émile* behauptete Jean-Jacques Rousseau (1712–1778) sogar, dass auch französische Ammen die Schädel der ihnen anvertrauten Kleinkinder modellierten.

Das Phantom der Oper hat keine Nase, und wenn der Unheimliche sich in die Öffentlichkeit begibt, setzt er eine Pappmaché-Prothese auf – komplett mit Schnurrbart. Später erzählt er Christine Daaé, dass er eine Maske ersonnen habe, die ihn genau wie alle anderen aussehen lassen werde: »Die Leute werden sich noch nicht einmal auf der Straße nach mir umdrehen«, sagt er voller Zuversicht. Die fehlende Nase ist zugleich der Grund für seine Häßlichkeit und seine Bösartigkeit.

Der emotionale Schaden, den eine Verletzung oder Entstellung des Gesichts verursacht, ist nicht zu leugnen. Wenn ein Gesicht irgendeine Anormalität aufweist, ist dies für die Betroffenen in der Regel viel schlimmer, als wenn irgendeine andere Stelle des Körpers deformiert wäre. Anders als ein verkrüppelter Arm oder ein krummes Bein beeinträchtigt es unmittelbar das Bild, das jemand von sich selbst hat. Überdies wirkt es sich auch auf das Bild aus, das andere Leute von dieser Person haben. Als die islamischen Herrscher ihre Untertanen davon abbringen wollten, weiterhin die Sphinx zu verehren, ließen sie ihr einfach die Nase abhacken. Es funktionierte.

Das menschliche Gesicht eignet sich jedoch sehr gut für eine Rekonstruktion, da es von vielen Venen und Arterien durchzogen ist. Die üppige Versorgung mit Blut beschleunigt die Heilungsprozesse, wenngleich sie auch oft postoperative Blutungen zur Folge haben kann, die schon dadurch entstehen können, dass man sich zu schnell oder zu heftig bewegt.

Im Abendland geht die plastische Chirurgie mindestens bis ins dreizehnte Jahrhundert zurück: Lanfranco (gest. 1315) und Theodoric, der Bischof von Cervia (1205–1298), beschrieben gegen Ende dieses Jahrhunderts schon Operationen, mit denen sich Nasen vergrößern oder wieder aufbauen ließen. Der neuzeitliche Pionier auf diesem Gebiet war Gaspare Tagliacozzi (1545–1599), der Verfasser der klassischen Abhandlung *De Chirurgia Curtorum* (1597). Tagliacozzi war ein bekannter Chirurg, und die von ihm entwickelte Methode, bei einem Duell abgeschlagene Nasen zu ersetzen, hätte vielleicht auch dem Phantom der Oper geholfen. Unter anderem wurde bei Tagliacozzis Verfahren ein Hautlappen von der Stirn nach unten gezogen. Moderne Chirurgen gehen noch heute so vor. Doch die Kirche war dem Mann nicht wohlgesonnen, weil er versuchte, das Werk Gottes zu verbessern. Nach seinem Tod exhumierten Priester seine Leiche, um sie in ungeweihtem Boden zu verscharren.

Zu den vielen Triumphen der plastischen Chirurgie gehört das Schließen der Gaumenspalte beim so genannten »Wolfsrachen«, ein Eingriff, der normalerweise schon beim Säugling vorgenommen wird, um eine Traumatisierung auszuschließen, das Wiederaufbauen einer Sattelnase, wie sie Menschen mit angeborener Syphilis haben, und die Wiederherstellung von Gesichtern, die durch einen Unfall oder infolge von Gewalteinwirkung zerstört worden sind. Darüber hinaus vermag die plastische Chirurgie natürlich auch weniger ernsthafte, aber die Psyche eines Menschen beeinträchtigende Entstellungen zu beseitigen, also etwa ein fliehendes Kinn, eine Höckernase oder abstehende Ohren, Muttermale oder die roten Flecken eines Blutschwamms.

Es ist ein Ammenmärchen, dass sich Ohren, die nahezu im rechten Winkel vom Kopf abstehen, dadurch entwickeln, dass man Babys auf der Seite des Gesichts, mit nach vorne geklappter Ohrmuschel, schlafen lässt. In Wirklichkeit kommen sie einfach durch eine große Concha oder eine kleine Anti-Helix zustande. Im März 1881 führte Edward Talbot Ely (1850–1885) die erste Operation mit neuzeitlichen Mitteln durch, um solche Ohren zu korrigieren. Sein Patient war ein kleiner Junge, der darunter litt, dass er wegen seiner »Fledermausohren« ständig gehänselt wurde. Ely machte dort, wo das Ohr mit dem Schädel verbunden ist, einen kleinen Schnitt und entfernte etwas

Knorpelmasse. Das Ohr lag danach enger am Kopf an. Diese Prozedur ist seitdem verfeinert worden, Gesichtschirurgen führen sie heute routinemäßig durch.

Eine Korrektur des Lids nennt man Blepharoplastik. Ende zwanzig, bei einigen auch erst in den Dreißigern, beginnen die Lider nach unten zu sacken, und in den Augenwinkeln bilden sich »Krähenfüße«. Bei älteren Menschen kann die Lidhaut auch so erschlaffen, dass sie über das Auge herunterhängt. Mit einem kleinen Eingriff vermag man diese Probleme zu beseitigen, die Augen sehen danach größer aus, das Gesicht wirkt jünger.

Bei Weißen wie bei Schwarzen läuft eine kleine Furche quer über das Lid, die so genannte obere Palpebralfalte. Ungefähr fünfzig Prozent der Asiaten besitzen sie ebenfalls. Diese Palpebralfalte lässt sich auch durch einen künstlichen Eingriff herstellen. Dieser Eingriff wird nach dem Chirurgen Boo Koo Chai, der ihn in den sechziger Jahren des zwanzigsten Jahrhunderts entwickelte, *bookoochai* genannt. Durch diese Korrektur wirkt das Auge größer und entspricht fortan mehr einem westlichen Aussehen. Der Chirurg macht einen Schnitt in das Lid, wo die Falte verlaufen soll, entfernt Fett, spannt die Haut und modelliert das Muskelgewebe. Die Operation dauert ungefähr eine Stunde pro Lid. Vor allem Frauen lassen sie durchführen. Amerikaner asiatischer Abstammung schenken bisweilen ihren Töchtern einen solchen Eingriff, wenn sie erfolgreich die Highschool oder das College absolviert haben.

Die Operation ist nicht unumstritten. Einige Amerikaner asiatischer Herkunft kritisieren, dass Frauen, die sich ihr unterziehen, versuchen, ein westliches Aussehen nachzuahmen, anstatt ihr asiatisches Aussehen zu akzeptieren. Ronald Matsunaga, Schönheitschirurg aus Beverly Hills, der sich auf diesen Eingriff spezialisiert hat, weist solche Vorwürfe jedoch zurück. Seine Patienten wollten einfach nur größere und reizvollere Augen haben. Er weist darauf hin, dass die Lidfalte nicht typisch europäisch ist, da auch viele Asiaten von Geburt an eine haben. Seine Patienten behielten außerdem die übrigen asiatischen Gesichtsmerkmale: die hohen Wangenknochen, das breite Gesicht, die flache Nase. Sie lassen sich auch nicht die Epikanthusfalte, die so genannte Mongolenfalte, die die inneren Augenwinkel bedeckt, entfernen; diese Falte ist für Asiaten wirklich typisch, neunzig Prozent von ihnen weisen eine solche auf. Bislang hat keine der beiden Seiten, die über den Sinn dieser Schönheitsoperation debattieren, die andere zu überzeugen vermocht.

Leonardo da Vinci meinte, dass die Nase den grundlegenden Ausdruck eines Gesichts entscheidend bestimme, und Schopenhauer sagte, dass das Schicksal vieler Frauen davon abhänge, ob ihre Nase sich ein wenig nach oben oder nach unten krümme. Das erklärt, warum so viele Menschen sich zu einer Rhinoplastik, einer operativen Korrektur ihrer Nase, entscheiden. Thomas Pynchon widmete ein ganzes Kapitel seines Romans *V* der bis in medizinische Einzelheiten gehenden Beschreibung einer solchen Operation. Michael Jackson, Tom Jones und Phyllis Diller haben sich die Nase verändern lassen.

Naseoperationen wurden seit der ersten Hälfte des neunzehnten Jahrhunderts von Johann Friedrich Dieffenbach (1794–1847) ausgeführt, die Entwicklung moderner Operationsmethoden geht jedoch auf den Berliner Chirurgen Jacques Joseph zurück, die er erstmals 1896 in der Praxis erprobte. Joseph wandte sich dieser Problematik zu, nachdem seine Kollegenschaft es abgelehnt hatte, sich mit einem derart »trivialen« Gegenstand zu beschäftigen. Joseph wurde von Seiten der Universität tatsächlich wegen seiner Tätigkeit von der Lehre ausgeschlossen. Wie andere Pioniere auf diesem Gebiet litt Joseph aber nicht an mangelndem Selbstwertgefühl. Als ein amerikanischer Chirurg, der zu Besuch in Berlin weilte, ihn bat, sich auf englisch mit ihm zu unterhalten, weigerte sich Joseph: »Nein«, antwortete er, »das ist unter meiner Würde.«

Eine Nasenkorrektur kann nahezu ausschließlich im Inneren der Nase vorgenommen werden, so dass keine sichtbaren Narben zurückbleiben. Ein großer Teil der Nase besteht aus Knorpelmasse, die sich auf chirurgischem Weg viel leichter entfernen lässt als Knochensubstanz. Einige Eingriffe sind recht einfach. Um einen Höcker auf dem Nasenrücken zu beseitigen, schneiden die Chirurgen etwas von dem Knorpel im Naseninneren weg. Indem man etwas von dem Fleisch an der Spitze wegnimmt, kann man die Nase kürzer machen. Soll die Nase schmaler werden, wird die Knorpelmasse an den Seiten reduziert. Schönheitschirurgen weisen explizit darauf hin, dass sie nicht immer eine perfekte Nase zu gestalten vermögen, aber in jedem Fall eine bessere.

Um bestimmte Partien des Gesichts größer oder stärker hervortreten zu lassen, setzen Chirurgen Implantate ein. Wenn eine Nase zu klein ist – wie es bei einer Sattelnase zum Beispiel der Fall ist –, kann dies mit einem eingepflanzten kleinen Span ausgeglichen werden. Implantate können auch bei einem fliehenden Kinn Abhilfe schaffen. Marilyn Monroe ließ eine solche Korrektur bei sich vornehmen. Auch die Wangenknochen können verbreitert werden. Für die Implantate hat man Elfenbein, menschliche Knochen, Knorpel von Schafen, Erdnussöl und Polyäthylen verwendet, manchmal auch einen Knochensplitter oder ein Stück Knorpel des jeweiligen Patienten selbst, mittlerweile aber ist Silikon das bevorzugte Material.

Nur zu gerne opfern auch viele Menschen ihr Doppelkinn auf dem Altar der Schönheit. Bei einem Kinn-Lifting entfernt der Chirurg durch Absaugen etwas Fett. Das Augenbrauen-Lifting, das auf ähnliche Weise vorgenommen wird, hat eine stärker gewölbte, jugendlicher aussehende Braue zur Folge. Auch die Größe des Mundes und der Lippen lässt sich ändern. Neuere Fortschritte auf dem Gebiet der Laserchirurgie ermöglichen es mittlerweile, auch die Tränensäcke unter den Augen bei nur lokaler Betäubung in fünfzehn Minuten zu entfernen.

Das Facelifting ist vermutlich die bekannteste kosmetische Operation. Seinen Anfang nahm alles mit den Bemühungen des Amerikaners Charles Conrad Miller (1880–1950), eines Mannes, der gleichermaßen Visionär wie Quacksalber war. Miller erzielte einige Fortschritte auf dem Gebiet der Gesichtsverschönerung, aber er versuchte auch, Falten mit Hilfe von Paraffininjektionen zu beseitigen, sogar mit einer Mixtur aus Seide, Zelluloid, Kapok und Guttapercha – er zerhackte die einzelnen Ingredienzien in einem Gemüsezerkleinerer.

Ein modernes Facelifting ist so angelegt, als würde man eine Maske, die sich gelockert hat, wieder fester mit dem Gesicht verbinden. Der Chirurg macht hinter jedem Ohr einen langen Schnitt und zieht dann die Gesichtshaut nach oben beziehungsweise nach hinten, so dass sie wieder enger an Muskeln und Knochen anliegt. Auf diese Weise lässt sich vor allem die erschlaffte Haut auf den Wangen und am oberen Teil des Halses wieder straffen. Feine Fältchen, Krähenfüße oder die kleinen vertikalen Falten in der Nähe des Mundes lassen sich damit jedoch für gewöhnlich nicht beseitigen. Ebenso wenig lässt sich mit einem Facelifting etwas gegen ein Doppelkinn ausrichten oder gegen die zwei Stränge, die sich, wenn man älter wird, am Hals abzeichnen können. Am besten lässt man so eine Operation als Präventivmaßnahme in den Vierzigern durchführen, in der Regel hält die Wirkung fünf bis zehn Jahre an.

Nicht jeder Kunde eines Schönheitschirurgen ist über das Ergebnis eines Eingriffs erfreut. Wenn eine Friseuse einen Haarschnitt verpatzt, sind die Folgen harmlos, das Haar wächst wieder nach. Die operative Verschönerung eines Gesichts ist eher mit der Arbeit eines Bildhauers zu vergleichen, das Ergebnis ist dauerhafter. Doch selbst wenn der Chirurg perfekte Arbeit geleistet hat, können psychische Probleme die Folge sein. Einige Menschen machen die Unvollkommenheiten ihres Äußeren für alle Probleme verantwortlich, die sie haben, und meinen, eine Schönheitsoperation sei der Königsweg zu einem glücklichen Leben. Oft schweben sie im siebten Himmel, wenn sie die Klinik verlassen, und sind umso deprimierter, wenn einige Zeit vergangen ist und sie erkennen müssen, dass sich kaum etwas an ihrem Leben geändert hat. Überdies identifizieren wir uns sehr stark mit unserem Gesicht, und viele Menschen meinen nach einer chirurgischen Veränderung, dass es irgendwie nicht mehr zu ihnen gehört. Die Ärzte sind der Ansicht, dass der Patient sich bereits vor einem chirurgischen Eingriff selbst akzeptiert haben muss, um psychische Probleme im nachhinein zu verhindern.

In John Varles Roman *Steel Bench*, der in ferner Zukunft auf dem Mond spielt, ist Identität zu einem Spielzeug geworden und Schönheit zu einer Ware, die man bequem erwerben kann. Die Menschen werden über zweihundert Jahre alt und bleiben dabei munter und jugendlich. Sie wechseln regelmäßig ihr Geschlecht und trinken Mixturen, welche die Farbe ihrer Augen oder die Struktur ihrer Haare verändern, während sie schlafen. Sie besitzen Designer-Körper und -Gesichter, die nach ihren Wünschen genetisch maßgeschneidert worden sind. Sie können sich ihr Aussehen selbst wählen.

Der Protagonist des Romans, Hildy Johnson, begibt sich in die »Change Alley«, die »Änderungsstraße«, um einen Gesichtsdesigner aufzusuchen. Er hat sich entschlossen, sich seine Nase und seine Ohren neu gestalten und die Lippen etwas voller machen zu lassen. Für eine solche Kleinigkeit ist kein chirurgischer Eingriff nötig. Er schluckt einfach eine Salzlösung, in der sich Billionen von Nanobots befinden. Nanobots oder Nanoroboter sind molekülgroße intelligente Maschinen. Vom Designer mit dem Bruchstück seiner Gene gefüttert, werden sie dem betreffenden Menschen in die Adern injiziert. Den Weg zu ihrem Bestimmungsort finden sie selbständig. Einige dringen in die Gesichts-DNA ein und arrangieren sie um. Die größeren Nanobots sind mit Motoren, Armen und Schabern ausgestattet und tragen etwas von einem Organ wie der Nase ab oder fügen etwas hinzu, wobei sie Materialien verwenden, die von anderen Nanobots herbeigeschafft werden. Wenn ihr Werk vollendet ist, schlüpfen sie wieder aus dem Körper heraus, zurück in ihre Flasche, wo sie auf den nächsten Kunden warten.

Etwas Ähnliches scheint tatsächlich machbar zu sein, wenn auch nicht in unmittelbarer Zukunft. Change Alley würde mit Diskriminierungen aufgrund des Aussehens Schluss machen und die Kosmetikindustrie völlig revolutionieren. Die Welt würde voll lebender Masken sein. Was für Gesichter würden uns begegnen? Würden wir flache und schräge Köpfe zu sehen bekommen, kleine Augen und große, oder würde sich so etwas wie ein Standardmodell herausbilden?

Eintausend Ideale?

Der Lyriker Abraham Cowley (1618–1667) richtete in einem seiner Gedichte folgende Frage an die Schönheit: »Du wild-phantastischer Affe, / Warum änderst in jedem Land du deine Gestalt?« In der Tat scheinen sich die Vorstellungen von dem, was schön ist, von Kultur zu Kultur in bemerkenswerter Weise zu unterscheiden.

Griechische und römische Skulpturen zum Beispiel weisen ein ovales Gesicht auf, weil dies den damaligen Schönheitsidealen entsprach. Ein derart geformtes Gesicht kommt auch in der italienischen Malerei der Renaissancezeit am häufigsten vor. Die Aphrodite von Knidos des Praxiteles hat ebenso ein ovales Gesicht wie die Mehrzahl der Gestalten Raffaels und Correggios. Auch in den Tagen des Schwarzweißfilms huldigten die Regisseure dem Gesicht von ovalem Zuschnitt, unter anderem weil es einfacher zu beleuchten war.

Im Vorderen Orient jedoch schätzten Kenner früher vor allem das runde Gesicht. In der Erzählung aus *Tausendundeiner Nacht* »Julnar, die Meerjungfrau, und ihr Sohn Badar Basim« ist der König Shariman ganz entzückt vom Gesicht seiner neuen Konkubine, das »die Rundung des Mondes oder der strahlenden Sonne, die an einem schönen

Tag am Himmel steht«, besitzt. Wenn in dieser Märchensammlung von einem hübschen Gesicht die Rede ist, dann hat es immer die Form des Mondes oder einer Perle, die Gestalt eines sanft schimmernden Kreises.

Bei den afrikanischen Ashanti trugen schwangere Frauen *akua mma* mit sich, besondere Puppen, die das Kind vor Mißbildungen schützen sollten. Diese Puppen waren dem Schönheitsideal der Ashanti entsprechend gestaltet: Sie hatten ein flaches rundes Gesicht, eine hohe Stirn, einen kleinen Mund und einen lang gezogenen Hals. Die zukünftigen Mütter hofften durch ein intensives Betrachten der Puppengesichter ihrem eigenen Kind zu einem schönen Äußeren verhelfen zu können.

Man sollte annehmen, dass alle Völker strahlendweiße Zähne schätzen. Unsere Zahnärzte arbeiten in diesem Sinne heute sogar mit Wasserstoffperoxid und Laserstrahlen. Die Natchez- und die Choctaw-Indianer hingegen pflegten ihre Zähne um der Schönheit willen mit Asche und dem Saft bestimmter Kräuter zu schwärzen. Bei einigen südamerikanischen Stämmen war dies ebenfalls Brauch. Die Angehörigen vieler Völker feilen ihre Zähne oder meißeln an ihnen herum. David Livingstone wusste von einem afrikanischen Stamm zu berichten, bei dem es sogar Mode war, die beiden oberen Schneidezähne auszubrechen.

Jahrhundertelang meinte man, dass die Gesellschaft die Schönheitsideale bestimme, auch Darwin schien dieser Ansicht zu sein. Doch der Forschungsreisende und Sprachwissenschaftler Richard Burton (1821–1890), ein Mann, der viele Völker auf der ganzen Erde aus eigener Anschauung kannte, glaubte, dass es so etwas wie ein universelles Richtmaß für Schönheit gebe. In den vergangenen zehn, fünfzehn Jahren sind Wissenschaftler dieser Frage nachgegangen, indem sie Angehörigen unterschiedlicher Kulturen dieselben Fotos von Menschen vorlegten und sie aufforderten, die Abgebildeten nach ihrer Schönheit zu beurteilen.

Die Ergebnisse sind nahezu immer die gleichen gewesen, was bedeutet, dass die Menschen überall auf der Erde im Grunde dieselbe Vorstellung von einem »schönen Gesicht« haben. Amerikaner, Koreaner und Chinesen, die in den USA leben, haben Menschen, die ihrer eigenen oder fremden ethnischen Gruppen angehörten, in ästhetischer Hinsicht übereinstimmend beurteilt. Chinesische, englische und indische Frauen haben denselben griechischen Männern von einem bestimmten Typus den Vorzug vor allen anderen gegeben. Schwarze, Weiße und Chinesen haben ein übereinstimmendes Urteil über chinesische und weiße Männer und Frauen gefällt, und erst kurz zuvor in Amerika eingetroffene asiatische und hispanische Studenten waren, was die Attraktivität von asiatischen, hispanischen, schwarzen und weißen Frauen anbelangte, mit weißen Amerikanern vollkommen einer Meinung.

Bei der letztgenannten Studie berücksichtigten die Forscher die Möglichkeit, dass die westlichen Medien ein einziges Schönheitsideal auf der ganzen Welt verbreitet haben könnten. Daher befragten sie auch Taiwanesen, die nur wenig Berührung mit westlicher Kultur hatten. Auch diese Testpersonen entschieden sich genauso wie alle anderen. Darüber hinaus wurden noch schwarze Amerikaner danach befragt, welchem Typ von weiblichen Körpern sie den Vorzug gaben. Es stellte sich heraus, dass sie – verglichen mit weißen Männern – Frauen mit einer volleren Figur, höherem Gewicht und einer stärker ausgebildeten Hinterpartie lieber mochten. Wenn jedoch die Medien tatsächlich Einfluss darauf hätten, welches Gesicht bevorzugt wird, so meinten die Forscher, dann sollten sie eigentlich genauso darauf einwirken, welche Art von Körper am meisten geschätzt wird.

Die Reaktion auf Schönheit ist nicht nur über kulturelle, sondern auch über fast alle übrigen Trennlinien hinweg dieselbe. Briten, die ganz unterschiedlichen Berufen und sozialen Schichten angehörten, waren sich hinsichtlich dieser Frage nahezu einig. Männer vermögen einen schönen Geschlechtsgenossen ebenso zu erkennen wie Frauen ein hübsches anderes weibliches Wesen. Menschen jeden Charakters hängen demselben Schönheitsideal an. Testpersonen, die selber attraktiv aussehen, kommen zu demselben Urteil wie solche, die nicht besonders gut aussehen, obwohl bei einer Studie die ganz besonders Hübschen und die ganz besonders Hässlichen jedem Gesicht, das man ihnen zeigte, geringere Punktzahlen gaben. Auch das Alter der Versuchspersonen spielt keine Rolle. Sieben-, Zwölf- und Siebzehnjährige finden dieselben Menschen schön wie Erwachsene. Kinder im Vorschulalter beurteilten Gleichaltrige genauso, wie Erwachsene es taten. Tatsächlich ist die Fähigkeit, Schönheit zu erkennen, schon im Säuglingsalter vorhanden. Sowohl weiße als auch schwarze Kleinkinder schauen attraktive Männer und Frauen beider Rassen länger an als weniger attraktive. Es lässt sich kaum erklären, wie Babys in den ersten Lebensmonaten lernen, zwischen schön und hässlich zu unterscheiden. Mehrere Wissenschaftler haben daher gemeint, dass dies auf einen angeborenen Bewertungsmaßstab für Schönheit hinweist. Es ist alles in den Genen.

Es wäre sogar verwunderlich, wenn es nicht so wäre. Wie Evolutionspsychologen immer wieder betonen, beeinflusst Schönheit die Weitergabe von Genen zu entscheidend, als dass sie das bloße Spielzeug der Kulturen werden könnte. Ebenso gut könnte man einen Affen eine Limousine chauffieren lassen. Schönheit ist eine Kraft, die dafür sorgt, dass die Spezies auf dem richtigen Kurs bleibt, und wenn die Kultur bei irgendwelchen unserer hominiden Vorfahren darüber bestimmt hätte, was schön ist, dann wären diese rasch immer weniger geworden oder ganz vom Erdboden verschwunden. Wir besitzen ein angeborenes Schönheitsideal, weil uns dies auf irgendeine Weise zum Überleben verholfen hat.

Warum scheinen dann unterschiedliche Kulturen unterschiedliche Bewertungsmaßstäbe zu haben? Ein Grund dafür ist wohl, dass wir oft Schönheit und Prestige verwechseln. Wenn jemand einen hohen Status besitzt, steigert dies auch seine Attraktivität. Und zum Statussymbol kann alles mögliche werden. Die kanadischen Indianerinnen fanden ihre Labrets hinreißend. Und in einer Gesellschaft, in der nur die Wohlhabenden dick werden, kann Körperfett zu einem begehrenswerten Statussymbol werden.

Auch Moden beeinflussen unsere Vorstellungen von Schönheit. In den Fünfzigerjahren galten »Farah Diba«-Frisuren, bei denen die Haare zu einer Art von Bienenkorb aufgetürmt wurden, als chic und reizvoll. Alle Frauen wollten unbedingt eine solche Frisur haben. Heute sind Tätowierungen und Körperringe »in«, diese Mode kann sich aber als genauso flüchtig erweisen wie die meisten früheren. Traditionen können sogar so drastische Maßnahmen wie das Schädelmodellieren vorschreiben, und jeder, der sich nicht auf diese Weise »verschönern« lässt, grenzt sich aus.

Darüber hinaus haben wissenschaftliche Paradigmen die Forschung lange blockiert. Ein Ableger der Lehre von der Determiniertheit des Menschen durch seine Kultur war die Vorstellung, dass Schönheit im Auge des Betrachters entstehe, sie also letztlich jede Form annehmen könne. Diese Vorstellung verhinderte jahrzehntelang seriöse Untersuchungen, bis die Genetik sich in den sechziger Jahren mit Nachdruck Geltung verschaffte. 1964 formulierte ein Wissenschaftler, dass »wir, abgesehen von einigen arbiträren Regeln für Schönheitswettbewerbe hinsichtlich der idealen weiblichen Körpermaße, die vom Äußeren einer Frau ausgehenden Stimuli, welche Männer anziehen, kaum kennen, ja dass wir in dieser Hinsicht sogar über Fische besser Bescheid wissen«.

Moralische Empörung hat das Ihre dazu beigetragen. Die Lehre von der kulturellen Determiniertheit des Menschen hält sich immer noch, und einige Feministinnen verfechten nach wie vor die Meinung, dass Schönheit nur eine männliche Erfindung sei. In *Der Mythos Schönheit*, ihrem Bestseller von 1991, kanzelt Naomi Wolf alle evolutionären Argumente ab, ohne sie aufzugreifen oder sie zu widerlegen, und nennt Schönheit einen Währungsstandard. Wie jede andere Währung sei sie ein politisches Werkzeug. Diese Vorstellung hat ihren Reiz, da Schönheit in keinerlei Beziehung zu vielen anderen Vorzügen und Verdiensten eines Menschen steht und jemanden in seiner Existenz in unfairer Weise begünstigen oder auch benachteiligen kann. Wenn unser Schönheitsideal tatsächlich ein kulturelles Artefakt ist, dann könnte man es modifizieren oder überwinden.

Schließlich haben sich auch unzutreffende Berichte auf die Überzeugung ausgewirkt, dass es in anderen Kulturen auch andere Vorstellungen von Schönheit gebe. Reisende haben schon immer gerne farbige Geschichten erzählt und Einwohner ferner Länder noch exotischer dargestellt, als diese in Wirklichkeit waren. Frühe Besucher Patagoniens zum Beispiel berichteten ernsthaft von einer Rasse von Riesen, die dort zuhause sei. Andere Reisende kehrten mit Erzählungen von bizarren Schönheitsmaßstäben in die Heimat zurück. Darwin zitiert Samuel Hearne, der 1796 behauptete, dass die männlichen Indianer im Norden der USA Frauen mit »einem breiten platten Gesicht, kleinen Augen, ... einer niedrigen Stirn, einem großen breiten Kinn, einer ungeschlachten Hakennase, einer gelbbraunen Haut und Brüsten, die bis auf ihren Gürtel niederhängen« schätzten. Spätere Forschungsreisende fanden unter den Stämmen der betreffenden Region keinen einzigen Angehörigen, der die Behauptungen Hearnes hätte bestätigen können. Tatsächlich beurteilen die dort lebenden Menschen Schönheit nach mehr oder weniger denselben Maßstäben wie alle anderen Menschen. Unser Schönheitsideal ist uns angeboren, es ist universal und wird überall anerkannt.

Eines Frosches Vorstellung von Schönheit

In Gabriel García Márquez' Roman *Hundert Jahre Einsamkeit* (1968) löst die schöne Remedios bei allen Männern stürmisches Verlangen aus. Sie selbst scheint dies jedoch überhaupt nicht zu bemerken und immun gegenüber der Liebe zu sein. Ihre Schönheit ist bedeutungslos: eine Verlockung in die Leere. Und in der Tat hat wohl gutes Aussehen für sich genommen keine Bedeutung, es ist lediglich eine Art von Magnet, der den Betrachter zu vielfältigen Überraschungen hinzieht, die er dahinter vermutet. Es verhält sich tatsächlich so, wie Wilde es mit Beziehung auf die Schönheit formulierte: »Das wahre Mysterium auf der Welt ist das Sichtbare, nicht das Unsichtbare.«

Warum aber ist Schönheit für die Evolution dennoch wichtig? Auf welche Weise hält sie uns fit?

Zunächst einmal ist sie speziesorientiert. Voltaire sagte: »Fragt den Frosch, was Schönheit sei …; er wird antworten, dass es ein Weibchen ist, mit zwei großen runden Augen, die aus seinem kleinen Kopf herausquellen, einem großen breiten Maul, einem gelben Bauch und einem braunen Rücken.« In *Die Natur der Götter* (44 vor Christus) lässt Cicero den scharfsinnigen Cotta sagen: »Glaubt ihr, dass ein Adler, ein Löwe oder ein Delphin irgendeine andere Gestalt seiner eigenen vorziehe?« Und Firenzuola bemerkte: »Für ein Kamel ist ein Höcker eine Zierde, für eine Frau ein Unheil. Dies kann sich nur von einer mysteriösen Ordnung innerhalb der Natur herleiten, die der menschliche Verstand meiner Meinung nach nicht ergründen kann.«

Der menschliche Verstand hat es aber dennoch getan.

Nehmen wir einmal Meerkatzen, jene kleinen Affen, die hoch oben in Bäumen leben. Fünf eng miteinander verwandte Arten leben Seite an Seite. Jede dieser Arten hat eine andere Gesichtszeichnung, die durch leuchtende Augenringe, bunte Flecken und Streifen entsteht. Diese Unterschiede ermöglichen es einer Meerkatze, einen

Angehörigen der eigenen Art zu erkennen und eine Kreuzung zu verhindern, was nämlich zu unfruchtbaren Nachkommen führen könnte. Es funktioniert. Die Meerkatzen kreuzen sich nur sehr selten.

Die Evolution hat diese Gesichtsmuster entstehen lassen, und es ist eigentlich nicht wichtig, wie sie im einzelnen aussehen. Meerkatzen fühlen sich von den Gesichtern ihrer eigenen Spezies angezogen und nicht von denen einer anderen. Und wenn eine Meerkatze einmal darüber nachgrübeln würde, warum ein bestimmtes Muster »schön« sei, ein anderes hingegen nicht, dann würde sie diese Frage wahrscheinlich kaum beantworten können.

Für die Angehörigen jeder Spezies ist es von entscheidender Bedeutung, potentielle Sexualpartner zu erkennen. Es gibt viele sehr unterschiedliche Signale. Der Gesang eines Vogels verrät einem anderen Vogel nicht nur, dass ein andersgeschlechtiger Artgenosse sich in der Nähe befindet, sondern zieht ihn auch zu dem Sänger hin. Unterschiede in der Qualität des Gesangs sind vielleicht gleichbedeutend mit Schönheit oder Häßlichkeit des Aussehens. Läufige Hündinnen senden chemische Botschaften aus. Männliche Glühwürmchen preisen sich mit Hilfe von präzis festgelegten Rhythmen von Lichtblitzen an, die von Dauer, Frequenz und Farbe der Einzelsignale her variieren. Die Weibchen wissen »von Natur aus«, auf welches dieser Muster sie reagieren sollten. Antilopen erkennen potentielle Partner an ihren Hörnern, die in sehr vielen Formen und Farben vorkommen.

Bei Primaten bietet sich das Gesicht zum Aussenden solcher Signale an, da sie ihm besonders viel Aufmerksamkeit schenken. Außerdem variieren ihre Gesichter sehr stark. Der De-Brazza-Affe (*Cercopithecus neglectus*) besitzt ein orangefarbenes »Diadem« und einen weißen Bart. Der Mandrill (*Mandrillus sphinx*) hat eine scharlachrote Nase mit leuchtendblauen erhabenen Strängen auf beiden Seiten, ein auffallendes Farbmuster, das auf den Genitalien wiederkehrt. Das Gesicht des roten Uakari sieht so aus, als ob er sich einen gewaltigen Sonnenbrand zugezogen hätte, während der weißgesichtige Saki eine

Art von Strahlenkrone aus weißem Haar besitzt, die das schwarze abgerundete Dreieck umgibt, in dem seine Nase und sein Mund sitzen.

Warum sollten Menschen ein solches Signalsystem brauchen? Es gibt auf Erden keine andere Spezies wie uns, daher scheint keine Verwechslung möglich zu sein. Doch in der Vergangenheit sind viele verschiedene Hominiden über die Erde geschritten. Unser Stammbaum sieht einem Baum mit zahlreichen abgeschnittenen Nebenästen ähnlich, und unsere Vorfahren mögen seinerzeit sehr wohl auf das Gesicht angewiesen gewesen sein, um Angehörige der eigenen Art von denen einer anderen unterscheiden zu können. Der *Homo sapiens* lebte über Tausende von Jahren Seite an Seite mit den Neandertalern, von denen wir uns vor allem durch das Aussehen des Gesichts unterschieden.

Die Rolle, die das Gesicht bei der Partnererkennung spielt, erklärt auch, warum Entstellungen so verheerend auf uns wirken können. Das Fehlen eines Kinnes trifft uns im Innersten, ganz anders etwa als das Fehlen eines Beines. Wir haben das Gefühl, dass der Betreffende in seiner Persönlichkeit verstümmelt ist.

Wenn Schönheit einen prototypischen Partner der Spezies *Homo sapiens* signalisiert, dann sollte Durchschnittlichkeit ein wesentliches Element von Schönheit sein: Das gewöhnlichste Gesicht sollte das außergewöhnlichste sein.

Die Vorstellung von einer »Durchschnittsschönheit« geht bis ins Altertum zurück. Der Legende zufolge vereinigte der griechische Maler Zeuxis (fünftes/viertes Jahrhundert vor Christus) die Gesichter mehrerer Modelle, um sein berühmtes Porträt der Helena zu schaffen, so dass die perfekte Schönheit dieser Frau eigentlich auf einer Zusammensetzung beruht. Von wissenschaftlicher Warte aus wurde die Vorstellung von der Durchschnittsschönheit im neunzehnten Jahrhundert entwickelt. 1877 teilte A.L. Austin Darwin mit, dass zwei in ein Stereoskop eingeführte Porträts durch Überblenden zu einem Einzelporträt führten, das »in jedem einzelnen Punkt eine entschiedene Steigerung der Schönheit« erfahre. 1878 versuchte der Prophet der Eugenik Francis Galton (1822–1911) ein prototypisches Gesicht eines Kriminellen zu kreieren. Er hielt verschiedene Gesichter von überführten Verbrechern übereinander auf einer fotografischen Platte fest und stellte so zusammengesetzte Porträts her. Das Ergebnis entsprach leider überhaupt nicht seinen Erwartungen: Der »typische« Kriminelle sah ausgesprochen gut aus.

1990 gab ein Team von Forschern die Gesichter von sechsundneunzig männlichen und ebenso vielen weiblichen Personen in einen Computer ein, der daraus Durchschnittsgesichter herstellte, die auf vier, acht, sechzehn und zweiunddreißig Individualgesichtern beruhten. Diese Durchschnittsgesichter sahen zumeist androgyn, sehr symmetrisch und ein wenig vage und verschwommen aus. Sie wurden fünfundsechzig Studenten vorgelegt, die ihre Attraktivität beurteilen sollten. Die Zusammensetzungen aus sechzehn und zweiunddreißig Gesichtern wurden nahezu durchgehend als anziehender eingestuft als die Einzelgesichter.

Zum Teil erklärte »Partnererkennung« dieses Phänomen, die Forscher meinten jedoch, dass noch andere Faktoren eine Rolle spielen könnten. So ist ein Durchschnittsgesicht ein Gesicht ohne Anomalien, die ja oft gleichbedeutend mit Defekten sind. Überdies könnte ein solches Gesicht auf eine ausgewogene genetische Ausstattung hinweisen, die vielleicht besser vor Krankheiten schützt.

Durchschnittlichkeit reicht jedoch nicht aus. Zusammengesetzte Gesichter sind zwar attraktiv, die schönsten sind sie jedoch nicht. 1991 untersuchten Wissenschaftler die Gesichter internationaler Schönheitsköniginnen und stellten fest, dass diese Gesichter besser aussahen als ein aus Einzelgesichtern der jeweiligen Bevölkerung zusammengestelltes Durchschnittsgesicht. Bei einer weiteren, 1994 durchgeführten Studie verschmolzen die Forscher mit Hilfe eines Computers sechzig Frauengesichter zu einem einzigen. Dann schufen sie aus den fünfzehn attraktivsten Einzelgesichtern ein weiteres Durchschnittsgesicht. Das Gesamtkompositgesicht und das aus den fünfzehn attraktivsten hergestellte unterschieden sich merklich. Testpersonen fanden das zweite anziehender. Die Forscher analysierten die Unterschiede und betonten sie bei der Herstellung eines dritten Gesichts, das die Testpersonen noch schöner als die beiden vorhergegangenen Kompositionen fanden. Diese Ergebnisse wurden durch eine zweite Untersuchung, bei der man die Gesichter japanischer Frauen in der beschriebenen Weise kombinierte, bestätigt.

In welchen Punkten unterschieden sich die attraktiven Gesichter von dem durchschnittlichen? Die Antwort auf diese Frage erklärt, warum Frauen seit jeher mehr auf ein anziehendes Gesicht angewiesen waren als Männer.

Schönheit und die Uhr

Im November 1972 erschien im *Playboy* ein Foto der wunderschönen Schwedin Lena Sjööblom. Sie schaut mit ihren ausdrucksvollen feuchtschimmernden Augen den Betrachter über ihre Schulter hinweg an, ein leichtes, zu einem Flirt einladendes Lächeln liegt auf ihren Lippen. Wissenschaftler an der Universität von Southern California digitalisierten dieses Gesicht – »Lena« wurde zu einem von Technikern auf der ganzen Welt anerkannten und verwendeten Maßstab für die Überprüfung von Bildreproduktionen. Die meisten dieser Techniker sind männlichen Geschlechts. Man kann sich jedoch kaum vorstellen, dass ein »Len« in einem von Frauen dominierten Berufszweig zu einer ähnlichen Bewertungseinheit geworden wäre.

Die Forschung bestätigt, was die meisten Menschen ohnehin wissen: Für eine Frau ist das Aussehen wichtiger als für einen Mann. 1966 stellte man eintausend Collegestudenten die Frage: »Wie wichtig ist es für Sie, dass Ihr Rendezvous-Partner gut aussieht oder hübsch ist?«

Zweiundzwanzig Prozent der Männer gaben an, dass es »sehr wichtig« sei. Bei den Frauen waren es nur sieben Prozent. Für viele Frauen waren andere Maßstäbe wie Status oder gute Noten von Bedeutung. In Heirats- oder Bekanntschaftsanzeigen erwähnen Frauen viel häufiger, dass sie gut aussehen, und Männer weisen oft explizit darauf hin, dass sie eine gut aussehende Partnerin suchen. Eine 1951 durchgeführte Untersuchung, bei der die Angehörigen von einhundertneunzig Kulturen gefragt wurden, ergab, dass das Muster überall das gleiche ist: Bei Frauen zählte mehr ihr gutes Aussehen, bei Männern ihre Tüchtigkeit.

In der Literatur gibt es unzählige Geschichten von hässlichen Männern, deren Fassade von einer einfühlsamen Frau oder von der Gesellschaft durchschaut wird: Die »Schöne« verliebt sich in das »Biest«. Das Phantom küsst Christine, und sie zuckt nicht zurück. Quasimodos Gesicht stößt die Leute noch mehr ab als sein Buckel, und er ist doch ein höchst mitfühlender Mensch. In *Schiffsmeldungen* von Annie Proulx vermag sich Quoyle schließlich ein wenig Frieden und Akzeptanz zu verschaffen. Und Filme wie *Der Elefantenmensch* und *Der Mann ohne Gesicht* lehren uns, dass Schönheit im Charakter begründet liegt, jedenfalls bei Männern – und ein Mann steht ja, wie schon die Titel verkünden, im Mittelpunkt beider Filme.

Im Mittelpunkt solcher Geschichten vom Triumph der inneren Werte über das Aussehen steht nur sehr selten eine Frau, vor allem wenn sie von einem Mann geschrieben wurden. Eine Ausnahme bildet Adalbert Stifters »Brigitta«. Brigitta wächst zu einer hässlichen jungen Frau heran. Aber sie ist auch schlank und stark, und der gut aussehende und weltmännisch-erfahrene Stephan Murai verliebt sich in sie und vermählt sich mit ihr. Später trennen sie sich, und Brigitta zieht hinaus in die ungarische Steppe, die sie zum Erblühen bringt. Brigittas Schönheit liegt in ihrem Inneren. Nach außen wird sie durch ihre Gabe versinnbildlicht, Ödland fruchtbar machen zu können.

Schriftstellerinnen haben dieses Thema mit viel mehr Feingefühl und Scharfsinn behandelt. Ihre sympathischen Heldinnen haben oft ein reizloses Äußeres, sind aber nicht missgestaltet. Hübsche Frauen flattern zwar in ihrem Umkreis umher, für gewöhnlich sind sie aber oberflächlich, eingebildet oder sogar gehässig und hinterhältig. In Charlotte Brontës *Jane Eyre* wird Georgina Reed zwar als ganz nette Person dargestellt, sie besitzt aber keinen Tiefgang. Rosalie Murray aus Anne Brontës Roman *Agnes Grey* bereitet es ein höllisches Vergnügen, lauter kleine Grausamkeiten zu begehen. Solche Frauen locken Männer an – was deren Verderben ist. Wie es George Eliot in *Adam Bede* mit bezug auf die wie ein unschuldiges Kind aussehende Hetty formuliert: »Menschen, die gern einen samthäutigen Pfirsich verspeisen, neigen dazu, nicht an den Kern zu denken, und beißen oft mit ihren Zähnen so heftig darauf, dass es fürchterlich wehtut.«

Warum dieses Ungleichgewicht? Warum sollte Schönheit bei Frauen wichtiger sein als bei Männern? Evolutionspsychologen behaupten, dass es eine biologische Erklärung dafür gibt: Es hänge davon ab, welche Partner/innen die meiste DNA zurückgelassen haben, da diese unsere Gesichter und Gelüste geformt hat.

Und Männer, die sich zu kurz zuvor geschlechtsreif gewordenen Frauen hingezogen fühlten, waren erfolgreicher als im umgekehrten Fall. Ein Grund dafür ist sicher, dass die Fruchtbarkeit von Frauen schneller abnimmt als die von Männern. Die Rate, in der sie bei Frauen sinkt, lässt sich sogar ziemlich genau bestimmen. Zwischen dem dreißigsten und dem vierunddreißigsten Lebensjahr besitzen Frauen nur noch fünfundachtzig Prozent der Fruchtbarkeit, die sie zehn Jahre zuvor aufwiesen, und zehn Jahre später, also zwischen dem vierzigsten und dem vierundvierzigsten Lebensjahr, sind es gar nur noch fünfunddreißig Prozent. Nach dem fünfzigsten Lebensjahr ist dann die Null-Prozent-Marke erreicht. Die Fertilität der Männer nimmt hingegen viel langsamer ab. Bei einem Fünfundvierzig- bis Fünfzigjährigen liegt sie noch bei neunzig Prozent, bei Männern über fünfundfünfzig noch bei achtzig Prozent. Männer, die sich mit älteren Frauen verbanden, gaben daher weniger von ihrem genetischen Code weiter, Frauen hingegen konnten sich ohne Probleme mit älteren Männern verbinden.

Jugendlichkeit impliziert auch Gesundheit. Jüngere Frauen haben größere Chancen, eine Geburt unbeschadet zu überstehen und – dies ist entscheidend – am Leben zu bleiben, um ihr Kind großziehen zu können. Außerdem ist bei ihnen die Gefahr geringer, dass sie Kinder mit Schäden oder Behinderungen auf die Welt bringen. Unsere Spezies entwickelte sich in einer Savannenlandschaft, wo jede Sepsis ein Mysterium war und Parasiten eine tödliche Bedrohung. Die Gesundheit eines Hominiden war ständig gefährdet, sie war ein evolutionäres Sieb.

Die Gene, die über Generationen hinweg weitergegeben wurden, kamen zumeist von jungen Frauen, die nicht nur gesund waren, sondern ihre körperliche Robustheit auch mit Merkmalen wie einem faltenlosen Gesicht, schimmerndem Haar und funkelnden Augen signalisierten. Solche Anzeichen für Jugend und Gesundheit sind fast universelle Kriterien für »Schönheit«. Elizabeth-Jane Henchard aus Thomas Hardys Roman *Der Bürgermeister von Casterbridge* (1896) besitzt »jene ephemere kostbare Essenz, Jugend, die in sich selbst Schönheit ist«. Alte Gesichter werden schlaff und faltig, das Fett lässt ihre Konturen verschwimmen. Solche Merkmale werden bei einem Partner oder einer Partnerin in den seltensten Fällen gezielt gesucht oder besonders geschätzt. Dieses Interesse des Menschen an Jugendlichkeit ist etwas Einzigartiges, das ihn von allen anderen Lebewesen unterscheidet.

Bei einer Studie stuften Männer Frauen, die ein gewisses Alter erreicht hatten, durchgehend als weniger attraktiv ein, während die Reaktion der Frauen auf ältere Männer uneinheitlich war. Natürlich sind bei einem Mann sein Aussehen und seine Gesundheit von Bedeutung, aber Jugend ist weniger wichtig, da insbesondere Männer, die über ein bestimmtes Maß an Macht verfügen, oft fortgeschrittenen Alters sind. Solche Männer können ein Kind besser beschützen. Bei den Frauen haben im Lauf der Evolution jene Gene überwogen, die sie weniger auf das Äußere eines Mannes Gewicht legen lassen als vielmehr auf seine Fähigkeit und Bereitschaft, für die Nachkommen zu sorgen. Daher achtet eine Frau mehr auf den Status und das materielle Vermögen eines potentiellen männlichen Partners wie auch auf seine Größe, seine Statur und den Grad seines Engagements ihr gegenüber. Hier ist Jane Eyres Urteil über Rochester: »Meines Herren farbloses, oliv getöntes Gesicht, seine eckige, massive Stirn, die dicken, buschigen Augenbrauen, die tief liegenden Augen, die energischen Züge und der entschlossene Mund – ganz Energie, Entschiedenheit, Willenskraft – waren dem allgemeinen Standard entsprechend nicht schön; für mich waren sie aber mehr als schön.« Sein Äußeres mag nicht sehr einnehmend sein, aber er ist reich und mächtig, und er strahlt Autorität aus.

Welche Charakteristika muss nun ein Gesicht aufweisen, um schön zu sein? Bei der schon erwähnten Studie von 1994 zur »Durchschnittsschönheit« wiesen die schönen Durchschnittsgesichter im Verhältnis zu den normalen Durchschnittsgesichtern höhere Wangenknochen, schmalere Kiefer und größere Augen auf. Auch waren die Abstände zwischen Kinn und Mund wie zwischen Mund und Nase geringer. Mit anderen Worten: Die unteren Partien ihrer Gesichter waren kleiner, sie sahen kindlicher aus.

Andere Untersuchungen haben im Großen und Ganzen diese Ergebnisse bestätigt. Eine der bekanntesten wurde 1986 von Michael Cunningham durchgeführt. Männliche Studenten mussten Aufnahmen von Frauenporträts beurteilen. Cunningham fand heraus, dass die Zutaten für ein hübsches weibliches Gesicht die folgenden waren:

> breite Backenknochen
> schmale Wangen
> breites Lächeln
> geweitete Nasenflügel
> große Augen
> hoch sitzende Augen
> weit auseinander stehende Augen
> große Pupillen
> hohe Augenbrauen
> kleine Nase

Die ersten beiden Merkmale, breite Backenknochen und schmale Wangen, sind, ähnlich wie volle Brüste, Signale für sexuelle Reife, und Cunningham vermutet, dass sie von Pädophilie abhalten könnten. Ein breites Lächeln ist immer ein sehr ausdrucksstarkes Merkmal, aber es kann vom Ausmaß her stark variieren: Der Mund kann sich zu einem kleinen Halbmond verziehen oder so weit geöffnet sein, dass die ganze untere Gesichtshälfte nur noch aus funkelnden Zähnen zu bestehen scheint. Geweitete Nasenflügel sind ein Index für ein Lächeln, da sie sich bei einem entsprechend verzogenen Mund abspreizen.

Die restlichen auf der Liste aufgeführten Merkmale sind ausgesprochen typisch für ein Babygesicht. Alle, bis auf zwei, nehmen durch den Alterungsprozess Schaden. Junge Augenlider sind straff und lassen das Auge groß und rund aussehen, im Laufe der Jahre erschlafft aber diese Deckhaut und verkleinert das Auge. Frauen haben größere Pupillen als Männer, aber nach der Adoleszenz ziehen sich auch bei ihnen die Pupillen ganz allmählich immer mehr zusammen. Junge Leute haben stark gewölbte Augenbrauen, die aber im Laufe des Lebens immer mehr Richtung Auge absinken. Die meisten Babys und Kinder haben nach oben gerichtete Nasen; wenn man älter wird, beginnt die Spitze sich allmählich nach unten zu senken.

Nachdem die Männer eine genetische Präferenz für ein junges

weibliches Gesicht entwickelt hatten, lag es im Interesse der Frauen, Jugendlichkeit vorzutäuschen. Heute kann man mit Hilfe von Kosmetika und Chirurgie den Anschein von Jugendlichkeit aufrechterhalten, aber unsere DNA hat sich ebenfalls in diese Richtung entwickelt. Wahrscheinlich ist das mit dem Babygesicht ein genetischer Trick. Indem es Jugendlichkeit vortäuschte, hat es mehr potente Männer angezogen und mehr Kopien seiner Gene zurückgelassen.

Bei einer anderen Studie näherte man sich dem Untersuchungsgegenstand von einer ganz anderen Richtung aus.

Victor Johnson und Melissa Franklin von der New Mexico State University wollten unter Einbeziehen der Kenntnisse über die Evolution, also jenen Prozess, der Gesichter überhaupt erst hat entstehen lassen, herausfinden, welche Gesichter als schön betrachtet werden. Sie führten ein Experiment durch, bei dem Versuchspersonen mit einem Computer von ihnen favorisierte Gesichter unter Zuhilfenahme eines genetischen Algorithmus »evolvieren« sollten.

Sie begannen mit dreißig, nach dem Zufallsprinzip ausgewählten Frauengesichtern. Die Versuchspersonen, zwanzig Männer und zwanzig Frauen, stuften jedes Gesicht auf einer von eins bis zehn reichenden Attraktivitätsskala ein. In diesem artifiziellen Ambiente war Schönheit gleichbedeutend mit Fitness. Die Forscher »paarten« dann das attraktivste Gesicht im Computer mit einem der anderen neunundzwanzig zu einem neuen Gesicht. Wenn irgendein Gesicht dieser neuen Generation höher eingestuft wurde als das am niedrigsten bewertete aus der alten Gruppe, dann ersetzte es dieses. Die Populationszahl blieb also über die Generationen hinweg immer bei dreißig.

Die Forscher ließen eine neue Generation nach der anderen entstehen, bis eine Testperson entweder einhundert Gesichter beurteilt hatte oder einem die Idealnote Zehn gegeben hatte. Die meisten Testpersonen vergaben nach ungefähr achtzig Minuten, nachdem sie im Schnitt siebenundsiebzig Gesichter betrachtet hatten, eine Zehn.

Diese vom Computer geschaffenen Schönheiten sahen den Idealschönheiten, die bei anderen Studien ermittelt worden waren, sehr ähnlich. Sie hatten einen kleineren Mund, aber vollere Ober- und Unterlippen. Ihr Kinn war zierlicher. Der Abstand zwischen Augen und Kinn war ebenso kürzer wie der zwischen Augen und Mund und zwischen Mund und Kinn. Diese verkürzte untere Gesichtspartie ähnelte der eines jungen Mädchens von vielleicht elf Jahren. Weibliche Testpersonen evolvierten beinahe dieselben Idealgesichter wie die männlichen, gestalteten aber die Unterlippe etwas größer.

Die Wissenschaftler stellten fest, dass diese Schönheiten Merkmale besaßen, die auf einen hohen Östrogen-Spiegel (volle Lippen) und auf einen niedrigen Androgen-Spiegel (kleines Kinn) hinwiesen, eine Kombination, die wohl hohe Fruchtbarkeit signalisiere. Die meisten weiblichen Mitglieder von Hominidenstämmen hatten wohl keine Schwierigkeit, einen männlichen Partner zu finden. Entscheidend dafür, dass man zukünftige Generationen mit seinen eigenen Genen überschwemmen konnte, war also Fruchtbarkeit. Schönheit bedeutet zahlreiche Nachkommen.

Können diese Argumente die Bedeutung eines schönen Gesichts wirklich hinreichend erklären? Wenn nicht, sollte man sich vielleicht mit jener Hypothese beschäftigen, die der große Statistiker Ronald Fisher (1890–1962) vor vielen Jahrzehnten aufstellte und die er die »Sexy-Son-Hypothese« nannte.

Fisher zufolge haben anziehende Faktoren die Tendenz, anziehend zu bleiben, da nämlich Konformismus auf diesem Gebiet in evolutionärer Hinsicht vernünftig ist. Wenn man eine Frau ist und alle anderen Frauen einen männlichen Partner mit einem durchschnittlichen Gesicht bevorzugen, sollte man selbst genauso vorgehen, weil dann die Wahrscheinlichkeit größer ist, dass die eigenen Kinder ebenfalls solche durchschnittlichen Gesichter haben werden. Sie werden begehrter sein, und man selbst wird mehr Enkel haben. Es spielt kaum eine Rolle, welches der anziehende Faktor ist. Eine Pfauenhenne sollte sich den Hahn mit dem aufsehenerregendsten Schweif erwählen, weil er sehr begehrt ist und seine Kinder es ebenfalls sein werden. Eine Henne, die sich einen Hahn mit einem unansehnlichen Schwanz nimmt, kann mit diesem durchaus eine erfüllte Beziehung und viele Kinder haben, ihre Gene könnten aber in der folgenden Generation nicht mehr vererbt werden. Jeder wird mehr von seinem genetischen Code weitergeben, wenn er sich mit jemandem paart, von dem zu erwarten ist, dass er attraktive Nachkömmlinge haben wird.

Schönheit ist ein Kompositum. Sie beruht auf einer Melange von Signalen, vor allem darauf, dass Durchschnittlichkeit, Geschlechtsreife, Jugend und Gesundheit zum Ausdruck kommen.

Und wie jeder weiß, ist das nur die Oberfläche.

Eine tiefe Morgenröte

»Wenn Kleopatras Nase kürzer gewesen wäre«, meinte Pascal, der kurze Nasen hässlich fand, »dann wäre das ganze Antlitz der Erde verändert worden.« Kleopatra (69–30 vor Christus) war jedoch keine Schönheit, jedenfalls den Darstellungen auf Münzen nach zu urteilen, die ihr, wie man annehmen darf, doch wohl sogar schmeichelten. Sie ist mit einem großen Mund und einer Hakennase abgebildet, die auf den Münzen, die zu einem späteren Zeitpunkt ihrer Herrschaft geprägt wurden, länger zu sein scheint.

Plutarch (ca. 46 – ca. 120 nach Christus), der ein Jahrhundert später lebte, war ebenfalls der Meinung, dass ihre Schönheit nicht »so unvergleichlich« gewesen sei, fügte jedoch hinzu: »Aber im Umgang hatte sie einen so unwiderstehlichen Reiz, und ihre Gestalt, verbunden mit der gewinnenden Art ihrer Unterhaltung und der in allem sie umspielenden Anmut, hinterließ einen Stachel. Ein Vergnügen war es auch, dem Klang ihrer Stimme zu lauschen.«

Louise de La Vallière (1644–1710) hatte kein besonders hübsches Gesicht, aber mit ihrer Sanftmut und Ausstrahlung gewann sie die Liebe von Ludwig XIV., einem Mann, an dessen Hof es keinen Mangel an Schönheiten gab. Sie gebar dem König mehrere Kinder. Als er seine Aufmerksamkeit schließlich anderen Damen zuwandte, zog sie sich in ein Nonnenkloster zurück, wo sie die letzten sechsunddreißig Jahre ihres Lebens verbrachte.

George Sand (Aurore Dupin, 1804–1876) schrieb einmal: »Ich hatte nur einen kurzen Moment von jugendlicher Frische, nie einen von Schönheit.« In der Tat geben die verschiedenen Porträts von ihr zu erkennen, dass ihr Gesicht recht reizlos war. Doch sie war klug, warmherzig und charmant und hatte nicht nur Liebesaffären mit Musset und Chopin, sondern mit mindestens zwanzig anderen Männern (u. a. Mérimée). Musset, ein erfahrener Herzensbrecher, erklärte, dass sie die femininste Dame sei, die er je kennen gelernt habe.

Selbst die für ihre Schönheit berühmte Theodora wurde nicht allein wegen ihres Aussehens Kaiserin.

Jedes Gesicht ist durch das Selbst, das dahinter liegt, mit Leben erfüllt. Gesichter verleihen immer auch dem Wesen einer Person Ausdruck, und wenn wir sagen, dass wir ein Gesicht lieben, dann meinen wir eigentlich die Seele, die es belebt. Theodoras Gesicht war ihre Chance, Kleopatras Äußeres stand ihr nicht im Weg.

»Ich kann nicht oft genug sagen, dass ich Schönheit für eine machtvolle und vorteilhafte Eigenschaft erachte«, so drückte Montaigne es mit sorgfältig formulierten Worten aus. »Wir kennen keine andere Eigenschaft, die mehr Kredit genießt. Sie nimmt in den menschlichen Beziehungen die erste Stelle ein; sie bietet sich selbst vor dem ganzen Rest dar, verfälscht und beeinflusst unser Urteil aufgrund ihrer großen Autorität und durch den außerordentlichen Eindruck, den sie auf uns macht.«

Sie bietet sich selbst vor dem ganzen Rest dar. In der Tat wurden bei den meisten erwähnten Studien die Reaktionen von Menschen auf Schönheit untersucht, wenn sie ihr gerade eben erst ausgesetzt gewesen waren, ihre Wirkung also am größten war. Doch Schönheit ist ein merkwürdiges Phänomen, dessen Grenzen durchlässig sind und sich verschieben. Sie überzieht die, die sie ihr eigen nennen, mit einem goldenen Glanz, lässt sie tüchtig und liebenswert erscheinen. Doch andererseits kann man auch dadurch zu Schönheit erblühen, dass man tüchtig und liebenswert ist. Die innere Natur kann die äußere Kontur verändern.

Im Zuge einer Studie ging man der Frage nach, wie sich die Beurteilung der physischen Attraktivität eines Fremden änderte, wenn man diesen besser kennen gelernt hatte. An vier aufeinander folgenden Tagen wurden die Testpersonen zu einem jeweils einstündigen Treffen zusammengebracht. Die am ersten Tag abgegebenen Urteile waren nach Ansicht der Leiter des Experiments zu zweiunddreißig Prozent durch die Gesichtszüge beeinflusst und zu zweiundzwanzig Prozent durch Meinungen oder Vorlieben des Betrachters.[16] Die Urteilenden waren also bis zu einem gewissen Grad objektiv. Am zweiten Tag jedoch drehte sich das Verhältnis um: Dreiundzwanzig Prozent der Punkte gingen wirklich auf das Konto des betrachteten Gesichts und dreiunddreißig Prozent auf das des Betrachters. Am dritten Tag war das Verhältnis sechsundzwanzig zu vierunddreißig und am vierten und letzten Tag dreiundzwanzig zu achtundvierzig. Die Einschätzungen wurden immer subjektiver, und die Testpersonen stimmten in ihren Beurteilungen untereinander zunehmend weniger überein. Wir alle wissen aus eigener Erfahrung, dass Menschen, die wir mögen, uns attraktiver zu sein scheinen – es ist beinahe so, als ob unsere Gefühle ihre Gesichter heimlich neu formen würden.

In Liebesdingen scheint das Aussehen vor allem für solche Personen von Bedeutung zu sein, die an der traditionellen Rollenverteilung von Mann und Frau festhalten, die also einer Erklärung zustim-

---

16 Die fehlenden Prozent reflektieren sowohl Bevorzugung wie auch Versehen.

men würden wie: »Es ist ganz in Ordnung, dass Frauen mehr daran liegt, einen Ehemann zu bekommen als etwas aus sich selbst zu machen« oder: »Eine Ehefrau sollte ihrem Mann in der Öffentlichkeit nicht widersprechen.« Doch eine 1981 durchgeführte Studie ergab, dass selbst liberal eingestellte Männer nicht nur hübsche Frauen keineswegs als kompetenter einschätzten, sondern den weniger gut aussehenden in punkto Tüchtigkeit sogar einen leichten Vorsprung einräumten.

Doch auch unter den Traditionalisten gibt es niemanden, der einfach nur ein Gesicht liebt. 1993 forderten David Lykken und Auke Tellegen von der University of Minnesota Menschen, die mit einem eineiigen Zwilling verlobt waren, auf, den anderen Zwilling zu beurteilen. Zwar sagten neununddreißig Prozent, dass sie den Zwillingsbruder oder die Zwillingsschwester mochten, dreißig Prozent jedoch gaben an, dass das Gegenteil der Fall sei. Nur zehn Prozent sagten, dass sie sich auch in den anderen Zwilling »hätten verlieben können« – dreizehn Prozent der zukünftigen Ehemänner und sieben Prozent der zukünftigen Ehefrauen. Und dies, obwohl ein eineiiger Zwilling beinahe der identische Klon des anderen ist.

Schönheit ist nicht mehr als eine tiefe Morgenröte. Und das macht in genetischer Hinsicht Sinn. Wenn unser Schönheitsempfinden nämlich nur von den Gesichtszügen eines Menschen stimuliert würde, dann würden wir eine selbstsüchtige, grobe und zänkische Person als genauso »attraktiv« empfinden wie ihren gutherzigen und fürsorglichen Zwilling. Doch würde sich eine solche Person nur schlecht als Vater oder Mutter eignen, weniger Kinder großziehen und die Verbreitung von Genen, die für rein äußere Schönheit verantwortlich sind, dadurch einschränken. Für Gutherzigkeit zuständige Gene hingegen würden sich wahrscheinlich vermehren. Eine Person, die gutherzig gegenüber anderen ist, verhält sich höchstwahrscheinlich auch den eigenen Nachkommen gegenüber liebevoll und fürsorglich. Und in der Tat ist für die meisten Frauen wie auch für die meisten Männer ein liebevolles Naturell bei ihren Partnern und Partnerinnen wichtiger als ein gutes Aussehen.

Deshalb können Liebe und das Gefühl, geliebt zu werden, Schönheit aus dem Nichts heraus entstehen lassen. Als Rochester Jane Eyre halb im Scherz bittet, ihm einen Trank zu verabreichen, der einen schönen Mann aus ihm machen wird, erwidert sie: »Es überstiege die Macht der Magie, mein Herr.« Und weiter heißt es: »Und in Gedanken fügte ich hinzu: ›Ein liebendes Auge ist der ganze Zauber, den es braucht.‹« Am Morgen nachdem sie seinen Antrag angenommen hat, schaut sie selbst in den Spiegel und hat den Eindruck, dass ihr Gesicht »nicht mehr hässlich war: Es leuchtete Leben und Hoffnung aus ihm; und meine Augen sahen so aus, als ob sie die Quelle der Erfüllung gesehen und sich Strahlen von ihren leuchtenden Wellen geliehen hätten«. Ein männlicher Frosch küsst einen weiblichen – und sie werden Prinz und Prinzessin.

Andere Faktoren werten das Aussehen auf. Ansehen ist einer davon. Zeitgenössische Autoren priesen Elisabeth I. als Schönheit. Wahrscheinlich hätten sie diese Formulierung nicht benutzt, wenn sie eine Küchenmagd gewesen wäre. Bei einer 1996 durchgeführten Studie stuften Versuchspersonen die Einwohner eines Landes, das wie Japan einen hohen Status genießt, als attraktiver ein als Menschen, die einer Nation von niedrigem Status angehörten. Sie glaubten auch, dass gut aussehende Menschen aus angesehenen Ländern kommen müssten.

Deshalb gibt es auch keine hässlichen Göttinnen – Legende ist das beste Kosmetikum. Christopher Marlowes Helena besitzt »ein Gesicht, das eintausend Schiffe in See stechen / Und die kuppellosen Türme Iliums in Flammen aufgehen ließ«. Aber war ihr Äußeres wirklich schön? Wir wissen es nicht. Homer verfasste die *Ilias* vierhundert Jahre nach dem Ereignis, und es ist möglich, dass Helena, wie Kleopatra, gar nicht so gut aussah. Der Mythos hätte sie in jedem Fall schöner gemacht, als sie war. Sogar die monströse Medusa hat im Lauf der Jahrhunderte an Reiz gewonnen. Ihre Wandlung begann schon im fünften Jahrhundert vor Christus, zu Zeiten der Römer gab sie bereits eine blendende Figur ab.

Wirkt eine Person sexuell stimulierend, wertet dies die Beurteilung ihres Aussehens auf – sowohl bei Männern wie bei Frauen. Anscheinend wirkt sich sexuelles Verlangen in ähnlicher Weise aus. 1979 untersuchten Wissenschaftler, wie sich das »Schönheitsempfinden« im Laufe eines in einer Bar verbrachten Abends veränderte. Sie baten die Besucher zu verschiedenen Zeiten, die Attraktivität anderer zu beurteilen, und stellten fest, dass Personen, die dem entgegengesetzten Geschlecht angehörten, umso besser abschnitten, je später der Abend war. Und interessanterweise war keinerlei Zusammenhang mit Alkoholkonsum zu erkennen. Angehörige des eigenen Geschlechts hingegen – also die Rivalen – beurteilten die Befragten gleichbleibend.

Der Geschmack eines jeden Einzelnen von uns variiert – trotz der genetischen Prägung. Longfellow bekannte: »Ich mag kein Auge, das wie ein Stern funkelt. Nur solche Augen sind schön, die wie die Planeten von einem stetigen, flackernden Licht erfüllt sind, die leuchten, aber nicht funkeln.« 1971 legte man bei einer Studie zweihundertsieben Probanden Bilder von Gesichtern in Sechserreihen vor. Es gab kein Gesicht in einer solchen Reihe, das nicht von zumindest einer Testperson als das attraktivste bezeichnet wurde. Da sich Forscher dieser Subjektivität bewusst sind, verlassen sie sich bei Experimenten nicht auf ihre eigene Einschätzung äußerer Schönheit, sondern arbeiten lieber mit Versuchspersonen und ermitteln, welches deren überwiegende Meinung ist.

Die Stimme einer Person, ihre Intelligenz und der Grad, in der sie uns vertraut ist, wirken sich auf ihre Schönheit aus. Auf einem Videoband sehen wir das Selbst deutlicher. Interessanterweise finden Versuchspersonen Gesichter auf einem Video nicht nur schöner als die auf einem Foto. Sie stimmen in diesen Fällen auch untereinander in den Beurteilungen weniger überein. Die Expressivität eines Gesichts, sein Ausdruck von Freude, Enttäuschung oder Hoffnung, beeinflusst unsere Beurteilung seiner Schönheit. Ausdrucksvolle Gesichter finden wir viel reizvoller. Wissenschaftler verwenden bei ihren Forschungen auf diesem Gebiet den Ausdruck »physisch attraktiv« mit größtem Bedacht, da Menschen in vielerlei Beziehung »attraktiv« sind.

Schönheit kommt vor dem Rest. Feministinnen sorgen sich wegen der großen Rolle, die sie spielt, und in der Tat ist durch unsere Fernsehkultur ihre Bedeutung heftig übertrieben worden. Das Fernsehen zeigt Oberflächen, und das oft nur ganz kurz: Wir sehen ein Model in einem Werbespot vielleicht fünfzehn Sekunden lang. Sie bleibt für uns also eine Fremde. Das Fernsehen hat das Bedürfnis nach rein äußerlichen Vorzügen – wie körperlicher Schönheit – verstärkt. Mehr als jemals zuvor bekommen wir immer mehr schöne Gesichter zu sehen. Unglücklicherweise neigen einige Menschen dazu, sich mit diesen Berufsschönheiten zu vergleichen. Sie sind unzufrieden mit sich selbst und haben das Gefühl, vom Leben irgendwie benachteiligt zu sein.

Schönheit hat jedoch nicht nur etwas mit dem Gesicht zu tun oder mit der Stimme, dem Körper oder mit physischer Anmut. Menschen sind schön wegen ihres Wesens, ihrer Scharfsinnigkeit, ihrer Liebesfähigkeit, wegen des Frohsinns, den sie verbreiten. Ein Mensch, der nicht fotogen ist, kann schön sein, weil seine Persönlichkeit ihm Glanz verleiht. Ein fotogener Mensch hingegen kann ausgesprochen reizlos aussehen.

Angesichts solcher Ergebnisse vertreten einige Wissenschaftler die Ansicht, dass im Laufe der Evolution das »Schön-ist-gut« sich unauflöslich mit dem »Gut-ist-schön« verbunden hat. Das eine verstärkt das andere. Sappho hat das alles schon viel früher gewusst: »Was schön ist, ist gut, und wer gut ist, wird bald in Schönheit erblühen.«

Anmerkungen

Die Genese

15   *Neun Minuten alte Neugeborene, die noch nie ein menschliches Antlitz…*
Im Zuge dieser faszinierenden Studie wurden vierzig Neugeborene untersucht. »Alle Personen, mit denen das Kind in visuellen Kontakt treten konnte, trugen eine Haube, einen Umhang und eine Gesichtsmaske«, berichteten die verantwortlichen Forscher. »Die einzige potentiell signifikante visuelle Erfahrung hätte sich auf diese Weise durch ein flüchtiges Angeschautwerden von Seiten der Experimentatoren oder des im Kreißsaal tätigen Krankenhauspersonals ergeben können.« Man zeigte diesen Kindern: 1. ein schematisch dargestelltes Gesicht mit normalen Merkmalen, 2. zwei schematisch dargestellte Gesichter mit durcheinandergeworfenen Merkmalen, 3. ein leeres Gesicht. Die Babys bewegten ihre Köpfe und ihre Augen bedeutend öfter, um dem normalen Gesicht zu folgen. Das Forscherteam gelangte zu dem Schluss, dass Kinder »mit der Prädisposition, auf jedes Gesicht zu reagieren« auf die Welt kommen und dieses Charakteristikum im Laufe der Evolution vom Menschen adaptiert worden sei. Siehe: Carolyn C. Goren, Merrill Sarty und Paul Y. K. Wu: »Visual Following and Pattern Discrimination of Face-Like Stimuli by Newborn Infants.« In: *Pediatrics*, Bd. 56 (1975), Nr. 4, S. 544-549; hier S. 547. Eine 1991 mit siebenunddreißig Minuten alten Neugeborenen durchgeführte Studie bestätigte die Ergebnisse der Untersuchung von 1975. Siehe: Mark H. Johnson, Suzanne Dziurawiec, Hadyn Ellis und John Morton: »Newborns' Preferential Tracking of Face-Like Stimuli and its Subsequent Decline.« In: *Cognition*, Bd. 40 (1991), S. 1–19.

15   *Affen, die in völliger Isolation aufgezogen wurden…*
1966 zog der Primatologe Gene P. Sackett acht Rhesusaffen in völliger Isolation auf. Als sie vierzehn Tage alt waren, begann er damit, ihnen Dias von anderen Rhesusaffen zu zeigen wie auch, zur Kontrolle, von anderen Tieren und von Gegenständen. Die Bil-

der von Affen lösten bei den Versuchstieren eine viele stärkere Reaktion aus als die von anderen Tieren oder von Gegenständen. Im Alter von sechzig bis achtzig Tagen begannen die Versuchstiere auch mit Angst auf Bilder von erwachsenen Affen zu reagieren, die Drohgebärden machten. Wenn sie neunzig Tage alt waren, erreichte diese Angstreaktion ihren Höhepunkt, um dann zwanzig Tage später allmählich abzunehmen. Sackett stellte die These auf, dass Affen »angeborene Mechanismen« zum Erkennen von Gesichtern und Ausdrücken haben. Siehe:G. P. Sackett: »Monkeys Reared in Isolation with Pictures as Visual Input: Evidence for an Innate Releasing Mechanism.« In: *Science*, Bd. 154 (16. Dezember 1966), S. 1468-1473.

26   *Wenn ein Tier regelmäßig in eine bestimmte Richtung schwimmt...*
Der Tintenfisch kann im Gegensatz zu anderen Tieren rasch nach vorne, nach hinten oder zur Seite schwimmen, da er sich nach dem Rückstoßprinzip fortbewegt, das heißt, er spritzt Wasser aus einem so genannten »Trichter«, den er in mehrere Richtungen drehen kann. Da er also keine festliegende »Vorderkante« besitzt, befinden sich seine Augen ungefähr in der Mitte des Körpers.

26   *Mit einem nach vorne gerichteten Mund...*
Waffen wie Zähne, Sägen, Schwerter, Hörner und Stacheln sitzen ebenfalls vorne, wo es gewöhnlich zum ersten Kontakt mit dem Gegner kommt, die Stoßkraft am größten und die Schlundöffnung nicht weit entfernt ist.

27   *Die Geschmacksknospen befinden sich im Mund...*
Welse und andere auf dem Boden von Flüssen und Seen lebende Tiere, die durch trübes Wasser schwimmen, können Nahrung manchmal auch mit Hilfe ihrer Haut, ihrer Flossen oder ihrer Barteln »erschmecken«.

29   *Wir haben keine Augen im Hinterkopf...*
Das heißt, ihre Kosten wären größer als ihr Nutzen. Natürlich ist es auch möglich, dass solche okzipitalen Augen von der Natur gar nicht erst getestet wurden. Einige Lebewesen besitzen einen Panoramablick. Die Libelle hat riesige Augen, die einer Fliegerbrille ähneln und je bis zu dreißigtausend Einzellinsen aufweisen. Sie kann gleichzeitig in beinahe alle Richtungen sehen, so dass es eine echte Leistung ist, ein solches Tier zu fangen.

29   *Eine lange, lianengleiche Nase...*
Indische Elefanten berühren mit ihren sensiblen Rüsselspitzen den Boden, um Vibrationen zu erspüren, die von Hufen verursacht werden. Sie können mit ihnen auch Nahrungsbrocken ergreifen, die nicht größer als ein Reiskorn sind. Siehe: L. E. L. Rasmussen und Bryce L. Munger: »The Sensorineural Specialisation of the Trunk Tip (Finger) of the Asian Elephant, *Elephas maximus*.« In: *Anatomical Record*, Bd. 246 (1996), S. 127-134; hier S. 128.

30 Das große, wie umbördelt aussehende Gesicht des Hammerhais...
   Siehe: Peter B. Moyle und Joseph J. Cech, Jr.: *Fishes: An Introduction to Ichthyology*. Upper Saddle River, N.J., 1996; S. 142.

31 Da die Signale aber gut sichtbar sein müssen, weicht das Fell zurück...
   Auch das Gehirn ändert sich. Die Amygdala zum Beispiel ist ein kleines Zerebralorgan, das Angst- und Furchtsignale erkennt und in Reaktion darauf die Produktion von Hormonen wie Andrenalin beschleunigt. Bei Halbaffen weist sie zahlreiche Verbindungen zum olfaktorischen System auf. In den Gehirnen von Affen, Menschenaffen und Menschen gibt es jedoch wenigere dieser Verbindungen, dafür bilden sich viel mehr Verflechtungen mit dem Gesichtssinn aus. Der Neurophysiologe Leslie Brothers führt aus: »Die Ausrüstung zur Übertragung – expressive Gesichter – und die Ausrüstung zum Empfang – sensorisches, mit der Amygdala vernetztes Gehirn – entwickelten sich parallel zueinander, wobei dieser Prozess vermutlich von den Anforderungen des sozialen Milieus vorangetrieben wurde.« L. Brothers: *Friday's Footprint: How Society Shapes the Human Mind*. New York 1981.

34 Vielleicht entwickelten sie das aufrechte Gehen auf zwei Beinen...
   Zweibeiner bewegen sich viel effizienter als Menschenaffen, aber weniger effizient als vierbeinige Tiere wie Hunde. Siehe: Steven Stanley: *Children of the Ice Age*. New York 1996. Siehe aber auch: Lynne A. Isbell und Truman P. Young: »The Evolution of Bipedalism in Hominids and Reduced Group Size in Chimpanzees. Alternative Responses to Decreasing Resource Availability.« In: *Journal of Human Evolution*, Bd. 30 (1996), S. 389–397. Die Autoren des letztgenannten Beitrags sind der Meinung, dass das großflächige Absterben von Bäumen zu einer evolutionären Wahl zwischen dem Leben in kleineren Gruppen – dem Weg, den Schimpansen beschritten – oder in größeren Gruppen – dem Weg des Menschen – zwang. Größere Gruppen führten dazu, dass sich das Gebiet, in dem man auf Nahrungssuche ging, vergrößerte, was wiederum die Ausbildung des aufrechten Gangs auf zwei Beinen förderte.

35 Wie hielt er sich die Fleischfresser vom Leib?
   Zwergschimpansen fertigen sich einfache Steinwerkzeuge an, und man hat sogar Kapuzineraffen dabei beobachtet, wie sie dünne Steinsplitter herstellten, die sie zum Schneiden verwendeten. Siehe: Gregory Charles Westergard und Stephen J. Suomi: »A Simple Stone-Tool Technology in Monkeys.« In: *Journal of Human Evolution*, Bd. 27 (1994), S. 399–404. Es ist möglich, dass die Australopithecinen ebenfalls Steinwerkzeuge besaßen. Darwin meinte, dass Hominiden, nachdem sie sich aufgerichtet hatten und auf zwei Beinen standen, sich besser »mit Steinen oder Keulen verteidigen« oder »ihre Beutetiere mit ihnen angreifen« konnten. C. Darwin: *The Descent of Man [Die Abstammung des Menschen, 1871]*. Princeton, N. J., 1981. S. 142. Solche Werkzeuge wurden dann öfter eingesetzt und waren für den *Homo habilis*, den »geschickten Menschen«, anscheinend von entscheidender Bedeutung.

36 ... unterschied sich sogar auffallend von dem der Neandertaler, unserer engsten Vettern.
   DNA-Analysen lassen vermuten, dass sie nicht unserer direkten Vorfahren waren.

36   *Es ist so, wie Darwin es in* Die Abstammung des Menschen *ausführte…*
»Als [Vormenschen] allmählich die Gewohnheit annahmen, Steine, Keulen oder andere Waffen zu verwenden, um mit ihren Feinden zu kämpfen, werden sie wahrscheinlich ihre Kiefer und Zähne immer weniger benutzt haben. In diesem Fall wird sich die Größe der Kiefer wie auch der Zähne verringert haben.« *The Descent of Man*, a.a.O., S. 144.

40   *Doch sind die verschiedenen evolutionären Stadien für uns deutlich zu erkennen.*
Richard Dawkins beschreibt sie in allen Einzelheiten in seinem *Climbing Mount Improbable* (New York 1996), S. 138-197. Die Ausbildung des Insektenauges mit seinen vielen Facetten, das ursprünglich ein Bewegungsdetektor war, scheint in evolutionärer Hinsicht eine Sackgasse darzustellen.

40   *Einäugige Kreaturen wie die blutrünstigen Kyklopen aus der Odyssee und die gegen Greife kämpfenden Arimaspen Herodots gibt es nur in Mythen.*
Und bei genetischen Fehlzündungen. Wenn zum Beispiel Mutterschafe eine bestimmte Wildkohlart, die in den Rocky Mountains vorkommt, fressen, bringen sie manchmal Kyklopen mit einem in der Mitte des Gesichts sitzenden Auge, miteinander verschmolzenen Gehirnhälften und fehlender Hirnanhangsdrüse auf die Welt. Diese Lämmer sterben nach kurzer Zeit. Siehe: Scott F. Gilbert: *Developmental Biology*. Sunderland, Mass., 1988, S. 188.

41   *Sogar primitive Würmer wie die nur etwas über einen Zentimeter lange* Planaria…
Amöben, in der Erde lebende Würmer und Frösche sind Anti-Kyklopen. Sie nehmen Licht mit der gesamten Körperoberfläche wahr.

42   *Ein Wissenschaftler hat die Theorie aufgestellt, dass diese »Aufmerksamkeitsstruktur«…*
Siehe: M. Chance: »Social Structure of a Colony of Macaca Mulatta.« In: *British Journal of Animal Behaviour*, Bd. 4 (1956), S. 1–13. Simon Baron-Cohen führt dazu aus: »Der Blick vermittelt ein Sofortbild vom sozialen Status innerhalb einer Gruppe.« S. Baron-Cohen: *Mindblindness*. Cambridge, Mass., 1995, S. 101.

46   *Augen jedoch stehen direkt mit der Luft in Berührung.*
So haben die Larven von Amphibien keine Augenlider, sondern entwickeln diese erst, wenn sich ihre Metamorphose in landbewohnende Tiere vollzieht. In der Natur kommen jedoch zahllose Ausnahmen von der Regel vor. Einige Fische besitzen Augenlider, produzieren aber dennoch keine Tränenflüssigkeit. Haie zum Beispiel besitzen eine schnell bewegliche Membran, welche das Auge bei Gefahr, wie bei einem Angriff, schützt. Auf der anderen Seite gibt es einige Landtiere, die keine Augenlider, mit denen sie blinzeln könnten, besitzen. Schlangen und einige Reptilien haben eine durchsichtige Membran über dem Auge; im Grunde besteht diese aus miteinander verschmolzenen Lidern und ist für den berühmten starren Blick dieser Tiere verantwortlich. Zweige oder Klauen können diese Membran beschädigen, Schlangen streifen sie daher bei jeder Häutung mit dem Rest ihrer Haut ab.

52 *Die Nase hat aber auch Anatomen verwirrt.*
Tj. D. Bruintjes, A. F. van Olphen und B. Hillen beklagten sich über diesen Missstand vor kurzem in: »Review of the Functional Anatomy of the Cartlages and Muscles of the Nose.« In: *Rhinoplasty*, Bd. 34 (Juni 1996), S. 66-74. Schon früher meinten Marc C. Dion, Bruce F. Jafek und Charles E. Tobin: »Die Anatomie der Nase ist – sogar in anatomischen Standardwerken – schlecht definiert.« In: »The Anatomy of the Nose.« In: *Archives of Otolaryngology*, Bd. 104 (März 1978), S. 145-150.

55 ... *einer neueren Theorie zufolge könnte die Schuld aber auch* **Heliobacter pylori** *treffen.*
Eine Untersuchung von einunddreißig Rosazea-Opfern hat ergeben, dass vierundachtzig Prozent von ihnen *H. pylori* in ihren Mägen beherbergten, während dies nur bei fünfzig Prozent der Bevölkerung im allgemeinen der Fall ist. Siehe: A. Rebora, F. Drago und A. Parodi: »May *Heliobacter Pylori* Be Important for Dermatologists?« In: *Dermatology*, Bd. 191 (1995), S. 6-8. Diese Theorie erklärt, warum Rosazea-Opfer oft auch an Gastritis leiden, warum Magengeschwüre oft im Zusammenhang mit Rosazea aufzutreten scheinen und warum bestimmte Medikamente beide Leiden zu lindern vermögen. Siehe auch: Lawrence Charles Parish und Joseph Witkowski: »Acne Rosacea and *Heliobacter Pylori* Betrothed.« In: *International Journal of Dermatology*, Bd. 34, Nr. 4 (April 1995), S. 236-237.

57 *Eulen haben ein Federbüschel über dem Schnabel...*
T.G.R. Bower: *Development in Infancy*. San Francisco 1974. Die Eule ist neben dem Menschen eines der wenigen Lebewesen mit einem flachen Gesicht, das sie als eine Art von Auffangschüssel für akustische Signale benutzt. Bowers Theorie wird bis zu einem gewissen Grad gestützt durch: Alistair P. Mapp und Hiroshi Ono: »The Rhino-Optical Phenomenon: Ocular Parallax and the Visible Field Beyond the Nose.« In: *Vision Research*, Bd. 16, Nr. 7 (1986), S. 1163–1165.

58 *1960 trug der Biologe Alistair Hardy eine noch radikalere Theorie vor...*
Alistair Hardy: »Was Man More Aquatic in the Past?« In: *New Scientist*, Bd. 9 (1960), S. 642–645. Von den Schriften Elaine Morgans siehe zum Beispiel: *The Scars of Evolution: What Our Bodies Tell Us About Human Origins*. London 1990.

60 *Der Mund ist der älteste Teil des Gesichts, der Eingangsbereich für alles, was wir essen und trinken...*
Der Seestern scheint den normalen Prozeß der Nahrungsaufnahme umzukehren. Er stemmt eine Muschel auf und stülpt dann seinen Magen durch die Mundöffnung nach außen und über die Beute, um sie zu verdauen. In den Mund gelangt Nahrung nur dann, wenn der Magen sich wieder zurückzieht. Siehe: Christopher McGowan: *The Raptor and the Lamb*. New York 1997, S. 75.

64 *Die meisten anderen Tiere benutzen sie vor allem, um ihre Beute zu ergreifen.*
Die gekrümmten Fangzähne von Schlangen stellen einen Extremfall dar. Sie können andere Lebewesen ergreifen und festhalten, erfüllen sonst aber keine Funktion. Schlangen schlingen daher ihre Beutetiere schubweise ganz herunter.

64 *Die Zähne eines Säugetieres jedoch können Nahrung zerschneiden...*
Primaten besitzen einen aus einem durchgehenden Knochen bestehenden Kiefer, was bedeutet, dass sie die Muskeln auf beiden Seiten des Gesichts einsetzen können, um Nahrung auf einer Seite des Kiefers zu zerkauen. Weitere Informationen zur Bedeutung des Kauens bei: Milton Hildebrand: *Analysis of Vertebrate Structure*. New York 1995, S. 115.

64 *Bei Säugetieren haben Zähne im Lauf der Entwicklung so verschiedenartige Gestalt angenommen...*
Archäologen können von den Abnutzungsspuren an den Zähnen auch auf die Ernährungsweise schließen. Zähne, die aus der Zeit vor der Erfindung des Töpferns stammen, weisen zum Beispiel große Vertiefungen auf und sind stark abgeschliffen, was darauf zurückzuführen ist, dass sie zum Zermahlen roher, harter Getreidekörner verwendet wurden. Töpfe machten es möglich, die Körner zu kochen, und der Getreidebrei griff die Zähne weit weniger an. Dank dieses Breis konnten auch Kleinkinder viel früher entwöhnt werden, noch bevor ihre Milchzähne durchbrachen Die Geburtenrate und die Bevölkerungsdichte stiegen dadurch an. »Dies ist die hauptsächliche Folge der so genannten landwirtschaftlichen Revolution.« Theya Molleson, Karen Jones und Stephen Jones: »Dietary Change and the Effects of Food Preparation on Microwear Patterns in the Late Neolithic of Abu Hureyra, Northern Syria.« In: *Journal of Human Evolution*, Bd. 24 (1993), S. 455-468; hier S. 465.

65 *Zahnanthropologen haben allein für Mesoamerika neunundfünfzig verschiedene Arten solcher Zahnverstümmelungen festgestellt.*
Abbildungen davon finden sich bei George R. Milner und Clark Spenser Larsen: »Teeth as Artifacts of Human Behavior.« In: Marc A. Kelley und Clark Spenser Larsen (Hg.): *Advances in Dental Anthropology*. New York 1991, S. 359.

66 *Fische besitzen keine Zungen.*
Einige wenige Arten besitzen zungenähnliche Organe, die jedoch nicht beweglich sind. Siehe: Peter B. Moyle und Joseph Cech, Jr.: *Fishes: An Introduction to Ichthyology*. Upper Saddle River, N.J., 1996.

67 *Auf den ersten Blick scheint die Zunge aus einem einzigen Muskel zu bestehen...*
Auf jeder Seite der Zunge liegen vier Muskeln, von denen jeweils zwei ein Paar bilden: der obere und der untere Längsmuskel, der Quermuskel und der Vertikalmuskel. Die Längsmuskeln ziehen die Spitze zurück und lassen die Zunge kürzer, breiter und dicker werden. Die Quermuskel verlängern, verschmälern und verdicken sie. Die Vertikalmuskeln lassen die Zunge ebenfalls länger werden, machen sie aber auch breiter und flacher – zum Beispiel, wenn wir sie weit aus dem Mund strecken. Siehe: G. J. Romanes (Hg.): *Cunningham's Textbook of Anatomy*. Oxford 1981, S. 296.

68 *Auf einem gelähmten Gesicht verschwinden die nasolabialen Falten...*
Lawrence R. Rubin, Yousri Mishriki und Gene Lee: »Anatomy of the Nasolabial Fold: The Keystone of the Smiling Mechanism.« In: *Plastic and Reconstructive Surgery*, Bd. 83 (Januar 1989), S. 1–8. Bislang hat sich die Forschung nur wenig mit diesen Falten beschäftigt.

68   *Selbst der Neandertaler hatte keines.*
     Er besaß ein rudimentäres Mini-Kinn. Archäologen betrachten jedoch das Kinn als kennzeichnend für den modernen *Homo sapiens*, was interessant ist in Anbetracht der Tatsache, dass nahezu alle Science-Fiction-Wesen, die in anderen Sonnensystemen zuhause sind, wie die Klingonen, ein Kinn besitzen.

68   *Es ist nicht völlig nutzlos, scheint es doch das Kauen zu unterstützen.*
     Donald H. Enlow: *Facial Growth*. Philadelphia 1990, S. 298.

68   *Aber sein Aufkommen fällt zeitlich mit keiner uns bekannten Veränderung in der Ernährung des Menschen oder in seiner generellen Existenzweise zusammen.*
     Y.M. Lam, O.M. Pearson und Cameron M. Smith: »Chin Morphology and Sexual Dimorphism in the Fossil Hominid Mandible Sample from Klasies River Mouth.« In: *American Journal of Physical Anthropology*, Bd. 100 (1996), S. 554.

70   *Da Testosteron das Immunsystem stärkt...*
     Siehe hierzu: Stephen W. Gangestad, Randy Thornhill und Ronald Yeo: »Facial Attractiveness, Developmental Stability, and Fluctuating Asymmetry.« In: *Ethology and Sociobiology*, Bd. 15 (1994), S. 73–85.
     Wenn das Kinn für die meisten Menschen auch keinen erkennbaren Nutzen hat, kann es für Menschen, deren Arme und Beine vollständig gelähmt sind, von größter Bedeutung sein. Die moderne Technologie macht es ihnen möglich, mit Hilfe des Kinns an Schreibmaschinen oder Computer angeschlossene so genannte »Trackballs« zu bedienen oder auch »Joysticks«, mit denen sich motorisierte Rollstühle lenken lassen. Siehe: Reinhilde Jacobs, Elke Hendrickx, Isabel van Mele, Kirtire Edwards, Mieke Verheust, Arthur Spaepen und Danile van Steenberghe: »Control of a Trackball by the Chin for Communication Applications, with or without Neck Movements.« In: *Archives of Oral Biology*, Bd. 42, Nr. 3 (1997), S. 213–218.

77   *Christopher Nyrop, der Verfasser von* Der Kuss und seine Geschichte...
     Christopher Nyrop: *The Kiss and its History*. London 1901. Sehr empfehlenswert.

79   *Eine Kussräuberin ganz anderer Qualität war die zweiundzwanzigjährige Tabitha Dougan.*
     Sie wurde zu einer Gefängnisstrafe von fünfzig Jahren verurteilt. Siehe: »Kissing Bandit Guilty of Picking up Men in Bars, Drugging Them.« *San Jose Mercury News*, 8. Oktober 1994, S. 22A.

91   *Das »Dritte Auge« gilt für gewöhnlich als Organ, mit dem man das eigene innere Wesen wahrnehmen kann...*
     Das dritte Auge ist nicht immer nur eine Metapher oder ein Attribut von Göttern gewesen. Die meisten frühen Fische und Reptilien besaßen tatsächlich eines, das in der Mitte der Stirn oder auch oben auf dem Kopf saß. In der Trias verschwand es allmählich. Heute besitzen nur noch Neunaugen und einige Echsen eines, das aber vollkommen von Haut bedeckt ist und vor allem dazu dient, Licht wahrzunehmen. Es hat aber einen Nachfahren hinterlassen: die Zirbeldrüse im Gehirn, die dazu beiträgt, zirkadiane

Rhythmen – wie den Schlaf – zu steuern. Siehe: Alfred Sherwood Romer und Thomas S. Parsons: *The Vertebrate Body*. New York 1986, S. 518.

93   Fische haben keine richtigen Ohren.
     Einige Fische hören auch mit ihren Schwimmblasen.

93   *(Im Verlauf eines völlig verrückten evolutionären Schritts...*
     Wale, die mit einem Echolotsystem arbeiten, fühlen Klangwellen in ihrem Kieferknochen, der sie zum Ohr weiterleitet. Einige Schlangen legen ihre Kiefer auf den Erdboden, um zu hören. Auch bei einem unserer Vorfahren erfüllte der Kiefer diese sekundäre Funktion. In einer komplexen Abfolge von Einzelschritten kam es dann zu der genannten Verschiebung.

103 *Einen Bart zur Schau zu stellen ist für männliche Moslems* sunnat...
     In der Welt des Islam sind – wie überall sonst – Bärte mit einer Myriade von Bedeutungen verbunden. Während der *Hadsch*, der Pilgerfahrt nach Mekka, hören die meisten Männer auf sich zu rasieren, um anzudeuten, dass sie keinerlei weltliche Interessen mehr haben, sondern ganz in der Kontemplation Allahs versunken sind. In der Türkei ließen sich traditionsgemäß nur die älteren Männer einen Bart wachsen, jüngere Männer mit unrasierten Wangen wurden als Schwindler, die sich einen falschen Status verschafften, angesehen. Ein Bart kann auch eine politische Überzeugung wiedergeben, und in den letzten Jahren hat er die nationalistische und fundamentalistische Einstellung eines Mannes signalisiert. Der Code kann recht subtil sein. Anfang der siebziger Jahre zwirbelten in der Türkei die Konservativen ihre Schnurrbartspitzen nach oben, während die Liberal-Radikalen sie nach unten zeigen ließen. Siehe: Carol Delaney: »Untangling the Meaning of Hair in Turkish Society.« In: *Anthropological Quarterly*, Bd. 67, Nr. 4 (Oktober 1994), S. 159-172.

104 *Es ist als* Pseudofolliculitis barbae *(PFB) bekannt...*
     Schwarze haben zumeist gekrümmte Follikel, was bedeutet, dass das Haar, nachdem es aus der Haut herausgekommen ist, sich wieder in deren Richtung neigt. Wenn man sich rasiert, dann wird das Haar schräg abgeschnitten, so dass eine scharfe Spitze entsteht, die die Haut durchbohren kann. PFB kann auch innerhalb des Follikels selbst entstehen. Einige Rasiertechniken – Führen der Klinge gegen den Strich, Verwendung eines Rasierers mit Zwillingsklinge, Straffziehen der Haut – lassen die Haare weiter aus der Haut heraustreten, so dass sie an einer tieferen Stelle abgeschnitten werden. Wenn aber die Klinge über sie hinweggeglitten ist, schnellen die Haare wieder unter die Hautoberfläche zurück, wo ihre scharfe Spitze die Follikel durchbohren und direkt in das Fleisch hineinwachsen kann. Siehe: Beatriz H. Coquilla und Charles W. Lewis: »Management of Pseudofolliculitis Barbae.« In: *Military Medicine*, Bd. 160, Nr. 5 (1995), S. 263–269. Bei einer relativ neuen Behandlungsmethode wird unter anderem zweimal täglich eine Lotion, die Glykolsäure enthält, aufgetragen. Bis jetzt ist ungeklärt, warum diese Chemikalie heilend wirkt. Siehe: Nicholas V. Perricone: »Treatment of Pseudofolliculitis Barbae with Topical Glycolic Acid: A Report of Two Studies.« In: *Cutis*, Bd. 52 (Oktober 1993), S. 232–235.

107   *Warum sind Bärte überhaupt auf den Plan getreten?*
Nicht nur Menschen haben Bärte, sie zieren auch einige Primaten. Der Langur (*Pygathrix nemaeus*), ein bemerkenswerter, aus Indochina stammender Affe, hat ein Gesicht, das von Ohr zu Ohr mit einem Haarkamm gesäumt ist; die einzelnen Haare sind sensibel wie die Schnurrhaare einer Katze. Der männliche bärtige Saki (*Chiropotes satanas*) nennt einen großen halbmondförmigen Bart unter dem Gesicht sein eigen, und der De-Brazza-Affe (*Cercopithecus neglectus*) trägt eine weiße Haarkaskade unter dem Kinn. Letzterer lebt in der Nähe von artverwandten Tieren, der Bart dient dazu, ihn für potentielle Sexualpartner identifizierbar zu machen und zu verhindern, dass allzu viele Hybriden auf die Welt kommen, die normalerweise weniger fruchtbar sind. J.R. Napier und P.H. Napier: *The Natural History of Primates*. Cambridge, Mass., 1994, S. 140. Auch bei anderen Affen mögen Bärte diese Funktion haben. Ein Oberlippenbart kommt seltener vor. Der Sumatra-Orang-Utan (*Pongo pygmaeus abelii*) hat einen dünnen Haarstrich auf seiner Oberlippe, zusätzlich zu einem prächtigen, sich unten gabelnden Vollbart. Auch andere Affen besitzen einen spärlichen Oberlippenbart, kein Primat kann aber einen solch üppigen vorweisen wie *Homo sapiens*.

107   *Der englische Archäologe A.M.W. Porter ist der Ansicht, dass Bärte eine Art von Schweißfänger sind...*
»Ein Schweißtropfen, der auf den Boden fällt, ist ein vergeudeter Schweißtropfen.« A.M.W. Porter: »Sweat and Thermoregulation in Hominids.« In: *Journal of Human Evolution*, Bd. 25 (1993), S. 417-423; hier S. 419. Porter meint, dass auch das Brusthaar den Schweiß auffängt und dass eine wulstige Oberlippe, gespreizte Nasenflügel und ein vorspringendes Kinn sein Nach-unten-Rinnen verlangsamen.

108   *Ihre Wirkung mag auch darauf beruhen, dass sie an ein aggressiv vorgestrecktes Kinn erinnern...*
Frank Muscarella und Michael R. Cunningham: »The Evolutionary Significance and Social Perception of Male Pattern Baldness and Facial Hair.« In: *Ethology and Sociobiology*, Bd. 17 (1996), S. 99-117; hier S. 101. Natürlich könnte dieser Faktor auch die Anziehungskraft eines großen Kinns an sich gesteigert haben.

Die Armatur

117   *Die Antwort lautet, dass die Gene das Gesicht nicht bis in seine letzte Einzelheit hinein formen...*
»Trotz umfangreicher Forschungen ist nur wenig über die genaue Bedeutung genetischer und nicht-genetischer Faktoren für das Wachstum und die Bildung der kraniofazialen Knochenstruktur bekannt.« Tuula Laatikainen, Reijo Ranta und Rolf Nordstrom: »Craniofacial Morphology in Twins with Cleft Lip and Palate.« In: *The Cleft Palate-Craniofacial Journal*, Bd. 33, Nr. 2 (März 1996), S. 96-103; hier S. 96.

117   *Ein fehlerhaftes Gen macht den Defekt anscheinend möglich...*
Versuche mit Mäusen legen die Vermutung nahe, dass es sich um das Gen handelt, welches den Wachstumsfaktor ß3 umwandelt, ein Protein, das anscheinend für die nor-

male Entwicklung von Lungen und Gaumen verantwortlich ist. Siehe: Vesa Kaartinen, Jan Willem Voncken, Chareles Shuler, David Warburton, Ding Bu, Nora Heisterkamp und John Groffen: »Abnormal Lung Development and Cleft Palate in Mice Lacking TGF-ß3 Indicates Defects of Epithelial-Mesenchymal Interaction.« In: *Nature Genetics*, Bd. 11 (Dezember 1995), S. 415-421. Siehe auch: Diego F. Wyszynski, Terri H. Beaty und Nancy E. Maestri: »Genetics of Nonsyndromic Oral Clefts Revisited.« In: *The Cleft-Palate Craniofacial Journal*, Bd. 33, Nr. 5 (September 1996), S. 406-417.

Bei einigen weiblichen eineiigen Zwillingen hat eines der Mädchen hin und wieder eine genetische Krankheit, die normalerweise nur bei männlichen Kindern auftritt, wie Muskeldystrophie, Hämophilie, Farbenblindheit oder andere x-chromosomengebundene Erbkrankheiten. Die Ursache ist eine X-Chromosom-Inaktivierung, bei der einige mütterliche oder väterliche Gene bald nach der Empfängnis inert werden. Ihre Stilllegung kann das genetische Schutzschild, das weibliche Träger normalerweise besitzen, unwirksam werden lassen, so dass sie die Krankheit selber entwickeln. X-Chromosom-Inaktivierung tritt bei weiblichen eineiigen Zwillingen häufiger auf als bei weiblichen Einzelkindern, und einige Wissenschaftler vermuten, dass es eine Ursache für die Geburt solcher Zwillinge sein könnte. Siehe: N. Abbadi, C. Philippe, M. Chery, H. Gilgenkrantz, F. Tome, H. Collin, D. Theau, D. Recan, O. Broux, M. Fardeau, J.-C. Kaplan und S. Gilgenkrantz: »Additional Case of Female Monozygotic Twins Discordant for the Clinical Manifestations of Duchenne Muscular Dystrophy Due to Opposite X-Chromosome Inactivation.« In: *American Journal of Medical Genetics*, Bd. 52 (1994), S. 198-206; hier S. 198.

117 *Durch die Einnahme von Folsäure können Frauen das Risiko drastisch verringern...*
Gary M. Shaw, Edward J. Lammer, Cathy R. Wasserman, Cynthia O'Malley und Marie M. Tolarova: »Risks of Orofacial Clefts in Children Born to Women Using Multivitamins Containing Folic Acid Periconceptionally.« In: *Lancet*, Bd. 346 (1995), S. 393-396. Die Frauen, die an dieser Studie teilnahmen, nahmen Multivitamin-Präparate ein, die Folsäure enthielten. Sie begannen mit der Einnahme zwei Monate vor der Empfängnis und hörten drei Monate nach ihr wieder damit auf. Das Vorkommen von Gaumenspalten bei den Neugeborenen verringerte sich um fünfundzwanzig bis fünfzig Prozent.

118 *...wenn ein Arzt vor der zehnten Woche Zwillinge entdeckt...*
I. Nakamura, M. Uno, Y. Io, I. Ikeshita, K. Nonaka und T. Miura: »Seasonality in Early Loss of One Fetus Among Twin Pregnancies.« In: *Acta Geneticae Medicae et Gemellologiae: Twin Research*, Bd. 39 (1990), S. 339-344.

120 *Allerdings ist die Fähigkeit, Gesichter wiederzuerkennen, bei unserer Geburt noch nicht vollständig entwickelt...*
Aus diesem und aus anderen Gründen, wie der Tatsache, dass neurale Systeme Gesichter identifizieren können, glauben einige Wissenschaftler, dass das Gehirn nicht von vornherein für die Erkennung von Gesichtern eingerichtet ist, sondern diese Fähigkeit dadurch erwirbt, dass es wiederholt Gesichtern ausgesetzt ist. Siehe zum Beispiel: Isabel Gauthier und Michael J. Tarr: »Becoming a ›Greeble‹ Expert: Exploring Mechanisms for Face Recognition.« In: *Vision Research*, Bd. 37, Nr. 12 (1997), S. 1673-1682. Die Debatte

über dieses Thema spiegelt die übergreifende Diskussion darüber wider, inwieweit das Gehirn eine universelle Lerneinrichtung und inwieweit es eine modulare ist.

122 *Ende der achtziger Jahre wollte Arbitron einen »Zuschauermesser« konstruieren lassen...*
Einen großen Teil der in diesem Abschnitt verarbeiteten Informationen erhielt ich von Sandy Pentland in einem Interview. Siehe aber auch: Matthew Turk und Alex Pentland: »Eigenfaces for Recognition.« In: *Journal of Cognitive Neuroscience*, Bd. 3, Nr. 1 (1991), S. 71–86.

125 *Dem fünften Marquis von Salisbury fiel es grundsätzlich schwer, Gesichter zu erkennen...*
In: Antonio R. Damasio, Hanna Damasio und Gary W. Van Hoesen: »Prosopagnosia: Anatomic Basis and Behavioral Mechanisms.« In: *Neurology*, Bd. 32 (April 1982), S. 331–341; hier S. 331.

126 *Prosopagnostiker haben oft Probleme, Dinge, die einer und derselben Kategorie angehören, voneinander zu unterscheiden...*
In Olivers Sacks' *The Man Who Mistook His Wife for a Hat* (New York 1985) hatte die Titelfigur viel gravierendere Probleme. Er brachte die Grundkategorien selbst durcheinander und versuchte, sich den Kopf seiner Frau als Mütze aufzusetzen.

129 *Möglicherweise speichern wir Namen im linken mittleren Schläfenlappen.*
Justine Sergent, Shinsuke Ohta und Brennan MacDonald: »Functional Neuroanatomy of Face and Object Processing.« In: *Brain*, Bd. 115 (1992), S. 15-36; hier S. 28.

129 *Das persönliche Dossier eines Menschen rufen wir wahrscheinlich aus der vorderen Partie des Schläfenlappens auf.*
Sergent u.a., a.a.O., S. 30f.

131 *Einige Wissenschaftler haben daher die Theorie aufgestellt, dass die Amygdala...*
Der Neuropsychiater Leslie Brothers geht in seinen Annahmen nicht ganz so weit; er meint: »Unser Gehirn ist durch die Evolution darauf vorbereitet, bestimmte Responses auf bestimmte soziale Situationen hervorzubringen. Diese Responses sind kodiert, als Verknüpfungen von sensorischen Repräsentationen sozialer Ereignisse mit körperlichen Veränderungen – Verknüpfungen, die sich vor allem in der Amygdala finden, wo Reize Gefühle auslösen können, die einer bestimmten sozialen Situation besonders angemessen sind.« L. Brothers: *Friday's Footprint: How Society Shapes the Human Mind*. New York 1997, S. 52.

131 *Eine andere, mit Hilfe von PET-Untersuchungen durchgeführte Studie ergab, dass der »Gyrus cinguli« erhöhte Aktivität zeigte...*
Mark S. George, Terence A. Ketter, Debra S. Gill, James V. Haxby, Leslie G. Ungerleider, Peter Herscovitch und Robert M. Post: »Brain Regions Involved in Recognizing Facial Emotion or Identity: An Oxygen-15 PET Study.« In: *Journal of Neuropsychiatry*, Bd. 5, Nr. 4 (Herbst 1993), S. 384-394.

139   *Im Laufe der letzten Jahrhunderte fand auf der winzigen Antilleninsel St. Vincent eher zufällig ein historisches Experiment statt...*
Siehe hierzu: Jonathan Kingdon: *Self-Made Man and his Undoing.* New York 1993, S. 251.

140   *Zuverlässiges Beweismaterial deutet darauf hin, dass Homo sapiens Afrika vor rund einhunderttausend Jahren verließ...*
Eine Minderheit von Wissenschaftlern meint, dass unsere Spezies sich über die letzten zwei Millionen Jahre hinweg fast überall in der Alten Welt entwickelte. William H. Durham: *Coevolution: Genes, Culture, and Human Diversity.* Stanford 1991, S. 503.

143   *Wissenschaftler sagen voraus, dass sich bis zum Jahr 2100 die Fälle von Hautkrebserkrankungen in den USA und in Europa verdoppelt haben werden.*
Harry Slaper, Guus J.M. Velders. John S. Daniel, Frank R. de Gruil und Jan C. van der Leun: »Estimates of Ozone Depeltion and Skin Cancer Incidence to Examine the Vienna Convention Achievements.« In: *Nature*, Bd. 384 (21. November 1996), S. 256-258; hier S. 257. Diese Wissenschaftler bezeichnen ihre Schätzungen auch noch als »zurückhaltend«. Maritza Perez, Professorin für Dermatologie an der Columbia University, gibt eine viel düsterere Prognose ab: Einer von einhundertfünf im Jahr 1990 und einer von fünfundsiebzig im Jahr 2000 geborenen Menschen wird an Melanomen erkranken. M. Perez: »Advances in Dermatology Surgery.« In: *Dermatologic Clinics*, Bd. 15, Nr. 1 (Januar 1997), S. 9-18; hier S. 10.
Ein Impfstoff, der die Bildung von Melanomen verhindert, würde natürlich alle diese Prognosen hinfällig machen. Wissenschaftler sind zur Zeit auf der Suche nach einem solchen Impfstoff. Der bislang entwickelte vermag aber weder die Bildung von Melanomen zu verhindern noch sie zu heilen, sondern lediglich den Krankheitsverlauf zu verlangsamen. Siehe: Christine A. Kuhn und C. William Hanke: »Current Status of Melanoma Vaccines.« In: *Dermatological Surgery*, Bd. 23 (1997), S. 649-655.

144   *Tatsächlich sind Variationen von zwei Grundarten von Melanin für alle braunen, roten, blonden und schwarzen Schattierungen des Haars oder des Pelzes von Säugetieren verantwortlich.*
Arthur Hook, D.S. Wilkinson, F.J. Ebling, R.H. Champion und J.L. Burton (Hg.): *Textbook of Dermatology*, 4. Ausg., Bd. 3, Oxford 1986, S. 2020.

145   *Allerdings ist die Argumentation nicht ganz überzeugend, dass Asiaten auf einen solchen Sonnenschutz angewiesen waren, weil sie in der Nähe von großen Schneeflächen lebten.*
Der Anthropologe A.T. Steegmann, Jr. hat im Labor Gesichtstemperaturen gemessen und herausgefunden, dass die vorstehenden Wangenknochen von Asiaten in einem Wind von null Grad Celsius kälter und nicht wärmer werden. Und die kurze asiatische Nase ist nicht weniger anfällig für Erfrierungen, da die Temperatur der Nase in keinerlei Beziehung zu ihrer Größe oder dem Grad ihres Hervorragens steht (ihre Temperatur tendiert aber dazu zu steigen, je größer der Kopf ist). Er kam zu dem Schluss, dass das asiatische Gesicht sich nicht entwickelte, um Kälte besser standhalten zu können. A.T. Steegmann: »Human Adaptation to Cold.« In: Albert Damon (Hg.): *Physiological Anthropology.* New York 1975, S. 130–165.

146   *In einer sehr kalten und trockenen Region sind Nasen für gewöhnlich länger und schmaler.*
      A. Thomson und L.H.D. Buxton: »Man's Nasal Index in Relation to Certain Climatic Conditions.« In: *Journal of the Royal Anthropological Institute*, Bd. 53 (1923), S. 92–122.

159   *Die ältesten Spiegel, die wir kennen, sind Obsidianscheiben...*
      LeRoy McDermott: »Self-Representation in Upper Paleolithic Female Figurines.« In: *Current Anthropology*, Bd. 17, Nr. 2 (1996), S. 227-275; hier S. 228.

162   *Liebende sehen sich in den Pupillen des Gegenübers...*
      Unsere »Pupille« ist nach der kleinen Person benannt, dem »Püppchen« (lat. *pupilla*), das wir in ihr sehen.

162   *Literarischen Konventionen folgend, bedarf es zur Reflexion einer Seele.*
      Die Krieger im Hochland von Neuguinea hingegen halten ihren Geist für so mächtig, dass er einen Abdruck seines Gesichts auf dem Spiegel zurücklassen kann. Siehe: Timothy Troy: »Anthropology and Photography: Approaching a Native American Perspective.« In: *Visual Anthropology*, Bd. 5 (1992), S. 43–61; hier S. 49.

163   *Einige Schimpansen und Orang-Utans gehen jedoch noch weiter.*
      Frans de Waal: *Peacemaking Among Primates*. Cambridge, Mass., 1989, S. 85.

164   *Gallup kam zu dem Schluss, dass Schimpansen und Orang-Utans »sich ihrer selbst bewusst« waren...*
      Er vertrat auch die interessante Ansicht, dass »die Ausbildung eines Bewußtseins von sich selbst gleichbedeutend mit der Ausbildung von Verstand ist«. Gordon G. Gallup, Jr.: »Self-Awareness and the Emergence of Mind in Primates.« In: *American Journal of Primatology*, Bd. 2 (1982), S. 245.

169   *Auf Totempfählen konnten bedeutende Taten, die die Mitglieder einer Sippe in der Vergangenheit vollbracht hatten, bildlich festgehalten werden...*
      Ein echtes »Totem« ist eine Tierart oder auch eine Pflanze oder ein anderes Objekt, vor dem man tiefe Ehrfurcht hat. Die Stammesmitglieder töten niemals ein Totemtier, um es zu verzehren. Streng genommen haben also die Totempfähle des amerikanischen Nordwestens nichts mit Totems zu tun, da die bildlichen Darstellungen auf ihnen für übernatürliche Wesen standen.

171   *In einen geradezu gespenstisch anmutenden Fall war der Maler Oskar Kokoschka (1886–1980) verwickelt.*
      Alfred Weidinger: *Kokoschka and Alma Mahler*. New York 1997.

174   *Salvador Dalis Bild »Mae Wests Gesicht, das als surrealistisches Appartement benutzt werden kann«...*
      Bis zu einem gewissen Grad war sie tatsächlich ein reines Geschöpf des Films. Sie sieht in ihren Filmen weitaus glamouröser aus als auf ihren Jugendfotos, was sie zu einem großen Teil der Maskenbildnerin Dot Ponedek, vor allem aber auch dem Kameramann

Karl Struss verdankt. Struss erzählte einmal, es sei seine »Aufgabe gewesen, alle physischen Unvollkommenheiten abzuschwächen. Make-up, verminderte Bildschärfe, Beleuchtung und sorgfältig ausgewählte Aufnahmewinkel sind die Hauptmittel für so etwas.« Er beleuchtete normalerweise nur die schmalere Partie von Mae Wests Gesicht, wodurch dieses insgesamt schlanker aussah, und er führte den so genannten »Weichzeichner« ein, der ihre Züge auf romantische Weise verschwimmen ließ. Struss war vorher ein bekannter Porträtfotograf gewesen, ein Umstand, der die statischen Posen erklärt, die Mae West manchmal in ihren Filmen einnimmt. Siehe: Emily Wortis Leider: *Becoming Mae West.* New York 1997, S. 291f.

181   *Das Gesicht ist die klassische Ikone der Macht.*
   Unser Wort »Ikone« leitet sich über die Ikonen der griechisch-orthodoxen Kirche vom griechischen *eikon*, »Bild«, her.

188   *Die Gagen der Schauspieler schnellten dementsprechend steil in die Höhe...*
   Ironischerweise meinte Laemmle in den Dreißigerjahren, dass seine Filmstars überbezahlt seien, und weigerte sich, ihre Gagen an die anzupassen, die andere Produktionsfirmen zahlten. Das war einer der Gründe dafür, dass Universal Studios Schiffbruch erlitt.

205   *Die Psychologen Robert Mauro und Michael Kubovy haben Beweise dafür gefunden, dass das Gehirn Gesichter in Form von Karikaturen speichert.*
   Mauro und Kubovy: »Caricature and Face Recognition.« In: *Memory and Cognition,* Bd. 20, Nr. 4 (1992), S. 433–440.

Der Semaphor

254   *Thalidomid-Kinder (Contergan-Kinder), die blind, taub und ohne Arme auf die Welt kamen, verwendeten sie ebenfalls.*
   Irenäus Eibl-Eibesfeldt: »The Expressive behavior of the Deaf-and-Blind-Born.« In: M. von Cranach und I. Vine (Hg.): *Social Communication and Movement.* San Diego, Calif., 1973, S. 163–194. Solchem Beweismaterial zum Trotz behaupten einige Psychologen, dass wir alle Gesichtsausdrücke lernen. Alan Frilund vom University College Santa Barbara zufolge ist die Studie mit den Thalidomid-Kindern ohne Beweiskraft, weil man nicht ausschließen kann, dass Pfleger ein Lächeln der Kinder mit Liebkosungen und Küssen belohnten. Um zu einem definitiven Ergebnis zu gelangen, meinte er, müssten blinde Kinder »blinde Pfleger haben. Bei einer solchen Studie würde man natürlich darauf achten müssen, dass die Pfleger nicht die Gesichter der Kinder berührten oder deren stimmliche Äußerungen hörten«. Er gibt selber zu, dass sich der Durchführung solcher Experimente gravierende Hindernisse entgegenstellen. Siehe: Alan Fridlund: *Human Facial Expression.* San Diego, Calif., 1994, S. 113.
   Abgesehen von der Frage nach der Universalität von Gesichtsausdrücken gibt es noch weitere, die die Diskussion beleben. Wie deutlich ist die Unterscheidung zwischen willkürlichen und unwillkürlichen Mienen? Zeigt ein Gesichtsausdruck eine Emotion oder eine Prädisposition zum Handeln? Ist »Emotion« überhaupt ein in wissenschaftlicher

Hinsicht nützlicher Begriff? Diese Kontroversen zeigen, dass es sich um eine sehr lebendige Disziplin handelt, die rasche Fortschritte macht.

256 *Ein solches Gesicht ist eine Warnung.*
Was bedeutet, dass es uns nützt, wenn wir es frühzeitig als solches erkennen. Ein Experiment zeigte dann auch, dass ein zorniges Gesicht aus einer Menge ausdrucksneutraler Gesichter »hervorsticht«. Siehe: Christine H. Hansen und Ronald D. Hansen: »Finding a Face in the Crowd: An Anger Superiority Effect.« In: *Journal of Personality and Social Psychology*, Bd. 54 (1988), S. 917-924. Ähnlich auffallend, wenn anscheinend auch nicht in einem solch hohen Grad, ist ein Gesicht mit starrenden Augen. Siehe: Michael von Grünau und Christina Anston: »The Detection of Gaze Direction: A Stare in the Crowd Effect.« In: *Perception*, Bd. 24 (1995), S. 1297-1313.

260 *Für beides ist eine und dieselbe Region des Gehirns zuständig.*
Es handelt sich um die vordere insulare Kortex. Das »Erkennen visueller Stimuli, die den Ekel anderer melden, ist eng mit der Wahrnehmung von unangenehmem Geschmack oder Geruch verbunden«. Siehe: M.L. Phillips, A.W. Young, C. Senior, M. Brammer, C. Andrews, A.J. Calder, E.T. Bullmore, D.I. Perrett, D. Rowland, S.C.R. Williams, J.A. Gray und A.S. David: »A Specific Neural Substrate for Perceiving Facial Expressions of Disgust.« In: *Nature*, Bd. 389, Nr. 2 (October 1997), S. 495-498; hier S. 496.

261 *Wenn wir es uns einmal angewöhnt haben, uns vor bestimmten Nahrungsmitteln ... zu ekeln ...*
Paul Rozin und April F. Fallon: »A Perspective on Disgust.« In: *Psychological Review*, Bd. 94 (1987), S. 23–41; hier S. 38.

263 *Menschen, die mit einzelnen Personen zusammenleben, die oft unter Schmerzen leiden...*
Kenneth M. Prkachin und Kenneth D. Craig: »Expressing Pain: The Communication and Interpretation of Facial Pain Signals.« In: *Journal of Nonverbal Behavior*, Bd. 19 (1994), S. 191–205; hier S. 201.

274 *Reeves Versuchspersonen identifizierten solche »interessierten Gesichter« in Videoclips...*
Wie Reeve anführt, ist es vor allem die Augenbewegung, die normale Fotos für solche Experimente relativ nutzlos macht. J. Reeve: »The Face of Interest.« In: *Motivation and Emotion*, Bd. 17, Nr. 4 (1993), S. 353–375; hier S. 355.

274 *Wie viele unterschiedliche Arten von Botschaften kann das Auge aussenden?*
Simon Baron-Cohen: *Mindblindness: An Essay on Autism and Theory of Mind*. Cambridge, Mass., 1995, S. 114.

279 *Der vielseitig begabte Nicolaus Stensen ... löste das Problem im Jahr 1662.*
Der heute wenig bekannte Stensen wies auch nach, dass Herz und Zunge Muskeln sind, und entdeckte den Kanal der *Glandula parotis*, der Ohrspeicheldrüse, der größten der drei Speicheldrüsen im Mund. Er war Anatom, Geologe, Kristallograph, Paläontologe und Zoologe und wurde schließlich zum Bischof ernannt. Siehe: Raffaello Cioni: *Niels Stensen, Scientist-Bishop*. New York 1962.

280   *Darwin beobachtete, dass die Briten seltener in Tränen ausbrechen als die Angehörigen der Mittelmeervölker.*

Eine vor kurzem durchgeführte Untersuchung ergab, dass Israelis seltener weinen als Briten, vielleicht, wie die beteiligten Wissenschaftler meinen, weil es in Israel eine Wehrpflicht gibt und der Militärdienst von einem verlangt, »aktiv und mit Überlegung an die Lösung von Problemen heranzugehen, und Menschen hervorbringt, die besser in der Lage sind, mit Schwierigkeiten fertig zu werden«. Siehe: D.G. Williams und Gabriele H. Morris: »Crying, Weeping or Tearfulness in British and Israeli Adults.« In: *British Journal of Psychology*, Bd. 87 (1996), S. 479-505; hier S. 503.

280   *Frauen weinen öfter und länger als Männer.*

Sie setzen Tränen auch häufiger ein, um eine Situation emotional zu verarbeiten, um sich Sympathien zu verschaffen oder um jemanden, der ihnen etwas getan hat, zu beschämen. Siehe zum Beispiel: Filip de Fruyt: »Gender and Individual Differences in Crying.« In: *Personality and Individual Differences*, Bd. 22, Nr. 6 (1997), S. 937-940.

283   *Ähnlich verhält es sich bei den Zuschauern von* Rocky…

Leute, die im Kino weinen, verspüren bei der Schlußszene eines Films viel mehr Streß als solche, die nicht weinen. Siehe: Susan M. Labott und Randall B. Martin: »Weeping Evidence for a Cognitive Theory.« In: *Motivation and Emotion*, Bd. 12, Nr. 3 (1988), S. 205-216.

286   *Richter befinden zwar Lächler ebenso schuldig wie Nicht-Lächler…*

Marianne LaFrance and Marvin A. Hecht: »Why Smiles Generate Leniency.« In: *Personality and Social Psychology Bulletin*, Bd. 21 (1995), S. 207-214.

290   *… sogar Mikroben hätten einen Sinn für Scherze…*

Hiram Stanley: »Remarks on Tickling and Laughter.« In: *American Journal of Psychology*, Bd. 9 (1898), S. 236.

301   *… Wissenschaftler haben seitdem bestätigt, dass eine Komödie … Schmerzen betäubt…*

Dolf Zillmann, Steve Rockwell, Karla Schweitzer und S. Shyam Sundar: »Does Humor Facilitate Coping with Physical Discomfort?« In: *Motivation and Emotion*, Bd. 17 (1993), S. 17.

304   *Auf der Grundlage solcher Beobachtungen hat der Psychologe Glenn Weisfeld … versuchsweise eine Theorie der Evolution des Lachens aufgestellt…*

Glenn Weisfeld: »The Adaptive Value of Humor and Laughter.« In: *Ethology and Sociobiology*, Bd. 14 (1993), S. 141–169.

305   *So kam zum Beispiel Robert Provine … zu dem erstaunlichen Untersuchungsergebnis…*

Robert Provine: »Laughter Punctuates Speech: Linguistic, Social, and Gender Contexts of Laughter.« In: *Ethology*, Bd. 95 (1993), S. 291–298.

307 *...warum ein Lächeln ebenso ansteckend ist, wie sich auch Ekel- und Trauergefühle auf andere übertragen.*
Siehe: Lars-Olav Lundqvist und Ulf Dimberg: »Facial Expressions are Contagious.« In: *Journal of Psychophysiology*, Bd. 9, Nr. 3 (1995), S. 203–211.

311 *Ärgerlicherweise errötet man besonders gern vor Publikum.*
Eine Studie ergab, dass wir tiefer erröten, wenn sich die Zuschauerzahl von einer Person auf vier erhöht, interessanterweise aber nicht, wenn sie von null auf eins anwächst. Siehe: Don Shearn, Erik Bergman, Katherine Hill, Andy Abel und Lael Hinds: »Blushing as a Function of Audience Size.« In: *Psychophysiology*, Bd. 29, Nr. 4 (1992), S. 431–436.

312 *...obwohl Frauen insgesamt stärkere emotionelle Reaktionen zeigen als Männer – und dies vor allem im Gesicht.*
In: Scott R. Vrana: The Psychophysiology of Disgust: Differentiating Negative Emotional Contexts with Facial EMG.« In: *Psychophysiology*, Bd. 30 (1993), S. 279-286; hier S. 280.

313 *Fachwissenschaftler haben viele Erklärungen dafür vorgetragen, dass es während der Adoleszenz seinen Höhepunkt erreicht...*
Siehe: Stephanie A. Shields, Mary E. Mallory und Angela Simon: »The Experience and Symptoms of Bushing as a Function of Age and Reported Frequency of Blushing.« In: *Journal of Nonverbal Behavior*, Bd. 14 (1990), S. 171–187; hier S. 183.

313 *Darwin fragte sich, warum die Röte sich nicht über den ganzen Körper ausbreitet...*
Einige Wissenschaftler sind anderer Ansicht. Sie weisen darauf hin, dass es im Gesicht mehr Kapillaren gibt als anderswo am Körper, was bedeutet, dass es stärker durchblutet ist als alle anderen Körperteile. Das Gesicht rötet sich daher auch aus nicht-kommunikativen Gründen – körperlicher Anstrengung, Genuß heißer Getränke, Hitzewallungen in den Wechseljahren, hohem Blutdruck, Krankheit. Das Rotwerden der Gesichtshaut mag reiner Zufall sein. Auf der anderen Seite haben Studien aber auch ergeben, dass bei einem solchen Erröten die Temperatur des Gesichts steigt, während die des restlichen Körpers konstant bleibt. Die Physiologie des Errötens ist nach wie vor weitgehend unerforscht. Siehe: W.D. Cutlip II und M.R. Leary: »Anatomic and Psychological Bases of Social Blushing: Speculations from Neurology and Psychology.« *Behavioural Neurology*, Bd. 6 (1993), S. 181–185.

316 *Bei einer durchgeführten Befragung von Schwarzen...*
Angela Simon und Stephanie A. Shields: »Does Complexion Color Affect the Experience of Blushing?« In: *Journal of Social Behavior and Personality*, Bd. 11 (1996), S. 177-188; hier S. 185.

319 *Affen, die in völliger Abgeschiedenheit aufgezogen wurden...*
Morton J. Mendelson, Marshall M. Haith und Patricia J. Goldman-Rakic: »Face Scanning and Responsiveness to Social Cues in Infant Rhesus Monkeys.« In: *Developmental Psychology*, Bd. 18 (1982), S. 222–228.

319 Eine bemerkenswerte Studie ergab, dass Hühnerküken mehr Angst vor einem dunklen Kreis als vor einem dunklen Rechteck hatten...
M. Scaife: »The Response to Eye-Like Shapes in Birds.« Parts I and II. In: *Animal Behavior*, Bd. 24 (1976), S. 195-206.

319 *Wenn aber eine andere Person hinzukäme, dann würde sich scheinbar der ganze Charakter des Parks ändern.*
Der Theoretiker der Psychoanalyse Jacques Lacan (1901–1981) ging noch weiter und stellte die These auf, dass physische Objekte zurückstarren, wenn wir sie anschauen. Diese Erkenntnis kam ihm, nachdem er mit einigen Fischern im Ärmelkanal gesegelt war. Einer der Männer zeigte auf eine in den Wellen treibende Sardinenbüchse und rief: »Sehen Sie die Dose da? Nun, sie sieht Sie nicht!« Lacan dachte über diese Aussage nach und kam schließlich zu der Ansicht, dass man ihr nicht zustimmen könne. Dosen und Felsen und Baumstümpfe erwidern unseren Blick, sagte er. Leider verbirgt sich hinter dieser faszinierenden Behauptung eine recht alltägliche Idee, denn Lacan wollte nur zum Ausdruck bringen, dass wir jedes Objekt gleichzeitig mit all dem wahrnehmen, was wir mit ihm assoziieren. Das heißt, wir können unseren Sinneseindruck von einer treibenden Dose nicht von unseren kulturellen Präkonzeptionen von »Sardinenbüchse« trennen. Die Welt »schaut« mit all den Bedeutungen, die sie erhalten hat, »auf uns zurück«.

323 *Das Symbol der Geheimpolizei Husseins ist tatsächlich eine Landkarte des Iraks mit einem Auge darüber.*
Die Detektei Pinkerton machte im Jahr 1850, also vor über einem Jahrhundert, ein starrendes Auge zu ihrem Emblem. Dazu kam das Motto: »The Eye That Never Sleeps«. Der Gründer des Unternehmens, Allan Pinkerton, erhielt aus diesem Grund den Spitznamen »The Eye«, was wiederum dazu führte, dass im Amerikanischen ein Privatdetektiv auch »private eye« genannt wurde. Frank Morri: »*The Eye That Never Sleeps*«: *A History of the Pinkerton National Detective Agency*. Bloomington, Ind., 1982.

343 *Bei einem Experiment schnitten Kriminalbeamte übrigens nicht besser ab als andere Probanden.*
Aldert Vrij: »The Impact of Information and Setting on Detection of Deception by Police Detectives.« In: *Journal of Nonverbal Behavior*, Bd. 18 (1994), S. 117-136.

343 *Nur die Trefferquote der Geheimagenten lag also nennenswert über der Quote, die sich auch rein zufällig hätte ergeben können...*
Paul Ekman und Maureen O'Sullivan: »Who Can Catch a Liar?« In: *American Psychologist*, Bd. 46, Nr. 9 (September 1991), S. 913–920; hier S. 917.

345 *In seinem Buch* Weshalb Lügen kurze Beine haben *berichtet Paul Ekman...*
New York 1992. Das beste populärwissenschaftliche Buch zu diesem Thema.

351 *Möglicherweise verschwieg der anscheinend durch nichts zu erschütternde Poindexter, was diese Unterredung betraf, etwas Entscheidendes.*
1990 verurteilte ein Bundesgericht Poindexter wegen Falschaussagen vor dem Kongress, Teilnahme an einer konspirativen Vereinigung und Behinderung der Justiz.

362 Vom Filmschauspieler wird noch anderes verlangt als vom Bühnenschauspieler...
Bühnenschauspieler müssen auch so laut sprechen, dass ihre Worte in der letzten Sitzreihe hörbar sind, während Filmschauspieler ihre Stimme dämpfen müssen, weil es sonst denn Anschein erwecken würde, dass sie schrien.

Die Sirene

387 In dem von Shakespeare gemeinsam mit John Fletcher verfassten Drama Die beiden edlen Vettern erspähen Palamon und Arcite...
In Chaucers »The Knight's Tale« streiten diese beiden ganz ähnlich, aber in nicht so komischer Weise.

392 Diese von uns getroffene Unterscheidung zwischen zwei Grundtypen von Schönheit wurde aber bislang bei der Auswertung von Untersuchungsergebnissen nicht berücksichtigt.
Siehe jedoch die umfassenden Ausführungen zum Babygesicht des Psychologen Leslie A. Abramowitz in seinem *Reading Faces: Window to the Soul?* Boulder, Colo., 1997.

400 Möglicherweise leiden zwei Prozent der amerikanischen Bevölkerung, also fünf Millionen Menschen, an ihr.
Katharine A. Phillips: *The Broken Mirror: Understanding and Treating Body Dysmorphic Disorder.* New York 1996, S. 6. Eine sachkundige, allgemein verständliche Darstellung.

402 ... doch wenn sie dann einen Chirurgen finden, der bereit ist, den Eingriff vorzunehmen...
BDD–Patienten stellen für Ärzte eine notorische Plage dar: Sie blockieren deren Wartezimmer, rufen sie unentwegt an, verklagen sie vor Gericht. Ihr Verhalten kann sogar noch schlimmer werden. »In jüngerer Vergangenheit sind in Großbritannien ein Dermatologe und zwei plastische Chirurgen ermordet worden, und alle Ärzte, die auf diesem Gebiet tätig sind, sollten sich darüber im klaren sein, dass ein kleines, aber nicht zu leugnendes Risiko besteht, angegriffen zu werden, wenn sie diese Patienten behandeln.« John A. Cotterill: »Body Dysmorphic Disorder.« In: *Dermatologic Clinics*, Bd. 14, Nr. 3 (Juli 1996), S. 457-463; hier S. 459.

426 ... dass Chirurgen mit Hilfe von Laserstrahlen das langweilig gewordene Bild ... auslöschen können...
Die Laserchirurgie entwickelt sich rasend schnell weiter, und was heute als allermodernstes chirurgisches Instrument gilt, landet morgen schon in der Mülltonne. Es hat sich jedoch gezeigt, dass Laserstrahlen Dinge, von denen man einst glaubte, dass sie von Bestand seien, sehr effizient zu entfernen vermögen.
Das bahnbrechende Instrument dieser Art war der Kohlendioxid-Laser. Mit diesem »Strahlenmesser« konnte man Warzen und Hautwucherungen entfernen, von Nutzen war er aber vor allem auch, weil er das umgebende Gewebe kauterisierte und so Blutungen verringerte. Er ließ jedoch sichtbare Narben zurück und erforderte einen langen Heilprozeß; er ist daher von neueren Laserskalpellen ersetzt worden.
Heute ist der so genannte »Q-switched«-Laser das führende Instrument. Er schält die

Haut mit stoßweise erfolgenden Lichtemissionen ab, deren Länge in Nanosekunden gemessen wird. Dadurch, dass die zu behandelnde Stelle den Strahlen nur ganz kurz ausgesetzt ist, gelangt keine Hitze in das umgebende Gewebe. Verbrennungen werden so vermieden. Die Farbe des Laserstrahls schränkt ebenfalls Schädigungen ein. Tinte absorbiert je nach ihrer Farbe Licht von einer bestimmten Wellenlänge, Tätowierungen auf Karbonbasis zum Beispiel saugen den roten Strahl des »Q-switched«-Rubinlasers auf. Die Wissenschaftler sind sich nicht ganz sicher, auf welche Weise der Laser wirkt, sie glauben jedoch, dass er die Tinte in kleine Partikel zerfallen lässt, die dann von Freßzellen aufgenommen werden. Siehe: Suzanne Linsmeier Kilmer: »Laser Treatment of Tatoos.« In: *Dermatologic Clinics*, Bd. 15, Nr. 3 (Juli 1997), S. 409-417.

439   *Akne ist vor allem ein menschliches Leiden, da wir weit mehr Talgdrüsen besitzen als alle anderen Lebewesen.*

Primaten besitzen einige Talgdrüsen, aber bei weitem weniger als wir. Siehe: J.R. Napier und P.H. Napier: *The Natural History of Primates*. Cambridge, Mass., 1994, S. 31. Sie kommen auch bei einigen Säugetieren vor, zum Beispiel bei Hunden, Katzen, Ziegen und Hamstern.

440   *Ein Fachwissenschaftler hat es als »bedeutendsten Fortschritt auf dem Gebiet der Aknetherapie« gewürdigt.*

James J. Leyden: »Oral Isotretinoin.« In: *Dermatology*, Bd. 195, Suppl. 1 (1997), S. 29-33; hier S. 29. Das Medikament greift die Akne an mehreren Fronten gleichzeitig an. Früher verschrieben die Ärzte es nur bei sehr gravierenden Fällen, heute auch bei weniger ernsthaften. Isotretinoin hatte einige – voraussehbare – Nebenwirkungen wie trockene Lippen und Augen. Man kann jedoch mit Feuchtigkeitscremes, Tropfen u.ä. leicht Abhilfe schaffen. Ernsthafte Nebenwirkungen sind selten, Frauen, die im gebärfähigen Alter sind, müssen jedoch empfängnisverhütende Mittel verwenden. Siehe: W.N. Meigel: »How Safe Is Oral Isotretinoin?« In: *Dermatology*, Bd. 195, Suppl. 1 (1997), S. 22–28.

Es gibt noch andere Therapien. Viele Wissenschaftler setzen große Hoffnungen auf die neuen topischen Retinoide. Verblüffenderweise hilft sogar sichtbares Licht bis zu einem gewissen Grad. Siehe: V. Sigurdson, A.C. Knulst und H. van Weelden: »Psychotherapy of Acne Vulgaris with Visible Light.« In: *Dermatology*, Bd. 194, Suppl. 1 (1997), S. 256–260.

449   *Tagliacozzi war ein bekannter Chirurg...*

Historiker glaubten früher, dass Tagliacozzi dieses Verfahren erfunden habe, die Lorbeeren dafür gebühren aber Vorgängern wie Gustavo Branca (15. Jahrhundert) und Leonardo Fioravanti (1518–1588). Branca hat diese Operationstechnik vielleicht in Persien gelernt. Tagliacozzi leistete jedoch in jedem Fall wertvolle Beiträge zur Weiterentwicklung. Siehe: Paolo Santoni-Rugiu und Riccardo Mazzola: »The Italian Contribution to Facial Plastic Surgery: A Historical Reappraisal.« In: *Facial Plastic Surgery*, Bd. 12, Nr. 4 (Oktober 1996), S. 315-320.

450   Ronald Matsunaga, Schönheitschirurg aus Beverly Hills, der sich auf diesen Eingriff spezialisiert hat...
      Laura Accinelli: »Eye of the Beholder.« In: *Los Angeles Times*, 23. Januar 1996.

463   Der Homo sapiens *lebte Tausende von Jahren Seite an Seite mit dem Neandertaler, von dem wir uns vor allem durch das Aussehen des Gesichts unterschieden.*
      Das Neandertaler-Gesicht entwickelte sich im Laufe der Zeit so, dass es immer typischer aussah, so als ob die Partnererkennung immer wichtiger geworden wäre.

      Ein Grund dafür ist sicher, dass die Fruchtbarkeit von Frauen schneller abnimmt als die von Männern.
      Doug Jones: »Sexual Selection, Physical Attractiveness, and Facial Neoteny.« In: *Current Anhropology*, Bd. 36, Nr. 5 (Dezember 1995), S. 723–748; hier S. 726.

467   *Die Forscher »paarten« dann das attraktivste Gesicht im Computer mit einem der anderen neunundzwanzig zu einem neuen Gesicht.*
      Sie wählten dieses zweite Gesicht nach dem Zufallsprinzip aus, wobei aber dennoch seine Attraktivität ins Gewicht fiel. Sie verwendeten eine Art Glücksrad, an dessen Rand jedem der neunundzwanzig Gesichter proportional zu seiner Schönheit ein mehr oder weniger großes Feld zugeordnet worden war. Siehe: Victor Johnston und Melissa Franklin: »Is Beauty in the Eye of the Beholder?« In: *Ethology and Sociobiology*, Bd. 14 (1993), S. 183–199.

472   *Wenn man eine Frau ist und alle anderen Frauen einen männlichen Partner mit einem durchschnittlichen Gesicht bevorzugen, sollte man selbst genauso vorgehen.*
      Weibliche Trinidad-Guppys paaren sich nur deswegen mit bestimmten Männchen, weil sie gesehen haben, wie andere Weibchen diese bevorzugten. Weibliche Rauhfußhühner, Welse und Damtiere legen manchmal ebenfalls dieses Verhalten an den Tag. Siehe: Stephen Pruett-Jones: »Independent Versus Nonindependent Mate Choice: Do Females Copy Each Other?« In: *The American Naturalist*, Bd. 140, Nr. 6 (Dezember 1992), S. 1000–1009. Pruett-Jones bietet eine andere Erklärung für dieses Verhalten an: Nachahmung macht die Suche des Weibchens nach einem körperlich robusten und gesunden Partner einfach weniger aufwendig. Wie auch immer: Imitationen anderer bei der Partnerwahl kommen bei Menschen beiderlei Geschlechts vor und erklären vielleicht zum Teil die Anziehungskraft von Ruhm und Prestige.

473   *Schönheit ist ein Kompositum.*
      Was ist mit Symmetrie? Bei gewissen Tieren, vor allem solchen mit Flügeln, ist sie ein absolut entscheidendes Kriterium bei der Wahl eines Partners. Weibliche Skorpionsfliegen (*Mecoptera panerpida*) verschmähen unter Umständen ein Männchen, wenn ein Flügel einen einzigen Millimeter kürzer oder länger ist als der andere. Daher sind einige Wissenschaftler der Ansicht, dass Symmetrie auch die Gesichter von Menschen attraktiver macht, und ein Experiment bestätigte dies tatsächlich. Siehe: Karl Grammer und Randy Thornhill: »Human (*Homo sapiens*) Facial Attractiveness and Sexual Selection: The Role of Symmetry and Averageness.« In: *Journal of Comparative Psychology*, Bd. 108 (1994), S. 233–242.

Leider brachten Folgeexperimente keine Bestätigung der Ergebnisse des ersten. Bei einem betrachteten Kleinkinder im Alter von vier bis fünfzehn Monaten attraktive Gesichter mit größerer Aufmerksamkeit, symmetrische hingegen nicht. Siehe: Curis A. Samuels, George Butterworth, Tony Roberts, Lida Graupner und Graham Hole: »Facial Aesthetics: Babies Prefer Attractiveness to Symmetry.« In: *Perception*, Bd. 23 (1994), S. 823–831. Bei anderen Studien analysierten die Forscher die Gesichter anerkannter Schönheiten und stellten fest, dass diese oft recht unsymmetrisch waren. Samuels u.a., a.a.O., S. 824. Der Psychologe Rotem Kowner fand heraus, dass viele Menschen ein leicht asymmetrisches Gesicht als anziehender empfinden, vor allem bei jungen Leuten. Nur bei Älteren schmälerte Symmetrie die Anziehungskraft, vielleicht – so Kowner – weil im Laufe der Zeit nachteilige Lebensumstände, wie Armut zum Beispiel, die Unregelmäßigkeit verstärken können. Siehe: Rotem Kowner: »Facial Asymmetry and Attractiveness Judgments in Developmental Perspective.« In: *Journal of Experimental Psychology*, Bd. 22 (1996), S. 662–675.

Sachregister

Abalonen 40
Aborigines 116, 141, 148, 158
Abscheu 254, 259 ff., 264, 307, 345
Acanthodier 63
Adaptoren 270
Affen 31 ff., 56, 58, 98, 109, 126 f., 144, 163, 231, 282, 285, 304, 310, 319, 321 f., 340 f., 461 f.
Afrika 33, 35 f., 86, 116, 140, 143, 145, 147 f., 195, 208, 211, 277, 316, 353, 365, 417, 430, 456
Ägypten 101, 105, 175, 182, 201, 208, 211, 279, 328, 407, 433
Akne 438 ff.
Altes Testament 80, 199
Amygdala 130 f.
Angst 254, 256 f., 264, 269, 288, 290, 314, 350 f.
Antihelix 96, 449
Antike 81, 164, 221 f.
Asien 86, 116, 141, 145, 195, 197, 326, 366, 373, 378
Augen 24, 27 ff., 36, 39 ff., 57, 88, 122, 144, 271 ff., 349
Augenbrauen 24, 35, 249, 275 ff., 349 f.
Augenlider 46, 145, 275, 450
Auricula s. Ohrmuschel
Australien 140 f., 148, 158, 422
Australopithecinen 33 f.

Bart 24, 103 ff.
Bauchredner 71 f., 95
BDD 400 ff.
Body Dismorphic Disorder s. BDD

Böser Blick 325 ff.
Buccalis 251
Buddhismus 193, 195, 197

Camera obscura 40
China 72, 93, 102, 160, 198, 211, 232, 275, 335, 338 f.
Cochlea 93 f., 96
Conchae s. Nasenmuschel
Corrugator supercilii 249
Cortex frontalis 131
crimen osculationis 79

Demodex follicularum 55
DNA 116, 143, 148, 230, 341, 467, 471
Drittes Auge 90 ff.

EFIT 139
Eigengesicht 122 f.
Eigenrassen-Bevorzugung 146
Embleme 266 ff.
Emoticon 286
England 81, 105, 170, 276, 408
Epikanthische Falte 145, 451
Erröten 310 ff.
Eskimos 65, 71, 107, 116, 308
Europa 106 f., 143, 160, 172, 184, 199, 214, 233, 406, 408, 417, 423, 431
Evolution 25, 27, 33, 36, 40, 57 f., 93, 98, 150, 166, 231, 238, 263, 283, 302, 304, 307, 353, 370, 461 f., 469, 471 f., 479

Facebase 122 f.

503

Facelifting 452 ff.
Fächer 211 f.
Facialis 250
Falten 443 ff.
Fische 25 ff., 40, 56, 62 f., 66, 93, 163
Folsäure 141
Fotofit 137 ff.
Fotografie 241, 246 ff.
Freude 254, 264
Frontalis 249

Gastrulation 61
Gaumen 31, 67
Gehirn 26 f., 35 f., 41, 45, 48, 67, 94 f., 99, 114, 121 f., 125 f., 128 f., 250, 260, 310
Gene 117, 148, 150, 235, 253, 458, 468 f., 471
Gesichtserkennung 118 ff., 146 f., 150
Gesichtsmuskeln 248 ff., 310
Glottis 303
Glypten 254
Gorillas 42, 56, 60, 98, 304
Gott 190 ff., 199 f.
Götter 190 ff., 208 f.
Griechenland 105, 159, 182 f., 328, 335, 367 ff., 431
Gyrus cinguli 131
Gyrus temporalis 127

Haare 24, 30 f., 98 ff., 138, 144
Hässlichkeit 399 ff.
Haut 436 ff.
Heliobacter pylori 55
Helix 96
Homo erectus 35, 99
Homo habilis 35, 37, 99
Homo sapiens 36, 140, 463
Humor 306 ff.
Hunde 32, 163, 231, 258

Identikit 137, 139
Ikonen 181 ff., 194
Illustratoren 269
Indianer 39, 65, 102, 149, 145, 158, 164, 178, 206, 209 f., 262, 276 f., 335, 366, 405 ff., 417, 422, 428, 430, 432, 434, 443, 446 f., 456, 459 f.
Indien 39, 65, 89 f., 180, 195 f., 198, 200, 211, 260, 332, 417 f.
Intelligenz 237, 245 f., 397
Iris 41 ff., 144 f.
Islam 193, 200, 378, 448
Japan 154, 162, 164, 195, 198, 211, 231, 272, 287, 337 ff., 367, 388 f., 401, 477

Kadar 65
Kahlköpfigkeit 100 ff.
Kalzium 143 f.

Karikatur 201 ff.
Katzen 28, 31, 163
Khosan 145
ki 231
Kiefer 35 ff., 63
Kinn 24, 35 f., 68 ff., 153
kokoro 231
Kosmetika 405 ff.
Kuss 72 ff.
Kussraub 78 f.

Labret 428 ff., 434
Lächeln 254 f., 284 ff., 303, 337 f., 347 ff., 352
Lachen 249, 290 ff., 308 f., 338 f.
Lippen 24, 31, 68, 70 ff., 76, 152
Lippenscheibe s. Labret
Lorenzinische Ampullen 28
Lügen 334, 340 ff., 397

Mac-A-Mug 139
Masken 190, 206 ff., 334, 365 ff., 409
McGurk-Illusion 71, 125
Melanin 140 f., 143 f., 337
Melanozyten 140 f., 143 f.
Mentalis 249
Mittelalter 81 f., 105, 212, 370, 408
Müller-Lyer-Täuschung 413, 416
Mund 24 ff., 31, 60 ff., 68 ff., 89, 152
Muttermale 436 ff., 449

Nahrung 27, 37, 56, 62, 64, 66, 87
Nasalis larvatus 59
Nase 24, 27, 35, 51 ff., 68, 86, 88, 122, 145 f., 151 ff., 451 f.
Nasenmuschel 57, 60, 449
Nasenring 434
Nasolabiale Falten 68
Neandertaler 24, 36 f., 57, 68, 463
Neuronen 127 f.

Obsessive-compulsive disorder s. OCD
OCD 404 f.
Ohren 24, 34, 92 ff.
Ohrmuschel 94 f.
Ohrringe 431 ff.
Onnagata 153
Opabinia 26
Orbicularis oculi 249, 255, 347
Orbicularis oris 249
Osterinsel 40, 166, 182, 190, 252, 433

Palpebralfalte 450
Parallaxe 41
Paramecium 60
PET 127, 130 f.
Pharynx s. Rachenhöhle

Phrenologie 234
Physiognomik 232 ff., 265
Piercing 434 ff.
Planaria 41
Pons 250
Porträt 200 ff., 220 f., 238 f., 242, 246, 274, 464
Positronen-Emissions-Tomographie s. PET
Primäremotionen 232, 262
Procerus 249
Prosopagnosie 125 f., 132, 224
Proteine 148, 283
Protozoen 25, 40
Pseudofolliculitis barbae (PFB) 104
Pupillen 24, 41 ff., 145, 275, 309, 351, 470
Purdah 372 ff.

Rachenhöhle 67
Rasse 140, 143, 145 ff., 205, 253
Reformation 40, 194
Regulatoren 270
Renaissance 75, 159, 172, 175, 201, 239, 408, 455
Reptilien 25, 46, 88, 230, 318
Retina 44
Riboflavin 141
Rimicaris exoculata 30
Risorius 249
Rosazea 55, 141

Säugetiere 25, 30 f., 64, 87, 94, 98, 144
Schauspieler 355 ff.
Schimpansen 32, 34, 37, 56 f., 62,, 81, 98, 108, 163 f., 259, 262, 308, 321, 340
Schleier 211 f., 274, 334, 372 ff.
Schmerz 262 f., 288, 303
Schönheit 384 ff., 455 ff.
Schönheitspflästerchen 437
Serotonin 403 ff.
Sinnesorgane 25 ff., 67
Sonne 55, 140 ff., 444

Sonnenbrand 142 f.
Sonnenbräune 142 f.
Speichel 61, 63, 67
Spiegel 158 ff., 401 f.
Starren 317 ff., 326
Stirn 24, 35, 87 ff., 349
Stress 136, 283 f., 308 f., 352, 438
Sulcus temporalis superior 126 f.

Tarnung 336, 340
Tätowierungen 416 ff.
Testosteron 70, 101
tilaka 89 f.
Tragus 96
Tränen 46, 48, 250, 279 ff.
Tränensäcke 442 f.
Trauer 254, 261 f., 269, 290, 303, 307, 339, 345, 349

Überraschung 257 f.
USA 141, 143, 267, 308, 388 f., 403, 447, 460

Verachtung 262 ff., 287
Verschlossenheit 336
Vitamin A 444
Vitamin D 141, 143 f.
Vitamin E 141
Vögel 25, 67, 283, 446

Wangen 87 f., 152
Weinen 279 ff.
Werwolf-Syndrom 30
Wimpern 24, 47, 276
Wirbeltiere 26, 28, 30, 36
Wolfsrachen 117, 449

Zähne 34 ff., 41, 63 ff., 456
Zorn 254 ff., 264
Zunge 63, 66 f.
Zwillinge 115 ff., 438, 476
Zygomaticus major 249, 254, 285, 347

Namensregister

Abraham, F. Murray 371
Achebe, Chinua 365
Agamemnon 188
Ai, König 160
Aischylos 221, 369
Albinoni, Tommaso 282
Alexander der Große 196, 223
Alfons XIII. von Spanien 329 f.
Allen, Woody 269
Alley, Thomas R. 236
al-Malik, Abd 200
Ambrosius, hl. 84
Amini, Ibrahim 376
Anderson, Anna 96 f.
Anderson, Judith 154
Andersson, Malte 446
Anna von Österreich 431
Apuleius 98
Aquin, Thomas von 390
Arbus, Diane 178
Arden, Elizabeth 410
Aristophanes 177
Aristoteles 99, 201, 221, 232, 292, 303, 368
Arnobius 192
Artemidorus von Daldis 191
Aschoka, Maurya-Herrscher 196
Ashmore, Richard 403
Assad, Hafis al 187
Augustus, Kaiser 184
Austin, A.L. 463
Avicenna 232

Bacon, Francis 105, 179, 240

Bailey, Jim 154
Baker, Nicholson 224
Balzac, Honoré de 43, 166, 177, 220, 233, 236, 271
Banks, Joseph 422
Bara, Theda 188
Baron-Cohen, Simon 274 f.
Barton, Elizabeth 71
Baudelaire, Charles 202, 295, 443
Beaumarchais, Pierre Augustin 300
Beerbohm, Max 397
Bell, Charles 284
Belushi, John 278
Benjamin, Walter 176
Bentham, Jeremy 176
Berenson, Bernard 243
Bergerac, Cyrano de 55 f.
Bergson, Henri 293, 296, 302
Bernhardt, Sarah 154
Betty, Diane 392
Binswanger, Ludwig 311
Block, Herbert 202
Böhme, Jakob 160
Bolton, Charles 215
Bonet, Lisa 434
Bonny, Anne 114, 154
Botticelli, Sandro 238
Boulogne, Guillaume Duchenne de 248, 251
Boursicot, Baernard 149 f.
Bovary, Emma 47
Bower, T.G.R. 57
Boyle, T. Coraghessan 434
Brady, Mathew 178
Brancusi, Constantin 74

Brando, Marlon 362, 371
Brazell, Terry 445
Bretagne, Jeanne de 171
Bronte, Anne 467
Bronte, Charlotte 467
Brook, Geraldine 377
Brook, Peter 364
Brougham, Lord 177
Browne, Frederich Guy 40
Browne, Sir Thomas 111
Bruce, Vicki 152
Bryan, William Jennings 291
Buck, Pearl 399
Buckley, William F. 203
Buddha 63, 182f., 195ff., 223
Burgess, Thomas 314
Burton, Richard 456
Burton, Robert 273, 411
Bute, Lord 202
Butler, Samuel 411
Buxton, L. H. D. 146
Byron, George 73

Caine, Michael 50, 358, 362, 364
Caligula 48, 82
Callow, Simon 358, 364
Cameron, Julia Margaret 177
Carder, Peter 434
Carnegie, Dale 286
Carpenter, Edmund 157
Carracci, Annibale 204
Carter, Jimmy 205
Casey, William 350
Castiglione, Baldassare 242
Cato 85
Caurres, Jean des 164
Chambray, Fréart de 242
Chaney, Lon 371
Chaucer, Geoffrey 73, 83, 276
Cher 25
Chesterfield, Lord 290
Chopin, Frédéric 107, 474
Chopin, Kate 387
Churchill, Randolph 426
Cicero 46, 83, 94, 276, 461
Claparede, Edouard 130
Cleveland, Grover 107
Clinton, Bill 55, 333
Cohan, George M. 320
Colbert, Jean-Baptiste 161
Cole, Walter 72
Coleridge, Samuel Taylor 38, 56
Collet, Jack 214
Collodi, Carlo 52
Columbus, Christoph 184, 222
Congreve, William 103

Connery, Sean 155
Conrad, Paul 203
Cook, James 419, 422
Corday, Charlotte 170
Corson, Richard 415
Cortez, Hernando 252
Costner, Kevin 155
Coupland, Douglas 224
Cowley, Abraham 455
Cukor, George 362
Cunningham, Michael 108, 469

d'Enjoy, Paul 86
d'Eon, Chevalier 154
Daguerre, Louis 177
Dalai Lama 179
Dali, Salvador 174
Dalton, William 153
Darwin, Charles 33f., 36, 69, 235f., 254, 258, 262, 274, 278, 280, 291, 297, 303f., 310ff., 315, 317, 456, 460, 463
Dauger, Eugène 217
Daumier, Honoré 202
Degas, Edgar 242
Demetrios 277
Demosthenes 221
Descartes, René 294, 357
Dewey, John 291, 296
Dickens, Charles 52, 63, 107, 295
Dickinson, Emily 88
Diderot, Denis 106, 352, 356ff., 364
Dieffenbach, Johann Driedrich 451
Diller, Phyllis 55, 451
Diogenes 105, 316
Dixon, Ruth 147
Donne, John 412
Dorgon, Manchu-Herrscher 102
Dougan, Tabetha 79
Drake, Francis 104, 434
Droeshout, Martin 176
Du Maurier, Daphne 107
Du Tilh, Arnaud 113ff.
Dumas, Alexandre 217
Dumesnil, Alfred 243
Duncan, Sandy 154
Durante, Jimmy 55, 121
Dürer, Albrecht 246

Eastman, George 178f.
Eckleberg, T. J. 319
Eco, Umberto 205
Edelmann, Johann 106
Eduard VII. 426
Edwards, Eliza 154
Eibl-Eibesfeldt, Irenäus 277
Eichmann, Adolf 350

Einstein, Albert 27, 187
Eisenstaedt, Alfred 85
Ekman, Paul 243, 251, 253f., 266, 269, 287, 290, 337, 345, 361, 364
Elagabal, Kaiser 67
Eliot, George 302, 467
Elisabeth I. 183, 408f., 477
Elsenaar, Arthur 251
Eltinge, Julian 153, 155
Ely, Edward Talbot 449
Erasmus von Rotterdam 81, 246
Eros 273
Ervin, Sam 278
Essex, Earl of 384
Eugénie, Kaiserin 282f.
Euklid 362
Euripides 221
Eusebius 193
Evans, Edith 364
Evans, Walker 247
Evelyn, John 411
Eyck, Jan van 172
Eyre, Jane 231, 233, 255, 271, 469, 477

Faulkner, William 39, 43
Favorinus von Arles 78
Fenton, Roger 178
Ficino, Marsilio 273
Fields, W. C. 187, 291
Firenzuola, Agnolo 51, 56, 63, 410, 430, 461
Firth, Mary 214
Fisher, Kitty 409
Fisher, Ronald 472
Fitzroy, Robert 236
Flack, Roberta 385
Fletcher, John 387
Fonda, Henry 274
Foote, Samuel 355
Fragonard, Jean Honoré 212
Frank, Anne 161
Franklin, Banjamin 174, 184
Franklin, Melissa 471
Freud, Sigmund 291, 298f., 307, 386
Frey, William 283
Friedrich I. 105
Friedrich II. 232
Friesen, Wallace 266
Fry, Roger 238

Gable, Clark 387
Gainsborough, Thomas 355
Galen 279
Gall, Franz Joseph 234
Gallo, Domenico d'Anzolo 161
Gallup, Gordon 163f.
Galton, Eugenik Francis 464

Gandhi, Mahatma 187
Garrick, David 252, 355f., 358
Gauguin, Paul 97
Gautier, Theophile 329
Gell, Alfred 420
Giacometti, Alberto 179
Gielgud, John 360, 364
Gillray, James 202
Giocondo, Francesco del 243
Giotto 73
Godoy, Manuel de 384
Goethe, Johann Wolfgang von 233, 297
Gogh, Vincent van 97, 240
Gogol, Nikolaj 53f.
Goldblum, Jeff 371f.
Golding, William 115
Gombrich, E.H. 241, 247
Goodall, Jane 304
Goodman, Theodosia 188
Gordon, Ruth 154
Goya, Francisco de 173, 176
Grant, Cary 155
Grant, Ulysses Simpson 107
Gray, Dorian 239, 399
Gregory, J.C. 296
Gropius, Walter 171
Guerre, Martin 113ff.
Gunning, Maria 409
Gurdjieff, George 322

Halász, Gyulia 178
Hals, Franz 88, 241, 272
Hamilton, Sir Ian 238
Han Feizi 166
Hardy, Alistair 58
Hardy, Thomas 38, 287, 468
Harman, Martin Coles 184
Harmer, Michael 422
Harriman, Pamela 384
Hatschepsut 105
Hawthorne, Nathaniel 80, 168
Hearne, Samuel 460
Heinrich VIII. 54, 71, 105, 184
Hepburn, Audrey 151
Hepburn, Katherine 362
Herbert, George 275
Herodot 41
Hill, Aaron 357f.
Hippokrates 279
Hirschfeld, Al 203
Hitler, Adolf 187
Hobbes, Thomas 280, 282, 292, 294, 314
Hoffman, Dustin 362, 371
Hogarth, William 201, 241
Holden, William 151
Holyfield, Evander 97

Homer 43, 221, 477
Hopper, Dennis 321
Horaz 356
Houdini, Bess 229f.
Houdini, Harry 229f.
Hugo, Victor 365
Humphrey, Nicholas 91
Hunanin 279
Hunter, Holly 355
Hussein, Saddam 115, 187, 323
Huston, John 50
Huxley, Thomas 33, 37

Ingres, Jean Auguste Dominique 241
Innozenz III. 213
Isabeau von Bayern 440
Iwan der Schreckliche 106

Jackson, Michael 451
Jackson, Rancis 214
Jackson, W. H. 178
Jahangir 200
Jayavarman VII. 182, 185
Jeanne d'Arc 220
Jefferson, Thomas 106
Jenkins, Robert 92, 97
Jerrold, Douglas 296
Johannes Paul II. 79
Johannes von Damaskus 194, 199
John II. 104
Johnson, Samuel 53
Johnson, Victor 471
Jones, James Earl 361f.
Jones, Tom 451
Jonson, Ben 409
Jordan, Michael 187
Joseph, Jacques 451
Joubert, Laurent 295, 300f.
Joyce, James 43
Julius Cäsar 176
Justinian, Kaiser 383
Juvenal 411

Kahlo, Frida 88
Kai-sheck, Chiang 93
Kant, Immanuel 140, 293
Karl der Einfältige 82
Karl I. 216
Kasimir, Johann 280
Kaufmann, Andy 294
Kawabata, Jasunari 161
Kennedy, Jackie 247
Khaldun, Ibn 328
Khomeini, Ayatollah 322, 377
Kim Jong Il 181
King, Martin Luther jr. 187

Kingdon, Jonathan 145
Kingsley, Ben 363
Kingsley, Mary 166, 271
Kipling, Rudyard 327
Kiyotsugu, Kanami 367
Klemens von Alexandria 86
Kleopatra 407, 409, 473f., 478
Klineberg, Otto 338
Koestler, Arthur 185, 223
Kokoschka, Oskar 171, 240
Konfuzius 232
Konstantin, Kaiser 193, 417
Krause, Aurel 429
Kromayer, Ernst 440
Kubovy, Michael 205
Kyros II. 378

La Vallière, Louise de 474
Lafayette, Marquise de 312
Lamourette, Antoine Adrien 84
Lange, Dorothea 247
Langewiesche, William 274
Lao-tse 223
Latter, B.D. 148
Laurencin, Marie 179
Lavater, Johann Caspar 233, 236, 239
Lawrence, Florence 188
Le Brun, Charles 357f.
Le Gallience, Eva 154
Lee, Tommy 435
Leibniz, Gottfried Wilhelm 345
Leivick, H. 272
Lenin, Wladimir Iljitsch 426
Lennon, John 185
Leo XIII. 330
Leonowens, Anna 325
Leopold I. 184
Letterman, David 308
Levine, David 203
Lévi-Strauss, Claude 39, 178, 200, 406, 412
Lincoln, Abraham 203
Liotard, Jean-...tienne 106
Livingstone, David 456
Lloyd, Robert 356
Lombroso, Cesare 234
Longfellow, Henry Wadsworth 478
Longo, Laura 403
Longos 77
Louis Philippe 202
Ludwig XI. 103
Ludwig XIV. 161, 216f., 357, 474
Ludwig XVI. 184
Lukian 192
Lukrez 411
Lykken, David 476

Macaw, Seven 181
MacDowell, Gerty 271
Machiavelli, Niccolò 354
Macklin, Charles 358
MacLeish, Archibald 190
MacNelly, Jeff 203
Macrobius 314
Magnus, Albertus 232
Mahler, Alma 171
Mahler, Gustav 171
Malinowski, Bronislaw 47, 51, 272
Mallowan, M.E.L. 317
Mandela, Nelson 145
Mandeville, Sir John 23f., 29, 78, 201, 279, 324
Manet, Edouard 241, 318
Manilius 85
Manson, Charles 187
Mao Tse tung 181
Marat, Jean Paul 170
Magritte, René 87
Maria Magdalena 82
Marlowe, Christopher 477
Márquez, Gabriel Garcia 99, 461
Martial 81, 411
Martin, Mary 154
Marx, Groucho 185, 278
Massaro, Dominic 71
Massinger, Philip 164
Mata Hari 73
Matsunaga, Ronald 450
Maugham, W. Somerset 381
Mauldin, Bill 203
Maupassant, Guy de 274, 374
Mauro, Robert 205
Maxwell, Elsa 330
May, Rollo 308
Mayer, Louis B. 388
McDougall, William 300
McKern, Leo 364
Mead, Margaret 253
Meadows, Audrey 320
Meleagros 273
Melville, Herman 43
Mencken, H.L. 291
Mérimée, Prosper 474
Michaela, John 398
Michelangelo 195
Michelet, Jules 243
Milland, Ray 257
Miller, Charles Conrad 453
Miller, Geoffrey 310
Mitchell, Dennis 435
Mix, Tom 188
Modigliani, Amedeo 179f.
Mohammed 39, 103, 375

Molière, Jean Baptiste 82, 299
Molmenti, Pompeo 213
Monroe 387
Monroe, Marilyn 25, 52, 185, 187, 189, 360, 362, 387, 405, 452
Montaigne, Michel de 81, 334, 474
Montespan, Madame de 384
Moore, Clayton 219
More, Sir Thomas 246
Morgan, Elaine 58, 282f.
Morgan, Henry 223
Morgan, J. Pierpont 55
Morreall, John 295f.
Moses 223
Mosley, Walter 342
Motokiyu, Zeami 367
Moura, José 79
Mrs. Cheng 223
Muarakami, Haruki 92
Munch, Edvard 240
Muni, Paul 359
Murch, Walter 50
Musashi, Miyamoto 335
Muscarella, Frank 108
Musset, Alfred de 474
Mussolini, Benito 330, 333

Nabokov, Vladimir 43, 75
Napier, Sir Charles 298
Napoléon, Louis 184
Nashe, Thomas 165
Nast, Thomas 202f.
Navratilova, Martina 79
Nero 408
Newby-Frazier, Paula 435
Newman, Paul 320, 362
Newton, Caroline 79
Newton, Isaac 106
Nietzsche, Friedrich 300
Nijasow, Saparmurad 187
Nikolaus II. 97, 426
Nilson, Dan 40
Niro, Robert de 362, 371
Nixon, Richard 203f.
Nizami 387
Nofretete 176, 447
Noriega, Manuel 331
Norman, Dorothy 247
Nyrop, Christopher 77

O'Keefe, Georgia 247
O'Neill, Eugene 370f.
Oliphant, Pat 203
Olivier, Laurence 362, 364
Onassis, Jackie 185, 189
Oresme, Nicolas 326

Orwell, George 186, 323
Osborn, Don 412
Ovid 81, 168, 281, 338, 408, 411, 432, 439

Pacino, Al 362
Parker, Dorothy 292
Parkman, Francis 335
Pascha, Ibrahim 200
Passe, Crispin van de 183
Pater, Walter 243
Paul, Jean 293
Pausanias 192
Payen, Georges 133, 135, 205
Pelger, Susanne 40
Penfield, Wilder 361
Penry, Jacques 137f.
Pentland, Alexander 122ff.
Pepys, Samuel 437
Perelman, S.J. 297
Perón, Evita 384
Pérouse, Jean-Francois de la 428
Peter der Große 106
Peytel, Sébastien 233, 236
Phillips, Katharine 403
Philon von Alexandria 191
Phryne 384
Picabia, Francis 179
Picasso, Pablo 179, 322, 399f.
Pierce, Charles 154
Piombo, Sebastiano del 175
Pius IX. 330
Platon 221, 279, 290, 292, 385
Plinius 38, 48, 60, 96, 115, 222, 271, 325
Plotin 222, 240
Plutarch 85, 473
Pnychon, Thomas 279
Poe, Edgar Allan 88, 327
Poindexter, John 350f.
Polemon 232
Pompadour, Madame de 384
Porter, A.M.W. 107f., 439
Powell, Richard 247
Power, Tyrone 155
Praxiteles 455
Presley, Elvis 187
Preuss, K.T. 210
Priestley, Joseph 293
Proulx, Annie 466
Provine, Robert 305
Ptolemäus I. 184
Pynchon, Thomas 221, 451

Quinet, Edgar 243

Rab 327
Rabinovich, Emanuel 319

Raffael 242, 455
Ragel, Ali Ben 232
Raleigh, Sir Walter 105, 216
Rand, Ayn 172
Rasputin 322
Ratsey, Gamaliel 214
Ray, Man 319
Raye, Martha 121
Read, Mary 154
Reagan, Ronald 25, 333
Redford, Robert 187
Reed, Ishmael 53
Reeve, Johnmarshall 274
Rembrandt 195, 221, 241
Renard, Jules 302, 310
Reynolds, Joshua 172, 212, 244f.
Rhazes 232
Ripken, Cal Jr. 78
Robbespierre, Maximilien de 170
Roberts, Morganna 78
Rodgers, Jimmy 75
Rodin, Auguste 73
Rodman, Dennis 432
Roggeveen, Jacob 252
Roosevelt, Tedddy 107
Rostand, Edmond 55
Rousseau, Jean-Jacques 314, 447
Rowlandson, Thomas 202
Royland, Tom 214
Rubens 221
Rubinstein, Helena 410
Rufus von Ephesus 96
Ryder, Winona 321

Samjatin, Evgenij 162, 185, 336
Sand, George 474
Sander, August 247
Sargent, John Singer 238
Sartres, Jean-Paul 162, 311, 319
Saverland, Thomas 79
Scève, Maurice 277
Schelling, Friedrich von 239
Schopenhauer, Arthur 291, 451
Scot, Michael 232
Secundus, Johannes 73
Seneca 222
Shah, Priyabala 90
Shahn, Ben 247
Shakespeare, William 25, 97, 105, 166, 176, 213,
    342, 370, 387
Shenberg, Margaret 388
Shi Peipu 149f.
Siddons, Sarah 154
Sigall, Harold 398
Simmel, Georg 219, 240, 336, 354, 433
Simpson, Thomas 214

511

Singer, Isaac Bashevis 167
Sjööblom, Lena 465
Skinner, b. F. 88
Skowl, Häuptling 170
Smolett, Tobias 66
Snyder, Gary 63
Sokrates 385 f., 390
Sophokles 192, 221
Soter, Antiochus 115
Sparshott, F. E. 245
Spencer, Herbert 293, 296, 308
Spencer, Sir Walter Baldwin 158
Spenser, Edmund 105
Stalin, Joseph 173, 181, 194, 336
Stanislawskij, Konstantin 360 ff.
Stanley, Steven 34
Stensen, Nicolaus 279
Stieglitz, Alfred 247
Stifter, Adalbert 466
Story, William 330
Strasberg, Lee 362
Striker, Fran 218
Sully, James 299
Swift, Jonathan 89, 355, 411
Sydow, Max von 371

Tagliacozzi 449
Tamahori, Lee 423
Teach, Edward 106
Tellegen, Auke 476
Tertullian 193
Thackery, William 52
Theokrit 331
Thompson, Donald 134
Thompson, Emma 363
Thomson, A. 146
Tiberius 81
Tizian 199
Tolomei, Claudio 175
Töpffer, Rodolphe 241
Tournachon, Gaspard Félix 247
Tracy, Spencer 320, 363
Trendle, George 218
Trivers, Robert 165
Tschechow, Anton 77, 281
Tussaud, Marie 170
Twain, Mark 299, 310
Tyson, Mike 97
Tzara, Tristan 179

Updike, John 98, 265

Valéry, Paul 243
Varle, John 454
Vasari, Giorgio 243
Vega, Garcilaso de la 447
Vespucci, Amerigo 252
Victoria, Königin 184, 410
Vigliotto, Giovanni 345
Vinci, Leonardo da 54, 195, 241 f., 451
Virag, Laszlo 133, 135, 205
Vitellius, Kaiser 67
Voltaire, Francois-Marie 106, 217, 292, 461
Vonnegut, Kurt 166

Waal, Frans de 316, 340
Wallace, Douglas 148
Walpole, Horace 296
Warhol, Andy 172, 180, 189
Washington, George 106, 184
Wayne, John 187, 189
Webster, Daniel 177
Weisfeld, Glenn 304 f.
West, Benjamin 174 f.
West, Mae 174
Wharton, Edith 319
Wikan, Unni 373
Wilberforce, Samuel 32, 37
Wilcox, Ella Wheeler 281
Wilde, Oscar 295, 367, 386
Wilkes, John 202
Williams, George 47, 70, 116
Willmann, John 294, 299
Winkworth, Catherine 298
Wittgenstein, Ludwig 227
Wolf, Naomi 459
Wolverton, Basil 201
Woodward, Joanne 362
Wrangham, Richard 353
Wright, Stephen 269
Wyatt, Thomas 349

Xenophanes 192

Yorti, Sam 203
Yoshimatsu, Ashikaga 367
Young, Edward 316

Zeuxis 463
Zola, Émile 273